앙리 르페브르 이해하기

이론과 가능한 것

Understanding Henri Lefebvre
Theory and the Possible

앙리 르페브르 이해하기

이론과 가능한 것

Understanding Henri Lefebvre
Theory and the Possible

스튜어트 엘든 지음
전국조 옮김 / **이현석** 감수

경성대학교 출판부

일러두기

1. 이 책은 Stuart Elden, *Understanding Henri Lefebvre: Theory and the Possible*, London: Continuum, 2004를 완역한 것이다.
2. 본문 내 문단 구분과 빈 줄은 원서를 그대로 따랐다.
3. 인명·지명·저서명과 같은 고유명사는 할 수 있는 만큼 '외래어 표기법'(국립국어원)을 기본으로 하되 최대한 원어에 가깝게 표기하는 것을 원칙으로 삼았다. 이미 널리 알려진 것은 통상의 용례를 따랐다.
4. 본문에서 **고딕체**는 연한 것과 진한 것 두 가지로 구분해서 썼으며, 전자는 외국어의 한국어 번역 및 표기에, 후자는 저자 인용의 강조 부분과 저자 본인의 강조에 적용했다. 또한 외국어를 그대로 쓸 경우 이탤릭으로 처리했다.
5. 원어 및 한국어 병기는 이해를 돕기 위해 꼭 필요하다고 판단하는 경우로 제한했으며, 위 첨자로 처리했다.
6. 옮긴이 주는 따로 표기하지 않고 필요한 경우 원주 끝에 <옮긴이>로 처리했다.
7. 옮긴이 주로 따로 빼기에는 그 내용이 많지 않거나 본문 이해에 도움이 된다고 판단한 첨언은 '[ ]'안에 적어 넣었다. 그 밖에 위 첨자로 처리된 보충 어구 또한 필요한 경우, 구분을 위해 같은 기호를 썼다. 끝으로 '( )' 안의 모든 내용은 글자 크기 및 자리에 상관없이 모두 원저의 내용이다.
8. 단행본·전집·국내 정기간행물과 그 밖의 문화 생산물에는 겹낫쇠(『 』)를, 논문·논설·기고문·선언문·단편·단행본의 장 같은 것에는 홑낫쇠(「 」)를, 외국 정기간행물 및 누리집을 그대로 쓰거나 한국어 발음으로 고쳐 쓰는 경우에는 겹꺽쇠(《 》)를, 그것에 실린 시론이나 작품은 홑꺽쇠(〈 〉)를 썼다.
9. 맞줄표는 가독성을 크게 떨어뜨리지 않는 이상 가급적 살리려고 했으며, 그렇지 않은 경우 없애거나 덧붙이기도 했다.
10. 특별히 르페브르의 저서에는 따로 원어를 병기하지 않았다. 이와 관련해서는 책 뒤의 「참고문헌」을 보기 바라며 그 밖의 것에는 원어 병기를 원칙으로 삼았다.

한국어판 서문

내가 앙리 르페브르를 읽기 시작한 건 거의 이십년 전 브루넬 대학교에서 박사학위 논문을 시작할 때였다. 내 지도교수 마크 네오클레우스Mark Neocleous는 내가 당시 공부하고 있던 미셸 푸코와 더불어 최근에 영어로 번역된 『공간의 생산』을 읽어야 한다고 얘기해 줬다. 난 르페브르를 논의한 에드워드 소자Edward Soja의 강의에 참석했던 일 또 그 강의가 큰 영감이 됐던 일을 기억한다. 비록 그가 말한 것 대부분에 동의하진 않았지만 말이다. 당시 난 르페브르에 대한 글들을 처음으로 썼다. 하지만 제출된 논문에선 니체·하이데거·푸코만 논의됐다. 그 논문에서 비롯한 책 『현재의 지도 그리기』*Mapping the Present*에선 단지 하이데거와 푸코만 집중적으로 조명됐다.

내 첫 학술대회 발표는 르페브르와 관련한 것으로 1997년 맨체스터 대학교에서 이뤄졌다. 발표 후 내 박사학위 논문이 그 주제와 관련한 것이냐는 질문을 좌장에게 받았던 것으로 기억한다. 내가 그렇지 않다고 대답했을 때 그는 듣던 중 반가운 소리라고, 왜냐하면 르페브르가 득 될 게 없는 사람이라서 그렇다고 말했다. 물론 내가 르페브르만 연구해 온 건 아니지만 그 말은 사실이 아니었다. 르페브르 관련 연구를 통해 나는 얼마간의 프로젝트를 진행할 수 있게 됐다. 여러 곳에서 감동적인 초청도 받았고, 벗도 많이 사귈 수 있었고, 협업도 많이 할 수 있었다. 이 가운데 최초의 것으로 가장 중요한 것은 또 다른 학술대회에서 일어난 마주침이었다. 거기서 난 엘레노어 코프만Elenore Kofman을 만났다. 우린 얘기를 주고받기 시작했고 그녀는 내게 그녀와 엘리자베스 레바Elizabeth Lebas가 잇따라 진행하고 있던 르페브르 선집 작업에 함께하자고 했다. 그 둘은 이태 전쯤에 『선집으로 읽는 르페브르의 도시론』을 엮어 냈고 그의 작업에서 더 일반적인 글을 추려 낼 계획을 하고 있었다. 엘레노어와 엘리자베스는 정치이론가와 같이 하는 게, 특별히 마르크스주의 및 철학 부분 관련 작업을 하려면 그렇게 하는 게 도움이 될 거라 생각했다. 이 작업이 『앙리 르페브르: 핵심저작』이라는 책이 됐고 마침내 2003년에 출간됐다. 그 책과 병행해서 난 르페브르에 대한 내 연구물을 생산해 냈다. 바로 여기에 번역된 책 『앙리 르페브르 이해하기』다.

그때 이후로 나의 르페브르 관련 연구 대부분은 그의 작업을 영어로 옮겨 엮는 것이었다. 나는 제럴드 무어Gerald Moore와 르페브르의 마지막 책 곧 그의 사후에 간행된 『리듬분석』의 번역 작업을 함께했다. 그러고 나서 닐 브레너Neil Brenner와 난 르페브르의 정치적인 글을 가려내 『국가, 공간, 세계』*State, Space, World*라는 선집으로 묶었으며, 번역은 제럴드가 맡아 줬다. 그 책의 긴 서문과 르페브르가 국가·공간·영토를 어떻게 생각하는지를 다룬 독자적 시론 한 편 — 둘 다 닐과 함께 썼다 — 은 내가 르페브르에 대해 쓴 사실상의 마지막 글이다. 그 시론은 특별히 닐과 나눈 대화 속에서 영토에 대한 르페브르의 생각을 파악해 나가는 데 결정적이었으며, 그 주제는 내 작업 대부분의 중심이 돼 왔다. 그 이후로 난 버소Verso와 함께 르페브르의 철학 관련 글 일부를 작업해 오고 있다. 그의 『메타철학』을 번역, 편집하면서 그 책의 서론을 썼다. 출간 계획에 대한 자문도 함께 하고 있는데 그 중 다음 책은 『헤겔, 마르크스, 니체』가 될 것이다. 아울러 『마르크스주의 사상과 도시』의 서문을 간략하게 쓰기도 했다. 현재의 기획으로는 르페브르의 농촌문제 관련 글을 선집으로 내려고 아담 데이비드 모턴Adam David Morton과 함께 작업 중인 게 있다.

내가 집중해 온 여러 사상가와 달리 르페브르에 대한 기록의 흔적은 예나 지금이나 거의 똑같이 남아 있다. 하이데거의 전집, 게잠트아우스가베*Gesamtausgabe*는 100권이 넘을 텐데도 그 중 일부만 그의 생전에 출간됐다. 푸코의 강좌, 개별 강의와 글, 가장 최근의 『성의 역사』 제4권은 고려할 자료가 점점 더 많아진다는 것을 뜻한다. 르페브르의 경우는 이에 해당하지 않는다. 그는 생전에 하이데거와 푸코보다 훨씬 더 많은 책을 냈지만, 그의 사후에 나온 것은 거의 없다. 그가 작고한 후엔 『리듬분석』이, 2002년엔 『과학의 방법론』이 나왔고, 이 책 둘 다 『앙리 르페브르 이해하기』에서 논의됐다. 우카시 스타네크Łukasz Stanek의 연구는 수고, 『향유의 건축을 향하여』*Towards and Architecture of Enjoyment*는 물론 내가 몰랐던 단편 다수를 발굴해 냈다. 피레네산맥의 농민공동체에 대한 르페브르의 박사학위 논문 또한 현재 출간돼 있다. 그래도 그의 사후에 출간된 문헌의 폭은 그 밖의 많은 사상가의 경우에 비해 넓지 않다. 무슨 자료라 하더라도 여전히 존재는 하지만 대체로 알려져 있진 않은 상태에 있다. 이용할 수 있는 르페브르 아카이브도 없다. 그의 오랜 동료 노르베르 구테르망Norbert Guterman과 관련한, 컬럼비아 대학교 도서관의 문헌에서 찾아볼 수 있는 얼마간의 흔적을 제외하고는 말이다. 르페브르의 강좌, 초안, 그 밖의 모든 풍성한 자료는 여전히 개인이 소장하고 있을지도 모를 일이다.

사정이 이와 같아서 지금 이 책을 다시 쓴다 해도 크게 달라진 건 없을 듯하다. 4장의 설명에 르페브르의 박사학위 논문에 있는 농촌연구가 녹아들도록, 그리고 같은 장에서 스타네크의 선구적인 연구에 비춰 르페브르가 공간전문가 — 건축가 및 도시계획가 — 와 벌인 교전과 관련해서 더 많은 얘기를 할 것 같다. 내가 이 책을 썼을 당시 이 책 외의 르페브르 연구서라 해 봤자 레미 에스Rémi Hess의 전기와 롭 실즈Rob Shields가 영어로 쓴 것 정도밖에 없었다. 지금은 수 미들턴Sue Middleton, 벤자민 프레이저Benjamin Fraser, 크리스 버틀러Chris Butler, 앤디 메리필드Andy Merrifield, 나다니엘 콜맨Nathaniel Coleman, 로랑스 코스트Laurence Costes와 위그 르티에리Hugues Lethierry가 쓴 책과 함께 선집도 몇 권 되고 글도 다양하게 있다. [지금 이 책을 다시 쓴다면] 이렇듯 다른 해석과 전용을 고려하는 작업을 덧붙일 것 같다. 현재 우리는 지구촌의 다양한 언어로 더 많이 번역돼 있는 르페브르의 작업을 손에 넣을 수 있는데, 이는 그 작업의 호소력과 쓰임새가 오랫동안 이어지고 있다는 증거다.

르페브르는 특유한 장소와 시간의 사상가다. 하지만 그의 작업이 그 밖의 다양한 맥락과 분과학문에서 영향력을 끼치고 있음이 드러났으며, 그것들은 그가 철학과 사회학에서 수행한 자신 고유의 실천을 훌쩍 뛰어넘는 것이다. 난 이 안내서가 한국의 르페브르 독자에게 유용한 것으로 드러나게 되길 간절히 바란다.

목 차

감사의 말씀

엘진 디아즈Elgin Diaz, 엘리자베스 레바, 아담 홀든Adam Holden, 워렌 몬탁Warren Montag이 이 책의 원고 전체를 읽어주었기에 이 책은 그이들의 신중하고 너그러운 논평에서 헤아릴 수 없을 만큼 큰 도움을 입었다. 닐 브레너가 출판사에 작성해 준 보고서는 너무 많은 도움이 됐다. 이 책의 앞부분 일부는 마크 네오클레우스의 유익한 제언으로 향상됐고, 나는 엘레노어 코프만과 함께한 작업에서 많은 것을 배웠다. 앞서 언급한 이들에 더해 샤론 코완Sharon Cowan, 제레미 크램튼Jeremy Crampton, 로렌스 헤밍Laurence Hemming, 모리스 카플란Morris Kaplan, 제임스 올슨James Olsen, 마리사 리차드슨Marisa Richardson, 마자 제푸스Maja Zehfuss, 그리고 더햄의 내 동료들은 내 생각의 상당 부분을 가다듬도록 도와줬다. 이모겐 포스터Imogen Forster, 제럴드 무어와 함께한 번역 작업은 르페브르를 적합한 영어로 옮기는 내 능력을 키워 줬다. 편집자 트리스탄 파머Tristan Palmer는 이 작업과 그 밖의 르페브르 관련 프로젝트에 엄청난 지원을 해 줬다. 모두에게 고맙다. 나는 맨체스터 대학교, 브루나이 대학교, 프리드리히 알렉산더 에어랑엔-뉘른베르크 대학교, 런던 대학교, 더햄 대학교, 개방 대학교, 바스 왕립 문학과학 대학에 논문을 제출했다. 나는 이 작업을 발전시키고 이 작업의 표현을 향상시킬 기회를 제공해 준 이 교육기관과 그곳의 독자에게 고맙단 말을 하고 싶다. 르페브르의 책과 논문을 찾아다니는 여정은 나를 다채로운 도서관으로 이끌었다. 컬럼비아 대학교의 희귀서 및 수고 도서관 직원에게는 특별한 감사를 느낀다. 르페브르의 작업과 편지가 포함돼 있는 노르베르 구테르망의 문헌을 열람할 수 있도록 허락해 줬기 때문이다.

이 발상의 일부는 처음엔 다른 곳에서 출판물로 나왔다. 2장의 일부는 「환상적인 것의 눈을 통해: 르페브르, 라블레, 지적 역사」, 『사적 유물론』 10(4), 2002년 여름, 89-111쪽에,[1] 2장과 5장 몇 부분의 해석은 「마르크스와 하이데거 사이: 정치, 철학, 르페브르의 『공간의 생산』」, 『안티포드: 지리학의 급진 저널』, 36(1), 2004년 1월에,[2] 초기 발상 일부는 「정치, 철학, 지리: 최근 영미학계에서 앙리 르페브르」, 『안티포드: 지리학의 급진 저널』, 36(1), 2001년 11월, 809-25쪽에 개관됐다.[3] 나는 내 주장 일부를 시험할 기회를 준 이 두 학술지의 편집진, 유익한 논평과 비평을 제공해 준 심사위원진에게 감사드린다. 아울러 내 강의 하나를 독일어로 번역해 준 제스코 페제르Jesko Fezer에게도 고마움을 전한다. 그것은 「공간의 정치가 있다. 공간이 정치적이기 때문에: 앙리 르페브르와 『공간의 생산』」, 『건축』, 2002년 7월 1일, 27-35쪽에 실렸다.[4] 특별히 르페브르의 작업 대부분이 독일 사상을 프랑스의 맥락으로 번역한 것이라는 이 책의 주장을 감안할 때 이 작업은 소중한 경험이었다. 나는 헤아릴 수 없는 일신의 빚을 변함없이 떠안고 있다. 내 어머니, 할머니, 이안, 니키, 레이첼에게. 그리고 지금은 내 아내인 수잔에게도. 그녀의 사랑, 인내, 지지에 대해.

스튜어트 엘든

더햄, 2003년 7월

서론: 앙리 르페브르 1901-91

르페브르의 삶은 예사롭지 않았다. 20세기의 첫 해에 시작한 그의 삶은 그 세기가 끝나기 10년 전까지 펼쳐졌다. 이에 맞춰 프랑스 전기 작가가 르페브르의 작업을 두고 세기의 모험으로 부른 것은 전혀 놀랍지 않다.[1] 마르크스가 죽은 지 18년, 엥겔스가 죽은 지 겨우 6년이 지났을 때 태어난 르페브르는 러시아 혁명 땐 열여섯 소년, 제2차 세계대전 발발 땐 30대 후반, 쿠바 미사일 위기 땐 예순, 베를린 장벽이 무너질 때도 여전히 집필 중이었다. 알튀세가 태어나던 해에 철학 **리상스**를 취득했고 푸코가 태어나기 이태 전에 첫 논문을 펴냈지만 그 둘보다 더 오래 살았다.

1950년, 당대 사상을 조망하는 책에서 자신의 작업을 프랑스 독자에게 소개하며 르페브르는 다음과 같은 전기적 사실을 기록하고 있다.

> 1901년에 중산층 가정에서 태어났다. 엄격한 종교(가톨릭) 교육을 받았다. 젊은 시절 고통 속에서 방황하며 반항적이고 아나키스트 같은 성향을 보였다. 30대에 마르크스주의 안에서 또 그것을 통해 균형을 찾았다. 대학이건 어디서건 통상적인 경력을 추구하진 않았다. 현재는 국립과학연구원Centre national de la recherche scientifique, 이하 CNRS의 사회학 부문 책임자로 있다. 철학을 현실생활에 대한 비판적 의식으로 본다. 철학보다 연극을 상위에 놓는다(실제로 그렇다는 것이 아니라 그리 생각한다!). 삶과 일의 계획 중 일부만 이뤘다. 다 이룰 것을 바라진 않는다.[2]

이 책의 미국판은 이 대목을 "1901년에 태어나 툴루즈에서 철학 교수를 역임했다. 현재 파리의 CNRS 사회학 부문에서 연구를 담당하고 있다"[3]고 순전히 학문적인 것만으로 줄여 놓은 뒤 몇 권의 책을 나열하고 있다. 이는 유감스러운 일이다. 그가 자신의 사상을 형성하는 데 중요했던 시기와 그가 선택한 전망을 일별한다는 측면에선 긴 쪽[프랑스어 판, 인용]이 의미심장한 듯 보이기 때문이다. 여기서 르페브르는 자신의 마르크스주의 또 자신이 철학을 "현실생활에 대한 비판적 의식으로" 보는 방식을 분명히 말하고 있다. 이러한 마르크스주의와 철학적 관점은 이 책의 이해를 돕는 실마리가 될 것이다. 이를 통해 나는 르페브르를 그의 지적 맥락에서 숙고하고, 그가 여러 이질적 주제와 관련해서 내어 놓은 많은 책이 어떻게 서로 밀접한 관계를 맺고 있는지를 제시하고, 다양한 현시대적 관심사에 대해 르페브르의 저작에 있는 중요성을 입증할 것이다.

이것이 사상가 르페브르를 다루는 책이긴 하지만 전기적 요소, 특별히 두 자서전의 맥락에 있는 것들이 이후의 장들에 영향을 끼치게 될 것이다. 그래도 처음에 그의 삶을 간단한 밑그림 정도로 그려 보는 일은 해 볼 만하다. 이는 배경을 위한 것이기도 하고, 이 책 전체에서 논의될 주제를 소개하고 그 윤곽을 잡아보기 위한 것이기도 하다. 니체가 "나와 나의 글은 별개다"고 주장한 데 반해[4] 르페브르는 자신의 작업이 곧 자신의 삶이라고 반박한다.[5] 내가 르페브르의 글을 인간 르페브르로 환원하고 싶은 것은 아니다. 하지만 그의 경우엔 어쩌면 자신 외의 많은 저술가가 그들 자신의 작업과 맺고 있는 관계보다 더 타당할 정도로 작업과 삶이 아주 가깝게 맞닿아 있었다.

르페브르는 1901년 피레네산맥 바로 바깥에 있는 하지트모[Hegetmau]에서 태어났다. 그의 어머니는 베아른 사람으로서 바스크의 혈통도 얼마간 지니고 있었다. 그의 아버지는 브르타뉴와 피카르디에 뿌리를 두고 있었다. 르페브르가 직접 한 말에 따르면 아버지는 튼튼하고 다부진 몸을, 어머니는 거의 이베리아 사람 같은 긴 얼굴을 자신에게 물려줬다고 한다. 이는 그가 자신이 "돈키호테의 머리와 산초 판사의 몸"을 갖고 있는 사람이라고 말하도록 했다.[6] 비록 십대 초반에 피레네산맥을 떠나긴 했지만 그는 그곳에 강한 애착을 간직할 터였다. 르페브르는 파리의 **리쎄 루이 르 그랑**Lycée Louis le Grand에서 수학했다. 원래는 공학도가 될 작정이었으나 늑막염을 한 차례 앓은 뒤 모리스 블롱델Maurice Blondel의 지도를 받으며 철학을 공부하기 위해 액상 프로방스로 옮겨 갔다. 에스는 기후 때문에 그곳이 선택됐다고 주장한다.[7] 1919년부터 그는 소르본 대학에서 교육 받았고 레옹 브룅슈비크Léon Brunschvicg의 지도로 얀센Cornelius Jansen 및 파스칼과 관련한 글을 썼다. 이로써 그는 철학 학위를 취득했다. 1920년대 초에는 좌파 학생이 모인 소규모 집단의 일원이었는데, 그 학생들에는 조르주 폴리처Georges Politzer, 노르베르 구테르망, 조르주 프리드망Georges Friedmann, 피에르 모랑쥐Pierre Morhange가 있었다. 그들은 《**필로조피**》*Philosophies*라는 제목의 저널을 창간했고 그것에서 그 모임의 이름을 가져왔다. 르페브르는 자신이 맨 처음 쓴 글 대부분을 이 저널에 실었다. 이 저널은 당시 지배적이었던 베르그송의 철학에 대한 도전이 반드시 필요하다는 신념 위에 설립됐다.[8] 르페브르는 이러한 작업 일부의 연장선에서 초현실주의자, 특별히 트리스탕 차라Tristan Tzara 및 앙드레 브르통André Breton과 사귀어 가까이 지냈고, 구테르망과는 《**라 레볼루시옹 쉬르레알리스트**》*La Révolution surréaliste*에 실린 글 한 편의 공저자가 되기도 했다.[9] 그는 이후 격렬한 논쟁 끝에 그들과 결별했다.[10]

《**필로조피**》와 그것을 이어받은 《**레스프리**》*L'esprit*가 파국을 맞음으로써 르페브르는 학문적 연구에서 떠났다. 이 시기 동안 그는 군복무를 하고, 공장에서 일을 하고, 파리에서 택시 운전을 했다. 이 경험을 두고 그는 1946년에 다음과 같이 썼다.

> 두꺼운 책 한 권이 이 실존주의 철학자-택시 운전사의 모험과 불운을 다 담을 수는 없었다. 파리의 암흑가가 온갖 추잡한 모습으로 그의 앞에 펼쳐졌고, 그는 거기에 있는 색싯집, 매음굴과 노름방, (백인과 유색인종을 위한) 무도회장, 화려한 호텔과 작고 값싼 식당, 암거래상, 상류층과 하층계급의 남색자들, 불법 사설 마권업자, 무장 강도와 경찰대의 비밀을 알아가기 시작했다. 나는 냄새나는 '존재'의 심연 중 일부를 파헤쳤다. 내가 끌어 올린 것을 카페 플로레Café Flore에 있는 신新실존주의자들에게 보내 줬다면 그들은 황홀경에 빠졌을 것이다.[11]

심각한 자동차 사고를 한 차례 겪은 뒤 그는 교사가 되었다. 처음에는 프리바Privas에서, 나중에는 파리 바로 남쪽에 있는 몽타르지Montargis에서 가르쳤다. 그는 파리와 직장을 오가며 일했다.[12] 초현실주의자들과 장 발Jean Wahl이 최초로 기울인 노력을 통해 그는 헤겔의 저작, 특별히 『대논리학』을 접하게 되었는데 이는 그가 주로 셸링F. W. Shelling과 니체를 읽는다고 밝힌 뒤의 일이었다.[13] 헤겔을 통해서 르페브르는 마르크스를 알게 되었고 **필로조피** 동인 모임이하 필로조피에 있던 구테르망 및 그 밖의 동료들과 함께 《**라 레뷰 마르크스시트**》*La revue marxiste*를 창간한다. 그것은 프랑스 최초의 마르크스주의 저널 중 하나였다.[14] 1928년 그는 프랑스 공산당에 들어갔다. 이는 그가 기억하는 것처럼 관념론의 원칙을 버리고 마르크스주의로 가면서 실천이 이론과 불가분의 관계에 놓이게 됐기 때문이다.[15] 르페브르는 1928년과 1932년 사이엔 단 한 편의 글만 발표했지만[16] 1930년대 전체를 놓고 볼 때 확실한 것은 그가 구테르망과 함께 여러 번역서 및 입문서와 관련한 광범위한 계획을 실행에 옮겼을 뿐더러 마르크스주의와 관련해서 자기 고유의 철학적 견해를 전개하기 시작했다는 점이다. 그 같은 전개는 주로 구테르망과 함께 한 협업에서 또 《**아방포스트**》*Avant-Poste*, 《**유럽**》*Europe*, 《**코뮌**》*Commune*과 같은 저널에서 이뤄졌다.

그는 독일의 프랑스 점령기인 1941년에 교사직에서 해임을 당했다. 프랑스 공산당원이었기 때문이다.[17] 이후 그는 레지스탕스에 관여했다. 메리필드가 말하듯이 르페브르는 "공산당 팸플릿을 통해 비시 정부를 신랄하게 비판했고, 적의 기차를 탈선시키는 임무를 돕고, 부역자의 냄새를 재빨리 맡았다".[18] 이런 경험이 정치투쟁의 많은 것을 그에게 가르쳐주기는 했지만, 정작 그는 자신이 쓴 편지에서 현실과 신화 사이의 큰 격차를 가차 없이 비판했다.[19] 이 시기 대부분의 연고를 피레네 지역에 뒀기 때문에 그동안 프랑스 농촌의 삶에 대한 그의 관심이 확고해지기도 했다. 전쟁이 끝난 뒤 그는 잠깐 동안 툴루즈의 한 라디오 방송국에서 미술감독으로 일했다. 나중에 툴루즈, 스트라스부르, 낭테르에 있는 고등학교와 파리 8대학에서 가르치거나 고등연구원에서 시간강사 생활을 하고 CNRS의 사회학 부문 책임자가 되기도 했지만 그는 어느 정도 학문적 주류의 바깥에 머물렀다. 실제로 그는 1953년에 CNRS에서 쫓겨났다. 표면적 이유는 박사학위가 없다는 것이었다. 피레네 지역의 농민공동체에 대한 논문이 이 문제를 해결해 줬고 1954년에 그는 복직한다.[20] 그러나 진짜 이유는 그가 부르주아지와 미국주의에 퍼부은 맹공 및 그의 마르크스주의와 훨씬 더 관련이 있었고, 노조운동이 그의 복직을 요구했기 때문이었다.[21] 르페브르는 프랑스 공산당 활동을 1928년에서 1958년까지 이어갔고 공산당을 떠난 후에는 상황주의자, 마오주의자, 그 밖의 여러 좌파 집단과 관계를 맺었다. 그가 스탈린주의 진영과 벌인 여러 논쟁이 다수의 초기 저작 발간으로 이어지기는 했지만, 그 밖의 것들은 당 관리들에게 검열을 당했다. 그는 《브와 누벨》*Voies nouvelles*과 《오토제스티옹》*Autogestion* 같은 다수의 반체제 저널을 설립하는 데 중요한 역할을 맡았다. 그는 콩방디Daniel Cohn-Bendit와 보드리야르Jean Baudrillard를 그의 학생들 속에 두고서 1968년 5월의 사건들에 심대한 영향을 끼쳤으며 그와 관련한 중요한 연구를 집필하기도 했다. 르페브르는 당시 67세였지만 그 뒤에도 20년 이상 집필활동을 계속했고 자신의 저술 중 가장 중요한 일부를 바로 이 시기에 써 냈다. 1976년의 한 인터뷰에서 밝혔듯이 세상이 바뀌면서 그의 글도 바뀐 것이다.[22]

르페브르는 결혼을 여러 번 했다. 마지막 부인은 그의 1978년 책 『이제 혁명은 예전의 혁명이 아니다』를 두고 인터뷰를 진행했던 21세의 공산당원이었다. 사랑을 둘러싼 그의 삶에 대한 언급은 특별히 시의 형식으로 드러나며 시 몇 편이 그의 책 일부에 간간이 끼어든다. 그가 삶을 함께하기에 그리 수월한 사람은 아니었던 듯하다. 그의 네 번째 부인 니콜 보레인-르페브르Nicole Beaurain-Lefebvre는 자신이 르페브르에게 매력이 없어질까 봐 걱정된다고 구테르망에게 털어 놓기도 했다. 서른넷, 당시 니콜의 나이는 르페브르 나이 일흔의 절반도 채 안 됐다.[23] 알제리로 여행을 다녀온 직후인 한 달 뒤에 쓴 편지에서 그녀는 "앙리가 이미 그의 여자 친구들과 만났고 내 생각엔 플라토닉러브를 나누고 있다"고 말했다.[24] 몇 년 후 그들은 헤어졌다. 그의 슬하엔 자녀가 여럿 있었다 — 장남인 장 피에르Jean-Pierre는 1925년에, 막내인 아르멜르

Armelle는 1964년에 태어났다. 하지만 그가 늘 가정생활을 즐기지 않았다는 건 분명했다. 한번은 브르타뉴에서 보낸 휴가를 두고 이렇게 말했다. "그것 참 지겹군!"[25]

만년에 그는 나바랑스Navarrenx에 있는 외가, 메종 다라크Maison Darracq로 돌아왔다. 거기는 그가 휴가를 보내던 곳이었지만 이제는 파리와 다른 곳에서 잇따라 찾아드는 손님들을 접견하는 곳이 됐다. 루로René Lourau가 얘기하는 것처럼 이 집이나 근처 식당에서 한 끼 거하게 먹은 뒤 르페브르와 함께 하던 산책은 1960년대에 그를 보러 온 "사회학자, 철학자, 학생, 상황주의 극좌파"에게는 거의 규칙처럼 꼭 필요한 것*de rigueur*이었다.[26] 사실 말년에 르페브르는 각양각색의 상황주의자 곧 도시 산책자들을 그이들에게 아주 안 맞는 환경이었던 시골 깊숙이 데리고 간 일을 얘기한다.[27] 컬럼비아 대학교의 **구테르망 아카이브**에 있는 사진 몇 장은 이맘때쯤 옛 친구들이 함께 한 산책과 파이프 애연가 르페브르를 보여준다. 이따금 파리로 되돌아가긴 했지만 이곳은 그가 말년을 보내기 위해 선택한 곳이었다. 1991년 6월, 아흔 번째 생일을 보낸 직후 그는 세상을 떠났다.[28]

1920년대부터 사망 직후까지 출간된 책이 딸려 있는 그의 긴 경력 동안 르페브르는 결코 멈춰 있지 않았고 그가 논의한 다양한 주제 모두에서 박식가의 능력을 보여줬다. 그는 단순한 분과학문의 명칭을 줄곧 거부했다. 에스가 말하는 것처럼 "르페브르는 지식을 조각조각 썰어 버리는 일을 늘 거부했다".[29] 예컨대 피레네산맥과 관련한 그의 책 첫머리에 나오는 특유의 대화를 보면 올리버로 불리는 한 대담자가 머리글자 'H'로 표기된 저술가와 함께 그 지역을 다룰 책을 두고 얘기를 주고받는다.

> O. 당신은 철학자죠.
> H. 딱히 그렇진 않습니다만.
> O. 그럼 사회학자인가요?
> H. 이젠 아닙니다.
> O. 당신은 분류될 수 없는 것을 대수롭지 않게 여기시네요. 당신 자신일 수 있는 용기를 갖고 계시는 군요.[30]

그가 관심을 뒀던 주제의 광범위함이 흥미롭고 눈을 떼지 못할 정도로 강렬할지는 몰라도 그것은 그의 수용에 대해서는 여러 문제를 낳기도 했다. 그가 책 일흔 권을 살아생전에 출간하고 유작으로 두 권이 더 나왔다는 점, 또 이 책들의 범위가 문학이론에서 정치학, 사회학에서 철학, 도시 및 농촌이론에서 역사학까지 폭넓게 걸쳐 있었다는 점을 고려할 때 그의 저작이 어떻게 전체로 기능했는가를 파악하기란 여간 까다로운 일이 아니다.

이 일흔 두 권의 책과 관련해서 몇 마디 해 두는 편이 낫겠다. 이 책들 가운데 다섯 권은 마르크스, 헤겔, 레닌이 쓴 글로 모두 구테르망과 함께 엮었다. 그 중 둘은 다만 구판을 신판으로 찍어낸 것에 지나지 않는다. 『사이버인류를 향하여: 기술관료에 반대하며』는 『입장: 기술관료에 반대하며』를 조금 손본 요약본이고, 『구조주의적 이데올로기』는 『구조주의 저편』에서 다섯 편을 골라 다시 찍어낸 것이다. 『돌입: 낭테르에서 절정으로』에 실린 내용의 대부분 또한 『자본주의의 존속』에 재등장했으며 거기에는 새로운 소재도 더러 있었다. 『신비화된 의식』(구테르망과 함께 작업)과 『이제 혁명은 예전의 혁명이 아니다』(카트린 레귈리에[Catherine Régulier]와 함께 작업), 이 두 권은 공저다. 『푸리에의 현실성』과 『시민권의 계약에 관하여』는 다양한 저술가의 에세이 모음으로 르페브르가 책임 편집한 것이었다. 아울러 다른 책 두 권은 기본적으로 다른 저술가의 책과 짝을 이뤄 발간한 것이었는데, 『코스타스 악셀로스의 즐거움』은 피에르 푸게롤라스[Pierre Fougeyrollas]와 함께 작업했고, 『루카치 1955』에는 파트릭 토르[Patrick Tort]의 『오늘날 마르크스주의적 존재』[*Être marxiste aujourd'hui*]가 덧붙었다. 그 밖의 책 가운데 일부는 여러 권으로 이뤄져 있다. 『국가』는 네 권, 『일상생활 비판』[이하 『비판』]은 세 권, 『파스칼』은 두 권짜리다. 하지만 저작이라기보다 실질적으로 편집본인 두 권과 『사이버인류를 향하여』와 『구조주의적 이데올로기』를 뺀다손 치더라도 우리에겐 예순 권이 넘는 자료가 남아 있다. 게다가 르페브르의 글 상당수가 이 책들에 수록되어 있지만 — 예컨대 『농촌사회에서 도시사회로』, 『구조주의 저편』, 『공간과 정치』는 모두 에세이 모음이다 — 그 밖의 글 몇몇은 오직 편집된 논문집이나 저널 형태로 있고 그 대부분은 오늘날 찾기가 거의 불가능하다. 그러나 이조차 그가 쓴 글의 일부에 지나지 않는다. 많은 강좌에서 이런저런 주제가 다뤄졌긴 하지만 그것들은 출판물에서 고작 스쳐지나가는 정도로 언급될 뿐이다. 1975년에 그는 이렇게 말했다. "나는 정말 많이 쓴다. 내가 출간하는 것보다 훨씬 더 많이".[31]

르페브르를 받아들이려 애쓰는 데는 그 밖의 곤란함도 여럿 뒤따른다.[32] 그의 저작을 읽은 사람이라면 누구라도 증명하겠지만 그의 문체가 아주 유려한 것은 아니었다. 이는 원작보다 영어로 이해하기가 더 까다롭단 말인데, 많은 번역자가 — 어쩌면 당연하게도 — 자신의 언어로 옮겨 오면서 그의 저작에 있는 성긴 구석을 얼넘기는 바람에 그리된 것이다. 르페브르는 때때로 타이피스트를 데려다 이런저런 주제를 두고 혼자서 하는 긴 이야기를 옮겨 쓰도록 했다. 이는 그의 저술이 반복적이고 지엽적이면서도 두서없이 이뤄진다는 것을 뒷받침하고, 어쩌면 그가 여러 책을 너무도 재빠르게 써 낼 수 있었다는 것과 그 책 일부가 순전히 경제적 이유로 쓰였다는 것을 설명하기도 한다.[33] 이 타이피스트 대다수는 "그가 바랐거나 사랑했던 여자였"고 그녀들을 위해 그는 곧잘 그의 생각을 즉흥적으로 펼쳐보이곤 했다. 아울러 그는 자신의 책 가운데 가장 빼어난 것은 그가 쓴 것이기보다 말한 것이라고 주장한다.[34] 그 밖의 책들은 손으로 적은 뒤 타자를 친 것들로 이 작업은 그것들이 르페브르가 손수 보태고 새긴 내용으로 뒤덮이기에 앞서 이뤄졌다.[35] 마찬가지로 그의 저술 상당수는 거센 논쟁의 성격을 띠며 여러 인물·논란거리·쟁점에 관심을 둔다. 그 관심사에 그가 글을 쓸 당시에 그러했던 것만큼의 의의는 더 이상 없다. 그는 참고문헌은 종잡을 수 없이 써먹고, 예시는 온갖 것에서 빼 오고, 학문적 관례는 거들떠도 안 볼 정도로 아주 제멋대로다. 게다가 영어를 쓰는 독자는 그의 관심사를 아주 좁은 관점에서 봐 왔다. 그가 지은 많은 책 중에서 번역된 몇 권만 달랑 갖고 말이다.

그렇다면 왜 르페브르는 지난 십오 년 쯤 되는 시간 동안 영미권 학계에서 그토록 놀랄만한 영향을 끼쳐 왔을까? 특별히 지리학이 있지만 건축학 및 도시이론처럼 공간에 관심이 있는 그 밖의 학문분과에서도 평상시보다 더 큰 관심을 보여 왔고, 그 대부분은 1991년 『공간의 생산』의 번역에서 비롯했다. 『선집으로 읽는 앙리 르페브르의 도시론』은 그의 저작에 대한 수용력을 이 영역에서 키워나갔으며, 공간정치에 대한 그의 폭넓은 관심이 어떻게 프랑스와 그 밖의 곳에서 이뤄지는 도시적 삶의 본질을 둘러싼 논란으로 번져 나갔는지를 보여줬다. 마찬가지로 일상생활과 관련한 그의 저작은 — 그 가운데 요약본인 『현대세계의 일상성』은 지난 삼십여 년 동안 영어로 된 것을 구해볼 수 있었다 — 문화연구를 포함한 여러 영역에서 폭발적 관심을 불러일으켰다. 그러나 이 주제의 핵심은 세 권짜리 『비판』에서 거론되고 있고 기껏 그것이 번역된 형태로 선을 보이기 시작한 것은 1991년에 이르러서였다. 실지로 『자본주의의 존속』 이래 1991년의 이 번역들은 지난 십오 년 동안 있었던 최초의 영어 번역이었다. 이 연도가 또한 그가 세상을 떠난 해임을 감안한다면 니체가 『이 사람을 보라』에서 넌지시 해 둔 유명한 말, "어떤 이는 죽은 뒤에 태어난다."를 다시 떠올려보는 일이 부적절하진 않을 터이다.[36] 적어도 영어권에서 이 말을 르페브르에게 적용해 보면 참일 듯 싶다.

프랑스에서 누군가는 관련된 얘기를 따라 이런 주장을 펼칠 수도 있을 것 같다. 여러 경우에 르페브르가 프랑스 지성계의 중심에서 중요한 역할을 맡기는 했지만, 세상을 떠난 뒤부터 최근 출판 활동의 한바탕 소동, 다시 말해서 『실존주의』, 『메타철학』, 『역사의 종언』 또 그가 살아 있을 때는 아예 빛도 못 봤던 『과학의 방법론』 같은 장기 절판서의 개정판 출간을 목격한 그 소동이 일어날 때까지 그는 대체로 소홀한 대접을 받았다.[37] 정말 중요한 이 책들 가운데 영어로 된 것은 아무 것도 없다. 비록 처음 세 권의 이곳저곳이 『앙리 르페브르: 핵심저작』*Henri Lefebvre: Key Writings*, 이하 『핵심저작』 선집에 실려 있긴 하지만 말이다. 2000년에 적절한 이름이 붙은 **에스파스 마르크스***Espaces Marx*의 콜로키움과 그 이듬해 파리 8대학의 국제회의는 르페브르를 어젠다로 다시 올리는 데 많은 일을 했다. 상황이 그렇다면 아마도 그는 프랑스에서 다시 태어났는지도 모른다. 여기서 그의 저술에 주안점을 둔 일은 단지 그의 공간 관련 저술보다 더 광범위한 정치적 성향을 띠었고, 거기에는 그가 시민권, 국가, 세계적 규모의 자본 재편과 관련해서 쓴 책들을 둘러싼 채 진행 중인 관심이 함께 했다. 이와 마찬가지로 앞서 말한 개정판들에서 볼 수 있는 것처럼 그가 철학을 더 확실하게 다룬 책들에 대한 관심 또한 강력하다.

프랑스 말고 다른 곳에서 르페브르의 영향은 널리 퍼졌다. 그는 온 세계에서 여러 차례 학회를 개최했고, 여러 공산주의 정치가에게 조언했고, 폭넓게 여행했다.[38] 관심은 특별히 독일과 일본에서 높았고 지금도 그렇다.[39] 더욱이 그의 책 상당수는 이탈리아어, 포르투갈어 — 브라질에 그를 읽는 사람이 많은 탓이다 —, 스페인어 판으로 구해 볼 수 있다.[40] 한때 그의 책은 다른 어떤 프랑스 저술가보다 더 많은 언어로 번역되기도 했다. 일부는 알바니아어·덴마크어·아랍어·터키어·스웨덴어·그리스어 판으로 손에 넣을 수 있다. 『미학시론』은 스무 개 언어로 번역됐다. 그는 유고슬라비아에서도 널리 읽혔는데, 부분적으론 그가 **프락시스** 운동과 관계를 맺었기 때문이다.

내가 다른 곳에서 더 자세하게 주장한 것처럼 최근 영어권에서 르페브르를 전유·해석하는 일이 다양하게 벌어지고는 있지만, 거기엔 여러 문제, 특별히 주어진 독해의 폭이 좁다는 문제가 있다.[41] 지리학·도시사회학·문화연구 영역에서 맞추고 있는 초점은 대개 정치이론가나 철학자의 관심을 희생하는 대가를 치르면서 유지돼 왔다.[42] 이 말이 영어로 이뤄진 기존의 모든 작업에 흠이 있다는 것을 뜻하진 않지만, 코프만과 레바가 『선집으로 읽는 앙리 르페브르의 도시론』의 머리말로 쓴 글 제목이 시사하는 것처럼 "이행 중에 상실돼 버린lost in transposition" 것은 아주 많을지도 모른다.[43] 이 책을 통틀어 내가 펼칠 주장은 르페브르의 작업이 그의 마르크스주의와 철학이라는 맥락에서 더 일반적으로 이해될 필요가 있다는 점이다. 르페브르의 글은 늘 이론적으로 박식하고 정치적으로 연동돼 있었다. 이 두 측면 중 어느 한쪽이라도 그의 작업에서 떼어 낸다는 것은 그에게 몹쓸 짓을 하는 것이다. [만약 그리한다면] 그의 정치적 칼날은 무뎌지고 그의 철학적 복잡성은 부인된다. 심지어 완전히 딴판으로 보일지도 모르는 책에서도 그의 작업에 있는 이 두 특징은 곧잘 주목의 대상이 된다. 그의 작업을 편리한 학적 분과로 구획하는 것이 간단한 일은 아니다. 그가 글 한 편안에서도 여러 분과학문을 가로지르기 때문이다. 에스가 말하듯이 "르페브르는 지식을 조각조각 썰어 버리는 일을 늘 거부했다".[44] 정치와 철학이 중요하다는 것이 그의 공간 관련 작업에 대해서 유난히 맞는 말이긴 하다. 그렇지만 그 작업이 그가 쌓은 최고의 업적으로 여겨진다는 것과 그 밖의 여러 관심사가 그 작업에 비해 부차적이라는 것은 특별히 당대의 문제들 사이에 있다. 이와 마찬가지로 연대기적 접근은 — 아마 그 접근을 추천하는 데 해야 할 일이 많을 수도 있지만 — 비슷한 문제를 만들어 낸다. 책 한 권에 있는 주제들이 여러 해 뒤 아주 다른 겉모습으로 전개·발견되기 때문이다. 이런 까닭에 이 책은 주제별이긴 하지만 분과학문의 여러 경계엔 맞지 않는 접근 방식을 도입한다.

그 결과 『앙리 르페브르 이해하기』는 그의 작업이 어떻게 전체로서 개념화될 수 있는지를 보여주려 한다 — 이 책이 분명히 다차원적이고 불규칙하게 생기긴 했지만 말이다. 르페브르의 작업 전체를 이해하는 입문서로서 이 책은 상당히 포괄적일 것을 목표로 한다. 하지만 그렇다고 해서 이 책을 다루면서 철저한 척 하지도 않는다 — 그리고 그럴 가능성은 없지만 만약 그렇게 하려 할 때 이 책의 실패는 불 보듯 뻔하다. 특별히 언어학 및 재현 이론과 관련한 그의 작업은 거의 얘기된 것이 없다.[45] 무대 중심을 차지할 쟁점은 현시대에 대한 그의 중요성 중 맨 앞에 있는 것과 그의 전작에서 가장 핵심적이라고 주장할 수 있는 것 둘 다이며 그것들에 있는 정치적·철학적 기반도 아우른다. 그렇게 하면서 이 책은 그의 작업과 관련해서 기존 연구 — 그것이 영어로 되어 있든 프랑스어로 되어 있든 — 보다 한층 더 폭넓은 의미를 제공한다. 내가 브레너, 버크하드Bud Burkhard, 에스, 코프만, 레바, 실즈, 트레비슈Michel Trebitsch 같은 저술가를 참조하고 그 사람들의 작업이 쓸모 있다고 여기긴 했지만 대체로 기존 문헌에 대한 직접적 문제제기는 생략했다. 그렇다면 어느 정도 이 해석은 혼자 힘으로 해야만 할 것이다. 비록 나의 접근이 에스의 전기보다 르페브르의 작업 그 자체에 더 많은 관심을 기울이고 있고 실즈보다 이론적으로 더 철저하다는 말은 넌지시 하겠지만 말이다.[46]

이 책은 여섯 장으로 나뉘어 있다. 내가 그 장들 사이에서 겹치는 부분을 최소화하려고 하긴 했지만, 주제별 접근을 시도하는 것과 르페브르의 작업이 어떻게 일종의 총체성으로 기능하는가를 보이려고 애쓰는 것은 엄청난 상호참조와 연결을 필요로 한다. 혹시라도 르페브르가 살아생전에 이런 작업을 봤다고 해도 이것이 그를 놀라게 하진 않았을 것이다. 내가 나중에 자세히 논의하겠지만 그는 단선적인 목적론적 서사에 저항하는 한편 리듬·되풀이하는 것·주기·순간을 강조했다.

1장에서는 이론이자 실천으로서 마르크스주의에 대한 르페브르의 이해를 논의한다 — 그 둘은 통일된다.[47] 여기서는 르페브르가 마르크스를 총체적 사상가 곧 초기 저작과 후기 저작의 강조점이 같은 사람으로 여기는 것을 볼 수 있다. 그는 소외와 같은 개념이 마르크스의 모든 저작에서 어떻게 핵심 개념이 됐는지에 관심을 가졌다. 1장은 그 밖의 프랑스 마르크스주의 해석가들과 어떤 차이를 보이는지를 대조하면서 르페브르가 마르크스주의를 해석하는 데 헤겔이 얼마나 중요한지를 개관한다. 르페브르가 다루는 구체적인 논제에는 변증법에 대한 이해와 형식 논리에 대한 이의제기, 마르크스의 저술을 통한 소외와 생산 개념에 대한 분석 같은 것이 있다. 계속해서 1장에서는 스탈린주의자들의 교조주의에 대한 비판과 1958년에 프랑스 공산당과 결별하기까지 그가 당원으로서 맡았던 역할을 논의한다.

2장에선 주로 사상가에 기초한 접근을 통해 르페브르의 더 폭넓은 철학적 관심사를 검토함으로써 그의 이론적 관심사를 확장한다. 그는 현대세계의 이해에 마르크스의 작업이 중요하다고 봤지만 그 분석에 더 넓은 기반이 필요했음을 알아차렸다. 이 광범위한 접근은 1975년 책 『헤겔, 마르크스, 니체 또는 그림자의 왕국』의 제목으로 예증됐다. 1장에서 보였을, 마르크스에 대한 르페브르의 관계를 이해하는 데 중요한 헤겔, 국가, 논리학과 변증법에 더해 니체가 있었던 것이다. 니체는 순간·삶·시·음악·연극 또 엄청난 영감을 제공하는 빼어난 것과 관련한 그의 작업과 함께 르페브르가 가장 좋아했던 사상가 중 한 명이다. 마찬가지로 시간과 역사 또 부분적으로는 공간에 대한 니체의 이해는 이 영역에서 이뤄지는 르페브르의 작업에 영향을 끼친다.

그렇지만 나는 이러한 주요 인물의 구성에 마르틴 하이데거를 추가할 것이다. 하이데거가 르페브르보다 12살 정도 많긴 하지만 그들이 걸어간 길은 여러모로 비슷하다. 많은 대목에서 나는 르페브르가 일상생활·공간·시간·정치적인 것에 대한 이해에서 하이데거의 사상을 차용했고 그것들이 급진적 비판의 대상이었음 보여주려고 한다. 하이데거와 르페브르 둘 다 1930년대에 니체 관련 글을 썼으며 그것들에는 니체의 작업에 대한 국가사회주의적 전용에 이의를 제기하려는 목적이 있었다. 그러나 하이데거가 당시 나치당의 당원이던 것과는 대조적으로 르페브르의 『니체』는 1940년 당시 프랑스를 점령하고 있던 군대에게 빼앗겨 불타 버렸다. 그 이후 그는 레지스탕스로 활동했다. 그들 관계의 정치적 측면은 정면 대치였다. 르페브르가 하이데거의 정치적 입장에 매우 비판적이었다는 의견이 있기 때문이다. 그래도 르페브르는 정치적인 것에 대한 하이데거의 개념에 아주 흥미로운 뭔가가 있다고 생각했다. 아울러 이 장에선 르페브르의 작업에 있는 주요 주제 일부, 특별히 메타철학 개념과 프랑스 전통 내의 문학적 인물과 관련한 그의 작업을 검토한다. 그리고 르페브르가 관계를 맺었던 당대 저술가, 특별히 코스타스 악셀로스Kostas Axelos 또한 논의한다.

첫 두 장의 목적은 르페브르가 일상생활·도시 및 농촌사회학·시간·공간·정치에 대해서 갖고 있던 더 구체적인 관심사를 이해하는 이론적 토대를 제공하는 데 있다. 비록 이 같은 더 실질적인 주제들이 현시대적 관심 대부분에 주요 핵심이긴 하지만 나는 그것들에 대한 분석의 개념적 토대를 이해하는 것이 중요하다고 생각한다. 르페브르의 접근이 마르크스주의적인 것은 확실하지만 그것이 다만 마르크스주의적 접근에 불과한 것은 아니다. 그의 중요성에 대해 더 섬세한 의미를 얻는 데 헤겔·니체·하이데거의 역할이 특별히 중요하기 때문이다. 앞으로 강조되겠지만 그들 모두 독일 사상가이며 르페브르가 대체적으로 프랑스 사상에 대해 비판적이었다는 것은 의미심장하다. 이 책 전체를 통해 정치적 맥락 또한 중요하게 다뤄질 것이다. 점령과 해방, 제5공화국과 1968년 5월의 사건 같은 프랑스의 사태는 르페브르의 작업을 이해하는 데 아주 중요하다.[48]

3장은 르페브르의 일상생활 개념에 초점을 맞추는데, 그가 수행한 더 구체적인 분석의 예시를 다루기에 앞서 용어의 개념화로 시작한다. 르페브르는 이 영역에서 수행한 자신의 작업이 마르크스주의에 대해서 한 가장 중요한 공헌이라고 생각했다. 소외에 대한 헤겔의 개념을 (특별히 『1844 수고』*1844 Manuscripts*에서) 재해석한 마르크스를 활용하고, 그것을 『존재와 시간』에서 보이는 하이데거의 일상성 개념과 결합시키면서 르페브르는 어떻게 자본주의가 20세기에 경제영역뿐 아니라 문화적·사회적 영역까지 그 반경을 넓혀나갔는지에 대한 상세한 독해를 제공했다.

그의 일상생활 관련 작업은 그가 도시 및 농촌의 삶을 두고 진행한 연구에 근거를 제공하는 것으로 여겨질 수 있다. 4장은 그의 작업 가운데 이 영역을 들여다보고 그가 쓴 도시 관련 글에 대한 현시대의 관심과 그가 한 농촌 분석 사이에서 균형을 이룬다. 르페브르가 철학을 떠나서 사회학으로 향한 것은 바로 이때쯤이었다. 적어도 그의 학적 분과 측면에서 보자면 말이다. 르페브르는 피레네산맥에서 태어났으며 그의 박사 논문에는 농촌의 삶을 썼다. 평생토록 그는 수많은 연구에 관여했고, 그것들은 캄팡Campan 계곡에서 파리에 이르는 19세기와 20세기의 사회적 환경을 검토했다. 그는 농촌사회와 도시사회 간의 역사적 관계를 분석하는 것에 그치지 않고 명백히 마르크스주의적인 도시사회학에 필요한 여러 근거도 함께 마련했는데, 이는 도시환경을 빚어내는 데 기술이 담당하는 핵심 역할을 살펴보는 것이었다. 이 작업 대부분은 프랑스 제5공화국의 기술관료주의적 계획과 함께 일어난 여러 논란과 이어져 있었다. 이미 일부 저술가가 시도했듯이 이 작업은 마뉴엘 카스텔Manuel Castells의, 영어로 훨씬 더 잘 알려져 있는 그의 작업과 데이비드 하비David Harvey의 작업에 필적한다.[49]

5장에서 나는 영토로 옮겨간다. 영토가 아마 영어권의 르페브르 독자에게 가장 친근하긴 할 테지만, 나는 이를 꽤 다른 각도에서 비춰보고자 한다. 『공간의 생산』이 정말 놀랄 만한 연구인 것은 맞다. 그러나 나는 그 책이 대체로 다양하긴 하지만 르페브르의 기획 깊숙이 자리 잡은 심장부에 다가가는 데는 별 도움이 되지 않는 방식으로 이해되고 있다고 믿는다. 흔히 공간과 관련한 이론적 작업은 그것이 성장해 나오는 실제적 분석, 예컨대 바로 앞 장에서 논의한 농촌사회와 도시사회 관련 연구와는 동떨어져 있다. 르페브르의 공간 관련 작업에서 니체와 하이데거의 역할은 유달리 중요하다. 그들에 대한 분석이 르페브르로 하여금 공간의 과학적 이해와 결별할 수 있도록 해 주었기 때문이다. 이때 공간의 과학적 이해란 데카르트에서 칸트에 이르는 근대철학에서 발견되는 것들이다. 니체와 하이데거는 르페브르가 역사의 목적론적 원칙에 입각해 있던 교조적 마르크스주의와 결별한 것을 이해하는 데도 아주 중요하다. 르페브르는 공간을 재개념화하고 지리학에 새로운 활기를 불어넣는 데 그치지 않고 시간과 역사 연구에도 중요한 기여를 했다. 역사·순간·리듬과 관련한 그의 작업이 이 장에서 분석될 텐데, 여기엔 우리가 르페브르의 작업을 이해하는 폭을 더 넓히려는 목적이 있다.

자신의 작업을 통틀어 르페브르는 정치적이다. 정치적이라는 말을 좀 더 폭넓게 생각해 본다면 말이다. 마지막 장은 그가 사회 및 정치이론에 이바지한 바를 한데 그러모은다. 이는 그의 주된 작업으로 고려될 수 있을 네 권짜리 『국가』를 꼼꼼히 검토하면서 이뤄진다. 이 작업에서 르페브르는 헤겔·마르크스·레닌·스탈린·마오를 국가의 관점에서 논의하고 현대세계의 국가에 대한 분석 작업을 병행하면서 이 주제와 관련한 방대한 문헌자료를 덧붙이고 있다. 아울러 『국가』는 그가 도시사회·공간·자본주의·일상생활을 두고 작업한 것을 모두 불러들이는데, 이는 그의 작업에서 우세했던 그 연구주제들의 요점을 폭넓게 되풀이하는 틀에서 이뤄진다. 르페브르가 민족주의·차-등의 정치·시민권과 관련한 중요한 책도 썼지만 이것들은 대체로 알려져 있지 않다.

이 책에는 보통 말하는 결론이 없다. 르페브르의 여러 관심사에 상호관련성의 특질이 있다는 점과 자료가 얼마간은 인위적으로 나뉘어 있다는 점을 고려할 때 이 모든 것을 일종의 요약문의 형태로 한데 묶으려 애쓴다면 그것은 잘못된 판단을 고집하는 듯 보일 것이다. 그 대신 6장의 마지막에서 나는 미래의 작업 곧 르페브르와 관련하기도 하고 그에게서 영향을 받기도 할 그 일의 가능성을 얼마간 마련해 두려하는데, 그것은 사상가들에 대한 정치적 독해라는 질문을 검토함으로써 열려 있게 된다. 내가 많은 독자에게 이 책 순서 그대로 따라가며 읽지 않기를 기대한다는 점을 생각한다면, 달리 말해서 어쩌면 독자들이 가장 깊은 관심을 두고 있는 주제의 장에서 시작해서 (바라건대) 관련 주제로 하여금 그 장의 뒤를 잇도록 한다면 독자들에게 이 책의 끝은 이 책의 마지막을 장식하는 페이지가 되지 않을지도 모른다. 나는 르페브르가 이를 환영해 주었으면 하고 바란다. 순환적인 것에 대한 그의 강조를 고려해 보면 말이다. 이 책은 르페브르의 작업을 이해하는 입문서이며 앞서 말한 여러 가능성을 마련한다. 이런 까닭에 르페브르가 마르크스에 대한 자신의 독해와 관련하여 직접 한 말은 타당하다.

> 우리는 이 텍스트들을 현재의 것과 가능한 것의 이름으로 심문한다. 그리고 아주 정확히, 이것은 마르크스의 방법이다. 그가 이 방법을 처방한 결과, 과거(사건들과 문서들)는 다시 살아나 미래에 봉사한다.[50]

| 주 |

「감사의 말씀」

1 <옮긴이> 'Through the eyes of the fantastic: Lefebvre, Rabelais and intellectual history', *Historical Materialism* 10(4), December 2002, pp. 89-111.

2 <옮긴이> 'Between Marx and Heidegger: politics, philosophy and Lefebvre's *The Production of Space', Antipode: A Radical Journal of Geography* 36(1), January 2004.

3 <옮긴이> 'Politics, philosophy, geography: Henri Lefebvre in recent Anglo-American scholarship', *Antipode: A Radical Journal of Geography* 33(5), November 2001, pp. 809-25.

4 <옮긴이> 'Es gibt eine Politik des Raumes, weil Raum Politisch ist. Henri Lefebvre und die Produktion des Raums', *An Architektur* l, July 2002, pp. 27-35. 'There is a Politics of Space because Space is Political Henri Lefebvre and the Production of Space', in *Radical Philosophy Review*, 10(2), 2007, pp. 101-116.

「서론: 앙리 르페브르1901-91」

1 Rémi Hess, *Henri Lefebvre et l'aventure du siècle*, Paris: A. M. Métailié, 1988. 에스는 르페브르에게서 박사학위 지도를 받은 마지막 학생이었으며, 이 책의 설명은 권위를 인정받았다.

2 'Connaissance et critique sociale', in Marvin Farber (ed.) *L'activité philosophique contemporaine en France et aux États-Unis — Tome Second: La philosophic française*, Paris: PUF, 1950, pp. 298-319, p. 298 n. 1.

3 'Knowledge and social criticism', in Marvin Farber (ed.) *Philosophic Thought in France and the United States: Essays Representing Major Trends in Contemporary French and American Philosophy*, New York: University of Buffalo Publications in Philosophy, 1950, pp. 281-300, p. 281 n. 1.

4 Friedrich Nietzsche, Ecce Homo, translated by Walter Kaufmann, New York: Vintage, 1967, p. 259. <옮긴이> 이 단락 맨 첫줄에 있는 '두 자서전'은 『합과 나머지』와 『착각의 시대』를 가리킨다.

5 *Le temps des méprises*, Paris: Stock, 1975, p. 11.

6 *La somme et le reste*, Paris: Méridiens Klincksieck, 3rd edition, 1989 [1959], p. 242.

7 Remi Hess, 'Henri Lefebvre "philosophe"', in *L'existentialisme*, Paris: Anthropos, 2nd edition, 2001 [1946], p. xxii.

8 *La somme et le reste*, pp. 383-4. 베르그송에 대한 르페브르의 관계는 내가 여기서 의논하지 않을 것인데, 단 5장에서 간략한 언급 정도는 할 것이다. 그래도 그 둘 간의 관계는 충분히 탐구해 볼 만하다. 둘 간의 대조적인 입장과 관련해서는 Rob Shields, *Lefebvre, Love and Struggle: Spatial Dialectics*, London:

Routledge, 1999; and Gregory J. Seigworth, 'Banality for Cultural Studies', Cultural Studies 14 (2), 2000, pp. 227-68, pp. 244, 261 n. 17을 볼 것.

9 'La révolution d'abord et toujours', *La révolution surréaliste* 5, October 1925, pp. 31-2.

10 르페브르는 다음에서 모랑쥐와 폴리처와 함께 비판받는다 — André Breton, *Manifestos of Surrealism*, Ann Arbor: University of Michigan Press, 1972, p. 145. Michel Trebitsch, 'Les mésaventures du groupe Philosophies, 1924-1933', *La revue des revues* 3, printemps 1987, pp. 6-9; 'Le groupe "philosophies", de Max Jacob aux surrealists 1924-1925', *Le cahiers de l'IHTP* 6, November 1987, pp. 29-38, pp. 33-4; 'Le groupe Philosophies et les surréalists (1924-1925)', *Mélusine: Cahiers du centre de recherches sur le surréalisme* XI, 1990, pp. 63-75를 볼 것. 르페브르의 더 비판적인 어조는 다음에서 발견된다 — 'André Breton, *Les vases communicants*', *Avant-Poste* 1, June 1933, pp. 75-7.

11 *L'existentialisme*, p. 42; *Key Writings*, edited by Stuart Elden, Elizabeth Lebas and Eleonore Kofman. London/New York: Continuum, 2003, p. 7.

12 이 시기와 관련해서는 Michel Trebitsch, 'Présentation', in *Le nationalisme contre les nations,* Paris: Méridiens Klincksieck, 2nd edition, 1988 [1937], p. 8을 볼 것.

13 '1925', *La nouvelle revue française* 172, April 1967, pp. 707-19, p. 713; Henri Lefebvre and Michel Trebitsch, 'Le renouveau philosophique avorté des annés trente: Entretien avec Henri Lefebvre', *Europe: Revue littéraire mensuelle* 683, March 1986, pp. 29-41, p. 35. <옮긴이> 『대논리학』의 정식 명칭은 *Wissenschaft der Logik; The Science of Logic*이다. 『대논리학』으로 불리는 까닭은 『철학강요』Enzyklopädie der philosophischen Wissenschaften im Grundrisse (앞 단어만 따서 『엔치클로페디』로 일컫기도 한다)의 제1부 논리학을 『소논리학』으로 부르는 데서 비롯한다. 『대논리학』은 이 책에선 『논리학』으로 불리기도 한다. 참고로 『철학강요』는 논리학, 자연철학, 정신철학의 세 부분으로 구성된다.

14 W. D. Redfern, *Paul Nizan: Committed Literature in a Conspiratorial World*, Princeton: Princeton University Press, 1972, p. 15를 볼 것.

15 'Georges Politzer', *La pensée October-December* 1944, pp. 7-10, p. 9.

16 이 글은 짧은 리뷰였다 — '*Verdun,* par le maréchal Pétain', *La revue marxiste* 6,]uly 1929, pp. 719-20.

17 Lefebvre to Guterman, 27 March 1941.

18 Andy Merrifield, *Metromarxism: A Marxist Tale of the City*, New York: Routledge, 2002, p. 72. 여기엔 아무런 참고문헌도 안 나와 있다. 따라서 다음을 볼 것 — Henri Lefebvre, Patricia Latour and Francis Combes, *Conversation avec Henri Lefebvre*, Paris: Messidor, 1991, pp. 50-1; and the discussion in Hess, *Henri Lefebvre*, pp. 108-16. <옮긴이> 앤디 메리필드, 『매혹의 도시, 맑스주의를 만나다』, 남청수·김성희·최남도 옮김, 서울: 시울, 2005, 166쪽.

19 Lefebvre to Guterman, 7 June 1945. Michel Trebitsch, 'Correspondance d'intellectuels: le cas de lettres d'Henri Lefebvre à Norbert Guterman (1935-47)', *Les cahiers de l'IHTP* 20, March 1992, pp. 70-84, p. 81을 볼 것. 군사적 투쟁이라는 주제와 관련해서 더 전반적인 논의는 'La pensée militaire et la vie nationale', *La pensée* 3 April-June 1945, pp. 49-56을 볼 것.

20 Rene Mouriaux, 'Un Marxisme dans le siécle', in *L'irruption de Nanterre au sommet*, Paris:

Éditions Syllepse, 2nd edition, 1998 [1968], p. vii.

21 *Qu'est-ce que penser?* Paris: Publisad, 1985, p. 140; Michel Trebitsch, 'Preface: The Moment of Radical Critique', in *Critique of Everyday Life Volume II: Foundations for a Sociology of the Everyday*, translated by John Moore, London: Verso, 2002, p. xiv.

22 'Interview - Débat sur le marxisme: Léninisme-stalinisme ou autogestion?', *Autogestion et socialisme* 33/34, 1976, pp. 115-26, pp. 123-4.

23 Nicole Beaurain-Lefebvre to Guterman, 7 December 1971.

24 Nicole Beaurain-Lefebvre to Guterman, 17 January 1972.

25 Lefebvre to Guterman, undated.

26 René Lourau, 'Préface: L'espace Henri Lefebvre', in Pyrénées, Pau: Cairn, 2nd edition, 2000 [1965], pp. 9-13, p. 11. *Pyrénées*, pp. 35-6을 볼 것.

27 'Lefebvre on the Situationists', conducted and translated by Kristin Ross, *October*, 79, Winter, pp. 69-83, p. 80.

28 이 간단한 개관을 위해 나는 다양한 자료를 활용했다. 그것에는 다음이 포함된다 — *Henri Lefebvre*; Mouriaux, 'Un Marxisme dans le siécle'; Lourau, 'Préface'; and Michel Trebitsch, 'Lefebvre (Henri) 1901-1991', in *Dictionnaire des intellectuels français: Les personnes, les lieux, les moments*, sous la direction de Jacques Julliard and Michel Winock, Paris: Seuil, 1996, pp. 691-3; as well as Lefebvre's letters to Guterman.

29 Hess, *Henri Lefebvre*, p. 14.

30 *Pyrénées*, Pau: Cairn, 2nd edition, 2000 [1965], p. 18. 이는 『이 사람을 보라』의 부제, "사람은 어떻게 자기 자신이 되는가"를 암시한다.

31 *Le temps des meprisés*, p. 9. 113-14쪽에서 그는 이 기획 중 하나, 곧 섹슈얼리티와 사회와 관련한 것을 논의하는데, 그것은 1966-7년 당시 낭테르에서 진행한 강좌에 토대를 두고 있다.

32 아울러 Stuart Elden and Elizabeth Lebas, 'Introduction: Coming to Terms with Lefebvre', in *Key Writings*, pp. xi-xix를 볼 것.

33 에블린 르페브르[Evelyn Lefebvre]가 노르베르 구테르망에게 보낸, 날짜를 알 수 없는 편지(아마 1950년대 중반)에는 르페브르가 가족을 부양할 돈을 벌기 위해 허둥지둥 쓰고 있던 것을 타이핑하는 얘기가 있다. 보아하니 르페브르의 장인은 이 상황을 발자크의 상황에 비교했던 듯하다. 또 다른 편지에서 또 다른 아내는 10년 넘어 지난 뒤 거의 비슷한 상황을 얘기한다 — Nicole Beaurain-Lefebvre to Guterman, 13 March 1967.

34 *Le temps des meprisés*, p. 11. 이는 다음에서 상당히 중요한 것으로 여겨진다 — *Rob Shields, Lefebvre, Love and Struggle*, 특별히 pp. 6-7, 84, 97을 볼 것.

35 구테르망 아카이브에 있는 르페브르의 글 일부가 이를 보여준다. 아울러 Hess, *Henri Lefebvre*, p. 157, p. 157 n. 7을 볼 것. 여기서 에스는 르페브르가 곧바로 타자기로 작업하기보다는 펜으로 쓴 것을 얘기한다. 에스가 인용한 1988년 6월의 인터뷰에서 르페브르는 "구절의 리듬이 똑같지 않다"고 말한다.

36 Nietzsche, *Ecce Homo*, p. 259. <옮긴이> 참고로 이 단락의 중간쯤에 나오는 『현대세계의 일상성』은 『현대세계의 일상생활』로 번역됐어야 하는 게 아닌가 싶다. 르페브르 자신이 일상생활, 일상[적인 것], 일상성에 대한 개념적 구분을 분명히 하고 있기 때문이다. 이에 대해서는 3장 주 28, 29 및 관련 본문을 볼 것.

37 새롭게 바뀐 프랑스의 관심과 관련해서는 Stuart Elden, 'Quelques-uns naissent d'une façon posthume: La survie de Henri Lefebvre', *Actuel Marx* 35, January 2004를 볼 것.

38 예컨대 *Le temps des meprisés*, pp. 221-2를 볼 것.

39 독일에 대해서는 다음의 가장 최근 글을 볼 것 — 'Material zu: Henri Lefebvre, Die Produktion des Raums', *An Architectur: Produktion und Gebrauch gebauter Unwelt*, 1 July 2002.

40 브라질에서 이뤄지는 작업과 관련해서는 'Présentation du programme d'études sur Henri Lefebvre au L.A.B.U.R. (Laboratoire de géographic urbaine) — Brésil', in *La somme et la reste: Études lefebvriennes - Réseau mondial*, 1 November 2002, pp. 6-8을 볼 것.

41 Stuart Elden, 'Politics, philosophy, geography: Henri Lefebvre in Anglo-American scholarship', Antipode: A Radical Journal of Geography 33 (5), November 2001, pp. 809-25를 볼 것.

42 그러나 6장에서 입증되겠지만 닐 브레너의 작업은 앞의 두 영역에서 상당히 중요하다. 르페브르 생애의 초기 부분과 관련해서는 다음도 정말 중요하다 — Bud Burkhard's *French Marxism Between the Wars: Henri Lefebvre and the 'Philosophies'*, Atlantic Highlands: Humanity Books, 2000.

43 Eleonore Kofman and Elizabeth Lebas, 'Lost in transposition - time, space and the city', in Henri Lefebvre, *Writings on Cities*, translated and edited by Eleonore Kofman and Elizabeth Lebas, Oxford: Blackwell, 1996, pp. 3-60.

44 Hess, *Henri Lefebvre*, p. 14.

45 그것은 다음과 같다 — *Le langage et la société*, Paris: Gallimard, 1966, and *La présence et l'absence: Contribution à la théorie des representations*, Paris: Casterman, 1980. 전자와 관련해서 르페브르는 그 책이 사회학자의 작업이지 언어학자의 것은 아니라고 말했다 — *Vers le cybernanthrope*, Paris: Denoël/Gonthier, p. 101 n. 1을 볼 것.

46 에드워드 소자와 롭 실즈의 독해에 대한 문제제기로는 내가 쓴 글 'Politics, philosophy, geography'을 볼 것.

47 Henri Lefebvre and Norbert Guterman, 'Préface', in *Morceaux choisis de Karl Marx*, Paris: Gallimard, 1934, p. 7.

48 르페브르에 대한 참조가 딱 하나밖에 없긴 해도 말이다 — Lefebvre, Sunil Khilnani, *Arguing Revolution: The Intellectual Left in Post-war France*, New Haven: Yale University Press, 1993, provides some useful background.

49 예를 들어 Ira Katznelson, *Marxism and the City*, Oxford: Clarendon Press, 1992, Chapter 3; and more successfully, Merrifield, Metromarxism을 볼 것.

50 *La pensée marxiste et la ville*, Paris: Castermann, 1972, p. 150.

제1장

마르크스주의 다시 생각하기

마르크스주의 다시 생각하기

마르크스 새롭게 읽기

20세기 마르크스주의에서 가장 중요한 사건 하나는 『1844 수고』 이하 『수고』의 간행이었다. 독일어로는 1927년에 처음 출간됐고 2년 뒤 르페브르의 동료 노르베르 구테르망이 (알프레드 메닐Alfred Mesnil이라는 가명으로) 그 중 일부를 《**라 레뷰 마르크스시트**》 이하 《레뷰》에 번역해 실었다.[1] 버크하드의 언급처럼 마르크스의 러시아[어판] 편집자인 다비트 랴자노프David Riazanov가 1928년에 마르크스의 글 한 꾸러미를 《**레뷰**》에 보냈고, 《**레뷰**》에선 그것을 그곳의 글보다 먼저 출간했다.[2] 《**레뷰**》의 출간물은 그 꾸러미에서 비롯한 외국어 번역 중 최초였다.[3] 르페브르는 『수고』를 마르크스의 **나흐라스***Nachlaß*, 유고에서 가장 주목할 만한 것으로 생각했다.[4] 구테르망은 이후 두 사람이 하게 될 협업의 틀을 잡아 나가면서 여러 언어를 구사하는 자신의 능력으로 번역 대부분을 맡았고, 그러는 동안 르페브르는 평론가의 역할을 맡아 마르크스의 주요 저술에 대한 『수고』의 중요성을 주장하며 그 번역물의 서론을 썼다.[5] 마르크스의 초기 저술은 구테르망과 르페브르가 프랑스 독자를 위해 만들어 낸 1934년판 마르크스 선집에 비슷한 방식으로 실려 있다.[6] 선집의 서론은 그들이 마르크스 초기 저술의 중요성을 얼마나 재빠르게 마르크스 작업 전체로 흡수시켜 나갔는지를 보여준다. 그들이 말하는 것처럼 "파리시절(1843년 11월-1845년 1월)은 마르크스의 삶과 작업에서 가장 중요하고 생산적인 시기 중 하나였다". 다름 아닌 이때 마르크스는 좌파 민주주의자에서 프롤레타리아 혁명가로 전향했다.[7] 파리시절의 작업은 마르크스 철학 발전의 한 단계로 그치지 않고 중심적 양상을 띠기까지 한다.[8] 달리 말해 당시 마르크스의 작업은 그가 젊었을 때 집필한 저술이나 그의 초창기 글로 일축해 버릴 수 없다. 그것이 헤겔에게 빚을 더러 지고 있긴 해도 그의 작업을 아무런 비판 없이 수용했다고 하는 것과는 거리가 멀다. 마르크스가 자신의 무르익은 사유를 완전히 펼쳐내진 못했지만 그 씨앗은 거기에 있다.[9] 아울러 구테르망과 르페브르는 헤겔 선집을 편집했고, 헤겔에 대한 레닌의 철학 노트를 번역했고, 1936년의 중요 저술인 『신비화된 의식』을 집필했다.[10] 한참 뒤에는 새로운 마르크스 선집을 편집, 발표했다.[11]

이렇게 보면 1930년대 중반 무렵 르페브르가 이미 자신의 철학적 사유에서 가장 중요한 특징이 될 쟁점, 곧 헤겔 및 관념론과 유물론에 대한 마르크스의 관계에 깊이 몰두하고 있었음은 분명하다.[12] 르페브르가 볼 때 마르크스와 헤겔의 관계는 "변증법적인, 다시 말해 갈등으로 가득 찬 관계다".[13] 헤겔에 대한 마르크스의 관계 및 마르크스 사유 자체의 전개 과정을 이해하기 위해 변증법을 활용하는 것은 르페브르의 작업에서 핵심 주제가 된다. 자신의 주장 이면에 깃들어 있는 논증 과정에서 르페브르는 마르크스주의를 환원론적 독해에서 구출하고 싶어 한다. 그것이 마르크스주의를 정치경제학이라는 단일 과학으로 환원해 버렸기 때문이다. 마르크스주의는 "경제주의가 되어버렸다."[14] 르페브르는 일종의 전환이 철학적 작업에서 경제학·정치과학 관련 작업으로 일어난다는 점을 마르크스의 작업 속에서 밝혀내지만 이 전환에서 도출된 일반적 함의는 오판이라고 주장한다. "경제과학과 정치행동이 사변철학을 **대체**하거나 **포괄**해 버렸다는 사실은 마르크스가 철학적 세계에 대한 모든 구상을 포기했다는 잘못된 결론을 부추겼다."[15] 르페브르가 분명히 하듯이 여기서 *dépassaient*는 헤겔의 *Aufhebung*[지양] 개념에 있는 삼중적 의미, 부정·유지·고양을 염두에 둔 것이다.[16] 철학은 경제학적 작업인 『자본론』에 포괄돼 있다. 다시 말해 포괄돼 있지만 망각되진 않은 것이다. 르페브르에 따르면 레닌은 이렇게 주장했다. 마르크스주의자는 인간 삶이 (단지 경제학만 포함하는 것이 아닌) 모든 측면에서 탐구되어야 한다고 말한 최초의 사람이다.[17]

마르크스에 대한 일반적 독해 하나는 헤겔 좌파 가운데 마르크스 혼자만 유물론을 변증법과 이어 붙였다는 것이다. 브루노 바우어Bruno Bauer와 막스 스티르너Max Stirner는 변증법적 관념론을, 루트비히 포이어바흐Ludwig Feuerbach는 비변증법적 유물론을 펼쳤다.[18] 마르크스가 [헤겔 변증법의] 신비한 껍질에서 변증법의 합리적 알맹이를 빼내어 절대정신Spirit의 사변적 관념론을 유물론의 구체적 경험론으로 대체함으로써 헤겔이 물구나무 세웠던 변증법을 다시 바로 세웠다는 주장이 이어져 왔던 것이다.[19] 내 생각에 르페브르는 마르크스를 이렇게 해석하지 않는다. 실지로 1964년에 그는 자신의 작업이 "마르크스 새롭게 읽기"라고 말했다.[20] 그 작업은 또 다른 "해석"에 그치고 마는 것이 아니라 — 르페브르는 어쩌면 우리가 개념 장치의 과잉, 해석의 과잉으로 고통 받고 있는지도 모른다고 말한다[21] — 마르크스의 독창적 사상을 복원하는 것이다.[22] 르페브르는 단순히 하나에 대해 다른 하나를 우위에 두기보다 관념론과 유물론 **사이**의 관계를 이해하는 데 관심을 갖는다. 르페브르가 주목한 것처럼 아무도 마르크스의 『자본론』을 제대로 읽고 이해하지 못한다고, 그 까닭이 헤겔의 변증법을 소화하지 못했기 때문이라고 말한 사람은 바로 레닌이었다.[23] 그렇기에 『변증법적 유물론』과 자신의 작업 전반에 걸쳐 르페브르는 마르크스의 사유에 변증법의 자리를 요구한다.

마이클 켈리Michael Kelly가 르페브르의 주장들을 그것들의 지성사적 맥락에 두[고 검토하]는 데는 나름 쓸모가 있다. 하지만 그는 르페브르가 객관적 관념론 쪽에 서서 실제로는 유물론을 폐기하고 마르크스·엥겔스가 추구했던 유물론의 방향을 효과적으로 뒤집는다고 비난한다.[24] 그러나 르페브르가 보기에 "변증법적 유물론 안에서 관념론과 유물론은 재결합될 뿐 아니라 변형되고 극복된다".[25]

> 변증법적 유물론은 마르크스가 자신의 시대에 과학과 철학으로 분리·격리되어 있다고 여긴 두 가지 요소를 효과적으로 종합·결합한다. 철학적 유물론은 당대에 이미 앞서가던 자연과학이었지만 인간 현실에 대해서는 스케치 수준에 머물렀다. 헤겔의 변증법은 **모순**의 이론이다. 이러한 '변증법적 유물론'이라는 명칭은 '마르크스주의'라는 평상시의 말보다 그 독트린을 더 정확히 기술한다.[26]

켈리는 변증법에 대한 르페브르의 관점엔 본질적으로 변증법을 일종의 방법으로 보는 특징이 있다고, 그 방법이 사유에 적용되느냐 아니면 삶에 적용되느냐에 따라 관념론이 되기도 하고 유물론이 되기도 한다고 본다. 켈리가 관념론자와 유물론자의 구분이 르페브르에게서 극복되거나 대체된다는 점은 인정하지만[27] 르페브르가 왜 — 일상[적인 것], the everyday과 공간에 대한 실제적 작업과 함께 더 분명해지게 될 — 이 논지를 분명히 하고 있는지는 놓치는 듯하다. 그 논지는 다음과 같다. 삶과 삶을 통한 체험의 문제에 **관념론적이고도 유물론적으로** 접근할 수 있도록 해 주는 것은 바로 관념론적 개념과 유물론적 개념의 융합으로서 그것은 변증법의 작동 방식을 통해 이뤄진다. 이는 중대한, 그렇기에 많은 이가 문제를 제기할 만한 주장이다. 한 예로 알튀세는 "관념론적 변증법과 유물론적 변증법 간에는 완전한 구별"이 있다고 말했다.[28]

『변증법적 유물론』 제5판 서문에서 르페브르는 그 책이 교조주의에 맞선 투쟁의 일부라고 한다. 그는 교조주의에 다음과 같은 이점이 있다고 주장한다. "그것은 간단해서 쉽게 배울 수 있다. 또 복잡한 문제는 피하려고 애쓴다 … 지지자에게는 강한 확신과 안정감을 준다".[29] 마르크스주의에 대한 교조적 독해에선 많은 일이 생긴다. 가장 중요한 것 하나는 그 독해에 소외·실천·총체적 인간·사회적 총체성 개념을 아우르는 마르크스 초기 저술에 대한 깊은 불신이 깔려 있다는 점이다. 교조주의자는 마르크스에게서 헤겔을 떼어 내려 애쓰는 데다 과학적 마르크스주의로 이행하려는 반관념론자이기도 하다. 이러면서 그들은 변증법의 법칙을 자연법칙으로 보면서 단순화된 마르크스주의와 유물론을 정식화한다. 르페브르는 이것이 변증법 내 논리와 담론의 역할을 부인하는 것이라고, 하지만 교조주의자에겐 아리스토텔레스의 형식 논리가 이데올로기적인 데다가 그 뿌리는 고대나 중세 사회까지 뻗어 있다고 말한다.[30] 마르크스주의를 한낱 정치경제학에 지나지 않는 것으로 만듦으로써 사회학과 심리학은 각각 "개량주의에 물들"고 "구제불능일 만큼 부르주아적인" 것으로 부인당할 수 있었다.[31] 1930년대에 스탈린주의는 과학이 아니라는 이유, 혁명적 프롤레타리아트와 마르크스-레닌주의에 맞서는 제국주의에 이바지한다는 이유로 사회학을 규탄했다.[32] 르페브르가 볼 때 이는 [이론적으로는] 다원적 마르크스주의 안에 있는 중요한 이론적 쟁점을 부인할 뿐 아니라 정치적으로는 스탈린 시대의 범죄에 따른 "양동작전을 통한in diversion 엄청난 실력 행사"이기도 했다.[33] 마찬가지로 르페브르는 교조주의가 자의적 선택, 이를테면 이러이러한 사람은 마르크스주의자(예컨대 로자 룩셈부르크)고, 그 밖의 사람 이를테면 카우츠키는 마르크스주의자가 **아니**라고 말하는 따위를 통해 그것의 어리석음을 드러낸다고 본다.[34]

그렇기에 르페브르가 마르크스를 다양한 방식으로 읽어내는 것은 전혀 놀랍지 않다. 예컨대 입문자를 위한『마르크스주의』에는「마르크스주의 철학」,「마르크스주의 윤리」,「마르크스주의 사회학 또는 사적 유물론」,「마르크스주의 경제학」,「마르크스주의 정치학」이라는 제목이 붙은 장이 있다.[35] 마르크스주의 철학이나 윤리를 얘기한다는 건 마르크스가 철학자나 윤리주의자**라**는 게 아니라 마르크스에게 철학이나 윤리학이 있다는 것을 뜻한다.[36] 르페브르가 자신의 1966년 저술『마르크스의 사회학』에서 말하는 것처럼 그는 "마르크스에게서 사회학자를 빚어내려" 애쓰고 있는 것이 아니다. 그러한 오독의 가능성 때문에 그는 이 점을 분명히 한다. "누구라도 이 작은 책의 제목에 바탕을 두고 그런 논지를 우리 탓으로 돌리는 이가 있다면 그이는 아예 책을 펼쳐보지도 않았거나 건성으로 읽는 사람일 것이다 … **마르크스가 사회학자인 것이 아니라 마르크스주의에 사회학이 있다**."[37] 이 점은 초기 저술은 물론『자본론』에도 해당한다.[38] 앞서 말한 장의 제목에는 "마르크스주의 사회학 또는 사적 유물론"이 포함돼 있다. 르페브르는 이 점을 분명히 한다. 사적 유물론은 "과학적 사회학의 토대"다(사실 이 두 용어는 등가이며 동일한 탐구를 위한 두 측면을 가리킨다).[39]

『카를 마르크스 선집』을 발표하면서 르페브르와 구테르망은 주제별보다는 연대기적 접근을 선택했다고, 그 선택에는 여러 이유가 있었다고 말한다. 가장 중요한 이유는 그 접근을 통해 우리가 진행 중에 있는 각 저작a work, 발전 과정 속에 있는 전작work을 볼 수 있기 때문이다. 아울러 우리는 마르크스가 때로는 정치적이고, 때로는 경제적이고, 때로는 철학적이었다는 생각에서 벗어날 수도 있게 된다. 애초부터 마르크스의 사유는 총체성을 추구했으며 "거기서 현재의 또 뚜렷이 다른 모든 양상은 역시 서로 떨어질 수 없게 된다".[40] 이어서 그들은 이렇게 말한다.

> 이 사유, 결코 멈추지 않았고 **프락시스**의 경험과 교훈에 늘 열려 있었던 그 사유가 수구적이고 영원한 교조주의로 해석될 수 있다는 것이야말로 이 시대의 가장 엄청난 역설 중 하나다.[41]

마르크스주의가 다양한 의미로 이해돼야 한다는 르페브르의 주장 또한 주목할 만하다. "마르크스주의는 진정한 집단 작업에서 비롯했고 거기서 마르크스 고유의 천재성은 꽃을 피웠다."[42] 르페브르는 언젠가 우리가 더 이상 "마르크스주의"를 말하지 않게 될 텐데, 그것은 마치 우리가 세균학을 말하기 위해 "파스퇴르주의"를 말하지 않는 것과 같다고 한다. 하지만 그는 우리가 아직 거기까진 이르지 못했음에 주목한다.[43] 엥겔스가 마르크스주의에 끼친 공헌에 대해서는 말없이 그냥 넘어가서도 낮추잡아서도 안 된다. 르페브르는 특별히 경제적 요인과 프롤레타리아트의 상황으로 마르크스가 주목하도록 이끈 사람이 다름 아닌 엥겔스라고 강조한다.[44] 르페브르가 나중에 관심을 두게 될 데를 가늠해 본다는 측면에서 우리가 주목할 만한 것이 또 있다. 엥겔스야말로 자신의 도시·주택·가족 관련 작업에서 공간에 대한 문제를 마르크스보다 더 많이 들여다봤다는 점이다.[45] 동시에 "**열린** 독트린"으로서 마르크스주의는 마르크스의 죽음 이래로 발전을 멈추지 않았다.[46] 만약 마르크스가 자신의 철학적·정치적 기획을 완결했더라면 실제로 현시대 마르크스주의의 어떤 측면은 — 1956년에 르페브르는 스탈린주의와 즈다노프주의Zhdanovism를 언급한다 — 결코 생겨나지 않았을

것이라고 르페브르는 말한다.[47]

르페브르는 마르크스와 헤겔 간 관계를 변증법적 — 헤겔 사상의 수용, 거부, 재통합 — 으로 이해한다. 『수고』에는 확실히 헤겔의 영향이 있지만 마르크스가 이를테면 『신성 가족』, 『독일 이데올로기』, 『철학의 빈곤』 같은 저술에서 역사 유물론적 접근을 정식화하기 시작하는 동안 헤겔의 『논리학』*Logic*은 유달리 혹평을 당하게 된다. 그 작업에서 마르크스는 바우어와 스티르너 같은 헤겔 좌파는 물론 헤겔의 추상적 분석까지 비판한다. 헤겔의 『논리학』은 "극도의 멸시를 받고" 마르크스·엥겔스의 "공격에는 인정사정을 봐 주는 법이 없다"고 르페브르는 말한다.[48] 마르크스가 경험적이고 비변증법적으로 되려 하기에 헤겔의 변증법은 "완전히 혹평을 당하는" 듯 보인다.[49] 그래도 르페브르는 마르크스가 『자본론』 및 『정치경제학 비판을 위하여』 관련 작업을 시작했던 무렵에 변증법은 재발견되어 원상 복구된다고 주장한다.[50] 『자본론』에서 헤겔이 뚜렷이 언급되지 않는 곳에서도 변증법적 논리의 범주는 작동하고 있다고 르페브르가 확인한 것이다. 마르크스가 헤겔과 벌인 교전은 35년 이상 지속된다.[51] 그런 까닭에 르페브르가 『수고』와 『고타강령 비판』 — 마르크스 전작의 시작과 끝 — 이 자신에게 가장 중요한 저술이라고 말하는 것은 놀랍지 않다.[52]

헤겔에 대한 마르크스의 관계를 이렇게 읽어냄으로써 르페브르는 마르크스 사유의 발전을 이해하게 된다. 사실 그는 마르크스 초기 저술의 도움으로 우리가 『자본론』을 더 잘 이해할 수 있다고 생각한다.[53] 르페브르의 말처럼 마르크스주의와 노동자운동 내의 "이데올로기적 권력기관"은 마르크스의 초기 저술이 읽힌다면 그의 사상이 꽤 다르게 이해될까봐 걱정했다. 르페브르는 그들이 이렇게 될 것을 두려워한 것이 상당히 옳았다고 말한다.[54] 이런 맥락에서 우리는 1957년 동독 마르크스-레닌 연구소가 『수고』를 마르크스·엥겔스 전집에서 따로 떼어 내어 분리된 책 한 권으로 펴내기로 한 결정에 주목해 볼 수도 있다.[55] 비록 간략하긴 하지만 마르크스의 주요 문헌에 대한 르페브르의 독해와 르페브르 말고도 20세기의 가장 중요한 프랑스 마르크스주의자 두 사람인 알튀세와 사르트르의 독해를 비교해 보는 것은 도움이 된다.

포스터Mark Poster가 보기에 르페브르가 "여태껏 프랑스에서 마르크스 해석자로는 최고"였지만,[56] 알튀세·사르트르·르페브르가 제시하는 발산적 독해는 실존주의와 구조주의에 대한 그들의 반발 또 인간주의와 소외 개념을 둘러싼 논쟁을 이해하도록 도와준다. 눈에 띄는 것은 르페브르가 마르크스에 대한 그들의 독해를 두고 그 둘 모두에게 극도로 비판적이었던 반면, 둘 다 다른 분야에서는 그의 저서를 칭찬한다는 점이다. 사르트르는 그의 역사학·사회학·변증법 관련 저서가 "나무랄 데 없는" 책이라 말하고,[57] 알튀세는 그의 레닌 관련 작업에 "탁월한 작은 책'이라는 찬사를 보낸다.[58]

실존주의의 '유치한 어림짐작'

장 폴 사르트르의 1943년 책 『존재와 무』는 프랑스 지성계에 강한 영향력을 행사했다. 후설과 하이데거의 현상학을 프랑스 맥락으로 옮겨 놓은 이 책은 마르크스주의와 갈등을 일으키는 것으로 확인될 수 있었던 움직임을 많이 만들어 냈다. 트레비슈에 따르면 프랑스 공산당은 르페브르를 실존주의의 팽창을 막을 수 있는 유일한 공산주의 철학자로 봤고,[59] 르페브르는 자신의 작업 대부분에서 실존주의 사상과 교전을 벌였다. [그렇기에] 사실 누군가에게 마르크스주의와 실존주의 사이의 긴장은 르페브르의 작업에서 거듭되는 주제 — 유일하진 않다 하더라도 — 하나로 보인다.[60] 핵심 저술은 격론을 벌이는 책 『실존주의』로서 사르트르의 인기가 절정을 치닫던 1946년에 출간됐다.[61] 르페브르는 이 책이 "적을 만드는 기술"이라는 부제를 달고 나왔어야 했다고 회상하곤 했다.[62]

『실존주의』에서 르페브르는 주로 정치적 격변을 따라 사상적 진전이 이뤄진다고 말한다. 이를테면 프랑스 혁명과 나폴레옹 전쟁 뒤의 낭만주의, 1871년 뒤의 상징주의, 제1차 세계대전 뒤의 초현실주의, 제2차 세계대전 뒤의 실존주의처럼.[63] 그는 자신이 어렸을 때 장난삼아 생각해 본 논쟁거리를 사르트르가 써먹고 있다고, 하지만 자신은 마르크스주의자가 되면서 스스로 그 고통에서 벗어났다고 말한다. 르페브르는 구체적으로 자신이 『철학 선언』*Philosophical Manifesto*, 이하 『선언』으로 부르는 것 곧 1924년에 **필로조피**를 위해 쓴 것을 염두에 두고 있는데, 그 중 일부는 그 사람들의 동인지 《**필로조피**》에 실렸다.[64] 그는 여기에 내어 놓은 사상이 독일의 영향과는 별개로 발전한 것이라고 주장한다 — 당시 후설의 저서는 거의, 하이데거의 것은 아예 손에 넣을 수 없었다.[65] 르페브르가 자신의 초기 사유에 영향을 끼친 독일 사상가 중 한 명으로 분명히 인정하는 이는 셸링이다. 하지만 그는 하이데거와 사르트르가 셸링의 문제의식을 150년이 지난 뒤 재탕하곤 했다고 말한다.[66] 르페브르는 누군가[르페브르 본인]가 자신의 20대 때 해 놓은 작업, 『선언』에서 발견되는 "어림짐작, 열정적 착각, 현학의 과시"와 기꺼이 결별한다. 그는 사르트르가 (40대였던 1946년에) 유치한 어림짐작juvenile presumptions을 할 나이를 한참 지나버린 나머지 르페브르 자신이 한 것과 같은 변명 따윈 아예 하지 않는다고 신랄하게 비판한다.[67] 포스터가 주목하듯이 "르페브르는 단번에 자신을 최초의 실존주의자로 인정함과 동시에 사르트르를 기껏해야 후발주자 정도로 깎아내려 버렸고 실존주의가 유치한 것으로 드러나는 자기비판을 제시했다".[68]

르페브르는 공격하는 손속에 자비를 두지 않는다. 구테르망에게 보내는 편지에서 르페브르는 자신이 사르트르를 그토록 미워하는 까닭이 만약 그 『선언』을 포기하지 않았더라면 자신이 어디쯤에서 끝장났을는지가 보이기 때문이라고 털어놓는다. "성공과 영광, 돈과 여자가 뒤따랐을 걸세. 힘들고 썩 좋지 않은 삶 대신, 현실 문제를 타개하려 애쓰는 전투적 사고 대신 말이네".[69] 그는 실존주의existentialism에 "개똥철학excrementalism"이라는 새 이름을 붙여주고는 시종일관 거친 언사를 내뱉는다.[70] 그는 몇 번이고 『존재와 무』를 쓰레기*(ordure)*에 비유하고 "마술이자 똥의 형이상학"으로 기술한다.[71] (흥미로운 점은 하이데거도 그와 비슷하게 사르트르의 그 작업이 쓰레기*(Dreck)*라고 말하곤 했다는 것이다.)[72] 가장 악명 높은 것은 르페브르가 폴 니장Paul Nizan — 철학적 작업에서 마르크스주의로 함께 여행했던 또 다른 동반자로서 몰로토프-리벤트롭 협정Molotov-Ribbentrop Pact의 여파로 당을 떠난 사람이자 사르트르의 친구 — 을 스파이와 반역자로 비난한다는 것이다.[73] 니장이 나치즘에 맞서 싸우다가 1940년에 죽었음을 고려해 볼 때 이는 유달리 부당해 보인다.[74]

사르트르는 실존주의의 자리를 — 그의 작업을 논평하는 사람 대다수가 핵심 출발점으로 삼는 — 인간주의로 잡고는 『방법의 탐구』*Search for a Method*와 『변증법적 유물론 비판』*Critique of Dialectical Materialism*에서 실존주의와 마르크스주의의 융합을 꾀한다. 사실 앞서 정해 놓은 『방법의 탐구』 제목은 『실존주의와 마르크스주의』*Existentialism and Marxism*였다.[75] 사르트르는 마르크스주의 안에 있는 인간을 되찾아 왔으면 하고 바라면서 마르크스주의 윤리 같은 것은 없지만 마르크스주의를 통합하는 인간주의 윤리는 있을 수 있다고 말한다.[76] 알튀세와 르페브르는 이러한 독해에서 [같이] 출발하지만, 그 방식은 제각각 다르다. 알튀세는 하이데거가 「휴머니즘 서간」*Letter on Humanism*에서 사르트르를 비판한 것을 따라 마르크스의 저술, 아니면 적어도 그의 후기 저술에서 반인간주의를 찾아낸다.[77] 알튀세가 보기에 사회주의적 인간주의에는 "이론적 부조화"가 있다. 한편으로 사회주의적이라는 말은 과학적이지만, 다른 한편으로 인간주의라는 말은 이데올로기적(비과학적)이기 때문이다.[78] 이어지는 알튀세의 얘기를 들어보면 이러한 [마르크스 사상의] 반인간주의는 "인간주의를 포함한 기존 이데올로기가 꼭 필요하다는 점을 이해하도록 해 준다. 하지만 동시에 그것은 비판적이고 혁명적인 이론이기 때문에 그것에 대하여 채택될 수 있는 전술 — 그 이데올로기를 지지할 것인가, 변형시킬 것인가, 아니면 그것에 맞서 투쟁할 것인가 — 을 이해하도록 해 주기도 한다".[79]

알튀세가 인간주의를 완전히 거부하려고 한 반면, 르페브르는 좀 더 미묘한 태도를 보인다. 사르트르는 자신의 사상을 뒷받침할 근거를 찾으려고 마르크스의 초기 글들에 크게 의존하지만, 알튀세는 앞서 살펴본 것처럼 자신의 견해를 뒷받침하려고 그 글들을 묵살해야만 한다.[80] 마르크스의 전작 독해를 통해 르페브르는 마침내 균형이 더 잘 잡힌 해석에 도달한다. 에스는 "마르크스의 사상적 진전"을 알려고 하는 르페브르의 의도가 마르크스에 대해 르페브르가 맺는 관계의 특징을 만들어 낸다고 말한다.[81] 르페브르는 사변적 관념론으로서 인간주의를 마르크스주의에 집어넣으려 하지 않고 마르크스의 저술에 내포된 인간주의를 끌어내려 한다. 이러한 인간주의는 추상적이지도 신비화되지도 않았다. 그것은 구체적이다. 유물론과 맺는 지속적인 관계 속에 있기 때문이다. 르페브르는 『자본론』이 "인간"과 "인간성"이라는 추상적인 개념을 구체적인 것, **프락시스**로 만든다고 보고[82] 현상학과 실존주의를 강력하게 비판한다. 왜냐하면 그것들이 비통함과 죽음 같은 "순수하거나 비극적인 순간의 편에서 있는" 일상(구체적인 것, 현실적인 것, 삶)의 가치를 깎아내리기 때문이다.[83] 실존주의자는 일상생활, 형이상학적이지 않은 것을 하찮고 진짜가 아닌 것으로 깎아내린다.[84] 이러한 [인간주의의] 구체성 개념은 중요하다. 왜냐하면 그 개념이 르페브르의 작업은 늘 유물론과 관계를 맺고 있다는 것을 뜻하지만 투박한 의미의 유물론에 국한되진 않기 때문이다. 르페브르가 보기에 "추상은 아주 구체적"이며 변증법의 으뜸가는 방법론적 원칙은 "진리는 늘 구체적이다"는 것이다.[85] 결과적으로 인간주의는 그것의 관념론이 유물론으로써 균형을 잡게 될 때 비로소 마르크스주의의 일부가 된다. 마르크스주의는 개인과 관계없는^exterior^ 형이상학**과** 격리된 개인적 의식의 특권화를 거부한다.[86]

그렇기에 실존주의는 헤겔의 객관적 관념론에서 일종의 주관적 관념론으로 바뀐 것으로 여겨진다.[87] 르페브르는 사르트르를 "공산주의에 맞서는 무기의 제작자, 관념론적인 주관주의적 제작자"라고 비난한다.[88] 사르트르는 이렇게 해서 이중으로 혹평당한다. 유물론자가 되지 않은 관념론자이자 객관주의자이기보다는 주관주의자라는 이유로. 이 두 논지 중 후자는 사르트르가 하이데거를 독해하는 방식에 대해 어느 정도는 일반적인 비판이다. 하이데거가 주체를 얘기하는 것으로 여겨지는 경우 데카르트와 더 관련이 있는 것으로 돼 버리기 때문인데, 이는 프랑스 사람들에겐 흔한 움직임이다.[89] 르페브르는 실존주의 사상의 기반이 "개인적 의식, 주체 및 주관성의 시련에 있지 실제적·역사적·사회적 현실에 있지 않다"고 반박한다.[90] 실존주의 사상에선 개인적 의식과 자유의 개념이 수용되고, 그 개념들은 그 사상의 관심사 중심에 놓이면서 절대적인 것으로 상상된다 — 여기서 주관성에 특권이 부여된다.[91] 사르트르는 역사를 이해하기 위해 거의 "실존주의적"으로 수정된 데카르트의 **코기토**에서 출발한다.[92] 변증법이 주관적으로 사유될 때 그것은 궤변과 비슷해진다.[93] 이와는 대조적으로 르페브르는 유물론자이자 **객관적** 관념론자였던 것이다.

따라서 르페브르는 자신이 초기 작업에서 맞닥뜨렸던 것과 같은 문제에 사르트르도 그리된다고 주장한다. 한쪽에는 전념과 진정성의 이상이, 다른 한쪽에는 완전한 자유가 있고 그 둘 사이에는 엄청난 긴장이 있다.

> 1924년에 그랬던 것처럼 1945년에도 실존주의는 자유의 사변적 문제를 특별히 중요하게 여겨 절대적 자유에 대한 두 가지 구상을 제시한다. (아무것이나 될 수 있으면서도) 아무것도 안 되기와 (자의적 '모험' 뒤에) 아무것이나 되기. 이 두 명제 다 똑같이 틀렸지만 실존주의는 그 둘 사이를 끝없이 오감으로써 그 모순을 감춘다. 실존주의는 아무 것도 아닌 이에게는 "자유롭게 뭔가가 돼라! 선택해라, 당신 자신을 본질로 만들어라!" 하고, 이미 '뭔가'의 포로가 되어 있는 사람에게는 "당신을 자유롭게 해라! 의식으로, 순수하고 단순한 존재로 돌아가라!" 한다. 1924년의 실존주의자들은 청춘의 한창 때를 걸더니만 [결국 그때를] 놓치고 말았다. 이 도박에, 이 무익한 모험에 … [94]

불행히도 이와 관련해선 아무것도 이뤄질 수 없다고 르페브르는 말한다. 현대의 실존주의자는 그 문제를 알아서 해결해야 한다. 그의 말처럼 "실존주의자는 비참한 최후를 맞이하든가 아니면 실존주의와 관계를 끊고 자신을 '극복'하든가 해야 할 것이다".[95] 르페브르가 그 가능성을 보는 건 다음과 같이 말할 때다 — 사르트르는 『존재와 무』의 끝에서 객관적 변증법을 생각하기 시작한다. 이로써 사르트르가 "마르크스주의적 인간주의와 **변증법적 유물론**"에 가까워지긴 하지만 그게 다다only close.[96]

르페브르는 『실존주의』가 좋은 책은 아니라고 봤지만 그래도 키에르케고르와 니체를 다룬 장들은 그나마 가장 낫다고 인정한다. 그것들은 르페브르 자신이 실제로 느끼고 있던 것을 말하려 했기 때문이다.[97] 그러나 다음 장에서 충분히 살펴보겠지만

『실존주의』의 니체 관련 장은 그를 다룬 1939년의 저서에 담긴 내용이나 그 이후에 그에 대해 하게 될 분석과는 영 딴판이다. 마찬가지로 하이데거를 논의할 때의 논쟁적 어조 — 그 자체로 사르트르에 대해 한층 더 강력해진 공격의 대용이었다 — 또한 이후의 작업에서는 이어지지 않는다. 가장 극적인 것은 사르트르하고 관계가 엄청나게 좋아졌다는 것이다. 르페브르와 사르트르 둘 다 서로 고마워하며 서로의 저술을 참조했기 때문이다. 오늘날의 관점에서 볼 때 어쩌면 이 일이 전적으로 놀라운 건 아니다 — 사르트르는 점점 마르크스주의 쪽으로 움직이면서 마르크스주의와 자신의 초기 사유 간 관계를 회복하려 애썼고, 르페브르는 프랑스 공산당 또 자신을 향한 그들의 비난을 뒤로 한 채 초기의 관심사로 복귀했다.[98]

구조주의: 프랑스산産 이데올로기

프랑스 공산당을 탈당한 이후 르페브르는 당대에 유행하던 사상과 잇따라 붙었다. 구조주의, 상황주의, 정신분석학, 또 그 밖의 중요한 지적 풍조와 격론을 벌인 것이다. 이는 마르크스주의 관련 작업을 죽 이어나감과 동시에 이뤄졌다. 그 작업이 [마르크스의 작업에 대한] 교조적 독해에 한 번 더 맞서는 것이긴 했지만, 그때 르페브르는 이미 당의 구속에선 자유로운 상태였다. 구조주의의 독해에선 다음의 두 가지가 하나가 된다 — 르페브르는 일종의 동향과 마르크스에 대한 일종의 해석, 이 둘 모두와 교전 중이다. 비록 내가 르페브르는 여타 사상적 풍조의 견해를 곧잘 전유하곤 했으며 그 견해를 틀림없이 비판에 시달리게 만들면서도 그것의 생산적 요소는 활용했다는 주장을 2장에서 내어 놓겠지만, 언뜻 보기에도 그가 그저 무시만 할 뿐인 몇 사람은 있었다. 구조주의적 동향은 그 주요 대상이었다. 하지만 여기에도 쓸 만한 뭔가가 있을 순 있다. "그것은 구조주의에 아무런 효력도 없음을 선언하는 문제가 아니다. 실은 그 반대다. 그것은 누군가가 구조의 개념과 교조적 이데올로기화의 오용을 매섭게 비판하는 가운데 구조의 이점을 정당하게 발견할 수 있다는 것이다."[99] 그는 구조주의를 여러 곳에서 논의했으며 그 중에는 『메타철학』, 『언어와 사회』, 『입장: 기술관료에 반대하며』, 『국가』도 있다. 그는 시론집 『구조주의 저편』을 통해 구조주의를 논의하는 데 열중했고 몇 해 뒤엔 이 책의 상당 부분을 축소판 『구조주의적 이데올로기』로 재간했다.[100] 그 시론은 꽤 장기간 집필됐는데 가장 이른 것은 1957년까지 거슬러 올라간다.

르페브르의 주장은 구조주의가 일종의 이데올로기, 지배계급의 이데올로기, 진보적 사유의 과학적 희화화라는 것이다. 르페브르가 이 프랑스산 이데올로기에 제기한 비판은 마르크스·엥겔스가 동시대 사상가에게 제기한 일부 비판에 견줄 만하다 — 한 곳에서 르페브르는 뒤링Eugen Karl Dühring이 아직 설익은*avant la lettre* 구조주의자였다고 말한다.[101] 그는 1957년이라는 시기가 이 같은 [구조주의에 대한 자신의 비판] 작업이 시작하는 데 중대하다고 한다. 이때가 마르크스주의에 결정적 순간이었기 때문이다. 흐루시초프가 스탈린을 맹렬하게 비판한 것의 유산에 맞닥뜨린 마르크스주의는 — 새로운 민주주의를 향해 앞으로 나아갈 것인지 아니면 국가주의적 교조주의로 얼어붙고 말 것인지 — 양자택일의 기로에 있었다. 승기를 잡은 쪽은 바로 후자, 재수립된 스탈린주의였다.[102] 6장에서 이 전환의 정치적 의미와 그 전환에 수반하는 국가 구상, 곧 르페브르 생각에 서구 자본주의의 공고화와 동구의 정체停滯 모두를 초래했던 그 구상이 논의될 것이다. 국가자본주의와 국가사회주의 — 둘 다 권위주의적 국가 아래서 사회 전체를 중앙집권화한다.[103] 르페브르가 보기에 구조주의는 이 동향과 — 딱히 공모한 것은 아니었지만 — 전적으로 부합했다. 1960년대와 1970년대 초에 나타났던 구조주의의 우세는 대체로 국가주의적 관료 체제, 기술관료 체제, 국가주의와 관련이 있었다. 르페브르가 보기에 이데올로기와 인식론적으로 절단함으로써 사유의 순수성을 주장하는 일종의 지식으로서 구조주의는 한낱 이데올로기적 도구, 국가 지배 이데올로기의 형식적 표현에 불과하다.[104] 에리봉Didier Eribon이 주목하는 것처럼 구조주의가 드골주의의 기술관료 체제를 반영하고 있다는 이런 생각은 루시앙 골드만Lucien Goldmann과 자넷 콜롬벨Jeannette Colombel의 작업에서 발견됐고,[105] — 르페브르가 새롭게 만들어 낸 용어인 — '소비사회'에 대한 장 보드리야르의 글들에서 전개된다.[106]

그 결과 구조주의에는 그것의 과학성 때문에 모진 비난이 쏟아진다. 구조주의자가 보기에 그 과학성은 인간주의의 문제에 이의를 제기하는 방법, 포스트구조주의자의 작업에서 계속됐던 비판이었다. 알튀세와 마찬가지로 [포스트구조주의자에게도] 영감은 대체로 하이데거의 「휴머니즘 서간」이었다. 데리다의 "인간의 종말과 푸코의 『말과 사물』은 당시 엄청난 유행을 탔다.[107] 르페브르는 "'신은 죽었다. 인간도 마찬가지다'는, 마치 고전적 인간주의의 죽음이 인간의 죽음인 양" 외쳐대는 "베스트셀러 작가" (확실히 푸코를 가리키는 것이었다)를 얘기하면서 그 인기를 하찮게 여겼다.[108] 르페브르가 보기에 그런 비판은 결함이 있는 것일뿐더러 전혀 새로운 것도 아니었다. "이 시대에 인류·인간·인간주의와 관련해서 벌어지는 논의는 고전적 인간주의와 그 함의에 맞서서 마르크스와 니체가 펼쳤던 주장을 별로 독창적이지 않은 방식으로 재생산한다".[109] 르페브르는 이렇게 말한다. 마르크스와 니체는 자신들이 지각한 문제를 해결하려고 애라도 썼지만, 이 시대의 저술가는 다시 허무주의로 곤두박질칠 위험을 무릅쓰고 있다. 니체의 해결책은 위버멘쉬의 발상이었지만, 르페브르의 말처럼 그 발상 이래 그것의 위험은 "잔인하다 싶을 정도로 분명"해졌던 것이다. 생산과 계획에서 몸을 일으킨 "새로운 인류"에게도 마찬가지의 문제가 있는 것으로 드러났다.[110] 더 정확히 말해서 인간주의는 재사유, 재전유돼야 한다. 낡은 인간주의 — 자유주의, 유대-기독교적 가치, 혁명에 대한 억제의 혼합물 — 대신 우리에겐 "새로운 인간주의, 새로운 실천, 또 다른 인간 곧 도시사회를 구성하는 그 인간"이 필요하다.[111] 리히타임George Lichthime이 주목하는 것처럼 사르트르의 실속 없이 거창하기만 한 종합이 사변적 특성을 드러냈을 때 진정한 마르크스주의적 수정주의자는 르페브르의 책에 제시된 방향을 추구했다.[112] 새롭게 바뀐 이 인간주의는 3장에서 논의된다.

구조주의의 또 다른 문제는 구조주의에선 한 개념 — 구조 개념 — 이 수용돼 그것에 그 밖의 모든 개념보다 더한 특권이 부여된다는 것이다. 형식·기능·구조 사이의 관계가 인식되기보다 구조주의에선 오직 하나에 초점이 모인다. 이렇게 구조주의는 형식주의 및 기능주의와 필적하게 된다 — 셋 모두는 [구조라는] 한 개념의 이데올로기이며, 그 개념에는 일종의 존재론적 중요성에 버금가는 것이 부여된다. 그 세 주의는 구조 개념을 이데올로기로 만들지만 동시에 그것이 도구로 이용되도록 만들기도 한다.[113] 르페브르는 이것이 구조적 또는 의미론적 환원이라고, 달리 말해서 인간의 주된 특징은 본질적으로 여러 형식과 의미작용을 자신이 창조해 나가는 데 있다고 주장한다. 그 환원으로 그 밖의 모든 것 — **프락시스**, 변증법, 비극, 희극, 감정과 정열, 개인과 사회 대부분, 물론 역사까지 — 은 무시된다.[114] 『역사의 종언』에서 르페브르는 형식·기능·구조보다 형식주의·기능주의·구조주의에 특권을 부여하는 것을 현대 세계의 한 문제로 포함하고 있으며, 이성보다 합리주의를, 민족보다 민족주의를, 개인보다 개인주의를 중시하는 것 또한 같은 문제로 본다.[115]

르페브르는 구조주의 내의 많은 사람을 지목해 비판의 대상으로 삼는다. 그 비판의 결과를 잘 받은 듯 보이는 딱 한 사람은 바르트다. 르페브르는 대중문화와 신화에 대한 바르트의 분석 때문에 그에게 호감을 갖는다.[116] 레비-스트로스가 구조주의적 작업의 상당 부분을 착수한 것처럼 보였던 탓에 르페브르는 그의 동향을 일종의 신엘레아학파로 부른다. 그 명칭은 파르메니데스와 제논 같은 고대 그리스의 엘레아학파 철학자를 본떠서 붙인 것이다. 엘레아학파가 보기에 변화와 운동에는 내재적 문제가 있었다. 가장 유명한 것은 — 날아가는 화살, 아킬레스와 거북이의 달리기 시합 같은 — 제논의 운동 역설로서 그는 궤적의 단계가 뚜렷이 다른 별개의 단위였음을 제시함으로써 그 역설을 주장했다. 그 결과 엘레아학파는 세계를 흐름과 생성으로 본 헤라클레이토스의 반대쪽에 자리를 잡게 됐다. "엘레아학파의 분석은 운동성mobility을 분절, 순간, 장소, 점으로서 결정짓는다".[117] 르페브르는 이것이 바로 구조주의가 하는 — 시간을 잘게 나눔으로써 역사와 생성을 부인하는 — 일로 본다.[118] 구조주의는 생성에서 비롯하는 훼손에 대해선 불변에, 통시적인 것보단 공시적인 것에 특권을 부여한다.[119] 푸코 또한 비슷한 방식으로 비판당한다. 특별히 *Les mots et les choses*, 곧 *The Order of Things*『말과 사물』로 번역된 그의 책은 역사적 분석이 부족하다는 이유로 비판받는다.[120] 르페브르가 보기에 구조주의에는 "이행을 훌쩍 건너뛰고, 절단과 불연속성을 강조하고, 여러 생산양식을 일관성 있는 전체로 상상하는 경향이 있다(한 생산양식에서 다른 생산양식으로 이르는 길이 한층 더 쉽게 이해되는 정도까지. 왜냐하면 그 길은 일종의 가지성이 사라짐을 의미하기 때문이다)".[121] 이는 사르트르가 『말과 사물』을 두고 한 비판이기도 했다. 내 생각에 그 주장이 적절하진 않지만 당시 어느 정도 통용되던 것이었음에는 틀림이 없다.[122]

도스François Dosse에 따르면 르페브르가 보기에

> 부르디외는 … '실증주의적 사회학자'였고, 푸코는 '사유에서 비판적 측면을 없애 버렸고', 알튀세는 '마르크스주의를 뻣뻣하게 만들어 변증법에서 모든 유연함을 없애 버렸다' … 알튀세는 토마스 아퀴나스의 추종자가 아리스토텔레스 철학과 맺는 것과 똑같은 관계를 마르크스주의와 맺고 있다. 이를테면 분류, 체계화 같은, 하지만 현실과는 아무런 상관도 없는 것.[123]

르페브르는 특별히 알튀세 — 마르크스에 대한 그의 급진적 해석은 1960년대와 70년대에 엄청나게 퍼져나갔다 — 를 가차 없이 비판한다.[124] 첫 번째 출발점은 마르크스의 주요 저술에 대한 독해다. 알튀세와 르페브르는 마르크스의 발전을 근본적으로 다르게 이해한다. 알튀세가 보기엔 어떤 단절, "인식론적 절단"이 (비과학적·헤겔 철학적인) 마르크스의 초기 저술과 진정한 마르크스주의의 후기 저술 사이에 있다.[125] 알튀세는 과학적 마르크스주의를 고취하고 싶어 하고, 이렇게 하려면 마르크스주의의 관념론적 잔재를 청산해야만 한다. "오늘날 그 무엇보다 중요한 일은 최초의 유령 중 하나가 헤겔의 망령임을 알아차리는 일이다. 우리는 **마르크스에게 빛을 조금 더** 비춰야 한다. 그래야 이 유령을 밤으로 되돌려 보낼 수 있다. 아니면 같은 말이지만, **헤겔 자신에게 마르크스주의의 빛을 조금 더** 비춰야 한다. 그러면 우리는 이 '전도'에서,

그것의 모호함과 혼란에서 벗어날 수 있다".[126] 이로써 알튀세는 처음엔 1857년 이후의 저술만 성숙한 마르크스로 보고, 나중엔 오직 『고타강령 비판』과 『아돌프 바그너에 대한 난외평주』만 "헤겔 철학의 영향이 남겨 놓은 **어떠한** 흔적에서도 **완전히 또 틀림없이** 자유롭다"고 주장한다.[127] 알튀세의 독해를 지지하긴 곤란하다. 그 독해가 『자본론』에 함축돼 있는 헤겔 철학을 부인하려 애를 너무 많이 쓰는 탓에 어쩔 수 없이 (다른 저술과 함께) 『요강』을 배제하도록, 그로 하여금 인간주의 및 소외와 관련한 쟁점을 애매하게 이해하도록 하기 때문이다.[128] 마르크스에게서 헤겔을 제거하려 애쓰는 일은 꽤 수상쩍어 보인다. 왜냐하면 헤겔의 영향을 인정하는 마르크스는 제쳐두더라도, 마르크스 안의 헤겔을 확인한 레닌과 마오 둘 다 알튀세에게 중대한 영향을 끼친 사람에 속하기 때문이다. 켈리가 분별 있게 지적하듯이 "헤겔의 귀신을 저승으로 되돌려 보내면서 (알튀세가) 합리적 알맹이를 신비화된 껍질과 함께 내다버리는 것은 마르크스주의라는 아기를 헤겔 철학이라는 목욕물과 함께 내다버리는 것에 맞먹는다".[129]

다른 한편으로 르페브르는 지금껏 봐 온 것처럼 마르크스의 발전을 변증법적 운동, 곧 초기 저술에선 헤겔 철학의 영향을 받다가 그것을 거부하는 쪽으로, 그러고 나서 일부 후기 저술에선 헤겔을 재발견하게 되는 운동의 관점에서 이해한다. 마르크스주의는 운동**의** 이론이자 운동 **중인** 이론이다.[130] 그렇기에 르페브르는 알튀세의 독해는 물론 전반적으로 절단이나 단절 개념 또한 극도로 비판한다.[131] 르페브르가 보기에 마르크스를 독해하는 알튀세는 마치 엘레아학파 한 사람에게 이해, 수정, 교정당한 헤라클레이토스와 같다.[132] 왜 알튀세는 다른 곳에서 이런저런 개념을 갖고 와서는 마르크스에 대한 자신의 독해로 끌어들여야 할까? 그러고[이렇게 묻고] 나서 르페브르는 부당하진 않은 방식으로 따져 묻는다. 『자본론 읽기』의 저자가 『자본론』을 읽었는지 안 읽었는지를.[133] 르페브르는 이렇게 주장한다. 알튀세가 『자본론』에 대해 읽기라는 발상을 숙고하긴 하지만, 만약에 『자본론』을 정말로 읽었다면 둘째 장 첫 단락을 읽기 시작하면서 그 책에 암호 해독이 필요한 메시지가 있는 것이 아니라 그 책 자체가 상품세계라는 상형문자 텍스트의 암호 해독임을 깨달았을 것이다.[134] 르페브르는 마르크스가 어렵긴 해도 분명하다고 주장한다. 위험은 알튀세를 비롯해서 그와 함께 『자본론 읽기』를 작업했던 사람들이 마르크스를 이해하기 힘들게 해 놨다는 데 있다.[135] 만약 우리의 독해가 구체적 질문을 겨냥하지 않는다면 그것은 기껏해야 인쇄물, 글쓰기 놀이, 스콜라 철학의 관행밖에 안 된다.[136]

형식·기능·구조라는 이 세 개념, 『자본론』에서 탐구된 이 모두는 "방법론적으로도 이론적으로도 **똑같이** 중요하다 … (그것들은) **하나로 합쳐져** 이론적 장을 만들고 거기서 『자본론』에 대한 분석이 일어난다".[137] [그 셋 중] 어느 하나에 대한 편협한 이해는 그것의 물화와 사회 전체에 대한 편협한 이해라는 결과를 낳게 마련이다.[138] 마르크스가 『자본론』에서 제시한 요점 하나는 우리가 수행하는 분석에서 내용과 형식을 함께 고려했어야 한다는 것이었다. 사회적 내용과 논리적 형식이 마르크스의 작업에서는 잘 어울렸지만 구조주의자는 한 번 더 그것들을 쪼개려 한다.[139] 따라서 『자본론』에 대한 알튀세의 독해는 형식*(la langue)*의 검토를 위해 언어의 내용 — 의사소통 및 특정 개인의 말투나 화법*(parole)* — 을 제거하는 언어학의 구조주의적 방법과 흡사하다. 르페브르는 이를 구조주의적 환원으로 부른다.[140]

르페브르는 알튀세의 "교활한 순진함"을 얘기하면서 이데올로기적 국가장치에 대한 알튀세의 분석은 자본주의보다 동구권을 설명하는 데 더 유용하다고 한다.[141] 르페브르가 보기에 이데올로기적 국가장치는 스탈린의 국가에 있는 국가적 생산양식에 잘 들어맞는다. 따라서 우리는 [그 '장치'가 실지로] 어떤 장치를 뜻하고 있는지 [또 그 '어떤'의 자리에 있는 '이데올로기'가 뭔지]를 따져봐야 한다. "정당, 대학, 학교, 그 밖의 것들. 어떤 이데올로기? 이데올로기가 되어 버린 마르크스주의".[142] 그 결과 알튀세가 이데올로기적 국가장치와 관련하여 적은 글은 이중적 의미에서 신비하다. "그것은 소련의 국가장치가 이데올로기로 만드는 마르크스주의와 국가자본주의에 지배 이데올로기로서 가담하고 있는 구조주의 둘 다를 은폐한다".[143] 르페브르는 알튀세를 특별히 교조주의에 밀접하게 결부하면서 이렇게 말한다. 구조주의적 마르크스주의(뚜렷하게는 『마르크스를 위하여』*Pour Marx*)는 곧바로 스탈린주의에서 이어진다. "더군다나 곧잘 얘기되는 것처럼 레닌주의에서 그리되는 것은 아니다".[144]

> 스탈린주의와 마찬가지로 구조주의적 마르크스주의는 순수한 시작의 형식을 띠는데, 그때 그것은 기존 철학과 그 철학이 획득하는 것으로 가장하는 지식, 그리고 이미 제도적인 정치 행위 둘 다[의 생명을] 연장한다. 신스탈린주의는 **죽음에 이른** 교조주의와 스탈린주의적 체제화를 살려 냈다. 구조주의는 그 결과 국가에 봉사하는 이중적 기능을 성취했다. 자본주의 쪽에선 구조를 만드는 행위를, 사회주의 쪽에선 이미 구조로 굳어진 행위를 각각 살려 낸 것이다.[145]

『국가』의 다른 대목에서 르페브르는 마르크스주의 이전과 마르크스주의 사이, 스탈린주의 이전과 스탈린주의 사이에 **철학적 절단**을 도입한 이가 바로 **스탈린**이라고 말한다. "철학은 이 같은 불연속성을 가로지르면서 — 스탈린주의자들에 따르면 — 관념론에서 (변증법적) 유물론이 된다".[146] 르페브르는 이렇게 말한다. 알튀세는 『마르크스를 위하여』라는, 신비할 만큼 그 본뜻의 반대로 쓰인 제목의 그 책에서 국가적 강령에, 새로운 교조주의와 새로운 스탈린주의에 헤아리지도 못할 만큼 큰 이바지를 했다.[147] 알튀세는 "신스탈린주의적 이데올로그",[148] 구조주의는 "현상現狀의 이데올로기"다.[149] 르페브르는 구조주의가 1968년 학생운동에 결정적으로 거부당했다고 말한다.[150] 물론 주목할 만한 점은 알튀세의 작업에 큰 빚을 지고 있던 프랑스 공산당이 노동자들이 그 5월에 함께 했을 때조차 당시의 사건을 지지하는 데 너무 느렸다는 것이다. 그러한 정치적 쟁점은 6장에서, 1968년 5월의 사건은 4장에서 더 자세히 다루도록 한다.

따라서 구조주의에 대한 르페브르의 비판에는 다양한 측면이 있다. 그는 개정된 마르크스주의적 인간주의를 지지하고 구조주의의 과학성과 구조주의에 역사성이 결여돼 있다는 이의를 제기한다.[151] 따라서 구조주의는 한낱 언어의 오용에 불과할 뿐더러 모종의 체계화, 기껏해야 사회에 대한 일종의 환원적 이해밖에 안 된다.

르페브르는 이렇게 주장한다. 체계를 이해하기 위해 우리가 할 수 있는 최악의 일은 체계화를 고안하는 것이다. "체계에 대한 비교 과학과 포괄적 과학에는 체계화를 위한 획책이나 체계화에서 비롯하는 유혹에 대한 비판적 불신이 요구된다. 그 유혹이 뭐가 됐든 말이다". 마르크스주의의 결함과 실패에 대한 정직한 평가 대신 구조주의적 마르크스주의 — 알튀세 — 는 과학주의로 한 발 물러남으로써 그것들을 은폐한다.[152] 그것은 또 다른 교조주의다. 마르크스주의를 경제주의로 환원하고, 마르크스주의를 실천의 역할을 제대로 인정하지 못하는 인식론으로 변화시키고, '절단' 개념을 도입함으로써 마르크스주의의 사유를 분할해 버리기 때문이다. 구조주의는 고안된 것the conceived [le conçu]의 필연성과 충분함을 인식론적 진리의 이름으로 선언함으로써 체험된 것the lived [le vecu]의 가치를 체계적으로 떨어뜨린다.[153] 구조주의는 비역사적이다. 구조주의에서 체험된 것은 비과학적인 것으로 간주되고, 삶과 행위에 있는 비극적인 것의 중요성은 무시되고, 변증법적 방법론은 방법의 층위로 격상된 여러 수법으로 대체된다.[154] 이 주제들은 뒤이은 장들 — 역사에 대한 재고는 5장, 비극적인 것의 역할과 니체의 중요성은 2장, 기술관료 체제의 위험은 6장 — 에서 전개된다. 하지만 당분간은 변증법의 중요성으로 관심을 돌리도록 한다. 르페브르가 말하다시피 구조주의는 관념론적 변증법을 부인하려다가 변증법을 몽땅 잃어버린다.

> 지금 가엾은 이데올로그들이 정신분석학적 구조주의의 등불을 든 채 잃어버린 변증법을 찾아 헤매고 있다. 변증법적 운동과 방법, 통합과 투쟁, 작동 중인 이행은 헤겔 또는 헤겔과 격리된 마르크스에게서는 발견되지 않는다. 그것들은 그들의 대립과 불화에서 발견된다. 그 둘을 분리하는 것은 이미 변증법적 사유를 죽이는 일이다.[155]

논리학과 변증법

앞서 짚어본 것처럼 사르트르는 르페브르가 변증법적 방법론을 파악한 것이 "나무랄 데 없다"고 말한다. 사르트르는 르페브르가 그것을 다룬 방식에서 무엇이 그토록 훌륭하다고 생각했을까? 변증법의 활용은 르페브르의 작업 도처에서, 실제적 분석과 이론화 모두에서 발견된다 — 실제적 분석과 관련해서 사르트르는 르페브르의 농촌 사회학 작업을 인용한다. 핵심이 되는 이론적 저술은 『변증법적 유물론』과 『형식 논리, 변증법적 논리』다. 후자는 — 때로는 『변증법적 유물론 개론』Triaté du matérialisme dialectique으로 알려진 — 『변증법적 유물론에 의거해서』*A la lumière du matérialisme dialectique*로 불리는 8권짜리 총서 중 첫 번째로 기획돼 있던 것이었다. 제목이 말해 주는 것처럼 이 총서는 변증법적 유물론을 이해하기 쉽게 밝혀주려 했던 개론이었으며, 스탈린의 변유diamat, 辨唯 이해,[156] 더 구체적으로는 『소련 공산당 역사』의 이론 관련 장에 대한 직접적 문제제기로 여겨졌다.[157] 그 총서는 1930년대에 처음 계획되었으며 그것에는 철학 전체에 대한 마르크스주의적 개요를 제공할 의도가 함께 있었다. 그것은 철학적 체계가 아니라 추상적인 것에서 구체적인 것으로, 달리 말하면 형식적인 것(논리)에서 내용(**프락시스**)으로, 최소한의 것에서 더 복잡한 것으로 옮겨 가는, 그 이동 과정 속의 지식을 구축하려 했다.[158] 그 총서가 철저한 분석이 되리라는 것은 희망사항에 불과했다. 이것[철저한 분석이 불가능하다는 것]은 교조주의의 특징이[기 때문이]다.[159] 그것은 르페브르가 [1930년대의] 10년 동안 자신이 가르쳤던 것을 통해 바삐 준비하고 있던 기획이었다. 그는 제2차 세계대전이 끝난 뒤 그것을 어떻게 출간할 수 있을지를 고민하기 시작했다.[160] 오직 『형식 논리, 변증법적 논리』만 모습을 드러냈고 더 이상은 출판되지 않았다. 정치적 상황 — 스탈린주의와 즈다노프주의 — 때문이었다.[161] 둘째 권은 1945-6년에 집필돼서 인쇄까지 이뤄졌지만 프랑스 공산당 검열관의 명령으로 파기됐다. 하지만 그것은 수고 형태로 살아남았고 — 에스 말로는 "50년 동안 서랍 속에 남아 있었다" — 최근 **안드로포스**Anthropos 출판사가 그것을 간행했다.[162]

여덟 권짜리 전집에 대한 계획은 다양하다. 가장 완전하게 세워진 계획은 『형식 논리, 변증법적 논리』의 서론에 있다.

1. 『형식 논리, 변증법적 논리』.
2. 『과학의 방법론』.
3. 변증법의 역사, 유물론과 변증법적 유물론, 헤라클레이토스부터 오늘날까지.
4. 사적 유물론과 변증법적 유물론 간 관계 연구.
5. 구체적 인간주의, 또 총체적 인간의 개념에 대하여.
6. 도덕성 검토와 새로운 윤리 구성.
7. 개인성과 개인적 의식에 대하여.
8. 미학 검토, 특별히 형식과 내용 간 관계 검토.[163]

일부 초기 저술의 출판 목록에서 비슷한 계획이 발견되긴 하지만 [계획대로 됐더라면] 제7권에서는 심리학을 논의하고, 제3권 및 4권은 정확히 한 권으로 묶여 그 권의 나머지 부분에선 국가 및 자본 관련 연구를 통한 변증법이 검토됐을 터였다.[164] 나머지 여섯 권이 그 개요의 방식으로 집필되진 않았지만 그 책들의 관심사 대부분이 다른 데서 논의됐음은 분명하다. 원래 계획에 가장 가깝게 집필돼서 우리에게 남아 있는 것은 십중팔구 『미학시론』이다.[165]

제1권의 관심사 대부분, 사실 미래의 관심사 일부는 이미 『변증법적 유물론』에서 논의된 적이 있었다. 이 책에 견줘 봤을 때 『형식 논리, 변증법적 논리』에 설교적 특징이 있다는 점은 염두에 둘 만하다. 그런 이유 또 그 표현의 분명함 때문에 나는 『변증법적 유물론』을 이후의 설명에 대한 주요 안내서로 활용할 것이다. 허시Arthur Hirsch는 『변증법적 유물론』이 "이내 작지만 정통한 고전이 됐다"고 말하지만 르페브르가 "심지어 자신의 정통성을 지키면서도 당대의 시류엔 역행했다"는 점을 수긍하기도 한다.[166] 그러나 우리는 르페브르가 이 책을 두고 다음과 같이 말한다는 데 주목해야 한다. 이 책은 그 [총서] 기획을 위한 "예비 스케치에 지나지 않는 것"으로서 "많은 점, 그중에서도 변증법적 유물론과 과학 및 그 방법론 간의 관계에 대해선 눈에 띄게 모자란다".[167] 그가 이렇게 쓴 1946년은 그가 오직 『형식 논리, 변증법적 논리』만 출간될 것임을 알아차리기 전이었다. 이 두 책과 새롭게 나온 『과학의 방법론』으로써 우리는 그 프로젝트의 광범위한 목표에 대해 온당한 인식을 가질 수 있다.

르페브르는 전통적으로 형식 논리와 그 내용 사이엔 분명한 구별이 있어 왔다고 말한다. 형식 논리는 오로지 명제의 구조 및 보편적, 분석적 형식과 명제의 관계에 관련되기만 한다. 예시가 주어진 데서 명제에는 순전히 보여주려는 목적만 있을 뿐이다 — 명제는 그것 고유의 명사term, 名辭에선 적절치 않다. 형식 논리는 명징한 동일성의 개념 이를테면 "A는 A다 [A는 A와 같다: 동일률]에 만족한다. 만약 A가 B고 B가 C면, A는 C다".[168] 그러한 명제의 내용은 그것의 정식화 및 관계에 부적절하다. 르페브르는 프랑스 공산당이 자신의 논리학 저술을 멈추게 했던 이유 하나를 이렇게 든다. "나름의 근거를 갖고 내가 말했다. 논리학은 파리에서도, 모스크바에서도, 뉴욕에서도 똑같다고. 나는 A = A 또는 $(A + B)^2$이 모든 나라, 모든 정권, 모든 생산양식에서 똑같은 형식적 동일성이라고 말했다."[169] 이는 논리학과 변증법이 상부구조로서 기능하지 않기 때문이다. 그것들이 역사적 발전이긴 하지만 그것들을 유발한 이데올로기나 제도엔 내포되지 않는다.[170] 그렇긴 해도 르페브르는 자본주의가 어떻게 논리학의 특정 구상을 "이 같은 생산양식의 철학"으로 채택하는지, 그 구상은 또 어떻게 테크놀로지·사이버네틱스·컴퓨팅을 통해 그 구상의 유연성을 조장하는지를 알아차린다 — 이 문제는 6장에서 자세히 검토할 것이다.[171]

그러나 르페브르는 논리가 형식과 내용으로, 너무도 분명히 분리될 수 있다는 것을 논박한다.

> 사실상 형식 논리는 절대로 내용 없이는 성립하지 않는다. 말하자면 그것은 이 내용의 일부를 차단해서 환원할 수도, 곧 그것을 더욱더 추상적으로 만들 수도 있지만 결코 그 자체에서 완전히 자유로울 수는 없다. 그것은 규정적 판단에 공을 들인다. 혹시 형식 논리가 그 내용을 단순히 형식을 적용하는 데 대한 일종의 구실로 간주한다손 치더라도 말이다. 헤겔의 지적처럼 순전히 단순하고 공허한 동일성은 정식화조차 불가능하다.[172]

형식적인 예를 하나 들어보자. 한 논리학자가 'A'라는 항을 들여오면 그 역은 'A가 아님not-A'이 된다. 이를 근거로 해서 우리는 'A는 A가 아님이 아니다'고 언명할 수 있다. 아리스토텔레스 논리학에서 이것은 배중률排中律이다 — 어떤 것은 A 아니면 A가 아님, 동일성 아니면 비동일성이다. 이 동일성의 논리는 존재의 형이상학과 가장 밀접하게 관련된다. "동일성은 순수 형식이 아니라 존재의 내적·본질적·객관적 속성으로 간주된다." 존재 또 각 존재자는 그 자체와 동일하고, 그 결과 그 자체를 정의한다. "따라서 동일성은 형식과 내용 둘 모두 곧 동일성 고유의 내용으로 이해된다." 이는 아리스토텔레스 사상의 한 측면으로서 서구 전통 내내 사상가들이 계속해서 발전시킨 것이라고 르페브르는 말한다. "모든 구체적 존재자의 개별성과 관련한 이론"은 아리스토텔레스 자신이 제공했을지 몰라도 이러한 추상적 측면은 서구 철학이 별개로 발전시킨 것이었다. "라이프니츠에 이르기까지 서구의 사고방식은 대담하긴 하지만 헛된 시도에 관여했다. 그 목적은 형식에서 내용을 추출하고 논리적으로 사유적 존재에서 실존적 존재로 이행하려는 데, 말하자면 세계를 연역하려는 데 있었다.[173]

레닌이 인용했다시피 헤겔에게는 "세 번째 항이 없다". 중간은 배제된다 — 동일성 아니면 비동일성, A 아니면 A가 아님[만 남게 된다]. 그러나 레닌은 자신의 『철학노트』 *Philosophical Notebooks*에서 "이 테제 자체에 세 번째 항이 **있다**. A 자체가 그 세 번째 항이다. A는 +A, -A 둘 다 될 수 있기 때문이다."고 말한다.[174] 르페브르도 정확하게 똑같은 주장을 펼친다. 'A' 자체는 A임plus A과 A가 아님minus A에 대한 제3항이다.[175] 르페브르의 요점은 'A가 아님'이 고안, 상정되긴 하지만 그 결과는 오직 ['A가 아님'의] 소멸, 새로운 동일성의 확보일 뿐이라는 것이다. 부정은 그 자체로 부정된다. 따라서 르페브르는 그런 판단이 순전히 분석적일 수 없다고 한다. 그것이 그저 항에 대한 해명이 될 순 없기 때문이다. 우리가 이를테면 '그 나무는 푸르다', 'A는 B(하)다'는 예시를 들자마자 우리는 형식 논리를 넘어서게 된다. 그렇기에 형식 논리는 늘 그것의 내용, 어떤 구체적 의미와 관계를 맺는다. 그러나 형식 논리는 특유한 것에서 추상하려는, 일반적 언명을 하려는 시도이기도 하기 때문에 그 결과 일종의 존재론이나 형이상학의 주주가 된다.[176] 우리는 문법의 형식적 규칙이 있는 언어에서 비슷한 것을 발견하게 되는데, 그 규칙에서 언명의 의미·내용·진위 여부는 고려되지 않는다.[177]

따라서 논리는 형식적 표현이지만, 그것에 내용이 없다면 그것은 중립적이다[그것의 뚜렷한 특징은 사라진다]. 모든 생각에는 내용 곧 분석의 대상이 있다 — 심지어 수학에서도 그렇다.[178] 구조주의 언어학자가 형식에서 내용을 들어내서 비판받았던 것과 꼭 마찬가지로 형식 논리에 대해서도 같은 지적을 할 수 있다.[179] 형식 논리, 형식의 논리에는 문법에도 그런 것처럼 "다만 상대적 범위와 제한된 적용만 있을 뿐"이며, 그렇기에 그것은 "추상의 논리"다. 구체적 논리, 내용의 논리는 필요한 것이고 형식 논리는 그 논리 안의 한 요소다. 이것이 변증법적 논리다. 이런 까닭에 형식과 내용은 이어져 사실 불가분의 관계에 있지만 여전히 다르다.[180] 내용 없이 작업한다는 것은 형식주의에 빠질 위험을 무릅쓴다는 것이다. 그렇지만 형식 없는 분석에도 마찬가지의 결함이 있다.[181] 르페브르의 요점은 내용이야말로 계급에 기반을 둔다는 것이다. 구체적 논리의 경우엔 계급 분석이 늘 드러난다.[182] 실제로 더 큰 위험은 형식이 지나치게 강조될 때 생긴다 — 우리는 형식 논리가 아니라 결국에는 논리적 형식주의를 얻게 된다. 구조주의가 한 요소를 특권화한 것처럼 우리는 결국 이데올로기를 얻게 되는 것이다.[183]

따라서 르페브르가 보기에 형식 논리는 심각한 어려움에 부딪친다. 그러면 우리는 형식과 내용 간 관계라는 그 문제를 어떻게 해결할까? 형식 논리학의 그 방법을 뒤집어서 내용으로 시작해야 할까? 형식을 분명히 밝히려고? 이 또한 중대한 장애에 부딪치긴 마찬가지다. 만약 그 방법이 엄격하고 일관된다면 그것은 꼼짝없이 삼단논법을 통해 똑같은 항을 되풀이할 수밖에 없다. 만약 그것이 사실에서 법칙으로 이동하기 때문에 유용하다면 그것은 논리적으로 말하자면 필연성 없는 요소를 끌어들일 수밖에 없다.[184] 마찬가지로 "만약 존재가 바로 존재고 그 밖의 다른 뭔가가 결코 아니라면, 만약 모든 관념이 무조건 맞는 것 아니면 무조건 틀린 것이라면 존재와 사유 간의 현실적 모순은 사유에서 배제된다." 르페브르는 다양한 것이자 유동적인 것으로서 모순이 변증법이란 용어의 낡은 의미에서 말하는 그 변증법에, 곧 부정확한 논증이자 궤변에 남겨진다고 말한다. 동일성으로써 정의된 사유는 꼼짝없이 수구적으로 되기 마련이다. 이런 의미에서 이성은 현실적이기보다는 계속해서 관념적으로 남아 있다. 논리는 현실적인 것에서 격리돼 비합리적인 것의 영역에서 발견된다.[185]

이것이 바로 헤겔이 마르크스에게 또 르페브르에게 그토록 중요한 이유다. 헤겔의 작업은 정확히 이러한 문제들에 대한 응답과 해결책을 한꺼번에 제시한다. 칸트의 유산은 이성이 형식과 내용, 세계에 대한 우리의 지각과 물자체에서, 곧 인식능력이 인식대상에서 엄격히 구별되도록 하는 것이다. 르페브르가 보기에 헤겔 학설의 중심 사상은 "사유와 현실, 형식과 내용을 한없이 풍요롭게 통일하는 의식, 사유의 내적 갈등에 포함된 필연적 통일의 의식"이다. 모든 갈등이 관계이긴 하지만 그 관계는 투쟁과 극복의 대상이 되는 것이다. 이것은 부정적이지 않고 긍정적·생산적인 사고방식이며, 거기서 "한쪽으로 치우친" 항은 극복되어 [새로운 항으로] 교체된다.[186] 르페브르는 이렇게 말한다. 현실 생활에서 이뤄지는 논의에선 그 어떤 것도 완전하게 또는 반론의 여지가 없을 정도로 옳은 것은 아니며, 마찬가지로 그 어떤 것도 전적으로 부조리하거나 그릇된 것은 아니다. 우리가 각각의 입장을 비교한다면 우리는 이처럼 서로 갈등하는 듯 보이는 입장이 한 단계 더 높은 통일로 향하는 것에 다가선다.

> 각 테제는 그것이 절대적으로 언명하는 것에선 거짓이지만 그것이 상대적으로 언명하는 것에선 참이다(그 테제의 내용). 또한 그것이 상대적으로 부인하는 것에선 참이며(여타 테제에 대한 그 테제의, 근거가 잘 갖춰진 비판), 그것이 절대적으로 부인하는 것에선 거짓이다(그 테제의 교조주의).[187]

헤겔이 뜻하는 변증법은 고작 궤변에 지나지 않는 것이 아니다. 변증법에는 "순수한 허영심에 들떠" 단순히 혼란을 조장하기 위함이 아닌, 생산적인 목적이 있기 때문이다.[188] 마찬가지로 르페브르는 헤겔이 논리를 발견한 파산 상태의 국가에서 그 논리를 구출해야 했다고 말한다. 그 쟁점은 정확히 형식과 현실, 곧 고정되고 일원론적이기보다는 그저 유동적이고 다양할 뿐인 현실 사이의 연결 고리와 관련한 것이다. 그런 까닭으로 헤겔은 내용에서 출발해 이 내용이라는 원료 속에 담겨 있는 개념을 추출해야 했던 것이다. 르페브르는 『정신현상학』을 인용하며 이렇게 말한다. "우리는 반드시 실체적 삶에서 베일을 벗겨내야 한다". 그 삶을 합리성의 수준으로 고양하기 위해.[189] 그가 중요하게 언급하듯이 자신의 연구에 있는 이러한 측면에는 헤겔 『논리학』을 "실제적으로materially" 다시 포착하려는 목적이 있다.[190]

르페브르의 맘속에는 칸트의 『순수이성비판』이 "논리학의 새 길을 열었다"는 생각이 있었다. 칸트가 분석판단과 종합판단을 구분했기 때문이다. 분석판단은 형식적이고 엄격하지만 메마를 터였고, 종합판단은 우리의 지식에 뭔가를 더해 줄 터였다. 하지만 첫 번째 『비판』의 핵심 질문은 바로 이런 것이었다. 경험의 유효화에 지속적으로 의거치 않고서 어떻게 그런 일이 가능하겠는가. 그러나 칸트는 우리가 이성과 경험을 결합하지 않고서도 생산적 지식을 가질 수 있다는 발상에는 비판적이었던 반면, 범주의 발견을 통해 지식을 얻을 가능성에 대한 조건 창출은 중요하게 생각했다. 그의 **선험적** 종합판단은 결과적으로 "순수하고 공허한 형식이었고, 그 형식의 내용에서 분리돼 있었다. 그 형식의 주제에 대해선 무심한 인식의 도구로서, 대상에 대해선 주관적인 것으로서 — 그 결과 여전히 전통적 형식주의에 일치하는 것으로서".[191]

그렇기에 칸트는 새로운 길을 열지만 거기서 한 발 더 나아가야 한다. 그의 이원론은 극복돼야 한다. 혹시라도 그의 견해가 한없이 풍부하다는 것이 드러난다손 치더라도 말이다.[192] 예를 들어 르페브르는 1 + 1 = 2라는 전제가 라이프니츠에겐 순전히 분석적이지만, 칸트에겐 종합적이라는 데 주목한다. 칸트가 '2'는 단순히 '1'의 반복이 아니라고 — 거기에는 새로운 무엇, 일종의 종합이 있다고 말하기 때문이다. 르페브르의 응답은 2 = 1 + 1과 1 + 1 = 2는 등가이기 때문에 1 + 1 = 2는 분석적이**면서도** 종합적이다.[193] 우리는 여기서 르페브르가 '1 + 1'이 동일성에 대해 매우 결정적일 뿐 아니라 그것이 차이를 만들어 냄을 인식한다는 점에 주목해야 한다.[194] A = A와 관련해서 그는 많은 데서 똑같은 주장을 내어 놓는다.[195] 두 번째 A는 A와 똑같으면서도 다르다. 그 정확한 이유는 그것이 두 번째이기 때문이다. 르페브르는 "반복은 차이를 만들어 낸다"고 말하면서도[196] 고전철학이 "차이를 회피한다"고 반박한다[197] — 이 논점은 6장에서 다시 다룰 것이다.

르페브르의 요점은 헤겔이 모순을 발견했다는 것이 아니라 그가 모든 사유에 — 전면적 대립 또는 타자의 환원이나 배제를 통해 — 변증법이 있음을 주장한다는 것이다. 한 인터뷰에서 르페브르가 얘기하듯이 헤겔은 언제나 일관성이 아니라 모순을 강조했다.[198] 그렇기에 르페브르는 제3항을 발견한 공이 헤겔에게 있음을 인정한다. "이로써 나오는 결과는 일단 어느 결정이라도 그것의 교섭으로써 보강, 극복된다면 그 결정은 두 항이 모순 상태에 있을 때마다 엄격하게 생산된다는 것이다. 하지만 동시에 그 결정은 존재의 새로운 계기이자 사유의 새로운 계기이기도 하다". 이것은 다만 형식 논리일 뿐 아니라 변증법적 논리이기도 하며, 이 논리는 모순이 있을 때마다 제3항을 결정함으로써 엄격하게 진행된다.[199] 제1항은 제2항과 마찬가지로 제3항 안에서 발견되지만 더 풍성하고 확실해진다. 제3항은 제1항의 부정에 대한 부정으로서, 제1항의 편향적 본질을 바로 잡는데, 이는 제3항이 제1항에 대해 완전한 역 — 이 또한 편향적이긴 마찬가지일 터다 — 이 되지 않은 채 이뤄진다. "제3항은 모순된 것을 통일하고 극복하며 그것에서 확실했던 것을 보존한다. 통일은 생산적 불화기를 거친 뒤 승리를 거둔다."[200]

르페브르의 말에 따르면 변증법적 논리는 형식 논리의 대체, 폐기가 아니라 그것의 극복이다. 변증법적 논리에선 형식 논리에 "구체적 의미가 부여"되면서 형식 논리의 중요성이 보존되기 때문이다.[201] 그렇기에 논리와 변증법의 관계는 그 자체로 변증법적이다.[202] 『합과 나머지』에서 르페브르가 말하듯이 그는 바로 이 견해 때문에 코민포름 공표 당시 공격을 받았다.[203] 냉전 초기에는 다양하고 모순적인 세력이 프랑스 내에서 활동 중이었다. 즈다노프는 조지 케넌George Kennan의 'X' 논문이 발표된 뒤인 1947년 9월 22일 코민포름의 첫 회의에서 연설을 하면서 **"투 캠프" 독트린**으로 알려지게 된 것의 얼개를 잡았다. 부분적으로는 — 같은 해 5월에 공산주의자들이 프랑스 정부에서 축출당한 — 정치적 현실을 인식하면서 코민포름의 설립에 도움을 주고 있던 즈다노프는 다음과 같이 주장했다. 전후 세계에는 주요 진영이 둘 있다. "한

쪽에는 제국주의적이고 반민주적인 진영이, 다른 한쪽에는 반제국주의적이고 민주적인 진영이 있다".[204] 누구든 어느 한 진영과 함께하거나 그것에 맞서거나 하는 상황에 놓여 있었다. 이 상황이 외교정책에 국한된 것만은 아니었다. 즈다노프 독트린Zhdanovism은 논리학이 태생적으로는 부르주아적이고 변증법에서는 완전히 분리되어 있었다고 주장한다. 프랑스 공산당은 이 주장을 따라 과학이 계급적 토대에서 구별될 수 있다고, "부르주아 과학에 맞서는 프롤레타리아 과학"이 그들의 모토가 될 터라고 주장했다.[205] 이는 어쩌면 리센코Trofim Denisovich Lysenko의 유전이론을 둘러싼 논쟁에서 유발된, 가장 고통스럽고 잘못된 일일 것이다.[206] 이는 『과학의 방법론』에 보인 적대적 반응이 이해되게끔 한다. 르페브르는 『합과 나머지』에서 이렇게 기억한다. 당시 그는 자신의 동지를 매섭게 다그쳤다 — "프롤레타리아 셈법이라는 게 있기나 한가?" 유일한 대답은 [어쩔 수 없지 않겠냐는 듯] 어깨를 들썩이는 것이었다.[207]

르페브르가 보기에 형식 논리는 결빙기, 단순화된 세계, 추상의 논리인 반면, 변증법적 논리는 역사, 포착하기 힘들고 미묘한 세계, 구체적 현실의 논리다. 한쪽에는 형식이, 다른 한쪽에는 내용이 있는 것이다. 변증법적 논리에서 "동일성의 원칙은 거부되지 않으며 내용은 그 원칙에 부여된다".[208] 형식 논리가 'A는 A'라고 말할 때 변증법적 논리는 'A는 A가 아님'이라고 말하지 않는다. 이는 모순을 일으키기 위함, 다만 그 논리의 한계를 인식하기 위함이다. 나무 한 그루는 그냥 나무 한 그루가 아니고 한 그루밖에 없는 나무다. 그것이 특정한 나무 한 그루라서, 그것에는 잎·열매·꽃이 있고 꽃은 열매가 되어 이윽고 또 다른 나무 한 그루가 돼서 그렇다. 그것은 변화와 생성의 관계다. 'A는 A'라고 말하는 것은 그것이 기술할 수 있고 극복될 수 있다는 점에선 참이지만, 그것이 절대적이고 고정된 것으로 여겨질 경우엔 거짓이다. 변증법적 논리에선 단순하**고** 복잡한 특질에 대한 분석이 허용된다. 말하자면 한낱 분류에 지나지 않는 것이 극복돼서 생성이 분석될 수 있는 것이다.[209]

따라서 질과 양의 쟁점도 문제가 있는 것으로 된다. 만약 우리에게 모래더미가 있고, 우리가 거기서 모래알을 하나씩 들어낸다면 그것은 언제 더미가 안 될까? 아니면 르페브르가 헤겔에게서 갖고 온 예시 두 개를 보자. 머리카락은 하나씩 빠지지만 우리는 어느 한순간에 대머리가 되고, 물은 1도씩 더 차가워지다가 딱딱하게 돼 버린다. 존재에게 일어나는 변화는 단지 양적인 것일 뿐 아니라 질적이기도 한데, 그 경계선은 분명치 않다.[210]

> 생성은 지속적 발전(진화)이지만 그 도중에 발생하는 비약, 급작스런 돌연변이와 격변으로 말미암아 간간이 멈추기도 한다. 동시에 그것은 퇴행이기도 하다. 퇴행은 그 자체로 생성을 나르면서 그 퇴행이 시작한 내용을, 그렇게 발전이 멈춘 데서 다시 시작해서 계속 이어간다. 생성이 새로운 뭔가를 형성하는 와중에도, 그 어떤 생성도 한없이 직진하진 않는다.[211]

이렇듯 헤겔에게서 변증법 개념이 자세히 논의된다는 것은 르페브르가 어떻게 작업하는지를 이해하는 데 아주 귀중하다. 그것은 마르크스를 이해하는 데도 마찬가지다. 그러나 잘 알려져 있다시피 마르크스는 헤겔의 논리를 그것의 신비화 때문에 비판했다. 이것은 무엇을 뜻할까? 르페브르는 헤겔이 평범한 것과 세상을 살아가는 사람의 현세적 삶, 또 관념의 영역과 사상 및 자유의 왕국을 계속해서 이분법적으로 구분한다고 말한다.[212]

> 그러므로 살과 영혼, 일상의 현실과 생각, 현실적 필연성과 이상적 자유, 실제적 노예상태와 지성의 이론적 힘, 구체적 삶의 비참함과 절대관념the Idea의 훌륭하지만 가공적 주권은 모두 갈등상태에 있다.[213]

헤겔은 또한 인간 존재의 전체 내용을 파악하는 입장을 주장하지만, 이는 모순적이다. 만약 그 내용이 무한할 정도로 풍부하다면 그것은 사상가 한 사람이 완전히 파악할 수 없고, 만약 그 내용이 그렇지 않다면 헤겔의 입장은 가능하다. 그 내용은 파악되기 위해 추상화될 위험에 놓인다.[214] "헤겔 철학이 완성된 체계인 만큼 그것은 전통적 형식주의처럼 창조와 지식 간의, 풍부함과 엄격함 간의 첨예한 갈등을 초래한다."[215] 르페브르가 보기에 헤겔은 행동을 행동에 관련한 사유와 혼동했다. 헤겔의 말로 하면 합리적 사고는 논리가 그리돼야 하는 것과 마찬가지로 구출돼야 한다. 헤겔은 형식을 획득하기 위해 내용 관련 지식을 심화하는 것에 만족하지 않았고, 한 발 더 나아가 총체성에 대한 권리를 통해 그 지식을 사유로 환원했다. 이는 진리가 더 이상 형식과 내용의 통일이 아니라 형식 그 자체 또 동일성 그 자체와 함께하는 형식의 동일성으로 환원됨을 뜻한다.[216]

이 모든 것에 있는 위험은 객관적 내용이 사라진다는 것이다. 그 내용은 헤겔이 존재와 무를 사유하는 데서 사라진다 — 마치 하이데거가 죽음의 "존재론적 구조"에 대해 분석할 때 객관적 내용이 사라지는 것처럼 말이다.[217] 이 모든 것은 "신비주의적인, 편재하는 심연이며, 거기서 삶과 물질의 모든 힘은 다시 그곳으로 빠져들기 전에 마치 신비한 폭포처럼 추락한다". 말하자면 그 심연은 "주관적 신비주의"가 된다. 헤겔의 사상이 체계가 됨에 따라 모순은 논리적 정수, 우리가 **선험적인** 모든 것 — "더 이상 특유한 모순의 구체적 통일이 아닌 절대적 동일성" — 에서 발견하는 어떤 것이 된다. 하지만 르페브르는 헤겔이 우리가 그에게 이의를 제기해서 그를 극복할 수 있는 수단을 제공한다고 주장한다. 헤겔의 작업에 있는 아이러니는 그가 모순을 인식하고 해결하려고 했는데도 이 모순이 그의 작업 내에 필연적으로 존재했다는 것이다.[218] 결과적으로 "헤겔 철학은 일종의 도그마다. 그것은 일종의 자기훈육 곧 개인적 경험과 개인의 중요한 문제에 대한 일종의 포기를 요구한다".[219]

르페브르는 내가 여기서 아주 자세하게 얼개를 짜 온, 헤겔 철학에 대한 자신의 비판적 검토가 1840년대와 50년대에 마르크스·엥겔스가 했던 그 검토와 대강 맞아떨어진다고 주장한다. 1844년 즈음부터 마르크스는 국가는 "윤리적 이념의 현실태"라는 헤겔의 발상을 거부한다.[220] 마르크스·엥겔스는 정치적·사법적 형식을 내적 분석 또는 **가이스트***Geist*에 대한 그 형식들의 관계를 통해 설명할 수 있기보다는 자신들의 뿌리를 물질적 존재에 두며, 이때 그 존재는 헤겔이 시민사회의 이름으로 이해하는 것이다. 그러므로 르페브르에 따르면 거기서 줄곧 "마르크스는 헤겔이 고정한 체계와 그 정치적 결과에 맞서 헤겔 철학의 내용(시민사회, '욕구의 체계', 사회적 관계와 관련한 구체적 이론)을 발전시켜 나갈 것이다".[221] 앞서 논의했다시피 르페브르는 마르크스가 중반기엔 헤겔을 혹평했지만 나중엔 그에게 되돌아간다고 말한다. 마르크스가 헤겔의 중요성을 재인식할 때까지 일종의 사적 유물론만 발전시킨다는 주장이 이뤄지는 것이다.[222] 르페브르는 "역사적·사회적·경제적·인간적·실제적 내용을 파악하기 위한 고투 속에서 마르크스·엥겔스는 형식적 방법을 제거했다"고 주장한다.[223] 신통찮은 변증법 — 갈등의 변증법 — 이 있었을지는 모르지만 그것이 생성의 구조와 이어진 변증법은 아니다. 마르크스가 헤겔의 중요성을 다시 알아차린 것은 불과 얼마 뒤였고, 이는 마르크스가 노동과 노동력 간의 구분, 잉여가치 같은 핵심 개념이 불러일으키는 문제를 해결하던 것과 겹친다.[224] 마르크스는 헤겔이 발견했을 뿐만 아니라 신비화된 그 방법론의 **합리적** 측면을 구해 내고 싶어 한다.[225] 르페브르가 보기에 헤겔 철학에는 마르크스가 바랐던 뭔가가 있었고, "그는 절대적 체계의 잔해에서 구할 가치가 있던 것을 구하고 싶어 했다".[226]

르페브르가 보기에 여기엔 변증법적 방법론이 사적 유물론에 덧붙게 됐다는 뜻, 곧 — 원래는 관념론적 형식으로 산출된 — 변증법의 추상적·관념적 형식이 경제적 토대에서 비롯하는 재작업을 통해 변증법에서 사라진다는 뜻이 있다. 결정적인 대목에서 르페브르는 마르크스주의를 환원적 교조주의로 만들어버린 견해에 이의를 제기한다. 그것은 사회적 관계를 이해하기 위해 경제적 관계**만** 검토한다. 곧 "경제적 관계는 유일한 관계가 아니라 가장 단순한 관계다". 참된 유물론에서 사상·제도·문화는 한낱 부수현상, "하찮고 중요치 않은 상부구조"로 여겨지지 않는다. 오히려 그것에선

> 조직화된 모든 인간 존재에 내재하고 있는 실제적 관계가 결정되고 연구된다. 그 관계가 문화 또는 삶의 방식에 대한, 존재의 구체적 조건이기 때문이다. 역사적 또 방법론적으로 단순한 관계 · 계기 · 범주가 더 풍부하고 더 복잡한 결정에 수반되긴 하지만 그것들이 그 결정을 배제하는 것은 아니다. 특정 내용은 늘 구체적 총체다. 이러한, 삶과 의식의 복잡한 내용은 우리가 획득하고 해명해야 하는 참된 현실이다. 변증법적 유물론은 경제주의가 아니다. 그것에서 관계는 분석되고, 그런 다음 총체적 운동에 재통합된다.[227]

르페브르는 (변증법적) 역사 유물론을 (기계론적) 속류 유물론과 혼동하는 데서 비롯하는 문제를 강조한다. 후자는 자연을 부피·밀도·탄력성 같은 기계적 속성으로써 정의된 존재로 환원한다 — 자연적 존재를 입자·미립자·원자 같은 기본적 속성의 기계적 결합으로 환원하는 것이다. 그것은 의식을 물리-화학적 과정의 부수현상으로 여긴다. 달리 말해 먹고 마시는 일이라는 기본적 욕구로 인간을 환원하고 복잡한 것을 단순한 것으로 환원하면서 결국 세계와 인간에 대해서는 극도로 빈곤한 이해에 이르게 된다.[228]

르페브르는 마르크스가 "사적 유물론" 이라는 용어를 사용하지 않았으며, 변증법적 방법론에 대해 두세 쪽 — 곧 16쪽 정도의 **교정쇄***Drückbogen* — 을 쓰려는 후속 계획을 결코 따르지 않았음을 알아차린다.[229] "사적 유물론"이란 표현은 카우츠키에게서 유래한 듯 보이고, 레닌이 그에게서 빌려왔다.[230] 레닌이 자신의 『철학노트』에서 주목하는 것처럼 마르크스는 우리에게 자신 고유의 『논리학』을 남겨 놓지 않았을는지도 모른다. 하지만

> 그는 『자본론』의 **논리**만큼은 확실히 남겼다 … 마르크스가 단일 과학인 논리학에 적용한 것은 변증법, 또 헤겔에게 가치 있는 모든 것을 가져와 더 발전시킨 유물론적 지식의 이론이다(세 단어까지는 필요치 않다. 그것은 하나이자 똑같은 것이기 때문이다).[231]

르페브르와 구테르망은 마르크스의 글에 대한 서론에서 아주 비슷한 주장을 한다. 비록 마르크스에게 자신이 계획한 변증법 관련 논문을 쓸 시간은 없었지만 변증법적 세계관은 그의 전체 작업에 내포돼 있다는 것이다.[232] 그렇기에 르페브르는 "(마르크스) 사유의 요소는 틀림없이" 변증법적 유물론이란 "이 용어로 전달된 것이다"고 주장한다.[233] 하지만 이는 스탈린주의식의 변유 말고 이런 방식으로 이해될 때만 의심의 여지없이 참이 된다. 르페브르의 얘기처럼 마르크스주의 변증론자는 멍청한 유물론보다는 똑똑한 관념론을 더 좋아한다.[234] 우리는 전체를 발견하기 위해 추상적인

것에서 구체적인 것으로 옮겨가야 한다. 구체적 총체성은 헤겔에게 그랬던 것처럼 "지각과 표상 위에서 개념 그 자체를 낳는 개념의 산물"이기보다는 "지각과 표상 속에서 파악된 내용에 대한 개념적 정교화다".[235] 다른 데서 르페브르는 이렇게 말한다. 자신은 변증법적 유물론보다는 유물론적 변증법을 얘기하는데, 그것의 정확한 목적은 "새로운 체계를 갖춘 철학"이라는 그 유령을 피하기 위해서다.[236] 마르크스주의는 체계이기보다는 프로젝트이거나 프로그램이다.[237]

르페브르가 여기서 내놓는 마지막 주장은 변증법이라는 사유가 마르크스의 작업에서 일종의 최종적 변화를 겪는다는 것이다. 그는 이 일이 1859년 「서문」과 『자본론』(1867) 사이의 언제쯤에 발생한다고 말한다.[238] 1859년의 범주가 추상적인 듯 보이이긴 하지만, 1867년 즈음에 이르러 마르크스는 다음을 알아차린다. "순수한 추상 따윈 없다. 추상적인 것은 구체적이기도 하며, 또 어떻게 보면 구체적인 것은 추상적이기도 하다. 우리에게 존재하는 모든 것은 구체적 추상이다."[239] 르페브르는 얼마간의 예시를 든다 — 경제적 범주는 "역사적으로(사회적 현실의 계기로서) 또 실제적으로(사회적 객관성의 요소로서) 구체적이다".[240] 대상에는 구체적인 사용가치가 있고 가장 단순한 경제적 범주인 교환가치가 있다. 다시 말해서 그것은 추상적이기도 하고 구체적이기도 하다. 경제적 범주는 사유 운동의 시발점이라는 이유로는 일종의 추상이지만 구체적 과정 이를테면 시장경제의 출발점이라는 이유로는 구체적이다.[241] 르페브르는 이것이 물신숭배와 관계를 맺는 방식과 그 밖의 경제적 관계가 교환가치에서 발전하는 방식을 논의한다. 그는 다음과 같이 말한다.

> 경제적 현상에 대한 연구는 경험적인 것이 아니다. 그것은 범주의 변증법적 운동에 토대를 둔다. 기본적 경제 범주 — 교환가치 — 는 발전되고, 내적 운동으로써 새로운 결정 이를테면 추상적 노동 · 화폐 · 자본 같은 것을 낳는다. 각각의 복잡한 결정은 이전의 결정에서 변증법적으로 모습을 드러낸다.[242]

변증법의 적용

> 따라서 논리와 변증법의 투쟁은, 이론적 층위에서는, 사유와 사회에서 발생한 '고전적' 투쟁의 상위 형식이다.[243]

변증법에 대한 자신의 관심 때문에 르페브르는 대체로 두 항으로 이뤄진 이항대립 원리보다는 세 항을 갖고 작업하는 경향을 보인다. 르페브르는 변증법이 세 항으로 이뤄진다는 점을 계속해서 강조한다. 그는 마르크스의 작업을 수용하는 데 따랐던 문제가 부르주아지와 프롤레타리아트 간의 이항대립 때문이라 말하고, 그 대립에는 땅이라는 제3의 측면, 곧 농촌과 농업, 농촌과 속흙subsoil, 心土, 결국엔 농촌과 민족국가의 영토에 대한 경시가 함께한다는 데 주목한다.[244] 더 일반적으로 말하자면 르페브르는 자신의 초기 저술에선 제3항을 변증법의 결과이자 산물로 여기지만 그 뒤의 저술에선 세 항이 서로 동시에 영향을 끼친다고 생각하는 것처럼 보인다 — 한 항을 다른 항보다 우선시하지 않고, 초월·종합·부정을 찾지 않고, 그 셋 간의 지속적 운동을 본다. 제3항은 일종의 계기, 이 운동의 한 측면이다.[245] 제3항은 **이미** 어디에든 있다 — "셋 없이 둘 따윈 없다".[246]

> 트라이어드triad가 사유의 생성을 분석하는 틀로서 도입된다 … 그것은 더 이상 정–반–합 변증법의 문제도, 완전한 변증법의 문제도, 긍정–부정–부정의 부정 관계도 아니다. 이러한 관점에서 변증법은 생성의 분석 … 갈등적인 세 계기로 표현되기만 할 뿐인 그 뭔가를 허용한다. 헤겔과 마르크스에 대한 이러한 해석은 음악 곧 시간의 기술art이라는 전형적 예시를 고려함으로써 뒷받침될 수 있는데, 이때 음악은 멜로디 · 하모니 · 리듬이라는 세 개념의 관계 속에서 이해될 수 있을 뿐이다. 같은 방식으로 우리는 이처럼 갈등적인 세 계기 곧 국가 · 국민 · 계급을 숙고함으로써 현대세계를 분석한다. 우리는 생성의 사례를 늘려나갈 수 있을 텐데, 그 생성은 마르크스가 착수한 변증법적 트라이어드를 통해 파악될 수 있을 뿐이다.[247]

르페브르가 삼항을 사용한다는 점은 그의 작업을 이해하는 데 매우 중요하다. 이

점이 문헌에서 논의는 되지만 제대로 된 이해는 이뤄지지 않는다. 예컨대 롭 실즈는 르페브르가 변증법적 유물론의 화제를 시간에서 공간으로 옮겼다고 말하고는[248] 그의 변증법 관련 작업을 아주 혼란스러운 그림으로 보여준다.[249] 실즈는 그가 헤겔의 역사성에 대한 논박을 통해 공간의 자리를 변증법에 잡은 탓에 그의 연구엔 『공간 변증법』이란 부제가 붙는다고 말한다. 에드워드 소자 또한 이 점을 중요하게 생각하면서 그것을 양자택일either/or이라는 모더니스트식의 이항대립 원리를 훨씬 더 광범위한 논리인 "양자포함both/and also"으로 대체하기 위해 고안된 주장의 일부로 여긴다.[250] 그는 이 점이 분명히 르페브르에게서 온 것이라고 하면서 자신이 비판적 삼자화critical thirding 또는 타자화-로서-삼자화thirding-as-Othering로 부르는 개념을 전개한다.[251] 정태적인 이항대립 원리에 삼항을 도입하는 것은 모더니즘의 이분법에 대한 포스트모던식의 비판으로 간주되며 소자가 삼항변증법Trialectics 개념을 제시하도록 이끈다.

실즈와 소자 둘 다 주로 참조한 것은 르페브르의 **삼중변증법***dialectique de triplicité* 개념이지만, 이는 변증법적 사유를 '삼항변증법'으로 대체한 것 또는 공간을 변증법에 도입한 것이 아니다. 내가 5장에서 더 자세히 주장하겠지만, 르페브르가 변증법적 유물론에 있다고 생각한 문제 하나는 변증법적 유물론에 역사적 변화와 관련해서 단선적·목적론적 모습을 띠는 경향이 있다는 점이다. 그의 책 『역사의 종언』에서 변증법은 갈등하는 두 항에 대한 해결책뿐 아니라 합이 첫 두 항에 반응하는 삼자간 과정도 된다. 그 책이 진보를 비단선적인 것으로 해석하는 니체 철학의Nietzschean 관점을 포함하기 때문이다.[252] 제3항은 변증법의 결과가 아니다. 그것은 존재는 하지만 더 이상 정점으로는 간주되지 않는다.[253] 이는 한층 더 유동적이고 리듬감 있게 변증법을 이해하는 방식이다. 르페브르의 *dépassement*지양 개념에는 헤겔이나 마르크스식의 *Aufhebung*(subsumption포섭 — abolition and preservation폐지와 보존)보다는 니체의 *Überwinden*(overcoming극복, overwinding극기·억제) 뜻이 더 많이 들어 있다.[254] 르페브르가 주목하다시피 "니체에게 *überwinden*(to surmount극복하다)은 *aufheben*(to carry out another level또 다른 층위로 이행하다)보다 더 중대하다.[255] 르페브르가 공간문제를 재고하려고 이러한 변증법적 이해를 활용한다는 사실이 — 이 문제는 5장에서 다시 논의토록 하겠다 — 변증법이 공간화됐음을 의미하진 않는다. 오히려 공간이라는 쟁점과 관련을 맺기 위해 비목적론적인 변증법이 마련되는 것이다. 실즈는 이 문제가 르페브르의 작업에서 혼란스럽다고 하지만,[256] 나는 실즈와 소자의 설명 방식 때문에 그 혼란이 더 커진다고 주장할 것이다.

실제로 다음 장에서 내가 다룰 르페브르 자신의 글은 놔 두더라도 이러한 변증법 관련 작업의 적용을 가장 분명하게 논의한 것 하나는 바로 사르트르의 『변증법적 이성 비판』이다. 그것은 역진적-전진적 접근과 관련한 논의로서 역사학적 연구와 사회학적 연구의 균형을 맞추기 위해 사용된 것이다. 이는 르페브르가 농촌사회학과 관련해서 쓴 글 한 편에서 가장 명쾌하게 검토된다. 비록 그 글이 내가 지금껏 이 장에서 논의한 작업을 분명하게 활용하고 『국가』 안으로 되돌아가긴 하지만 말이다. 르페브르는 이렇게 주장한다. 어느 사회라도 그것에는 복잡성의 두 층위 — 수평적 층위는 기술과 구조적 관계로 이뤄지며 인간이 만들기도 하고 또 인간을 만들기도 하는 한편 수직적 층위는 역사적 발전으로 이뤄진다 — 가 있기 때문에 그 복잡성을 분석하려면 특정 방법이 필요하다. 르페브르가 농촌사회에 대해 이 분석 유형을 활용하는 방식을 4장에서 다시 검토하긴 할 테지만 우선은 이론적 모델에 한정토록 한다.

> 세 단계가 있다.
>
> a) **기술적**. 관찰, 그렇지만 경험과 일반적 이론에 대한 식견으로 이뤄져야 함. 전면에는 현장에 대한 참여관찰. 조사 기법(인터뷰, 설문지, 통계)을 조심스럽게 사용할 것.
> b) 분석적-역진적. [a) 단계에서] 기술된 것으로서 현실에 대한 분석. 분석의 **시대추정**을 정확히 기입하려고 시도할 것(시대가 적혀 있지 않아 서로 비교될 수 없는 '고문체'에 의존하는 설명에 제한되지 않기 위해).
> c) 역사적-발생적. 미리 **시대를 추정해 놓은**, 이런저런 구조 내의 변화, 곧 더 큰(내적 또는 외적) 발전과 전반적 구조에 대한 그 구조의 예속에 따른 변화를 연구. 그 결과 앞서 기술된 것으로서 현시대로 되돌아오려는 시도, 그 목적은 현재를 재발견하는 데 있지만 그 현재는 해명되고 이해돼야, 곧 **설명돼**야 함.[257]

사르트르는 이것[상기의 발췌]을 인용하면서 이렇게 말한다. “너무 명쾌하고 너무 풍부한 이 글에 더 이상 덧붙일 말은 없다. 다만 이 방법이 **인간학의 모든 영역에서** 유효하다는 점, 이는 그 방법이 — 대상에 따라 그 방법이 변경될 수도 있는 부담과 함께 — 현상학적 기술의 단계와 역진-전진의 이중적 운동을 드러내주기 때문이라는 점만큼은 꼭 지적하고 싶다”. 사르트르는 자신이 정말로 이 방법을 다양한 영역의 의미작용·개인·개인 간 관계에 적용한다고 말한다. 그는 “르페브르를 제외한 나머지 마르크스주의 지식인 중에 르페브르를 따라 이 방법을 사용한 사람이 없다”는 사실만은 유감으로 남는다고 덧붙인다.[258]

그러나 르페브르는 이에 대해선 인정받기를 꺼려했고 사르트르에 대해선 무시하는 반응을 보였다. 르페브르의 입장에서 말하면 이는 마르크스의 발상이었지 자신의 것이 아니었다 — 출처를 잘못 알고 있는 탓에 사르트르는 마르크스 읽기를 배워야 한다.[259] 르페브르는 자신의 발상이 마르크스의 주장을 활용하고 있음을 입증하는데, 그 주장이란 인간의 해부는 원숭이의 해부를, 어른은 어린이를 이해하는 열쇠가 되고, 부르주아 경제는 이전 경제를 이해하는 열쇠가 된다는 것이다.[260] 그렇다 해도 마르크스 고유의 분석이 증명하는 것처럼 역사적 분석은 우리가 현재를 이해하도록 돕는다. 르페브르는 잇따른 역진적-전진적 단계가 우리로 하여금 가능한 것을 탐구토록 한다고, 또 그 가능한 것은 바꿔 말하면 현재적 가능성의 조건에 대한 역사적 분석이기도 하고, 우리를 미래로, 가능한 것으로 개방하는 혁명적·진보적 분석이기도 하다고 주장한다.[261] 르페브르에게 이것은 마르크스가 발견했던, 그리고 “그 이후로 ‘마르크스주의’의 한복판에서 희미해져” 버린 그 방식으로 작동 중인 변증법이다.[262] 르페브르가 주목하다시피 이 가운데 일부는 마르크스가 세상을 뜬 뒤 엥겔스의 작업에서 발전했지만, 르페브르 자신은 그 변증법을 사용할 권리와 관련해서는 입장을 분명히 한다. “엥겔스의 방법에는 마르크스의 방법과 양립 불가능한 그 어떤 것도 없다”.[263] 에스의 언급처럼 이 방법은 프로이트의 분석에서도 사용됐다. 먼저, 위기에 대한 현재의 징후를 분석하고, 다음, 환자의 이력에서 결정적인 계기로 되돌아가, 끝

으로 그 계기에 비춰 본 현재로 되돌아온다.[264]

따라서 르페브르는 자신의 변증법 관련 작업이 본질적으로는 실제적이라고 생각했다. 이 장에서 이 문제를 다루는 데 얼마간의 이론적 깊이는 있었지만 이 정도로 다루는 것이 중요하긴 하다. 르페브르가 실제적 분석을 많이 하긴 했어도 방법론적 저술 또한 많이 했기 때문이다. 실제적 분석에 활용되는 이론적 작업을 적절히 고려하지 않은 채 그 분석을 독해하는 데는 르페브르를 경험주의에 치우친 역사학자, 지리학자, 사회학자로 환원할 위험이 뒤따른다. 르페브르는 구체적 추상 또는 실현된 추상이라는 그 발상을 꼬박꼬박 얘기한다. 그가 『국가』에서 말하는 것처럼 "**구체적 추상**이라는 개념은 한낱 일반적 개념에 지나지 않는 것이 아니라 상대화되고, 변증법적으로 되고, 생성과 사회적 실천에 열려있는 것이다."[265] 이는 르페브르의 길, 우선은 소외와 생산의 개념을 지난 뒤 다음 장들의 주제를 거칠 그 길을 따라가는 동안 유익한 실마리를 마련해 준다.

소외

소외는 마르크스의 『수고』에서 찾아볼 수 있는 한 개념이다. 소외는 『자본론』에서는 좀처럼 소외라는 그 명칭 그대로 드러나지 않는다.[266] 그렇기에 그 개념이 효과적으로 폐기되었느냐 아니면 다른 형식으로 유지되고 있느냐는 마르크스주의 내부 논쟁의 핵심 특징 중 하나가 된다. 르페브르는 소외와 관련한 글과 소외의 상이한 형식이 마르크스 저술 곳곳에 흩어져 있으며 그 정도로 그 형식의 통일은 아주 최근까지도 간과된 채로 남아 있었다고 말한다.[267] 르페브르는 우리에게 마르크스가 고전 또는 속류 정치경제학뿐만 아니라 정치경제학 전반을 비판한다는 점을 한 번 더 일깨워 준다.[268] 마르크스의 작업에 있는 장점은 그것이 이데올로기의 가면을 통해 자본주의 경제의 진정한 법칙까지 꿰뚫어 본다는 것이다. 마르크스의 경제학 관련 저술은 — 되풀이하자면 — 초기 저술에 대한 거부가 아니라 그것 내부의 철학적 접근을 포함한다. 그렇기에 마르크스의 경제학 관련 저술은 신비화를 꿰뚫어 보면서 한낱 겉모습에 지나지 않는 것 너머까지 갈 수 있는 것이다. 현실이기도 하고 부르주아 경제학자의 이론이기도 한 정치경제학은 인간 "소외"의 한 형식이다. 우리는 이 점을 『자본론』에서 이뤄지는 상품 물신숭배, 화폐 물신숭배, 자본 물신숭배에 대한 분석에서 가장 명쾌하게 발견한다.[269] 따라서 우리는 마르크스, 특별히 그의 초기 저술을 재해석해야 한다. 그 저술은 "우리로 하여금 그의 사상과 마르크스주의가 제기한 문제, 근본적으로는 여전히 우리 자신의 것인 그 문제를 다시 고쳐서 말할 수 있도록 하기" 때문이다.[270] 『수고』에서 마르크스는 변증법적 논리를 거부하지만 그것을 밑바닥부터 고쳐가면서 소외론을 받아들인다.[271]

르페브르는 종교와 형이상학에 대한 이전의 해석에 소외 개념이 있었다고 한다. 그는 플라톤과 스토아 철학의 예를 든다. 요점은 인간은 다른 사람과 관계를 가질 뿐 아니라 "타자"에게 의존하기도 한다는 것, 인간은 **자신을 소외한다**는 것이다. 달리 말하면 인간은 정신이 나가게, 미쳐 날뛰게, 불행하게, 부조리하게 돼서 비인간적이 되거나 너무 인간적이 된다.[272] 소외는 헤겔의 글에서도 발견된다. 거기서 인간은 자신을 둘러싸고 있는 세상처럼 객관화된다 — 지식의 대상으로 바뀌는 것이다. 헤겔은 소외를 형이상학적으로 비튼다.[273] 이것이 *Entfremdung*^소외^의 개념이다. 더 나은 용어가 없는 관계로 르페브르는 그것을 *aliénation*^소외^으로 번역한다.[274] 우리가 탈객관화한다는 것, 우리가 자아에 눈을 뜨게 된다는 것은 우리의 소외를 초월함을 뜻한다. 하지만 이는 개인적 계기가 아니다. 소외는 인간성 전체의 활동으로써 가능해지고 인류의 역사를 상징한다.[275] 그러나 마르크스가 보기에, 르페브르가 보기에도, 이는 소외를 아주 편협하게 이해하는 것이다. 다시 말해 "헤겔의 사상은 세속화된 신이다."[276] 이는 인간이 의식으로써 대체될 수 있음을 보여준다. "헤겔은 의식을 현실세계에 살고 있는 현실적 인간의 의식으로 바꿔 놓는 대신 인간을 의식의 존재로 바꿔 놓는다."[277] 이는 인간의 구체적 발현이 부인됨을 뜻한다. 헤겔이 인간을 단지 추상적 형식에서 이해하기 때문이다. 예컨대 부富와 국가는 그것들의 구체적 존재와는 별개로 생각된다.[278] 마르크스와 르페브르 두 사람 모두의 눈에 이는 한층 더한 신비화로 보인다. 하지만 르페브르는 헤겔의 이 같은 비판이 강력하다고 논박한다. 그것이 "관념론과 자연론(또는 유물론)을 극복하고 통일해야 하는 긍정적 인간주의의 길을 열어주기 때문이다."[279]

르페브르는 마르크스·엥겔스의 『독일 이데올로기』가 사적 유물론의 기능 방식을 보여준다고 주장한다. [여기에는] 철학적 문제 — 이 문제에 대한 이론이자 인간주의를 더 심오하고 더 구체적으로 만들려는 바람으로서 소외 — 가 있다. 이 이론은 사적 유물론 내에서 통합되지만 [거기서 그치지 않고] 극복까지 된다. 마르크스는 헤겔의 소외 개념을 수용해서 그것을 구체적 이론으로 변형시킨다. 그 개념에 그것의 변증법적·합리적·긍정적 의미를 부여하는 것이다.[280] 소외는 "마르크스가 헤겔 철학의 체계에서 분리해서 사회적 실천을 해명하기 위해 재포착"하는 것이다.[281] 소외론은 마르크스의 경제적 저술과 이후의 정치적 저술에서 변형된 의미로 발견된다.[282] 사적 유물론 — 관념론과 유물론의 통일 — 은 그것이 비롯한 철학 이를테면 헤겔 철학, 포이어바흐, 철학 전반에 등을 돌린다. 철학은 너무 관조적이고, 훼손되고 편파적인 관점이고, 추상적이고, 신비화된다. 르페브르가 보기에 "사적 유물론은 철학을 극복함으로써 철학을 실현한다 … 철학의 세 요건 — 그 사상의 실효성, 진리, 보편성 — 은 철학적 장 안에서는 충족될 수 없다. 사변은 반드시 극복돼야 한다".[283] 여기서 우리는 르페브르가 그 밖의 다른 사상가에게서 수용한 철학 사상을 취급하는 방식, 또 메타철학이라는 자기 고유의 사상에 심겨 있는 씨앗 둘 다를 본다. 이러한 쟁점 모두는 2장에서 더 자세히 논의된다.

알튀세와 르페브르는 한 번 더 서로 다른 관점을 보여준다. 알튀세는 예상대로 비과학적인 것으로서 소외를 거부한다. 그는 소외가 마르크스 초기 저술의 이데올로기적 "문제틀"에 속한다고 주장한다. 이 문제틀과 『자본론』의 과학적 "문제틀" 사이에 단절이 있다는 것이다.[284] 이후의 글에서 알튀세는 이렇게 묻는다. "왜 그토록 많은 마르크스주의자가 짐작건대 이러한 구체적인 역사적 문제를 생각하고 '해결'하기 위해 **소외**라는 마르크스주의 이전의 이데올로기적 개념에 호소할 필요를 느끼는 듯 보이는가?"[285] 알튀세는 후기 마르크스가 역사의 과학을 발견하고, 소외 개념을 폐기하고, 더 이상은 그 개념이 관련되지 않는 방식으로 상품 물신숭배 개념을 완전히 재정의했다고 본다. 르페브르는 자기가 소외 개념에 대한 알튀세의 태도를 "우스꽝스럽"게 여긴다고 말한다.[286] 콜레티Lucio Colletti가 사리에 맞게 얘기하듯이 마르크스가 소외 개념을 폐기한다고 말하는 사람들은 두 가지 점에서 기대에 못 미친다. 첫째, 『자본론』에서 물신숭배와 물화가 핵심적 역할을 담당하는 것처럼 "마르크스에겐 소외나 소격 현상, 물신숭배 현상이 하나이자 같은 것"이다. 둘째, "소외"와 "소격"이란 용어는 『요강』과 『잉여가치론』*Theories of Surplus Value* 둘 다에 광범위하게 나타난다.[287]

마찬가지로 르페브르는 소외 개념이 후기 저술에서도 나타나 있음을, 그것이 때때로 물화 이론과 상품 물신숭배 이론, 화폐 물신숭배와 자본 물신숭배로 변형됨을 본다.[288] 이러한 변형은 한 번 더 변증법적이다. 철학의 관념론과 경제의 유물론은 변증법적으로 융합되어 있다. 곧 "경제와 철학이 만나는 곳에 물신숭배 이론이 존재하는 것이다."[289] 르페브르는 유물론이 투입되지 않는다면 소외는 관념론적 개념이라는 데 동의한다. 다시 말해서 "**별개로**, 곧 사변적으로, **프락시스**의 외부에서 이해될 때 소외와 총체성 개념은 마르크스주의와는 상당히 동떨어진 체계로 — 신헤겔주의로 — 변형돼 버린다".[290] 르페브르는 이것이 마르크스가 하는 것이라 생각하지 않는다. 좀 더 자세히 말하면 "물신숭배 이론은 **신비화**와 **소외**에 대한 **철학적** 이론의 **경제적·일상적** 토대를 예증한다".[291] 마르크스가 **자신의** 소외 관련 연구를 대체로 경제적 물신숭배로 제한하긴 하지만, 이것이 마르크스나 우리가 그 연구를 오로지 그런 식으로 생각해야만 한다는 것을 뜻하진 않는다.[292] 르페브르가 보기에 이러한 소외 개념은 "(삶에 대한 비판이자 **구체적** 인간주의의 기반으로 간주되는) 철학의 핵심개념이 될 것이다".[293] 르페브르의 작업에서 소외는 확실히 핵심 개념이 될 터였다.

앤더슨Perry Anderson과 주트Tony Judt가 주목한 것처럼 르페브르의 『변증법적 유물론』과 베스트셀러 『마르크스주의』는 "소외의 이론가로서 마르크스에 대한 프랑스 최초의 전면적인 소개"였다.[294] 그런 식의 해석은 신기하면서도 이단적이었다. 주트는 왜 그런 해석이 이뤄졌는지에 대한 한 가지 이유를 말한다. "공산주의(예컨대 소비에트 또는 '정통파') 이론가는 소외를 강조하는 데 늘 깊은 반감을 가져 왔다 … 실제로는 소외의 종식에 분명히 실패했던 탓에 그 이론가는 소외가 이론적으로는 자신의 목표임을 거의 주장할 수 없었기 때문이다".[295] 사실 르페브르는 지나가는 몇 마디 말로 사회주의 사회의 소외를 언급한다 — 그 결말은 소외 얘기가 더 이상 나오지 않는다는 것이다.[296]

> 여러 애매한 이유로 제도적 마르크스주의는 **소외** 얘기를 안 들으려 한다. 그것은 소외 개념을 거부하거나 아니면 오직 의구심과 함께 조건을 달 때만 수용한다. 교조주의자는 소외를 한낱 마르크스 사상의 한 단계에 불과한 것으로 보고, 한편으로는 마르크스가 철학으로서 변증법적 유물론을 발견한 것으로 다른 한편으로는 그가 과학적 정치경제학을 정식화(『자본론』)한 것으로 재빨리 대체해 버린다 … 우리는 소외 개념의 사용을 부르주아 사회의 연구에 국한할 수 없다. 소외 개념을 사용함으로써 우리는 숱한 형식(여성, 식민 지배를 받고 있거나 이전에 그랬던 나라, 노동과 노동자, '소비사회', 자신의 사리사욕에 맞게끔 부르주아지가 고안해 낸 사회의 부르주아지 그 자체 따위)의 소외뿐 아니라 사회주의 내부에서, 특별히 스탈린 시대 동안 발생한 이데올로기적 · 정치적 소외 또한 폭로하고 비판할 수 있게 될는지 모른다. 제도적 마르크스주의자는 그러한 위험을 모면하고 소외 개념의 날카로움을 무디게 하려고 그 개념을 거부하기로 결정했다.[297]

르페브르는 소외가 단순히 부르주아 사회만은 아닌 사회[사회 일반]를 이해하는 데 유용하다고 말한다. 하지만 말년에는 정신분석학에서 차용된 억압의 개념이 곧잘 그리되는 것처럼 소외라는 용어도 많이 사용될 수 있다고 강조한다.[298] 하지만 1947년 『비판』의 출간과 함께 르페브르는 마르크스의 글에 있던 경제적 소외 개념을 사회적 영역으로 전환시켰다. 당시 르페브르의 저술에 대한 서평에서 장 카나파Jean Kanapa는 소외가 "인간 상황에 대한 분석에서 핵심적인 개념"이라고, 르페브르 덕택에 "철학은 더 이상 구체적인 것과 일상을 비웃지 않는다"고 말했다.[299]

이처럼 소외 개념을 일상에 구체적으로 적용하는 것은 3장에서 살펴보기로 하고, 그전에 마르크스의 작업에서 발견되는 소외론을 살펴보기 위해 잠깐 쉬어가는 것도 좋을 것 같다. 마르크스는 소외 개념을 가리키기 위해 *Entäusserung*과 *Entfremdung*이란 중요한 단어 둘을 쓰며 그것들을 헤겔에게서 빌려왔다. 맥렐란David McLellan이 말하다시피 "마르크스는 그 두 용어를 가리지 않고 사용했던 것으로 보이는데 어떤 때는 그 둘 모두를 수사학적 강조를 위해 사용한다".[300] *Entäusserung*은 *dispossession*박탈 또는 *externalization*외화의 느낌에 가깝고, *Entfremdung*은 뭔가가 이상하고 낯설다는 느낌, 곧 alienation소외 또는 estrangement소격이다.[301] 헤겔의 소외 개념이 추상적이고 관념적인 데 반해 마르크스는 그 개념의 기초를 경험적 관련성으로 다지려 애쓰면서 "산업사회 노동자의 현실적 상황으로 묘사한다".[302] 마르크스가 소외를 이해하는 방식의 윤곽은 다음과 같이 그릴 수 있다.

1. 노동자가 생산한 생산품에서 노동자 자신이 소외된다. 생산품은 노동의 **대상화**가 된다.
2. 생산적 활동 그 자체, 단지 결과뿐 아니라 과정이 소외된다. 노동은 노동자 **외부**에 있다.
3. 유적 존재로서 인간이 자신의 인간성에서 소외된다. 개별적 삶은 추상화되고, 그 삶은 유적 삶의 목적으로 전화된다.
4. 인간이 다른 인간에게서, 공동체에서 소외된다. 타자는 동일한(소외시키는) 기준으로 판단된다.[303]

실즈는 자신의 책 『르페브르, 사랑, 투쟁』*Lefebvre, Love and Struggle*에서 마르크스에게선 대체로 세 가지 형식의 소외가 발견되지만,[304] 르페브르는 네 가지 형식을 발견한다는 것이 중요하다고 주장한다.[305] 이는 혼란스럽다. 『수고』 — 르페브르와[306] 실즈 둘 다 이 책을 참조한다 — 에는 분명히 **네 가지** 형식의 소외가 언급돼 있기 때문이다. 그 혼동의 까닭은 실즈가 마르크스가 개관하는 처음 두 형식의 소외 — 인간이 생산품과 자신의 노동과정에서 소외된다는 것 — 를 합치기 때문이다. 그렇게 함으로써 실즈는 마르크스가 그린 윤곽을 셋으로 축소하고, 인간이 자신의 유적 존재에서 소외된다는 르페브르의 설명 방식을 뚜렷이 구별되는 두 가지 소외의 형식으로 나눠버린다. 이렇게 하는 것이 우리가 당면해 있는 다양한 쟁점을 요약하는 데는 도움이 될지 모르겠지만, 르페브르가 새로운 형식의 소외를 개관한다는 차별적 제시를 하기에는 충분치 않다. 오히려 르페브르는 마르크스의 텍스트에 충실할 뿐이다.

마르크스가 보기에 사유재산이란 "**소외된 인간** 삶의 물질적·감각적 표현"[307] 곧 자본주의적 생산양식의 직접적 결과다. 사유재산의 적극적 폐지로서 공산주의는 인간의 자기소외를 폐지하는 것이기도 하다. 달리 말해서 그 폐지는 "인간 자신을 **사회적** 존재 이를테면 참된 인간 존재로 되돌리는 것이며 … 완전히 발전된 자연주의로서 공산주의는 인간주의, 완전히 발전된 인간주의는 자연주의인 것이다".[308] 노동 이외의 다른 활동을 아우르기 위해 르페브르는 이러한 소외 개념을 자본주의 내에서 발전시켜 마르크스주의의 틀 안에서부터 일상생활의 소외를 폐지하려 애쓴다. 이러한 마르크스주의의 틀은 변증법적 유물론이자 구체적 인간주의다. 르페브르가 말하는 것처럼 "철학적으로 볼 때 소외가 이러한 단일하지만 이중적인, 대상화와 외화 — 현실화와 탈현실화 — 의 운동으로 정의될 수는 있다. 그러나 이러한 운동은 그것의 변증법적 깊이에서 이해돼야 한다. **현실화하는 것은 또한 탈현실화하는 것이기도 하며, 그 역도 마찬가지다**."[309] 소외의 위상을 마르크스의 작업 내에서 이해하는 것이 중요하긴 하다. 하지만 르페브르가 보기에 진짜 쟁점은 오늘날에 이르러 소외 개념이 세계를 이해하는 데 어떻게 유용한지를 알고 이 상황이 어떻게 종식될 수 있는지를 이해하는 것, 말하자면 그것들의 극복을 가능케 만드는 것이다. "[소외라는] 그 문제를 제기하는 그 밖의 방식은 모두 스콜라 철학적이다."[310]

생산

비록 르페브르가 후기 마르크스의 생산 개념보다 초기의 소외 개념을 우선시한다는 비난을 받긴 했어도 생산양식이 르페브르 자신의 분석에 상당히 중요하다는 것은 여러 군데, 특별히 공간 관련 작업에서 분명하게 드러난다. 인간적 효과는 강력하게 고려되긴 하지만 지배적이진 않다. 예를 들어 르페브르는 "**(사회적) 공간은 (사회적) 생산물이다**"고 말한다.[311] 이는 "각각의 사회(다시 말해서 다양함을 총괄하는 각각의 생산양식 …)는 저마다 그것 고유의 공간을 생산한다".[312] 공간의 생산에 대한 이러한 분석은 5장에서 자세히 검토될 것이다. 그 장에선 시간의 생산 또한 살펴보고, 마지막 장에선 『국가』에서 개관된 국가적 생산양식을 살펴본다. 그것들을 구체적으로 드러내지 않고서 르페브르의 생산 관련 사상을 이해하기가 쉽진 않지만 여기서 생산 개념 그 자체에 시간을 조금 써 보는 것도 괜찮을 것 같긴 하다.

르페브르가 교조적 경제주의와 속류 유물론을 혐오했기 때문에 그 자신이 토대와 상부구조를 다룬 마르크스의 1859년 「서문」을 이해할 때도 그것들에서 이뤄진 것과 같은 기계론적인 이해는 되풀이하지 않으리라는 것을 우리는 예상할 수 있다. 르페브르는 사상·제도·문화를 경제적 토대 맨 위에 있는 "하찮고 중요치 않은 상부구조"로 여기지 않는다.[313] 그는 경제결정론을 대충 이해하기보다 사회를 형성하는 데 관념이 담당하는 역할을 인정한다. 예컨대 『국가』에서 그는 국가가 노동자계급을 통제하기 위해 군대와 경찰을 이용하긴 하지만, 그것들이 왜 또 어떻게 이용되는가와 관련한 결정은 정치적으로 이뤄지고 — 도덕성과 심지어 논리 같은 — 간접적인 방식 또한 이용된다고 말한다.[314] 마찬가지로 르페브르는 토대-상부구조 모델을 더 섬세하게 만드는 것과 그것을 마르크스주의의 이분법에 있는 또 다른 실마리와 통합하는 것, 이 둘 다를 하고 싶어 한다.

> 사회적인 것은 정치적인 것과 경제적인 것 사이에 자리 잡고 있다. 정치적인 것에는 사회적인 것을 흡수하려는, 경제적인 것에는 그것을 파괴하려는 경향이 있다. 더 정확히 말해서 (시민사회로도 알려져 있는) 사회적인 것은 경제적인 것(토대)과 정치적인 것(상부구조)의 사이에 끼인다.[315]

그러나 르페브르는 생산력과 생산관계의 인과적 실효성을 확실히 인정한다. 그는 그 둘 간의 조응이 엄격하게 존재하는 것만은 아니며 때때로 물건things이 생산양식의 모순으로써 생산되기도 한다는 것에 주목한다. 마찬가지로 그는 자신의 최초 저술부터 곧바로 생산과 *Verstand*오성 또는 *understanding*오성 간의 관계에 관심을 뒀다. 고립된 대상objects의 생산, 달리 말해서 대상을 분리하고 그것의 양상과 속성을 결정하는 과정에 있는 그 생산은 고립과 규정의 지적 활동이며, 이는 의미를 규정한다. 그 생산은 추상적 사유에서 발생하는 움직임, 구체적인 것에 대한 관찰과 일반적인 것에 대한 규정 간의 움직임에 필적한다.[316]

따라서 르페브르가 쓰는 생산이란 말에는 물건 — 재화와 생산품 — 의 생산이라는 엄밀한 경제적 뜻도 있고 "**전작***œuvres*의 생산 곧 지식의, 제도의, 사회를 구성하는 모든 것의 생산"이라는 철학적 개념의 뜻도 있다. 이는 이중적 이해로서 마르크스에게서 발견되고[317] 헤겔에 대한 르페브르의 독해에서 파생한다.[318] 그리고 창조에 대한 니체의 의미에도 가깝다.[319] 이러한 관점에서 마르크스와 니체 사상 사이의 관계는 다음 장에서 논의될 것이다. 그러나 몇 가지 논점은 곱씹을 만하다. 첫째, 이 생산의 의미는 물질적 생산과 정신적 생산으로 엄격하게 분리되지 않는다. 사물의 물질적 생산과 관념의 정신적 생산은 [따로] 존재하지 않는다. 그 대신 우리가 세계와 하는 상호작용, 우리가 하는 배치·일반화·추상화 같은 것이 우리가 맞닥뜨리는 세계를 생산한다. 우리가 만들어 내는 물리적 사물 또한 이에 못지않다. 이는 단순히 우리가 현실을 생산한다는 것만 뜻하진 않는다. 우리가 현실을 지각하는 방식 또한 우리 자신이 생산한다는 것을 뜻하기도 한다.

> '생산'이란 말을 넓은 의미(**전작**과 사회적 관계의 생산)에서 헤아려 보면, 역사 속에는 지식 · 문화 · 예술작품 · 문명의 생산이 있었고 물질적 재화와 실제적-감각적 사물의 생산도 물론 있었다. 이와 마찬가지로 도시의 생산이 있었던 것이다.[320]

르페브르는 마르크스 안에 이러한 생산의 이중적 의미가 있긴 하지만 — 르페브르 자신이 자본주의를 연구하고 있을 때 그는 자연스럽게 물건의 생산을 강조했다 — 이것이 한쪽으로 치우친 해석을 정당화하진 않음을 알아차린다.[321] 하나 더, 또 방금 전에 말한 것 이상으로, 르페브르는 생산이 하찮은 것이 아님을, 한낱 경제적 생산에 지나지 않는 것이 아님을 강조한다. "**프락시스** 속에서 추구된 창조, 곧 개별적 행위와 존재의 총합을 통해 또 역사의 전체적 발전 내내 추구된 그 창조는 인간 자신의 힘으로 이룬 창조다." 르페브르는 이를 뒷받침하기 위해 『수고』의 한 구절을 인용한다. "**세계사로 불리는 것 전체**는 인간 노동을 통한 인간의 산출creation (또는 생산)에 불과하다."[322] 따라서 생산과 소외가 긴밀히 연관돼 있음은 분명하다. 만약 인간이 겨우 목적에 대한 수단, 도구밖에 안 된다면 인간의 조건은 비인간적이 된다. "일부 철학자"가 다음 생에서 다가올 구원에 의지하는 것과 달리 르페브르는 "**호모 파베르**라는 도구적 존재와 자유를 향한 인간적 요구 간"의 모순은 반드시 이번 생에서 극복돼야 한다고 생각한다.[323] 르페브르가 자신의 일상생활 관련 작업에서 분명히 하는 것처럼 인간은 생산과정뿐 아니라 자신이 하는 소비에서도 소외된다.

르페브르는 이것이 마르크스의 작업에서 예견됐음을 알아낸다.

> '인간이 소외 불가능한 것으로 지켜봤던 모든 것이 교환과 교역의 대상이 돼 버린' 시대가 왔다. 그때까지 아낌없이, 선물로서 전달됐던 덕과 양심, 사랑과 지식은 상업화된다. '그것은 일반적 타락의, 보편적 이해타산의 시대다.'[324]

이것은 분명히 일상생활 관련 작업으로 향하는 생산적 방식이다. 이어지는 장들 곳곳에서 우리는 총체적 인간의 사상이 계속해서 발생함을 발견한다.

> 총체적 인간은 생성의 주체이자 객체다. 그 인간은 객체와 대립관계에 있으면서도 이 대립을 극복하는, 살아 있는 주체다. 그 인간은 부분적 활동으로 분할되고 여러 결정으로 파편화됐으면서도 그 분산을 극복하는 주체다. 그 인간은 행위의 최종 객체 곧 생산물인 것과

> 마찬가지로 그 행위의 주체이기도 하다. 혹시 그 행위가 외부적 객체를 생산하는 듯 보인다 손 치더라도 말이다. 총체적 인간은 무엇보다도 갈가리 찢겨 떨어져 나가 있으면서도 필연성과 추상이란 사슬에 묶여 있는, 살아있는 주체-객체다. 이러한 찢김을 통해 그 인간은 자유를 향해 나아가 자연이 되지만 자유로워지기도 한다. 그 인간은 자연처럼 일종의 총체성이 되지만 자신이 자연을 조절하게 됨으로써 그리되는 것이다. 총체적 인간은 '소외에서 벗어난' 인간이다.[325]

따라서 소외나 생산을 두고 양자택일을 하는 것은 분석의 핵심이 아니다. 생산관계가 착취로 이어지듯 그 둘은 태생적으로 관계를 맺고 있다. 착취는 다양하면서도 가능한 여러 형식 — 노예제, 농노제, 임금노동 — 에서 예증되고, 그렇기에 그것은 소외와 불가분의 관계를 맺고 있는 것이다.[326] 사려 깊게도 르페브르는 이렇게 말한다. 우리는 경제성장의 수사를 꼭 좋은 것으로 믿어선 안 된다. 경제성장과 사회발전은 구별돼야 한다 — 성장은 양적이고 발전은 질적이다.[327]

> 소외의 극복은 꾸준히 진행되는 극복, 또 숭배가 인간을 효과적으로 지배함에 따라 발생하는 상품의 억압, 자본과 화폐 그 자체의 억압을 함의한다. 소외 극복의 함의는 사유 재산 곧 재화의 개인적 전유가 아니라 재화의 생산수단에 대한 사적 소유를 극복하는 데 있다.[328]

계급관계와 국가권력은 소외의 다른 징후로서, 좁게 정의되는 경제영역의 바깥에 있다. 소외는 "극복될 수 있긴 하지만 오직 실천적 조건 아래서 그리될 수 있다".[329] 따라서 르페브르가 보기에 소외에 대한 분석은 "오직 가능성 있는 탈소외를 참고로 할 때 이를테면 현실적으로 소외는 어떻게, 어떤 실천적 수단으로 극복될 수 있는가를 보여줌으로써 비로소 규명될 수 있다".[330] 우리는 이를 다른 여러 곳 중에서도 일상생활 및 도시문제 관련 저술에서 발견하게 된다. 마르크스의 작업에 있는 총체적 인간의 개념은 나중에 르페브르 자신의 글에서는 분업의 극복이라는 발상으로 변형된다.[331] 소외가 화폐·자본·상품에 대한 물화와 물신숭배가 되는 것처럼 이 또한 철학적 주제가 경제적 저술의 일부가 됨으로써 겪게 되는 이행의 한 단계instance가 된다.

당과 그 너머

이 장에서 살펴본 주제와 관련해서 돋보이는 것은 르페브르 사상의 연속성이다. "마르크스주의자가 된" 그 순간부터 자신의 마지막 글들까지, 그는 자신의 주된 지적 맥락을 분명히 했다.[332] 베스트셀러인 1948년의 『마르크스주의』 표지에 있는 **나는 무엇을 아는가?** *Que-sais-je?*, 곧 "마르크스주의에 대해 이렇게 설명하는 것은 한 마르크스주의자의 작업이다"[333]고 선언한 그 문구에서 시작해서 말년에 이르러 마르크스의 사망 100주년을 맞아 열린 학회에 참석해 "방대하고 복잡한", 마르크스주의의 독트린과 벌인 교전에 맞춘 자신의 입장을 밝히기까지.[334] 이것은 멈춰 있는 것이 아니었다. 마틴 제이Martin Jay가 요약하는 것처럼

> 1920년대 한때 초현실주의의 주변부에 있던 르페브르는 정통 스탈린주의자와 마르크스주의의 인간주의 단계를 지나 1960년대에는 신좌파의 본보기로 떠오른다.[335]

이것이 썩 정확하진 않지만 — 르페브르가 스탈린주의자가 된 적이 있다고 보기는 어렵고, 그가 공식적·교조적 마르크스주의와 맺은 관계는 간단한 것과는 늘 거리가 멀었다 — 그가 있던 맥락이 얼마나 변했는지를 실감해 보는 것은 도움이 된다. 사실 대체로 변한 것은 르페브르 자신의 사유이기보다는 그 맥락이다. 이미 나는 [마르크스주의에 대한] 르페브르의 독해와 프랑스 공산당 내 교조적 입장 사이의 긴장, 곧 1958년에 한계점에 도달한 일종의 긴장을 넌지시 비춘 적이 있다. 르페브르는 점점 더 방어할 수 없는 입장에 놓이게 되는 자신을 발견한다 — 마르크스에 대한 해석을 통제하려던 당은 르페브르의 저술을 비판, 검열, 파기했다.[336] 마르크스의 관점을 따르는 르페브르가 보기에 공산주의는 "상태"가 아니라 "운동"이었다.[337] 하지만 이런 시각은 언제나 그에게 골칫거리를 안겨줬다.

그것은 얼마 동안은 누가 봐도 알 수 있을 정도였다. 하지만 스탈린의 죽음에서 비

롯한 좋지 못한 결과와 함께 더 이상은 뒤로 물러설 수 없는 단계가 왔다.[338] 르페브르는 흐루시초프가 1956년의 소련공산당 제20차 전당대회에서 연설을 했을 당시 동베를린에 있었고, 그 무렵 스탈린 시대의 범죄를 정리한 자료를 받았다. 그는 그 보고서를 읽느라 밤을 지새웠던 것으로 기억한다. 프랑스로 돌아오자마자 르페브르는 부정과 거부에 맞닥뜨렸고, 미국인에게 봉사하는 **개자식***salaud*, 변절자, 역적으로 내몰렸다.[339] 1958년 4월 18일, 르페브르는 편지 한 통을 받는다. 프랑스 공산당의 정치관리 중앙위원회 앞에 출두할 것을 요구하는 내용이었다. 해당 행위로 지목된 것은 같은 해 초에 출간된 『마르크스주의에 대한 오늘날의 문제』였다. 그 책이 스탈린의 방법론적 결함을 비판한 것임을 생각해 볼 때 그 일이 썩 놀라운 것만은 아니었다.[340] 6월 13일, 당원 자격이 정지된다. 처음엔 1년 동안이었다. 그러나 7월 즈음에 그는 그 얘기에 대한 자신의 입장을 말하기 위해 사르트르가 간행하던 《**레 탕 모데른**》*Les temps modernes*의 지면에 등장하기도 했다.[341] 여기서 그는 [프랑스 공산당이] "유죄 혐의를 씌운 [자신의] 책" 얘기를 하고, 자신이 — "교조주의냐 수정주의냐"라는 — 일종의 딜레마에 빠져 있었다는 말을 했다. 교조적이기 않았기 때문에 그는 확실히 수정주의자였다. 그러나 그가 말하다시피 레닌은 마르크스를 "수정했"고, 스탈린은 레닌을 "수정했"고, 흐루시초프는 스탈린을 "수정했다".[342] 한 해 앞서[1955년] 언급했던 것처럼 르페브르의 전술은 — 마르크스주의의 적수에 맞서 또 교조주의자에 맞서 — 이중적 공격을 개시하는 것이었다.[343] 르페브르는 자신의 계산에 따라 『마르크스주의에 대한 오늘날의 문제』에 대한 비판 중 기 베스Guy Besse가 제기한 것에 대응하려 했다. 하지만 기 베스의 원래 비판을 실었던 《**프랑스 누벨**》*France-Nouvelle*에서는 르페브르의 답변을 실으려 하지 않았다.[344] 르페브르는 당연히 화를 내고, 참거나 뉘우치는 기색을 드러내지 않는다. 그는 베스가 착각해서 자신의 책 제목을 『마르크스주의에 대한 현실적 질문』으로 바꾼다는 점을 주목하고 왜 그렇게 "문제"라는 말을 겁내는지 궁금해 한다.[345] "전문 연구자, 마르크스주의 사회학자이자 철학자로서" 르페브르에게 "가장 위험한 것, 으뜸가는 적은 교조주의"지만,[346] 당시 그가 말했듯이 자신의 책은 좌파에서 비롯한 것이었다.[347] 그는 이제 두 개의 대안이 있다고 말한다 — 소외의 개념은 유용하고 분석적인 도구이며, 마르크스의 초기 저술은 중대한 여정의 계기로서 마르크스의 작업에서 없어선 안 될 부분이다. 그렇지 않으면 그 초기 저술은 거부된 단계이며, 마르크스주의 철학 같은 것은 더 이상 없고 유물론은 "달성된" 체계가 된다. 르페브르에게 더 이상 현실적 선택의 여지는 없다. "나는 첫 번째 방향으로 나아간다".[348]

현실적으로 볼 때 되돌아갈 길 따윈 없었기 때문에 자격정지 기간이 끝난 뒤 르페브르는 당을 떠났다. 그의 말처럼 자격정지를 탈당으로 바꾼 것은 자신의 선택이었다.[349] 그는 당에서, [당내] 우파보다는 좌파에서 떠났다.[350] 그는 『합과 나머지』라는 고백록을 통해 자신의 혐의를 풀었고 — 이 책은 비평가상*Les prix des critiques*을 탔다[351] — 교조주의와 스탈린에 대한 그 밖의 다양한 비판이 그 뒤를 이었다.[352] 어떻게 보면 그가 왜 당을 떠났는가보다 왜 그렇게 오랫동안 당에 머물렀는가 하는 질문이 더 중요하다.[353] 르페브르는 나치-소비에트 조약과 1956년 헝가리 나지Imre Nagy 정부의 전복 같은 사태가 벌어졌을 때조차 당에 남아 있었다. 그 대답은 당 내부에서부터 변화가 가능하리라는 믿음이었던 것으로 보이는데, 그 믿음은 흐루시초프가 스탈린을 맹렬히 비난한 것에 대한 [당시의] 반응을 고려해 볼 때 불가능해 보였던 것이다. 20여 년이 지난 뒤 르페브르는 프랑스 공산당의 젊은 당원과 토론을 벌였고 — 이 토론은 공동 저술로 출간된다 — 그 당원은 그에게 이렇게 말했다. "비록 당신이 당을 떠나긴 했지만 그것 때문에 당신이 다른 마르크스주의자보다 그 자격을 덜 갖췄다고는 생각하지 않습니다".[354] 이 관계회복은 르페브르 쪽에서 일어난 변화보다는 당이 얼마나 더 바뀌었는지를 시사한다. 비록 그가 1970년대 말에 조르주 마르셰Georges Marchais를 지지하게 되긴 했지만 말이다. 그렇다 해도 이 점을 갖고 르페브르가 아예 맘을 고쳐먹지 않았다고 말하는 건 아니다. 당을 떠나기 직전 그는 "레닌의 사상(과 작업)을 통하지 않고서 마르크스 사상을 파악하기란 불가능하다"고 확고히 말했다.[355] 그 당원과 인터뷰를 하면서 르페브르는 이 쟁점으로 되돌아갔다.

> 나는 예전의 어떤 책에서 레닌에 대해 쓴 일 때문에 큰 걱정을 하고 있어요. 그 책을 당신 친구 알튀세는 훌륭하다고 여겼지만 오늘 난 그 지면과는 어떤 식으로든 엮이고 싶지 않네요. 우린 교조적이지 않잖아요. 그렇죠? 교조주의자는 절대로 안 변하니까![356]

그 공산주의자 학생은 카트린 레굴리에였으며, 나중에 르페브르와 결혼하고 몇몇 기획, 특별히 리듬분석 관련 집필에는 그와 함께 참여하기도 했다. 여러 토론으로 구성된 그 책의 제목은 꽤나 애가풍哀歌風의 시구 곧 르페브르가 아직은 절반밖에 못 왔다고 공언한 그 구절에서 비롯했다 — "혁명은 예전 그대로가 아니며 더 이상 존재하지도 않을 것이다".[357]

따라서 요약을 해 보면 다음과 같은 주장도 가능하지 않을까 싶다. 마르크스의 초기 저술에 특권을 부여했던 사르트르나 오직 후기 저술만 헤겔의 흔적에서 자유롭다고 주장했던 알튀세와는 달리 르페브르는 마르크스의 작업을 일종의 총체성으로 보았고 소외와 같은 개념이 어떻게 마르크스의 생애 내내 핵심을 차지했는지에 관심을 가졌다. 르페브르는 구체적인 것과 추상적인 것 사이의 변증법적 관계에 늘 관심이 있었고, 결코 한쪽만 강조하는 것에 만족하지 않았고, 언제나 꼭 관념과 물질세계 간의 대립과 생산적 충돌을 검토했다. 마르크스주의 철학이나 철학적 마르크스주의에서 소외나 총체적 인간 같은 개념 — 아니면 우리가 보탤 수도 있을, 이 장에서 윤곽을 드러낸 다수의 개념— 은 **추상적인 견지에서** 수용되지 않고 구체적 맥락과 관련한 형식의 다양성 속에서 연구된다.[358]

그러한 시도는 헤겔의 사상에 대한 마르크스의 전유 및 급진적 비판과 확연한 비교를 드러낸다. 르페브르는 『자본론』과 마르크스의 사유 전체가 20세기를 이해하는 데 꼭 필요하긴 하지만 충분치는 않다고 말한다. 마르크스의 저술을 읽는다는 것은 그 자체로 목적이 아니라 수단이며 목표가 아니라 길, 여정이다.[359] 만일 우리가 르페브르가 보는 식으로 변증법을 본다면 우리는 그 길을 따라 나아가면서 비마르크스주의 사상가의 작업에서도 많은 것을 얻을 수 있다. 그 작업에 참된 뭔가는 반드시 존재하기 때문이다. 그 뭔가가 신비화되고 추상적인 반동 정치, 또 그렇기에 뒤따르는 애매함을 모면하기 위해 물질적 현실에 근거를 둬야 하는 반동 정치에 물들었을 순 있다. 하지만 이것이 그것을 고려조차 하지 않은 채 제쳐둬야 함을 뜻하진 않는다. 이 책 전체를 관통해서, 가장 두드러지게는 다음 장에서, 내가 하는 제언은 이러한 열린 접근이야말로 정확히 르페브르가 니체와 하이데거를 읽으면서 보이는 태도라는 것이다. 이제 우리가 시선을 돌릴 곳은 바로 이 문제다.

| 주 |

1 Karl Marx, 'Travail et propriété privée', *La revue marxiste* 1, February 1929, pp. 7-28; 'Notes sur les besoins, la production et la division du travail', *La revue marxiste*, June 1929, pp. 513-38. 또한 'Critique de la dialectique hégélinne', *Avant-Poste* 1, June 1933, pp. 33-9 and 2, August 1933, pp. 110-16을 볼 것. Bud Burkhard, *French Marxism Between the Wars: Henri Lefebvre and the 'Philosophies'*, Atlantic Highlands: Humanity Books, 2000, pp. 142, 162 n. 27을 볼 것. 르페브르의 회고와 관련해서는 다음을 볼 것 — 'Les cadres sociaux de la sociologie marxiste', *Cahiers internationaux de sociologie* XXVI, 1959, pp. 81-102, p. 92; *La somme et le reste*, Paris: Méridiens Klincksieck, 3rd edition, 1989 [1959], p. 40.

2 Burkhard, *French Marxism Between the Wars*, p. 107.

3 게다가 《비평》은 엥겔스의 『반뒤링론』 미출간 서문 「변증법에 관하여」'De la Dialectique'를 3집(1929년 4월, 257-64쪽)에, 「엥겔스의 정치 관련 유고」'Le testament politique de F. Engels'를 4집과 5집에 걸쳐(1929년 5월, 285-97쪽, 동년 6월, 539-51쪽), 「마르크스와 피에르 라브로프」'Karl Marx et Pierre Lavrov'를 4집(1929년 5월, 385-97쪽)에 번역, 게재했다. <옮긴이> 랴자노프는 러시아의 마르크스주의자이자 마르크스 연구자다. 소련의 마르크스-엥겔스 연구소를 창설, 1920년에 소장직에 임명된다. "어느 누구 못지않게 마르크스를 잘 알았던 볼셰비키 학자"라는 평가를 받기도 한다. 로버트 서비스, 『코뮤니스트: 마르크스에서 카스트로까지, 공산주의 승리와 실패의 세계사』, 김남섭 옮김, 서울: 교양인, 2012, 290쪽 및 각주.

4 *Marx*, Paris: Gallimard, 1964, p. 19; *La somme et le reste*, p. 40. 마르크스 유고의 출간 및 수용과 관련해서는 다음을 볼 것 — Lucio Colletti, 'Introduction', in Karl Marx, *Early Writings*, translated by Rodney Livingstone and Gregor Benton, Harmondsworth: Penguin, 1973; T. B. Bottomore, 'Introduction' to Karl Marx, *Early Writings*, translated by T. B. Bottomore, New York: McGraw Hill, 1963, pp. xvii-xviii. 물론 유고에서는 『수고』 말고도 『정치경제학 비판 요강』*Grundrisse*, 이하 『요강』이라는 또 다른 주저도 탄생했는데 모스크바에서는 1939년, 독일에서는 1953년에 이르러서야 출간됐다. 『요강』에 대한 르페브르의 가장 일관된 독해는 다음에서 발견된다 — *La pensée marxiste et la ville*, Paris: Casterman, 1972, 그중에서도 pp. 70-108. 이와 더불어 다음 또한 볼 것 — *La survie du capitalisme: La re-production des rapports de production*, Paris: Anthropos, 2nd edition, 2002 [1973], pp. 38, 41; *The Survival of Capitalism*, translated by Frank Bryant, London: Allison & Busby, 1976, pp. 42, 45. <옮긴이> *La pensée marxiste et la ville*이 최근 영어로 번역됐다 — *Marxist thought and the city*, translated by Robert Bononno; foreword by Stuart Elden, Minneapolis: University of Minnesota Press, 2016.

5 Michel Trebitsch, 'Correspondance d'intellectuels: le cas de lettres d'Henri Lefebvre à Norbert Guterman (1935-47)', *Les cahiers de l'IHTP* 20, March 1992, pp. 70-84, p. 73. 르페브르가 구테르망에게 보낸, 날짜가 적혀 있지 않은 1936년의 한 편지는 르페브르가 서론 집필 작업을 주도했음을 보여준다. 하지만 트레비슈는 더 자세하게, 그 둘 간의 서신이 르페브르의 『변증법적 유물론』과 『니체』에서 구테르망이 중추적 역할을 담당했음을 보여준다고 말한다. 민족주의와 관련한 구테르망의 작업(Guterman Archive, Box 8) 속에 노트 파일이 있었고, 그것에는 다양한 언어권의 책에서 발췌한 인용이 있었다. 르페브르는 이 파일도 사용했다.

6 *Morceaux choisis de Karl Marx*, Paris: Gallimard, 1934. 또한 다음에 선정돼 실린 글을 볼 것 — Karl Marx, *Œuvres choisis*, I, Paris: Gallimard, 1963 and II, Paris: Gallimard, 1966. 다음도 볼 것 — Norbert Guterman and Henri Lefebvre, *La conscience mystifiée*, Paris: Éditions Syllepse, 3rd edition, 1999 [1936], pp. 224-9; *Marx 1818-1883*, Geneva and Paris: Trois Collines, 1947, pp. 171-4, 210-12.

7 'Préface' to *Morceaux choisis de Karl Marx*, p. 11.

8 'Préface' to *Morceaux choisis de Karl Marx*, p. 12.

9 'Avant-propos de la 2e édition', *Critique de la vie quotidienne I: Introduction*, Paris: L'Arche, 2nd edition, 1958 [1947], p. 90; 'Foreword to the Second Edition', *Critique of Everyday Life Volume I: Introduction*, translated by John Moore, London: Verso, 1991, p. 79.

10 Henri Lefebvre and Norbert Guterman, *G. W. E Hegel*, *Morceaux choisis*, Paris: Gallimard, 1938; *Cahiers de Lénine sur la dialectique de Hegel*, Paris: Gallimard, 2nd edition, 1967 [1939]; *La conscience mystifiée*. 또한 *Cahiers*와 관련해서는 *Pour connaître la pensée de Lénine*, Paris: Bordas, 1957, p. 161 n. 1을, *Cahiers*에 대한 르페브르와 구테르망의 서문과 관련해서는 Kevin Anderson, *Lenin, Hegel and Western Marxism: A Critical Study*, Urbana: University of Illinois Press, pp. 186-97을 볼 것.

11 Karl Marx, *Œuvres choisis*, I and II.

12 이와 관련해서 최초의 또 가장 잘 이뤄진 설명 중 하나는 'Qu'est-ce que la dialectique?', *La nouvelle revue française* 45 (264), September 1935, pp. 351-64와 45 (265), October 1935, pp. 527-39에서 찾아볼 수 있다. 이것은 *Le matérialisme dialectique*, Paris: PUF, 6th edition, 1971 [1939]; *Dialectical Materialism*, translated by John Sturrock, London: Jonathan Cape, 1968이라는 핵심 문헌으로 대체된다.

13 *Sociologie de Marx*, Paris: PUF, 1966, p. 20; *The Sociology of Marx*, translated by Norbert Guterman, Harmondsworth: Penguin, 1968, p. 25.

14 'Avant-propos [1961]', in *Le matérialisme dialectique*, p. 7; 'Foreword to the fifth edition', in *Dialectical Materialism*, p. 15. *Problèmes actuels du marxisme*, Paris: PUF, 2nd edition, 1960 [1958], p. 24; *La somme et le reste*, p. 41을 볼 것.

15 *Critique de la vie quotidienne*, I, p. 190; *Critique of Everyday Life*, I, p. 177. *Problèmes actuels du marxisme*, p. 14; *Marx*, p. 65; *Pour connaître la pensée de Karl Marx*, Paris: Bordas, 1947, p. 75를 볼 것.

16 *Marx*, p. 37; *G. W. F. Hegel*, *Morceaux choisis*의 무제無題 서문, p. 12; *Métaphilosophie*, Paris: Éditions Syllepse, 2001 [1965], p. 40.

17 'De l'explication en économic politique et en sociologie', *Cahiers internationaux de sociologie* XXI, 1956, pp. 19-36, p. 19.

18 Michael Kelly, *Modern French Marxism*, Oxford: Basil Blackwell, 1982, p. 30.

19 Karl Marx, 'Postface to the second edition', *Capital: A Critique of Political Economy*, I, translated by Ben Fowkes, Harmondsworth: Penguin, 1976, p. 103을 볼 것. <옮긴이> 「제2독어판 후기(1873)」, 『자본론』 I(상), 김수행 옮김, 서울: 비봉출판사, 2015 개역판, 19쪽.

20 *Marx*, p. 46; *Sociologie de Marx*, p. 1; *The Sociology of Marx*, p. 3. 이에 대한 평론으로는 Roger Garaudy, *Marxism in the Twentieth Century*, translated by René Hague, New York: Charles Scribner's Sons, 1970, p. 203을 볼 것. 이 글에서는 르페브르의 '마르크스 새롭게 읽기'를 "다양한 관념론적 역행 운동"의 하나로 기술한다.

21 *La pensée marxiste et la ville*, pp. 110-11.

22 *Au-delà du structuralisme*, Paris: Anthropos, 1971, p. 119. *Sociologie de Marx*, p. 1; *The Sociology of Marx*, p. 3. 또 *Problèmes actuels du marxisme*을 볼 것.

23 *Logique formelle, logique dialectique*, Paris: Anthropos, 2nd edition, 1969 [1947], p. xxiii; *La pensée marxiste et la ville*, p. 110. 관련 논의는 *Logique formelle, logique dialectique*, pp. 227-8을 볼 것.

24 Kelly, *Modern French Marxism*, pp. 46, 60, 68. 아울러 Edith Kurzweil, *The Age of Structuralism: Lévi Strauss to Foucault*, New York: Columbia University Press, 1980, p. 5를 볼 것. 여기서 그녀는 르페브르를 "관념론적 마르크스주의자"로 기술한다.

25 *Le matérialisme dialectique*, p. 78; *Dialectical Materialism*, pp. 84-5; *Pour connaître la pensée de Karl Marx*, p. 93. <옮긴이> 여기서 'transcend'는 '극복'으로 옮긴다. 자세한 내용은 5장 2절 '역사'를 볼 것.

26 *Le marxisme*, Paris: PUF, 1948, pp. 21-2. 또한 *Diderot ou les affirmations fondamentales du matérialisme*, Paris: L'Arche, 2nd edition, 1983 [1959], p. 249를 볼 것. 여기서 르페브르는 엥겔스를 따라 초기 기계론에서 더 미묘한 유물론으로 향하는, 그 중요한 이행에 주목한다.

27 Kelly, *Modern French Marxism*, pp. 126-7.

28 Louis Althusser, 'To my English readers', *For Marx*, translated by Ben Brewster, London: Verso, 1996, p. 12.

29 'Avant-propos [1961]', p. 5; 'Foreword to the fifth edition', p. 13.

30 'Avant-propos [1961]', p. 6; 'Foreword to the fifth edition', pp. 13-14. 'Les cadres sociaux de la sociologie marxiste', p. 94를 볼 것. <옮긴이> 더 자세한 내용은 나중의 5절 '논리학과 변증법'을 볼 것.

31 'Avant-propos [1961]', p. 7; 'Foreword to the fifth edition', p. 15. 아울러 *Problèmes actuels du marxisme*, p. 24를 볼 것.

32 'Les cadres sociaux de la sociologie marxiste', p. 87.

33 'Avant-propos [1961]', p. 8; 'Foreword to the Fifth Edition', p. 15.

34 *De l'État*, Paris: UGE, 4 volumes, 1976-8, II, p. 174.

35 *Le marxisme*.

36 *Pour connaître la pensée de Karl Marx*, p. 46.

37 *Sociologie de Marx*, p. 17; *The Sociology of Marx*, p. 22.

38 'Les cadres sociaux de la sociologie marxiste', p. 81.

39 *Le marxisme*, p. 20; *Pour connaître la pensée de Karl Marx*, pp. 46, 93.

40 'Avertissement', in Marx, *Œuvres choisis*, I, pp. 7-8.

41 'Avertissement', p. 8.

42 *Le marxisme*, p. 18.

43 *Le marxisme*, p. 18 n. 1.

44 *Le marxisme*, p. 18. 르페브르는 엥겔스의 초기 연구인 『영국 노동계급의 상황』을 염두에 두고 있다. 'Préface', *Morceaux choisis de Karl Marx*, pp. 13-14를 볼 것.

45 *De l'État*, II, p. 216을 볼 것. <옮긴이> 이 참고문헌에서 언급되고 있는 엥겔스의 저술은 『가족, 사적 소유, 국가의 기원』이다. 바로 앞 주에서 언급한 『영국 노동계급의 상황』과 함께 고려해 보면 좋을 듯하다.

46 *Pour connaître la pensée de Karl Marx*, p. 240. 아울러 르페브르의 '편지'에 있는 언급, 'Lettre', in *Marx … ou pas? Refléxions sur un centenaire*, Paris: Études et Documentation Internationales, 1986, p. 23을 볼 것. 또한 'Le marxisme éclaté', *L'homme et la société* 41/42, July-December 1976, pp. 3-12, p. 5를 볼 것.

47 *Pour connaître la pensée de Karl Marx* p. 22 n. 1. <옮긴이> '즈다노프주의'는 제2차 세계대전 이후 1950년대까지 스탈린 체제의 러시아에서 예술에 대한 공식 노선으로 삼았던 독트린이다. 당시 마르크스주의 미학은 모더니즘 계열에 대한 엄격한 검열 및 사회주의 리얼리즘의 촉진과 동일시됐으며, 그 결과 자본주의적이고 개인적인 작품 활동은 억압됐고 창작 활동 전반은 당의 정치 노선에 맞추도록 강요당했다. 「마르크스주의 미학」, 『세계미술 용어사전』, <월간미술>, http://monthlyart.com/encyclopedia/마르크스주의-미학/. 참고로 안드레이 즈다노프Andrei Zhdanov는 소련의 정치가로서 1934년 세르게이 키로프Sergei Kirov 암살 사건 후 키로프의 후임자로서 레닌그라드 당 조직을 지도했으며, 독·소 전쟁(제2차 세계대전) 중에는 레닌그라드 방어전을 지휘했다. 『코뮤니스트: 마르크스에서 카스트로까지, 공산주의 승리와 실패의 세계사』, 368쪽 각주. 즈다노프와 관련해서는 같은 책 367-8, 377-8, 388, 473쪽을, 키로프와 관련해서는 같은 책 238-40쪽을 볼 것.

48 *Le matérialisme dialectique*, p. 73; *Dialectical Materialism*, p. 79. <옮긴이> 엘든이 간단히 '*Logic*'으로 표기하고 있는 헤겔의 『논리학』과 관련해서는 서론의 주 13, 옮긴이 주를 볼 것.

49 *Le matérialisme dialectique*, p. 74; Dialectical Materialism, p. 81.

50 *Le matérialisme dialectique*, p. 76; *Dialectical Materialism*, p. 83. *Hegel, Marx, Nietzsche ou le royaume des ombres*, Paris: Castermann, 1975, pp. 107-8을 볼 것. <옮긴이> 여기서 엘든은 『정치경제학 비판을 위하여』를 *The Critique of Political Economy*로 표기하고 있는데, 앞서 『요강』을 *Grundrisse*로 표기한 걸로 봐서 *A Contribution to the Critique of Political Economy*를 줄여 쓴 듯하다.

51 *Au-delà du structuralisme*, p. 329.

52 *Le retour de la dialectique: 12 mots clefs*, Paris: Messidor/Éditions Sociales, 1986, p. 13.

53 *Marx 1818-1883*, p. 147.

54 'Avant-propos [1961]', p. 6; 'Foreword to the fifth edition', pp. 13-14.

55 Colletti, 'Introduction', p. 16에서 알려짐.

56 Mark Poster, *Existential Marxism in Post-war France: From Sartre to Althusser*, Princeton: Princeton University Press, 1975, p. 56.

57 Jean-Paul Sartre, *Critique de la raison dialectique précédé de Questions de méthode, Tome I: Théorie des ensembles pratiques*, Paris: Gallimard, 1960, p. 50; *Search for a Method*, translated by Hazel E. Barnes, New York: Vintage, 1963, p. 51. <옮긴이> 『변증법적 이성비판 1: 실천적 총체들의 이론』, 박정자 외 옮김, 파주: 나남, 2009, 79쪽, 각주 24.

58 Louis Althusser, *Lenin and Philosophy and Other Essays*, London: NLB, 1971, p. 33. 또한 알튀세는 『변증법적 유물론』에 대해서는 비연대기적이었던 『카를 마르크스 선집』의 "심각한 후퇴"임을 지적하면서 더 비판적이긴 하지만 르페브르의 『마르크스의 사상에 대한 이해』에 대해서는 칭찬을 하기도 한다. 이와 관련해서는 *The Spectre of Hegel: Early Writings*, edited by Francois Matheron, translated by G. M. Goshgarian, London: Verso, 1997, p. 242를 볼 것. 또 다른 긍정적 평가로는 Roger Garaudy, Edgar Morin, Jean Duvignaud and Pierre Herve reported by David Gaute, *Communism and the French Intellectuals 1914-1960*, London: Andre Deutsch, 1964, p. 267을 볼 것.

59 Michel Trebitsch, 'Preface' to Henri Lefebvre, *Critique of Everyday Life Volume I: Introduction*, translated by John Moore, London: Verso, 1991, p. xii. 아울러 Poster, *Existential Marxism in Post-war France*, pp. 112-13을 볼 것.

60 George Lichtheim, *Marxism in Modern France*, New York and London: Columbia University Press, 1966, 특별히 p. 87. 이 같은 주장의 상당수와 관련해서 확장된 논의로는 Poster, *Existential Marxism*을 볼 것.

61 *L'existentialisme*, Paris: Anthropos, 2nd edition, 2001 [1946]. 이 주제는 *Marx 1818-1883*에서 계속되는데, 거기서 르페브르는 추상적 자유에 반대되는 구체적 자유에 대한 마르크스주의의 관점을 제시한다. "마르크스주의는 자유에 대한 실천 철학이다"(166쪽). 아울러 다음에 나와 있는 언급을 볼 것. 'Connaissance et critique sociale', in Marvin Farber (ed.), *L'activité philosophique contemporaine en France et aux États-Unis - Tome Second: La philosophic française*, Paris: PUF, 1950, pp. 298-319; 'Knowledge and social criticism', in Marvin Farber (ed.), *Philosophic Thought in France and the United States: Essays Representing Major Trends in Contemporary French and American Philosophy*, New York: University of Buffalo Publications in Philosophy, 1950, pp. 281-300.

62 *La somme et le reste*, p. 509.

63 *L'existentialisme*, p. 3. 또한 낭만주의와 관련해서는 *Nietzsche*, Paris: Éditions Sociales Internationales, 1939, pp. 10-11을 볼 것. <옮긴이> 참고로 1871년은 그 전년에 발발한 프로이센-프랑스 전쟁(보불전쟁)이후 이른바 '피의 일주일'과 함께 막을 내린 파리코뮌이 일어난 해다.

64 이 문제는 2장에서 더 자세히 논의한다.

65 *L'existentialisme*, p. 16.

66 *La somme et le reste*, pp. 519-20. 셸링에 대한 르페브르의 입장은 더 구체적으로 'Introduction: Le même et l'autre', in *Friedrich Schelling*, *Recherches philosophiques sur l'essence de la liberté humaine et sur les problèmes qui s'y rattachent*, translated by Georges Politzer, Paris: F. Rieder, 1926, pp. 7-64를 따로 볼 것. <옮긴이> 이는 폴리처가 셸링의 『인간 자유의 본질에 대한 철학적 탐구』 *Philosophische Untersuchungen über das Wesen der menschlichen Freiheit*, 1809를 번역한 것으로서 엘든은 다음 장에서는 이를 『인간의 자유』 *La liberté humaine*로 줄여 쓰기도 한다. 다음 장 주 9를 볼 것.

67 *L'existentialisme*, p. 20.

68 Poster, *Existential Marxism in Post-war France*, p. 115. 『합과 나머지』에서 르페브르는 이 책의 진정한 목적이 의식의 명료화에 있다고 말한다 — *La somme et le reste*, p. 511. 이 구절은 마르크스가 『독일 이데올로기』를 저술한 데 따른 이점에 대해 말한 것을 상기한다 — 'Preface to *A Critique of Political*

Economy', in Marx, *Early Writings*, p. 427. 1940년대의 실존주의자들은 1920년대의 실존주의자들을 참고하지 않지만 르페브르는 메를로-퐁티가 폴리처를 인정한다는 점을 분명히 언급한다 — *L'existentialisme*, p. 35; *Phénoménologie de la perception*, Paris: Gallimard, 1945, p. 194 n. 1; Georges Politzer, *Critiques des fondements de la psychologic*, Paris: F. Rieder, 1929. <옮긴이> 「서문」, 『정치경제학 비판을 위하여』, 김호균 옮김, 서울: 중원문화, 1988, 8쪽, 「정치경제학의 비판을 위하여, 서문」, 『칼 맑스 프리드리히 엥겔스 저술 선집 2』, 최인호 옮김, 서울: 박종철출판사, 1992, 479쪽, 『지각의 현상학』, 류의근 옮김, 서울: 문학과지성사, 2002, 262쪽, 각주 14. 참고로 『합과 나머지』의 일본어 번역판 제목은 『총화와 잉여』『総和と余剰』다. 또한 『정치경제학 비판을 위하여』의 「서문」은 앞으로 그것의 출간연도를 덧붙여 1859년 「서문」으로 줄여 쓰도록 한다. 이 글은 물론 한국에서도 곧잘 그렇게 사용되기 때문이다.

69 Lefebvre to Guterman, 31 July 1945. Cited by Trebitsch, 'Correspondance d'intellectuels', p. 81.

70 *L'existentialisme*, p. 30.

71 *L'existentialisme*, pp. 6, 30, 65; 63.

72 Hubert Dreyfus, 'Husserl, Heidegger and modern existentialism', in Bryan Magee, *The Great Philosophers*, London: BBC Books, 1987, pp. 253-77, p. 275.

73 *L'existentialisme*, p. 10. 프랑스 공산당이 그 협정을 지지했고 이로써 프랑스 정부에게 활동을 금지당했다는 점은 주목할 만하다. 르페브르는 아무것도 하지 않았다. Anderson, *Lenin, Hegel and Western Marxism*, p. 284 n. 50을 볼 것. <옮긴이> 몰로토프-리벤트롭 협정은 제2차 세계대전 발발 직전 소련과 독일 간에 체결된 상호 불가침 조약, 또 그 조약을 위해 획정할 필요가 있었던 양국의 세력범위에 대한 비밀 의정서를 말한다.

74 니장은 『카를 마르크스 선집』에 함께했다. 하지만 르페브르는 니장이 거기에 실을 글을 선택하고 체계화하는 일을 절대로 지지한 적이 없다고 주장한다 — *La somme et le reste*, p. 46 n. 르페브르가 노여워한 데는 니장이 자신의 1938년 저서 『음모』*La conspiration* (Paris: Gallimard)에서 필로조피를 풍자했다는 이유가 약간은 있었다. 그 뒤 니장은 자신과 마찬가지로 나치에 희생당해 목숨을 잃은 폴리처와 불리하게 비교당했다 — 'H.L.'로 서명된 부고, 'Georges Politzer', *La pensée*, 1, October-December 1944, pp. 7-10. 니장을 옹호하는 글은 사르트르, 카뮈, 보부아르, 메를로-퐁티 외 여러 사람이 써서 이렇게 실렸다 — 'Le cas Nizan', *Les temps modernes* 22, July 1947, pp. 181-4. 관련 논의는 Jean-Jacques Brochier, 'Avant-propos', in *Paul Nizan, Intellectuel communiste 1926-1940: Articles et correspondence inédite*, Paris: François Maspero, 1967, pp. 14-17; Michael Scriven, *Paul Nizan: Communist Novelist*, Basingstoke: Macmillan, 1988, p. 62; W. D. Redfern, *Paul Nizan: Committed Literature in a Conspiratorial World*, Princeton: Princeton University Press, 1972, pp. 199-200; and René Étiemble, *Hygiene des lettres I: Premières notions*, Paris: Gallimard, 1952, p. 123을 볼 것.

75 Rèmi Hess, *Henri Lefebvre et l'aventure du siècle*, Paris: A.M. Métailié, 1988, p. 83을 볼 것.

76 Lichtheim, *Marxism in Modern France*, pp. 99-100.

77 더 자세한 내용은 'Marxism and humanism', in Louis Althusser, *Pour Marx*, Paris: François Maspero, 1965, pp. 227-49; *For Marx*, pp. 221-47. 인간주의는 부르주아 해석으로서 묵살된다 — *Lenin and Philosophy*, p. 7. 알튀세는 하이데거의 「휴머니즘 서간」에서 영향을 받았다는 점을 분명히 인정한다 — *The Future Lasts a Long Time*, translated by Richard Veasey London: Chatto & Windus, 1993, p. 176. <옮긴이> 「맑스주의와 인간주의」, 『맑스를 위하여』, 이종영 옮김, 서울: 백의,

1997, 263-90쪽. <옮긴이> 「휴머니즘 서간」과 관련한 서지정보는 2장 주 189를 볼 것.

78 Althusser, *Pour Marx*, p. 243; *For Marx*, p. 236. <옮긴이> 『맑스를 위하여』, 283쪽.

79 Althusser, *Pour Marx*, p. 249; *For Marx*, p. 241. <옮긴이> 『맑스를 위하여』, 290쪽.

80 Althusser, *Pour Marx*, p. 249; *For Marx*, p. 241. <옮긴이> 『맑스를 위하여』, 289-90쪽.

81 Hess, *Henri Lefebvre*, p. 261.

82 *La vie quotidienne dans le monde moderne*, Paris: Gallimard, 1968, p. 212; *Everyday life in the Modem World*, translated by Sacha Rabinovitch, Harmondsworth: Allen Lane, 1971, p. 112. <옮긴이> 앙리 르페브르, 『현대세계의 일상성』, 서울: 기파랑, 2005, 220-21쪽.

83 *Critique de la vie quotidienne*, I, p. 98, n. 1; *Critique of Everyday Life*, vol I, p. 264, n. 95.

84 *Critique de la vie quotidienne*, I, p. 254; *Critique of Everyday Life*, I, p. 239.

85 "De l'explication en économic politique et en sociologie", pp. 32, 36.

86 *Le marxisme*, p. 9.

87 *Logique formelle, logique dialectique*, pp. 27-8; *Marx 1818-1883*, p. 152를 볼 것.

88 'Existentialisme et Marxism', *Action* 40, 8 June 1945, pp. 5-8, p. 8, Ronald Hayman, *Writing Against: A Biography of Sartre*, London: Weidenfeld & Nicolson, 1986, p. 224에서 인용.

89 *Qu'est-ce que penser?*, Paris: Publisad, 1985, p. 10; *Au-delà du structuralisme*, p. 202. Dreyfus, 'Husserl, Heidegger and modern existentialism', p. 275를 볼 것. 또한 사르트르의 유명한 정식화, 곧 "존재는 본질에 앞선다 — 달리 말하자면 우리는 반드시 주관성에서 시작해야 한다"는 것에 대한 믿음으로서 실존주의를 볼 것 — *L'existentialisme est un humanisme*, Paris: Gallimard, 1996 [1945], p. 26. 하이데거는 특별히 이 정식화에 이의를 제기한다 — *Letter on Humanism* in *Basic Writings*, London: Routledge, 1993. 따라서 나는 르페브르가 주관성에 대한 실존주의적 개념에 여전히 충실했다는 커즈와일의 의견에 반대한다 — Kurzweil, *The Age of Structuralism*, p. 57. 역사 연구 내의 객관과 주관 간 구분에 대한 논의로는 *Au-delà du structuralisme*, p. 86; 'What is the historical past?', in *New Left Review* 90, 1975, pp. 27-34, p. 34를 볼 것.

90 *La droit à la ville*, Paris: Anthropos, 1968, p. 41; *Writings on Cities*, translated and edited by Eleonore Kofman and Elizabeth Lebas, Oxford: Blackwell, 1996, p. 92.

91 *Le marxisme*, p. 11.

92 *Au-delà du structuralisme*, p. 348. 어느 정도 나중에 쓰인 이 구절은 사르트르가 마르크스주의로 옮겨간 것에 대해 꽤나 부정적이다. 이어서 르페브르는 사르트르가 마르크스주의를 위해 실존주의를 포기하는 대신 마르크스주의를 실존주의적 방식으로 이해한다고 한다 — *Au-delà du structuralisme*, pp. 348-9. 더 일반적인 논의는 'Critique de la critique non-critique', *Nouvelle revue marxiste* 1, June 1961, pp. 57-79, 또 'Les dilemmes de la dialectique', *Médiations* 2, 1961, pp. 79-105를 볼 것.

93 *Problèmes actuels du marxisme*, p. 16.

94 *L'existentialisme*, pp. 44-5; *Key Writings*, edited by Stuart Elden, Elizabeth Lebas and Eleonore Kofman, London: Continuum, 2003, p. 9.

95 *L'existentialisme*, p. 50; *Key Writings*, p. 13.

96 *L'existentialisme*, pp. 49-50; *Key Writings*, pp. 12-13. 르페브르의 비판과 관련해서는 Michel-Antoine Burnier, *Les existentialists et la politique*, Paris: Gallimard, 1966, 특별히 p. 53을 볼 것.

97 *La somme et le reste*, p. 511. 사르트르와 관련해서는 *La somme et le reste*, pp. 516ff를 볼 것. <옮긴이> 참고로 'ff'는 '해당 쪽부터 그 다음을 죽 읽어보라'는 뜻이다.

98 이에 대한 분석으로는 Hess, in *L'existentialisme*, pp. xxx-xxxiv를 볼 것. 메를로-퐁티는 마르크스주의에 가까워지긴 했지만 제도화된 공산주의에는 비판적이었던 또 다른 실존주의자였다. 그의 책 *Adventures of the Dialectic*, translated by Joseph Bien, London: Heinemann, 1974를 볼 것. 이 책은 프랑스 공산당이 그를 비판하기 위해 르페브르를 비롯한 여러 사람을 파견토록 만들기도 했다. Roger Garaudy *et al.*, *Mésaventures de l'antimarxisme: Les malheurs de M. Merleau-Ponty*, Paris: Éditions Sociales, 1956을 볼 것. 르페브르의 글은 'Une philosophic de l'ambiguïté', pp. 99-106이고 이것을 더 늘려 쓴 'M. Merleau-Ponty et la philosophic de l'ambiguïté'는 *La pensée* 68, July-August 1956과 73, May-June 1957, pp. 37-52에 실렸다. 관련 논의는 Caute, *Communism and the French Intellectuals*, pp. 270-1을, 더 확장된 논의는 Trân-Dúc-Tháo, *Phénoménologie et materialisme dialectique*, Paris: Gordon & Breach, 1971을 볼 것.

99 *Au-delà du structuralisme*, p. 15. 아울러 'Le concept de structure chez Marx', in Roger Bastide (ed.), *Sens et usages du terme structure dans les sciences humaines et sociales*, The Hague: Mouton, 2nd edition, 1972 [1962], pp. 100-6을 볼 것. 도스는 르페브르가 『구조주의 너머』에서 마르크스를 구조주의의 선구자로 만들려고 애쓰고 있다고 말한다 — François Dosse, *History of Structuralism Volume I: The Rising Sign*, 1945-1966, translated by Deborah Glassman, Minneapolis: University of Minnesota Press, 1997, p. 174. <옮긴이> 프랑수아 도스, 『구조주의의 역사 I — 기호의 세계: 50년대』, 이봉지 외 옮김, 서울: 동문선, 1998, 271쪽. 여기서 르페브르가 인용하는 마르크스의 글은 1859년 「서문」이다.

100 *Au-delà du structuralisme*; *L'idéologie structuraliste*, Paris: Anthropos, 1975. <옮긴이> '1957년'의 역사적 맥락은 이 장의 마지막 절, '당과 그 너머'를 볼 것.

101 *Espace et politique: Le droit à la ville II*, Paris: Anthropos, 2nd edition, 2000 [1972], p. 87.

102 *L'idéologie structuraliste*, p. 7.

103 *L'idéologie structuraliste*, p. 8.

104 *De l'État*, I, pp. 23, 151. *Au-delà du structuralisme*, p. 204를 볼 것. Dosse, *History of Structuralism Volume I*, pp. 357-8; *History of Structuralism Volume II: The Sign Sets, 1967-Present*, translated by Deborah Glassman, Minneapolis: University of Minnesota Press, 1997, p. 101; Louis Soubise, *Le Marxisme après Marx (1956-1965) Quatre marxistes dissidents français,* Paris: Aubier Montaigne, 1967, pp. 162-3을 볼 것. <옮긴이> 프랑수아 도스, 『구조주의의 역사 II — 전성기: 60년대』, 김웅권 옮김, 서울: 동문선, 2002, 225-6쪽; 『구조주의의 역사 III — 백조의 노래: 1967년에서 70년대』, 김웅권 옮김, 서울: 동문선, 2003, 144쪽. 앞으로 'break; coupure'는 '절단'으로, 'rupture; rupture'는 '단절'로 옮긴다. 참고한 대목은 다음과 같다. "… 이데올로기가 과학에 내재적이라는 것은 과학의 객관적인 기준이 존재한다는 것, 즉 이데올로기는 과학적 기준 속에서만 인식되고 판별될 수 있다는 것을 의미한다. 이 때문에 절단(coupure)과 단절(rupture) 내지는 개조(refont) 사이의 구분이 중요한데, 절단이 과학 자체의 설립의 사건을 의미한다면, 단절 내지는 개조는 과학 내부의 공간 속에서 발생하는 과학적 이데올로기에 대한 회귀적 비판(과학적 이데올로기는 최초의 과학적 개념에 내재한 모순의 한 편향이므로 이에 대한 비판은 항상 회귀적이다)과 전화의 작용을 의미

한다(이것은 알튀세르의 "인식론적 절단"이라는 개념을 보완하고 정정해 주는 것이다. E. Balibar, "Coupure et refont" in *Lieux et noms de la vérité* 참조). 전과학적 이데올로기와의 절단을 통해 어떤 과학이 설립되는 사건은 하나의 진리의 발생사건이며, 이러한 진리는 개념 속에 물질화된다." 더 자세한 내용은 진태원, 「마르크스주의에서 과학과 이데올로기: 알튀세르-캉길렘-스피노자」, <탈근대철학연구회> 블로그(http://cafe.daum.net/jangphil), 게시일: 2012.03.03.

105 Didier Eribon, *Michel Foucault et ses contemporains*, Paris: Fayard, 1994, pp. 167, 167 n. 3.

106 Gary Genosko, *Baudrillard and Signs: Signification Ablaze*, London: Routledge, 1994, p. 158; Tilottama Rajan, *Deconstruction and the Remainders of Phenomenology: Sartre, Derrida, Foucault, Baudrillard*, Stanford: Stanford University Press, 2002, pp. xxi, 27, 216, 236을 볼 것. 보드리야르에게 영향을 끼친 텍스트는 *Position: Contre les technocrates enfinir avec l'humanité-fiction*, Paris: Gonthier, 1967이다. 이 책에 대한 보드리야르의 서평은 다음과 같다 — 'Henri Lefebvre: position, contre les technocrates', *Cahiers internationaux de sociologie XLIV*, 1968, pp. 176-8. 여기 177쪽에서 보드리야르는 "체계와 관련한 모든 사유에는 체계적으로 되려는 경향이 있다"고 말한다. 이와 관련해서 보드리야르의 저술 가운데 가장 중요한 것은 *The Consumer Society: Myths and Structures*, London: Sage, 1998 [1970], 또 *For a Critique of the Political Economy of the Sign*, translated by Charles Levin, St Louis: Telos Press, 1981 [1972]이다. 르페브르는 '소비사회'란 이 개념이 어떻게 자신이 논의한 '소비조작의 관료사회'에 대한 축약형이 되는지를 언급하는데 여기서 르페브르는 전유 속 부재를 암시한다 — *Le temps des méprises*, Paris: Stock, 1975, pp. 115, 207-8. <옮긴이> 장 보드리야르, 『소비의 사회』, 이상률 옮김, 서울: 문예출판사, 1992; 『기호의 정치경제학 비판』, 이규현 옮김, 서울: 문학과지성사, 1998.

107 Jacques Derrida, 'The ends of man', in *Margins of Philosophy*, translated by Alan Bass, Hemel Hempstead: Harvester Wheatsheaf, 1982; Michel Foucault, *The Order of Things*: An Archaeology of the Human Sciences, London: Tavistock, 1970.

108 *La droit à la ville*, p. 118; *Writings on Cities*, p. 149. *L'irruption de Nanterre au sommet*, Paris: Éditions Syllepse, 2nd edition, 1998 [1968], pp. 16-17; *The Explosion: Marxism and the French Upheaval*, translated by Alfred Ehrenfeld, New York: Modern Reader, 1969, p. 22; 'Au-delà du savoir', p. 14를 볼 것.

109 *La révolution urbaine*, Paris: Gallimard, 1970, pp. 94-5. *Du rural* à *l'urbain*, Paris: Anthropos, 3rd edition, 2001 [1970], p. 153을 볼 것.

110 *La droit à la ville*, p. 118; *Writings on Cities*, p. 149.

111 *La droit à la ville*, p. 118; *Writings on Cities*, p. 149. *Au-delà du structuralisme*을 볼 것.

112 Lichtheim, *Marxism in Modern France*, p. 101.

113 *Au-delà du structuralisme*, pp. 22, 350; *Key Writings*, pp. 38-9; *L'idéologie structuraliste*, p. 10; *Du rural à l'urbain*, p. 223을 볼 것.

114 *Au-delà du structuralisme*, p. 202; *Métaphilosophie*, p. 168.

115 *La fin de l'histoire*, Paris: Les Éditions de Minuit, 1970, p. 206. *Critique de la vie quotidienne II: Fondements d'une sociologie de la quotidienneté*, Paris: L'Arche, 1961, pp. 33-5; *Critique of Everyday Life Volume II: Foundations for a Sociology of the Everyday*, translated by John

Moore, London: Verso, 2002, pp. 28-9를 볼 것. 이 텍스트에서 구조주의의 문제가 상세히 논의된다. 특별히 pp. 161-5, 158-62를 볼 것.

116 *Au-delá du structuralisme*, p. 199; 'Les mythes dans la vie quotidienne', *Cahiers internationaux de sociologie* XXXIII, 1962, pp. 67-74; *Key Writings*, pp. 100-6; *La vie quotidienne dans le monde moderne*, p. 190 n. 1; *Everyday Life in the Modern World*, p. 99 n을 볼 것. 또한 일부 관련 언급에 대해서는 *Le langage et la société*, Paris: Gallimard, 1966. On this see Michael Kelly, 'Demystification: a dialogue between Barthes and Lefebvre', *Yale French Studies* 98, 2000, pp. 79-97을 볼 것. <옮긴이> 『현대세계의 일상성』, 191쪽, 각주 6.

117 *Au-delá du structuralisme*, p. 262, p. 369를 볼 것. 또한 *Position*의 장, 'Sur l'ancien éléatism', pp. 59-76을 볼 것. 레비-스트로스와 관련해서는 *La somme et le reste*, pp. 318-19, 325ff, 그리고 *Le langage et la société*, p. 52 n. 1 또한 볼 것.

118 *Au-delá du structuralisme*, p. 349.

119 *Métaphilosophie*, p. 142.

120 *Au-delà du structuralisme*, pp. 276ff, 304. *Position*, pp. 72-3, 82-7을 볼 것. <옮긴이> 미셸 푸코, 『말과 사물』, 이규현 옮김, 서울: 민음사, 2012년.

121 *La fin de l'histoire*, pp. 201-2; *Key Writings*, p. 180. <옮긴이> 이와 관련해서는 칼 마르크스(1988). 「고타강령 비판」, 『마르크스·엥겔스 저작선』, 김재기 엮고 옮김, 서울: 거름, 182-3쪽을 볼 것. 아울러 인용에 대한 르페브르의 설명으로 볼 수 있는 대목은 앙리 르페브르, 『공간의 생산』, 양영란 옮김, 서울: 에코리브르, 2011, 149쪽에 있는데 옮겨 보면 다음과 같다. "… 가시성이 내재적인 사회적 관계의 **가독성**을 촉발하지는 않는다. 오히려 관계의 분석은 가시성과 반비례해서 어려워지므로, 하나의 역설이 아닌가 하는 생각이 들 정도다." — 강조 원저. 참고로 여기서 '사회적 관계'는 물론 자본주의의 사회적 관계, 곧 '자본주의적 생산관계'를 뜻한다.

122 관련 논의는 Stuart Elden, *Mapping the Present: Heidegger, Foucault and the Project of a Spatial History*, London: Continuum, 2001의 4장을 볼 것.

123 Dosse, *History of Structuralism Volume II*, p. 109. <옮긴이> 『구조주의의 역사 III』, 151-2쪽.

124 알튀세와 관련해서는 Gregory Elliott, *Althusser: The Detour of Theory*, London: Verso, 1988; E. Ann Kaplan and Michael Sprinker (eds), *The Althusserian Legacy*, London: Verso, 1993; Gareth Stedman Jones, 'The Rise and Fall of French Marxism', in Lisa Appignanesi (ed.), *Ideas from France: The Legacy of French Theory: ICA Documents*, London: Free Association Books, 1989를 볼 것. 내가 아는 한 엘리엇의 「서문」에 있는 간략한 언급 외에 알튀세에 대한 르페브르의 비판이 논의된 문헌은 없다. 여기서도 그 비판이 번역돼야 함을 보여줄 뿐이다 — Gregory Elliott (ed.), *Althusser: A Critical Reader*, Oxford: Blackwell, 1994, p. xiv를 볼 것. 더 일반적인 논의는 Lucien Sebag, *Marxisme et structuralisme*, Paris: Payot, 1964를 볼 것. <옮긴이> 엘든이 참조하고 있는 엘리엇의 문헌 xiv쪽은 「서문」의 미주 7로서, 여기서 엘리엇은 알튀세에 대한 르페브르의 비판이 실린 글 둘, "Henri Lefebvre. 'Sur une interprétation du marxisme', *L'Homme et la Société* 4, 1967, 또는 'Les paradoxes d'Althusser'. *L'Homme et la Société* 13, 1969"를 소개하면서 "둘 다 르페브르의 저서 *Au-delà structuralisme*, Éditions Anthropos, Paris, 1971에 다시 실렸다"는 대목을 괄호로 묶어 얘기하고 있다.

125 Althusser, *Pour Marx*, pp. 24-30, 168; *For Marx*, pp. 32ff, 167-8. 또한 'The facts', in *The Future Lasts a Long Time*, p. 358을 볼 것. 절단의 개념은 바슐라르에게서 빌려온 것이다. 이에 대한 비판적 논의로는 Etienne Balibar, 'From Bachelard to Althusser: the concept of the Epistemological Break', in *Economy and Society* 7(3), August 1978을 볼 것. *Au-delà du structuralisme*, p. 327을 볼 것. <옮긴이> 『맑스를 위하여』, 31쪽과 그 다음, 198-9쪽을 볼 것.

126 Althusser, *Pour Marx*, p. 116; *For Marx*, p. 116. <옮긴이> 『맑스를 위하여』, 136쪽.

127 Althusser, *Lenin and Philosophy*, p. 90. 여기서 알튀세는 『자본론』으로써 마르크스를 판단해야 한다는 생각, 또 『자본론』으로써 다른 텍스트 — 『독일 이데올로기』, 1859년 「서문」, 『요강』 — 가 헤겔과 "모호한" 관계를 맺고 있는 것으로 규정된다는 생각을 고수한다. 알튀세는 헤겔 철학에서 받은 영향의 흔적이 『자본론』에 남아 있음을 인정한다. 엘리엇이 분별 있게 지적하듯이 "오로지 마르크스의 짧은 텍스트 둘만 알튀세주의의 오디션을 통과했어야 한다는 것은 십중팔구 마르크스보다 알튀세의 기준을 말한다" — *Althusser: The Detour of Theory*, p. 212. <옮긴이> 『아돌프 바그너에 대한 난외평주』와 관련한 내용은 '<Marx> 아돌프 바그너에 대한 난외주석', *Social & Material: Reclaiming the social and the material*, https://socialandmaterial.wordpress.com/2010/02/12/marx-아돌프-바그너에-대한-난외주석을 볼 것.

128 David McLellan, 'Introduction', in *Karl Marx, Early Texts*, Oxford: Basil Blackwell, 1971, pp. ix-xliii, pp. xxxviii-ix에 있는 다음 대목을 볼 것 — "『요강』의 출간으로 마르크스 사유의 연속성은 모든 의심을 극복한 것으로 입증되었다 … 『요강』 — 『정치경제학 비판을 위하여』와 『자본』은 오직 그것을 부분적으로 가다듬은 것일 뿐이다 — 은 마르크스의 작업에서 가장 중요한 부분을 차지한다 … 마르크스가 헤겔 철학의 범주 안에서 자신의 작업을 구성한다는 점은 분명하다 … 그렇다면 『요강』은 『파리수고』만큼 헤겔적이며 그 둘의 출간은 오로지 마르크스의 초기 저술만 철학적 관심과 관련한 것이라는 입장, 또 나중에 경제학에 대한 마르크스의 전문가적 관심이 초기의 인간주의적 전망을 흐리게 만들었다는 입장이 유지될 수 없도록 만든다. 따라서 소외 개념은 『자본』을 포함한 마르크스 사상 전체의 핵심으로 이해된다." [『요강』의 서지정보는 다음과 같다.] Karl Marx, *Grundrisse: Foundations of the Critique of Political Economy* (Rough Draft), translated by Martin Nicolaus, Harmondsworth: Penguin, 1973. 또한 Roman Rosdolsky, *The Making of Marx's 'Capital'*, translated by Peter Burgess, London: Pluto, 1977, p. xiii에 있는 다음 대목을 볼 것 — "『요강』의 출간은 마르크스를 학적으로 비판하는 사람들이 그의 방법, 또 그 방법이 헤겔과 맺고 있는 관계를 가장 먼저 공부하지 않고서는 더 이상 [그를 비판하는] 글을 쓸 수 없게 될 것임을 뜻한다".

129 Kelly, *Modern French Marxism*, p. 130.

130 *Pour connaître la pensée de Karl Marx*, p. 239.

131 *Au-delà du structuralisme*, 특별히 pp. 373-5; *La production de de l'espace*, Paris: Anthropos, 1974, p. 11; *The Production of Space*, translated by Donald Nicholson-Smith, Oxford: Blackwell, 1991, p. 5. <옮긴이> 『공간의 생산』, 44쪽.

132 *Au-delà du structuralisme*, p. 325.

133 *Au-delà du structuralisme*, p. 319. 알튀세의 논평 일부는 *The Future Lasts A Long Time*, especially pp. 147-8을 볼 것. 물론 우리는 『자본론 읽기』의 원래 프랑스어 판본이 영어 번역본, 그리고 다른 동료의 글이 실린 그 이후의 프랑스 판본보다 더 길다는 점에 주목해야 한다. Louis Althusser, Etienne Balibar, Roger Establet, Jacques Rancière, and Pierre Macherey, *Lire le Capital*, Paris:

François Maspero, 2 volumes, 1965를 볼 것.

134 *Au-delá du structuralisme*, p. 319.

135 *Au-delá du structuralisme*, p. 321.

136 *Au-delá du structuralisme*, p. 413. 일찍이 1933에 르페브르는 스콜라 철학의 위험을 맹렬히 비난했다 — 'Le Karl Marx de M. Otto Ruhle', *Avant-Poste* 3, October-November 1933, pp. 199-201. 여기서 르페브르는 카우츠키와 베른슈타인처럼 룰레 또한 책을 외우긴 했지만 아무것도 이해하지 않았다고 한다.

137 *Au-delá du structuralisme*, p. 22; *Key Writings*, pp. 38-9. 이런 관점에서 볼 때의 『자본론』 독해에 대해서는 *Au-delá du structuralisme*, pp. 215-18을 볼 것.

138 아울러 *Sociologie de Marx*, p. 94; *The Sociology of Marx*, p. 111을 볼 것.

139 *Au-delá du structuralisme*, p. 321.

140 *Au-delá du structuralisme*, p. 325; *Métaphilosophie*, p. 168. *Le langage et la société* 또 *Vers le cybernanthrope*, Paris: Denoël/Gonthier, 1967을 볼 것.

141 *De l'État*, II, p. 78. 이데올로기적 국가장치와 관련해서는 Louis Althusser, 'Ideology and Ideological State Apparatuses (Notes towards an Investigation)', in *Lenin and Other Essays*, translated by Ben Brewster, London: NLB, 1971을 볼 것.

142 *De l'État*, IV, p. 339.

143 *De l'État*, IV, p. 340.

144 *De l'État*, I, p. 153.

145 *De l'État*, I, p. 153.

146 *De l'État*, I, p. 311.

147 *De l'État*, II, p. 196.

148 *De l'État*, II, p. 406.

149 *Au-delá du structuralisme*, p. 279. 이후의 관점으로서 여전히 비판적이지만 어쩌면 균형은 더 잘 잡힌 것으로는 *Une pensée devenue monde: faut-il abandonner Marx?* Paris: Fayard, 1980, pp. 59-66을 볼 것.

150 *L'idéologie structuraliste*, p. 9; *De l'Etat*, I, p. 271.

151 J. G. Merquior, *From Prague to Paris: A Critique of Structuralist and Post-Structuralist Thought*, London: Verso, 1986, pp. 200-1을 볼 것. 메르키오르는 르페브르의 비평이 골드만의 그것과는 다르다는 점을 단순히 지적한다. 곧 왜 그런지는 말을 안 하고, 이 차이에서 어떠한 추론도 하지 않는다. 구조주의에 대한 르페브르의 태도는 다음에서 상세히 논의되지만 그녀의 분석은 때때로 미심쩍다 — Kurzweil, *The Age of Structuralism*. 리히타임은 풀란차스[Nicos Poulantzas]가 르페브르를 '전통주의자[historicist]'로 기술한 것은 구조주의자가 자신의 적수에게 할 수 있는 최악의 것이라고 한다 — George Lichtheim, *From Hegel to Marx and Other Essays*, London: Orbach & Chambers, 1971, p. 153.

152 *Au-delá du structuralisme*, pp. 21-2; *Key Writings*, p. 38.

153 *De l'État*, I, p. 152.

154 *Au-delá du structuralisme*, p. 25; *Key Writings*, p. 40.

155 *Au-delá du structuralisme*, p. 329.

156 *La somme et le reste*, p. 40을 볼 것. <옮긴이> '변유'는 '변증법적 유물론'을 줄인 말인데 스탈린주의의 접근을 비판하는 뜻으로 쓰이기도 한다. 원어 또한 그런 맥락에 쓰였다고 생각해 'dialectical materialism'을 줄인 'diamat'로 표기된 것을 그것에 따랐다. 참고로 '사적 유물론' 또는 '역사 유물론', 'historical materialism'은 '사유', 'hismat'으로 줄여 쓰기도 한다.

157 J. V Stalin, 'Dialectical and historical materialism', in *Problems of Leninism*, Peking: Foreign Languages Press, 1976, pp. 835-73.

158 *Logique formelle, logique dialectique*, p. ix.

159 *Méthodologie des sciences: inédit*, Paris: Anthropos, 2002, p. 11. <옮긴이> 원문의 설명이 부족한 것 같아 몇 마디 덧붙이면 이렇다. 1930년대에 르페브르가 기획한 '변증법적 유물론 개관 총서'는 철저한 분석에 토대를 둘 수 없었다. 당시 프랑스 공산당은 교조주의적인 스탈린주의의 영향을 받고 있었고, 그런 상황에서 '무슨 연구가 됐든 그것에 대해 철저한 분석을 기대할 수 없는 것 그 자체'가 바로 교조주의의 특징이었기 때문이다.

160 *La somme et le reste*, pp. 447-9.

161 *Logique formelle, logique dialectique*, p. v.

162 *Méthodologie des sciences*. 관련 논의는 Rémi Hess, 'Henri Lefebvre et le projet avorté du *Traité de matérialisme dialectique*', in *Méthodologie des sciences*. 인용은 같은 책 xxvi쪽. 또한 Rob Shields, *Lefebvre, Love and Struggle: Spatial Dialectics*, London: Routledge, 1999, p. 193을 볼 것.

163 *Logique formelle, logique dialectique*, p. 11.

164 예컨대 *Pour connaître la pensée de Karl Marx*, p. iv를 볼 것. 이 권들 일부에 대한 간략한 논의로는 *Méthodologie des sciences*, p. 169를 볼 것.

165 *Contribution à l'esthétique*, Paris: Anthropos, 2nd edition, 2001 [1953].

166 Arthur Hirsch, *The French Left*, Montreal: Black Rose Books, 1982, p. 94.

167 *Logique formelle, logique dialectique*, p. 14.

168 *Le matérialisme dialectique*, p. 13; *Dialectical Materialism*, p. 21. <옮긴이> '명사'는 한 개념을 언어로 나타낸 것으로 명제의 구성 요소가 된다. 앞으로 이 'term'은 필요에 따라서는 '항'으로 옮기도록 한다. 그쪽이 뜻은 크게 바꾸지 않으면서도 더 쉽게 읽히도록 만들기 때문이다.

169 Henri Lefebvre and Catherine Régulier, *La révolution n'est plus ce qu'elle était*, Hallier: Éditions Libres, 1978, p. 37.

170 'Préface à la troisième édition: douze thèses sur logique et dialectique', in *Logique formelle, logique dialectique*, Paris: Terrains/Éditions Sociales, 3rd edition, 1982 [1947], pp. 3-8, p. 3; Key Writings, p. 57.

171 'Préface à la troisième édition', p. 8; Key Writings, p. 60.

172 *Le matérialisme dialectique*, p. 14; *Dialectical Materialism*, pp. 21-2. 'Préface à la troisième édition', p. 4; *Key Writings*, p. 58을 볼 것.

173 *Le matérialisme dialectique*, p. 16; *Dialectical Materialism*, p. 23.

174 'Lenin's Philosophical Notebooks', in Howard Selsam and Harry Martel (eds), *Reader in Marxist Philosophy*, New York: International Publishers, 1963, p. 332.

175 *Le matérialisme dialectique*, p. 14; *Dialectical Materialism*, p. 22; *Logique formelle, logique dialectique*, p. vii. 르페브르는 다음을 지적한다. "변증법과 관련한 레닌의 『철학노트』는 스탈린도, 스탈린주의자도 좋아하지 않았는데, 이를 두고는 레닌주의의 통합을 약화시킨다는 얘기 정도만 해도 충분할 것이다". 그 대신 그들은 『유물론과 경험비판론』*Materialism and Empiro-criticism*을 더 좋아했다(*De l'État*, I, p. 181). 르페브르는 실지로 『유물론과 경험비판론』이 중요한 책이긴 하지만 『철학노트』 또한 적어도 그만큼은 중요하다고 한다. *L'existentialisme*, p. 52 n. 1. *Au-delà du structuralisme*, p. 400; 'Introduction', *Cahiers de Lénine sur la dialectique de Hegel*, pp. 52-3; 'Lénine philosophe', *La pensée* 57, September-October 1954, pp. 18-36을 볼 것. 관련 논의는 Anderson, *Lenin, Hegel and Western Marxism*을 볼 것.

176 *Le matérialisme dialectique*, pp. 14-15; *Dialectical Materialism*, p. 22; *Logique formelle, logique dialectique*, p. 109; 'Préface à la troisième édition', p. 4; *Key Writings*, p. 58. <옮긴이> 'A는 B(하)다'에서 '-하다'는 동사보다는 형용사를 만드는 접미사로 보는 편이 나을 것 같다.

177 *Logique formelle, logique dialectique*, p. 49.

178 *Logique formelle, logique dialectique*, pp. xli-ii.

179 *Logique formelle, logique dialectique*, p. 50.

180 *Logique formelle, logique dialectique*, pp. 51-2; *Méthodologie des sciences:*, pp. 43, 177.

181 *Méthodologie des sciences:*, p. 3. *Le langage et la société*, p. 76.

182 *Logique formelle, logique dialectique*, p. xlii.

183 *Logique formelle, logique dialectique*, p. 52.

184 *Le matérialisme dialectique*, pp. 16-17; *Dialectical Materialism*, p. 24.

185 *Le matérialisme dialectique*, pp. 17-18; *Dialectical Materialism*, p. 25. <옮긴이> '르페브르는 다양한 것이자 유동적인 것으로서 모순이 변증법이란 말의 낡은 의미에서 말하는 그 변증법에, 다시 말해서 부정확한 논증이자 궤변에 남겨진다고 말한다.'를 좀 더 보충하면, 우선 주지하다시피 '변증법이란 말의 낡은 의미에서 말하는 그 변증법'은 헤겔의 것, '부정확한 논증이자 궤변'은 형식 논리의 논증을 앞세우는 변호사와 궤변을 일삼는 소피스트, 이른바 사유의 "유희"에 능한 사람들의 것이다. 모순은 변증법을 통해 극복돼야 하는데, 그 둘에서 변증법은 지양의 기획을 포기하고 그 권리를 그 둘에게 "양도하게 된다". 이런 상황에서 모순은 극복되지 않은 채 남겨질 수밖에 없고, 이 곤란함을 덮기 위해 형식 논리는 "실제적 경험"과 그것에서 비롯하는 현실적 모순을 도외시한 채 관념의 세계를 지향할 수밖에 없는 것이다 — *Dialectical Materialism*, translated by John Sturrock, Minneapolis: University of Minnesota Press, 2009, p. 13.

186 *Le matérialisme dialectique* p. 18; *Dialectical Materialism*, pp. 25-6. <옮긴이> 앞으로 'transcend'는 맥락에 따라 '초월하다'보다 '극복하다'로 옮긴다. 자세한 내용은 이 장의 주 254, 255를 볼 것.

187 *Le matérialisme dialectique*, p. 19; *Dialectical Materialism*, p. 27.

188 *Le matérialisme dialectique*, p. 20; *Dialectical Materialism*, p. 27. <옮긴이> 'out of pure vanity'에서 'pure'에는 적어도 두 가지 뜻이 있는 듯하다. 첫째는 철학적 의미의 '순수', 곧 '감각이나 경험에 의지하지 않는'의 뜻, 좋은 예로 칸트의 『순수이성비판』에서 '순수'의 의미다. 둘째는 소피스트의 '말쑥함', '세련됨', '품위' 따위를 떠올리게끔 한다. 이 경우 첫째 의미와 합쳐서 '순전히 이론적인'의 뜻도 가능하다.

189 *Le matérialisme dialectique* p. 21; *Dialectical Materialism*, p. 28. <옮긴이> '파산한 국가'는 『정신현상학』이 나온 1806년 당시 나폴레옹의 프랑스에 패퇴를 거듭하면서 피지배의 길에 놓이게 됐던 프로이센의 모습이다. 이 책 6장의 주 45, 46 및 관련 본문을 볼 것.

190 *Logique formelle, logique dialectique*, p. 12. 이 책 234쪽에서 르페브르는 헤겔의 『대논리학』과 관련한 레닌의 논의를 인용하면서 '관념'을 다룬 장이 꼭 관념론적인 것만은 아니며 그것은 방법으로서 변증법에 대한 분석임을 언급한다. <옮긴이> 주지하다시피 '첫 번째 『비판』'이란 칸트의 세 비판서, 『순수이성비판』, 『실천이성비판』, 『판단력비판』 중 첫째인 『순수이성비판』을 가리킨다.

191 *Le matérialisme dialectique*, p. 23; *Dialectical Materialism*, p. 30.

192 *Le matérialisme dialectique*, p. 23; *Dialectical Materialism*, pp. 30.1. 칸트의 중요성과 관련해서는 *Sociologie de Marx*, p. 22; *The Sociology of Marx*, p. 27도 볼 것.

193 *Logique formelle, logique dialectique*, p. 92. *Méthodologie des sciences*, pp. 53-4를 볼 것.

194 *Qu'est-ce que penser?*, p. 7 7.

195 *Métaphilosophie*, p. 262; *Hegel, Marx, Nietzsche*, p. 70.

196 *Hegel, Marx, Nietzsche*, p. 191.

197 *Le manifeste differentialiste*, Paris: Gallimard, 1970, p. 73.

198 *La révolution n'est plus ce qu'elle était*, p. 52.

199 *Le matérialisme dialectique*, pp. 23-4; *Dialectical Materialism*, p. 31. *Logique formelle, logique dialectique*, pp. 269-70을 볼 것. 또한 이것이 어떤 방식으로 니체에게 빚을 지고 있는지와 관련한 논의는 *Nietzsche*, p. 141을 볼 것.

200 *Le matérialisme dialectique*, pp. 26-7; *Dialectical Materialism*, p. 34.

201 *Le matérialisme dialectique*, p. 29; *Dialectical Materialism*, p. 37.

202 'Préface à la troisième édition', p. 7; *Key Writings*, p. 60.

203 *La somme et le reste*, p. 539. 이 견해와 관련한 일반적 논의에 대해서, 구소련에서 이뤄진 것으로는 'Une discussion philosophique en U.R.S.S. Logique formelle et logique dialectique', *La pensée* 59, January-February 1955, pp. 5-20을, 더 광범위하게 동구권 전반에서 이뤄진 것으로는 'Les entretiens philosophiques de Varsovie', *Comprendre: Revue de politique de la culture* 19, 1958, pp. 237-45를 볼 것.

204 즈다노프의 연설은 1947년 11월 10일, 『지속하는 평화를 위해, 인민의 민주주의를 위해』*For a Lasting Peace, For a People's Democracy*에 등장했다. 이 맥락과 관련해서는 Gavriel D. Ra'anan, *International Policy Formation in the USSR: Factional 'Debates' during the Zhdanovschina*, Hamden: Archon, 1983, 또 Kelly, *Marxism in Modern France*의 4장을 볼 것. 스탈린 자신이 이 정책의 입안자라는 것이 현재에는 널리 받아들여지고 있다. Robert C. Tucker, 'The Cold War in Stalin's time: what the new sources reveal', *Diplomatic History* 21(2), Spring 1997, pp. 273-81. 이론가로서 즈다노프의 중요성을 언급한 것으로는 Althusser, *The Spectre of Hegel*, pp. 222, 247을 볼 것. <옮긴이> 조지 케넌은 1920년대에서 60년대에 걸쳐 활동한 미국의 외교관으로서 1920년대부터 소련 전문가로 활약, 냉전 초기 이른바 봉쇄정책containment policy을 입안하게 된다. 'X' 논문은 그가 1947년 7월 외교 전문지 *Foreign Affairs*에 X란 필명으로 기고한 논문, 「소련 행동의 원천」'The Sources of Soviet Conduct'을 일컫는다. 아울러 '즈다노프 독트린'의 원어는 'Zhdanovism'으로 앞서 '즈다노프주의'로 옮긴 것과

같다. 따라서 이 둘을 구분하기 위해 여기서는 즈다노프 독트린으로 옮긴다. 실지로 냉전 초기의 역사적 맥락에선 이 표현이 더 일반적으로 쓰이는 듯 보이기도 한다.

205 *La somme et le reste*, p. 540; *Logique formelie, logique dialectique*, p. v. 일찍이 르페브르는 '유대인 과학'과 '아리안 과학'을 서로에 대한 역逆으로 세워 놓으면서 나치가 마르크스와 아인슈타인을 그들의 인종에 기반을 두고 이해하려 했던 시도를 비웃은 바 있다 — *Pour connaiître la pensée de Karl Marx*, p. 61. 같은 논리가 스탈린주의에서도 작동 중임을 알아차리기란 어렵지 않다.

206 T. D. Lysenko, *Soviet Biology: A Report to the Lenin Academy of Agricultural Sciences*, Moscow, 1948, London: Birch Books, n.d. 유용한 설명으로는 A. Medvedev, *The Rise of T. D. Lysenko*, translated by I. Michael Lerner, New York: Columbia University Press, 1969; Dominique Lecourt, *Proletarian Science? The Case of Lysenko*, translated by Ben Brewster, London: NLB, 1977을 볼 것. 아울러 더 전반적인 논의로는 Werner G. Hahn, *Post-war Soviet Politics: The Fall of Zhdanov and the Defeat of Moderation, 1946-53*, Ithaca: Cornell University Press, 1982를 볼 것.

207 *La somme et le reste*, p. 541. *Logique formelle, logique dialectique*, p. vi을 볼 것. 원자력 관련 논쟁에 대해서는 *La somme et le reste*, p. 547을 볼 것.

208 *Le matérialisme dialectique*, p. 30; *Dialectical Materialism*, p. 38; *Logique formelle, logique dialectique*, p. xxi.

209 *Le matérialisme dialectique*, pp. 34-5; *Dialectical Materialism*, p. 42. 아울러 '순수 형식(논리)' 분석, 형식과 내용 간 관계(변증법적 논리) 분석, 사회적 노동과 더불어 그것의 내적 모순(선행결정을 포함하는 변증법적 운동)분석, 이 셋 간의 대조 또한 볼 것 — *Sociologie de Marx*, p. 85; *The Sociology of Marx*, p. 101.

210 *Le matérialisme dialectique*, pp. 35-6; *Dialectical Materialism*, p. 43; *Logique formelle, logique dialectique*, p. 192.

211 *Le matérialisme dialectique*, pp. 36-7; *Dialectical Materialism*, p. 44.

212 *Le matérialisme dialectique*, p. 40; *Dialectical Materialism*, p. 47.

213 *Le matérialisme dialectique*, p. 40; *Dialectical Materialism*, p. 48.

214 *Le matérialisme dialectique*, p. 41; *Dialectical Materialism*, p. 48.

215 *Le matérialisme dialectique*, p. 42; *Dialectical Materialism*, p. 50.

216 *Le matérialisme dialectique*, pp. 43-4; *Dialectical Materialism*, p. 51.

217 *Le matérialisme dialectique*, p. 49; *Dialectical Materialism*, p. 56.

218 *Le matérialisme dialectique*, p. 50; *Dialectical Materialism*, p. 57.

219 *Le matérialisme dialectique*, p. 51; *Dialectical Materialism*, p. 58.

220 G. W. F. Hegel, *Elements of the Philosophy of Right*, edited by Allen W Wood, Cambridge: Cambridge University Press, p. 275, § 257.

221 *Le matérialisme dialectique*, p. 53; *Dialectical Materialism*, p. 60.

222 하지만 르페브르가 그 사적 유물론이 1844-5년에 발견됐다고 말하는 것과 관련해서는 *Le marxisme*, p. 20을 볼 것.

223 *Le matérialisme dialectique*, p. 75; *Dialectical Materialism*, p. 81.

224 *Le matérialisme dialectique*, pp. 75-6; *Dialectical Materialism*, pp. 81-2.

225 Letter from Marx to Engels, 16 January 1858, in Karl Marx and Frederick Engels, *Collected Works*, 40, London: Lawrence & Wishart, 1983, p. 249. 1858년 1월 16일은 르페브르와 몇몇 다른 설명에 따르면 1월 14일이다.

226 *Sociologie de Marx*, p. 20; *The Sociology of Marx*, p. 25.

227 *Le matérialisme dialectique*, pp. 78-9; *Dialectical Materialism*, p. 85. 총체성과 관련해서는 무엇보다도 'La notion de totalité dans les sciences sociales', *Cahiers international de sociologie* XIII, 1955, pp. 55-77, 또 *Critique de la vie quotidienne*, II, pp. 183-96; *Critique of Everyday Life*, II, pp. 180-92를 볼 것.

228 *Le marxisme*, p. 107. 'Préface' to *Morceaux choisis de Karl Marx*, p. 17을 볼 것. 르페브르는 이성 없는[brute] 기계론을 극복하는 데 디드로[Denis Diderot]를 포함한 다양한 사상가가 담당한 역할을 논의한다 — *Le marxisme*, p. 108; *Diderot ou les affirmations*, p. 64.

229 Marx to Engels, 16 January 1858, *Collected Works*, 40, p. 249. Karl Marx, *Oeuvres choisis*, II, p. 345; *Pour connaître la pensée de Lénine*, p. 126을 볼 것. <옮긴이> '두세 장' 관련 대목을 옮겨보면 다음과 같다. "[변증법의] 취급 **방법**과 관련해서 나한테 큰 쓰임새가 있었던 건 헤겔의 『논리학』일세. 정말 우연히 한 번 더 보게 된 걸세. 프라일리그라트[Freiligrath, Hermann Ferdinand]가 원래는 바쿠닌 것이었던 헤겔 책 몇 권을 찾아서는 나한테 선사했다네. [변증법적 방법론을 가다듬는] 그 작업을 한 번 더 할 수 있는 때가 확실히 온다면 정말로 두세 쪽 정도는 쓰고 싶을 걸세. 헤겔이 발견했을 뿐 아니라 신비하게 만들기까지 한 그 방법의 **합리적** 측면에 평범한 독자도 다가갈 수 있도록 말이네." — 강조 원저.

230 *Marx*, p. 47. 엥겔스의 『반뒤링론』과 『자연변증법』이 때때로 이 문제를 해결하는 데 쓰이긴 했지만, 르페브르가 주목하는 것처럼 그 책들도 곤란함에서 자유로운 건 아니다. 그 곤란함 중에 두드러지는 건 논리와 변증법 간 관계와 관련한다. *Pour connaître la pensée de Lénine*, p. 126을 볼 것. 앤더슨[Kevin Anderson]은 오히려 '사적 유물론'의 창시자가 플레하노프라는 의견을 내어 놓는다 — Anderson, *Lenin, Hegel and Western Marxism*, p. 15.

231 'Lenin's philosophical notebooks', p. 361. 르페브르가 이 대목을 인용하는 곳은 *Pour connaître la pensée de Lénine*, p. 127이다.

232 'Préface' to *Morceaux choisis de Karl Marx*, p. 18. 어느 정도 시간이 흐른 뒤 그는 이 주장을 더 강력하게 내놓곤 했다 — 만일 마르크스가 변증법이라는 방법론을 그만큼 중요하게 생각했다면 그는 왜 그것에 공을 들일 시간을 마련하지 않았을까? 이 질문의 답을 내어놓는 대신 르페브르는 변증법이 마르크스의 자본[Capital] 관련 작업 곳곳에 있다고 말한다. 'Le marxisme et la pensée française', *Les temps modernes* 137-8, 1957, pp. 104-37, p. 128을 볼 것.

233 *Le matérialisme dialectique*, p. 79; *Dialectical Materialism*, p. 86.

234 *Problèmes actuels du marxisme*, p. 17.

235 *Le matérialisme dialectique*, p. 81; *Dialectical Materialism*, p. 87.

236 *Marx*, p. 65.

237 *Introduction à la modernité: Preludes*, Paris: Les Éditions de Minuit, 1962, p. 77; Introduction to Modernity: Twelve Preludes, translated by John Moore, London: Verso, 1995, p. 69. 또한 'Le marxisme éclaté', p. 5를 볼 것. <옮긴이> 앙리 르페브르, 『모더니티 입문』, 이종민 옮김, 서울: 동

문선, 1999, 107쪽.
238 '1859 서문'은 『정치경제학 비판을 위하여』의 「서문」이다 — Marx, *Early Writings*, pp. 424-8.
239 *Le matérialisme dialectique*, p. 82; *Dialectical Materialism*, p. 88.
240 *Le matérialisme dialectique*, p. 82; *Dialectical Materialism*, pp. 88.9.
241 *Le matérialisme dialectique*, p. 85; *Dialectical Materialism*, p. 91. *Sociologie de Marx*, p. 38; *The Sociology of Marx*, p. 47을 볼 것.
242 *Le matérialisme dialectique*, p. 89; *Dialectical Materialism*, p. 95.
243 'Préface à la troisième édition', p. 8; *Key Writings*, p. 60.
244 *La production de l'espace*, p. 374; *The Production of Space*, p. 325. *Éléments de rythmanalyse: Introduction à la connaissance de rythmes*, Paris: Éditions Syllepse, 1992, p. 20; *Rhythmanalysis: Space, Time and Everyday Life*, translated by Gerald Moore and Stuart Elden, London: Continuum, 2004, p. 11; *Le temps des méprises*, p. 220을 볼 것. 이 주제와 관련해서 유용한 논의는 *The Limits to Capital*, London: Verso, new edition, 1999 [1982], 특별히 11장에서도 찾아볼 수 있다. <옮긴이> 앙리 르페브르, 『리듬분석』, 정기헌 옮김, 서울: 갈무리, 2013, 70쪽. 데이비드 하비, 「제11장 지대이론」, 『자본의 한계』, 최병두 옮김, 서울: 한울, 1995, 436-90쪽.
245 *Une pensée devenue monde*, p. 194.
246 *Logique formelle, logique dialectique*, p. xxix.
247 'Toward a leftist cultural politics: remarks occasioned by the centenary of Marx's death', in Gary Nelson and Lawrence Grossberg (eds), *Marxism and the Interpretation of Culture*, London: Macmillan, 1988, pp. 75-88, p. 86. 'Préface à la troisième édition', pp. 4-5; *Key Writings*, p. 58; *Hegel, Marx, Nietzsche*, p. 83을 볼 것. <옮긴이> '셋으로 이뤄진 한 벌'을 뜻하는 'triad'는 '세 항 한 벌'보다는 '트라이어드'로 쓰도록 한다. 외국어이긴 하지만 일종의 개념어로서 더 간명해 보이기도 하거니와 음악 용어 '삼화음'을 뜻할 때는 이미 외래어로 국어사전에 자리를 잡고 있기도 하기 때문이다.
248 Shields, *Lefebvre, Love and Struggle*, p. 119.
249 Shields, *Lefebvre, Love and Struggle*, pp. 120, 160.
250 Edward W. Soja, *Thirdspace: Journeys to Los Angeles and Other Real-and-Imagined Places*, Blackwell: Oxford, 1996, p. 5.
251 Soja, *Thirdspace*, p. 60.
252 *La fin de l'histoire*.
253 르페브르는 가끔 마르크스·엥겔스의 작업에서는 이것이 사실이라 말한다. 이와 관련한 다양한 논의로는 *Le temps des méprises*, p. 220; *De l'État*, II, pp. 128, 135ff, 145-6; *La présence et l'absence: Contribution à la théorie des representations*, Paris: Casterman, 1980, p. 225; *Le retour de la dialectique*, pp. 41-2; 'Toward a leftist cultural polities', p. 86; *Éléments de rythmanalyse: Introduction á la connaissance derythmes*, Paris: Éditions Syllepse, pp. 20-2를 볼 것. 유용한 논의로는 Eleonore Kofrnan and Elizabeth Lebas, 'Lost in transposition - time, space and the city', in Lefebvre, *Writings on Cities*, pp. 9-10도 볼 것. <옮긴이> 『리듬분석』, 70-73쪽, 특별히 73쪽을 볼 것.

254 *La fin de l'histoire*, pp. 214-15. *La somme et le reste*, pp. 48, 129를 볼 것.

255 *De l'État*, II, p. 171.

256 Shields, *Lefebvre, Love and Struggle*, pp. 150-2.

257 *Du rural à l'urbain*, pp. 73-4; *Key Writings*, p. 117. *Le langage et la société*, p. 52 n. 1을 볼 것. <옮긴이> 『변증법적 이성비판 1: 실천적 총체들의 이론』, 79쪽, 각주 24, 79쪽. 여기서 사르트르가 참조하는 르페브르의 문헌은 'Perspective de sociologie rurale', *Cahiers de sociologie*, 1953이다.

258 Sartre, *Critique de la raison dialectique*, p. 51 n; *Search for a Method*, p. 52 n. 8. 하지만 루로는 비슷한 방법이 들뢰즈의 『스피노자』에서 사용되고 있음을 발견한다. René Lourau, *Le journal de recherche: Matériaux d'une théorie de l'implication*, Paris: Méridiens Klincksieck, 1988, pp. 202-3; Gilles Deleuze, *Spinoza*, Paris: PUF, 1970, pp. 75-7. <옮긴이> 『변증법적 이성비판 1: 실천적 총체들의 이론』, 79쪽, 각주 24, 80쪽.

259 *Le temps des méprises*, p. 144; *Du rural à l'urbain*, pp. 18-19; *La production de l'espace*, p. 79-80 n. 1; *The Production of Space*, p. 66 n. 37. <옮긴이> 『공간의 생산』, 124쪽, 미주 32, 596쪽.

260 Marx, *Grundrisse*, p. 105. 관련 분석에 대해서는 *Une pensée devenue monde*, pp. 99-100을 볼 것. <옮긴이> 「『정치경제학의 비판을 위한 기본 개요』의 서설」, 『칼 맑스 프리드리히 엥겔스 저술 선집 2』, 최인호 옮김, 서울: 박종철출판사, 1992, 466쪽.

261 *Le retour de la dialectique*, p. 47.

262 *De l'État*, III, p.37.

263 *De l'État*, II, p. 10.

264 Hess, 'Henri Lefebvre "philosophe"', in *L'existentialisme*, pp. xxxiv-v.

265 *De l'État*, III, p. 61.

266 예를 들면 Marx, *Capital*, I, p. 277. <옮긴이> 『자본론』 I(상), 229쪽.

267 *Le marxisme*, p. 48.

268 'De l'explication en économic politique et en sociologie', p. 24. Dominique Lecourt, The Mediocracy, translated by Gregory Elliott, London: Verso, 2001, pp. 165-6을 볼 것.

269 'Préface' to *Morceaux choisis de Karl Marx*, pp. 22-3, p. 18을 볼 것.

270 'Avant-propos [1961]', p. 12; 'Foreword to the fifth edition', p. 19.

271 *Le matérialisme dialectique*, p. 58-9; *Dialectical Materialism*, p. 65. *Pour connaître la pensée de Karl Marx*, p. 131을 볼 것.

272 *Le marxisme*, p. 37.

273 *De l'État*, II, p. 187.

274 *Marx*, p. 25. *La conscience mystifiée*, p. 151을 볼 것.

275 *Le matérialisme dialectique*, p. 55; *Dialectical Materialism*, pp. 61-2.

276 *Pour connaître la pensée de Karl Marx*, p. 67.

277 *Marx*, *Le matérialisme dialectique*, p. 55; *Dialectical Materialism*, p. 62에 인용.

278 Le matérialisme dialectique, p. 56; *Dialectical Materialism*, p. 62.

279 Le matérialisme dialectique, p. 57; *Dialectical Materialism*, p. 64.

280 *Le marxisme*, pp. 23, 37; *Pour connaître la pensée de Karl Marx*, p. 91.

281 *Hegel, Marx, Nietzsche*, p. 186.

282 *Marx*, p. 19.

283 *Le matérialisme dialectique*, pp. 66-7; *Dialectical Materialism*, pp. 72-3

284 Althusser, 'To my English readers', p. 13.

285 Althusser, *Pour Marx*, p. 246; *For Marx*, p. 239.

286 *La révolution n'est plus ce qu'elle était*, p. 140.

287 Colletti, 'Introduction', p. 49. *La conscience mystifiée*, p. 214를 볼 것. 여기서 르페브르와 구테르망은 같은 주장을 펼친다.

288 *Marx*, pp. 73-4; 'Avant-propos de la 2e édition', p. 90; 'Foreword to the second edition', p. 79; *La somme et le reste*, p. 528. 'La notion de totalité dans les sciences sociales', p. 67을 볼 것.

289 *Critique de la vie quotidienne*, I, p. 192; *Critique of Everyday Life*, I, p. 178.

290 'Avant-propos de la 2e edition', pp. 88-9; 'Foreword to the second edition', p. 77.

291 *Critique de la vie quotidienne*, I, p. 193; *Critique of Everyday Life*, I, p. 179.

292 *Critique de la vie quotidienne*, II, p. 209; *Critique of Everyday Life*, II, p. 207.

293 *Critique de la vie quotidienne*, I, p. 181; *Critique of Everyday Life*, I, p. 168 — 강조 저자(엘든).

294 Perry Anderson, *Considerations on Western Marxism*, London: NLB, 1976, p. 51. Tony Judt, *Marxism and the French Left: Studies on Labour and Politics in France 1830-1981*, Oxford: Clarendon Press, 1986, p. 180을 볼 것.

295 Judt, *Marxism and the French Left*, p. 220; Lichtheim, *Marxism in Modern France*, p. 170.

296 'Avant-propos de la 2e edition', pp. 11, 62; 'Foreword to the second edition', pp. 5, 53.

297 'Avant-propos [1961]', pp. 8-9; 'Foreword to the fifth edition', pp. 16-17. *Au-delà du structuralisme*, pp. 373, 377을 볼 것.

298 'Toward a leftist cultural polities', p. 84.

299 Jean Kanapa, 'Henri Lefebvre ou la philosophe vivante', in *La Pensée* 15, November-December 1947, Trebitsch, 'Preface', in *Critique of Everyday Life Volume I*, p. x에 인용.

300 David McLellan, *Karl Marx: His Life and Thought*, St Albans: Paladin, 1976, p. 110 n. 2.

301 이와 관련한 르페브르의 논의와 그 밖의 얘기는 무엇보다도 *Critique de la vie quotidienne*, II, p. 216; *Critique of Everyday Life*, II, p. 214을 볼 것.

302 Bottomore, 'Introduction', p. viii.

303 Marx, *Early Writings*, pp. 122-9.

304 Shields, *Lefebvre, Love and Struggle*, p. 40.

305 Shields, *Lefebvre, Love and Struggle*, p. 42. <옮긴이> 참고로 실즈에 따르면, 르페브르가 개관한 네 가지 소외는 다음과 같다. "1. 대상처럼 취급당하는 노동자의 소외, 2. 노동 그 자체에 있는 창조적이고 자족적 측면의 소외와 절멸, 이는 반복적이고 무의미한 조립 라인의 과업으로 나뉜다, 3. 인민은 그들 고유의, 창조적 노동을 통한 자기실현의 '인간적 욕구'에서 소외된다, 4. 인민은 자신의 몸과 '자연적 욕구'에서 소외된다."

306 'Avant-propos de la 2e edition', pp. 69-72; 'Foreword to the second edition', pp. 59-62를 볼 것.

307 Marx, *Early Writings*, p. 156.

308 Marx, *Early Writings*, p. 155.

309 'Avant-propos de la 2e edition', p. 82; 'Foreword to the second edition', pp. 71-2.

310 *Au-delà du structuralisme*, pp. 330-1. <옮긴이> '스콜라 철학적'의 영어는 'scholastic'이다. 그렇다면 이로써 유추해 볼 수 있는 프랑스어는 'scolastique'일 텐데 이 말엔 기본적으로 스콜라 철학의 형식주의적·교조주의적 측면에 대한 경멸적 뉘앙스가 담겨 있다. 그것들에 대한 르페브르의 비판적 태도를 엿볼 수 있는 대목인 것이다.

311 *La production de l'espace*, p. 35; *The Production of Space*, p. 26. <옮긴이> 『공간의 생산』, 71쪽.

312 *La production de l'espace*, p. 40; *The Production of Space*, p. 31. <옮긴이> 『공간의 생산』, 77쪽.

313 *De l'État*, II, p.8.

314 *De l'État*, II, p.8.

315 *De l'État*, II, p. 198. 구조와 상부구조에 대해 가장 자세한 논의로는 'Le concept de structure chez Marx'를 볼 것.

316 *Le matérialisme dialectique*, p. 121; *Dialectical Materialism*, pp. 124-5.

317 'Bilan d'un siècle et de deux demi siècles, (1867-1917-1967)', in Victor Fay (ed.), *En partant du 'capital'*, Paris: Anthropos, 1968, pp. 115-42, p. 124; *Le temps des méprises*, p. 226; *De l'État*, I, p. xxiii.

318 *La production de l'espace*, pp. 83-4, 86-7; *The Production of Space*, pp. 68-9, 71. 'Préface: La production de l'espace', in *La production de l'espace*, Paris: Anthropos, 4th edition, 2000 [1974], p. xx; *Key Writings*, p. 208을 볼 것 <옮긴이> 『공간의 생산』, 127-9쪽, 27쪽.

319 'Preface: La production de l'espace', p. xxii; *Key Writings*, p. 209.

320 *La droit à la ville*, p. 54; *Writings on Cities*, p. 102. <옮긴이> *La droit à la ville*, 3e éd, 2009, p. 45.

321 'Bilan d'un siecle et de deux demi siecles', p. 129.

322 Marx, *Early Writings*, p. 357. *Le matérialisme dialectique*, p. 126; *Dialectical Materialism*, p. 129. *Marx*, p. 66을 볼 것. <옮긴이> 『경제학-철학 수고』, 강유원 옮김, 서울: 이론과 실천, 2006, 143-4쪽.

323 *Le matérialisme dialectique*, pp. 126-7; *Dialectical Materialism*, pp. 129-30.

324 *Le matérialisme dialectique*, p. 153; *Dialectical Materialism*, p. 156, Karl Marx, *The Poverty of Philosophy*, New York: International Publishers, 1963, p. 34를 인용. <옮긴이> '교역'으로 번역했지만 보통 '물물교환'의 뜻이 있는 'barter'에는 '돈에 눈이 멀어 자유·명예·지위 따위를 헐값에 팔아넘긴다'는 동사의 뜻도 함께 있다. 또한 '이해타산'으로 옮긴 'venality'의 형용사인 'venal'에는 '인간의 행위나 동기 따위가 돈에 좌우되는, 인간이 돈으로 움직이는'의 뜻이 있다.

325 *Le matérialisme dialectique*, p. 159; *Dialectical Materialism*, pp. 161-2. 아울러 'L'homme des révolutions politiques et sociales', *Pour un nouvel humanisme*, textes des conferences et des entretiens organisés par les Rencontres Internationales de Genéve, Neuchâtel: Éditions de la Baconnière, 1949, pp. 115-35, p. 115를 볼 것.

326 *Au-delà du structuralisme*, p. 331.

327 'Bilan d'un siècle et de deux demi siècles', p. 124.

328 *Le marxisme*, pp. 47-8.
329 *Le matérialisme dialectique*, p. 65; *Dialectical Materialism*, p. 71.
330 *Sociologie de Marx*, p. 6; *The Sociology of Marx*, p. 9.
331 'La notion de totalité dans les sciences sociales', p. 67.
332 한 명의 마르크스주의가가 되는 것이 르페브르에게 어떤 의미가 있는지와 관련한 논의로는 *La somme et le reste*, pp. 683-92; *Key Writings*, pp. 231-7을 볼 것.
333 *Le marxisme*, p. 5.
334 *Le marxisme*, p. 5. 'Toward a leftist cultural politics'를 볼 것.
335 Martin Jay, *Downcast Eyes: The Denigration of Vision in Twentieth-Century French Thought*, Berkeley: University of California Press, 1993, p. 419.
336 Trebitsch, 'Preface', in *Critique of Everyday Life Volume I*, p. xiv, 또 2장의 마지막 부분을 볼 것. 10년 전에 르페브르는 자기비판적인 글을 썼다. 'Autocritique: Contribution à l'effort d'éclaircissement idéologique', *La nouvelle critique* 4, March 1949, pp. 41-57.
337 *Pour connaître la pensée de Karl Marx*, p. 144.
338 그렇긴 하지만 1974년에 르페브르가 한 말에 따르면 당시 상황은 프랑스 공산당이 알제리를 충분히 지지하지 않은 데 따른 것이다. Henri Lefebvre and Leszek Kolakowski, 'Evolution or Revolution', in Fons Elders (ed.), *Reflexive Water: The Basic Concerns of Mankind*, London: Souvenir Press, 1974, pp. 201-67, pp. 210-11을 볼 것.
339 *Le temps des méprises*, pp. 94-6. 또한 '1956', *M, mensuel, marxisme, mouvement* 1, May 1986, pp. 31-5. <옮긴이> 곧이어 언급되겠지만 여기서 흐루시초프는 「개인숭배와 그 결과에 대하여」라는 연설을 통해 스탈린을 맹렬히 비난한다.
340 *Problèmes actuels du marxisme*, pp. 111-17.
341 'L'exclu s'inclut', *Les temps modernes* 149, July 1958, pp. 226-37.
342 'L'exclu s'inclut', p. 232.
343 'Le marxisme et la pensée française', p. 105. 이 말은 1957년 6월에 첨부된 주석에서 비롯하는데, 원래 텍스트는 1956년 말에 폴란드 독자를 대상으로 집필됐다 — 나중에 『마르크스주의에 대한 오늘날의 문제』에서 보이게 될 발상의 초안으로서 르페브르의 당 축출 과정이 시작하는 데 중대한 역할을 담당한다.
344 'Réponse à camarade Besse' *Les temps modernes* 149, July 1958, pp. 238-49.
345 'Réponse à camarade Besse', p. 238.
346 'Réponse à camarade Besse', p. 241.
347 *Problèmes actuels du marxisme*, p. 3.
348 'Réponse à camarade Besse', pp. 248-9.
349 *Le temps des méprises*, p. 89.
350 *Le temps des méprises*, p. 92.
351 Evelyn Lefebvre to Guterman, 8 June 1959. 그러나 만하임Ralph Manheim이 같은 날 구테르망에게 보낸 편지를 보면 『합과 나머지』는 "멍청하게 들린다. 정당이나 교회와 결별하는 사람은 자신에게 부과된 5년간의 침묵기를 가져야 한다."는 말이 있다. 이와 관련한 구테르망의 관점은 1939년 11월 11일부터 쓴

자신의 일기에서 발견된다. "지성인의 대중적 고백은 늘 나를 역겹게 만든다. 만약 그 사람의 생각이 바뀐다면 그 사람으로 하여금 저술을 통해 그 변화를 표현하게끔 해라"(Guterman Archive, Box 6). 당대의 교조적 비판과 관련해서는 Lucien Sève, *La difference: Deux essais: Lénine, philosophe communiste; Sur* La Somme et le Reste *d'Henri Lefebvre*, Paris: Éditions Sociales, 1960을 볼 것.

352 예컨대 'Les cadres sociaux de la sociologie marxiste', p. 87을 볼 것. 이는 르페브르가 1956년에 받은 자료를 활용하고 있다. 또한 'Avant-propos à la deuxième édition', in *Problèmes actuels du marxisme*, pp. vii-viii. *La somme et le reste*, 특별히 p. 12를 볼 것.

353 Maurice Blanchot, *L'amitié*, Paris: Gallimard, 1971, p. 100; David Caute, *Communism and the French Intellectuals 1914-1960*, London: Andre Deutsch, 1964, pp. 271-2; Edgar Morin, *Autocritique*, Paris: Éditions du Seuil, 2nd edition, 1970 [1959], p. 116을 볼 것.

354 *La révolution n'est plus ce qu'elle était*, p. 33. <옮긴이> '나치-소비에트 조약'은 '몰로토프-리벤트롭 협정'을 일컫는다. 이 장의 주 73, 옮긴이 주를 볼 것.

355 'De l'explication en économic politique et en sociologie', p. 19. <옮긴이> 조르주 마르셰는 프랑스 공산당 중앙위원회 서기 및 당서기장을 지낸 프랑스의 정치가로서 1981년 프랑스 대선에서 사회당 당수 미테랑을 지원, 사회당과 공산당 연립내각을 성립시키는 데 일조하기도 했으나 이후 공산당 각료를 탈퇴시킴으로써 연정 붕괴를 초래하기도 했다.

356 *La révolution n'est plus ce qu'elle était*, pp. 103-4. 위를 보고, Althusser, *Lenin and Philosophy*, p. 33을 볼 것. 어쩌면 가장 주목할 만한 자기비판은 다음에서 발견된다 — 'Retour à Marx', *Cahiers internationaux de sociologie* xxv, 1958, pp. 20-37, pp. 27-8 n. 2. 여기서 르페브르는 마르크스의 「포이어바흐에 관한 테제」에 대한 자신의 독해에 이의를 제기한다. 하지만 그 독해를 위한 자료는 같은 해에 나온 책 『마르크스주의에 대한 오늘날의 문제』다. 그 까닭은 물론 전자는 당의 취조 대상이긴 했지만 당에 있을 때 적었고, 후자는 당에서 축출당하고 난 뒤에 적었기 때문이다.

357 또한 *Le retour de la dialectique*, p. 124를 볼 것.

358 *Problèmes actuels du marxisme*, pp. 125-6.

359 *Au-delà du structuralisme*, p. 399.

제2장

철학과 교전하다

철학과 교전하다

마르크스주의 저편

대체로 르페브르는 젊었을 땐 이런저런 다른 사상을 되는 대로 다루다가 자신의 방식에 오류가 있다고 보고는 마르크스주의자가 됐다는 식으로 자신의 철학적 배경을 바라본다. 이런 자기해석을 따라 르페브르가 자신을 마르크스주의자로 이해한다는 것은 여러 문헌에 꽤 분명히 드러나 있다.[1] 반드시 이 점이 더 최근에 그의 작업을 전유하는 여러 움직임 속에서 제대로 인정되는 것은 아니라 하더라도 말이다. 하지만 르페브르를 **다만** 마르크스주의자이면서도 그 밖의 사회 이론을 비판하는 데 관여했을 **뿐**인 사람으로 이해한다면 그의 흥미로운 점과 중요성 대부분은 놓치게 되고 만다. 르페브르는 마르크스주의의 전통뿐 아니라 그 너머에서도 이해돼야 한다. 이 책의 핵심 목표 하나는 르페브르의 작업이 그저 마르크스주의보다는 훨씬 더 폭넓은 지적 전통의 일부로서 유익하게 이해될 수 있는 방식을 보여주는 데 있다.

르페브르의 글에서 곧바로 눈에 띄는 것은 그가 마르크스주의 이외의 사상적 흐름을 단순히 비판만 하는 데 그치지 않고 다른 사상가의 통찰을 곧잘 포함하기도 했다는 점이다. 르페브르는 마르크스의 작업이 우리 시대를 이해하는 데 중요하다고, 사실 정말로 중요하다고 생각했다. 하지만 그렇다고 [그 작업이 마르크스주의 이외의 사상적 흐름과] 따로 떨어져 있을 수 있는 것이라고 생각하지도 않았다.[2] 마르크스는 "피할 수도 없고 없어서도 안 되는, 하지만 불충분한 출발점이다".[3] 르페브르는 오늘날의 마르크스 사상이 상대성과 관련한 현대적 작업 — 특정 규모·시기·시점에 들어맞는 일종의 출발 단계 — 에 비춰볼 때 뉴턴의 작업과 비슷하다고 말한다.[4] 1978년에 내어 놓은 일련의 강령적 테제를 통해 르페브르는 이렇게 말한다. "이론가는 마르크스주의를 단지 해석만 해 왔을 뿐이다. 이제 문제는 그것을 바꾸는 것이다".[5] 이런 취지로 르페브르는 다른 곳에서도 골고루 아이디어를 얻었으며, 그 목적은 마르크스와 헤겔이 다루지 않은 주제 — 일상, 도시사회, 차-등, 사회적 공간, 국가적 생산양식 따위 — 를 도입하려는 데 있었다.[6] 예를 들어 『변증법의 귀환』에서 그는 이렇게 말한다. "이 지면에 빛이나 그늘을 드리우는 작업은 손가락을 꼽아 셀 수 있다". 이를테면

> 첫째, 마르크스의 저술, 무엇보다도 『수고』와 『고타강령 비판』 … 그 다음은 헤겔의 『논리학』. 그 다음은 하이데거의 『존재와 시간』(1930년경)과 니체의 작은 책 『철학자의 책』*Das Philosophen-Buch*. 그리고 아도르노, 무엇보다 『미니마 모랄리아』*Minima Moralia*. 콘스탄트 니벤헤쉬Constant Nieuwenhuys의 글들, 『상황의 건축에 대하여』*Pour une architecture de situation* (암스테르담 1953). 물론 무질Robert Musil도. 아울러 악셀로스의 『내기의 문제』*Problèmes de l'enjeu* … 절충주의? 아니다. 일종의 혼합물? 그렇다. 어쩌면 폭발적인. 만일 어떤 예리한 정신이 그 밖의 흔적을 찾는다면 [이렇듯 여러 사상적 흐름을 뒤섞는 건] 거의 중요치 않다.[7]

앞 장에서 마르크스의 글은 어떻게 해서 르페브르의 작업에 핵심이 되는지를 보여줬고, 아울러 르페브르가 헤겔의 『논리학』에서 비롯한 것으로 봤던 엄청난 중요성도 입증했다 — 여기서 르페브르는 『논리학』을 『대논리학』*Logics*이라고 말하는데, 『논리학』에는 작은 것과 큰 것 두 가지 곧 『철학강요』*Encyclopaedia*에 있는 것과 때때로 『논리과학』*Science of Logic*으로 불리는 단행본이 있기 때문이다.[8] 이번 장에서는 르페브르가 가장 이른 시기, 주로 1920년대와 1930년대에 쓴 글과 관련한 논의로 시작하면서 그가 **필로조피**로 알려진 모임에 대해 또 셸링과 헤겔 같은 사상가에 대해 일찍이 맺

은 관계에 초점을 맞춘다. 그렇다면 어떤 의미에서 이 장의 첫 부분은 르페브르의 사상에서 한 발 물러서서 앞 장에서 논의된 르페브르의 저술들이 나오기 이전으로 거슬러 올라가는 작업이 된다. 이때 이후로 셸링은 좀처럼 등장하지 않고 더 뒤로 빠질 뿐이지만,[9] 헤겔은 르페브르가 마르크스주의자가 된 그 뒤에도 — 또는 그렇게 됐기 때문에 — 계속 중요하다.

마르크스와 헤겔에 이어 하이데거와 니체가 언급된다. 그 둘에 대한 르페브르의 관계를 살펴보는 것은 이 장의 핵심을 이룬다. 르페브르가 그들에게 진 빚은 뜻밖의 곳에서 발견된다. 예컨대 『농촌사회에서 도시사회로』라는 시론집에 대해 직접 쓴 서문에서 르페브르는 자신의 출발점이 "철학에 대해 한꺼번에 수행된 연구와 비판"임을 밝힌다. 그는 자신이 "다른 어느 누구보다도" 니체를 읽고 또 읽었다고 — "니체와 함께 벌인 것은 일종의 전투이며 사춘기 이래로 보면 천사와 악마 간의 투쟁이었다" — 고 말한다.[10] 르페브르가 자신에게 중요하다고 언급했던 저술가에는 그 밖에도 네 명이 더 있다. 이 장에서 그 넷이 [마르크스, 헤겔, 하이데거, 니체보다] 더 많이 논의되진 않는다. 그래도 특별히 하이데거를 살펴보는 동안 악셀로스 작업의 중요성이 강조되긴 할 텐데, 이는 6장에서 한 번 더 다룰 주제이기도 하다. 나머지 셋은 간단히 언급 정도만 할 수 있을 것이다. 르페브르와 콘스탄트 같은 상황주의자 간의 관계는 3장과 4장에서 할 논의와 관련이 있다.[11] 르페브르의 글에서 아도르노에 대한 언급은 가끔 가다 눈에 띄는 정도지만 『부정변증법』은 중요했던 듯 보인다.[12] 르페브르가 보기에 무질의 『특성 없는 남자』*Man without Qualities; Der Mann ohne Eigenschaften*는 오스트리아-헝가리 제국에 대한 강력한 분석으로서 "상당히 니체다운 아이러니"를 사용한 것이었다.[13] 에스가 주목하는 것처럼 르페브르는 그것이 "현대세계의 사라짐에 대한 소설이었으며, 무질의 주인공들은 철학을 얘기했다"고 봤다.[14]

이어서 나는 니체·하이데거·악셀로스와 관련한 논의에 바탕을 두고 르페브르의 메타철학 개념을 논의한다. 메타철학은 철학을 순전히 사변적인 것 너머로 이동시켜 일상적 쟁점과 새로운 관계를 맺게끔 만들려는 시도이기 때문에 이후의 장들로 이어지는 다리를 만들어 낸다. 이 장의 마지막 부분에선 데카르트·파스칼·라블레François Rabelais처럼 프랑스의 지적 전통 안에 있는 인물을 다룬 르페브르의 글을 논의한다. 여기서 표현되는 관심사는 [이 장에서 살펴보게 될 르페브르의 작업 말고] 그 밖의 많은 곳에서도 다시 등장하게 될 터였다.

필로조피, 셸링, 헤겔

나는 앞서 르페브르가 1920년대 초반에 몸담았던 **필로조피**를 얘기한 적이 있다. 르페브르의 생애 중 이 시기는 버크하드와 트레비슈의 저술에서 얼마간 자세히 다뤄지고 있는데, 당시는 지성사의 측면에서 볼 때 르페브르의 생애 중 가장 활발한 연구가 이뤄진 때다.[15] 우리는 그의 초창기 글에서 다수의 상이한 영향과 발상, 곧 대체로 중단된 출판 계획의 긴 목록에서 발췌된 흥미로운 단편들을 발견한다. 실질적으로 이는 공적으로 성장하는 가운데 철학적·정치적 작업에 대한 조기 재능을 드러내는 르페브르를 보여주기도 하지만, 자신을 둘러싸고 있던 지적 환경에서 전적으로 편안하지만은 않았던 르페브르를 보여주기도 한다. 하지만 르페브르가 과거를 되돌아보며 자기 자신을 당시의 작업에서 얼마나 떨어트려 놨든지 간에 자신이 마르크스주의로 향한 것, 마르크스·헤겔·레닌 편집 작업을 구테르망과 함께했던 것에 명확한 절단은 없었다. 헤겔이 그 두 시기를 잇는 가장 분명한 연결고리이긴 하지만, 초창기의 주제 대부분은 변형된 맥락에서도 계속 이어진다. 우리는 어쩌면 이 점을『신비화된 의식』에서 가장 분명히 볼 수 있을 것이다. 그 책엔 그것이 마르크스주의적임이 거리낌 없이 드러나면서도 그 내용과 형식의 측면에서 헤겔 철학의 영향이 남긴 흔적 또한 확실히 있다.

르페브르는 자신이 철학과 관련해서 하는 첫 기억이 5살 때로 거슬러 올라간다고 한다. 당시 소변을 보고 있었던 그는 "나는 오줌을 싸, 고로 존재하지" 하며 철학도 둘이서 주고받는 농담을 들었다.[16] 사실 르페브르 자신의 판단에 따르면 **필로조피** 안에서 그는 "['철학적' 이란] 그 말을 가장 엄밀한 의미에서 생각해 볼 때 십중팔구는 가장 철학적이었다".[17] 르페브르는 그 모임이 초현실주의자들에 대해 일종의 라이벌 같은 것이었다고 기억한다 — "초현실주의자들은 문학을 대변했고 … 우리는 철학을 대변했다".[18] **필로조피**의 여타 구성원이 르페브르의 자기평가에 동의했을는지는 말할 것도 없이 다퉈볼 만한 문제다. 하지만 그가 철학적 전통에 해박함을 보여준다는 점은 확실하며, 이는 그의 후기 작업에서 아주 값진 것으로 판명될 터였다.[19] 그가 나중에 얘기하는 것처럼 **필로조피**의 계획에 착수할 때가 왔을 당시 철학적 선언문을 작성한 이는 다름 아닌 르페브르 자신이었고, 문학적 선언문은 모랑쥐가 썼다.[20] 두 선언문 중 일부는 그 젊은 동료들[르페브르와 모랑쥐]이 직접 편집한 간행물에 실렸고, 르페브르의 첫 번째 주저 『의식의 철학』*Philosophie de la conscience* 또한 이맘때쯤 집필됐다. 이 책의 목표는 형이상학·신비주의·관념론을 비판하는 데 있었다. 뒷날 르페브르가 기억하는 것처럼 그 책 중 몇 편은 모랑쥐에게 형편없이 편집당한 채 《**필로조피**》에 실리기도 했다.[21] 한참이 더 지나고 『무엇이 사유인가?』에서 르페브르는 『의식의 철학』이 자신의 전집에 실릴 것이라 했지만,[22] 이 일은 아직 일어나지 않았다. 그 밖의 중요한 초기 간행물은 폴리처가 번역한 셸링의 『인간의 자유』*La liberté humaine*에 대한 긴 서문이었다. 르페브르는 셸링의 저술이 "확실히 참인 건 아니었지만 그래도 진리에 대해선 아주 중요하다"고 봤다.[23] 나중에 르페브르는 당시 그 서문에 대해 폴리처가 보인 반응을 이렇게 기억한다. 비록 폴리처 자신은 그 서문이 셸링을 얘기하고 있는 것인지를 확신하지 못했지만 그것은 중요하지 않았다. "이것이 바로 우리가 말해야 하는 것"이었기 때문이다.[24]

이들 초기 저술은 부분이든 전체든 실제로 출간이 됐지만, 한층 더 광범위한 저술 계획은 미출간인 채로 남아 있게 됐다. 르페브르는 그 기획된 저술을 여러 곳에서 기억해 낸다 — 『정신의 권리에 대한 선언』*Declaration des droits de l'Esprit*과 『기독교 세계에 대한 소송』*Procés de la Chrétienté*이라는 제목의 책[25], 소설 형식에 담은 "예수의 광대 같은 삶"[26], 1930년대에 헤겔, 『자본론』, 『반뒤링론』, 『유물론과 경험비판론』을 읽은 뒤 "철학에 대한 근본적 비판"을 포함한 긴 수고 한 편.[27] 이 가운데 첫 번째는 1920년대 후반에 파기되었고,[28] 예수의 삶은 집필은 됐지만 손대려는 출판사가 아무데도 없는 바람에 『독일 이데올로기』처럼 다락방에 처박힌 채 쥐와 먼지가 해대는 "신경을 갉아먹는 비평"에 내팽개쳐졌고,[29] 마지막 책은 당 검열관이 없애 버렸다. 마찬가지로 셸링 책[『인간의 자유』] 뒤표지의 출간예정도서 목록에는 르페브르·모랑쥐·폴리처의 공저가 있고, 그것엔 『저기에 있는 것이 여기에 있다』*Voici ce qu'il y a*는 제목이 붙어 있다.[30] 르페브르는 헤겔에 대한 논문 한 편을 쓸 작정이었지만 브룅슈비크가 단념시켰다.[31] 헤겔의 "정신 연령, 유치증, 신화성"에 대한 브룅슈비크의 관점을 고려할 때 이는 어쩌면 예견될 법한 것이었다.[32]

마르크스에 대한 헤겔의 영향뿐 아니라 프랑스의 헤겔 수용이라는 관점에서 볼 때도 르페브르는 최고로 중요하다. 이는 알렉상드르 코제브Alexansre Kojéve의 유명한 강의와는 대체로 무관한 해석이다. 비록 르페브르가 코제브와 몇 차례 대화를 나누긴 했지만 말이다. 그 대신 르페브르를 헤겔로 이끈 것은 르페브르 자신이 앙드레 브르통과 장 발 같은 이와 맺고 있던 관계였다.[33] 1938년에 르페브르와 구테르망은 자신들이 소개·편집·번역한 헤겔 선집을 내놓았다. 그 책은 헤겔의 저술에서 굵직한 글을 가져다가 포함하기보다는 몇 줄에서 몇 쪽에 이르는 글을 엄선해 놓은 금언집에 가까웠다. 서론에서는 마르크스주의와 파시즘의 맥락에서 헤겔의 중요성을 강력히 주장하려는 시도와 그 발췌문들을 맥락화하기 위해 헤겔의 방법에 대한 요약을 제공하려는 시도 둘 다가 이뤄졌다. 이 책은 오늘날에도 여전히 출간되고 있기 때문에 한 권의 선집으로서 견뎌 내야 하는 세월의 시험은 충분히 치른 셈이다.[34] 비슷한 시기에 그 동료들[르페브르와 구테르망]은 헤겔에 대한 레닌의 노트를 번역해 출간했고, 그 노트는 마르크스에 대한 헤겔의 역할을 지지하는 강력한 옹호론이 된다.[35] **《필로조피》**와 **《레스프리》** 같은 저널에 실린 르페브르의 초기 글 대부분에는 명백히 헤겔의 영향이 있다. 이 초기 시론들에서는 재현, 신비화, 헤겔의 대자와 즉자 간 구분, 그리고 말할 것도 없이 **정신**의 개념 같은 주제가 논의된다.[36] 헤겔은 르페브르가 마르크스를 읽은 뒤는 물론 그 이후에 자신의 작업에서 잡은 방향에 대해서도 줄곧 실마리로 남아 있었다.[37] 실제로 알튀세와 르페브르의 첫 공개적 충돌은 헤겔을 두고 벌어졌다 — 알튀세는 프랑스 학계 내부에서 보이던 "헤겔로 되돌아가는 동향"에 대해 그것이 반동적이라며 맹렬히 비난했고, 르페브르는 모든 사람, 그 중에서도 특별히 마르크스와 레닌이 헤겔로 "되돌아갔다"고 주장했다.[38] 이러한 관계는 프랑스에서 헤겔이 어떻게 수용됐는가와 관련한 연구에서 곧잘 등한시되곤 한다. 예컨대 버틀러Judith Butler의 『욕망의 주체』*Subjects of Desire*에는 르페브르에 대한 언급이 없고, 로스Michael S. Roth의 『앎과 역사』*Knowing and History*에서 르페브르는 고작 참고문헌 정도로 언급될 뿐이다.[39]

앞 장에서 언급된 것처럼 헤겔이 르페브르의 변증법 및 논리학 관련 작업에 중요하긴 했지만, 르페브르의 일부 저술에서 전개된 그 밖의 관심사도 여럿 있었다. 『신비화된 의식』이 좋은 예시로서, 집필은 1933-34년간에 됐지만 출간은 1936년 파리와 뉴욕에서 이뤄졌다.[40] 이 책의 중요한 관심사 하나는 유럽 전역의 노동자계급이 어떻게 파시즘과 나치즘을 — 이탈리아·독일·헝가리는 이미, 포르투갈은 곧 뒤이어 — 수용하게 됐는가 하는 것이었다. 프랑스에서 그 맥락은 반파시즘 어젠다를 내세운 인민전선*Front Populaire*의 출현과 함께 설정된다.[41] 사실 『신비화된 의식』은 프랑스판 『역사와 계급의식』(루카치), 곧 "파시즘에 대항한 투쟁의 맥락에서 다시 쓰인" 것으로 일컬어진다.[42] 르페브르와 구테르망의 관심은 의식은 어떻게 해서 신비롭게 됐으며, 개인은 또 어떻게 해서 특정한 방식들로 생각하게 되는지에 있다. 『신비화된 의식』은 『이데올로기의 과학』*La science des idéologies*이라는 제목의 총서 중 한 권으로 예정돼 있었고, 또 다른 총서 『쉽게 속는 사람의 시대』*Le temps des dupes*는 『이데올로기의 과학』보다 더 정치적인 것으로서 개인의 개념에 대한 책 한 권과 함께 계획됐다.[43] 이 마지막 책은 르페브르와 구테르망이 《**아방포스트**》에 게재한 첫 번째 글에서 우선 「개인에 대한 시론」*'Essay de l'Individu'*으로 약속됐는데,[44] [만약 그것이 지켜졌더라면] 그 책에선 흄·아담 스미스·케인스John Maynard Keynes를 논의하면서 다음의 세 영역을 다뤘을 것이다.

1. 경제적 주체의 찬양.
2. 개인주의의 이론과 실천 간 모순.
3. 민주주의의 '승리'와 그것이 빠진 곤경.[45]

그 동료들[르페브르와 구테르망]은 엥겔스 저작의 편집과 『정신현상학』의 번역을 계획했지만,[46] 또 다시 의욕은 능력을 앞서버렸다.

구테르망은 1933년부터는 뉴욕에 있었다. 1929년에 공산당에서 축출당한 뒤였다. 구테르망의 제명을 둘러싼 상황은 — 피에르 모랑쥐의 제명과 함께 — 다소 이례적이어서 그것을 두고 많은 논란이 일었다. 보아 하니 모랑쥐는 몬테카를로의 카지노에서 《레뷰》에 쓰였어야 할 거액의 돈을 도박으로 다 날려 버렸다. 구테르망에게는 프랑스에 있을 아무런 법적 권리도, 그것을 증명할 어떤 서류도 없었다. 바르샤바에서 온 망명객이었기 때문이다. 아마도 그래서 그가 알프레드 메닐이라는 가명을 썼던 게 아닐까 싶다. 프랑스 공산당의 지원이 중단되면서 그는 하는 수 없이 프랑스를 떠나야 했다.[47] 구테르망이 뉴욕으로 이주하고부터 르페브르와 함께할 작업을 계속해 나가기엔 어려움이 있었고, 제2차 세계대전이 발발하고부터 그 협업은 불가능해졌다. 구테르망이 많은 글을 직접 쓰긴 했어도 그는 주로 아도르노·브렌타노Franz Brentano· 플로베르·셸링의 번역가로 알려졌다. [『이데올로기의 과학』 총서에서] 둘째 권으로 기획된 『사적 의식』*La conscience priveé* — 르페브르 혼자 써서 "대서양 저편에서 침묵으로 잦아든" 구테르망에게 헌정했다 — 의 간략한 윤곽은 최근에 재간된 『신비화된 의식』의 부록으로 실려 있다.[48] 르페브르는 『신비화된 의식』이 "저주받은 책"이었다고 주장한다 — 그것은 소련 사람들과 프랑스 공산주의자에게는 거부당했고, 그 이후 나치에게는 금지, 파기당했다.[49]

르페브르와 구테르망은 『신비화된 의식』을 위한 현장 조사의 일부를 진행했는데, 특별히 히틀러의 집권 직전과 직후 모두 독일을 방문했다.[50] 르페브르는 구테르망이 뉴욕에 있음으로써 얻을 수 있었던 이로움 하나가 역설적으로 유럽 관련 자료에 더 손쉽게 접근할 수 있었던 것으로 기억한다 — [미국의] 정치적 상황이 [유럽만큼] 매우 팽팽한 긴장감 속에 있진 않았다.[51] 르페브르는 유럽 상황 전반, 특별히 독일의 상황을 그 밖의 두 주요 저술 — 『민족에 대립하는 민족주의』와 『권력으로 향한 히틀러』 — 에서 지속적으로 논의해 갔다.[52] 구테르망은 미국 내 극단주의 관련 연구를 프랑크푸르트 학파의 이론가인 레오 뢰벤탈Leo Löwenthal과 함께 진행했다.[53]

르페브르와 구테르망은 의식이 두 가지 방식으로 이해될 수 있다고 주장한다 — 하나는 광장forum의, 사회적 의식으로서, 다른 하나는 사적, 개인적 의식으로서. 부르주아 사상은 그 둘을 분리해서 진보적 의식은 주변으로 내쫓고 원자화된 개인적 의식에는 특권을 부여해 왔는데, 이러한 입장은 종교적 사유의 색채를 띤다. 철학은 이 두 측면을 재통합하지 못했을 뿐 아니라 그 분리의 심화를 부추기는 일까지 해 왔다. 사적 의식은 사유화의 결과이자 개인이 사회에서 분열된 것의 결과다.[54]

> 그 자체로 고려해 볼 때 분리되고 자주적인 의식이라는 것은 허위다. 그렇다면 진리는 그 [허위] 의식을 능가한 일종의 의식에서 비로소 가능해지는데, 이는 의식이 아닌 모든 것 곧 물질세계와 맺는 그 [참된] 의식의 관계를 재정립한다. 인간 의식의 현실은 인간사의 운동이다. 그것은 인간이라는 관념 곧 인간이라는 진리가 아니라 정확히 그 반대다.[55]

그러나 계급은 일종의 추상이 아니다. 계급이 인간에게 공통된 "실제적인 것과 일상생활에 조응"하기 때문이다.[56] 우리로 하여금 의식의 문제 곧 신비화의 과정을 이해하도록 해 주는 것은 바로 소외에 대한 이해 — 유물론적 이해 — 다.[57] 물신숭배·소외·신비화는 "거의 등가인 세 용어이고 동일한 사건*(fait)*의 세 가지 측면이다".[58] 이 셋을 함께 검토함으로써 우리는 경제와 이데올로기적 토대의 복잡성을 이해할 수 있다. 이데올로기를 경제로 환원하기보다 르페브르와 구테르망이 윤곽을 그려내려고 시도하는 방법은 — 민족주의 같은 — 이데올로기의 복잡한 탄생 또 이데올로기가 사회적 **실천**에 대해 맺는 관계로서 특정 사회의 경제와 관련이 있다.[59] 1930년대 초반 **《아방포스트》**의 지면에서 일찍이 소외와 신비화를 논의한 적이 있었던 르페브르와 구테르망은[60] 이처럼 헤겔 철학의 것으로 추정되는, 비과학적이고 비마르크스주의적인 용어를 사용했다는 이유로 비판받았다. 르페브르는 이러한 비판이 1930년대에 "이미" 존재했다고 말하고는 알튀세와 그 밖의 사람들이 그 이후에 밝힌 입장이 거의 새롭지 않았음을 시사한다.[61]

르페브르와 구테르망은 민족주의가 실제로는 동질화 곧 민족 정체성의 파괴라고 주장한다. "그렇기에 우리는 민족문화의 이름으로 국제주의자가 돼야 한다".[62] 그들은 민족주의가 식민주의적 억압을 타도할 목적으로 고안될 때 그것에 진보적 의미가 있을 순 있지만, 이것이 유럽이나 북미의 경우엔 사실이 될 수 없다고 주장한다. 베르사유 조약의 억압적 조항으로써 뭔가가 설명될 수 있을지는 모른다. 그래도 그들은 묻는다. "잘 방어되고 있는 국경이 있는 국가에서 투쟁을 통해 주장돼야만 하는 민족주의에는 과연 어떤 의미가 있을 수 있는가?"[63] 이와 비슷하게 르페브르는 뭣이 됐든 그게 지리적 본질주의라면 다 경멸한다 — 지리적 요소가 한 국가a nation 내에서는 이론의 여지가 없는 것이지만, 라첼Friedrich Ratzel의 지정학에 있는 위험이 우리에게 지리적 요소에 어떤 우선순위도 두지 말라는 경고를 해 준다는 점은 거의 확실하다. 마찬가지로 우리는 17세기의 리슐리외Armand-Jean du Plessis, cardinal et duc de Richelieu 이후, 프랑스에서 어느 정도 통용되기 시작한 "자연경계"론에 대해서도 의심해 봐야 한다.[64] 민족에게 "언어는 지리적 위치*(lieu)*보다 더 심오한 의미를 지닌다". 하지만 벨기에와 스위스의 경우는 이것 역시 문제가 된다는 것을 보여준다.[65] 파시스트가 "자연"과 "민족"은 공통의 뿌리를 공유한다는 주장을 해도 르페브르와 구테르망은 민족 정체성이 항상 존재해 왔다는 발상에는 조소를 보낸다. 르페브르는 "민족은 일종의 **역사적 범주**"라고 말한다.[66] 후기 중세나 초기 근대로 거슬러 올라가보면 이것이 사실임이 드러난다. 이 시대의 사람들 사이에서 계급이 한층 더 강력한 접합재 — 농노, 영주, 왕족 사이에서 공유된 이해관계 — 로 작용한다는 것은 분명하다. 르페브르와 구테르망이 설득력 있게 주장하는 것처럼 민족주의는 부르주아지가 왕의 통치에서 벗어나는 가운데 만들어 낸 고안물이다. 민족주의는 부르주아지가 자신의 계급이익을 귀족의 계급이익과 나눠야 함을 깨달을 때 발생하고, 그 결과 부르주아지는 자신의 목적 달성을 위해 민족 전체를 동원한다 — 프랑스에서 이 상황은 1789년에 일어났다.[67] 그러나 민족주의는 부르주아지의 목적, 오직 그들의 목적일 뿐이며 노동자계급의 이익은 새로운 정치적 합의에서 배제된다. 우리는 이와 유사한 민족이익의 강탈을 파시즘이라는 새로운 형식에서 발견한다.

> 당신이 말하기를 부조리한 상황이라고? '멍청한' 정신상태의 증거라고? 거짓말이라고? 아니다. [당신이 말하고 있는 그것은] 어떤 형식의 사용과 훨씬 더 비슷한 것이며 그 형식은 그것에 담겨 있던 이전의 내용에 반대되는 것을 은폐한다. 신비화인 것이다.
>
> 모든 부르주아 국가에는 두 민족이 존재한다고 레닌이 말했다. 지극히 정당한 것은 노동대중으로 이뤄진 현실적 민족을 세우는 일이며, 이 진정한 민족은 자신의 적 곧 파시스트 기생충으로 이뤄진 '인터내셔널' 및 그들이 신비화하는 민족주의에 대항한다.[68]

『민족에 대립하는 민족주의』에서 르페브르는 다음을 알아차린다. "히틀러주의의 이데올로기는 극도로 복잡한 혼합주의로서 이 주의의 기원들은 독일의 사상 속 깊고 외딴 곳에 자리 잡고 있다. 가끔 그것은 철학 곧 세계관*Weltanschauung*의 외양을 띤다".[69] 프랑스에서 그 이데올로기는 어느 정도 다르다. 그것이 여기에서 고안된 것이 아니라 한낱 수입된 것에 불과하기 때문이다.[70] (르페브르가 프랑스 사상의 비합리주의에 대한 기획을 구상하긴 했지만 그것이 결코 완성에 이르지 못했다는 점은 주목할 만하다.[71]) 르페브르는 신화적 기원에 대한 독일의 수용을 켈트족의 잠재적 광신주의에 비유한다. 그것은 흰 예복을 입고 떡갈나무에서 겨우살이를 잘라내는 "영적" 목표를 고취한다. "이러한 광기는 정확히 파시스트의 그것과 일치한다".[72] 파시즘이 민족운동으로 보일지는 몰라도 그것은 결과적으로 국제주의자 없는 "인터내셔널"이다. 민족이익은 국제적 독점자본주의의 이익에 굴복하고, 파시스트의 선동은 민족에 대한 물신숭배와 신화창조 곧 신비화를 위해 고안된다. 파시즘의 "민족 혁명이 민족적이지 않다는 것은 그것이 혁명적이지 않다는 것과 같다".[73] 파시즘은 노동자를 동원하는 한편 실제로는 중산층의 계급이익을 도모하기 위해 존재한다. 이를테면 무장세력에 합류한 사람들은 농부나 노동자이기를 그만두고서 정치적 군인이 되고, 나라의 젊은이들은 그와 유사한 목적을 위해 이용되고, 여성은 생물학적 공무원 신세로 전락한다. 파시즘이 민족을 옹호한다고 주장하지만 실제로 그것은 사회적·정신적 공동체를 해체한다.[74]

[르페브르가 펼치는] 민족주의에 대한 이러한 주장 대부분이 오늘날 폭넓은 논제가 되고는 있지만 반드시 명심해야 할 것은 그 주장이 쓰인 시기가 1930년대라는 점, 또 그때는 르페브르와 비슷한 주장을 내어 놓는 그 밖의 논의가 등장하기 훨씬 전이라는 점이다. 그러나 그 유사한 주장들조차 에르네스트 르낭Ernest Renan의 유명한 논저인 「민족이란 무엇인가?」 이후에 펼쳐지게 되는데, 르낭의 그 글은 또 르페브르가 가끔 인용하기도 하는 것이다.[75] 르페브르와 구테르망의 『신비화된 의식』은 인민전선이 권력을 잡았던 해[1936년]에, 『민족에 대립하는 민족주의』는 꼭 히틀러의 비행기가 게르니카를 폭격하는 때에 맞추기라도 하는 것처럼 그 이듬해에 출간되었다. 르페브르가 기억하듯이 이 책들은 아니나 다를까 독일의 프랑스 침공 당시 금서 목록 제일 위에 놓였다.[76] 결과적으로 르페브르와 구테르망은 일찍이, 곧 철학적이었음이 더 분명했던 그 시기에 자신들이 철저하게 가다듬었던 발상을 실천에 옮기게 된다. 그들의 말에 따르면

> 우리와 우리 자신 사이, 우리의 의식과 그 의식의 내용 사이, 개인적인 것과 사회적인 것 사이, 인간과 자연 사이의 거리가 생겨나는 것은 마치 의식과 존재 사이에서 일어나는 분열과 같다 — 정확히 사회적 존재로 말미암아 결정되고 그 사회적 존재의 발전에서 만들어지는 분열. 헤겔과 셸링은 이 분열, 주체와 객체 간의 이 같은 내적 모순을 감지했다. 하지만 그들은 그 분열의 자리를 '정신'의 구렁텅이 속에 잡아 놓는다. 사실 그 분열이 **역사적이고 사회적인 사실**인데도 말이다.[77]

민족에 대립하는 민족주의가 존재할 수 있는 것과 꼭 같이 개인에 대립하는 개인주의도 존재할 수 있다. 개인주의는 그 자체로 부르주아지의 고안물, 부르주아지의 신화 중 하나다. 개인주의의 개념, 거대한 기만이 만들어 내는 개인주의의 약속과 그것의 현실 사이의 격차는 엄청나다.[78] 우리가 이를 깨닫지 못하는 것은 신비화 때문

이다.

얼마쯤 지난 뒤 르페브르는 자신의 일상생활 관련 작업에 비춰 자신의 사적 의식 관련 작업을 재평가했다. 그는 사적 의식이 오직 결핍으로 이해돼선 안 되며, 그것은 언제나 이미 사회적이라고, 가족·이웃·그 밖의 사람 간 관계를 고려한다고 말한다. 사적 인간은 욕구를 통해 이미 사회적으로 되고, 개인적 이기주의는 이미 타자와 맺는 — 성적·가족적·우호적 — 관계뿐 아니라 일을 통해 맺는 관계 또한 요구한다. 이러한 영역에 소외가 있다는 것은 확실하지만, 이 점이 단지 소외 개념에 비난이 쏟아짐을 의미하진 않을 것이다.[79] 사실 르페브르는 "사적 의식에 **반대하는** 저술을 계획한 뒤에 차라리 사적 의식을 **방어하기** 위해 이 연구를 집필하려 애쓰는 편이 낫겠다"고 말한다.[80] 3장에서 그가 이 계획을 진행한 방식을 검토한다.

민족주의에 대한 관심사는 르페브르의 생애 내내 그를 사로잡을 터였다. 예컨대 그는『국가』에서 권력 및 인종 관련 신화가 국가의 힘과 결합한다는 데 주목한다. "진흙과 피의 바다에서 처음엔 히틀러주의와 무솔리니의 파시즘이, 그 다음엔 그것들의 역逆이자 적인 스탈린주의가 부상한 뒤 붕괴한다."[81] 마찬가지로 독일 관련 사진집의 서문에서도 르페브르는 독일 민족 정체성의 구축이 어떻게 해서 영국이나 프랑스의 경우보다 훨씬 더 늦게 이뤄졌는지를 언급하면서 이 점에서 뭔가가 설명될 수도 있을 것이라고 말한다.[82] 어쩌면 가장 상세한 것으로는 르페브르가 1960년대 중반에 되돌아간 연구, 곧 북아프리카 내 프랑스 식민지의 발전이라는 관점에서 계급과 국가 간 관계를 다룬 작업을 꼽을 수 있을 것이다.[83]

따라서 철학에 대한 르페브르의 태도는 그가 헤겔을 검토하면서 마르크스를 독해한 방식과 다르지 않았다는 주장이 가능하다. 르페브르가 쓴 가장 초창기의 글에서 우리는 철학 전반, 그중에서도 헤겔에 대한 수용을 보게 된다. 그러한 수용 이후에 르페브르는 마르크스주의자가 됐다. 그가『실존주의』와『합과 나머지』에서 얘기하듯이 말이다. 이 책 두 권 중 앞의 것과 이를테면 변증법적 유물론 관련 연작 중 현존하는 책 두 권을 포함하는 그 밖의 여러 문헌에서 르페브르는 철학적 사유에 대해 침묵

할 때도 있고 비판할 때도 있다.[84] 하지만 이후의 책들, 가장 분명하게는 르페브르가 프랑스 공산당의 검열에서 벗어나고 나서 집필한 『합과 나머지』를 필두로 [철학에 대한] 긍정적 참조는 봇물 터지듯 되살아난다. 이는 예를 들면 『과학의 방법론』에서 벌어지는 기술 관련 논의를 악셀로스 및 하이데거에 비춰 보면서 집필된 그 이후의 저술과 비교해 보거나,[85] 마찬가지로 『과학의 방법론』에서 이뤄지는 역사 관련 논의를 검토해 보고 그것을 니체의 영향을 더 많이 받은 『합과 나머지』 및 『역사의 종언』과 비교해 보면 알 수 있다.[86] 여기서 르페브르가 그 같은 후기 저술 — 르페브르를 오늘날 가장 유명하게 만든 저술과 같은 시기에 집필된 것들 — 에서 자신이 교전을 벌였던 사상가들을 비판하지 않았다는 말을 하는 것은 아니다. 오히려 그 반대다. 그러나 마르크스가 헤겔을 독해한 것처럼 결점과 신비화가 있긴 해도 뭔가 다른 것이 있을는지도 모를 일이다.

파시스트에 맞선 니체

르페브르는 자신이 1975년에 쓴 책 『헤겔, 마르크스, 니체 또는 그림자의 왕국』에서 이 세 사상가가 현대세계를 고려해 볼 수 있는 세 가지 방법을 제공한다고 말한다. 헤겔은 국가, 마르크스는 사회, 니체는 문명의 관점에서 사유한다.[87] 그렇기에 우리는 현대세계를 헤겔식, 마르크스식, 니체식으로 볼 수 있다. 헤겔식으로 현대세계는 민족국가, 시민사회를 완전히 뒤덮어 예속시키는 그 국가 곧 사회적 관계와 관련한 정치이론으로 볼 수 있다. 마르크스식으로 그것은 노동자계급이 민족국가, 산업 변화, 그 변화의 결과와 맺는 관계로 볼 수 있으며, 이때 그 산업 변화의 결과는 관념보다 중요하다. 니체식으로 그것은 정치적·경제적 과정에 대항하는 삶과 체험의 권리 주장 및 행사, 시·음악·연극을 통한 저항, 빼어난 것·초현실적인 것·초자연적인 것의 희망으로 볼 수 있다.[88] 르페브르는 이 세 사람 각각이 단독으로 고려될 때는 역설적이지 않을지도 모르지만 그 셋이 합쳐졌을 때는 본질적으로 역설적이라고 말한다. 하지만 르페브르가 보기에 그 세 사람 각각은 현대세계의 뭔가를 파악했고 그에 따라 각자 고유의 성찰을 빚어냈다.[89] 이 세 영향 모두가 독일에서 비롯한 까닭 하나는 프랑스 사상에 깊이 뿌리내리고 있던, 르페브르의 세대 대다수와 함께 르페브르 자신 또한 거들떠보려 하지 않던 데카르트 철학 때문이다.[90] 데카르트 철학은 "존재를 의식과 동일시한다 … 존재, 참된 것, **현실적인 것**을 의식과 사유에서 내쫓는다"고 르페브르는 말한다.[91] 우리는 르페브르가 자신의 여러 저술, 특별히 개별적 주체의 특권화와 공간의 환원적 이해 전반에서 데카르트 철학에 대한 비판을 수행한다는 것을 볼 수 있다.

Royaume des ombres, "그림자의 왕국" 또는 하계를 뜻하는 그 말은 헤겔의 『대논리학』에서 비롯한 것이다. 비록 마르크스에게서 반복되기도 하고, 『차라투스트라는 이렇게 말했다』에서 니체가 위버멘쉬는 그림자처럼 나타난다고 선언하기는 하지만 말이다. 르페브르는 이 세 사람을 그 책의 제명epigraph으로 쓴다.[92] 이런 시적 측면은 이 책 전체에 걸쳐 발견되며, 르페브르는 이 세 사상가를 하늘의 별 셋에 비유한다 — 별 셋, 하지만 성좌 하나.

> 이 별 셋은 열등하거나 비가시적인 행성을 없애면서 그림자를 이리저리 옮기는 이 세상 곧 우리 위를 선회한다. 하늘에 떠 있는 별들, 그 하늘에서 가지적인 것의 태양은 한낱 상징에 지나지 않고 더 이상 어떤 창공도 갖고 있지 않다. 어쩌면 이 별들은 구름 뒤를 지나가고 있을지도 모른다. 밤과 거의 맞먹을 정도로 어두운 구름 …
>
> 호메로스의 시에서 『신곡』에 이르기까지, 그림자의 왕국에는 신화에 나오는 입구와 출구, 여정을 안내하는 자와 매개하는 힘이 있었다. 그 왕국에는 여러 성문이 있었다. 지하도시의 성문들, 지상의 도시와 신의 도시가 지배하는 그 도시. 오늘날 그 그림자 왕국의 성문들은 어디에 있는가? 그 출구는 어디에 있는가?[93]

르페브르의 니체 관련 작업이 흥미로운 데는 많은 이유가 있다. 르페브르는 자신이 파스칼을 읽은 경우와 마찬가지로 전문가나 문헌학자로서 자신이 니체에 대해 쓰고 있는 것이 아니라 생각을 실천에 옮기고 그것과 씨름했다는 것을 인정하곤 했다. 이렇게 한 일들은 진심에서 우러나온 것이었다.[94] 르페브르가 나중에 주장하는 것처럼 그가 1939년에 쓴 책 『니체』는 "파시스트의 니체 독해에 대해 니체 자신에겐 아무런 책임도 없음을 보여주는 첫 번째 책이었다".[95] 이는 엄밀하게 말하면 사실이 아니지만 — 니콜라스M. P. Nicolas의 『니체에서 히틀러까지』*De Nietzsche à Hitler*가 『니체』보다 일찍 출간됐다 — 르페브르는 분명히 다른 사람들보다는 앞서 있었다.[96] 『니체』의 서문은 그가 민족주의 및 히틀러 관련 책들에 공을 들이고 있을 무렵 — 1937년 7월과 1938년 8월 사이 — 에 집필됐으며, 민족주의와 히틀러라는 주제는 『니체』에서도 중요하다. 나치 점령기 동안 파기되긴 했지만 그 서문은 사실 주류 학계보다 몇 년은 앞서 있었고, [만약 파기되지 않았더라면] 이를테면 같은 시기에 있었던 하이데거의 강의[97] 및 카우프만Walter Kauffmann의 영향력 있는 연구[98]와 조심스럽게 견주어 볼 만한 것이 될 터였다. 당시를 되돌아보며 르페브르는 『니체』를 루카치의 논쟁적 저작 『이성의 파괴』*Destruction of Reason*에 이의를 제기하는 독해로 여기곤 했다.[99] 르페브르가 보기엔 좌파적 니체 철학과 우파적 니체 철학이 있는데,[100] 후자는 앙드레 지드André Gide 및 드리외 라 로셸Pierre Drieu La Rochelle의 해석과 더불어 20세기 초반 프랑스에서 나타난 것이었다.[101] 르페브르는 우파적 니체 철학에 대해서는 딱 부러지게 선을 그으면서 니체와 마르크스 둘 중에서 하나를 고르는 일이 꼭 필요하진 않았다고 강력히 주장했다.[102]

『합과 나머지』에 따르면 니체가 파시스트에게 써먹힌 일은 『니체』에서 논의되고 있는 주제일뿐더러 르페브르가 니체에 대해 썼던 바로 그 이유이기도 했다. 르페브르는 니체의 글에서 한동안 떨어져 있은 뒤 그에게 되돌아갔다. 이는 르페브르의 관심이 셸링과 니체에게 있다가 1920년대 후반에 헤겔과 마르크스로 옮겨간 점에 비춰보면 앞뒤가 들어맞는 얘기다. 하지만 르페브르는 1930년대 중반에 이르러 『반시대적 고찰』*Untimely Meditation*의 저자[니체]가 여느 때보다 더 널리 통용되고 있는 듯 보였다고 기억한다.[103] 르페브르가 초기 파시즘 및 그 이론가, 특별히 묄러 판 브루크

Moeller van Bruck 같은 사람과 관련해서 한 작업은 당시 이 "어마어마한 시"[히틀러주의]가 사용되고 있던 방식에 대한 그의 주의를 환기했다.[104] 왜 우리는 니체를 히틀러주의자에게 내팽개쳐야 하는가?[105] 르페브르는 니체 저술의 몇몇 측면 — "수상쩍은 영웅, 모험가, **콘도티에리**condottieri, **콘키스타도레스**conquistadors를 향한 존경 — 에 대해 또 가끔은 힘을 향한 의지will to power의 미심쩍은 본질에 대해 비판적인 태도를 보인다.[106] 위험 — 도스토예프스키와 지드 또한 강조하곤 했다 — 이 도사리고 있다. 만약 신이 죽었다면 모든 것이 허용된다.[107] 니체가 바그너를 수용한 일은 아주 심각한 문제이며, 신화로서 역사의 문제와 비극 개념의 몇 가지 측면도 심각하긴 매한가지다. 이를 두고 르페브르는 이렇게 말한다. 사실 그런 의미에서 신화와 비극은 바그너식이고, 니체의 전작을 놓고 볼 때 신화와 비극은 바그너 시기에 속한다. 그리고 이는 잠재적으로 파시즘과 관련이 있는 부분이다.

그러나 니체의 극복 개념과 국가·민족주의·대중의식에 대한 그의 비판은 앞서 말한 [니체와 파시즘의 관계에서 비롯하는] 문제보다 더 중요하다.[108] 르페브르는 힘을 향한 의지가 단순히 지배를 향한 의지를 말하는 것만은 아니며 기껏해야 힘의 한 측면에 지나지 않는다는 점, 또 니체의 사상이 폭력의 형이상학이 아니라는 점, 그도 아니라면 적어도 니체의 사상에 오직 그런 측면만 있는 것은 아니라는 점을 알아차린다.[109] 사실 19세기에 니체는 관념, 무의식, 세계 대신에 인간 곧 [인간이라는] 이 주제에 대한 탐구를 강조한다는 점에서 두드러진다. 니체는 총체적 인간의 개념을 도입한다. 니체가 보기에 인간은 당대의 상황을 극복하고 위버멘쉬가 되는 인간이지만, 르페브르가 보기에 그 인간은 그저 인간일 뿐이다. 니체의 인간 및 문화 관련 작업은 인간에 대한 마르크스주의의 구상과 자연스럽게 통합될 수 있다.[110] 그렇다면 결론적으로 말해서 파시즘의 방식으로 니체를 해석하는 것은 "광신적 날조"이며 오직 그의 작업에서 선별된 요소를 활용하고 있을 뿐이다. 따라서 르페브르는 스탈린주의에 대한 책임이 마르크스에게 없는 것처럼 나치즘에 대해선 니체도 마찬가지라고 본다.[111]

중요한 것은 르페브르가 니체를 추상적으로, 일종의 학문적 활동으로 논의할 뿐 아니라 니체의 개념 일부가 현실적·정치적으로는 어떻게 활용될 수 있는지를 이해하고 있다는 점이다. 니체가 르페브르에게 끼친 영향은 그의 저술 도처, 특별히 역사·시간의 비단선성, 리듬·공간·차이·몸과 관련해서 발견된다.[112] 니체가 체험·섹슈얼리티·시를 강조한 것도 상당히 중요하다.[113] 사실 — 르페브르는 열다섯 살부터 니체를 읽은 것으로 기억한다 — 중요했던 것은 스피노자가 고안된 것을 강조한 것과 달리 니체는 체험된 것을 강조했다는 점이다.[114] 르페브르가 보기에 니체의 힘 관련 작업에는 만만찮은, 실로 필수불가결한 가치가 있다.

> 힘을 향한 의지 없이 우리는 어떻게 파시즘, 제국주의, 신제국주의를 이해할 수 있을 것인가? 또 국가—체제와 [남성 중심의] 사회적 위계*(le pyramide sociale)*는?[115]

그러나 힘을 향한 의지는 존재 개념과 마찬가지로 구체화를 필요로 하는 추상적 개념이다.[116] 니체 작업의 허황된 특성에 대한 이러한 비판 — 하이데거에 대해서도 비슷하게 이뤄지게 된다 — 은 르페브르 글의 공통 주제다. "니체보다 한참 앞서 또 [니체보다] 더 사회적이었던 까닭에 더 구체적으로, 마르크스는 '현세에 대한 감각'을 지녔다".[117] 니체가 문명의 위기를 포착하는 데 도움이 되긴 하지만, 르페브르가 보기에 니체의 실패는 그 위기를 다루는 방법, 아니면 적어도 해결책이 가능하게 되는 것과 같은 방식으로 이 문제를 제기하지 않은 데 있다.[118]

르페브르는 **원한***ressentiment*이라는 니체의 주제와 헤겔의 소외를 견주어 볼 수 있는 잠재성이 있다고 생각한다. 니체의 그 개념이 소외와 관계를 맺고 있긴 해도 그것은 굴욕을 통한 소외일 뿐이며, 이것이 겸손의 성장을 이끌어내긴 해도 그것은 덕으로서 겸손일 뿐이다. 겸손이 덕인 탓에 니체는 이것[원한, 덕으로서 겸손]이 어떻게 굴욕당한 자들로 하여금 [그이들이 당한 것과] 똑같거나 비슷한 상황을 찾게끔 만드는지를 보여준다 — 자신을 지배하는 권력의 대상이 됨에 따라 그이들은 희생자, 사냥감이 된다.[119] 마찬가지로 다수의 사람은 잔인함, 지배의 추구, 물리적 우월함을 강변할 필요성을 통해 반응한다. 르페브르가 말하듯 니체가 이해하는, **원한**을 품은 인물은 파시스트 대중 속의 인간이다.[120] 헤겔과 마르크스에 더해 니체는 그 소외의 장기적 효과를 알아차린다. 그 소외는 단순히 절대적인 것과 화해하거나 노동을 재조직함으로써 극복될 수 있는 것이 아니다. 그것이 가치와 도덕에 흔적을 남기기 때문이다.[121] 그런 비관적 예단은 르페브르가 오직 한층 더 근본적인 혁명, 일상생활의 혁명이 이뤄져야 당대 사회의 문제를 다루기 시작할 수 있을 것이라 믿도록 할 터였다.

르페브르는 마르크스와 니체 사이에 공통 기반 — 그들의 무신론과 유물론, 헤겔의 정치 신학에 대한 비판과 언어·**로고스**·유대-기독교적 전통에 대한 그들의 비판, 생산과 창조 또 몸에 대한 강조 — 또한 많이 있다고, 하지만 대비되는 것이 많다고도 말한다. 르페브르는 니체가 '신은 죽었다'고 말한 것에 단순한 무신론과 유물론을 넘어서는 비극적 반향이 있다고, 니체에게 합리성은 제한돼 있을 뿐 아니라 사람을 현혹하기까지 하는 것이라고, 마르크스가 생산과 사회에 집중한다면 니체는 창조와 문명에 집중한다고 말한다.[122] 헤겔의 변증법을 마르크스는 유물론적으로, 니체는 비극적으로 만든다.[123] 문명은 마르크스에게선 여기저기에 흩어져 있는 데 반해 니체에게선 생산양식과는 완전히 별개로 가장 큰 발전을 이룬다.[124] 니체에게 시와 예술은 지식의 자리를 대신하고 **작품**^*œuvre*^은 생산품보다 더 중요하다.[125] 니체의 관심은 분명히 더 이상 나눌 수 없는 하나^the individual^에, 마르크스의 관심은 여럿^the collective^에 더 많이 가 있다.[126] 마찬가지로 니체에게 더 많은 흥미를 불러일으킨 것은 **지양**보다 **극복**이다.[127] 사실 르페브르와 구테르망은 "인류는 반드시 극복돼야만 한다"는 니체의 공식에 대한 마르크스주의의 답이 "인류는 극복하는 자다"는 데 주목한다.[128]

정치적으로 겹치는 부분도 있다. 독일에 대한 가장 매서운 비판이 니체와 마르크스의 작업에서 공통 관심사로 발견되기 때문이다.[129] 그렇기에 르페브르는 드리외 라로셸이 "니체는 마르크스와 충돌한다 … "고 쓴 것을 터무니없는 것으로 여겼다.[130] [니체와 마르크스 사이에] 이런저런 차이가 있긴 하지만 그것들은 생산적 방식으로 해결될 수 있다. 스미스^Douglas Smith^가 주목하다시피 "니체에 대한 마르크스주의적 비판으로 시작한 듯 보였던 것은 차츰 마르크스에 대한 니체적 비판으로 발전한다".[131] 이것이 딱히 놀랄 만한 일도 아닌 것이 르페브르는 — 헤겔의 개념과 함께 — 니체의 개념을 마르크스주의로 끌어 들인 것 때문에 비판받았다. 사실 말년에 르페브르는 예전에 함께 일했던 폴리처의 비판적 시론이 막판에 이르러 『뤼마니테』*L'humanite*에 실리지 못하게 된 일을 떠올린다.[132] 하지만 공간에 대한 니체의 이해가 헤겔의 그것과 완전히 다른 것과 마찬가지로 시간에 대한 니체의 이해와 마르크스주의의 시간 사이에는 아무런 공통점도 없다.[133] 이는 르페브르가 사적 유물론의 시간적 차원을 재고한 방식을 이해하는 데 결정적이다. 하지만 나중에 논의될 주제에 대한 시사점으로서 르페브르는 이렇게 말한다. "인간의 혁명적인 길과 위버멘쉬의 영웅적인 길은 공간의 교차로에서 만난다. 그 둘은 거기서 합류할까? 그건 또 다른 얘기다".[134] 내게 르페브르의 작업에 대한 니체의 중요성을 실제보다 덜 중요해 보이도록 만들려는 바람 같은 것은 전혀 없다. 하지만 내가 말했듯이 르페브르 사상의 상당 부분 뒤에 자리 잡고 있는 또 다른 사상가, 거의 아무런 주목도 받지 못한 사상가가 한 명 더 있다. 사실 내가 말할 것은 이렇다. 그의 이정표는 그 공간의 교차로에 나 있는 길을 가리킨다. 바로 하이데거다.

하이데거: 그랑기뇰의 형이상학

하이데거에 대한 르페브르의 관계는 곧잘 무시되곤 한다. 그래도 나는 그 관계가 르페브르의 이론적 병기고에서 핵심 부분을 형성하고 있다고, 또 3장과 5장에서 논의되겠지만 그 관계가 르페브르가 일상생활과 공간의 개념을 갖고 무슨 작업을 하고 있었는지를 이해하는 데 도움이 된다고 믿는다. 코프만과 레바가 말하는 것처럼 하이데거는 르페브르가 가장 격렬하게 교전했던 20세기 철학자였다.[135] 하비는 최근에 "새로운 종류의 급진 정치학 내에서 마르크스의 구상과 하이데거의 구상 사이에 어떻게든 다리를 놓는 가능성"을 애기하면서 마르크스와 하이데거의 결합이 미래에 있을 유용한 작업의 영역이라고 말했다.[136] 어떻게 보면 이는 르페브르가 벌써 해 놓은 것이다. 그러니까 그는 하이데거 사상의 대부분을 전유함과 동시에 그렇게 한 것을 마르크스주의적 비판의 대상으로 만든 것이다. 마르크스는 헤겔에 대해 이렇게 말한다. "변증법이 헤겔의 수중에서 신비화되긴 했어도 변증법의 일반적 운동 형식을 포괄적·의식적으로 제시한 최초의 사람은 헤겔이다".[137] 내 생각엔 하이데거에 대한 르페브르의 독해와 전유를 두고도 비슷한 얘기를 할 수 있을 것 같다. 하이데거의 보수정치와 존재론에 대한 신비화 때문에 그가 일상생활·공간·정치적인 것과 관련해서 제시하는 발상의 가치가 무색해져선 안 된다. 르페브르는 자신이 하이데거주의자는 아니지만[138] 하이데거가 "가장 심오한 현대철학자"였다는 점은 분명히 말한다.[139]

『실존주의』에서 르페브르는 하이데거가 사르트르는 자신과 후설의 차이를 이해하지 못한다고 말했다는 데 주목한다. 르페브르는 그 판단에 동감하면서 "사르트르가 하이데거와 마르크스의 차이를 분명히 알지 못할 가능성도 있다"고 덧붙인다.[140] 그러한 혜안은 제쳐 두더라도 『존재와 무』에서 마르크스가 거의 언급되지 않는다는 점 또 『변증법적 이성비판』이 이러한 차이에 대한 명확한 설명과 관련이 있을 것이라는 주장이 가능하다는 점을 고려할 때[141] 르페브르는 자신의 후기 작업을 위한 터닦기에 나서고 있는 듯 보인다. 마르크스와 하이데거 사이에는 일종의 차이점 — 많은 차이점 — 이 있지만 르페브르가 보기엔 둘 다 꼭 필요하다. 앞 장에서 언급했다시피 일부 저술가는 마르크스주의와 실존주의 간의 긴장이 르페브르 저술에서 거듭되는 주제라고 본다.[142] 그러나 이런 견해가 놓치는 것은 하이데거에 대한 르페브르의 관심이 [웬만하면 다 아는] 실존주의의 그 하이데거가 아니라는 것, 특별히 이것이 사르트르를 통해 프랑스에서 해석된 것과 같은 그 하이데거는 [더군다나] 아니라는 점이다.

르페브르는 후설은 1924년에, 하이데거는 1920년대 후반에 읽었다. 하지만 에스의 말처럼 [르페브르는 그들을 읽은 그] "즉시 적대적으로 됐다".[143] 한참이 지난 뒤 르페브르는 자신이 하이데거를 받아들이지 않은 것은 그가 나치즘에 들러붙기 **이전**이라고 말하곤 했다. 그것은 [실존주의, 특별히 사르트르가] 행동에 등을 돌리고 사색으로 나아간 것 때문이었다.[144] 하지만 『실존주의』 전반에 걸쳐서 르페브르가 하이데거를 비판하고 있을 때 그의 진정한 목표물은 대체로 사르트르가 된다. 요점이 대개 『존재와 시간』보다는 『존재와 무』에서 발췌한 인용구로 설명되기 때문이다. 예컨대 이러한 비판은 하이데거 자신보다는 하이데거에 대한 사르트르의 오독을 겨냥한다.

> 따라서 현상학은 변증법과 유물론의 문제로 전환된다(존재와 무의, 또 존재와 의식의 관계). 이론적으로 현상학적 연구에서 변증법적 유물론으로 이행하는 것은 가능하다. 단 조건이 하나 있다. 단일한 의식으로 '세계'를 이룩한다는 허세를 포기하고 세계를 총망라해서 기술할 것. 일단 사변철학이 포기되면 인식의 문제 — 또 행위의 문제 — 는 꽤 다르게 다가오게 된다.[145]

르페브르는 『메타철학』에서 이러한 구분을 분명히 하면서 우리가 세계를 이해하려면 그것의 토대를 개별적 의식(사르트르)에도 "존재" — "하이데거가 존속시키기도 하고 변형시키기도 한 형이상학의 고전적 테제" — 에도 둘 수 없다고 말한다. 하지만 우리는 세계를 단순히 마르크스주의의 구상인 실천의 토대 위에서 이해할 수도 없다.[146] [세계의 이해라는] 그 주제와 관련한 사르트르의 작업에는 하이데거가 한 작업의 깊이도 급진론도 없다.[147] 르페브르는 하이데거에게 훨씬 더 많은 것, 확실히 애매할 수 있긴 하지만 사유에 대한 잠재력이 될 수도 있는 것이 있다고 본다. 예를 들면 이런 것이다. 주체성을 비판한 하이데거 — 거기 『존재와 시간』에서 — 하지만 자신이 평생 동안 내어 놓은 저술 구석구석에서 전통을 해체하는 하이데거, 역사적인 하이데거, 그리스 사람the Greeks [고대 그리스 철학자들]을 읽는 하이데거, 공간 관련 쟁점에 동등한 무게를 부여하는, 그러니까 가장 흥미로운 하이데거가 있다. 아울러 니체에 이어 시간성과 역사의 개념을 재고한 것, 거주dwelling에 대한 이해, 데카르트와 칸트에 대한 비판, 이 모두가 유익하다. 이후의 장들에서 얘기하겠지만 르페브르의 관심을 끌 것은 특별히 공간과 일상생활에 대한 하이데거의 작업이다. 하지만 흥미로운 점이 좀 더 있는데, 여기에는 (하이데거의 정치와는 구분되는) 정치적인 것과 관련한 구상, **우시아***ousia* (소유지나 주택)와 같은 용어 또 **로고스**에 있는 채집이나 수확의 측면이 농촌적인 것에 뿌리를 두고 있다는 것과 관련한 작업이 포함된다.[148] 그러나 르페브르 자신은 하이데거의 중요성을 인정하긴 하면서도 그를 헤겔, 마르크스, 니체만큼 중요하게 생각하진 않았다.

이렇듯 우리가 [르페브르와 하이데거의] 관계를 썩 대단치 않은 것으로 상정해 볼 수 있다는 데는 다 그만한 이유가 있다. 하나는 그 둘이 같은 시대를 살았다는 것, 다른 하나는 하이데거가 나치당에 충성했다는 것이다. 1946년에 르페브르는 하이데거의 철학이 "친파시스트적"이라고 말했다.[149] 그는 하이데거의 저술에 담긴 죽음의 중요성을 강력하게 비판하고 이것이 삶을 외면하는 것이라고 말한다.[150] 르페브르는 "하이데거 철학의 지평 위에 공동묘지의 윤곽이 보인다"며 하이데거의 철학을 **그랑기뇰**the Grand Guignol(공포를 전문으로 하는 파리의 연극)의 형이상학이라고 말한다.[151] 이는 "지금껏 사디스트를 위한 경험의 장으로 제공된 유럽에서는 더 이상 수용될 수 없는 것이다".[152] 그는 이렇게 주장한다. 하이데거의 철학에서 발견되는 것은 히틀러의 정치관이나 인종주의가 아니라 히틀러의 "스타일"이다. 그러니까 [하이데거 철학은] 바로 히틀러의 친위대인 것이다. 르페브르는 헤겔의 존재와 무의 변증법 및 주인과 노예의 변증법이 하이데거에게선 집행자와 희생자의 변증법으로 된다고 본다.[153] 르페브르가 보기에 하이데거의 실존주의는 변증법적 인간주의와 관계를 맺는다. 정확히 히틀러의 이데올로기가 사회주의와 관계 맺는 것처럼 말이다. 둘 다 신비화에 관여하는 탓에 르페브르는 "이런 종류의 기획에 대해서는 그 어떠한 사면도 허락될 수 없다"고 본다.[154] 그는 국가사회주의가 과학적 사회주의와 투쟁하는 상황에 있었을 때 하이데거가 국가사회주의와 결탁한 것은 놀랍지 않다고 주장한다. 나치즘은 지적 투쟁에서 하이데거와 같은 사람을 필요로 했다. 이러한 [하이데거와 나치즘의] 초기관계가 지나고 마르크스주의자가 탄압을 받는 동안 하이데거는 한쪽에 남아 상황을 악화시키기만 했다는 사실이 그의 오명을 씻어주진 않는다.[155]

그러나 1965년에 르페브르는 하이데거의 정치를 "독일 민족주의의 경향"으로 일축하는 것으로 만족한다. 이 놀라운 변호는 더욱 눈에 띈다. 이 구절 바로 앞에서 니체에 대한 나치의 해석은 날조된 것으로 일축하면서도 하이데거의 나치당 지위는 언급을 생략했기 때문이다. 사실 르페브르는 이렇게 말한다. "누군가는 똑같은 경향을 [실지로 그런 것보다 더] 중요한 것으로 통하는 프랑스의 저술에서 쉽게 찾을 수 있을 것이다. 게다가 그러한 철학-정치적 평가는 이미 철 지난 것이다. 하이데거가 카프카, 조이스, 프루스트보다 더욱 뛰어나다고 할 수는 없다". 정치적 관점에서 볼 때 하이데거의 사상보다 더 반동적인 것은 없다는 점이 부인할 수 없는 사실이긴 하지만,[156] 르페브르가 볼 때 하이데거에 대한 문제와 그에게서 비롯하는 위험은 다른 것이다. 그것은 절충주의라는 위험이다.[157] 특별히 이 점은 르페브르가 헤겔·마르크스·니체의 결합에서 목격했던 동일한 잠재성이다. 그렇기에 르페브르는 많은 곳에서 하이데거를 강력하게 비판한다 — 그의 신비화와 추상화, 존재론, 위장된 신학, 변증법의 결여에 대해.[158]

르페브르가 볼 때 하이데거가 말하는 존재의 역사는

> 역사에 대한 니체의 비판력을 획득하지도 못한 채 헤겔과 마르크스가 말하는 더 구체적인 역사를 애매하게 만든다. 위장된, 가까스로 세속화된 호신론theodicy인 하이데거 철학은 급진적 비판이 되기를 거부한 채 전통적 철학을 구해내려 애쓴다. 그가 **메타철학** 개념을 간략하게 다루긴 하지만 [결국] 그는 그것을 회피한다. 우리가 좋아하거나 말거나 그는 메타철학을 이른바 기초존재론, 형이상학의 한 변종으로 대체한다. 그가 모더니티에 대한 비판적 분석에 기여한다는 것은 사실이다. 다시 말해서 그는 기술의 과대평가에 내재해 있는 위험을 지각하고 예견한, 그리고 (지식과 기술을 통한) 자연에 대한 **지배**가 **인간**에 대한 지배가 되고 그 지배는 자연에 대한 **전유**가 아니며 그 까닭이 그 지배에 자연 파괴의 경향이 있기 때문이라고 … 이해한 최초의 사람 가운데 한 명이었다. (하지만 그는) 독일어를 비호하는 불편한 변명을 이끌어낸다. 이는 그가 서구적(유럽적) 로고스에 대해 급진적 비판을 못 하도록 방해한다. 비록 그가 그런 비판에 근접하긴 하지만 말이다. 하이데거가 니체와 관련해서 또 그에 반대해서 말하는 것은 설득력이 떨어진다 … [159]

예를 하나 들어 보면 하이데거의 **다자인***Dasein* 개념은 그것에 성이 결여돼 있다는 이유로 비판받는다. 르페브르는 프로이드의 리비도 이론이 [다자인 개념보다] "대체로 더 풍성하고 구체적인 것에 더 가깝다"고 말한다.[160] 하이데거의 작업은 "성별 없이, 변증법 없이, 일종의 위장한 신으로 존재하는 것과 관련하며, 그렇게[그런 신처럼] 특권화된 존재인 인간과 숨바꼭질을 한다".[161] 이는 중요한 긴장을 부각한다 — 하이데거는 너무 추상적이고, 르페브르가 보기엔 너무 철학적이고, 구체적이라고 하기엔 절대 충분치 않다. 이러한 비판이 [르페브르의] 후기 저술에서 사라지진 않지만 더 긍정적인 언급이 그 비판과 함께 나타나기 시작한다. 르페브르가 『합과 나머지』에서 말하는 것처럼 한 관점에서 — 공식적인 마르크스주의자와 비교해 보면 — 하이데거가 "정반대의 극단"을 대표하고 있는 것은 분명하다. 그러나 [다른 관점에서] "(오늘날 수정주의자로 불리는) 비공식 마르크스주의자"와 비교해 보면 일부 유사점이 드러나기 시작한다.[162] 르페브르는 각 단계에서 하이데거의 발을 땅 위에 묶어 두고 싶어 한다. 다시 말해서 하이데거의 분석을 더 **현실적**으로 만들고 싶어 하는 것이다. 하이데거의 이론은 실천과, 물질적 조건과 관계 맺어야 한다. 헤겔처럼 물구나무 서 있는 하이데거를 바로 세워야 한다. 르페브르는 하이데거가 "최선과 최악, 폐물과 미래 전망"을 보여준다고 생각한다.[163] 기술의 본질 또 기술이 현대세계와 맺고 있는 관계에 대한 그의 작업은 일종의 정점이다.[164] 그렇기에 확실히 하찮다고는 할 수 없는 이러한 비판들이 있긴 해도 르페브르의 작업에는 하이데거와 비판적으로 비교함으로써 유익하게 된 부분이 더러 있다. 르페브르는 하이데거에 대한 얘깃거리가 많다고, "동의할 만한 것이 많긴 하지만 반대할 만한 것은 훨씬 더 많다"고 말한다.[165] 우리가 이 말의 뒷부분에 주목해야 하는 것은 맞다. 하지만 그리함으로써 앞부분을 못 본 체 해서도 안 된다.

1946년에 르페브르는 하이데거가 제기하지 않은 얼마간의 핵심 쟁점을 고찰하는데 그것들에는 다음이 포함된다.

1. 변증법.
2. 극복.
3. 총체성.
4. '우리'라고 우리가 말할 때 우리가 의미하는 것. 인간공동체.
5. 세계. 세계가 의미하는 것. 세계 내 인간의 자리.
6. 인간 현실의 힘.
7. 인간 현실과 관련한 '종언'의 개념. 그것의 목적. 그것의 의미. 그것의 종언.[166]

지금 하이데거가 이 모든 쟁점을 충분히 다뤘다고 말하는 것이 일종의 과장일 순 있겠지만, 그 중 얼마나 많은 것이 『존재와 시간』 이후의 작업에서 논의되는지 놀랍기만 할 뿐이다. 이 대부분은 제2차 세계대전이 끝난 뒤 비로소 출간된 강연집이나 토론집에서 발견된다. 예컨대 '극복'은 후기 하이데거의 형이상학 관련 작업에서 아주 중요하고, 인간공동체와 현실은 칸트에 대한 강의에서 논의되고, 세계와 세계에 대한 인간의 구상은 기술 관련 작업의 열쇠가 된다. 그 밖의 예시가 제시될 수도 있다.

시간 개념과 관련한 그들 작업의 비판적 비교 또한 흥미로운 건 마찬가지일 텐데, 특별히 순간이라는 쟁점을 둘러싼 작업이 그렇다. 그 작업에서 두 사상가 모두 니체의 *Augenblick* (말 그대로 '눈 깜빡할 새')를 발전시키고 비판한다. 관련 논의 일부가 5장에서 이뤄진다. 그게 아니면 우리는 다음 대목의 함의를 살펴볼 수도 있다 — 이는 르페브르가 1940년대 초에 쓴 것으로서 분명히 하이데거와 관련이 있다.

> '존재'는 서로 불가분인 두 가지 방식으로 이해될 수 있다. 추상적, 형식적 의미에서 그것은 존재 일반에 대한 질문이다. 결정되지 않은 … 존재에는 두 번째 의미가 있다. 그것은 구체적이라는 의미다. 결정된 존재, 복잡성이 풍부하다. [이 존재는] 차이, 심지어 모순까지 통일하는데, 이때 모순은 존재라는 그 똑같은 말로써 정당하게 명시된다 … 우리의 사유와 관련한 모든 작업은 루소의 공리를 따른다는 데 그 특징이 있고 그 목적은 이 작은 단어인 '존재'에 방향을 제시하는 데 있다. 하지만 그 방향은 일종의 이중적 의미와 함께 하나에서 다른 하나로 끊임없이 나아가는 것이다. 다시 말해서 추상적 존재에서 구체적 존재(내용)로, 이는 존재를 파악하기 위해서, 그리고 구체적 존재(내용)에서 추상적 존재로, 이는 존재를 분석하기 위해서.[167]

르페브르의 마지막 책 중 하나인 『무엇이 사유인가?』의 이 제목이 하이데거의 철학과 관련이 있다는 점은 거의 틀림이 없다. 하이데거는 *Was heißt Denken?* — 'What is called thinking?'「무엇이 사유로 불리는가?」 — 라는 제목의 강의록을 출판했다. 르페브르는 이 제목엔 우선적으로 사유로 불리는 뭔가가 있다는 것이 상정되기 때문에 자신의 질의, '사유란 무엇인가?'에 대한 물음을 던지는 것이 더 근본적이라고 주장한다. 그러나 이러한 주장이 놓치는 것은 하이데거 책의 제목이 두 가지로 해석되는 관계로 그 제목에선 '무엇이 사유를 요청하는가' 하는 질문 또한 제기된다는 점이다. 이것은 꽤 다른 질문이어서 르페브르가 말하는 유형의 탐구는 이뤄지지 않고 있다.[168] 그러나 에스가 인용한 인터뷰에서 르페브르는 퍽 다른 대답을 내놓는다 — 하이데거의 답이었을 존재 대신 가능한 것이라는 답을 내놓는 것이다.[169]

따라서 르페브르가 하이데거에 대해 갖는 태도는 주목할 만한 탈바꿈을 거치는 듯 보인다. 이에 대한 통찰의 일부는 1959년 초에 르페브르가 악셀로스·장 보프레Jean Beaufret·프랑수아 샤틀레François Châtelet와 함께 한 원탁 토론을 보면 알 수 있다. 이 대화의 제목은 「카를 마르크스와 하이데거」였고 원래는 《프랑스-옵세르바퇴르》*France-Observateur*에 실렸다.[170] 르페브르는 어떻게 해서 한 해 전 여름 — 곧 그가 프랑스 공산당을 떠나던 해 — 에 그가 『숲길』*Holzwege*을 읽고 있었는지를 떠올린다. 그 책은 하이데거 글의 선집으로 「예술작품의 근원」, 「세계상의 시대」, 「"신은 죽었다"는 니체의 말」을 포함한다.[171] 르페브르는 자신이 인간과 자연 간 관계에 대한 하이데거의 사유 방식과 기술에 대한, 자연을 지배하는 힘에 대한 그의 비판에 사로잡혔다고 말한다. "그렇기에 나는 하이데거의 우주-역사적 전망과 마르크스의 역사-실천적 구상 사이에 아무런 적대관계도 없다고 생각합니다."[172] 그 결과 르페브르는 이런 의문을 제기하게 된다 — "하이데거가 여럿 있는 건가요? 『숲길』을 읽으면서 나는 『존재와 시간』에서 받은 것과는 다른 인상을 받았습니다".[173] 비록 악셀로스가 부정적으로 반응하면서 하이데거 입장의 연속성을 보여주긴 했지만 그것[악셀로스의 반응]이 어쩌면 르페브르의 입장을 조금은 더 잘 설명해 주는 듯하다.[174]

물론 마르크스의 작업을 보완하고 그 외연을 확장하는 데 하이데거를 활용하려 했던 일을 르페브르 혼자만 한 것은 아니었지만, 이는 받아들이기엔 쉽지 않은 쟁점이었다. 1960년 『변증법적 이성비판』에서 사르트르는 직접 "하이데거의 경우는 내가 여기서는 논의하지도 못할 만큼 너무 복잡하다"고 말하면서 그 곤란함을 피해 버렸다.[175] 그러나 그는 그 시도가 중요하다고 생각하면서 이렇게 말한다. "누군가가 [하이데거 글에 있는] 문장들의 의미를 파악하려면 한 문장씩 곱씹으면서 그를 **독해**해야 할 것이다. 더군다나 내가 아는 한 여전히 그 일을 해낼 수 있는 마르크스주의자는 더 이상 아무도 없다".[176] 하지만 그 무렵 정확히 그 작업을 하고 있던 마르크스주의 동인 모임이 있었고, 르페브르는 그들과 아주 가깝게 지냈다. 메르키오르José Guilherme Merquior가 말하는 것처럼 그들은 피에르 푸게롤라스와 악셀로스 같은 《아규망》*Arguments*의 사상가들이었으며 "마르크스를 하이데거와 연결해서 완결하려 애썼다".[177] 《아규망》은 1956년에서 1962년까지 발간됐다. 창간은 르페브르·바르트·샤틀레까지 포함한 다수의 사상가가 했고, 그 중 상당수는 프랑스 공산당에서 축출된 지 얼마 안 된 이들이었다.[178] 《아규망》은 같은 제목의 미뉘 판Éditions de Minuit 총서로 이어졌고 편집은 악셀로스가 맡았다. 그 총서를 통해서는 그가 직접 쓴 책 여럿, 르페브르의 『메타철학』·『모더니티 입문』·『역사의 종언』, 오이겐 핑크Eugen Fink·들뢰즈·마르쿠제·트로츠키·블랑쇼·바타유·헤겔의 저술이 나왔다.[179] 게다가 악셀로스는 루카치의 『역사와 계급의식』 및 하이데거의 『철학이란 무엇인가』를 번역하기도 했다.[180]

르페브르는 악셀로스에 관심을 갖고 그가 "유일하진 않다 하더라도 참 보기 드문 사람"이라고 하면서 마르크스에 대한 연구와 비판을 동시에 수행하고 이것의 자리를 더 넓은 사상사 — 헤라클레이토스에서 하이데거까지 — 안에 잡는다고 한다.[181] 에스는 최근에 악셀로스의 저작에 재발견될 만한 장점이 있다고 말했다.[182] 내가 지지할 의견이긴 하지만, 지금 내가 할 수 있는 말은 내가 했으면 하는 만큼이나 마땅히 해야 하는 만큼보다 훨씬 더 간략하다. 자신의 1961년 책 『마르크스, 기술에 대한 사상가』*Marx penseur de la technique*에서 악셀로스는 이데올로기와 경제를 통한 소외에 더해 기술을 통한 소외는 또 어떻게 생겨날 수 있는지를 얘기한다.[183] 물론 마르크스가 자신의 노동과정 관련 작업을 통해 이 문제를 논의하긴 했지만, 악셀로스의 책에서는 이러한 해석의 정당화를 위해 그 범위가 마르크스의 저술 전체로 확장된다. 마르크스의 작업은 인간이 자연, 물질적 삶의 생산과정, 그 결과 사회적 관계 및 관념에 대해 맺는 관계의 조건을 기술이 결정한다는 것을 보여준다.[184]

> 사회적 관계는 생산력과 긴밀하게 엮여 있다. 인간은 새로운 생산력을 획득하면서 자신의 생산양식을 바꾼다. 그리고 자신의 생산양식을 바꾸고 생계유지의 방식을 바꾸면서 인간은 자신의 모든 사회적 관계를 바꾼다. 수공 제분소는 봉건 영주가 있는 사회를, 증기 제분소는 산업 자본가가 있는 사회를 사람들에게 가져다준다.[185]

그러나 『마르크스, 기술에 대한 사상가』에서 하이데거가 거의 거명되진 않지만 그 책 곳곳에서 그의 영향은 강력하게 느껴지기도 한다.[186] 그리스어 **테크네** 분석에서 비롯하는 하이데거의 기술 관련 작업은 핵심적이다. 그리고 나는 그 작업이 악셀로스의 해석을 통해 르페브르에게 중대한 영향을 끼쳤다고 제언한다.

> 1961년, 악셀로스는 현대사회의 '요인' 하나를 추출하는 통찰력을 갖고 있었다. 현대사회에는 적어도 외관상의 자율성 곧 '기술'과 '기술성'의 경향이 있다. 그는 하이데거보다 한 발 더 또 더 대담하게 나아가 마르크스가 기술 개념은 어떻게 정식화하고 산업성장과 경제성장 두 영역 모두에서 기술이 차지하는 중요성과 역할은 또 어떻게 규정했는지를 입증한다. 악셀로스는 이 논지를 이용함으로써 어떻게 해서 마르크스의 사유와 저술에, 그 특정 개념의 발생과 해명에 모종의 질서가 잡히는지를 보여주려 한다. 하지만 이 작업을 끝냈을 때 악셀로스는 이러한 교착상태를 극복하지 못했다. 기술과 자연, 철학과 역사, 사상과 사회 간 '화해의 문제틀'에 대한 그의 고려는 단순히 재생산의 문제에 괄호를 쳐 버린다. 그러한 고려는 재생산의 문제를 단번에 뛰어 넘어 자본주의에서 세계 내 인간의 문제로 직행한다.[187]

포스터가 말하는 것처럼 이 책과 예컨대 『행성적 사유를 향하여』*Vers la pensée planétaire* 같은 그 밖의 책 둘 다에서 악셀로스는 "마르크스 사상의 깊은 결함을 포착했다. 그 결함이란 마르크스가 플라톤 이후의 형이상학적 전통 안에 여전히 남아 있었다는 것으로서 이는 악셀로스가 하이데거에게서 이어받은 주장이다".[188] 물론 하이데거가 마르크스와 니체 둘 다 형이상학의 최종단계에서 중추적 역할을 하고 있음을 확실히 인정하긴 한다. 하지만 하이데거 자신이 한결같이 논의한 것은 오직 니체 한 사람과 관련해서다.[189] 악셀로스의 경우엔 그 반대가 참이다. 더 자세히 얘기하자면 하이데거에 대해서 니체가 맡은 것과 똑같은 역할을 악셀로스에 대해서는 마르크스가 맡고 있다. 마르크스는 "최후의 철학자"다.[190] 다시 말해서 "서구 형이상학의 위대한 시대, 그리스·유대-기독교·근대 형이상학의 위대한 시대는 마르크스와 함께 정점에 도달하게 되는 것이다".[191] 악셀로스가 보기에 비록 마르크스가 급진적 방식으로 철학을 폐기하고 싶어 하고 그 철학의 본능을 유물론화해서 그 방향을 실천으로 전환하고 싶어 해도, [결국] 그는 여전히 그가 전복하려고 하는 그 체제 안에 남아 있다.[192] 꼭 니체의 플라톤 전복이 플라톤 철학 안에 남아 있는 것처럼 마르크스의 헤겔 전복도 마찬가지인 것이다. 마르크스가 직접 말하듯이 "근대철학은 헤라클레이토스와 아리스토텔레스가 이미 시작한 작업을 계속해 왔을 뿐이다".[193]

이런 까닭에 악셀로스는 헤라클레이토스를 통해 마르크스를 보완하기도 했는데, 이는 『헤라클레이토스와 철학』*Heraclité et la philosophie* 같은 책에서 이뤄졌다.[194] 헤라클레이토스는 서구 전통의 시작이고 마르크스는 그 정점이다. 하지만 둘 다 변증법적 사상가들이며, 헤라클레이토스는 플라톤 이래 닫혀 있던 몇몇 가능성을 열 수도 있는 철학자다. 그는 철학자이기보다는 오히려 사유하는 자다.[195] 르페브르의 말처럼 신엘레아학파 곧 구조주의의 제논들the Zenos에 맞서는 악셀로스는 "새로운 헤라클레이토스"다.[196] 실제로 르페브르는 이렇게 말한다. 헤라클레이토스가 세계**의** 사유와 세계 **내** 사유, 그리고 모든 것은 아니지만 그렇다고 해서 아무것도 아닌 것은 아닌 사유를 가르친 일의 중요성을 파악하는 데 조금이라도 가까이 간 사람은 정말이지 악셀로스밖에 없다.[197] 르페브르가 보기에 악셀로스의 문제는 생산과 재생산의 관계에 대한 분석 — 이 주제는 6장에서 다시 짚어본다 — 이며, 악셀로스 또한 하이데거처럼 자못 사변적이고 형이상학적일 수 있다.[198] 하지만 악셀로스의 장점은 그가 우리로 하여금 마르크스의 사상을 "우리시대의 현실적 문제"와 관련지어 생각하게끔 한다는 데,[199] 또 그가 그렇게 함으로써 "마르크스의 자리를 20세기에 잡는다"는 데 있다.[200] 르페브르의 메타철학 관련 작업은 정확히 이것[마르크스의 현재화]을 시도할 터였다. 이러한 의미에서 그 시도는 권위 있는 명령으로써 철학을 폐지하거나 철학을 종식시키는 문제가 아니다. "철학은 죽었다, 철학이여 영원하라! 하지만 그것이 **같은 의미**인가?"[201]

메타철학

하이데거는 메타철학의 개념과 관련한 르페브르의 작업에서 큰 비중을 차지한다. 특별히 그 제목이 붙은 책에서 논의될 때 그러한데 거기서 르페브르의 하이데거 관련 논의는 가장 상세하게 이뤄진다.[202] 실제로 이 책에서 하이데거는 세 번째로 자주 인용된다 — 마르크스와 헤겔 다음, 니체 앞이다. 메타철학 개념은 르페브르의 개념 가운데 가장 어렵고 가장 많은 오해를 사고 있는 것 하나로서 하이데거의 기초존재론 —『존재와 시간』의 기획 — 에 대해서는 매우 비판적인 반면, 형이상학의 **극복**과 관련한 그의 후기 **사유**에 대해서는 그나마 호의적이다.[203] 르페브르의 주장과 오래전 하이데거의 깨달음처럼 기초존재론은 형이상학의 또 다른 이름이거나, 아니면 아무리 못해도, 형이상학 안에 엉켜 있는 것이다.[204] 그것은 메타철학 개념 안에 있으며 르페브르가 사르트르와 한 화해가 가장 뚜렷해진 것이기도 하다. 따라서 포스터는 다음과 같이 말한다.

> 일상생활에 대한 르페브르의 메타철학은 사르트르의 사상에 기댔다. 그 둘 사이의 유사점은 정말 놀라웠다. 메타철학은 명백하게 마르크스주의와 실존주의의 종합이다.[205]

사실 포스터는 이 주장을 밀고 나가면서 이렇게 말한다. 악셀로스와 푸게롤라스가 "하이데거 연구에서 마르크스에 대한 관점을 획득한" 한편 "르페브르는 계속해서 『존재와 무』에 나타나 있는 사르트르의 초기 입장과 변유에 대한 자신의 비판에 기댄다".[206] 그러한 평가가 아예 잘못되진 않았지만 내 눈엔 오해의 소지도 제법 있는 것처럼 보인다. 특별히 나는 사르트르보다 하이데거와 니체, 게다가 마르크스까지도 메타철학 개념에 영향을 끼쳤다는 점을 한층 더 강조하려 한다.[207] 르페브르는 상당히 근본적인 비판의 대상에서 사르트르를 면제해 주지 않으며, 그가 사르트르에게서 갖고 오는 듯 보이는 것은 사르트르가 참조한 자료에서 훨씬 더 손쉽게 갖고 올 수도 있었다.[208]

> 철학에서 메타철학으로 이어지는 이행은 한 세기가 넘는 동안 계속돼 왔다. 마르크스에서 니체로, 현시대의 마르크스주의자로 — 곧 고전적 의미에서 여전히 철학적이면서도 이미 더 이상은 철학적이지 않은 작업들(프랑크푸르트 학파, 루카치, 하이데거, 악셀로스 같은).[209]

르페브르는 "철학을 '실현한다는 것', '극복한다는 것'*(surmonter)*, '초월한다는 것'*(dépasser)*이 뭘 뜻할 것인가?"를 묻고는 전통적 철학의 수명을 연장하는 이러한 사상이 어떻게 세계와 관계 맺을지에 관심을 갖는다. 메타철학이 단순히 **나중의** 철학*after philosophy*인 것만은 아니다. 오히려 그것은 변태metamorphosis 같은 것이다.[210] 메타철학은 마르크스나 헤겔식의 지양보다 더 높은 것, 니체식의 극복보다 더 나은 것을 목표로 한다.[211] 그것은 가장 멀리 떨어져 있을뿐더러 가장 다르기까지 한, 곧 스크라테스 이전부터 현시대에 이르는 모든 철학을 통합해 그것을 미래에 투사함으로써 그것을 조명할 길을 모색한다.[212] 어떻게 보면 르페브르는 마르크스의 포이어바흐에 관한 11번째 테제를 현실화하는 데 관심이 있다.[213] 세계에 대해 우리는 어떻게 하면 그저 해석만 하는 것 대신 변화를 꾀할 수 있는가? 그런데 — 지금 할 말은 결정적이다 — 그 일은 또 어떤 방식으로 우리의 해석에 좌우되는가? 르페브르의 메타철학 개념은 이 점을 바로잡으려고 고안된다. 다시 말해서 "그것이 철학자의 질문에 대한 답은 돼도 더 이상 철학은 아닌 것이다".[214] 그것은 체계의 수립이기보다는 오히려 철학에 대한 성찰이다.[215] 이렇게 볼 때 그것은 변증법적 유물론에 대해서 르페브르가 일찌감치 했던 숙고의 연속이다. 그는 1947년에 이렇게 말한다. "[메타철학은] 더 이상 철학이 아니"지만 다른 한편으로는 "여전히 철학이기도 하다. 그것은 철학을 실현한다".[216] [이 말을 두고] 르페브르는 10년이 지난 뒤 이렇게 말한다. 그렇게 말한 데는 변증법적 변형 곧 철학이 뭔가 다른 것으로 이행하는 과정, 바로 철학의 극복을 포착하려는 목표가 있었다. 스탈린주의와 즈다노프 독트린의 이점 하나는 그것들이 "변증법적 유물론을 완결된 철학체계이자 완벽하게 과학적인 지식으로 제시"함으로써 잠겨 있던 긴장을 수면 위로 끌어올림과 동시에 "잠복해 있던 모순을 폭발시켜 버렸다"는 것이다. 그러나 이제 그는 극복 개념이 이런 질문을 이끌어낸다는 것을 발견한다. 그 개념은 무엇으로 이뤄져 있는가 — 사변에서 **프락시스**로 이뤄지는 전환인가?[217]

바로 이 때문에 르페브르는 마르크스가 중요하다고 생각한다. 그는 철학은 비철학적인 삶 — 체험된 것, 일상, 상식 — 을 깔보는 경향을 보여 왔을 뿐 아니라 철학의 지식과 지혜를 그러한 삶에 부과해 오기도 했다고 주장한다. 마르크스의 혁명적 실천 개념은 이를 극복할 작정으로 고안됐다.[218] [그렇기에] 『메타철학』 대부분은 실천에 대한 연구가 차지한다. 하지만 르페브르는 메타철학이 너무 실용적일 수 있기 때문에 일종의 "균형추"로서 **포이에시스**의 도움을 받는다고 주장한다.[219] 그는 "창조적 역량의 두 양상을 분리해서 생각하지 않는 것이 중요하다"고 한다.[220] 경제적 측면에 대한 마르크스의 강조는 만들어 내기[creation]의 다른 한 측면을 소홀히 해 왔다.[221] 어떻게 보면 **포이에시스**는 사변과 협소하게 이해되는 **프락시스** 간의 균형이다. **포이에시스**에는 창조나 창조적 생산의 뜻이 있기 때문이다. 르페브르의 주장처럼 "모든 창조가 '**포이에시스**'인 것은 아니지만 모든 **포이에시스**는 창조다".[222] 따라서 그 주장은 르페브르가 니체에게서 끌어내 온 통찰에 바탕을 두고 있으면서 고대 그리스 사상에 대한 하이데거의 분석에서 영향을 받는다.[223] 실제로 르페브르가 말하는 것처럼 "메타철학의 주인공인 마르크스와 니체, 이 둘 모두에 대한 검토는 우리를 하이데거로 이끈다".[224] 르페브르는 하이데거가 "**로고스·알레테이아·퓌시스** 같은 것을 존경받을 정도로 연구"했다는 것에 감탄하는 한편 우리가 "**프락시스·테크네·미메시스·포이에시스** 같은 것을 동일한 방식으로 연구"해야 한다고 말한다.[225] 르페브르와 마찬가지로 하이데거는 철학의 내부에서부터 철학의 문제를 해결하는 것이 가능하지 않을 수 있다는 점, 하지만 그 밖의 어떤 것이 요구될 수 있다는 점을 깨달았다. 철학은 모더니티 및 현실적 실천이라는 그 문제들보다 뒤처진다.[226] 하이데거는 서구 철학의 경우 플라톤과 함께 시작부터 일이 잘못되기 시작했다는 니체의 주장에 충격을 받고 소크라테스 이전으로 거슬러 올라가 아낙시만드로스·파르메니데스·헤라클레이토스 같은 사상가의 단편을 붙들고 씨름하려 애썼다. 르페브르가 엘레아학파에게 보낸 조소는 그가 가장 상세히 참조한 이가 바로 그 셋 중 마지막[헤라클레이토스]임을 의미했고, 그는 헤라클레이토스의 작업, 특별히 "시간은 놀이를 즐기는 아이와 같다" (단편 [B]52)는 말에 대한 하이데거와 악셀로스의 분석을 활용했다.[227]

르페브르는 마르크스가 "세계의 철학화는 동시에 철학의 세속화, 그것의 실현은 동시에 그것의 상실 … "이라고 단호하게 말할 때 그의 통찰력이 가장 뛰어나다고 본다.[228] 악셀로스와 마찬가지로 르페브르는 이 말을 자주 경구aphorism로 인용했다.[229] 포스터가 말하는 것처럼 이 인용구는 초기early 마르크스보다는 청년juvenile 마르크스의 것이다. 그것이 사실은 그의 박사논문에서 비롯하기 때문이다.[230] 그것이 뜻하는 바는 철학의 세속화 과정, 철학의 현실화 과정에서 철학이 초월, 극복된다는 것이다. 마르크스의 초기 글들이 철학적인 것으로 잘못 여겨지고 있는 까닭은 그것들에 이미 모든 체계적 철학에 대한 비판이 담겨 있기 때문이다.[231] 그래서 르페브르는 가장 잘 알려진 자신의 발상 대다수 이를테면 공간의 생산에 대한 분석과 일상에 대한 연구가 메타철학이라고 말한다.[232] 실질적으로 메타철학이라는 발상의 근거는 철학적 기초에 두고 있지만, 그 기초는 구체적인 정치 문제에 대한 그 발상의 적용을 통해 극복될 수 있다 — 이는 다음 장들에서 제시된다. [따라서 메타철학은 철학의] 순수하고 단순한 폐지도 아니고 무비판적인 생명 연장도 아니다. 실증주의나 사이비 철학으로 파악될 수 있는 것도 아니고 철학적 체계를 갖춘 유물론이나 관념론으로 파악될 수 있는 것도 아니다.[233] 그런 의미에서 라비카Georges Labica는 충분한 이유를 갖고 이렇게 말한다. 짐작건대 『메타철학』은 르페브르의 가장 중요한, 확실히 중추적인 책이자 전환점이다.[234]

데카르트와 문학

이처럼 의미심장한 철학적 인물들과 벌인 교전에 더해 르페브르는 그 밖의 다양한 저술가와 관련해서도 폭넓은 집필 활동을 펼쳤다. 그 글들 대부분은 1940년대 말과 1950년대 말 사이에 — 냉전의 시작과 함께 프랑스 공산당의 스탈린주의 노선이 점점 더 엄격해지고 있을 때부터 르페브르가 당에서 축출당할 때까지 — 쓰였다. 여기에는 『데카르트』(1947), 『파스칼』(두 권, 1949년과 1954년), 『디드로』(1949)Denis Diderot, 『라블레』(1955)François Rabelais 같은 주요 인물과 이들보다는 비교적 덜 알려진 극작가 『뮈세』(1955)Alfred de Musset, 미술가 『피뇽』(1956)Edouard Pignon을 다룬 책이 포함된다.[235] 이 시기에 논의된 인물이 모두 프랑스 사람이라는 점은 무의미하지 않다 — 1957년의 레닌 관련 책은 예외다. 1953년에 르페브르는 더 일반적인 『미학시론』도 출간했다. 이 책은 원래 4년 일찍 쓰였지만 여러 정치적 이유로 출간이 보류됐다.[236] 그 책은 『유물론적 변증법에 의거해서』 총서 제8권에서 논의될 예정이었던 소재의 일부를 다뤘다. 그것은 결국 간행이 됐다. 그 이유의 일부는 르페브르가 마르크스에게서 갖고 와서 짜깁기한 인용구 하나를 그 책의 제명으로 썼기 때문이다. 이 인용 — "L'Art est la plus haute joie que l'homme se donne à lui même", "예술은 인간이 자신에게 주는 최고의 기쁨이다" — 은 다양한 출처에서 짜 맞춘 것이었다. 사실 르페브르는 이렇게 주장한다. 꽤 비슷한 문구가 마르크스에게서 보이는 것은 사실이다. "하지만 [그것에는] 한층 더 절제된 의미가 있다". 르페브르는 이렇게 한 일이 "수치스

러운 기만"이었음을, 그 책이 "아주 평범"했음을 인정한다.[237]

『미학시론』의 제명 중 다른 하나는 소련 이론가 즈다노프에게서 갖고 온 것이었으며 그 짜깁기와 함께 그 책의 간행은 물론 러시아어를 포함한 여러 언어로 된 번역까지 가능케 했다. 그것[그 두 번째 제명]은 우리가 그 [제명이 쓰일 수밖에 없었던 역사사회적] 맥락을 더 분명히 이해하는 데도 도움을 준다.[238] **투 캠프 독트린**이 학문과 외교 정책에 적용됐다는 얘기는 1장에서 했다. 하지만 이와 마찬가지로 즈다노프는 소련작가동맹과 더불어 사회주의 리얼리즘 노선을 포함한 더 많은 문화 정책을 수립하는 데도 중요했다. 그 결과 프랑스 공산당은 모든 형태의 미국주의에 반대한다고 선언했다. 그 저항에서 당의 역할을 이어가는 것이 한 가지 전략이긴 했지만, 이는 프랑스다운 것에 대한 강조와 짝을 이뤄 대개는 예술에서 전개됐을 뿐 아니라 미국적 소비주의와 문화 통제의 상징에 반대하는 장황한 비난을 통해서도 전개됐다. 포스터는 "만일 누군가가 미국인의 반공산주의에 찬성하면서 그쪽 진영에 빠져 들 준비가 돼 있지 않다면 — 더욱이 프랑스 지식인 중에 그런 준비가 된 사람은 거의 없었다 — 그이는 무조건 마르크스스주의를 러시아 사회주의와 동일시해야 했다"고 말한다.[239] 루이 아라공Louis Aragon 같은 마르크스주의자는 이런 새로운 제약 조건 속에서 위대한 프랑스 저술가들에 대한 읽을거리를 제공했는데, 최소한 표면적으로는 르페브르도 그 운동의 일부가 됐던 것 같다. 딱 봐도 정치적이지 않았던 인물을 자신의 글에 담음으로써 르페브르는 한층 더 큰 표현의 자유를 누리게 됐지만, 포스터처럼 "그는 문학 비평처럼 비교적 논쟁이 덜한 영역으로 한 발 물러났다"고 말하는 것은 오해를 사기 쉬울 것이다.[240] 르페브르는 분명히 팽팽한 긴장감이 감도는 분위기에서 작전을 수행하고 있다. 『미학시론』에 있는 제명들, 마르크스에게서 짜깁기한 것과 즈다노프에게서 갖고 온 것은 르페브르의 진로를 은폐하려는 시도다. 아울러 우리는 르페브르가 가끔 스탈린을 칭찬하는 말을 포함시켰다는 점도 유념해야 한다.[241]

이 책들에서 르페브르는 명백한 마르크스주의의 입장에서 지적 전기를 쓴다는 것의 의미를 발전시켜 나갔다. 나중에 분명해질 이유를 근거로 본다면 이는 일종의 지적 역사를 쓸 가능성이기도 했다. 그렇다고 해도 우리는 [정작 중요한 점을 포착하는 데는] 부주의하게 될 것이다. 우리가 그 선택된 인물들의 특수성에 주목하지 않는다면 말이다. 그들 대다수는 자신의 사상 때문에 종교적이거나 정치적인 박해를 받은 저술가들이었다. 예컨대 데카르트의 경우 갈릴레오에게 일어난 일을 목격하고 똑같은 일이 자신에게도 닥칠까봐 두려워 자신의 저술 상당수를 비밀로 했다. 디드로는 자신의 신앙 때문에 옥에 갇혔고, 파스칼은 예수회 기독교도에 맞서 앙투안 아르노Antonie Arnauld와 얀센주의를 옹호했다. 라블레의 저술은 교회가 "음란"하다며 금서로 만들어 버렸는데, 당시 그 말은 외설스럽다기보다는 도덕적·정치적으로 위험하다는 것을 뜻했다.[242] [그 인물들에게는] 르페브르 특유의 입장과 유사한 점이 있고 그것은 누가 봐도 쉽게 알 수 있다.[243] 마찬가지로 이 특정 사상가들에 대한 르페브르의 독해는 즈다노프식의 교조주의와 긴장 관계를 이루고 있었다. 우리가 본 것처럼 1958년에 르페브르는 결국 30년이나 몸담았던 당을 떠났다. 의심의 여지없이 마르크스에게서 갖고 온 그 짜깁기된 인용과 관련한 속임수는 르페브르에게 도움이 되지 않았다. 르페브르는 이렇게 말한다. 서로 다른 나라에서 온 몇 사람은 그 출처에 대해 묻고, 또 몇 사람은 그걸 찾으려고 마르크스의 책 전부를 읽은 것 같다![244] 따라서 르페브르가 이 이행기에 한 작업은 이처럼 미국주의에 반대함과 동시에 마르크스주의의 목적을 추구했던 프랑스의 문화자본에 대한 전유의 한 부분이었을 뿐 아니라 소비에트식 사고 내의 지배적 동향에 저항하는 수단이기도 했다. 예를 들어 『미학시론』에서 르페브르가 즈다노프의 제명으로 그에게 존경을 보이고 그 책의 처음 몇 줄을 재빠르게 부인했다 하더라도, 그 책은 사회주의 리얼리즘의 핵심 교리 일부와 교전을 벌인다.[245] 『디드로』의 출판은 수년 동안 저지당했다. 그것이 당 검열관들을 만족시키지 못했기 때문이었다.[246]

이 책들은 대체로 영어권엔 잘 안 알려져 있다. 실즈의 최근 연구에선 "문학적 인물들"과 관련한 작업이 지나가는 말로 언급될 뿐이다.[247] 그래도 제임슨Frederic Jameson의 『마르크스주의와 형식』에선 좀 더 길게 논의되고 있다.[248] 프랑스어로 된 에스의 전기에서도 언급은 비교적 적다.[249] 이 인물들[데카르트를 비롯한 여럿]과 관련한 르페브르의 작업을 놓고 볼 때 금방 눈에 띄는 한 가지는 르페브르가 논의 대상으로서 그 저술가들의 맥락적 배경 및 상황에 얼마나 많은 주의를 기울이는지, 또 그 책들 자체의 중요성이 얼마나 옳은 취급을 받지 못하고 있는지 하는 것이다. 이는 부분적으로는 르페브르가 이 저술가들을 문학 외의 관심사에 대한 대리인으로 활용하고 있었다는 나의 의혹으로 설명되지만, 그보다는 훨씬 더 근본적인 이유가 있다. 르페브르는 철학사가 오로지 더 일반적인 문화사·사상사·지식사의 한 장章으로 집필될 수밖에 없다고 주장한다. "그리고 이러한 역사는 **사상의 사회사** 이외의 다른 어떤 것일 수 없으며 **사상에 대한 사회적 비평**과 연결돼 있다".[250] 사상의 사회사는 사회사상사와는 그 뿌리부터 다르다. 사회사상사에선 "사회사상"이 다른 형태의 사상과 분리될 수 있는 것으로 상정되기 때문이다.[251] 자율적인 철학사라는 관념 곧 "사회적 '환경'에 대한, 그 시대에 대한 모호한 고찰로 졸렬하게 위장하고 있는" 그 생각은 "반드시 거부돼야 한다". 그러나 그 거부가 조잡한 유물론을 편들기 위해 이뤄져선 안 된다.[252] 오히려 우리는 사상을 역사적 사실 그 자체로 여겨야 한다. 이것이 정확히 사상 그리고 삶과 행동의 실제적 조건이 상호의존적 관계를 맺고 있음을 뜻하기 때문이다.[253] 한참 뒤에 르페브르는 역사 일반, 사상사, 생산의 역사 같은 역사의 다른 측면들에서 독립된 철학사가 있는지의 여부를 묻게 된다. 그의 대답은 '아니다'일 것이다. 다시 말해서 각각의 철학 체계에 내적 일관성이 있긴 하지만, 그래도 우리가 철학사를 상부구조의 역사에 편입시킬 순 없다.[254]

따라서 르페브르는 한 저술가의 작업을 이해하려면 집필 당시의 지적 맥락을 이해하는 것이 아주 중요하다고 생각한다. 예컨대 그는 파스칼에 대한 책에서 얀센주의, 파스칼의 저술, 기독교 그 자체의 자리를 역사적 사실의 맥락에 잡는다. 그는 그 책의 시작이 "이러한 이데올로기들의 자리를 객관적으로, 역사적으로 잡음으로써" 이뤄지는데, 이것이 "모든 마르크스주의적 연구에 필수적이기 때문"라고 말한다.[255] 이에 따라 그는 파스칼을 본격적으로 소개하기에 앞서 17세기 프랑스의 경제 상황, 군주국에서 발생하는 계급 분화, 반대 세력을 논의한다.[256] 당시의 정치적·과학적 발전은 경제적·사회적·종교적 쟁점만큼이나 제대로 된 이해에 결정적이다. 그 밖의 모든 사상가, 그 중에서 특별히 코페르니쿠스·갈릴레오·케플러와 예수회 같은 운동은 그 주장을 보완한다. 정치적 사건 역시 중요하다. 르페브르는 "프롱드의 난과 그 실패는 '위대한 세기' 및 파스칼의 삶을 뚜렷이 구분되는 두 부분으로 나눴다"고 말한다.[257] 라나베르Alain Lanavère가 말하는 것처럼 르페브르는 파스칼의 『팡세』를 "변증법적 저술"로 읽으면서 그것에 "비판적 마르크스주의의 원칙에 입각한 일관적 해석"을 부여했다.[258] 실제로 우리가 이 책들의 역사적 단면들을 합쳐 보겠다고 한다면 15세기 후반과 18세기 사이의, 제법 광범위한 프랑스 지성사를 손에 넣게 될 것이다.[259]

르페브르는 역사적으로도 변증법적으로도 충분치 못한 유물론은 관념론이나 다름없고, 그런 유물론이 [관념론에] 반대할 수 있는 방법에는 오직 무익한 것밖에 없다고 주장한다. 우리는 관념론과 유물론 사이의 균형과 통일을 일종의 변증법적 유물론으로 인정해야 한다.[260] 그는 이렇게 주장한다. 이데올로기의 역사는 그것이 피상적인 *(sommaire)* 유물론에서 드러날 법한 것보다 더 복잡하고, 그 유물론은 "변증법적으로 불충분하다 (또 그렇기에 역사적으로도 불충분하고 유물론적으로도 불충분하다!)".[261] 이어지는 주장처럼 "관념론 — 오류 덩어리로서 — 에 대한 철저한 비난은 그 비난에 대한 대칭적 오류 곧 그것을 진리 덩어리로 받아들이는 것이다".[262] 관념론적 주장 이를테면 신의 존재를 지지하는 존재론적 주장이 간단하게 거부될 수 있는 것은 아니지만 그 주장이 그것의 역사적 맥락에서 이해돼야 할 필요는 있다.

> 그것은 관념론의 역사적 갱생을 요청하지만 그 갱생과 관념론의 **복권** 사이에는 아무런 공통점도 없다. 오히려 그 반대다. 다시 말해서 관념론을 청산하는 유일한 방법은 그것을 정당하게 평가하고 **그렇게** 설명하는 것. 그 결과 관념론이 지식의 역사에서 담당했던 기능을, 또 어떤 획득이 (그 같은 관념론**으로 말미암**지 않고) 관념론을 **통해** 이행履行되는지를 설명하는 것이다.
>
> 그렇게, 오직 그렇게 관념론적 주장은 실패한다![263]

『파스칼』의 두 번째 권은 흥미롭게 시작한다. 르페브르가 이 책의 수용과 관련한 얘기를 하기 때문이다. 그의 접근에 비판적인 사람들은 분명히 있었다. 루카치는 그것을 맘에 들어 했지만, 그 밖의 사람들은 르페브르가 얀센주의·예수회·실존주의에 동조한다고 어림짐작하면서 그를 비판했다.[264] 이에 대응해서 르페브르는 마르크스주의 역사가는 안과 밖, 내부와 외부 사이를 오가야 한다고, 오직 한쪽으로 가는 것만 갖고는 안 된다고 말한다. 외부적 맥락은 독해를 결정하기도 하고, 그 독해로써 구체화되어 드러나기도 할 것이다. 파스칼의 『팡세』는 시대의 생산물이자 시대의 생산자로 읽힐 수 있다. 우리가 봤다시피 르페브르는 토대-상부구조 모델이 한 방향이 아니라 변증법적 관계에서 검토돼야 한다고 본다. 그는 이것이 객관적인 것과 주관적인 것 간의 관계와 같은 것이라고, 레닌이 헤겔에 대한 자신의 주석에서 이것을 보여줬다고 한다.[265]

르페브르는 우리가 특정 사상가의 후대에 생겨난 문제틀의 의미를 그이에게 부여하지 않아야 함을 인정하는 것이 중요하다고 주장한다. 예를 들어 데카르트를 관념론자 아니면 유물론자로 이해하려 애쓰는 것은 오해를 사기 쉽다. 그 노력은 사적·변증법적 유물론에 어긋난다. 그것이 시간을 초월하는 이해에 의존하기 때문이다. 관념론과 유물론 사이의 구분은 데카르트 뒤에 생겨났고, 그렇기에 그 구분은 우리가 그의 작업을 이해하는 데 도움이 안 된다.[266] 당시[1940년대 후반-50년대 후반] 데카르트에 대한 즈다노프주의적 독해가 데카르트를 조잡한 기계주의자로 환원함에 따라 르페브르가 그 독해를 논박한다는 점은 기억해 둘 만하다.[267] 데카르트의 작업이 추상적인 것에서 구체적인 것으로 옮겨가고 그 구체적인 요소가 인간이긴 하지만, 이 점이 그가 자신의 시대를 초월해서 한 명의 마르크스주의자 — 마르크스보다 두 세기나 앞서 — 가 됐음을 뜻하진 않는다. 오히려 데카르트의 구체적 요소는 인간이지 마르크스에게 구체적 요소가 되는 **사회적** 인간이 아니다.[268]

데카르트 철학을 형식적으로 곧 여러 학설 — 중세의 학설들, 르네상스의 학설들 — 의 추상적 계승 속에서 고려하는 것은 말이 안 된다. 그것은 데카르트를 그가 살았던 시대의 외부에서 그를 연구하는 것과 같다.[269] 오히려 우리는 어떻게 그의 작업을 중층적이고 때로는 모순적인 지적·사회적 흐름의 맥락에서 분석해야 할지를 이해해야 한다. 예컨대 『방법서설』*Discourse on the Method*은 일종의 선언으로 이해돼야 하는데 이는 삼중적 의미에서 그렇다고 르페브르는 주장한다. 첫째, 서구 문명에 대한 선언이다. 이때 서구 문명은 신화·종교·중세의 농업 문명에 기대고 있다. 다음, 산업사회에 대한 선언이다. 이때 산업사회란 자연과 지구에 대한 근대적 인간의 장악 — 자기 고유의 목적을 위해 자연을 알고, 지배하고, 이용하는 것 — 을 뜻한다. 끝으로 욱일승천하는 부르주아지와 자유주의에 대한 선언이다.[270] 이 모든 것이 『방법서설』의 맥락을 형성하는 것이다. 그렇긴 해도 르페브르에겐 마지막 의미 — 부르주아지와 자유주의의 출현 — 가 특별히 중요해 보인다.

이것은 왜 그런가? 르페브르는 '나는 존재한다'에 대한 존재론적·인식론적 강조와 함께 출현한 개인과 그 개인의 자유를 부각한다. 이는 합리적인 것에 대한 의식과 짝을 이루고, 이것들은 또 다 같이 고전적, 부르주아 자유주의의 합리적 개인 곧 사리사욕을 추구하는 개인을 형성한다. 어떤 사상가는 데카르트 이전에 이러한 구상에 이바지했고, 어떤 사상가는 데카르트를 좇아 그 구상에 계속 매달려 그 중 어떤 점은 풍성하고 분명하게 또 어떤 점은 애매하게 만들었다. 르페브르는 전자 중에서는 라블레·칼뱅·몽테뉴에게 주목한다.[271] 파스칼은 확실히 후자에 속하는 사상가 중 한 명일 것이고 로크처럼 [후자에 속할 것이] 더 분명한 인물도 있다. 이 모든 사상가는 자연과학과 생산기술 및 생산력의 발전에서 부르주아 계급이 맡았던 역사적 역할에 이바지한다. 사실 르페브르는 이렇게 말한다. 역사가에게 선언으로서 『방법서설』은 또 다른 선언[『공산당 선언』]에 필적하는 듯 보이는데, 그것은 두 세기 후 산업 프롤레타리아트의 이론적·정치적 우세가 시작했음을 알렸다.[272] 1936년에 르페브르와 구테르망이 주목하는 것처럼 "마르크스의 그 비판적 저술은 그의 걸출한 선배들 — 라블레, 몽테뉴, 데카르트, 『신학정치론』*Theological-Political Treatise* [스피노자], 디드로의 작업 — 없이는 이해될 수 없다".[273]

르페브르는 데카르트가 즉시 새로운 뭔가로 지향은 **하면서도** 그 뿌리는 자신이 글을 쓰고 있던 시대에 내리고 있는 사상가로 이해돼야 한다고 강조한다. 르페브르가 말하는 것처럼 데카르트는 자신의 시대를 "초월"할 수 없다. 데카르트 관련 저술가들 이를테면 에티엔 질송Étienne Gilson처럼 데카르트의 작업에 있는 중세적·신학적·신화적 측면을 강조하거나[274] 그를 전적으로 또 일관되게 합리적으로 보는 이들[275] 대신 우리는 "진정한 데카르트"를 발견할 수 있으며 그 목적은 "변증법적 유물론이라는 객관적 방법"을 통해 달성될 수 있다.[276] 르페브르가 강조하듯이 "철학은 신학의 '세속화'다. 철학은 별 어려움 없이 천천히 신학에서 떨어져 나온다".[277] 데카르트의 작업은 광범위한 영향을 끼쳐 왔고, 그 방식은 극도로 복잡하고 모순적이다. 르페브르는 이러한 모순이 데카르트 철학의 내적 모순으로써 설명될 뿐더러 오직 그것을 거쳐야만 설명 가능하다고 본다. 하지만 이것이 단순히 사상**사** 속의 한 가지 활동인 것만은 아니다. 왜냐하면 르페브르의 현명한 말처럼 현시대의 프랑스 사상 모두 조금씩은 데카르트식이기 때문, 그것에 그렇지 않다는 믿음이 실려 있을 때조차도 그렇기 때문이다.[278]

우리는 유사한 탐구를 라블레에 대한 책에서도 발견한다.[279] 라블레의 저술은 오늘날 대체로 바흐친의 중요한 연구를 통해 해석되고 있다.[280] 하지만 들로리-몽베르제Christine Delory-Momberger가 말하다시피 바흐친의 책이 1940년대에 쓰이긴 했어도 25년 동안은 출간도 되지 않았고 더욱이 프랑스에서는 1970년이 돼서야 간행됐다.[281] 우리가 라블레를 이해할 수 있는 방법에는 여러 가지가 있다 — 반교권주의적 무신론자·왕실특권의 옹호자·합리주의의 선구자로서 또는 에라스무스의 종교적 신봉자·인간주의자·로마의 지배에 대항한 특정 종교관의 옹호자로서.[282] 낭만주의 또한 라블레의 작업에서 손뼉 칠 일을 많이 발견했다.[283] 데카르트의 경우와 마찬가지로 르페브르는 "라블레의 진면모"는[284] 뭔가의 사이 어디엔가 있다고 주장한다. 그는 종교적 질문의 첨점에서 자신이 살던 시대에서 충분히 벗어날 수도 없고, 그 안에서 완전히 뿌리 내리지도 못한다. 데카르트를 관념론자로 보느냐 아니면 유물론자로 보느냐의 논의와 마찬가지로 라블레가 무신론자냐 아니냐의 논의 또한 현대적 문제틀의 의미를 다시 그의 작업에 부여하는 것이다. 르페브르는 라블레를 이렇게 본다. 라블레, "현실적인 몽상가", 자신의 발을 구체적인 현실과 이상주의적 열망 둘 다에 담그고 있는,[285] 그래서 모든 범위의 해석에 열려있는 사람.[286]

이 책의 계획은 파스칼 및 데카르트 관련 저술의 계획들과 놀라울 정도로 비슷하다. 르페브르는 주제별 — 거인의 주제나 항해의 주제 — 보다는 마르크스주의의 윤곽을 따라 라블레를 연구하려는 목표를 잡는다. 그렇기에 그는 라블레의 삶의 전주로는 16세기 프랑스의 경제적·사회적 상황을, 그러고 나서 최종적으로는 그의 작업을 논의한다.[287] 파스칼과 데카르트 둘 다와 마찬가지로 라블레도 중요하다. 그가 이행적인 — 자신의 시대에 온전히 속한 것도 아니고 그것을 완전히 초월한 것도 아닌 — 인물이기 때문이다. "라블레의 책 다섯 권은 우리에게 이미 이 시대의 **반영**인 것처럼 보인다. **살아있는 거울**인 것이다".[288] 그의 작업을 통해 우리는 초창기의 문학적 형식 이를테면 호머의 서사시 『오디세이』를 떠올리지만 — 특별히 발자크의 『인간희극』 *Comédie humaine* 같은 — 근대소설을 기대하기도 한다. "이 위대한 문학 형식 둘 사이에서 라블레의 책은 이행을 대변한다. 그것이 여전히 한 편의 서사시인 까닭은 풍자적인 모험담이기 때문이고, 이미 한 편의 소설인 까닭은 최초의 근대적 개인 곧 **파뉘르주**Panurge를 다룬 소설이기 때문이다."[289]

라블레의 책을 이해하는 데는 많은 어려움이 있고, 그 중에는 전문 용어, 방언, 고문체와 풍부한 언어유희, 희극적 형상을 포함한 그의 폭넓은 어휘가 있다.[290] 코헨John Michael Cohen이 짚어내듯이 보통 배설 및 성과 관련한 언어를 가리키는 **라블레이시안** *Rabelaisian*이라는 용어는 더 적절하게는 그의 장황함과 수다에 적용될 수도 있다.[291] 그렇게 말하는 것이 '**라블레이시안**'이라는 용어의 일반적 의미가 엉뚱한 데 있다는 뜻은 아니다. 라블레는 극적이고 희극적인 효과를 위해 흔히 상스러움, 거침, 음란, 방탕함, 잔인함, 학살, 야만스러움을 [나타내는 언어를] 사용한다. 그런 만큼 라블레의 출처는 광범위하고 그것은 그가 엄청나게 박식하다는 것을 보여준다. 이는 단순히 그가 풍자하는 대상뿐 아니라 그가 활용하는 문학적 전통 — 켈트족의 신화와 그 밖의 것, 종교 텍스트, 문학 저작 — 의 관점에서 봐도 마찬가지다. 예컨대 가르강튀아 Gargantua 얘기는 라블레[가 살던 시대] 훨씬 이전에 인기가 있던 것으로서 특정 장소, 산, 또 그 밖의 자리에 붙어 있던 이름이었으며, 마찬가지로 팡타그뤼엘Pantagruel은 "작은 도깨비 곧 친근한 요정의 이름이었다*(un lutin, un elfe familier)*".[292] 아서왕의 전설에서 멀린Merlin은 곡과 마곡God and Magog에 맞서 싸우는 왕을 돕는 거인들을 만들어 냈다.[293] 그러한 전설을 토대로 당시 대중적 인기를 끌었던 『가르강튀아 대연대기』*Les Grandes et inestimables Croniques: Du grant et enorme geant Gargantua*는 『팡타그뤼엘』과 같은 해에 출간됐고, 라블레는 후자의 프롤로그에 전자를 인용한다.[294] 그러므로 라블레를 읽는 데는 그의 영감과 풍자가 어느 출처에서 비롯하는지에 대한 일정 수준의 지식은 물론 그의 책에 더 "상스러운" 측면이 있다는 것에 대한 인정이 필요하다.[295] 르페브르의 충고처럼 우리는 그의 어마어마한 풍부함을 혼동으로 착각해선 안 된다.[296]

따라서 라블레에 대한 르페브르의 독해는 광범위하고 그 자리는 역사적으로 잡힌다. 그는 라블레의 작업이 크게 두 가지 — 농민의 삶과 새로운 부르주아 계급, 곧 중세도시의 상인 부르주아지 대신 상업 및 공업계급 — 의 영향을 받았다고 주장한다. 우리는 스콜라 철학과 트리엔트 공의회(1545-53) — 곧 사상의 영역 — 의 중요성만 강조할 것이 아니라 차라리 사회의 경제적 토대 속에서 발생하는, 그러니까 봉건제에서, 부상하는 자본주의로 진행하는 이행을 인식해야 한다.[297] 『가르강튀아와 팡타그뤼엘 이야기』는 어떤 새로운 사회, 곧 미래에 대한 모든 기대와 새로운 사상의 폭발이 있고 정체와 실망이 자리 잡기 전의 사회가 시작할 때 집필된다.[298] 그곳엔 여전히 축적과 유희 사이의 균형을 잡을 수 있는 능력이 있다. 곧 노동의 분화는 자리 잡지 않았고, 지적 노동은 실질적·육체적 노동, 사회적 삶, 삶 전체와 분리되지 않는다.[299] 이와 마찬가지로 라블레의 작업은 국가적인 것의 탄생 곧 프랑스의 성장기*(jeunesse)*를 조명하는 데 큰 역할을 담당하는데, 그 탄생은 백년전쟁과 국가적 상징인 잔 다르크에서 비롯한다.[300] 라블레는 프랑스어가 라틴어에서 떨어져 나와 제 모습을 확실히 갖추게 되는 데서도 아주 중요하다. 라틴어가 성직자와 귀족의 언어였던 반면, 프랑스어는 직접적인 것에 더 가까웠고 추상화에는 별로 적합하지 않았다. 하지만 르페브르는 이렇게 주장한다. 라블레는 프랑스어를 철학적 위엄이 있는 언어로 격상시키면서도 프랑스어의 대중적 특성은 잃지 않았으며, 이것을 누구보다도 이를테면 칼뱅보다도 앞서 또 몽테뉴와 데카르트보다는 훨씬 더 앞서 이룩했다.[301] 그렇다면 라블레는 적어도 언어학적 층위에서는 프랑스의 루터로 보일지도 모른다.[302]

그러나 르페브르는 "라블레, 새롭게 부상하는 계급의 저술가이자 대변인으로서 그는 **농민** 저술가이며 사실 그 저술가 중 가장 위대한 사람"이라고 주장한다.[303] 라블레는 농민의 솔직한 순박함과 흙냄새 나는earthy 언어를 칭송한다. 그 자신 아는 게 아주 많은 사람인데도 말이다. "그는 모든 종류의 배움과 이론에 몹시 들떠 있었지만 농민의 흙냄새 나는 상식을 가진 사람이기도 했다".[304] 르페브르는 얼마간의 과장을 섞어 이렇게 말한다. "이 시대의 오직 한 사람만 그의 지식과 천재적 능력의 범위에서 라블레와 비교될 만하다. 바로 레오나르도 다 빈치다".[305]

이에 따라 라블레에 대한 자신의 분석에서 르페브르는 농촌사회, 성적 행위와 축제 행사, 음식물과 관련한 몇 가지 중요한 논의를 제공한다. 이 축제 행사에는 자유와 집단적 도취*(une 'ivresse' fusionelle)*의 특징이 있고, 그것에는 먹을 수 있을 만큼 먹고 취할 때까지 마실 자유*licence*와 이 축제를 통해 자연과 사회 성원들 간의 교감을 실현할 자유가 있다.[306] 르페브르는 루벤스의 그림 『마을축제』*Kermesse* (The Village Féte)를 이러한 라블레풍의 장면을 보여주는 삽화로 사용하면서 그 그림이 "사람 살flesh의 범람과 소용돌이, 광란, 음주, 짐승 같은 격분으로 뒤엉킨 남녀들"을 보여준다고 말한다.[307] 농민축제는 "주지육림orgiastic이자 공동체의 훈육이 무너질 때 창출되는 순간적 무질서를 통해 이미 축전祝典이 되어 버린 질서"였다.[308] 카니발의 분위기는 일상생활에 내재해 있는 고유의 것이었다. 농민의 삶에 대한 이러한 분석을 통해 르페브르는 집단적 관습이 생산사회의 출현 및 그 사회가 개인화하는 도덕성과 충돌하는 방식을 조명할 수 있게 된다.[309] 그가 한 중요한 말처럼 잠깐 *Paganus*시골·농촌과 관련한, 소박한, peasant(*paysan*)농민이 'pagan'(*païen*)이교도을 의미한다는 것을 잊지 않도록 하자. 이 단순한 어원은 프랑스에서 어떤 중요한 역사적 진실과 조응하는데, 우리가 그 진실을 너무 강력하게 주장할 수는 없다.

그것은 도덕과 습관, 이단적 언사와 마법으로써 기독교에 저항했던 그 수세기의 시대 전체와 이데올로기를 분명하게 한다.[310]

예를 하나 들어보자 — 성이라는 것 말이다. 르페브르는 성이 개인적 도덕성의 문제가 아니라 집단적 관습에 얽매인 무엇이라고 주장한다. 본능과 개인적 양심 사이에 도덕적 갈등이 있었던 것이 아니라 준수됐어야 하는 관습과 제의祭儀가 있었던 것이다. 결혼 전의 여성에게는 상당한 자유가 있었지만 결혼 후에는 정절에 대한 엄격한 통제가 있었고, 그것에는 위반에 대한 만만찮은 제재가 따랐다. 르페브르는 성이 도덕성이라는 말의 정확한 의미에 있는 것이 아니라 우리 자신의 것과는 다른, 집단적·가족적 층위의 삶과 관련한 관습 및 조직을 뜻한다고 주장한다.[311] 라블레의 글들은 농촌공동체 및 대가족의 붕괴를 수반하면서 새롭고 개인주의적인 도덕성으로 진행되는 이행, 그러니까 도시 및 사회의 원자화로 진행되는 이행의 기로에 있다. 새롭게 등장한 금지와 필수품은 새로운 도덕성을 빚어낸다. 그것은 트리엔트 공의회로 특별하게 표현되고 농민의 옛 관습과 충돌한다.[312] 그렇기에 라블레는 "'상스러운'(*grossier*) 이로도 '비도덕적인' 이로도 여겨져선 안 된다 — 누구보다도 **비도덕적**이지 않다".[313] 오히려 그는 실지로 한계 사례를 보여주는 이로 간주돼야 한다. 어떤 의미에서 르페브르는 그를 "위대한 도덕주의자 … 도덕 내의 고안자이자 도덕의 고안자"로 본다. 하지만 이는 개인주의적인 도덕성, 부르주아 도덕성이다 — 적어도 그것의 발생기 상태, 그것이 더 청교도적으로 되기 전에는 그랬다.[314]

르페브르는 이교도와 농민의 상호관계가 라블레의 책에선 어떻게 작동하는지를 추적하는데, 이는 라블레가 활용하는 농경 신화가 고대 문화에 없어선 안 될 것이었음을 보여줌으로써 이뤄진다.[315] 그 거인들의 기원은 농민에게 있다. 다시 말해 그 거인들은 "카니발·축제·농경의례에서 비롯하여 마을축제(*kermesses*) 및 기념제(*frairies*)의 시기와 파종기·추수기·포도 수확기에 벌어지는 거대한 낭비를 표상한다".[316] 그 거인은 괴물이 아니라 덩치가 큰 사람일 뿐이다. 모든 것은 과도하게 수용된다.[317] 우리가 더 평범하고 더 일상적인 층위에서 인간 삶에 대해 더 많은 통찰력을 얻게 되는 것은 바로 이러한 과잉 속에서다. 그렇기에 우리는 라블레가 받은 모든 종류의 영향을 알 수 있게 된다 — 고대·중세·르네상스에서, 농민의 삶·부상하는 부르주아지의 삶에서, 프랑스·왕의 수행단·교회에서. 가르강튀아와 팡타그뤼엘이 주인공인 책들은 한편으로는 기사도 얘기처럼 읽힌다. 그들은 영웅의 탄생, 그이의 교육과 어린 시절, 영웅적 쾌거(prouesses)를 추적한다. 하지만 다른 한편으로 그 책들은 『돈키호테』 같은 패러디다. "그것들은 웃음을 통해 중세를 '청산'한다".[318] [라블레의 그 책들을] 세르반테스의 책과 비교해 보는 것은 유용하다. 여기서도 우리는 현실적인 것과 환상적인 것의 혼합, 패러디라는 그 주제에 대한 애정, 패러디된 책의 형식주의적 윤곽을 발견하기 때문이다. 또한 세르반테스[의 경우]와 마찬가지로 패러디는[패러디한 것은] 어떻게 보면 패러디된 것보다 더 과도하다. 물론 그것들이 정확히 똑같다는 말은 아니다. 라블레의 책에서 "중세의 영웅은 **착한 거인** 곧 헤라클레스와 성군聖君이 돼서 이 세상에서 괴물들을 없애고 평화와 현자의 시대가 편히 자리 잡도록 한다".[319] 프레스콧Anne Lake Prescott이 언급하듯이 "실제로physically 경이로운 업적과 괴물은 중세와 초기 근대 사이의 여백에 집중됐지만 문화적으로 그것들은 유럽식 상상력에 아주 중요하다".[320]

예술적 표현에 대한 르페브르 고유의 시도가 간략히 언급돼야 할 것 같다. 예를 들어 그는 희곡 세 편을 담은 선집을 발간했고, 자신의 책 몇 권에는 — 가장 눈에 띄는 것은 『합과 나머지』다 — 시를 실었고, 그가 관여하고 있던 저널의 몇몇 호號에서는 직접 제작 활동artwork을 했다.[321] 1937년엔 당시 그의 아내였던 앙리에트 발레Henriette Valet가 『형편없는 시대』*Le mauvais temps*라는 제목의 소설을 간행했는데, 트레비슈에 따르면 그것은 르페브르가 구테르망에게 쓴 편지에서 자신이 그 소설에서 해야 할 역할이 있다고 말했던 것이다.[322] 내가 르페브르의 작업에 있는 이 부분을 분석하려 들진 않겠지만 그래도 그것들이 가장 성공적인 측면은 아니었다는 말은 해야겠다. 예컨대 그의 희곡에는 이름 없는 인물들이 등장하고, 기독교에 대한 비판, 정치적 소극, 일상의 풍자가 포함된다. 그것들은 내 눈에는 시대에 뒤처진 듯 보이고 말하자면 사르트르의 글에 있는 힘 같은 것은 아무것도 안 갖고 있는 것 같다.[323]

이러한 저술가들[데카르트에서 피농까지]에 대한 르페브르의 작업에는 숨은 어젠다 같은 것이 있다. [1940년대 말에서 50년대 말 당시의] 정치적 상황이 긴박했는데도 르페브르는 사적 유물론, 자본주의의 시작과 부르주아지의 등장, 역사적 맥락과 결정주의의 쟁점, [또 그것들과] 관련[한] 문제에 대해 집필할 수 있었다. 그러나 또 하나 분명한 것은 이런 작업을 통해 그는 추후 작업에서 더욱 충분히 전개될 관심사를 추구할 수 있었다는 점이다. 가장 놀라운 예시 하나는 『데카르트』를 통해 수행한 공간 관련 작업인데 그것은 『피농』에서도 중요한 주제다. 이 연결 고리는 5장에서 더 세심하게 다뤄질 것이다.[324] 『라블레』에 있는 농촌 관련 논의는 르페브르의 일상생활 관련 저술과 그 밖의 농촌사회학 관련 저술에 중요하다.[325] 마찬가지로 축제인 **페트***fête*의 개념은 르페브르의 저술에서 한결같이 전개된다. 관련 예시로는 — 『라블레』와 깜짝 놀랄 만한 연속성을 공유하는 — 『비판』 뿐 아니라 파리코뮌 및 1968년의 사건들에 대한 분석을 들 수 있다. 이 주제들은 3장과 4장에서 논의될 것이다.

| 주 |

1 예컨대 다음 문헌을 볼 것 — Louis Soubise, *Le Marxisme après Marx (1956-1965) Quatre marxistes dissidents français*, Paris: Aubier Montaigne, 1967; Alfred Schmidt, 'Henri Lefebvre and contemporary interpretations of Marx', in Dick Howard and Karl E. Klare (eds), *The Unknown Dimension: European Marxism since Lenin*, New York, 1972, pp. 322-41; Mark Poster, *Existential Marxism in Postwar France: From Sartre to Althusser*, Princeton: Princeton University Press, 1975; Michael Kelly, *Modern French Marxism*, Oxford: Basil Blackwell, 1982; Tony Judt, *Marxism and the French Left: Studies in Labour and Politics in France, 1830-1981*, Oxford: Clarendon Press, 1986.

2 예를 들어 'Toward a Leftist Cultural Politics: Remarks Occasioned by the Centenary of Marx's Death', in Gary Nelson and Lawrence Grossberg (eds), *Marxism and the Interpretation of Culture*, London: Macmillan, 1988, pp. 75-88, p. 76을 볼 것.

3 Henri Lefebvre and Leszek Kolakowski, 'Evolution or revolution', in Eons Elders (ed.). *Reflexive Water: The Basic Concerns of Mankind*, London: Souvenir Press, 1974, pp. 201-67, p. 205.

4 *Hegel, Marx, Nietzsche ou le royaume des ombres*, Paris: Gastermann, 1975, p. 18.

5 Henri Lefebvre and Catherine Régulier, *La révolution n'est plus ce qu'elle était*, Hallier: Éditions Libres, 1978, p. 200.

6 *De l'État*, Paris: UGE, 4 volumes, 1976-8, IV, p. 16. <옮긴이> '도시사회' 및 '차-등(적인 것)le différentiel'의 번역어와 관련해서는 4장의 주 167 및 관련 본문을 함께 볼 것.

7 *Le retour de la dialectique: 12 mots clefs*, Paris: Messidor/Éditions Sociales, 1986, p. 13. 아울러 그는 자신의 작업대 위에 『즐거운 학문』, 『도덕의 계보학』, 『요강』, 헤겔의 『정신현상학』이 주요 텍스트로 있었다고 말한다 — *La présence et l'absence: contribution à la théorie des representations, Paris*: Casterman, 1980, p. 7. Bud Burkhard, *French Marxism Between the Wars: Henri Lefebvre and the 'Philosophies'*, Atlantic Highlands: Humanity Books, 2000, p. 233 n. 28을 볼 것. <옮긴이> 콘스탄트 니벤헤쉬는 '콘스탄트'로 더 자주 불리는 네덜란드의 화가·조각가·그래픽(비주얼)아티스트·작가·음악가이자 상황주의 건축가이기도 하다. 상황주의 건축 프로젝트 『신바빌론』*New Babylon*이 널리 알려져 있다. 더 자세한 내용은 다음을 볼 것 — Mark Wigley, *Constant's New Babylon: The Hyper-Architecture of Desire*, Rotterdam: 010 Publishers, 1998; 봉일범, 「일원적 도시계획과 뉴 바빌론」, 『도시: 사건과 구조』, 서울: 시공문화사, 2002; 신정훈, 「'포스트-민중'시대의 미술: 도시성, 공공미술, 공간의 정치」, 『한국근현대미술사학』, 20, 한국근현대미술사학회, 2009, 249-68쪽, 특별히 262-3쪽; 클라우스 호네프, 「모험의 차원에서 작용하기: 콘스탄트에 관한 소고」, '콘스탄트', <금보성 아트센터>(블로그) — 이 블로그 자료는 아마도 Klaus Honnef, *Constant: 1945-1983*, Köln: Rheinland-Verlag; Rheinisches Landesmuseum Bonn, Netherlands Ambassade (Germany: West), 1986과 관련이 있지 않을까 싶다. 니체의 『철학자의 책』과 관련해서 좀 더 자세한 내용은 Christoph Cox, *Nietzsche: Naturalism and Interpretation*, Berkeley: University of California Press, 1999, p. 186, n 41을 볼 것. 참고로 『철학자의 책』의 서구권 번역과 관련한 서지정보는 다음과 같다. *Le Livre du philosophe:*

études théoriques, Angèle Kremer-Marietti (tr.), Paris: Aubier-Flammarion, 1969; *Philosophy and Truth: Selections from Nietzsche's Notebooks of the Early 1870s*, Daniel Breazeale (ed.), Humanity Books, 1993 (first published 1979).

8 G. W. F. Hegel, *Enzyklopädie de philosophischen Wissenschaften 1*, in *Werke: Theorie Werkausgabe*, Frankfurt: Suhrkamp Verlag, 1970, Bd. VIII; translated by William Wallace as *Hegel's Logic*, Oxford: Oxford University Press, 1975, 또 *Wissenschaft der Logik*, in *Werke*, Bd. V-VI; translated by A. V Miller as *Hegel's Science of Logic*, London: Allen & Unwin, 1969. *Pour connaître la pensée de Lénine*, Paris: Bordas, 1957, p. 202를 볼 것.

9 예를 들어 *Métaphilosophie*, Paris: Éditions Syllepse, 2nd edition, 2001 (1965), p. 66; *La présence et l'absence*, pp. 128-9를 볼 것. 이 참조문헌 중 마지막 것에는 셸링이 근대철학에 끼친 중대한 영향의 이유 다섯 가지가 죽 나와 있고, 특별히 그가 엥겔스에게 끼친 영향이 언급돼 있다. 이와 관련해서는 *Le retour de la dialectique*, p. 60을 볼 것. 구테르망의 글에서는 셸링에 대한 관심이 변치 않음이 드러난다. 셸링의 『대학공부에 대하여』[*On University Studies*]의 영역본 편집과 함께 그는 셸링에 대한 책 한권을 계획했고, A5 공책 몇 권을 이런저런 생각과 초안으로 채웠다 — Guterman Archive, Box 8. <옮긴이> *Métaphilosophie*가 최근 영어로 편역됐다. *Metaphilosophy*, translated by David Fernbach, edited with an introduction by Stuart Elden, London: Verso, 2016. 구테르망이 관여한 『대학공부에 대하여』의 영역본 서지정보는 다음과 같다 — Schelling, F.W.J., *On University Studies*, translated by E.S. Morgan, Norbert Guterman (ed.), Athens: Ohio University Press, 1966. 원제는 *Vorlesungen über die Methode des akademischen Studiums*로서 그것엔 셸링이 27살이던 1803년에 대학에서 하는 공부, 특별히 철학공부의 개념에 대해 진행한 일련의 강의가 실려 있다. 이런 까닭에 『대학공부의 방법에 대하여』[*On the Method of Academic Study*]로 불리기도 한다. 좀 더 자세한 내용은 다음 누리집을 볼 것 — 'Friedrich Wilhelm Joseph von Schelling', *Stanford Encyclopedia of Philosophy*, https://plato.stanford.edu /entries/schelling/; 'Schelling *On the University*', *Naught Thought*, https://naughtthought. wordpress.com/2011/10/04/schelling-on-the-university/.

10 *Du rural à l'urbain*, Paris: Anthropos, 3rd edition, 2001 (1970), p. 7.

11 또한 Eleonore Kofman and Elizabeth Lebas, 'Recovery and reappropriation in Lefebvre and Constant', in Jonathan Hughes and Simon Sadler (eds), *Non-Plan: Essays on Freedom Participation and Change in Modern Architecture and Urbanism*, Oxford: Architectural Press, 2000, pp. 80-9를 볼 것.

12 *Qu'est-ce que penser?* Paris: Publisad, 1985, pp. 61-2를 볼 것.

13 *Hegel, Marx, Nietzsche*, p. 146. 또한 *De l'État* I, p. 233; *La présence et l'absence*, p. 151을 볼 것.

14 Remi Hess, 'Henri Lefebvre "Philosophic"', in *L'existentialisme*, Paris: Anthropos, 2nd edition, 2001 (1946), p. xvii.

15 Burkhard, *French Marxism Between the Wars*; Michel Trebitsch, 'Les mésaventures du groupe Philosophies, 1924-1933', *La revue des revues* 3, Spring 1987, pp. 6-9; 'Le groupe "philosophies", de Max Jacob aux surrealists 1924-1925', *Le cahiers de l'THTP* 6, November 1987, pp. 29-38; 'Le groupe Philosophies et les surréalists (1924-1925)', *Mélusine: Cahiers du centre de recherches sur le surréalisme* XI, 1990, pp. 63-75. 허구화된 설명은 다음에 나타난다 — Paul Nizan, *La conspiration*, Paris: Gallimard, 1938. 아울러 'A group of young philosophers: a

conversation with Henri Lefebvre', in Bernard-Henri Lévy, *Adventures on the Freedom Road: The French Intellectuals in the Twentieth Century*, translated by Richard Veasy, London: Harvill, pp. 131-8을 보고, 간략한 논의는 Pascal Ory and Jean-François Sirinelli, *Les intellectuels en France: de l'affaire Dreyfus à nos jours*, Paris: Armand Colin, 1992, p. 87을, 이 기간과 관련해서 더 일반적인 논의는 Robert S. Short, 'The politics of surrealism, 1920-36', *Journal of Contemporary History* 1(2), 1966, pp. 3-26을 볼 것.

16 *La somme et le reste*, Paris: Meridiens Klincksieck, 3rd edition, 1989 (1959), p. 248.

17 *La somme et le reste*, p. 392.

18 'A group of young philosophers', p. 134.

19 예를 들어 'Introduction: Le même et l'autre', in Friedrich Schelling, *Recherches philosophiques sur l'essence de la liberté humaine et sur les problèmes qui s'y rattachent*, translated by Georges Politzer, Paris: F. Rieder, 1926을 볼 것. 아울러 다음의 논평도 볼 것 — 'Une tentative métaphysique: "La dialectique du monde sensible" de Louis Lavelle', *Philosophies* 3, September 1924, pp. 241-8.

20 *L'existentialisme*, p. 16. (Pierre Morhange), 'Billet de John Brown où l'on donne le la', *Philosophies* 3, September 1924, pp. 249ff를 볼 것.

21 *L'existentialisme*, pp. 16-17 n. 2; *La somme et le reste*, p. 512. Poster, *Existential Marxism in Post-war France*, p. 115를 볼 것. 이 글들은 'Critique de la qualité et de l'être: fragments de la philosophic de la conscience', *Philosophies* 4, November 1924, pp. 24Iff; 'Positions d'attaque et de defence du nouveau mysticisme', *Philosophies* 5/6, March 1925, pp. 471-506이다. 나중의 두 편, 'La pensée et l'esprit' *L'esprit* 1, May 1926, pp. 21-69; 'Notes pour le process de la chrétienté', *L'esprit* 2, January 1927, pp. 121-47 또한 이 같은 최초 기획에서 비롯한다.

22 *Qu'est-ce que penser?*, p. 168 n. 1. Hess, 'Henri Lefebvre et le projet avorté du *Traité de matérialisme dialectique*', p. xvii을 볼 것.

23 'Introduction: Le même et l'autre' p. 1.

24 *La somme et le reste*, p. 420. 셸링 프로젝트는 415-24쪽에서 논의하고 있다. *Qu'est-ce que penser?*, p. 157.

25 *L'existentialisme*, p. 30.

26 *La somme et le reste*, p. 439.

27 *La somme et le reste*, p. 441. 1959년에 르페브르는 『철학의 위기』*Crise de la philosophie*라는 제목의 책을 차차 집필할 것이라고 하지만 아예 출간이 안 됐다. 'Avant-propos à la deuxième édition', in *Problèmes actuels du marxisme*, Paris: PUF, 2nd edition, 1960 (1958), p. viii.

28 *L'existentialisme*, p. 41; *Key Writings*, edited by Stuart Elden, Elizabeth Lebas and Eleonore Kofman, London: Continuum, 2003, p. 6.

29 *La somme et le reste*, p. 439.

30 *La somme et le reste*, pp. 415-16을 볼 것. 버크하드는 이것이 여러 권으로 된 기획이 될 것이었다고 한다 — Burkhard, *French Marxism Between the Wars*, p. 61.

31 *Le temps des méprises*, Paris: Stock, 1975, p. 198. 또한 *L'existentialisme*, p. 16을 볼 것. 여기서 르

페브르는 이것이 『의식의 철학』에 대한 설명이었다고 말한다. Hess, 'Henri Lefebvre et le projet avorté du *Traité de matérialism dialectique*', p. vii; *La somme et le reste*, p. 372를 볼 것. 그렇지만 다른 곳에서 르페브르는 그것이 파스칼과 얀센에 대한 것이었다고 한다. 'Divertissement pascalien et alienation humaine', in *Blaise Pascal: L'homme et l'œuvre*, Paris: Les Éditions de Minuit, 1956, pp. 196-224, pp. 196-7을 볼 것.

32 Louis Althusser, *The Spectre of Hegel: Early Writings*, edited by François Matheron, translated by G. M. Goshgarian, London: Verso, 1997, p. 174에서 전해진다.

33 'A group of young philosophers', pp. 133, 138을 볼 것. 다음의 문헌의 부록에는 코제브의 세미나에 참석한 이들의 목록이 있는데 그 중에 르페브르는 없었다 — Michael S. Roth, *Knowing and History: Appropriations of Hegel in Twentieth Century France*, Ithaca: Cornell University Press, 1988. 반대 의견에 대해서는 다음 문헌의 간략한 논평을 볼 것 — Terry Nichols Glark, *Prophets and Patrons: The French University and the Emergence of the Social Sciences*, Cambridge: Harvard University Press, 1973, p. 229. 코제브의 강의와 관련해서는 H. Stuart Hughes, *The Obstructed Path: French Social Thought in the Tears of Desperation 1930-1960*, New York: Harper & Row, 1968을 볼 것. 코제브와 유사한 독해는 다음 문헌에서 볼 수 있다 — *Marx 1818-1883*, Genève: Éditions des Trois Collines, 1947, pp. 19-26. 하이데거는 이 사상가들의 사상 속에서 [그들의] 지적 유산을 더 복잡하게 만드는 역할을 담당한다. 이와 관련해서 알튀세는 다음과 같이 말한다. "코제브가 어딘가에서 말하듯이 하이데거 없이 그는 결코 『정신현상학』을 이해할 수 없었을 것이다" — *The Spectre of Hegel*, p. 171, <옮긴이> '코제브의 유명한 강의'는 그가 1933-39년에 파리 고등연구원에서 『정신현상학』을 텍스트로 하여 진행한 강의를 말한다. 사르트르, 메를로-퐁티, 바타이유, 라캉, 이폴리트 같은 이들이 이 강의를 들었다.

34 *G. W. F. Hegel, Morceaux choisis*, translated by Norbert Guterman and Henri Lefebvre, Paris: Gallimard, 1938.

35 *Cahiers de Lénine sur la dialectique de Hegel*, translated by Norbert Guterman and Henri Lefebvre, Paris: Gallimard, 2nd edition, 1967 (1939). <옮긴이> 이 글이 「헤겔의 변증법에 대한 레닌의 노트」임을 볼 때 레닌의 『철학노트』를 일컫는 듯 보이기 때문에 앞으로 같은 문헌의 국역은 똑같이 처리토록 한다.

36 특별히 'La pensée et L'esprit'를 볼 것.

37 따라서 나는 모리스 블랑쇼가 르페브르는 "전혀 헤겔적이지 않"았다고 하는 데 이의를 제기한다. *L'amitié*, Paris: Gallimard, 1971, p. 98을 볼 것.

38 Althusser, 'The return to Hegel: the latest word in academic revisionism', *The Spectre of Hegel*, pp. 173-84; Lefebvre, 'Lettre sur Hegel', *La nouvelle critique* 22, January 1951, pp. 99-104를 볼 것.

39 Judith P. Butler, *Subjects of Desire: Hegelian Reflections in Twentieth-Century France*, New York: Columbia University Press, 1987; Roth, *Knowing and History*. 그렇긴 해도 르페브르에 대한 유일한 참조는 헤겔의 번역자로서 또 『수고』에서 영향을 받은 것으로서 나와 있다 — Gary Gutting, *French Philosophy in the Twentieth Century*, Cambridge: Cambridge University Press, 2001, p. 113 n. 52, p. 235. 물론 르페브르의 마르크스주의를 논의하는 사람들 중 대다수는 헤겔의 영향 또한 논의한다. 특별히 Poster, *Existential Marxism*; Kelly, *Modern French Marxism*, 1982; Martin Jay, *Marxism and Totality: The Adventures of a Concept from Lukács to Habermas*, Berkeley:

University of California Press, 1984를 볼 것. 르페브르와 헤겔에 대한 최고의 연구는 다음에서 볼 수 있다 — Bruce Baugh, *French Hegel: From Surrealism to Postmodernism*, London: Routledge, 2003.

40 『신비화된 의식』, 그리고 특별히 당시 이 책이 어떻게 수용됐는가와 관련해서는 Burkhard, *French Marxism Between the Wars*, pp. 213-22를 볼 것.

41 James Melvin Stewart, 'Henri Lefebvre and Marxist Revisionism in France 1928-1968', PhD thesis, Boulder: University of Colorado, 1985, p. 46을 볼 것. 인민전선과 관련해서는 다음을 볼 것 — *Introduction à la modernité: Préludes, Paris: Les Éditions de Minuit*, 1962, pp. 81-3; *Introduction to Modernity: Twelve Preludes*, translated by John Moore, London: Verso, 1995, pp. 74-6; Henri Lefebvre and Michel Trebitsch, 'Le renouveau philosophique avorté des annés trente: entretien avec Henri Lefebvre', *Europe: Revue littéraire mensuelle* 683, March 1986, pp. 29-41. <옮긴이> 『모더니티 입문』, 108-21쪽; *Introduction to Modernity*, pp. 70-9.

42 Russell Jacoby, *Dialectic of Defeat: Contours of Western Marxism*, Cambridge: Cambridge University Press, 1981, pp. 108-9 — 르페브르가 일상생활을 이해하는 데 루카치가 끼친 영향에 대해서는 3장에서 논의된다. 또한 『신비화된 의식』은 헤겔주의적 마르크스주의를 향한 더 큰 운동의 일부로 이해되기도 하며 관련 내용은 다음과 같은 문헌에서 볼 수 있다 — Karl Korsch, *Marxism and Philosophy*, translated by Fred Halliday, London: NLB, 1970(1923).

43 서신에 언급돼 있는 이 저술은 히틀러에 대한 비판을 포함하려 했다. <옮긴이> 이 '서신'이 무슨 서신인지 확인할 길은 없으나 이 내용은 아마 이 장의 주 46(1장의 주 5), 48, 53에 언급돼 있을 듯하다. 참고로 이 총서의 구체적 계획은 『신비화된 의식』, 『사적 의식』, 『비판』, 『이데올로기의 과학』, 『유물론과 문화』다. 따라서 『신비화된 의식』은 르페브르가 "이후의 50년에 걸쳐 가다듬은 『비판』"의 초기 논의로 볼 수 있다 — Burkhard, *French Marxism Between the Wars*, p. 213.

44 Henri Lefebvre and Norbert Guterman, 'Individu et classe', *Avant-Poste* 1, June 1933, pp. 1-9, p. 6 n. 1.

45 'Citations pour l'Individu', 1938, 1 p., Guterman Archive, Box 1. 아울러 구테르망 아카이브(상자 8)에는 구테르망이 '프랑스 소설 속의 개인', 곧 가끔은 '프랑스 소설에 나타나는 개인의 신화'라는 제목이 붙기도 하는 주제와 관련해서 적어 놓은 책 한 권 분량의 수고가 포함된다.

46 Michel Trebitsch, 'Correspondance d'intellectuels: le cas de lettres d'Henri Lefebvre à Norbert Guterman (1935-47)', *Les cahiers de l'IHTP* 20, March 1992, pp. 70-84, p. 74; Burkhard, *French Marxism Between the Wars*, p. 213.

47 Trebitsch, 'Les mésaventures du groupe Philosophies', p. 8; Armand Ajzenberg, 'A propos d'un texte retrouvé: "La conscience privée"', in Norbert Guterman and Henri Lefebvre, *La conscience mystifiée*, Paris: Éditions Syllepse, 3rd edition, 1999 (1936), p. 235. 이와 관련한 최상의 설명은 Burkhard, 'The *Revue Marxist*', *French Marxism Between the Wars*, pp. 105-32를 볼 것. 나중에 FBI의 조사를 받으면서 구테르망은 결코 공식적으로는 공산주의자였던 적이 없었다고, 프랑스 공산당에 "가입한" 것도 1920년대 말의 프랑스 상황에서 아주 막연히 쓰이던 의미에 따라 그리한 것이라고 주장했다. 그는 당원증 또한 결코 소유한 적이 없으며, 따라서 미국으로 이주한 1933년 당시에도 공산주의자가 아니었다고 항변한다. FBI 보고서는 구테르망 아카이브의 상자 10에 있다. 더 자세한 내용은 Burkhard, *French Marxism Between the Wars*, pp. 238, 243 n. 11을 볼 것.

48 ‘La Conscience privée’, in *La conscience mystifiée*. ‘사적 의식’에 대한 발상의 밑그림은 1938년쯤 르페브르가 구테르망에게 보낸 편지에 있다. 또한 「사적 의식: 개인의 현상학에 대한 개요」‘La conscience privée: Esquisse d'une phénoménologie de l'individu’라는 제목이 달린 22쪽 분량의 수고는 구테르망 아카이브 상자 6에서 볼 수 있다. 관련 논의에 대해서는 ‘Préface à la 2e réédition’, in *La conscience mystifiée*, p. 19를 볼 것. 다음 문헌에서는 세 번째 권의 제목이 『사회적 의식』*La conscience sociale*으로 달릴 뻔 했다고 언급된다 — Ajzenberg, ‘A propos d'un texte retrouvé’, p. 235. 한층 더 정치과학적인 성향이 있기는 하지만, 논제들 일부의 지속적 작업은 다음에서 볼 수 있다 — Pierre Fougeyrollas, *La conscience politique dans la France contemporaine*, Paris: Denöel, 1963.

49 ‘Préface à la 2e réédition’, p. 19. *La somme et le reste*, p. 452를 볼 것.

50 René Lourau, ‘Comment cela a-t-il été possible?’, in Guterman and Lefebvre, *La conscience mystifiée*, pp. 12-18, p. 13. 독일 여행과 관련해서는 *Le temps des méprises*, p. 196; *La présence et l'absence*, p. 235를 볼 것.

51 ‘Préface à la 2e réédition’, p. 19.

52 *Le nationalisme contre les nations*, Paris: Meridiens Klincksieck, 2e édition, 1988 (1937); *Hitler au pouvoir: Les enseignements de cinq années de fascisme en Allemagne*, Paris: Bureau d'Éditions, 1938. 다음 문헌에 있는 르페브르와 구테르망의 논평을 볼 것 — ‘Introduction’, *Cahiers de Lénine sur la dialectique de Hegel*, pp. 8-10. 르페브르의 초창기 글은 다음을 포함한다 — ‘Le fascisme en France’, *Avant-Poste* 1, June 1933, pp. 68-71; ‘Mussolini: le fascisme’, *Avant-Poste* 3, October-November 1933, pp. 201-2.

53 Norbert Guterman and Leo Löwenthal, *Prophets of Deceit: A Study of the Techniques of the American Agitator*, Palo Alto: Pacific Books, 2nd edition, 1970 (1949). 제2판의 「머리말」은 마르쿠제가, 「서문」은 호르크하이머가 썼다. 구테르망의 서신은 아도르노 또한 교신했음을 보여준다. 프랑크푸르트 학파와 프랑스 마르크스주의 간의 접점으로서 구테르망은 가장 중요했다. 그는 사회연구소가 미국으로 망명 와서 1950년 독일로 돌아갈 때까지 연구소와 함께 작업했다. 사실 구테르망에게 보내는 1947년 2월 25일자 서신에서 뢰벤탈은 호르크하이머가 르페브르의 저술을 읽고 있었다고 한다. 프랑크푸르트 학파와 관련해서는 Lefebvre and Régulier, *La révolution n'est plus ce qu'elle était*, p. 35를 볼 것.

54 *La conscience mystifiée*, p. 70. 프랑스어에서 ‘privé’에는 이중적 의미가 있다. 이와 관련해서는 *Nietzsche*, Paris: Éditions Sociales Internationales, 1939, p. 108을 볼 것. <옮긴이> ‘privé의 이중적 의미’와 관련해서 조금 덧붙이면 앞서 언급된 ‘사적·개인적’의 뜻과 함께 “버림받은”, “접촉·활동·인간적 현존을 분명하게 박탈당한”의 뜻이 있다 — *Nietzsche*, p. 108.

55 *La conscience mystifiée*, p. 146; *Key Writings*, p. 230.

56 Lefebvre and Guterman, ‘Individu et classe’, p. 4.

57 *La conscience mystifiée*, p. 152.

58 *La conscience mystifiée*, p. 163.

59 *La conscience mystifiée*, p. 163-4.

60 Lefebvre and Guterman, ‘Individu et classe’; ‘La mystification: notes pour une critique de la vie quotidienne’, *Avant-Poste* 2, August 1933, pp. 91-107; *Key Writings*, pp. 71-83. 첫 번째 글에 대한 비판은 ‘Autocritique’, *Avant-Poste* 2, August 1933, pp. 142-3을 볼 것.

61 ‘Préface à la 2e réédition’, p. 21.

62 *La conscience mystifiée*, p. 90; *Key Writings*, p. 228.

63 *La conscience mystifiée*, p. 81; *Key Writings*, p. 220. 아울러 *Hitler au pouvoir*, pp. 18-19를 볼 것.

64 *Le nationalisme contre les nations*, pp. 91-2. N. J. G. Pounds, ‘France and “les limites naturelles” from the seventeenth to twentieth centuries’, *Annals*, Association of American Geographers 44, 1954, pp. 51-62를 볼 것.

65 *Le langage et la société*, Paris: Gallimard, 1966, p. 29를 볼 것. 한참 뒤 민족과 공간 간 관계에 대한 문제는 『공간의 생산』에서 탐구된다 — *La production de l'espace*, Paris: Anthropos, 1974, p. 132; *The Production of Space*, translated by Donald Nicholson-Smith, Oxford: Blackwell, 1991, p. 111. <옮긴이>『공간의 생산』, 187-9쪽.

66 *Le nationalisme contre les nations*, p. 92.

67 *La conscience mystifiée*, pp. 90-1; *Key Writings*, p. 228. *Le nationalisme contre les nations*, p. 28을 볼 것.

68 *La conscience mystifiée*, pp. 90-1; *Key Writings*, p. 228. *Le Marxisme*, p. 12; *Le nationalisme contre les nations*, p. 38을 볼 것.

69 *Le nationalisme contre les nations*, p. 70. 또한『권력으로 향한 히틀러』를 볼 것. 이 책은『나의 투쟁』에 대한 면밀한 독해를 제공한다.

70 *Le nationalisme contre les nations*, p. 71. ‘Le fascisme en France’을 볼 것. 이 주제와 관련한 논의는 *Avant-Poste* 3, October-November 1933을 볼 것. 여기에는 말로[André Malraux]와 알랭[Alain]의 기고가 포함돼 있다.

71 다음의 수고가 있다. ‘Schèma sur l'irrationalisme français’, c1936, 8 pp., in the Guterman Archive, Box 1.

72 *Le nationalisme contre les nations*, p. 157. *La conscience mystifiée*, p. 89; *Key Writings*, p. 227을 볼 것.

73 *Le nationalisme contre les nations*, p. 149.

74 *Le nationalisme contre les nations*, p. 158

75 예를 들어 *Le nationalisme contre les nations*, pp. 45, 92, 106, Ernst Renan, ‘What is a Nation?’ translated by Martin Thorn, in Homi Bhabha (ed.), *Nation and Narration*, London: Routledge, 1990, pp. 8-22를 볼 것. <옮긴이> 에르네스트 르낭,『민족이란 무엇인가』, 신행선 옮김, 서울: 책세상, 2002.

76 *La somme et le reste*, p. 492.

77 *La conscience mystifiée*, p. 189.

78 ‘La Conscience privée’, in *La conscience mystifiée*, pp. 237-8을 볼 것.

79 *La somme et le reste*, pp. 556-8.

80 *La somme et le reste*, p. 558.

81 *De l'État*, III, p.246.

82 *Allemagne*, photos et notices par Martin Hurlimann, Paris: Braun & Cie, 1964, P. 11.

83 ‘Classe et nation depuis le “Manifeste” (1848)’, in *Au-delà du structuralisme*, Paris: Anthropos,

1971, pp. 221-40, 특별히 pp. 230-1을 볼 것. 또한 1988 'Postface', in *Le nationalisme contre les nations*을 볼 것.

84 르페브르의 작업에서 이 두 단계 간의 이행과 관련해서는 'Du culte de "l'esprit" au matérialisme dialectique', *La nouvell revue française* 39(231), December 1932, pp. 802-5를 볼 것.

85 *Méthodologie des sciences: inédit*, Paris: Anthropos, 2002, pp. 140-1; Introduction to Modernity, pp. 168-232. <옮긴이> 『모더니티 입문』, 245-332쪽.

86 *Méthodologie des sciences*, pp. 153-60. 하지만 우리는 니체가 여기서도 간략히 언급된다는 점에 주목해야 한다.

87 *Hegel, Marx, Nietzsche*, p. 11; *Key Writings*, p. 44. *La fin de l'histoire*, Paris: Les Éditions de Minuit, 1970, pp. 21-2. 이 셋은 방금 말한 두 책은 물론 다음 책에서도 중요한 역할을 담당한다 — *La présence et l'absence*. 특별히 pp. 235-6을 볼 것.

88 *Hegel, Marx, Nietzsche*, pp. 9-10; *Key Writings*, pp. 42-3.

89 *Hegel, Marx, Nietzsche*, pp. 11-12; *Key Writings*, p. 44.

90 *Hegel, Marx, Nietzsche*, p. 53. 프랑스 사상과 독일 사상 간의 관련성에 대해서는 *Allemagne*, p. 18을 볼 것.

91 *Éléments de rythmanalyse: introduction à la connaissance de rythmes*, Paris: Éditions Syllepse, 1992, p. 62; *Rhythmanalysis: Space, Time and Everyday Life*, translated by Gerald Moore and Stuart Elden, London: Continuum, 2004, p. 44. <옮긴이> 『리듬분석』, 142-3쪽.

92 *Hegel, Marx, Nietzsche*, p. 7. ['그림자의 왕국'의 출처와 관련해서] (출처가 모호한) 여러 인용이 헤겔과 니체의 문헌에서 발췌돼 있다(마르크스에게선 그 인용을 찾지 못했다) — Hegel's *Science of Logic*, p. 58; Friedrich Nietzsche, *Thus Spoke Zarathustra*, in *The Portable Nietzsche*, edited and translated by Walter Kaufmann, Harmondsworth: Penguin, 1954, p. 200. <옮긴이> 엘든이 참조하고 있는 카우프만의 문헌은 프리드리히 니체, 「연민의 정이 깊은 자에 대하여」, 『차라투스트라는 이렇게 말했다』, 정동호 옮김, 서울: 책세상, 2000, 145-6쪽을 볼 것. 참고로 '위버멘쉬' 및 '그림자'와 관련해서는 「행복한 섬에서」, 『차라투스트라는 이렇게 말했다』, 140-4쪽을 볼 것.

93 *Hegel, Marx, Nietzsche*, p. 59. 르페브르가 [이 내용을] 악셀로스에게서 차용하고 있다는 것은 거의 분명해 보인다. 악셀로스가 "헤겔-마르크스-니체-프로이트-하이데거의 성좌"를 얘기하기 때문이다 — 'Marx, Freud et les tâches de la pensée future', *Horizons du monde*, Paris: Éditions de Minuit, 1974, p. 93. 이 글이 원래 출간된 곳은 다음과 같다 — *Diogène* 72, October-December 1970.

94 *La somme et le reste*, p. 476.

95 *Hegel, Marx, Nietzsche*, p. 147 n. 5. p. 46 n. 16을 볼 것. *Key Writings*, p. 261 n. 3.

96 M.-P Nicolas, *De Nietzsche à Hitler*, Paris: Fasquelle, 1936; translated by E. G. Echlin as *From Nietzsche Down to Hitler*, London: William Hodge, 1938. 이 책을 논의한 것으로는 Douglas Smith, *Transvaluations: Nietzsche in France 1872-1972*, Oxford: Clarendon Press, 1996, pp. 75-7을 볼 것. 바타유의 다음 책은 원래 1945년에 출간됐고, 르페브르의 책을 간략하게 참조한다(p. 171 n.) — *On Nietzsche*, translated by Bruce Boone, New York: Paragon House, 1992.

97 Martin Heidegger, *Nietzsche*, translated by David Farrell Krell, Frank Capuzzi and Joan Stambaugh, San Francisco: Harper Collins, 4 volumes, 1991.

98 Walter Kaufmann, *Nietzsche: Philosopher, Psychologist, Antichrist*, Princeton: Princeton University Press, 1950.

99 *Hegel, Marx, Nietzsche*, p. 46 n. 16; *Key Writings*, p. 261 n. 3; *La somme et le reste*, pp. 422, 478.

100 *L'existentialisme*, p. 124.

101 *Hegel, Marx, Nietzsche*, p. 145.

102 *Nietzsche*, p. 164. Pierre Drieu la Rochelle, 'Nietzsche contra Marx', in *Socialisme fasciste*, Paris: Gallimard, 1934, pp. 63-75를 볼 것. 드리외 라 로셸은 니체가 반마르크스주의의 영감이자(p. 68) 계승자 곧 마르크스를 능가하는 사람이라고 주장한다(p. 69). 드리외 라 로셸과 르페브르 간의 대조에 대해서는 Pierre Boudot, *Nietzsche et l'au-delà de la liberté: Nietzsche et les écrivans français de 1930 à 1960*, Paris: Aubier-Montaigne, 1970, pp. 87-105를 볼 것. 더 전반적인 르페브르의 독해와 관련해서는 Louis Pinto, *Les neveux de Zarathoustra: La réception de Nietzsche en France*, Paris: Seuil, 1995, 특별히 pp. 93-4, 99-102; Smith, *Transvaluations*, Kurt Meyer, *Henri Lefebvre: Ein Romantischer Revolutionär*, Wien: Europaverlag, 1973, pp. 32-6; Jean Granier, *Le problème de la véerité dans la philosophie de Nietzsche*, Paris: Seuil, 1966을 볼 것.

103 *La somme et le reste*, p. 466. <옮긴이> 『반시대적 고찰』의 독일어 원제는 *Unzeitgemässe Betrachtungen*으로서 1873년에서 1875년간 모두 네 권으로 출간됐다.

104 *La somme et le reste*, p. 467. <옮긴이> 아르투어 묄러 판 덴 브루크는 독일의 미술사가이자 정치평론가로서 1923년 『제3제국』[*Das dritte Reich*]을 출간, 일찍이 나치즘의 국가사회주의 확립에 사상적으로 기여하게 된다. 르페브르는 그를 "히틀러주의의 선구자"로 평가한다 — *La somme et le reste*, Paris: Anthropos, 4e éd, p. 459.

105 *La somme et le reste*, p. 468.

106 *Hegel, Marx, Nietzsche*, p. 48; *Key Writings*, p. 46. <옮긴이> '콘도티에리'는 14-15세기 이탈리아의 용병대장을 일컫는 말로서 피렌체의 조반니 디 비치[Giovanni di Bicci]와 밀라노의 무초 아텐돌로[Muzio Attendolo]가 대표적이며, 각각에서 시작한 가문인 메디치[Medici]가와 스포르차[Sforza]가 또한 널리 알려져 있다. '콘키스타도레스'는 16세기에 라틴 아메리카, 특별히 멕시코(아즈텍)나 페루·볼리비아(잉카 문명)를 파괴한 스페인의 정복자를 가리킨다. 멕시코를 정복한 에르난 코르테스[Hernán Cortés]가 유명하다.

107 *La somme et le reste*, pp. 468, 477-8. 신의 죽음과 관련해서는 *Nietzsche*, pp. 76-9를 볼 것.

108 *Nietzsche*, pp. 162-5. Burkhard, *French Marxism Between the Wars*, p. 226을 볼 것.

109 *Nietzsche*, pp. 71-2. 아울러 이러한 긴장과 관련해서는 p. 103을 볼 것.

110 *Nietzsche*, p. 164.

111 *Hegel, Marx, Nietzsche*, p. 48; *Key Writings*, p. 46.

112 유용한 논의로는 Andy Merrifield, 'Lefebvre, Anti-Logos and Nietzsche: An Alternative Reading of The Production of Space', *Antipode* 27(3), 1995, pp. 294-303; Eleonore Kofman and Elizabeth Lebas, 'Lost in transposition — time, space and the city', in *Writings on Cities*, translated and edited by Eleonore Kofman and Elizabeth Lebas, Oxford: Blackwell, 1996, pp. 3-60을 볼 것.

113 *Hegel, Marx, Nietzsche*, pp. 180, 185.

114 *Qu'est-ce que penser?*, p. 144.

115 *De l'État*, III, p. 163. <옮긴이> '사회적 위계' 앞에 '[남성 중심의]'를 덧붙인 까닭은 'pyramide'가 프랑스어에선 여성명사인데 본문에선 남성으로 표기됐기 때문이다. 착오일 수도 있겠으나 의도적으로 바꿨을 가능성도 있다고 판단, 전반적 맥락을 고려하여 보충했다. 참고로 엘든의 원저에는 'pyramid'로, 맨 끝의 'e'가 빠져 있어 르페브르의 원저를 참조, 'pyramide'로 수정했다.

116 *De l'État*, III, pp. 164-7, 8, 9.

117 *Le marxisme*, Paris: PUF, 1948, p. 109.

118 *L'existentialisme*, p. 131. *Nietzsche*, p. 117을 볼 것.

119 *Hegel, Marx, Nietzsche*, pp. 187-8.

120 *Nietzsche*, p. 163.

121 *Hegel, Marx, Nietzsche*, pp. 187-8.

122 *Hegel, Marx, Nietzsche*, pp. 212-13. *Le langage et la société*, p. 95; *Le temps des méprises*, pp. 129-30을 볼 것.

123 *Nietzsche*, pp 135-49.

124 *La pensée marxiste et la ville*, Paris: Gastermann, 1972, p. 136. <옮긴이> '문명은 마르크스에게서는 여기저기 흩어져 있다'는 말은 마르크스가 인류의 문명 발달 및 역사 전개를 생산양식과 생산관계의 내재적 모순 관계라는 틀에서 찾고 있기 때문이다. 이는 엘든이 여기서 참조한 문헌만 봐도 잘 알 수 있는데, 책 제목 『마르크스주의 사유와 도시』가 시사하듯이 여기서도 르페브르는 근현대문명의 역사를 농촌사회에서 도시사회로 이행하는 자본주의 발달사를 통해 조명하고 있다. 핵심어를 좀 추려보면 '도시 및 도시인구', '농촌 및 농촌인구', '농업 및 농업생산력', '상품시장 및 노동시장', '화폐', '자본주의 체제', '자본주의적 생산양식', '판에 박힌 착취', '사회적 관계', '산업 생산력', '과학의 기술적 적용' 같은 것이 있다.

125 *Hegel, Marx, Nietzsche*, pp. 212-13.

126 *Le marxisme*, p. 13.

127 *Hegel, Marx, Nietzsche*, pp. 35, 213; *La fin de l'histoire*, pp. 214-15; *La présence et l'absence*, p. 95. 르페브르가 '*dépassement*'이란 말은 "신비주의와 비합리적인 것에 오염돼" 있는데, 그 말이 니체식의 용어 또한 번역하기 때문이라고 말할 때 르페브르의 변화하는 입장 및 그 예시를 볼 수 있다 — *Marx 1818-1883*, Genéve-Paris: Trois Collines, 1947, p. 152를 볼 것. <옮긴이> 1장의 주 254 및 관련 본문을 함께 볼 것.

128 'Introduction', *Cahiers de Lénine sur la dialectique de Hegel*, p. 85

129 *Hegel, Marx, Nietzsche*, p. 53. *Nietzsche*, p. 22를 볼 것

130 *Nietzsche*, pp. 163-4. Drieu la Rochelle, 'Nietzsche contra Marx'를 볼 것.

131 Smith, *Transvaluations*, p. 82.

132 Trebitsch, 'Le renouveau philosophique avorté des annés trente', pp. 38-9.

133 *La production de l'espace*, p. 31; *The Production of Space*, pp. 22-3. 이 문제는 나중에 5장에서 논의된다. <옮긴이> 『공간의 생산』, 65-6쪽.

134 *La production de l'espace*, p. 460; *The Production of Space*, p. 400. <옮긴이> 『공간의 생산』, 564쪽.

135 Kofman and Lebas, 'Lost in Transposition', p. 8. <옮긴이> 이 절의 제목은 엘든이 『실존주의』의 4

장, 'HEIDEGGER, OU LA METAPHYSIQUE DU GRAND GUIGNOL'에서 갖고 온 것으로 보이기 때문에 엘든의 원저 제목 'Heidegger and the metaphysics of the Grand Guignol'보다는 전자를 옮기기로 한다 — *L'existentialisme*, 1946, p. 184. 그 제목과 관련한 논의는 곧 이뤄진다. 참고로 '그랑 기뇰'은 19세기 말 프랑스에서 등장한 기괴하고 흉측한 연극으로서 폭력·폭동, 잔인한 살인이나 강간, 자살 같은 소재를 무대에 올렸다. 특별히 파리에서 크게 유행했다. 뜻은 '어른을 위한 광대 짓(인형극)' 정도가 될 것 같다. 이 장의 주 151을 볼 것.

136 David Harvey, *Justice, Nature and the Geography of Difference*, Oxford: Blackwell, 1996, p. 312.

137 Karl Marx, *Capital: A Critique of Political Economy*, I, translated by Ben Fowkes, Harmondsworth: Penguin, 1976, p. 103. <옮긴이> 「제2독어판 후기(1873)」, 『자본론』 I(상), 19쪽.

138 *Le temps des méprises*, p. 130.

139 *Une pensée devenue monde: faut-il abandonner Marx?* Paris: Fayard, 1980, p. 40.

140 *L'existentialisme*, p. 184n. 1.

141 예를 들어 Jean-Paul Sartre, *Critique de la raison dialectique précédé de Questions de méthode, Tome I: Théorie des ensembles pratiques*, Paris: Gallimard, 1960, p. 43; 'Sartre par Sartre', in *Situations, IX: Mélanges*, Paris: Gallimard, 1972, pp. 99-134; Jean-Paul Sartre, Roger Garaudy, Jean Hyppolite, Jean-Pierre Vigier, J. Orcel, *Marxisme et existentialisme: controverse sur la dialectique*, Paris: Plon, 1962를 볼 것. 1969년의 한 인터뷰에서 사르트르는 『존재와 무』와 『유물론적 이성비판』 사이의 긴장은 "말할 것도 없이 내가 마르크스주의와 맺고 있는 관계" 때문이라고 강력히 주장한다. Jean-Paul Sartre, 'Itinerary of a thought', *New Left Review* 58, November-December 1969, pp. 43-66.

142 George Lichtheim, *Marxism in Modern France*, New York and London: Columbia University Press, 1966.

143 Remi Hess, *Henri Lefebvre et l'aventure du siècle*, Paris: A. M. Métailié, 1988, pp. 54-5, 188. Hess, 'Henri Lefebvre: Philosophe', in *L'existentialisme*, p. xix를 볼 것.

144 Kostas Axelos, Jean Beaufret, François Châtelet and Henri Lefebvre, 'Karl Marx et Heidegger', in Kostas Axelos, *Argument d'une recherche*, Paris: Éditions de Minuit, 1969, p. 96. 여기에서 이뤄지는 논의는 하이데거의 나치즘이 최근에 이뤄진 파리아스의 발견 훨씬 전에 이미 유럽 사상가들에게 알려지고 그들 사이에서 논의됐음을 보여준다. 무엇보다도 하이데거의 나치즘은 1940년대에 《레 탕 모데른》에서 논의됐다. 또한 만하임이 구테르망에게 보낸 1957년 5월 9일자 편지를 보면 이렇게 돼 있다. "그건 그렇고 난 그[하이데거]가 자신의 나치즘에 대해서 왜 그렇게 쉽게 용서를 받는지 이해가 가질 않네. 음악 하는 사람이나 체스 두는 사람을 용서하는 건 이해가 돼. 하지만 철학자를? 어쨌거나 역겨운 친구일세." 당시 만하임은 하이데거의 『형이상학입문』을 번역하는 데 관여하고 있었고, 이 서신으로 판단해 보건대 구테르망은 최종 번역본에 크게 관여했다. <옮긴이> '파리아스의 발견'은 칠레 출신의 철학자이자 한때는 하이데거의 학생이기도 했던 빅토르 파리아스[Victor Farías]가 1987년에 쓴 『하이데거와 나치즘』을 일컫는다. 이 책을 통해 하이데거의 나치 협력은 확실히 부인할 수 없는 것이 돼 버렸다. 참고로 프랑스어로는 1987년, 영어로는 1989년에 번역됐다. 한국어로는 아직 번역이 안 된 듯 보인다.

145 *L'existentialisme*, p. 161.

146 *Métaphilosophie*, p. 168.

147 *Qu'est-ce que penser?* p. 161

148 후자와 관련해서는 *La somme et le reste*, p. 552를 볼 것. 전자는 6장에서 논의된다.

149 *L'existentialisme*, p. 175.

150 *L'existentialisme*, p. 175.

151 ‘기뇰’은 꼭두각시 인형[puppet]으로서 풍자[Punch]에 해당하는 프랑스어와 비슷하다. 그랑기뇰 연극과 관련해서는 Mel Gordon, *The Grand Guignol: Theatre of Fear and Terror*, New York: Da Capo Press, revised edition, 1997를 볼 것.

152 *L'existentialisme*, p. 179. *La conscience mystifiée*, p. 143을 볼 것.

153 *L'existentialisme*, pp. 180-1.

154 *L'existentialisme*, p. 176.

155 *L'existentialisme*, p. 189.

156 *La somme et le reste*, p. 141.

157 *Métaphilosophie*, p. 126. 르페브르는 10년 일찍 유물론적 사유와 변증법적 사유에 대한 한 쌍[twin]의 위험이 교조주의와 절충주의라고 말한 적이 있다. ‘Une discussion philosophique en U.R.S.S. Logique formelle et logique dialectique’, *La pensée* 59, January-February 1955, pp. 5-20, pp. 5-6을 볼 것.

158 예를 들어 *La conscience mystifiée*, pp. 58, 143, 179; *La fin de l'histoire*, pp. 153-4; *Hegel, Marx, Nietzsche*, pp. 51-2; *Key Writings*, p. 49; *La présence et l'absence*, p. 239; *L'existentialisme*, pp. 175-6; *Le langage et la société*, p. 33 n. 1을 볼 것.

159 *Hegel, Marx, Nietzsche*, pp. 51-2; *Key Writings*, p. 49. 이는 르페브르가 하이데거를 마르크스에게 이끌 수 있겠다고 한 생각의 발전을 암시한다. 르페브르는 “사회적 실천을 통해 인간은 자연을 전유한다”가 마르크스주의의 기본 논지라고 말한다. ‘Avant-propos de la 2e edition’, *Critique de la vie quotidienne I: Introduction*, Paris: L'Arche, 2nd edition, 1958 (1947), p. 107; ‘Foreword to the second edition’, *Critique of Everyday Life Volume I: Introduction*, translated by John Moore, London: Verso, 1991, p. 96.

160 *Métaphilosophie*, p. 136. *La présence et l'absence*, p. 239를 볼 것.

161 *La présence et l'absence*, p. 239. 이에 토대를 두고 수행하는 더 일반적인 비판은 pp. 16-17을 볼 것.

162 *La somme et le reste*, p. 140.

163 *Métaphilosophie*, p. 133. <옮긴이> 이 맥락에서 ‘하이데거의 발을 땅 위에 묶어 두고 싶어 한다’는 말은 다분히 니체의 영향을 받은 것으로 보인다. 니체와 르페브르에게 공통적으로 나타나는 중요성은 ‘땅, 삶, 현실’에 대한 강조다 — 물론 하이데거의 ‘대지’ 개념도 관련이 없다고는 할 수 없겠으나 지금 논의되고 있는 르페브르의 비판, 곧 하이데거 철학의 관념성과 추상성에 대한 비판이라는 맥락과는 꽤 동떨어져 있는 것 같기 때문에 여기선 언급하지 않도록 한다. 르페브르가 하이데거의 발을 땅 위에 묶어 두려는 까닭은 그래야 하이데거 철학이 관념성과 추상성의 허공으로 솟구치려는 것을 막을 수 있기 때문이다. 이러한 해석과 관련해서는 「저편의 또 다른 세계를 신봉하고 있는 사람들에 대하여」, 『차라투스트라는 이렇게 말했다』, 47-51쪽을 볼 것.

164 *Métaphilosophie*, p. 133.

165 *Métaphilosophie*, p. 697.

166 *L'existentialisme*, pp. 175-6. <옮긴이> '종언'과 관련해서 한층 더 자세한 내용은 5장 2절 '역사'를 볼 것.

167 *Logique formelle, logique dialectique*, Paris: Anthropos, 2nd edition, 1969 (1947), pp. 139-40.

168 *Qu'est-ce que penser?* pp. 7-9를 볼 것. *Le retour de la dialectique*, p. 154를 볼 것. 여기서 르페브르가 하는 말은 그 질문이 '무엇이 사유인가?'가 아니라 '무엇이 사유인 것으로 남아 있는가?'다. 하이데거의 저서는 다음과 같다. *Was heißt Denken?* Tübingen: Max Niemeyer, 1954, translated by J. Glenn Grey as *What is Called Thinking?* New York: Harper & Row, 1968.

169 Interview, February 1988, Hess, *Henri Lefebvre*, p. 54에 인용.

170 Axelos, Beaufret, Châtelet and Lefebvre, 'Karl Marx et Heidegger'. 관련 논의에 대해서는 다음을 볼 것 — Dominique Janicaud, Heidegger en France, Paris: Albin Michel, 2 volumes, 2001,1, pp. 173, 178. <옮긴이> 보프레는 프랑스의 현상학자·실존주의자로서 하이데거의 추종자로도 알려져 있다. 이 책에서도 가끔 언급되고 있는 「휴머니즘 서간」의 계기를 제공하기도 했다. 샤틀레는 역사가로서 철학·정치철학·프랑스 역사에 조예가 깊었다.

171 마지막 것과 관련해서는 *Métaphilosophie*, p. 91, 그리고 'Justice et vérité', *Arguments* 15, 1959, pp. 13-19 또한 볼 것. 이 글은 하이데거의 에세이, 'Le mot de Nietzsche "Dieu est mort"', pp. 2-13를 번역한 것 뒤에 나왔다. 또한 르페브르는 하이데거의 Vortäge und Aufsätze, Pfullingen: Günther Neske, 1954; *Essais et Conférences*, translated by André Preau, Paris: Gallimard, 1958을 읽고 있었다. 그리고 하이데거의 니체 관련 책도 읽고 있었는데 그것은 『언어와 사회』, 146쪽에 인용된다. <옮긴이> 마르틴 하이데거, 『숲길』, 신상희 옮김, 파주: 나남, 2008(원저 출간년도: 1950년).

172 Axelos, Beaufret, Châtelet and Lefebvre, 'Karl Marx et Heidegger', p. 93.

173 Axelos, Beaufret, Châtelet and Lefebvre, 'Karl Marx et Heidegger', p. 96.

174 Axelos, Beaufret, Châtelet and Lefebvre, 'Karl Marx et Heidegger', pp. 98-9.

175 Sartre, *Critique de la raison dialectique*, p. 26 n; *Search for a Method*, translated by Hazel E. Barnes, New York: Vintage, 1963, p. 15 n. 9.

176 Sartre, *Critique de la raison dialectique*, p. 42; *Search for a Method*, p. 38.

177 J. G. Merquior, *Western Marxism*, London: Paladin, 1986, pp. 145-6. 악셀로스는 아래쪽에서 논의되고 있다. 푸게롤라스의 저술과 관련해서는 무엇보다도 *Le Marxisme en question*, Paris: Seuil, 1959를 볼 것. 이 질문과 관련해서 더 전반적인 논의는 Janicaud, *Heidegger en France*를 볼 것. <옮긴이> 푸게롤라스는 프랑스의 철학자·사회학자·문화인류학자로서 파리 7대학의 사회학 교수였다.

178 Eric Haviland, *Kostas Axelos: Une vie pensée, une pensée vécue*, Paris: L'Harmattan, 1995, pp. 68-74; Michel Trebitsch, 'Preface: the moment of radical critique', in *Critique of Everyday Life Volume II: Foundations for a Sociology of the Everyday*, translated by John Moore, London: Verso, 2002, pp. ix-xxix, pp. xvi-xvii을 볼 것.

179 Haviland, Kostas Axelos, pp. 77-8을 볼 것. <옮긴이> '미뉘 판'은 파리 소재의 출판사인 미뉘[Les Éditions de Minuit]에서 출간한 일종의 문고판을 가리킨다. 참고로 'minuit'의 뜻은 '자정', '심야'다.

180 Georg Lukács, *Histoire et connaissance de classe: essais de dialectique marxiste*, translated by Kostas Axelos and Jacqueline Bois, Paris: Editions de Minuit, 1960; Martin Heidegger, 'Qu'est-ce que la philosophic?', translated by Kostas Axelos in *Questions I et II*,

Paris: Gallimard, 1968.

181 *Qu'est-ce que penser?* pp. 167-8. 아울러 *Introduction à la modernité*, p. 146; Introduction to Modernity, p. 392 n. 8을 볼 것. 르페브르는 악셀로스의 저술에 대한 서평을 두어편 썼다 — *Marx penseur de la technique* in 'Marxisme et technique', *Esprit* 307, June 1962, pp. 1023-8; 'Kostas Axelos: *Vers la pensée planétaire: le devenir-pensée du monde et le devenir-homme* [sic] *de la pensée* (Ed. de Minuit)', *Esprit* 338, May 1965, pp. 1114-17. 르페브르는 푸게롤라스와 간략한 책 한 권을 같이 작업했다 — *Lejeu de Kostas Axelos*, Paris: Fata Morgana, 1973. <옮긴이> 『모더니티 입문』, 541-2쪽, 주 4. 참고로 'sic'는 '원문 그대로'라는 뜻이다. 인용하는 사람이 원문에 오류가 있음을 아는데도 그대로 갖고 오려고 할 때 쓰는 라틴어 표현이다. 주로 대괄호 안에 넣어서 쓴다. 르페브르가 서평을 쓴 악셀로스 책 제목을 바로 고치면 *Vers la pensée planétaire: Le devenir-pensée du monde et le devenir-monde de la pensée*, 거칠게 번역하면 『행성적 사유를 향하여: 세계의 사유-되기와 사유의 세계-되기』 정도가 되겠다. 르페브르의 서평이 쓰이기 한 해 전인 1964년 미뉘사에서 출간됐다.

182 Rémi Hess, 'Henri Lefebvre et le projet avorté du Traité de matérialisme dialectique', in *Méthodologie des sciences*, p. xiii n. 1.

183 Kostas Axelos, *Marx penseur de la technique: de l'alienation de l'homme à la conquête du monde*, Paris: Éditions de Minuit, 2 volumes, 1974 (1961); translated by Ronald Bruzina as *Alienation, Praxis and Techne in the Thought of Karl Marx*, Austin: University of Texas Press, 1976. 'Marxisme et technique', p. 1024를 볼 것.

184 Ernst Mandel, 'Introduction', in Marx, *Capital*, I, pp. 11-86, p. 37을 볼 것.

185 Karl Marx, *The Poverty of Philosophy*, New York: International Publishers, 1963, p. 109.

186 하이데거에 대한 직접 참조는 주로 각주에서 볼 수 있다. 하지만 여기와 악셀로스 글의 다른 곳에는 암시가 상당히 많다. 특별히 *Einführung in ein Künftige denken: Über Marx und Heidegger*, Tübingen: Max Niemeyer, 1966을 볼 것. 아마도 『마르크스, 기술에 대한 사상가』의 영어 번역본에서 원본의 '참조문헌 안내'가 누락돼 있다는 것 또한 염두에 둬야만 할 것 같다. 프랑스어 원본의 '참조문헌 안내'에 하이데거의 저술 몇몇이 언급돼 있기 때문이다 — volume II, p. 307을 볼 것.

187 *La survie du capitalisme: La re-production des rapports de production*, Paris: Anthropos, 2nd edition, 2002 (1973), p. 67; *The Survival of Capitalism*, translated by Frank Bryant, London: Allison & Busby, 1976, p. 71. 아울러 *Une pensée devenue monde*, pp. 40-1, 55-9; *La présence et l'absence*, p. 52; Axelos, *Lejeu du monde*, Paris: Les Éditions de Minuit, 1969를 볼 것.

188 Poster, *Existential Marxism in Post-war France*, p. 222. Axelos, *Marx penseur de la technique*, I, p. 13, II, pp. 120-1; *Alienation, Praxis and Techne*, pp. 7, 246을 볼 것.

189 마르크스를 인정한 것에 대해서는 *What is Philosophy?/Was ist das — die Philosophie?* English-German edition, translated by William Kluback and Jean T. Wilde, London: Vision Press, 1963, p. 89; 'Letter on humanism', in *Pathmarks*, edited by William McNeill, Cambridge: Cambridge University Press, 1998, pp. 258-9를 볼 것. 하이데거가 이러한 관점에서 니체를 논의한 것은 다음의 책에서 볼 수 있다 — *Nietzsche*, IV; *The End of Philosophy*, translated by Joan Stambaugh, London: Souvenir Press, 1975. 하이데거가 마르크스를 뒤늦게 논의한 것과 관련한 프랑스 사상의 중요성을 낮추잡아선 안 된다 — 보프레는 「휴머니즘 서간」의 수신자였고 마르크스와 실

존주의 간 관계에 대한 집필도 했다(예를 들어 'A propos de l'existentialisme III. Conclusion: existentialisme et marxisme', *Confluences* 7, September 1945, pp. 764-71, 곧 한 연작의 여섯 번째이자 마지막 글을 볼 것). 또한 「철학이란 무엇인가?」가 노르망디의 스리시 라 살[Cerisy-la-Salle]에 있던 독자에게 배달됐는데 그 사람들엔 보프레, 악셀로스, 자크 라캉이 포함돼 있었다. <옮긴이> 참고로 「휴머니즘 서간」은 다음의 책에 있다 — 마르틴 하이데거, 『이정표 2』, 이선일 옮김, 파주: 한길사, 2005.

190 Axelos, *Marxpenseur de la technique* II, p. 270; *Alienation, Praxis and Techne*, p. 331.

191 Axelos, *Marx penseur de la technique* II, pp. 120-1; *Alienation, Praxis and Techne*, p. 246.

192 Axelos, *Marx penseur de la technique* I, p. 13; *Alienation, Praxis and Techne*, p. 7.

193 Rheinische Zeitung, 14 July 1842, in *Karl Marx: Selected Writings*, edited by David McLellan, Oxford University Press, 1977, p. 19.

194 Kostas Axelos, *Héraclite et la philosophie: La première saisie de l'être en devenir de la totalité*, Paris: Éditions de Minuit, 1962. 아규망 동인 모임의 또 다른 구성원이 제시한 비슷한 어젠다에 대해서는 Francois Châtelet, *Logos et praxis: recherches sur la signification théorique du Marxisme*, Paris: Société d'Édition d'Enseignement Supérieur, 1962를 볼 것.

195 Axelos, *Argument d'une recherche*, pp. 13, 40.

196 'Au-delà du savoir', in *Lejeu de Kostas Axelos*, p. 32.

197 *Qu'est-ce que penser?* p. 13. 'Au-delà du savoir', pp. 24-6을 볼 것.

198 'Interview — Débat sur le marxisme: Léninisme-stalinisme ou autogestion?', *Autogestion et socialisme* 33/34, 1976, pp. 115-26, p. 125.

199 'Marxisme et technique', p. 1028.

200 *Une pensée devenue monde, p. 59.*

201 *Qu'est-ce que penser?* p. 13.

202 아울러 *Critique de la vie quotidienne III: de la modernité au modernisme (Pour une Métaphilosophie du quotidienne)*; *Qu'est-ce que penser?* pp. 7-9를 볼 것.

203 *Qu'est-ce que penser?* p. 20

204 *Hegel, Marx, Nietzsche*, pp. 51-2; *Key Writings*, p. 49. 또한 *Le langage et la société*, pp. 143-4를 볼 것. <옮긴이> 이 장의 주 159 및 관련 본문을 함께 볼 것.

205 Poster, *Existential Marxism in Post-war France*, p. 257. 또한 p. 240을 볼 것. 여기서 포스터는 사르트르를 넘어서는 니체와 하이데거를 주목하고 악셀로스와 샤틀레의 영향을 인정한다. *Métaphilosophie*, p. 295 n. 1을 볼 것.

206 Poster, *Existential Marxism in Post-war France*, p. 222. Arthur Hirsch, *The French Left*, Montreal: Black Rose Books, 1982, pp. 91-2를 볼 것.

207 *Qu'est-ce que penser?*, p. 20. 여기선 헤겔 또한 언급된다.

208 예컨대 *Métaphilosophie*, p. 79를 볼 것.

209 *La présence et l'absence*, p. 90.

210 *Le retour de la dialectique*, pp. 81-2; *La présence et l'absence*, p. 90. <옮긴이> '실현', '극복', '지양' 중에서 '극복'과 '지양'의 번역은 영어의 뜻보단 프랑스어를 따랐다. 'surmount'와 'overcome'의 뜻이 거의 비슷하기 때문이다.

211 *Qu'est-ce que penser?* p. 47.

212 *Le retour de la dialectique*, pp. 81-2; *Qu'est-ce que penser?* p. 21; *La révolution n'est plus ce qu'elle était*, p. 35.

213 Georges Labica, 'Marxisme et poésie', in *Métaphilosophie*, pp. 5-21, p. 7을 볼 것. <옮긴이> "철학자들은 세계를 단지 다양하게 해석하기만 했다. 중요한 것은 세계를 변혁하는 것이다." 참고로 조르주 라비카는 프랑스의 철학자로서 정치철학, 특별히 마르크스주의 역사에 정통했으며 반식민주의·반제국주의 운동가로도 활발하게 움직였다. 파리 10대학 명예교수, CNRS 명예원장, 중국인민대학 명예교수를 역임했다. 『마르크스주의 비판사전』의 편집자이기도 하다. 무엇보다도 『메타철학』의 서문을 썼다 — 'Préface', *Métaphilosophie*, Paris: Éditions Syllepse, 2e ed., 2000, pp. 5-21. 국내에는 그의 글 한 편 「제국주의에서 전 지구화까지」가 소개돼 있다 — 세바스티앙 뷔젱, 『레닌 재장전: 진리의 정치를 향하여』, 이재원 외 옮김, 서울: 마티, 2010.

214 *Hegel, Marx, Nietzsche*, p. 177. *Le temps des méprises*, p. 130을 볼 것.

215 Lefebvre and Kolakowski, 'Evolution or revolution', pp. 202-3.

216 *Descartes*, Paris: Éditions Hier et Aujourd'hui, 1947, pp. 45-6. *La conscience mystifiée*, pp. 60-1을 볼 것.

217 *La somme et le reste*, p. 506. 메타철학 개념은 다음에서도 요청된다 — *Critique de la vie quotidienne*, II, p. 257; *Critique of Everyday Life*, II, p. 255.

218 *La présence et l'absence*, p. 93.

219 Merquior, *Western Marxism*, p. 145. 관련 논의는 Pierre Lantz, 'La poièsis de la praxis: Henri Lefebvre', *L'homme et la société* 104, 1992, pp. 111-20을 볼 것. 또한 하이데거에 대한 연결고리는 Ulrich Müller-Schöll, *Das System und der Rest: Kritische Theorie in der Perspektive Henri Lefebvres*, Mössingen-Talheim, 1999, pp. 233-9를 볼 것. 르페브르가 한 것과 비슷한, 대체로 **로고스**와 관련하지만 **포이에시스** 또한 다소 참조한 시도에 대해서는 Châtelet, *Logos et praxis*를 볼 것.

220 *Métaphilosophie*, p. 23; *Key Writings*, p. 22.

221 *Métaphilosophie*, p. 106.

222 *Métaphilosophie*, p. 28; *Key Writings*, p. 27.

223 *Pyrenees*, Pau: Cairn, 2nd edition, 2000 (1965), p. 26; *Métaphilosophie*, p. 40을 볼 것.

224 *Métaphilosophie*, p. 126.

225 *Métaphilosophie*, p. 78. 요즘 들어 하이데거의 연구가 한층 더 광범위하게 출간됐음을 고려할 때 우리는 그가 실지로 자신의 연구 상당 부분을 수행했음을 확실히 알 수 있다.

226 *Métaphilosophie*, p. 79.

227 이는 많은 곳에서 언급된다. 예컨대 *Au-delà du structuralisme*, p. 266 n. 6; 'Au-delà du savoir', pp. 22-3; *Qu'est-ce que penser?* p. 8을 볼 것. 아울러 Poster, *Existential Marxism in Post-war France*, p. 240을 볼 것. 하이데거의 논의는 *The Principle of Reason*, translated by Reginald Lilly, Bloomington: Indiana University Press, 1991을, 악셀로스의 논의는 *Problèmes de l'enjeu*, Paris: Minuit, 1979와 *Arguments d'une recherche*, pp. 195-9를 볼 것. 헤라클레이토스와 관련한 더 전반적인 논의는 *Qu'est-ce que penser?* p. 23을 볼 것.

228 Karl Marx, *Writings of the Young Marx on Philosophy and Society*, edited by Loyd D. Easton

and Kurt H. Guddat, New York: Doubleday, 1967, p. 62.

229 르페브르의 저술 중에선 *Marx*, Paris: PUF, 1964, p. 55; *Métaphilosophie*, p. 33; 'Avant-propos [1961]', *Le matérialisme dialectique*, Paris: PUF, 6th edition, 1970 (1939), p. 10; 'Foreword to the fifth edition', *Dialectical Materialism*, translated by John Sturrock, London: Jonathan Cape, 1968, p. 17을 볼 것. 악셀로스에 대해서 이 말은 그의 전체 작업에서 좌우명 역할을 할는지도 모르겠다. 예를 들어 *Marx penseur de la technique*, I, p. 5, II, pp. 50, 162; *Alienation, Praxis and Techne*, pp. v, 202, 271을 볼 것.

230 Poster, *Existential Marxism in Post-war France*, p. 221. 마르크스 저술과 관련한 이 시기는 'Les rapports de la philosophic et de la politique dans les premières œuvres de Marx (1842-1843)', *Revue de métaphysique et de morale* 63 (2-3), April-September 1958, pp. 299-324를 볼 것.

231 'Avant-propos', *Le matérialisme dialectique*, p. 10; 'Foreword to the fifth edition', *Dialectical Materialism*, p. 17.

232 특별히 *Critique de la vie quotidienne III; La production de l'espace*, p. 466; *The Production of Space*, p. 405를 볼 것. <옮긴이> 『공간의 생산』, 570-1쪽.

233 *Métaphilosophie*, pp. 36, 39.

234 Labica, 'Marxisme et poésie', p. 7.

235 *Descartes*, Paris: Éditions Hier et Aujourd'hui, 1947; *Pascal* Vol. 1, Paris: Nagel, 1949; *Pascal* Vol. 2, Paris: Nagel, 1954; *Diderot ou les affirmations fondamentales du matérialisme*, Paris: L'Arche, 2nd edition, 1983 (1949); *Rabelais*, Paris: Anthropos, 2nd edition, 2001 (1955); *Alfred de Musset: Dramaturge*, Paris: L'Arche, 2nd edition, 1970 (1955); *Pignon*, Paris: Édition Falaise, 1956.

236 *Contribution à l'esthétique*, Paris: Anthropos, 2nd edition, 2001 (1953).

237 그 제명은 다음에 있다 — *Contribution à l'esthétique*. 그전에는 인용 표시 없이 다음에 있었다 — *Critique de la vie quotidienne* I, p. 186; *Critique of Everyday Life* I, p. 174. The discussion is found in *La somme et le reste*, pp. 536-9. <옮긴이> 1장의 주 156-165 및 관련 본문을 함께 볼 것. 이는 바로 다음에 나오는 문장, '**투 캠프 독트린**이 학문과 외교 정책에 적용됐다는 얘기는 1장에서 했다.'의 이해를 위해서도 필요해 보인다. 이 한 문장은 냉전이 시작할 때 즈다노프가 담당했던 '대외적' 역할을 한 마디로 압축해서 해 놓은 것이기 때문에 그 역할을 한 번 더 보려면 앞서 말한 1장의 부분으로 돌아가야 하는 것이다. 따라서 그 문장 다음부터는 즈다노프의 '대내적' 역할과 그 중요성의 얘기가 나오기 시작한다.

238 두 번째 제명의 출처는 다음과 같다 — A. A. Zhdanov, *On Literature, Music and Philosophy*, London: Lawrence & Wishart, 1950, p. 72. 이 두 제명의 사용 및 이 책 [『미학시론』] 전반과 관련해서는 Hess, *Henri Lefebvre et l'aventure du siècle*, pp. 127-9; 'Henri Lefebvre et l'activité créatrice', in *Contribution á l'esthétique*를 볼 것. <옮긴이> 『미학시론』의 제명 중 다른 하나는 "《*La musique ne donne plasir que lorsque tous ses élémemnts — la mélodie, le chant, le rhythm — se trouvent dans une certain union harmonieuse. L'attention uniltérale accordée à l'un d'eux aus dépens d'un autre, aboutit à détruire l'interaction correcte des divers éléments* …》 A. Jdanov, *Sure la litterature, la philosophie et la musique*, p. 86."이다. 이것을 옮겨 보면 "음악은 그것의 모든 요소 — 멜로디, 선율, 리듬 — 가 조화로운 통합의 상태에 있을 때 비로소 기쁨을 준

다. 그 중 하나에 맞춰 다른 것을 훼손하면서까지 기울이는 일방적 관심은 다양한 요소의 정상적 상호작용을 파괴하기에 이른다 …" A. 즈다노프, 『문학, 철학, 그리고 음악에 대하여』 — *Contribution à l'ésthetique*, Paris: Anthropos, 2e ed., p. 3, 2001.

239 Poster, *Existential Marxism*, p. 38.

240 Poster, *Existential Marxism*, p. 238.

241 예컨대 *Rabelais*, pp. 25, 34, 196, 203을 볼 것. 스탈린을 사용한 점 또 단 하나의 참조가 한 사람을 스탈린주의지로 만드는지의 여부는 다음을 볼 것 — *La somme et le reste*, pp. 496-7.

242 그래도 *Rabelais*, p. 130을 볼 것. 여기서 르페브르는 그 책이 "체제 전복적이거나 이단적인 것이 아니라 음란한 것이라서" 비난받았다고 말한다. *Méthodologie des sciences*, p. 24를 볼 것.

243 우리가 명심해야 할 것은 다음의 전자에서 르페브르가 마르크스 사상이 탄압받은 방식을, 그리고 후자의 서문에서 르페브르와 구테르망이 당시 독일 내의 마르크스 반대 동향을 논의한다는 점이다 — *Pour connaître la pensée de Karl Marx*, Paris: Bordas, 1947, p. 9; *Morceaux choisis de Karl Marx*.

244 *La somme et le reste*, p. 538.

245 *Contribution à l'esthétique*, p. 5. <옮긴이> '그 처음 몇 줄'은 이것이다. "CE PETIT LIVRE, destiné à la collection ≪Problèms≫, n'a pas pour but de rendre ≪problématique≫ le nouveau réalisme, le réalisme socialiste", "이 작은 책은 '문제'를 모으려 하지 새로운 리얼리즘 곧 사회주의 리얼리즘의 '문제틀'을 세우려 하지 않는다."

246 *La somme et le reste*, pp. 535-6을 볼 것.

247 Rob Shields, *Lefebvre, Love and Struggle: Spatial Dialectics*, London: Routledge, 1999, p. 84.

248 Frederic Jameson, *Marxism and Form: Twentieth-Century Dialectical Theories of Literature*, Princeton: Princeton University Press, 1971, pp. 377-8.

249 Hess, *Henri Lefebvre*, pp. 141-51.

250 *Descartes*, p. 13.

251 *Diderot ou les affirmations*, p. 9.

252 *Descartes*, p. 13.

253 *Descartes*, p. 14.

254 *La Fin de l'histoire*, p. 151.

255 *Pascal*, I, pp. 8-9. *Diderot ou les affirmations*, pp. 9-10을 볼 것. 이것은 다음에서 제임슨이 강조한 점이다 — *Marxism and Form*, pp. 377-8. 우리는 다음에서 비슷한 것을 보는데 그 밖의 연구만큼 자세하진 않다 — Nietzsche, pp. 9-28.

256 *Pascal*, I, pp. 11-26.

257 *Pascal*, I, p. 116. 프롱드의 난 — 프롱드는 말 그대로 '봉기'다 — 은 1648-53년 사이에 일어났다. 루이 14세 통치기 동안 법원, 귀족, 서민에게서 다양한 저항이 발생했다는 특징이 있는 것으로 묘사된다.

258 A. Lanavère (ed.), *Pascal*, Paris: Firmin-Didot Étude/Librairie Marcel Didier, 1969, p. 154.

259 *Rabelais*, pp. 33-115; *Descartes*, pp. 49-98; *Pascal*, I, pp. 8-150; *Diderot ou les affirmations*, pp. 9-55를 볼 것. 그것[예컨대 『파스칼』]은 그[파스칼]의 작업을 시간의 맥락에 위치시키지만 『뮈세』는 19세기를 완전히 똑같은 방식으로 논의하진 않는다.

260 *Descartes*, pp. 16-17.

261 *Descartes*, p. 235.

262 *Descartes*, p. 235.

263 *Descartes*, p. 293.

264 *Pascal*, II, pp. 7-8. 루카치가 르페브르의 작업을 인정했다는 것이 전적으로 놀라운 일은 아니다. 루카치 또한 정치적 제약 조건 속에서 움직이고 있었고, 발자크 및 괴테와 관련한 그의 책 — 르페브르의 이러한 책들이 쓰였을 때와 같은 때쯤 쓰인 — 은 비슷한 목표를 보여준다. 루카치와 관련해서 더 자세한 논의는 *La somme et le reste*, pp. 559-62, 571; *Lukács 1955*, with Patrick Tort, Être marxiste aujourd'hui, Paris: Aubier, 1986를 볼 것. 또한 루카치가 르페브르에게 보인 반응과 관련해서는 루카치의 학생이었던 골드망의 책 — *Le dieu caché: étude sur la vision tragique dans les Pensées de Pascal et dans le théâtre de Racine*, Paris: Gallimard, 1955를 볼 것. 그리고 그들의 논의는 *Blaise Pascal: L'homme et l'oeuvre*, Paris: Les Éditions de Minuit, 1956, pp. 204-24를 볼 것. 아울러 Henri Lefebvre and Lucien Goldmann, *'Pascal et l'ordre des Pensées'*, in Lanavère (ed.), *Pascal*, 1969, pp. 154-73을 볼 것.

265 *Pascal* II, p. 9. *Descartes*, pp. 235-6을 볼 것.

266 *Descartes*, p. 16. *La somme et le reste*, p. 504를 볼 것.

267 'Le marxisme et la pensée française', *Les temps modernes* 137-138, 1957, pp. 104-37, p.118; *La somme et le reste*, pp. 505-6.

268 *Descartes*, p. 244.

269 *Descartes*, p. 29.

270 *Descartes*, pp. 37-9.

271 *Descartes*, pp. 36-7.

272 *Descartes*, p. 37.

273 *La conscience mystifiée*, p. 43.

274 Étienne Gilson, *Etudes sur le role de la pensée médiévale dans la formation du système cartésian*, Paris: J. Vrin, 1951. Lefebvre also cites Henri Gouhier, *La pensée religieuse de Descartes*, Paris: J. Vrin, 1924; and Jean Laporte, *Le rationalisme de Descartes*, Paris: Presses Universitaires de France, 1945.

275 르페브르는 다음을 인용한다 — Cécile Angrand, *Cours de l'Université Nouvelle*; Maxime Leroy, *Descartes: Le philosophe au masque*, Paris: F. Rieder, 2 volumes, 1929; Gaston Milhaud, *Descartes Savant*, Paris: Félix Alcan, 1921. (첫 번째 문헌에 대한 정확한 참조 내용은 찾지 못했다. 에스에 따르면 프랑스 공산당 내부 출간물이었다고 한다 — *Henri Lefebvre*, p. 142).

276 *Descartes*, p. 181.

277 *Descartes*, p. 18. <옮긴이> '세속화'로 옮긴 프랑스어 'laïcisation'에는 '종교에서 분리시키기'의 뜻도 있다.

278 *Descartes*, p. 303.

279 Jean Paris, *Rabelais au futur*, Paris: Éditions du Seuil, 1979를 볼 것.

280 Mikhail Bakhtin, *Rabelais and His World*, translated by Helen Iswolsky, Bloomington: Indiana University Press, 1984 (1968). 관련 논의에 대해서는 Richard M. Berrong, *Rabelais and Bakhtin:*

Popular Culture in Gargantua and Pantagruel, Lincoln: University of Nebraska Press, 1986을 볼 것.

281 Christine Delory-Momberger, 'Avant-propos: La littérature au risqué du matérialisme historique … et à la lumière de Henri Lefebvre', in *Rabelais*, p. xxv.

282 전자에 대해서는 Abel Lefranc, *Rabelais: Études sur Gargantua, Pantagruel, le Tiers Livre*, Paris: Albin Michel, 1953을, 후자에 대해서는 Lucien Febvre, *Le problème de l'incroyance au XVI siècle: La religion de Rabelais*, Paris: Albin Michel, 1968 (1942); translated by Beatrice Gottlieb as *The Problem of Unbelief in the Sixteenth Century: The Religion of Rabelais*, Cambridge: Harvard University Press, 1982를 볼 것. *Rabelais*, pp. 3-4를 볼 것.

283 *Rabelais*, p. 3.

284 *Rabelais*, p. 2.

285 *Rabelais*, p. 19.

286 *Rabelais*, p. 101.

287 르페브르는 이 계획의 대강을 『라블레』, 31쪽에서 잡고 책의 나머지에서 실행에 옮긴다. <옮긴이> 참고로 '거인과 항해'라는 주제에서 먼저 '거인'은 라블레의 대표작 『가르강튀아와 팡타그뤼엘 이야기』*La Vie Inestimable du Grand Gargantua, Père de Pantagruel*에서 제목에 있는 부자관계의 두 주인공이 거인이라서 하는 말이다. '항해'(여정·모험·탐험)에는 두 가지 뜻이 있는 것으로 보이는데 하나는 팡타그뤼엘이 가르강튀아가 세상을 떠났고 자신의 나라가 침공당했다는 소식을 듣고 돌아가면서 하게 되는 '항해'를, 다른 하나는 그렇게 하기 전까지 팡타그뤼엘이 하고 있었던 '지적 탐험'을 가리킨다.

288 *Rabelais*, p. 115, p. 213을 볼 것.

289 *Rabelais*, pp. 31-2.

290 *Rabelais*, p. 2.

291 번역을 위해 다음의 텍스트를 활용했다 — J. M. Cohen, 'Translator's introduction', in François Rabelais, *The Histories of Gargantua and Pantagruel*, Harmondsworth: Penguin, 1955, pp. 17-31, p. 17. 아울러 원래 프랑스어에 대해서는 다음을 활용했다 — François Rabelais, *Oeuvres Complètes*, edited by Jacques Boulenger and Lucien Scheler, Paris: Pléiade. 이 전집은 지금부터는 '*Gargantua and Pantagruel*, 책과 장 번호(로마숫자)' 순으로 인용된다.

292 *Rabelais*, p. 28.

293 *Rabelais*, p. 63.

294 *Gargantua and Pantagruel* II, Prologue를 볼 것. 『가르강튀아 대연대기』와 관련해서는 다음을 볼 것 — *Rabelais*, p. 129; Michael J. Heath, *Rabelais*, Tempe: Medieval and Renaissance Texts and Studies, 1996, p. 16; Anne Lake Prescott, *Imagining Rabelais in Renaissance England*, New Haven: Yale University Press, 1998, pp. 13-15.

295 라블레가 참조한 것에 대한 광범위한 논의로는 M. A. Screech, *Rabelais*, London: Duckworth, 1979을, 상스러운 측면에 대해서는 Carol Clark, *The Vulgar Rabelais*, Glasgow: Pressgang, 1983; and Prescott, *Imagining Rabelais*, Chapter 3을 볼 것.

296 *Rabelais*, p. 214.

297 *Rabelais*, p. 34, pp. 33-5; 71-115를 볼 것. 르페브르는 받아들여지지 않은 접근의 한 예시로서 에티엔

질송을 인용한다. <옮긴이> 트리엔트 공의회The Council of Trent는 1545-63년까지 이탈리아 북부의 트렌토Trento에서 개최된 종교회의로서 그 목적은 당시의 종교개혁에 맞서서 가톨릭의 교리 및 체계를 재정비하는데 있었다. 참고로 트렌토는 이탈리아 트렌티노알토아디제주의 주도로서 영어로는 트렌트Trent, 독일어로는 트리엔트Trient로 부르기도 한다.

298 예컨대 *Rabelais*, pp. 10, 24, 26, 92를 볼 것.

299 *Rabelais*, p. 24.

300 *Rabelais*, p. 25.

301 *Rabelais*, pp. 25-6, 124. 추상화와 관련해서 라틴어가 프랑스어에 끼친 영향에 대해서는 다음을 볼 것 — *Gargantua and Pantagruel* II, vi.

302 *Rabelais*, p. 209. 르페브르가 부분적으로 인정하는 것처럼 그들은 물론 많은 부분 이를테면 종교와 농민에 대해 논박하는 루터의 태도 같은 것에서는 상당히 달랐다. 라블레와 루터 간의 종교적 관련성은 Febvre, *Le problème de l'incrqyance au XVI siècle*을 볼 것. 관련 배경을 더 자세히 논의한 것으로는 John Hale, *The Civilisation of Europe in the Renaissance*, New York: Touchstone, 1993을 볼 것.

303 *Rabelais*, p. 27.

304 Cohen,'Translator's Introduction', p. 17.

305 *Rabelais*, p. 79.

306 *Rabelais*, p. 58.

307 *Rabelais*, pp. 58-9. *Gargantua and Pantagruel* I, iv-v를 볼 것.

308 *Rabelais*, p. 58.

309 예컨대 *Rabelais*, pp. 42-3; 58-9, 그 밖의 다른 곳을 볼 것.

310 *Rabelais*, p. 27.

311 *Rabelais*, p. 43.

312 *Rabelais*, pp. 43-4, 159.

313 *Rabelais*, p. 43.

314 *Rabelais*, p. 188.

315 *Rabelais*, p. 27.

316 *Rabelais*, p. 28. pp. 67-8을 볼 것.

317 *Rabelais*, p. 59.

318 *Rabelais*, p. 13, p. 192도 볼 것. 또한 Colette Audry, Jacques Nantet and Claude Roy, with Henri Lefebvre, *Le romantisme révolutionnaire, Cercle Ouvert: Confrontations*, Paris: La Nef de Paris, 1958, p. 8을 볼 것.

319 *Rabelais*, pp. 13-14, p. 29도 볼 것.

320 Prescott, *Imagining Rabelais*, p. 161.

321 *Trois textes pour le théâtre*, Paris: Anthropos, 1972; 'Le Don Juan du Nord: Pièce en 3 actes', *Europe: Revue mensuelle* 28, April 1948, pp. 73-104; *La somme et le reste; M, mensuel, marxisme, mouvement* 2, June 1986을 볼 것. 마지막 것과 관련해서는 Elizabeth Lebas, 'Politics: introduction', in *Key Writings*, pp. 218-19를 볼 것.

322 Henriette Valet, *Le mauvais temps*, Paris: Grasset, 1937. Trebitsch, 'Correspondance

d'intellectuels', p. 74를 볼 것. 이 문헌은 『형편없는 시대』를 『착각의 시대』로 언급한다. 이 책이 르페브르 자신의 1975년 책이기 때문에 그 언급은 짐작건대 실수인 듯하다. 아울러 Shields, *Lefebvre, Love and Struggle*, pp. 19-20, 97을 볼 것. 이 책은 르페브르가 구테르망에게 보낸 서신 다수에서 언급된다. 하지만 《모베 탕》*Mauvais temps* 또한 계획된 저널 하나의 제목이었던 것 같다. 그리고 무엇이 무엇을 뜻하는지는 늘 분명치 않다. 르페브르는 발레가 더 일찍 쓴 소설의 서평을 다음과 같이 썼다 — '*Madame 60 Bis*, par Henriette Valet (Grasset)', *La nouvelle revue française* 43(255), December 1934, pp. 921-3. 그 둘은 1936년 9월에 결혼했다.

323 르페브르는 사르트르의 문학적 결과물에 대해 꽤 비판적이지만 그래도 그는 사르트르의 『비상구는 없다』No Exit *(Huis Clos)* 가 그가 지은 최고의 희곡이라고 생각한다. 예를 들어 *Critique de la vie quotidienne*, I, p. 251; *Critique of Everyday Life*, I, p. 236; 'Avant-propos de la 2e édition', p. 44; 'Foreword to the second edition', p. 262 n. 56을 볼 것.

324 *Descartes*, pp. 144-7, 187-243; *Pignon*을 볼 것.

325 르페브르는 다음에서 이 연결고리를 분명히 한다 — *La somme et le reste*, p. 551.

제3장

일상생활 비판

일상생활 비판

르페브르는 자신의 일상생활 관련 작업이 마르크스주의에 대한 중요한 공헌이라고 생각했다.[1] 르페브르가 이 영역에서 한 작업은 널리 활용돼 왔다. 그렇게 활용된 것이 늘 분명하게 인정되진 않는다 하더라도 말이다. 사실 일상생활 개념은 그의 작업 전체에서 거의 드러나지 않는 곳이 없을 정도로 널리 퍼져 있다. 1장에서 논의한 대로 르페브르는 마르크스가 소외에 대한 헤겔식의 구상을 고친 것에 빚졌는데, 이는 특별히 『수고』에서 발견된다. 그러나 마르크스가 말하는 것처럼

> 정치경제학은 자유시간을 즐기고 있는 (노동자) 곧 한 인간 존재를 다루지는 않고, 이 측면을 형법, 의사, 종교, 통계표, 정치, 구빈원 문지기가 다루도록 내버려 둔다.[2]

따라서 마르크스의 글들 대부분에서 소외는 경제영역과 관계가 있는 무엇처럼 보인다. 하지만 이것이 반드시 사실인 것은 아니며, 마르크스는 여러 곳에서 소외가 한층 더 광범위한 분야에서 발견될 수 있는 무엇임을 보여준다. 르페브르가 『비판』 제1권의 「제2판 서문」에 인용한 레닌의 말에 따르면 『자본론』은 "독일 경제학자"의 책이지만 "독자에겐 자본주의적 [사회]구성체의 전모를 살아있는 것으로" — 그것의 일상적 측면과 함께 — 보여준다.[3] 그 모순을 크게 인정하면서 르페브르는 다음의 두 가

지 주장을 내놓는다. **"마르크스주의 전체는 실로 일상생활에 대한 비판적 지식이다"**.[4] 그렇긴 해도 그것이 "일상생활에 대해 완결되고 비판적인 지식을 **벌써** 내놓진 않는다".[5] 그러한 "일상"이 마르크스에게선 드러나지 않았을 수 있지만, 그의 작업은 우리에겐 분석을 위한 잠재력을 제공한다.[6] 이를 기반으로 하되 그것을 넘어서면서 르페브르는 20세기에 자본주의가 경제세계는 물론 문화세계와 사회세계까지 지배하기 위해 어떻게 세력을 넓혔는지에 대해 자세한 이해를 제공한다. 여기서 르페브르는 자신과 구테르망이 초기의 여러 시론과 『신비화된 의식』에서 정교하게 가다듬었던 발상 대다수를 활용한다.[7]

> '소외' ― 나는 그것이 거기, 내가 부르는 사랑 노래나 내가 암송하는 시에, 내가 들고 있는 지폐나 내가 들어가는 가게에, 내가 힐끗거리는 포스터나 이 일기의 말에 있음을 안다. 바로 그 순간 인간은 '소유물을 갖고 있는 것'으로 규정된다. 나는 소외가 거기 있음을 안다. 인간을 강탈하면서.[8]

르페브르가 지적하다시피 "노동자들은 노동현장의 삶만 살아가는 것이 아니라 사회적 삶·가족적 삶·정치적 삶도 살아간다. 그 사람들은 노동영역 바깥에서도 [삶을] 경험한다".[9] 일상생활 비판은 반드시 우리를 사회적·인간적 존재로 만드는 상황을 분석해야 하고[10] 반드시 노동과 여가를 함께 검토해야 한다. 왜냐하면 **"노동과 꼭 마찬가지로 여가에도 소외가 있기"** 때문이다.[11] 트레비슈가 표현하는 대로라면 "그 결과 소외는 빈곤, 일상생활의 '약탈'을 초래한다".[12] 문화는 상품이 돼 버렸다. 곧 "모든 것이 팔리기 위해 나와 있다".[13] 르페브르는 마르크스가 자본주의 아래의 소외를 어떤 방식으로 봤는지가 아니라 그가 특정 측면에 초점을 맞춰 분석했다는 것과 그가 글을 쓰던 때부터 지금까지 여러 상황이 생겨났다는 것을 비판하려고 맘먹고 있다. 자본주의적 생산양식은 산업 내에 구축됨에 따라 산업을 통합했다. 그러고 나서 "그것은 농업을 통합했고, 역사적 도시를 통합했고, 공간을 통합하더니 내가 *la vie quotodienne*나날의 삶, [the everyday life, 일상생활]로 부르는 것을 생산했다".[14] 여기서 우리는 마르크스주의의 유물론적 이해를 통해 변형된 한 철학적 개념[소외]으로써 우리가 농촌 및 도시 삶의 문제와 공간의 문제에 접근할 수 있게 되는 방식을 목격한다. 우리가 일상생활을 이해하지 않은 채 르페브르의 작업에 있는 그 각각의 측면을 파악하려 한다면 그것은 충분치 않다. 소외는 경제적일 수도 있고 사회적·정치적·이데올로기적·철학적일 수도 있다.[15] 1장에서 알아봤듯이 소외는 경제적인 것을 넘어선다. 일상생활이 투쟁의 지형이기 때문이다. 그리고 이는 생산이 물건의 지형보다 넓어서 사회적 삶을 구성하는 모든 것을 아우르는 것과 꼭 같다.

삶 속의 하루

르페브르는 다음에 대한 광범위한 조사에 착수해야 한다고 말한다. “우리가 어떻게 살아가는지 … 예컨대 한 개인이 살아가는 삶 속의 하루, 어떤 날이건, 아무리 하찮은 날이라 할지라도”.[16] 이 말이 따분하게 들릴까 봐 르페브르는 헤겔의 격언이 중요하다는 것을 인정한다. “낯익은 것*(das Bekannte)*은 다만 낯이 익을*(bekannt)* 뿐이라서 낯설다*(erkannt)*”.[17] 일상생활이 우리에게 낯익을 순 있지만 그렇다고 이 말의 뜻이 우리가 그것을 이해한다는 건 아니다. 일상생활에 대한 분석은 하찮은 것 속에 있는 빼어난 것을 끌어낼 수도 있다.[18] 이때 하찮은 것이란 사람들은 자신이 어떻게 사는지를 제대로 알지 못한다는 것이다.[19] 최초의 정의는 이럴 것이다. 일상생활은 일단 노동을 떼어 내고 난 뒤 남아 있는 모든 것이다. 이를테면 “일상생활은 생계, 옷, 세간, 집, (임시)거처, 이웃, 환경이다”.[20] 일종의 독해될 텍스트로서 일상생활은 영원한 양피지다. 그것은[그 위엔] 계속해서 [뭔가가] 다시 쓰이고 있는 중이다.[21] 그것은 욕망과 욕구, 진지한 것과 경솔한 것, 자연과 문화, 공적인 것과 사적인 것 사이의 접촉과 갈등이 이뤄지는 곳이다.[22]

그것은 다음으로써 규정되는 현시대 사회의 층위와 관련한다. 1) 이 층위와 그 위의 층위들(국가, 기술, 상위문화의 층위들) 간의 격차, 2) 현실에서 지배당하지 않는 구역과 지배하는 구역 간의 교차, 3) 대상이 전유된 재화로 바뀌어 가는 변형.[23]

그렇지 않으면 우리는 한 개인이 살아가는 삶 속의 하루를 나열하는 것 대신 달력에서 날짜 하나를 무턱대고 골라내서 특별히 그날에 무슨 일이 일어났는지를 알아내려 애써볼 수도 있다. 르페브르는 그 발견을 위해 사용될 수 있는 자료가 썩 많진 않을 것이라고 한다. "그 24시간으로 이뤄진 일상생활을 재구성할 수 있도록 지금 우리 손에 쥐어진 것이라곤 [신문의] 선전 … 단신 모음과 귀퉁이의 사소한 소식 몇 가지가 전부다".[24] 혹시라도 우리가 20세기가 시작할 무렵의 어느 하루를 고른다면 다음과 같은 것을 상상하는 우리를 막아설 수 있는 것은 없다. 바로 그날 아인슈타인은 상대성을 처음으로 간파했다. 아니면 바로 그날 이뤄진 대수롭지 않은 결정으로 세계대전이나 혁명에 불을 댕긴 사건이 일어나기 시작했다.

그러나 우리가 1904년 6월 16일이란 날짜를 고른다면 우리는 제임스 조이스가 소설 『율리시스』에서 우리에게 일상생활의 한 장면을 이미 묘사해 줬음을 알게 될 것이다. 르페브르는 "정말이지 나날의 삶이라는 발상을 문학 속에서 입증한 사람은 바로 조이스"라고 말한다. 『율리시스』는 "하찮은 사람의 삶 속에 있는 24시간"이다.[25] 그것은 "일상적인 것의 단편 하나하나를 차례대로 익명성에서 건져낸다".[26] 『율리시스』는 위대한 소설이 지루할 수 있다는 것, 정말로 지루할 수 있다는 것, "하찮은 사람이 살아가는 삶 속의 하루 얘기가 대개 서사의 양식이었어야 한다는 것"을 분명히 보여 준다.[27] 『율리시스』는 우리에게 삶이 나날의 연속임을 훌륭하게 보여준다.

*La vie quotidienne*은 영어로는 보통 'everyday life'로 번역된다. 나쁜 번역은 아니지만 르페브르가 직접 지적하듯이 완벽한 번역도 아니다. *quotidienne*가 삶의 반복적 특질을 가리키기 때문이다.[28] 르페브르는 자신이 사용하는 용어의 뜻을 다음과 같이 구분한다. "everyday (*quotidien*)일상라는 말은 daily life (*vie quotidienne*)나날의 삶가 모더니티로 진입하는 것을 나타내고 … 'everydayness (*quotidienneté*)일상성' 개념은 일

상생활에 있는 동질적·반복적·파편적인 것을 강조한다".[29] 'Everyday'에는 어쩌면 'every day나날'의 반복보다 하찮은 것의 뜻이 더 많이 들어가 있을 수 있다. 일상의 두 가지 뜻 모두 염두에 둬야 한다. 개념으로서 일상생활은 루카치와 초기 하이데거의 *Alltäglichkeit*(everydayness) 개념에 매우 가깝다. 그러나 『신비화된 의식』을 썼을 때 르페브르와 구테르망은 루카치의 작업을 모르고 있었다. 그것을 알게 된 건 그 책의 독자 한 명이 그들이 루카치의 생각 대부분을 되풀이했다고 주의를 환기해 줬기 때문이었다.[30] 적어도 이것이 당시 르페브르가 한 말이다. 20년 뒤 그는 루카치를 아예 언급하지 않은 이유가 그들이 루카치의 주장에 이단적 본질이 있음을 알고 있었기 때문이라고 말한다.[31] 그러나 가장 있을 법하지 않은 얘기는 [『신비화된 의식』 발간 후] 50년을 이어져 온 것으로서 어쩌면 루카치가 자신의 작업에 있는 그 개념을 르페브르와 구테르망의 일상생활 관련 논의에서 건져 올렸을 수도 있다는 것이다.[32] 실제로는 트레비슈의 주장처럼 그 개념이 — 루카치의 영향을 받은 — 하이데거를 통해 르페브르의 작업으로 들어갔다고 보는 것이 더 그럴싸한 얘기다.[33]

『역사와 계급의식』에서 루카치는 더 충분히 실현된, 체험된 삶을 하찮은 삶, 진정하지 않은 존재 방식에 대비한다. 루카치는 바로 자본주의가 그러한 실현을 방해하고 상품 물신숭배와 기계적 존재 같은 따분하고 하찮은 삶의 조건을 만들어 낸다고 본다.[34] 루카치가 그 책에 모아 놓은 연구를 『수고』가 발견되기 전에 집필했다는 점은 유념해 둘 만하다.[35] 하이데거 역시 『존재와 시간』에서 일상성을 진짜가 아니거나 더 "비본래적인inappropriate *(Uneigentlichkeit)*" 존재의 영역으로 본다. 그 영역은 일종의 존재로서 거기서 인간들은 그들one *(das Man)*이 하는 대로 [따라] 하는데, 그 인간들에게 진짜이거나 "본래적인appropriate *(Eigentlichkeit)*" 존재 양태는 열려 있지 않다.[36] 에스는 그 개념들의 유사성에 주목하고 하이데거가 어떻게 "반복되는 것" — 곧 일상에 있는 나날의 특질 — "을 정교하게 가다듬었는지"를 언급한다.[37] 하이데거는 자신이 들여다봤던 삶의 하찮음을 강조하기도 했지만 그래도 극적 특질의 계기와 상황은 확실히 들여다본다. 르페브르는 일상생활이 그 안에 모순을 안고 있다고 본다. "그것이 하찮은 것과 빼어난 것 둘 다를 품고 있기 때문이다".[38] 르페브르는 하이데거가 삶의 원초성·사소함·익명성의 탓을 이 개념으로 돌린 것을 비판하고[39] 하이데거에게서 일상생활이 과소평가됐다고 생각한다. 마찬가지로 르페브르는 19세기 문학도 비판한다. 그것이 환상적인 것을 너무 강조하는 바람에 "현실의 삶, '있는 그대로의' 세계"가 격하되고 평가절하됐기 때문이다.[40] 그렇지만 하이데거에게서 받은 영향을 부인한다는 점에서 르페브르는 설득력이 없다.[41] 르페브르의 일상생활 개념은 마르크스의 소외 개념을 **일상성**에 대한 하이데거의 이해에 적용한 것으로 볼 수 있다. 요컨대 일상생활은 인간이 소외되는 그런 것이다.

르페브르는 일상을 연구·검토하려면 우리가 우리 자신과 연구대상 사이에 일종의 비판적 거리를 둬야 한다고 주장한다. 다시 말해서 "만약 우리가 일상생활을 수동적으로 '살아가는' 가운데 거기서 한 발짝 뒤로 물러서지 않은 채 수용한다면 그러한 일상생활은 파악할 수가 없다".[42] 분석은 반드시 비판적 지식과 행동, 이론과 **실천**을 함께 사용해야 한다.[43] [이 작업은] "오직 철학자, 변증법의 영향을 받은 사회학자, 어쩌면 소설가까지, 그이가 **체험된** 것과 **현실적**인 것, **형식적** 구조와 **내용**을 함께 엮을 수 있을 때만" [가능하다].[44] 일상생활에 대한 이러한 개념은 전후 프랑스 이론의 두 주요 운동 — 실존주의적 현상학과 구조주의 — 사이에서 유용하게 고려돼 왔다.[45] 르페브르가 보기에 두 접근 중 어느 것도 일상생활을 만족스럽게 다루진 않는다. 예를 들어 사르트르는 마르크스주의의 역사적 방법을 실존주의의 삶 관련 개념들과 통합하려 애쓴 것 때문에 비판받는다. "그는 그 두 층위를 '변증법적으로' 연결함으로써 그 개념들을 직면하고 화해시키기 위해 비상한 노력을 기울인다".[46] 그 대신 르페브르는 체험된 것의 개념이 이미 마르크스주의에 내포돼 있다고 본다. 마찬가지로 구조주의는 경험을 무시한 것 때문에 비판받는다. 르페브르가 드는 예시는 바르트다. 1장에서 살펴봤듯이 바르트는 르페브르가 조금이라도 관심을 가지는 듯 보였던 유일한 구조주의자다. 르페브르는 그의 작업 일부를 높이 평가하고 싶어 하지만 "바르트가 기호학을 대표해서 사회학을 묵살한다"고 판단한다.[47] 유행에 대한 바르트의 분석이 최고

수준이긴 해도, 그는 사물이 어떻게 기호로서 작동하는지에 관심이 있고 그 기호를 삶 그 자체와 연관하진 않는다.[48]

르페브르는 다른 길을 내고 싶어 한다. 그 길에는 그 두 접근 모두의 요소가 있지만 그렇다고 이것이 통합이나 융합은 아니다. 오히려 그 두 접근이 불충분하단 말을 하는 것이다. 현상학의 괄호치기나 구조주의에서 발견되는 경험의 부인보다 르페브르는 오히려 일상의 구조·기호·약호codes가 어떻게 생물학적 삶과 통합되는지를 보고 싶어 한다.[49] 현상학과 기호학은 그 문제의 일부만 다룰 뿐이다. 다시 말해서 오직 철학만 **총체성**을 제시하는 것이다.[50] 현상학은 너무 작은 규모만 들여다보고 중요한 상황적 문제에서 너무 많을 것을 덜어내 결국 더 큰 그림을 못 보게 된다. 구조주의는 구조가 행위주체와 관련한 쟁점, 삶의 층위, 개인성과 맺는 상호관계는 들여다보지 않고 구조를 물화한다. 이 모두에는 역사 연구가 어떻게 착수돼야 하는가에 대한 함의가 있다. 그 대표 주자들을 소홀히 하지 않으면서도 전체는 고려돼야 한다. 세세한 것 하나하나에 대한, 일상생활에 대한 숙고까지 함께 말이다. 르페브르는 일부 역사학자·지리학자·심리학자가 서서히 이 작업[의 필요성]을 실감하는 중이라고 말한다. "여태껏 아무도 종합을 시도하지 않았다".[51] [그 작업은 아마] 르페브르가 하는 듯 보일 것이다.

트레비슈가 말한 것처럼『비판』제2권은 "사회학 내의 진정한 '방법 관련 담론'"으로서 기능한다.[52] 이 책을 집필하던 당시 르페브르는 CNRS 사회학 부문의 일원으로 있었고 다양한 연구를 사회학 저널에 발표하고 있었다. 1958년에 — 그러니까『비판』제1권의「제2판 서문」에서 — 르페브르는 제2권의 계획을 위해 사용하고 있던 노트 몇 권을 잃어버려서 원래 계획이 재조정될 수밖에 없었다고 말했다. 당시 그가 프랑스 공산당과 특수한 관계를 맺고 있던 맥락과 그가 점점 더 일탈하는 쪽으로 노선을 잡아가고 있던 정황에 미뤄 봤을 때, 그는 그 노트들을 도둑맞은 건 아닌가 하는 불합리적이지만은 않은 의혹을 품었다.[53] 이 서문에서 그는 제2권에 욕구의 이론에 대한 시도, 사회학적 층위에서 수행되는 여성언론romantic press [women's press] 분석, 계급관계에 대한 분석이 포함될 것이라고 말한다.[54] 이 세 영역의 요소들이 그 책에서 발견되긴 하지만 그래도 그가 가장 한결같이 다뤄 온, 일상생활과 관련된 계급문제의 논의는 긴 논문 두 편에서 발견된다. 하나는 《카이에 앙테르나시오날 드 소시올로지》*Cahiers internationaux de sociologie*에 실린 뒤 『구조주의 저편』에 다시 게재되고, 다른 하나는 게오르규 구르비치Georges Gurvitch의 중요한 책 『사회학개론』*Traité de sociologie*에 기고됐다.[55] 르페브르는 자신의 초기 연구에 대해 공식적 마르크스주의 진영에서 받았던 비판 하나가 계급의 문제를 소홀히 했다는 것이었다고, 또 그것이 느닷없어 보이는 비판이었다고 말한다.[56] 아마도 더욱 분명해 보이는 것은 계급에 대한 르페브르의 이해가 이론적 측면의 마르크스주의보다는 실천적 측면의 마르크스에게 더 가깝다는 점이다. 이는 그가 소수계급 — 바꿔 말하면 하위계급과 그 내부에서 일어나는 분화 — 을 소홀히 하지 않아야 한다는 루카치의 충고를 따른 것이다.[57] 1962년에 출간된 제2권에선 구조주의와 언어학에 대한 비판적 주장이 상당수 이뤄질 것과 그 주장들이 이후의 작업에서 전개될 것이 예상된다. 그래도 그러한 공격의 주목표 중 한 명이 될 알튀세는 아직 유명 인사가 되기 전이었다. 아울러 트레비슈는 더 낡았고 더 확고히 자리 잡힌 조사 방법 — 설문조사와 설문지에 초점을 맞춘 계량사회학과 참여사회학 둘 다 — 을 비판하려는 의도 또한 그 책에 있었다고 주장한다.[58]

일상생활에 대한 르페브르의 검토에는 몇 가지 '계기'가 있다. 그가 지은 책 가운데 『비판』 말고 여러 권으로 된 것 — 『파스칼』과 『국가』 — 은 고작 몇 년의 간격만 두고 쓰였지만, 『비판』 시리즈에는 수십 년의 간격이 있다. 제1권 곧 『입문』이라는 부제가 이미 붙은 것은 1947년에 출간됐고, 1958년 재판에는 원래 것 삼분의 이 길이에 이르는 「서문」이 덧붙었고, 1961년의 제2권, 1981년의 제3권이 그 뒤를 이었다.[59] 게다가 이 연대기엔 그 밖의 계기가 또 끼어든다 — 1933년의 텍스트는 《아방포스트》에 실렸고, 1936년엔 『신비화된 의식』, 1962년엔 『모더니티 입문』, 1968년엔 『현대세계의 일상성』, 그가 세상을 떠난 이듬해엔 『리듬분석』이 선을 보였고, 그 밖의 단편도 많이 있다. 그가 『비판』 제3권에서 얘기하다시피 『현대세계의 일상성』은 그가 스트라스부르와 낭테르에서 열었던 강좌의 요약이었다.[60] 연구의 전반적 취지는 일관적으로 유지되는 데 반해 상이한 시대는 역사적 맥락을 제공한다. 초기 글들은 파시즘의 출현과 노동자 계급의식의 위기와 관련이 있다. 『비판』 제1권은 집단수용소 내의 조건에 대해 긴 논의를 펼치고 있지만[61] 제2차 세계대전의 종전에 비춰 보면 대체로 긍정적이다. 제2권은 새로운 기술관료주의 및 점점 더 소비사회로 치닫는 상황과 관련한 문제를 포착한다. 제3권은 추정적인 모더니티의 종말, 정보기술과 지식경제의 진전을 논의한다.

현재 비판

그 결과 르페브르는 문제틀로서 일상생활 문제의 출현이 일종의 역사적 전개임을 깨닫는다. 그는 19세기에 자본주의가 확립된 이래 그 충격이 서서히 커지고 있다고 말한다. "그때부터 세속 세계의 산문the prose of the world은 점점 커져 지금까지 모든 것 — 문학·예술·사물 — 을 침략하기에 이르렀고 결국 존재와 관련한 모든 시는 쫓겨났다."[62] 제2차 세계대전이 끝난 뒤 자본주의는 비로소 또 확실히 일상생활에 관여하기 시작했다. 여기엔 분명히 논란의 여지가 있다 — 공장과 탄광 주변에 세워진 노동자 마을은 노동자의 여가시간에 대한 통제가 훨씬 더 일찍 분명해졌음을 예증한다. 그 마을에 노동자의 임금을 다시 거둬들여 자본주의 체제 속으로 다시 집어넣기 위한 조면繰綿 공장과 선술집이 있었기 때문이다. 하지만 르페브르의 주장은 [그때부터] 이만큼의 변화가 있어 왔다는 것이다 — 더 짧아진 노동시간, 가정 내의 노동시간 절약형 가전제품, 더 많은 가처분 소득으로 말미암아 기회가 증가했다. 1966년의 도시사회학 관련 글에서 — 물론 사례는 그것보다 더 광범위하지만 — 르페브르는 세 종류의 시간을 말한다.

1. 자유시간(여가시간),
2. 의무시간(노동시간),
3. 강제시간(이동시간 또는 관료주의의 형식적 절차에 필요한 시간).[63]

20세기에 이것들의 균형과 비율은 바뀌었다. 이러한 전개는 강조의 변화를 필요로 한다. 마르크스는 자본주의를 경제가 우세한 생산양식으로 봤기 때문에 경제를 다뤘던 것이다. 르페브르는 이제 일상생활이 경제를 대신하게 됐고, 그 결과 지금 논의돼야 하는 건 바로 이 상황이라고 말한다.[64]

사실 르페브르와 구테르망은 이미 1930년대에 이렇게 주장했다. 사람들이 경제영역에 있는 외양과 실제 사이의 거리를 제대로 알고 있을 때 "일종의 혁명적 비판이 필요했다. 그 목적은 다음과 같은 부르주아 문화의 내적 특성을 보여주는 데 있었다. 그 문화의 모든 형식은 그것들을 **소외되**고 **신비화된** 것으로 드러낸다."[65]

> 모든 이데올로기처럼 부르주아 문화는 진정한 내용을 갖고 있으며 진리의 일부를 표현하고 반영한다. 신비화는 그 내용의 재현 · 사용 · 파편화에 있다. 문화는 전체적으로 볼 때 그 진정한 내용에 들러붙어서 마치 기생충처럼 살아간다. 그렇기에 그 문화는 그 진정한 내용을 새롭게 만드는 일을 중단했다.[66]

공간 및 시간과 마찬가지로 근대적, 계산적인 이해 방식은 우리가 더 평범한 이해에 개입하지 못하게 한다. "여기선 모든 것이 계산된다 … 돈도 시간도. 모든 것엔 숫자가 붙는다. 몇 미터, 몇 킬로그램, 몇 칼로리처럼."[67] 그렇다면 요컨대 우리는 다음을 인정해야 한다. "모든 것은 의심스럽다".[68]

르페브르가 비판했으면 하는 주요 영역 하나는 그가 소비조작의 관료사회로 부르는 것이다.[69] 일상생활에 대한 그의 분석은 늘 비판이다. 연작의 제목에서 강조되고 있는 것처럼 말이다. 그것은 "현대사회의 일상에 대한 급진적 문제제기를 위해 고안되는데, 이때 현대사회란 산업사회이자 기술사회 이른바 '소비'사회다".[70] 일상생활은 그러한 사회 내에선 저개발돼 있기도 하고 과잉조직화돼 있기도 하다.[71] 다음 장에서 더 세심하게 다루겠지만, 현대적 삶의 소외와 관련한 가장 충격적인 사례 하나는 신도시 건설이다. 우리는 그것을 여가활동의 계획과 새로운 욕구의 생산에서도 찾을 수 있다. 기 드보르Guy Debord에 이어 르페브르는 일상생활이 신기술과 "소비사회"에 "식민화"돼 있다고 말한다.[72] 그러니까 그것은 소외의 극치인 것이다 — 헤겔의 "욕구의 체계"는 산산조각 났다.[73] 사실 욕구의 체계와 구별을 지으면서 르페브르는 이렇게 말한다. [지금껏] 밝혀진 것은 "오히려 — 완강한데도 아주 상대적이고 꽤나 취약한 — **재현들**의 체계들에 가깝다. 그것들은 일상이 실망스럽고 극적인 상황에서도 일상에 상당한 안정성을 보장한다."[74]

욕구의 제조와 관련한 사례 하나는 조명이다. 르페브르는 한 회사 곧 그것을 위한 파라핀 시장 창출을 위해 중국 농민에게 파라핀 램프를 공짜로 줬던 곳을 논의한다.

> 자, 이제 가난으로 고통 받고 있는 수백만 중국 가정의 진흙 바닥과 거적때기 위로 인공적인 빛(엄청난 진보)이 비친다 — 램프를 살 형편이 안 되는 농민들조차 파라핀을 살 형편은 되기 때문이다 … 자본주의가 가져온 그 '진보'는 그것이 가져온 '관대함'처럼 한낱 목적을 이루는 수단에 지나지 않는다. 바로 이윤이라는 목적 말이다.[75]

르페브르가 기 드보르를 인용하는 것은 우리로 하여금 르페브르가 이 시기에 했던 작업과 상황주의자들의 작업 사이에 연결고리가 있음을 환기하게끔 한다. 그들은 각각의 파리코뮌 관련 작업을 둘러싸고 매서운 파열음을 낼 것이었지만 — 4장을 볼 것 — 그들의 분석은 당분간은 일치했다. 일상생활에 대한 르페브르의 작업은 그들에게 확실히 중요했고, 축제에 대한 생각도 마찬가지였다. 그리고 상황주의자들의 상황 개념(공간적으로 또 시간적으로 위치돼 있음)은 르페브르의 순간 개념을 발전시킴과 동시에 암묵적으로 비판한 것이었다.[76] 이러한 점이 공간 관련 작업을 수반한 르페브르의 반응을 이끌어 냈을 수도 있다는 말은 그럴듯하다.[77] 하지만 이러한 견해는 르페브르의 이전 작업에서 보이는 공간적 분석을 과소평가하게 될 것이다 — 순간의 이론과 공간의 이론화 전개는 5장에서 논의된다. 마찬가지로 르페브르는 라울 바네

겜Raoul Vaneigem에 대해선 그가 소외와 관련해서 얼마간은 흥미로운 발상을 갖고 있다고 생각했고,[78] 건축과 관련한 콘스탄트의 생각에 대해선 큰 관심이 있었다.[79]

르페브르가 제시한 예시 가운데 여전히 유효하면서도 가장 놀라운 것 하나는 일상생활의 신화를 해체하고 작동 중인 신비화를 폭로하는, **《엘르》***Elle*에 대한 그의 독해다. 이 독해는 바르트의 『신화론』 및 자신과 구테르망이 작업한 『신비화된 의식』을 연상시키는 방식으로 이뤄지는데, 그는 바르트의 그 책을 인용하기도 한다. 그 독해에서 르페브르는 패션·집 꾸미기·리즈 테일러Liz Taylor·건강식·첫눈에 반하는 사랑·미용 제품 같은 것을 얘기한다.[80] 그는 일상생활이 남자보다는 여자에게 더 극심한 영향을 끼친다고, 그 까닭이 사회구조 때문이라고 주장한다 — 그는 이 책을 1960년대 초반에 쓰고 있다.[81] 제3권 — 1959년에 기획된 — 의 원래 제목은 『현대세계의 여성 상황』*Situation of Women in the Modem World*이었다.[82] 그가 하는 말은 여성이 집에서 노동을 하면서 현대기술이 접목된 가전제품을 사용하고, 광고되는 제품을 소비하고, 최신 라이프스타일을 다루는 잡지나 애정소설을 보면서 편안히 쉬기 위해 서두른다는 것이다. 이처럼 그녀 삶의 모든 측면에서 그녀는 소외에 속박되지만, 어떤 면에서 그러한 상황은 주류 마르크스주의 분석이 소홀히 할 수도 있는 것이다.[83] 이러한 분석을 확장해 보려는 시도는 있었다 — 르페브르는 페미니즘의 두 번째 물결이 대두하던 즈음에 집필하고 있었기 때문에 관련 문헌 일부도 알고 있었다. 예컨대 그는 시몬 드 보부아르의 『두 번째 성』이 여성과 관련하기 때문에 중요하고 흥미로운 분석이라고 하면서도 구체적인 사회학적 층위보다는 철학적 층위에 남아 있다고 주장한다.[84]

1960년대 후반에 자신의 초기 작업을 되돌아보면서 르페브르는 이렇게 주장한다. [자본주의 시대] 이외의 시대에 있던 상이한 문명에 대한 연구에서 일상생활 개념에 대한 검토는 대체로 일상생활의 **부재**를 드러냈다. "잉카나 아즈텍, 그리스나 로마를 보면 사소한 모든 것(몸짓·말·연장·가재도구·의복 같은 것)에는 **양식**style이 찍힌 자국이 있다. 그때까지 평범하게, 심지어 일상적으로 바뀐 것은 아무것도 없었다. 세속 세계의 산문과 삶의 시는 여전히 다를 바 없었다." 현대적 삶의 양식은 자본주의 아래에서 사라져 버렸고, 바로 이런 까닭으로 삶은 일상적으로 돼 버렸다. 현대적 삶이 일종의 양식을 갈망하긴 하지만 정형화된 양식은 그 양식을 이룰 수 없다. 예전의 양식을 부활시키려는 여러 시도가 있는데도 말이다.[85] 이는 어쩌면 현대세계에 이전의 양식을 심으려는 노력이 거부당하기 마련이어서 그럴 것이다.

> 고대사회에서 누군 먹고, 누군 마시고, 누군 일했다. 거기엔 집, 거리와 방, 이런저런 가구, 쓸모있는 물건, 악기, 그 밖에도 여러 가지가 있었다. 하지만 거기에 '일상성'은 없었다. 윤리와 미학, 실천과 지식의 통일 안에서, 한 **양식** 안에서 일상과 '문화'(상위 · 중위 · 하위)가 당대까지 쌓아 온 층위들*(la superposition actuelle)*에는 특별한 이유도 의미도 없었다*(n'avait ni raison, ni sens)*.[86]

축제와 혁명

이후의 장들에서 예증되겠지만, 르페브르의 일상생활 개념은 도시 및 농촌사회에 관련한 자신의 작업과 공간의 생산 및 사용에 활용되고 모더니티에 대한 자신의 이해에도 필수가 된다. 일상생활이 자본주의에 식민화된 것과 꼭 마찬가지로 그것의 자리 역시 식민화됐다. 그 자리, 바로 사회적 공간이다. 그러나 르페브르는 급진적 변화를 위한, 일상생활의 혁명을 위한 구체적 계획을 내놓으려고도 했으며, 그 목적은 소외의 종식에 있었다. 르페브르는 하이데거의 일상생활 관련 작업에 있는 많은 문제 중 하나가 일상의 탈바꿈에 대한 예술적·혁명적 잠재력을 인정하지 않은 것이라고 주장한다.[87] 이제 혁명으로 정치인이나 정치제도의 변화만 희망할 순 없다. 혁명은 "*la vie quotidienne*" 또한 변화시켜야만 하는데, 그것도 이미 말 그대로 자본주의에 식민화돼 버렸다.[88] 세상을 바꾸려면 우리는 삶을 바꿔야 한다. 그가 책임지고 시작한 일상생활 비판에는 **삶의 기예***the art of living*에 대해 이바지할 것이 있고, 그는 그것이 소외의 종식을 함의한다고 믿는다.[89] 지금껏 이뤄진 주장의 얼마간은 설명, 개진

돼야 한다.

1945년에 쓴 『비판』 제1권에서 르페브르는 프랑스 농촌의 축제와 관련한 발상을 일상에 대비하면서 마련한다. 그 "축제는 일상생활과는 달랐다. 오직 일상생활 그 자체 안에서 또 그것을 통해서 서서히 축적돼 온 힘의 폭발이라는 점에서".[90] 이는 축제와 일상생활이 동일한 전체의 두 부분이기 때문이다. 곧 "축제는 일상생활과 격렬한 대조를 이룬다. **하지만 축제가 일상생활에서 분리된 것은 아니었다**. 축제는 일상생활과 비슷했지만 더 강렬했고 그 삶 — 실천적 공동체, 음식, 자연과 맺는 관계 — 의 순간들이었다. 다시 말해 그 순간들은 — 축제 안에서 재통일되고, 증폭되고, 확대되는 — 일이었던 것이다".[91] 하지만 제1권 — 연작의 입문 — 을 쓰고 난 뒤부터 여러 해 동안 자본주의는 그 범위를 극적으로 확장했다. [그 기간을] 되돌아보면서 르페브르는 "일상에 지배당하는 사회 안에서 양식과 축제의 동시적 쇠퇴"가 있었음을 깨닫게 된다. 축제와 마찬가지로 "양식은 문화로 타락해 버렸다 — 대중을 위한 일상문화와 고급문화로 세분화돼 버린, 전문화와 쇠약으로 이어진 일종의 분열"이었던 것이다.[92] 따라서 프랑스 농촌에서 발견되는 것과 같은 축제의 발상은 이젠 돌이킬 수 없다. 이전 시대의 양식으로 되돌아갈 수 없는 것과 꼭 마찬가지로 말이다. 그래도 양식과 축제라는 **개념들**이 활용될 순 있다.

르페브르는 하찮음에 대한 자신의 비판이 누군가에겐 하찮은 비평이었음을 인정한다.[93] 하지만 그는 이렇게도 주장한다. "일상생활 비판은 … 빼어난 것으로써 하찮은 것을 비판한다는 것을 함의한다 — **하지만 동시에** 하찮은 것으로써 빼어난 것을 비판한다는, 대중적인 것으로써 '엘리트다운' 것을 비판한다는 것을 함의하기도 한다 — 현실로써 축제, 꿈, 예술, 시를 비판한다는 것이다".[94] 한 번 더 말하지만 이는 이것 아니면 저것식의 선택이나 일방적인 비판이 아니라 변증법적으로 추동되는 진보다. 르페브르의 요청은 우리가 "영구적 문화혁명을 향해" 노력해야 한다는 것이다.[95] 그가 중국의 그 사례와 맺고 있는 분명한 관계를 인정하긴 하지만 어느 쪽 손을 들어주거나 그것을 판단하려고 맘먹고 있는 건 아니다. "중요한 것, 의미 있는 것은 개념의 소생이다".[96] 그는 문화혁명이란 이 개념이 마르크스에게선 암시적이고, 레닌과 트로츠키에게선 명시적이고, 마오쩌뚱에게선 소생한다고 말한다.[97] 르페브르는 이것이 미학적 혁명이나 문화에 토대를 둔 혁명이 아니라고, 그것의 목적과 동기 둘 모두도 문화가 아니라고, 오히려 그것은 삶의 양식을 만들어 내기 위한 문화 내 혁명으로 나타날 것이라고 말한다.

삶의 양식이라는 발상이 니체 철학의 개념이란 점은 너무도 분명하기 때문에 니체 또한 자신이 혁명과 축제의 개념을 연결한다는 점에선 명백해진다. "과거의 혁명은 정말이지 축제였다 — 그래, 혁명이 잔인하긴 하다. 하지만 그렇다 해도 축제엔 늘 잔인하고 거칠고 폭력적인 뭔가가 있지 않은가? 미래의 혁명은 일상성을 끝장내 버릴 것이다."[98] 크리스틴 로스Kristine Ross는 파리코뮌에 대한 르페브르 관련 연구에서 그것이 확실히 카니발은 아니었음을 보여준다 — 25,000명의 죽음을 남겼[기 때문이]다. 그러나 이글턴Terry Eagleton이 말하다시피 "그것은 카니발다운 특징들을 공유했다. 혹시 카니발이 아니었다손 치더라도 말이다".[99] 이러한 혁명 개념은 현대적 인간의 인간성을 회복하는 데 필수적이다. 다시 말해서 "**호모 사피엔스·호모 파베르·호모 루덴스는 호모 쿼티디아누스**로 귀결되지만 그 도중에 인간이 **호모**라는 바로 그 특질을 상실하고 말았다면 **쿼티디아누스**는 제대로 인간으로 불릴 수 있는가?"[100] 따라서 르페브르는 우리가 이렇게 할 것을 요청한다. "일상생활이 작품이 되도록 하자! 모든 기술적 수단이 일상생활의 탈바꿈에 이용될 수 있도록 하자!"[101] 이러한 탈바꿈 뒤에 "일상적인 것과 축제 — 그것이 노동의 축제든 여가의 축제든 — 사이의 안티테제는 더 이상 사회의 토대가 되지 않을 것이다".[102] 요컨대 "진정한 일상생활 비판이란 … **일상생활의 복권**을 함의할 것이다".[103]

1959년에 르페브르는 "나는 혁명적 낭만주의의 이름으로 마르크스주의를 고수한다"고 선언했다.[104] 르페브르가 분명히 말하는 것처럼 연구대상은 일상생활이지만, 그것에는 일상생활의 탈바꿈과 관련한 "발상, 더 정확히 말하면 기획(구체적 계획)"이 있다.[105] 그는 그러한 발상에 맞춰 얼마간의 글을 생산했다. 첫 번째는 [그 선언보다]

2년 앞서 **《누벨 레뷰 프랑세즈》***Nouvelle Revue Française*에 「혁명적 낭만주의를 향해」 'Towards a revolutionary romanticism'라는 제목으로 실렸다.[106] 긴 논의로 이뤄진 이 글은 **세르클 우베르***Cercle Ouver*가 조직해서 출판했는데, 그 글에는 트리스탕 차라, 루시앙 세박Lucien Sebag, 루시앙 골드만을 포함하는 주요 인물이 모여 있다.[107] 『모더니티 입문』에 있는 전주곡 12개 중 마지막이면서 단연 가장 긴 글에는 「새로운 낭만주의를 향해」 'Towards a new romanticism'라는 제목이 붙어 있다.[108] 이 원래 글은 『구조주의 저편』에 다시 실리면서 「혁명적 낭만주의」 'Revolutionary romanticism'라는 제목을 달았다.[109] 연대기적으로 볼 때 이 모두는 그가 프랑스 공산당을 탈당하기 직전이나 직후에 생산된 것들이다. 르페브르가 1920년대 말에 당에 입당했고, 그때가 헤겔·셸링·초현실주의자를 읽고 난 뒤였다는 것은 기억돼야 한다. 블랑쇼가 말하다시시피 그는 낭만주의자로 당에 들어가 낭만주의자로 떠났다.[110]

르페브르는 영감을 위해 다양한 문학적·예술적 인물을 활용하지만 이것이 단지 미학적 발상에 그치고 마는 것이 아니라 윤리적(도덕적이 아닌) 요소까지 포함한다는 말을 하려고 엄청난 애를 쓴다. 이는 놀랍게도 [그가] 낭만주의가 명사고 혁명이 그 명사를 꾸미는 형용사라는, 오히려 그 반대는 아니라는 거리낌 없는 방식[을 쓰기 때문]이다.[111] 윤리와 미학에는 "일종의 연성liason, 連聲"이 있다. "**양식**의 문제는 문학만큼이나 삶과 관련이 있기 때문이다".[112] 예술은 잠재적으로는 더 고상한 창조적 행위이면서도 일반적으로는 소외된 행위이기도 하다. 고전주의와 사회주의 리얼리즘에 반대해서 르페브르가 옹호하는 새로운 양식의 낭만주의는 옛 낭만주의의 특정 양상은 지속하지만 그 밖의 양상은 폐기한다. 낭만주의는 전통적으로 부르주아 사상과 관련된다. 1장에서 얘기했듯이 르페브르는 사상적 진전이 정치적 격변의 지형을 따른다고, 낭만주의는 나폴레옹에 이어 등장했다고 믿었다. 하이데거와 마찬가지로 옛 낭만주의, 특별히 독일 사상은 일상생활의 중요성을 가장자리로 내몰았다.[113] 새로운 낭만주의는 가능한 것에 열려 있기 때문에 혁명적, 진보적인 것이 된다. 왜냐하면 르페브르의 주장처럼 "오늘의 유토피아는 내일의 가능한 것"이기 때문이다.[114] 실제로 르페브르는 혁명적 낭만주의라는 용어가 마르크스 고유의 작업을 잘 나타내 준다고 말한다.[115] 이런 관점에서 보면 인간의 실현은 일상생활을 거쳐서 찾아오지만, 그 실현은 반드시 우리가 지금 살고 있는 것과는 다른 일상생활을 거쳐야만 한다.[116] 오로지 일상생활의 혁명만 총체적 인간이라는 발상을 실현할 수 있는 것이다.[117]

르페브르의 일상생활 관련 작업은 그 밖의 많은 저술가가 선택해서 활용했다. 예컨대 트레비슈는 위르겐 하버마스가 체제(전문가가 통제하는 전문화된 문화)와 생활세계(삶과 관련한 경험과 일상생활)를 구분한 것은 분명히 르페브르의 작업과 비슷하다고 말한다.[118] 레바가 말하듯이 "일상생활 비판은 결과적으로 *Lebenswelt*("체험된 것"이나 "생활세계") 개념의 급진적 변형이 된다 … 그것의 목적은 다름 아닌 철학의 소생과 세속화다 — 혁명적 인간주의를 향한 일상생활의 메타철학"인 것이다.[119] 다른 저술가도 있는데, 그 중에는 르페브르의 사상을 더 발전시킨 사람 — 대부분 하버마스와 비슷하다 — 도 있고, 영어권에서 더 잘 알려져 있는 사람도 있다. 예를 들어 미셸 드 세르토Michel de Certeau의 작업에선 명백하게 르페브르의 영향을 받았음이 인정되고, 아그네스 헬러Agnes Heller의 작업에서도 마찬가지다.[120] 내가 이미 말했다시피 상황주의와는 밀고 당기는 관계를 형성했고, 그 속에서 양쪽 모두는 서로의 작업에서 뭔가를 갖고 온다. 이러한 연결고리는 얼마간의 유용한 작업에서 연구됐기 때문에 르페브르의 작업에 있는 이 영역에서 기존의 영어권 학계가 잘 발전되고 있다는 일반적인 얘기가 가능하다.[121] 이는 최소한 부분적으로는 이 영역에서 르페브르의 글을 사용할 수 있기 때문이다 — 이 책이 출간될 즈음『비판』제3권이 나올 테고, 이는 이 영역과 관련한 르페브르의 주요 저술 거의 대부분을 번역판으로 구할 수 있을 것이란 말이 된다.[122] 이런 이유로 이 같은 측면에 대한 구체적인 분석이 르페브르의 작업에 있는 그 밖의 부분에 비해 별로 깊이 있게 이뤄지진 않았다. 이 장의 길이도 짧긴 마찬가지다. 일상생활이 르페브르가 쓴 거의 모든 글에 내재돼 있는 데다가 일상생활의 문제틀 또한 이 책 전반에 걸쳐 논의되고 있기 때문이다. 일상생활 개념은 도시 및 농촌사회학, 시간 및 공간에 대한 분석, 아마 관련성이 좀 적긴 하겠지만 국가의 문제와 관련한 작업에서 없어선 안 될 맥락을 제공한다. 이것들이 이어지는 세 장에서 논의될 주제들이다. 르페브르가 얘기하듯 "가장 무거운 짐을 떠맡고 있는 것은 바로 일상이다. 권력Power이 그것의 힘으로 만들어 낸 공간을 독차지하고 있는 반면, 일상은 정치와 사회의 위대한 건축물이 서 있는 바로 그 토양인 것이다".[123]

| 주 |

1 'Toward a Leftist Cultural Politics: Remarks Occasioned by the Centenary of Marx's Death', in Gary Nelson and Lawrence Grossberg (eds), *Marxism and the Interpretation of Culture*, London: Macmillan, 1988, pp. 75-88, p. 78; *Qu'est-ce que penser?* Paris: Publisad, 1985, p. 133을 볼 것.

2 Karl Marx, *Early Writings*, translated by T. B. Bottomore, New York: McGraw-Hill, 1963, p. 76.

3 V. I. Lenin, 'What the friends of the people are', *Collected Works* I, Moscow: Progress, 1963, p. 141. 'Avant-propos de la 2e édition', *Critique de la me quotidienne I: Introduction*, Paris: L'Arche, 2nd edition, 1958 (1947), p. 9에 인용; 'Foreword to the second edition', *Critique of Everyday Life Volume I: Introduction*, translated by John Moore, London: Verso, 1991, p. 3. <옮긴이> 르페브르가 인용한 레닌의 말에는 "자본주의적 사회구성체capitalist social formation"로 돼 있어서 '사회'를 덧붙였다. 참고로 그 인용의 출처는 다음과 같다 — Lenin, 'What the Friends of the People Are', in *Collected Works*, vol. 1, Moscow: Progress Publishers, 1963, p. 141.

4 *Critique de la vie quotidienne* I, p. 161; *Critique of Everyday Life* I, p. 148. <옮긴이> 곧이어 언급될 인용까지 함께 생각해 볼 때 '그 모순'에는 적어도 세 층위가 겹쳐 있는 것으로 보인다. 먼저, '부분으로서 독일(구체성)'과 '자본주의 사회구성체 전체(추상성)', 다음, 후자와 '그것을 구성하는 부분으로서 일상생활', 끝으로 '마르크스주의 전체에 대해 미뤄 짐작해 볼 수 있는 전체성·결정성·폐쇄성'과 '일상생활의 부분성·비결정성·개방성' 간의 모순이다.

5 *Critique de la vie quotidienne* I, p. 189; *Critique of Everyday Life* I, p. 176.

6 *Une pensée devenue monde:faut-il abandonner Marx?* Paris: Fayard, 1980, p. 168

7 가장 뚜렷하게는 *Critique de la vie quotidienne* I, pp. 161-6; *Critique of Everyday Life* I, pp. 148-53을 볼 것. 르페브르는 『비판』 제1권이 자신과 구테르망이 직접 시작했지만 포기했던 기획을 완성했다고 한다 — *Critique de la vie quotidienne II: Fondements d'une sociologie de la quotidienneté*, Paris: L'Arche, 1961, p. 273 n. 1; *Critique of Everyday Life Volume II: Foundations for a Sociology of the Everyday*, translated by John Moore, London: Verso, 2002, p. 367 n. 28.

8 *Critique de la vie quotidienne* I, p. 197; *Critique of Everyday Life* I, p. 183.

9 'Toward a Leftist Cultural Polities', p. 78.

10 *Critique de la vie quotidienne* I, pp. 160-1; *Critique of Everyday Life* I, p. 148.

11 'Avant-propos de la 2e édition', p. 48; 'Foreword to the second edition', p. 39.

12 Michel Trebitsch, 'Preface' to *Critique of Everyday Life* I, p. xxiii.

13 *Critique de la vie quotidienne*, I, p. 173; *Critique of Everyday Life* I, p. 160. 르페브르는 다음을 인용한다 — Marx, *Early Writings*, p. 171. "당신이 먹고, 마시고, 책을 사고, 극장이나 무도회에 가고, 선술집에 가는 일을 덜 할수록, 또 당신이 생각하고, 사랑하고, 공론을 일삼고, 노래하고, 칠하고, 울타리 치는 일을 덜 할수록, 당신은 더 많이 저축할 것이고 당신의 보물은 **더 위대**해질 것이다. 하지만 그 보물은 나방이 아니고 곰팡이병이 아닌데도 썩을 것이다 — 바로 당신의 **자본**이다. 당신 **자신인 것**이 덜 할수록 당신은 당신의 삶을 더 적게 표현하고, 당신이 **가진 것**이 더 많을수록 곧 당신의 **소외된** 삶이 더 위대해질수록 당신의 소외된 존재로 이뤄진 저축은 더 많아진다 … [하지만] 당신이 할 수 없는 모든 것을 당신의 돈이 당신을 위해서 해 줄 수 있다. 다시 말해 당신의 돈이 먹고, 마시고, 무도회와 극장에 가는 것이다."

14 ‘Toward a leftist cultural polities’, p. 80.

15 *Critique de la vie quotidienne*, I, p. 264; *Critique of Everyday Life* I, p. 249. 르페브르는 자유의 관점에서 유사한 독해를 제공한다 — *Marx 1818-1883*, Genève-Paris: Trois Collines, 1947, 특별히 pp. 90, 104, 130, 136-7, 143, 147을 볼 것.

16 *Critique de la vie quotidienne* I, p. 210; *Critique of Everyday Life* I, p. 196.

17 G. W. F. Hegel, *Phänomenologie des Geistes*, in *Werke: Theorie Werkausgabe*, Frankfurt: Suhrkamp Verlag, 1970, Bd. III, p. 35; *Phenomenology of Spirit*, Oxford: Oxford university Press, 1977, p. 18. 르페브르는 이를 잘못 인용한다 — ‘Avant-propos de la 2e édition’, p. 22; ‘Foreword to the second edition’, p. 15.

18 ‘The everyday and everydayness’, in *Everyday Life: Yale French Studies* 73, Fall 1987, pp. 7-11, p. 9.

19 *La somme et le reste*, Paris: Méridiens Klincksieck, 3rd edition, 1989 (1959), p. 605.

20 *La vie quotidienne dans le monde moderne*, Paris: Gallimard, 1968, p. 46; *Everyday Life in the Modern World*, translated by Sacha Rabinovitch, Harmondsworth: Allen Lane, 1971, p. 21. 간결한 요약에 대해서는 ‘The everyday and everydayness’를 볼 것. <옮긴이>『현대세계의 일상성』, 73쪽.

21 사회적 텍스트로서 일상생활 개념에 대해서는 *Critique de la vie quotidienne* II, pp. 306-12; *Critique of Everyday Life* II, pp. 306-12; *Du rural à l'urbain*, Paris: Anthropos, 3rd edition, 2001 (1970), pp. 94-5를 볼 것.

22 ‘Les mythes dans la vie quotidienne’, *Cahiers Internationaux de Sociologie* xxxiii, 1962, pp. 67-74, p. 67; *Key Writings*, edited by Stuart Elden, Elizabeth Lebas and Eleonore Kofman, London: Continuum, 2003, pp. 100-6.

23 ‘Les mythes dans la vie quotidienne’, p. 67; *Key Writings*, p. 100.

24 *La vie quotidienne dans le monde moderne*, pp. 7-8; *Everyday Life in the Modern World*, p. 1. <옮긴이>『현대세계의 일상성』, 42쪽.

25 ‘Toward a leftist cultural polities’, p. 79.

26 *La vie quotidienne dans le monde moderne*, p. 9; *Everyday Life in the Modern World*, p. 2. <옮긴이>『현대세계의 일상성』, 43쪽.

27 ‘Avant-propos de la 2e édition’, p. 35; ‘Foreword to the second edition’, p. 27.

28 ‘Toward a leftist cultural polities’, p. 78

29 ‘Toward a leftist cultural polities’, p. 87 n.

30 Lefebvre to Guterman, 17 February 1936.

31 *La somme et le reste*, p. 452를 볼 것. 관련 논의에 대해서는 Russell Jacoby, *Dialectic of Defeat: Contours of Western Marxism*, Cambridge: Cambridge University Press, 1981, pp. 108-9를 볼 것.

32 Henri Lefebvre and Patrick Tort, ‘Entretien liminaire’, in *Lukács 1955/Etre Marxiste aujourd'hui*, Paris: Aubier, 1986, p. 15. 20쪽의 같은 인터뷰에서 르페브르는『신비화된 의식』이 실은 루카치의 입장에 대한 비판이었다고, 또 그 이후에 자신이 루카치를 지지한 것은 지적 관련성보다는 오히려 정치적·전략적 결정 때문이었다고 말한다. 예컨대 르페브르의『루카치 1955』를 볼 것 — 여기엔 프랑스 공산당이 발간을 불허한 강연이 있다. 또한 그는 이것이 “축출의 고통에 대한 절대적 금지”였다고 회상한다

— *La somme et le reste*, p. 76 n. 1. [일상성 개념과 관련해서 르페브르와 루카치의] 그 차이에 대해서는 Henri Lefebvre and Catherine Régulier, *La révolution n'est plus ce qu'elle était*, Hallier: Éditions Libres, 1978, p. 141 또한 볼 것.

33 Trebitsch, 'Preface', p. xviii. 트레비슈의 글 'Le groupe "philosophies", de Max Jacob aux surrealists 1924-1925', *Le cahiers de l'IHTP* 6, November 1987, pp. 29-38, p. 30을 볼 것. 하지만 다음 글에서 그는 [일상성이란] 그 개념이 이르게는 1925년에 논의되고 있었다고 말한다 — 'Le quotidien (mise au point)', *M, mensuel, marxisme, mouvement* 11, May 1987, p. 9.

34 Georg Lukács, *History and Class Consciousness: Studies in Marxist Dialectics*, translated by Rodney Livingstone, London: Merlin, 1971.

35 Lukács, 'Preface to the new edition' (1967), in *History and Class Consciousness.* p. xxxvi을 볼 것. 여기서 루카치는 1930년 모스크바에서 『수고』를 읽은 것과 그것이 어떻게 자신의 작업에 있는 근본적 관점에 곤란함을 초래했는지를 얘기한다.

36 루카치와 하이데거의 연결 고리와 관련해서는 무엇보다도 다음을 볼 것 — Lucien Goldmann, *Lukács and Heidegger: Towards a New Philosophy*, translated by William Q. Boelhower, London: Routledge & Kegan Paul, 1977. <옮긴이> 엘든은 '본래성'과 '비본래성'의 독일어를 각각 'eigenlichkeit'와 'Uneigenlichkeit'로 써 놨는데 중간에 't'가 빠져 있어 각각 'eigentlichkeit'와 'Uneigentlichkeit'로 바로 잡아 놨다.

37 Rémi Hess, *Henri Lefebvre et l'aventure du siècle*, Paris: A.M. Métailié, 1988, p. 53.

38 'Avant-propos de la 2e édition', p. 28; 'Foreword to the second edition', p. 20.

39 *Critique de la vie quotidienne* I, p. 137; *Critique of Everyday Life* I, p. 124; *Critique de la vie quotidienne* II, pp. 27-30; *Critique of Everyday Life* II, pp. 22-4; *Critique de la vie quotidienne III: De la modernite au modernisme (Pour une metaphilosophie du quotidienne)*, Paris: L'Arche, 1981, pp. 23-4; *Métaphilosophie*, Paris: Éditions Syllepse, 2e édition, 2001 (1965), p. 132를 볼 것.

40 *Critique de la vie quotidienne* I, p. 117; *Critique of Everyday Life* I, p. 105. 이 변화와 관련해서는 Maurice Blanchot, *L'entretien infini*, Paris: Gallimard, 1969, p. 356을 볼 것.

41 *Critique de la vie quotidienne* III, p. 23. 이것이 그 차이들을 경시하려는 것은 아니다. 그것들 대다수는 다음에서 유용하게 연구되고 있다 — Peter Osborne, *The Politics of Time: Modernity and Avant-Garde*, London: Verso, 1995.

42 *La vie quotidienne dans le monde moderne*, p. 56; *Everyday Life in the Modern World*, p. 27. <옮긴이> 『현대세계의 일상성』, 83쪽.

43 *Critique de la vie quotidienne* I, p. 202; *Critique of Everyday Life* I, p. 189.

44 'Avant-propos de la 2e édition', pp. 105-6; 'Foreword to the second edition', p. 94.

45 *Introduction à la modernité: Préludes*, Paris: Les Éditions de Minuit, 1962, p. 246; *Introduction to Modernity: Twelve Preludes*, translated by John Moore, London: Verso, 1995, p. 250. <옮긴이> 『모더니티 입문』, 356-7쪽.

46 Alice Kaplan and Kristin Ross, *'Introduction to Everyday Life', Yale French Studies* 73, Fall 1987, pp. 1-4, p. 3.

47 *La vie quotidienne dans le monde moderne*, p. 308; *Everyday Life in the Modern World*, p. 166.

<옮긴이>『현대세계의 일상성』, 166쪽.

48 *La vie quotidienne dans le monde moderne*, p. 190 n.; *Everyday Life in the Modern World*, p. 99 n. 여기에 흥미로운 길이 열려 있는 듯 보일 수 있다. 바르트와 르페브르는 친한 친구였는데, 포스터는 바르트의 1957년 작업 『신화론』이 르페브르에게 영향을 끼쳤을지도 모른다고 말한다 — Mark Poster, *Existential Marxism in Post-war France: From Sartre to Althusser*, Princeton: Princeton University Press, 1975, p. 313; Roland Barthes, *Mythologies*, translated by Annette Lavers, London: Vintage, 1993; Michael Kelly, 'Demystification: a dialogue between Barthes and Lefebvre', *Yale French Studies* 98, 2000, pp. 79-97. <옮긴이>『현대세계의 일상성』, 191쪽, 각주 6(원주).

49 *Critique de la vie quotidienne* II, pp. 60-2; *Critique of Everyday Life* II, pp. 55-7을 볼 것.

50 *La droit à la ville*, Paris: Anthropos, 1968, pp. 41-2; *Writings on Cities*, translated and edited by Eleonore Kofman and Elizabeth Lebas, Oxford: Blackwell, 1996, p. 92.

51 *Critique de la vie quotidienne* I, pp. 149-50; *Critique of Everyday Life* I, pp. 136-7.

52 Michel Trebitsch, 'Preface: the moment of radical critique', in *Critique of Everyday Life* II, p. x.

53 'Avant-propos de la 2e édition', p. 109 n. 1; 'Foreword to the second edition', p. 265 n. 103.

54 'Avant-propos de la 2e édition', pp. 108, 109-10; 'Foreword to the second edition', pp. 97, 99. 두 번째 권의 최초 부제는 『욕구의 이론』*Theory of Needs*이 될 예정이었다. *La somme et le reste*, p. 609를 볼 것. <옮긴이> 'romantic press'를 '여성언론'으로 옮긴 이유는 앞서 언급된 참조문헌, 「제2판 서문」에 "the *romantic* press, the so-called *women's* press"로 돼 있기 때문이다.

55 'Sociologie de la bourgeoisie', in *Au-delà du structuralisme*, Paris: Anthropos, 1971, pp. 165-93; 'Psychologic des classes sociales', in Georges Gurvitch (ed.), *Traité de sociologie*, Paris: PUF, 2 volumes (1958-60) II, pp. 364-86을 볼 것. <옮긴이> 게오르규 구르비치는 러시아 태생의 프랑스 사회학자이자 법학자로서 당대의 선도적 사회학자였다. 특별히 지식의 사회학에 능통했으며 1944년 《카이에 앙테르나시오날 드 소시올로지》의 창간에 깊이 관여했다.

56 *La somme et le reste*, p. 613.

57 1950년 부다페스트에서 루카치와 나눈 인터뷰가 다음에 있다 — *La somme et le reste*, p. 571. 루카치는 이것이 그가 『역사와 계급의식』에서 견지했던 입장에서 떠나게 된 이유 중 하나였다고 주장했다.

58 Trebitsch, 'Preface: the moment of radical critique', p. xi.

59 세 번째 권이 출간예정도서로서 목록에 있는데 실제로 나오기 13년 전이었다 — In *Everyday Life in the Modern World*, p. 26. <옮긴이>『현대세계의 일상성』, 82쪽, 각주 13(원주).

60 *Critique de la vie quotidienne* III, p. 15.

61 *Critique de la vie quotidienne* I, pp. 254-61; *Critique of Everyday Life* I, pp. 240-6.

62 *La vie quotidienne dans le monde moderne*, p. 61; *Everyday Life in the Modern World*, p. 29. <옮긴이>『현대세계의 일상성』, 87쪽.

63 *Du rural à l'urbain*, p. 198; *Everyday Life in the Modern World*, p. 53 <옮긴이>『현대세계의 일상성』, 122쪽.

64 *La vie quotidienne dans le monde moderne*, p. 360; *Everyday Life in the Modern World*, p. 197. <옮긴이>『현대세계의 일상성』, 346쪽.

65 Norbert Guterman and Henri Lefebvre, 'La mystification: notes pour une critique de la vie quotidienne', *Avant-Poste* 2, August 1933, pp. 91-107, p. 95; *Key Writings*, p. 74.

66 'La mystification', p. 96; *Key Writings*, p. 75.

67 *La vie quotidienne dans le monde moderne*, p. 45; *Everyday Life in the Modern World*, p. 21. <옮긴이> 『현대세계의 일상성』, 72-3쪽.

68 'La mystification', p. 104; *Key Writings*, p. 81.

69 *La vie quotidienne dans le monde moderne*, pp. 117, 133-207; *Everyday Life in the Modern World*, pp. 60, 68-109. 이와 관련해서 1장의 주 106과 그 위를 볼 것. 또한 Alain Touraine, *The Post-Industrial Society: Tomorrow's Social History, Classes, Conflicts and Culture in the Programmed Society*, translated by Leonard F. X. Mayhew, New York: Random House, 1971을 볼 것. <옮긴이> 『현대세계의 일상성』, 133, 145-216쪽.

70 'Les mythes dans la vie quotidienne', p. 74; *Key Writings*, p. 106.

71 *Vers le cybernanthrope*, Paris: Denoël/Gonthier, 1967, p. 18.

72 Guy Debord, 'Perspectives for conscious alterations in everyday life', in *Situationist International Anthology*, edited and translated by Ken Knabb, Berkeley: Bureau of Public Secrets, 1981, pp. 68-75, p. 70을 볼 것. 이것은 테이프에 녹음된 강연이고 CNRS에서 있었던 르페브르의 세미나에서 발표됐다. 원래는 *Internationale Situationniste* 6, August 1961에 간행됐다.

73 *Critique de la vie quotidienne* II, pp. 16-17; *Critique of Everyday Life* II, p. 11.

74 *Critique de la vie quotidienne* II, pp. 65-6; *Critique of Everyday Life* II, p. 61. *Critique de la vie quotidienne* III, p. 70, 그리고 무엇보다도 *La présence et l'absence: Contribution à la théorie des representations*, Tournai: Casterman, 1980을 볼 것.

75 *Critique de la vie quotidienne* I, pp. 244-5; *Critique of Everyday Life* I, pp. 229-30. 아울러 흡연 '욕구'와 그것이 광고에 대해 맺고 있는 관계는 *Du rural à l'urbain*, p. 93 n. 2를 볼 것.

76 예컨대 Guy Debord, *Society of the Spectacle*, Detroit: Black & Red, 1983; and *Comments on the Society of the Spectacle*, London: Verso, 1988을 볼 것. 관련 논의에 대해서는 'Lefebvre on the Situationists', pp. 70, 72를 볼 것.

77 David Harvey, 'Afterword', in *The Production of Space*, translated by Donald Nicholson-Smith, Oxford: Blackwell, 1991, p. 430. 또한 다음에 있는 논의를 볼 것 — Hess, *Henri Lefebvre*, p. 216.

78 *Au-delà du structuralisme*, p. 316. 바니겜의 책과 관련해서는 특별히 *Traité de savoirvivre à l'usage des jeunes generations*, Paris: Gallimard, 1967을 볼 것.

79 예컨대 *Critique de la vie quotidienne* III, pp. 28-9를 볼 것. 상황주의자 전반 또 그들이 르페브르와 맺었던 관계를 일부 언급한 것으로는 다음에 있는 에세이를 볼 것 — Stewart Home (ed.), *What is Situationism: A Reader*, Edinburgh: AK Press, 1996; Sadie Plant, *The Most Radical Gesture: The Situationist International in a Postmodern Age*, London: Routledge, 1992, pp. 63-4. 더 자세한 분석은 다음을 볼 것 — Eleonore Kofman and Elizabeth Lebas, 'Recovery and reappropriation in Lefebvre and Constant', in Jonathan Hughes and Simon Sadler (eds), *Non-Plan: Essays on Freedom Participation and Change in Modern Architecture and Urbanism*, Oxford: Architectural Press, 2000, pp. 80-9; Martin Jay, *Downcast Eyes: The Denigration of Vision in*

Twentieth-Century French Thought, Berkeley: University of California Press, 1993, pp. 418-20; Edward Ball, 'The great sideshow of the Situationist International0', in *Everyday Life: Yale French Studies* 73, Fall 1987, pp. 21-37. 일부 흥미로운 연결이 다음에서 이뤄져 있다 — Greil Marcus, *Lipstick Traces: A Secret History of the Twentieth Century*, London: Seeker & Warburg, 1989. 르페브르가 상황주의자를 가장 충분히 논의하는 것으로는 'Lefebvre on the Situationists', conducted and translated by Kristin Ross, *October* 79, Winter 1997, pp. 69-83을 볼 것.

80 'Les mythes dans la vie quotidienne', pp. 68-70; *Key Writings*, pp. 101-2.

81 *Critique de la vie quotidienne* II, pp. 17, 83-91; *Critique of Everyday Life* II, pp. 11-12, 79-87. *La vie quotidienne dans le monde moderne*, p. 142; *Everyday Life in the Modern World*, p. 73을 볼 것. <옮긴이> 『현대세계의 일상성』, 153쪽.

82 *La somme et le reste*, p. 609. 르페브르는 이 책에 "곤란함이 없는 것은 아니"었다고, 그러나 그것에서 섹슈얼리티와 사회, 욕망, 욕구, 주이상스[*jouissance*] 같은 쟁점은 논의될 것이었다고 말한다.

83 *Critique de la vie quotidienne* II, p. 19; *Critique of Everyday Life* II, p. 13; 'Les mythes dans la vie quotidienne'; *Key Writings*, pp. 100-6을 볼 것.

84 *La somme et le reste*, p. 121. 또한 다음에 있는 논평을 볼 것 — Kate Millett and Betty Friedan in *La survie du capitalisme: La re-production des rapports de production*, Paris: Anthropos, 2e édition, 2002 (1973), pp. 54 n. 1, 69-70; *The Survival of Capitalism*, translated by Frank Bryant, London: Allison & Busby, 1976, p. 73 (최초의 프랑스어 참고문헌은 이 번역에 없다). 또한 저메인 그리어[Germaine Greer]에 대해 스쳐가듯 하는 언급은 다음 책에 있는데, 그것은 어쩌면 페미니즘과 관련해서 가장 일관된 논의를 포함하고 있을 것이다 — *La présence et l'absence*, p. 59, pp. 147ff.

85 *La vie quotidienne dans le monde moderne*, p. 60; *Everyday Life in the Modern World*, p. 29. <옮긴이> 『현대세계의 일상성』, 86쪽.

86 *La fin de l'histoire*, Paris: Les Éditions de Minuit, 1970, p. 155.

87 *Métaphilosophie*, p. 132.

88 'Toward a leftist cultural polities', p. 80.

89 *Critique de la vie quotidienne* I, p. 213; *Critique of Everyday Life* I, p. 199. *Qu'est-ce que penser?* p. 134를 볼 것.

90 *Critique de la vie quotidienne* I, p. 216; *Critique of Everyday Life* I, p. 202.

91 *Critique de la vie quotidienne* I, p. 221; *Critique of Everyday Life* I, p. 207.

92 *La vie quotidienne dans le monde moderne*, p. 73; *Everyday Life in the Modern World*, p. 36. <옮긴이> 『현대세계의 일상성』, 96쪽.

93 'Avant-propos de la 2e édition', p. 13; 'Foreword to the second edition', p. 6.

94 *Critique de la vie quotidienne* I, p. 266; *Critique of Everyday Life* I, p. 251.

95 *La vie quotidienne dans le monde moderne*, pp. 355ff; *Everyday Life in the Modern World*, pp. 195ff. 이와 관련해서는 *Le retour de la dialectique: 12 mots clefs*, Paris: Messidor/Editions Sociales, 1986, pp. 126-8을 볼 것. 이 구절의 메아리가 다음에서 울린다 — Bruce Brown, *Marx, Freud, and the Critique of Everyday Life: Towards a Permanent Cultural Revolution*, New

York: Monthly Review Press, 1973. <옮긴이> 『현대세계의 일상성』, 341쪽부터 죽 볼 것.

96 *La vie quotidienne dans le monde moderne*, pp. 362-3 n. 1; *Everyday Life in the Modern World*, p. 198n. <옮긴이> 『현대세계의 일상성』, 347쪽, 각주 1(원주).

97 *La vie quotidienne dans le monde moderne*, p. 370; *Everyday Life in the Modern World*, p. 203. <옮긴이> 『현대세계의 일상성』, 354쪽.

98 *La vie quotidienne dans le monde moderne*, pp. 73-4; *Everyday Life in the Modern World*, p. 36. <옮긴이> 『현대세계의 일상성』, 96쪽.

99 Terry Eagleton, 'Foreword', to Kristin Ross, *The Emergence of Social Space: Rimbaud and the Paris Commune*, Basingstoke: Macmillan, 1988, pp. vi-xiv, p. ix.

100 *La vie quotidienne dans le monde moderne*, p. 354; *Everyday Life in the Modern World*, p. 193. <옮긴이> 『현대세계의 일상성』, 339-40쪽.

101 *La vie quotidienne dans le monde moderne*, p. 372; *Everyday Life in the Modern World*, p. 204. <옮긴이> 『현대세계의 일상성』, 355쪽.

102 *La vie quotidienne dans le monde moderne*, p. 74; *Everyday Life in the Modern World*, pp. 36-7. <옮긴이> 『현대세계의 일상성』, 96쪽.

103 *Critique de la vie quotidienne* I, p. 140; *Critique of Everyday Life* I, p. 127.

104 *La somme et le reste*, p. 671. 쿠르트 마이어Kurt Meyer는 이를 주된 테마로 잡아 다음을 내 놓는다 — *Henri Lefebvre: Ein Romantischer Revolutionär*, Wien: Europaverlag, 1973.

105 *Critique de la vie quotidienne* II, p. 8; *Critique of Everyday Life* II, p. 2.

106 'Vers un romantisme révolutionnaire', *Nouvelle revue française* 58, 1957, pp. 644-72.

107 Colette Audry, Jacques Nantet and Claude Roy, with Henri Lefebvre, *Le romantisme révolutionnaire, Cercle Ouvert: Confrontations*, Paris: La Nef de Paris, 1958. <옮긴이> **세르클 우베르**는 당시의 동인 모임이었던 것으로 보인다. 관련 자료를 찾기가 힘들어 이 정도만 언급해 두도록 한다.

108 *Introduction à la modernité*, pp. 235-373; *Introduction to Modernity*, pp. 239-388. <옮긴이> 『모더니티 입문』, 341-539쪽.

109 *Au-delà du structuralisme*, pp. 27-50.

110 Maurice Blanchot, *L'amitié*, Paris: Gallimard, 1971, p. 99. *Le temps des méprises*, p. 109를 볼 것.

111 *Le romantisme révolutionnaire*, p. 2. <옮긴이> 원래 문장은 "This is in spite of the way in which romanticism is the substantive and revolution the qualifying adjective, rather than the other way around."다. 좀 더 의역을 하면 "이는 르페브르가 낭만주의가 명사고 혁명이 그 명사를 꾸미는 형용사라서 또 오히려 그 반대는 아니라서 생기는 문제를 해결하기 위한 것이다." 정도가 될 텐데 전반적 맥락을 고려해 봐서 설명을 좀 더 덧붙이면 이렇다. '혁명적 낭만주의' 곧 'revolutionary romanticism'은 원문에도 나와 있듯이 '형용사 + 명사'로 이뤄져 있다. 일반적으로 이 구조에서 더 중요한 것으로 여겨지는 것은 당연히 명사다. 그러면 그 표현에서 앞말의 정치적 — 본문에선 '윤리'라는 말을 쓴다 — 특질과 뒷말의 예술적 특질 중 뒷말에 무게가 더 실리는 것 또한 당연하다. 여기서 다루고 있는 문장 바로 앞 문장에서 르페브르가 기울이고 있는 노력은 자신이 주창하는 '혁명적 낭만주의' 테제에 대해 생길 수 있는 오해 곧 조금이라도 낭만주의적 예술로 쏠리는 것 아니냐는 반론에 미리 대비하려는 노력으로 볼 수 있다. 따라

서 그 테제에서 정치 —윤리 —와 예술의 비중은 적어도 같거나 아니면 오히려 그 반대인 것으로 봐도 무방할 것 같다. 앞에 의역해 놓은 문장의 맨 끝부분이 암시하듯이 말이다.

112 *Au-delà du structuralisme*, p. 29.

113 *Critique de la vie quotidienne* III, pp. 23-4.

114 Lefebvre and Régulier, *La révolution n'est plus ce qu'elle était*, p. 200. 'Lettre', in *Marx … ou pas? Réflexions sur un centenaire*, Paris: Études et Documentation Internationales, 1986, p. 21을 볼 것.

115 *La somme et le reste*, pp. 399-402를 볼 것. 일찍이 르페브르와 구테르망은 두 가지 인간주의, 곧 혁명적 인간주의와 부르주아 인간주의가 있을 수 있다고 말했다 — *La conscience mystifiée*, Paris: Éditions Syllepse, 3rd edition, 1999 (1936), p. 67, pp. 68-72; 'L'homme des revolutions politiques et sociales', *Pour un nouvel humanisme*, textes des conferences et des entretiens organisés par les Rencontres Internationales de Genève, Neuchâtel: Éditions de la Baconnière, 1949, pp. 115-35, p. 135.

116 *Métaphilosophie*, p. 225.

117 *La somme et le reste*, pp. 587ff.

118 Trebitsch, 'Preface', p. xxviii. 특별히 Jürgen Habermas, *The Theory of Communicative Action, Volume 2, Lifeworld and System: A Critique of Functionalist Reason*, translated by Thomas McCarthy, London: Polity Press, 1987을 볼 것.

119 Elizabeth Lebas, 'The Critique of Everyday Life: Introduction', in *Key Writings*, pp. 69-70, p. 69.

120 Michel de Certeau, *The Practice of Everyday Life*, translated by Steven Rendall, Berkeley: University of California Press, 1984; Michel de Certeau, Luce Giard and Pierre Mayol, *The Practice of Everyday Life Volume 2: Living and Cooking*, translated by Timothy J. Tomasik, Minneapolis: University of Minnesota Press, 1998; Agnes Heller, *Everyday Life*, translated by G.L. Campbell, London: Routledge & Kegan Paul, 1984.

121 예를 들어 Mike Featherstone, 'The heroic life and everyday life', *Theory, Culture and Society* 9 (1), 1992, pp. 159-82; Osborne, *The Politics of Time*, pp. 189-96; Neil Maycroft, 'Marxism and Everyday Life', *Studies in Marxism* 3, 1996, pp. 71-91; Maycroft, 'Henri Lefebvre: Alienation and the Ethics of Bodily Reappropriation', in Lawrence Wilde (ed.), *Marxism's Ethical Thinkers*, London: Palgrave, 2001, pp. 116-43; Michael E. Gardiner, *Critiques of Everyday Life*, London: Routledge, 2000; Gregory J. Seigworth, 'Banality for cultural studies', *Cultural Studies* 14(2), 2000, pp. 227-68; Roger Silverstone, *Television and Everyday Life*, London: Routledge, 1994를 볼 것.

122 다시 말해서『비판』,『현대세계의 일상성』,『모더니티 입문』, 이 세 권을 가리킨다. 중요한 에세이 두 편이『핵심저작』에 실려 있다.

123 *Le survie du capitalisme*, p. 85; *The Survival of Capitalism*, pp. 88-9.

제4장

농촌사회에서 도시사회로

농촌사회에서 도시사회로

『요강』— 우리는 이 책의 독일어 판본이 1953년이 돼서야 비로소 손에 들어올 수 있게 됐음을 염두에 둬야 한다[1] — 에서 마르크스는 유물론적 접근법의 개요를 제시한다.

> 특정 국가를 정치경제적으로 고찰할 때, 우리는 그 나라의 인구, 계급 간 인구 분포, 도시, 농촌, 해안, 다양한 생산 분야, 수출입, 연간 생산과 소비, 상품가격 같은 것에서 시작한다.[2]

1948년에 출간된 『마르크스주의』에서 르페브르는 이런 주제를 예견하면서 확대 적용하기도 한다. 르페브르에게 과학적 사회학은

> 특정 국가의 총체ensemble, 구체적 전체를 고찰한다. 이 구체적 총체는 도시와 농촌 속의 인구 분포, 생산과 소비, 수출입 같은 일련의 측면 속에서 곧바로 드러난다. 이를테면 삶의 양식, 또는 일, 또는 인문지리와 관련한 단순한 기술이 해당 국가에 대한 일정한 사회학적 통찰을 제공하긴 한다. 그러나 그것은 그다지 멀리 뻗어가지 않는다. 단순한 기술은 역사 곧 [사회] 구성체를 제시하지 않는 것이다. 그것은 경제사회적 구조 다시 말해서 그것이 기술하는 현상의 본질을 관통하지 않는다. 통찰을 심화하기 위해 우리는 반드시 분석을 해야 한다.[3]

이 인용을 갖고 많은 이야기를 할 수 있을 텐데, 가장 먼저 눈에 띄는 것은 도시와

농촌이라는 쟁점의 중요성이다. 마르크스가 이 문제를 일부 분석하긴 했지만 수출입·생산·소비·가격의 문제만큼 깊게 분석하진 않았다. 이 장에선 르페브르가 장소location의 분석에 이바지한 것을 살펴본다. 분석을 수행하는 수단 또한 상당히 중요하다. 르페브르가 분명히 하는 것처럼 단순한 기술은 결코 충분할 수 없다. 사회학적 설명은 반드시 역사적 분석으로 보완돼야 하며, 이 둘은 함께 구조적 전체에 대한 통찰을 제공할 것이다. 1장에서 논의했다시피 사적 유물론 안에서 역사학과 사회학 간의 관계를 검토하려고 고안됐던 역진적-전진적 방법론은 원래 농촌사회학과 관련한 한 연구에서 윤곽이 드러났다. 여기서 흥미로운 점은 농촌사회와 도시사회의 문제에 대해서 르페브르가 이 방법론을 어떻게 실천했는가 하는 것이다.

르페브르가 삶의 대부분을 파리와 스트라스부르 같은 도시에서 보내긴 했지만 피레네산맥에서 태어나 늘 그 지역에 강한 애착을 갖고 있었음이 가볍게 여겨져선 안 된다. 제2차 세계대전 동안 그는 피레네 산중의 마을로 은거해서 피레네산맥의 농민공동체를 주제로 삼은 논문을 쓰는 데 자신의 시간과 자신이 발견한 사료를 사용했고 그것으로 1954년에 박사 학위를 취득했다. 그 뒤 1963년에는 부논문 또는 보충논문이 『캄팡 계곡』으로 출간됐다.[4] 1972년에 그는 희곡 세 편을 담은 모음집을 펴냈으며 그 중 한 편은 피레네 산중의 온천 휴양지를 배경으로 한 것이었다.[5] 게다가 르페브르는 말년의 몇 해를 이 지역의 나바랑스에 있는 가족 고택에서 보냈다. 르페브르가 생전에 마지막으로 펴낸 책 『시민성의 계약에 관하여』를 함께 작업한 **그룹 드 나바랑스***Groupe de Navanenx*가 그를 만나러 이곳을 찾곤 했다. 그 밖에도 르페브르는 농촌문제를 다룬 연구서도 펴냈으며, 그것에는 피레네산맥 분석과 관련한 논문집이 포함된다. 그는 이것 말고 또 다른 작업을 하려고 맘을 먹기도 했다 — 예컨대 알베르 소불Albert Soboul과 함께 프랑스 농촌과 관련한 역사서를 의욕적으로 쓸 예정이었고, 『농촌사회학 입문』*Manuel de sociologie rurale*도 있었는데 이것은 초고가 거의 다 됐을 무렵 차에서 도둑을 맞고 말았다.[6] 에스는 이 책을 두고 르페브르와 나눈 대화를 떠올린다. 그의 회상에 따르면 그 책은 지대, 토지 수입, 그것들의 분배, 지대와 시장 간의 관계

같은 것을 다루는 자료, 농업개혁과 관련한 (이론적이면서 실제적이기도 한) 부분, 아울러 멕시코·스페인·이란·피레네산맥·이탈리아 남부·토스카나 같은 다양한 나라와 지역에서 일어났던 그 농업개혁의 역사적 분석을 담고 있었다. 에스가 말하기를 이 입문서는 결코 재집필된 적이 없었다. 르페브르의 관심사가 그 밖의 여러 문제로 옮겨 갔기 때문인데,[7] 그렇다 해도 그 주제 중 일부는 말할 것도 없이 그가 같은 시기에 썼던 더 짧은 글에서 논의된다.[8]

1960년대 중반부터 르페브르는 이 주제와 관련해서 글을 덜 쓰는 대신 자신의 관심사를 도시의 사회적 환경으로 돌렸다. 르페브르는 자신을 이 작업으로 이끈 것이 바로 고향의 개발이었다고 얘기한다. 1950년대에 라크Lacq 주변 지역이 천연 가스와 석유 매장량 때문에 개발됐고 무랑스Mourenx로 불리는 신도시가 그곳 바로 가까이에 건립됐다. 르페브르는 이 도시와 파리·도쿄·교토·뉴욕처럼 무랑스보다 더 큰 도시에 대한 분석을 작성했다.[9] 그뿐 아니라 그의 작업은 도시화에 대한 더 일반적인 성찰로, 도시와 관련한 정치적·경제적 질문으로, 그러한 변화를 이론적 관점에서 이해하려는 쪽으로 발전하기도 했다. 그 시도는 곧장 그의 공간정치 관련 작업으로 이어졌다. 르페브르는 농촌과 도시 간의 역사적 관계에 대한 분석과 함께 명백하게 마르크스주의에 근거를 둔 도시사회학, 곧 도시환경의 조성에서 기술이 담당했던 핵심 역할을 검토했던 것의 초석을 놓기도 했다. 이 작업 대부분은 프랑스 제5공화국의 기술관료주의적 도시계획으로 불거진 논란과 얽혀 있었지만, 그 작업에는 파리에 대한 역사적 관심 또한 존재했다.

이 장은 네 단계를 거쳐 진행한다. 우선 나는 농촌과 도시 간의 역사적 관계와 관련한 르페브르의 논의를 고찰한다. 둘째, 르페브르의 농촌사회 관련 작업을 개괄하는데, 특별히 그의 방법론적 혁신과 피레네산맥 관련 작업에 집중한다. 셋째, 그의 도시사회 관련 작업에 대한 고찰로 옮겨간다. 이 단계는 이 장에서 가장 긴 부분으로서 여러 정치적 문제를 감안하여 중심부와 주변부의 관계, 기술관료주의와 도시권의 관계를 검토한다. 아울러 무랑스에 대한 르페브르의 분석을 논의하기도 한다. 르페브르가 『공간의 생산』에서 전모를 드러낼 이론적 혁신의 대부분을 발전시켰던 곳은 바로 그의 도시 관련 작업이었다. 끝으로, 그가 해 놓은 여러 역사적 분석 가운데 둘 — 1871년과 1968년에 파리에서 일어났던 사건들 — 을 활용하여 이 역사적 분석은 '도시현상'의 결정적 중요성을 어떻게 입증하는가를 제시하려 한다. 나는 시간성과 공간성에 대한 질문들 사이의 균형 또 역사와 지리 사이의 균형을 견지하는 가운데 그 질문들을 내가 다른 곳에서 공간적 역사로 부른 것의 실례로서 해석한다.[10] 이는 이 책의 다음 장으로 이어지고, 거기서는 역사 및 공간과 관련하여 더 이론적인 작업을 검토한다. 그 작업은 실제적 분석 후 그 분석의 정점에 버금가는 것으로서 집필됐다.

도시와 농촌

비교적 최근까지 르페브르는 영어로 된 『마르크스의 사회학』이라는 책으로 가장 잘 알려져 있다. 그 책은 "마르크스가 사회학자인 것이 아니다 … 마르크스주의에 사회학이 있다"는 발상을 핵심 주장으로 삼는다.[11] 이전과 마찬가지로 [이 책에서도] 르페브르는 경제주의와 관련한 환원론적 독해에서 마르크스를 구출하려 애쓰고 있다. 마르크스의 작업에서는 상이한 사회학적 연구 다수 곧 가족·계급·지식·국가 및 사회·도시 및 농촌과 관련한 것이 제시된다.[12] 르페브르는 도농관계가 역사적이며 거기서 기술이 매개 역할을 맡고 있다고 본다. 르페브르는 19세기 말까지 도시가 농촌에 대립하는 것으로 이해됐음을, 그러니까 농촌이 도시와 자연 사이에 자리 잡고 있었음을 시사한다. 이는 세 항으로 이뤄진 관계다.[13] 그러나 20세기에 들어 도농 간의 이러한 대립관계는 뒤바뀌게 된다. 농촌은 이제 도시City와 맺은 관계 속에서 이해, 표현된다. "각 항 특유의 무게가 바뀌었다".[14] 기존의 현실에서 그 세 항은 농촌성, 도시적 직조fabric, 중심성이다.[15] 르페브르는 자신이 『농촌사회에서 도시사회로』에 모아 놓은 연구 결과물을 집필할 당시 — 1949년에서 1969년까지 — 가 프랑스가 모더니티로 진

입한 시기라는 점에 주목한다.[16]

르페브르는 도농분리가 나이, 성(생물학적 노동분업), 도구 및 숙련도(기술적 분업)와 더불어 가장 근본적인 노동분업 가운데 하나라고 주장한다.[17] 하지만 이 분리가 사회의 영구적 특징이라고 생각했던 뒤링과 달리 마르크스·엥겔스는 그것의 역사적 전개를 인식했다.[18] 농촌에 대해 도시가 상대적으로 우월한 지위를 갖게 된 그 변화는 산업화의 대두와 기술발전에 자리 잡고 있다. 르페브르는 도시사회가 산업사회를 대체했다고 주장한다. 이 현상이 마르크스의 시대에 막 시작하고 있었기 때문에 그 결과 마르크스가 "**도시의 생산**이 **산업생산**의 목적, 목표, 의미였음"을 감지하지 못했다는 것은 이해할 만하다.[19] 자신의 책 『마르크스주의 사상과 도시』에서 르페브르는 마르크스·엥겔스의 저작에 대한 주제별 독해, 곧 그 두 사람의 다양한 언명에 대한 일종의 종합을 시도한다. 사실 르페브르 자신이 다소 거창하게 선언하는 것처럼

> 따라서 누군가는 마르크스를 따라 이렇게 생각할 수 있다. **벨트게쉬히테***Weltgeschichte*, 세계사는 도시와 더불어, 도시와 관련한 것으로, 도시 속에서 탄생했다. 이를테면 동양도시, 고대도시, 중세도시처럼.[20]

이러한 여러 변화를 살펴보는 데 시간을 조금 더 들일 필요가 있다. 르페브르가 이 변화를 『도시혁명』에서 가장 길게 논의하기 때문이다.[21] 르페브르는 우리가 0에서 100퍼센트에 이르는 축 하나를 그려 그 축을 따라 도시화의 범위를 나타낼 수 있으리라고 말한다. 한 쪽 끝에는 "순수 자연", 자연력에 방치된 자연이 있고 다른 쪽 끝에는 그 과정의 달성이 있다. 물론 양극단 모두 눈에 보일 가능성은 낮지만, 이 선을 따라 그 과정을 지도로 그리는 일은 일정한 이점을 가져다 줄 수도 있다.[22] 물론 그러한 일차원적 척도가 꽤 투박해 보이는 탓에 르페브르 또한 그것이 이 얘기의 한 측면에 지나지 않음을 인정한다. 스스로 인정하는 것처럼 [그 척도는] 시간을 추상적·자의적으로 분할하는 것이며[23] 자연(**퓌시스**)이나 **로고스**(이성) 같은 관련 개념의 발전에 대해선 아무런 인정도 하지 않기 때문이다.[24] 그렇지만 중요한 것은 르페브르가 다음과

같이 언급한다는 점이다. "이 축은 시간적임과 동시에 공간적이다. 공간적이라 함은 그 과정이 공간을 통해 연장돼서 공간이 그 과정을 변경하기 때문이고, 시간적이라 함은 그 과정이 시간 속에서, 처음에는 사소했다가 나중에는 실천과 역사에서 지배적 측면이 되는 식으로 전개되기 때문이다".[25] 정치도시 곧 고대 그리스의 **폴리스**나 고대 로마의 도시처럼 일반적으로 도시국가로 불릴 법한 것의 건립은 이 선, 이 과정의 시발점에 아주 가까이 있다고 르페브르는 말한다. 그 도시들은 구성된 사회적 삶의 확립, 농업과 마을의 확립과 동시 또는 그 직후에 생겨났다. 르페브르가 말한 것으로 미뤄 보면, 이러한 관점은 그가 중세 말기 곧 산업화의 태동기까지 이어졌던 공동체적 삶의 거의 모든 형식을 어떻게 이해하고 있는지에 적용되는 것으로 보인다. 정치도시가 그것을 둘러싸고 있는 영토 — 보통은 거대한 지리적 구역이었다 — 를 관리·보호·착취하고 토지를 경작하기 위한 배수 및 관개 시설 같은 것을 조직하긴 했지만, 이는 다음 시대에 발생한 것에 대해서는 또 다른 체제였다.[26] 르페브르는 이렇게 말한다. 오랫동안 도시는 농촌에 기생하면서 "비생산적 기능 — 군사적·행정적·정치적 기능" — 만 제공했으며, "생산적 작업과 관련해서 도시가 농촌을 대체"한 것은 자본주의의 도래와 더불어 비로소 발생했다.[27]

유념해야 할 것은 이 같은 발전이 엄밀한 단선적 진보는 아니라는 점이다. 르페브르의 0-100% 도식이 그 점을 시사할 수 있긴 하지만 말이다. 어떻게 보면 고대부터 일종의 퇴행, 곧 도시에서 발생한 고대가 농촌에서 발생한 중세로 이어졌다는 (유럽이나 서유럽의 현상으로 이해되는) 것을 알아차리는 것은 필수적이다.[28] 그 퇴행은 로마 제국의 붕괴와 게르만족의 로마 정복이었으며, 원시공동체이자 군사조직이었던 게르만족은 이 관계들의 재조직화를 초래했다. "토지의 봉건적 소유는 이러한 주권(도시·소유권·생산관계) 해체의 결과다. 농노가 노예를 대체하는 것이다". 유럽의 중세는 "농촌에서 출발한다".[29] 르페브르는 새로운 도시화를 향한 진정한 이행이 유럽에선 14세기에 시작했다고 본다. 이때 도시는 예외이기를, 다시 말해서 농촌이라는 대양에 있는 도시적 섬이기를, 마을이나 농촌의 본질 반대편에 있기를 멈추고 농촌에 대해 동등한 중요성을 갖는 항으로서 드러났다. 그래서 도농관계를 얘기하는 일은 타당했다. 농촌은 단지 "도시의 '환경'·지평·한계에 지나지 않게 됐다". 마찬가지로 마을 사람들은 더 이상 영주를 대신하는 일꾼이 아니라 도시와 도시의 시장을 위한 생산자가 됐다. 물론 이 이행은 국가의 중요성이 커 가는 것과 함께 진행됐다.[30]

그것은 더 폭넓은 문화적·사회학적 변화와도 연관이 있는데, 그 변화는 자본주의의 발흥과 과학혁명을 아우른다. 르페브르와 하이데거 둘 다가 이해한 것처럼 수학적, 계산적 과학의 중요성은 실험실의 좁은 한계 저 너머까지 영향을 끼친다. 르페브르는 "데카르트와 함께 정점에 다다랐던 합리론은 농촌의 수위성primacy을 도시의 우선순위priority로 대체해 버린 격변을 수반했다"고 본다.[31] 이 새로운 이성을 통해서 (계발된) 도시성은 (순진하고 미개한) 농촌성의 반대쪽에 자리를 잡는다.[32] 하지만 르페브르는 구조주의와 구별해서 이렇게 경고한다. 도시사회와 그것에 선행한 사회들 간의 절단, 상대적 불연속성은 인식론적이거나 철학적인 것이 아니라 정치적이거나 역사적인 것이다.[33] 이로써 우리는 이 측정의 중간 어디쯤으로 오게 됐다. 건설 계획 같은, 산업화를 통한 추가 개발은 우리가 이 선을 따라 더 나아가도록 밀어붙인다.

이렇듯 점점 더 산업화된 사회에서 농업적 삶은 그것의 자율성과 독립성을 상실한다. 획일성이 널리 퍼져 나가는 가운데 지역의 특이요소는 사라져 간다. "**도시적 직조**는 확산, 연장돼서 전력을 다해 농업적 삶의 잔여물을 좀먹는다".[34] 르페브르가 고안한 "도시적 직조"라는 용어는 실지로 그가 인정하는 것처럼 "성기게 짜인 그물"에 가깝기 때문에 일부 구역이나 마을은 그것의 통제를 벗어날 수 있다. 그러나 그것엔 보통 "도시사회와 도시적 삶이 농촌을 관통한다"는 뜻이 있다. 이는 수도와 전기, 자동차와 텔레비전 같은 서비스를 포함할 터였다.[35] 르페브르가 주목하는 것처럼 마르크스의 시대에 자본주의 영농은 오직 영국만 소유했지만, 오늘날 농업생산은 산업적 생산, 자본주의적 생산의 한 측면이 돼 버렸다.[36] **애그로빌***agroville*이 소련의 개념이긴 해도 우리는 거의 똑같은 일이 전 세계에 걸쳐 벌어지고 있음을 안다. "미국에서 남부의 일부 지역을 빼 놓고 농민계급은 거의 다 사라져버렸다. 오직 농민빈곤의 섬들만 도시빈곤의 섬들 옆에 존재한다".[37] 이것은 지역화된 현상도 국가적 층위에 국한된 것도 아니다. 르페브르가 인정하듯이 "**도시적 문제틀**은 세계적 규모에 도입된다".[38] "요컨대 그 **잠재적 대상**은 오직 행성적 사회이자 '세계의 도시'일 뿐이다".[39] 이 말에는 중요한 방법론적 쟁점이 있다. 그 말에 "도시공간은 사회주의 나라에서도 그 밖의 나라에서도 다르게 정의될 수 없다"는 뜻이 있기 때문이다. 우리는 한 번 더 모든 것이 생산양식에 좌우되진 않는다는 르페브르의 한결같은 주장을 보게 된다. 르페브르 보기에 "도시적 문제틀, 이데올로기이자 제도로서 **어바니즘***urbanism*, 전 지구적 경향으로서 **어바니즘**은 전 세계적인 사실이다. 도시혁명은 행성적 현상이다."[40] 자본주의적 생산양식에서 도시문제를 분석하는 일은 우리가 전 지구적 과정 속에서 도시현상의 모순을 조명할 것을 요청한다.[41]

따라서 르페브르의 도식은 아래의 방식으로 나타날 수 있다.[42]

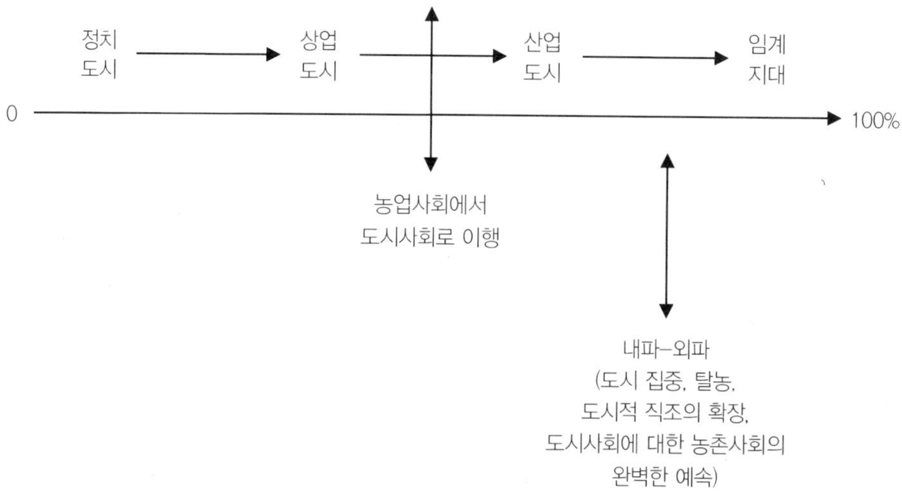

『도시혁명』의 이후 장들, 특별히 4장 「층위와 차원」에선 처음 제시된 단선성이 [0-100% 도식] 더 복잡하게 된다. 거기서 **전 지구적** 층위, **혼합** 층위, **사적** 층위로 구성된

세 층위가 인식되기 때문이다.[43] 농촌사회에서 산업사회로 또 산업사회에서 도시사회로 이행은 통시적이며, 도시사회기의 세 층위엔 공시적인 것이 도입된다. 전 지구적 수준은 국가권력에 초점을 맞추고, 혼합 수준은 엄밀한 의미에서 도시사회의 층위, 사적 층위는 거주 층위 곧 개별적 가정생활의 층위다.[44] 거주 개념, 하이데거에게 신세를 많이 지고 있는 그 개념은 5장에서 더 충분히 논의될 것이다.[45] 르페브르는 세 '차원'을 포함시켜 이 공시적인 것의 세 층위를 뒷받침하게끔 한다. 이 차원들은 추상적 사회관계들, 예컨대 도시사회에 투사된 경제적이거나 법적 형식들 같은 것으로서 그것들은 [첫째] 도시현상을 "구체적 추상"으로, [둘째] 사회적 투쟁의 현장이자 지형으로서 도시현상을, [끝으로] 도시적 실천을 만들어 낸다. 아울러 개념적 대립항 이를테면 공적인 것과 사적인 것, 열린 것과 닫힌 것 간의 구분 같은 것도 있다.[46] 도식은 한층 더 복잡해진다.[47]

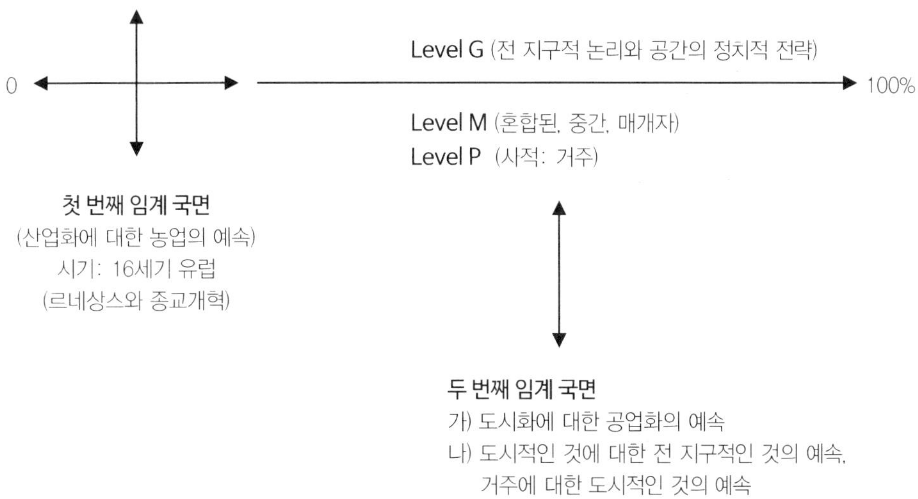

1968년에 쓴 책에서 르페브르는 이렇게 말한다. "지난 몇 년 간 발생한 엄청난 사건은 산업화의 효과가 그것 고유의 결과를 산출했다는 것이다. 이때 그 효과는 (피상적으로는 변경됐지만 그 본질은 유지하고 있는) 산업화가 생산과 소유의 자본주의 사회에 끼친 것, 그 결과는 프로그램으로 짜인 **일상성**이 그것에 적합한 **도시 무대**에 자리 잡게 됐다는 것을 뜻한다. 그 과정은 전통적 도시의 분열과 **어바니즘**의 확장으로써 촉진됐다".[48] 이것이 생산한 것 또 그 결과 반드시 검토돼야 하는 것은 도시환경이다. 르페브르는 도시환경이라는 표현이 "기술환경"보다 더 낫다고 본다. "기술이 도시 속에서, 도시로 말미암은 어떤 '환경'을 산출하기만 할 뿐인 데 반해 도시 밖에서는 이를테면 로켓과 레이더 관측소 같은 고립된 사물을 산출하기 때문이다".[49]

물론 여기엔 미심쩍은 구석이 있다. 도시사회의 발전과 마찬가지로, 예컨대 농업기술의 진보가 '농촌사회'도 빚어냈다는 것이 자명해 보일 터이기 때문이다. 르페브르가 이 문제를 논의할 때 그의 작업은 한 번 더 하이데거의 작업과 비슷해진다.[50] 하이데거처럼 르페브르는 현대기술이 자연과 함께 일하기보다는 자연을 지배하고 있음을 인정한다. 르페브르가 『마르크스주의 사유와 도시』에서 말하는 것처럼

> 농촌은 사라진다. 그리고 이는 이중적 방식으로 이뤄진다. 한쪽에서는 농업생산의 산업화와 농민계급의 소멸(그 결과 마을의 소멸)로써, 다른 한쪽에서는 땅의 파멸과 자연의 파괴로써.[51]

도시화가 농촌으로 확장됨에 따라 그것은 도시의 주변부를 만들어 내고 옛 마을을 파괴한다. 이런 종류의 도시화는 퇴화되고 또 퇴화시키는 것이다.[52] 자연은 이러한 지배의 도전을 받는데 이는 한낱 전유에 불과한 것이 아니다.[53] 르페브르와 하이데거 둘 다 이러한 자연지배의 시발점을 과학혁명, 특별히 세계에 대한 이해의 변화를 수반하는 데카르트까지 추적한다. 르페브르는 이런 관점에서 하이데거의 중요성을 인정하지만[54] 자신의 통찰을 더 구체적인 분석으로써 발전시켜 나간다. 기술성과 자연 간의 긴장을 보여주는 한 예로 르페브르가 프랑스 알프스를 두고 쓴 다음의 대목을 살펴보면

이런 실험을 한 번 해 보자. 샤모니Chamonix에 가서 에귀디미디Aiguille du Midi로 가는 케이블카에 탄다. 케이블카 안에는 당신과 함께 온갖 종류의 사람들 이를테면 아이 · 노인 · 외국인이 있다. 이들은 경험이 풍부한 여행객처럼 편안하고 안락한 여행을 즐기고 있다. 높이에 온 마음을 빼앗겨 버렸나? 곧이어 얼음 봉우리, 빙하, 곧추서 있는 바위 사면이 마치 마분지로 얼기설기 짜 놓은 무대장치처럼 행진하면서 당신 곁을 스쳐 지나가기 시작한다. 몽블랑의 경관이 꽤나 연극적으로 보이기 시작한다. 블랑셰 계곡Vallée Blanche 가까이서 까다롭고 위험한 경사면을 줄을 타고 함께 올라가고 있는 등산객을 볼 수 있는 행운을 만약 누리게 된다면 이상한 느낌이 드는 것을 알아차릴지도 모르겠다. 그 등산객의 생명은 그 등반에 흡수되고 그이의 몸은 그 일을 해낸다. 그이에게 몽블랑은 순수한 자연을 표상하는 반면, 당신은 현대기술 덕에 힘 하나 들이지 않고 산 정상까지 실려 가고 있다. 그이 때문에 당신이 한심하게 보이게 된다. 그러나 바로 그때, 당신 때문에 **그이가** 애처롭게 보이기도 한다. 뭐 하러 저렇게 애쓰면서 힘들어할까? 무슨 소용일까? 저것은 분명 양치기의 오두막에 살고 싶어 하는 것만큼 터무니없고 파라핀 램프만큼이나 케케묵은 짓이지 않은가?[55]

반드시 주목해야 할 것은 르페브르가 농촌사회의 **외브르***œuvres* — 작품이나 예술작품 — 생산과 도시사회의 제품 생산을 뚜렷이 구분해서 이해하고 있다는 점이다.[56] 후자는 산업화와 자본주의적 생산양식으로써, 기계장치와 계산이 맹위를 떨침으로써 생겨난 결과다. 르페브르는 도시가 산업화 이전에도 물론 존재하긴 했지만 산업화의 결과로 분명히 바뀌었다는 점에 주목하고 이렇게 주장한다. "도시의 가장 빼어난 창조활동, 도시생활이 만들어 낸 가장 '아름다운' **작품**은 … 산업화 이전의 시대로 거슬러 올라간다".[57] 산업화의 도래와 함께 제품 생산은 **작품** 생산과 결부된 사회관계를 대체했다. 도시는 이 변화의 명백한 예시다.[58] 그렇다고 해서 이 말이 그 상황을 돌이킬 수 없다는 뜻은 아니다. 르페브르는 도시가 예술작품이라는 의미에서 어떤 작품이 될 수 있다고 말한다. 도시가 단순히 조직되고 제도화될 뿐 아니라 형성되고 전유될 수도 있기 때문이다.[59] 이 일은 인민이 도시를 전유함으로써, 지배적 체제와 정치적 배치에 맞서 도전함으로써 벌어질 수 있다. 1968년의 봄과 1871년의 사건들은 이 일이 어떻게 일어날 수 있는지의 예시다. 그 사건들은 도시사회 안에서 발생한 혁명일 뿐 아니라 도시사회가 일으킨 혁명이기도 했다.

이것이 그 축도의 한쪽 끝이다. 하지만 중요한 것은 '자연'이라는 용어 그 자체가 우리의 판단을 그르치게 한다는 점에 주목하는 것이다.

> 사람들은 **자연**을 **농촌**이라는 뜻으로, 경작된, 일궈진 땅 곧 부의 생산자, (시장을 통해 교환 가능한) 사용가치의 생산자라는 뜻으로 말한다. 자연이라는 개념이 땅을, 농업생산 · 수익 · 지대를 대체하는 한 그것은 거대한 신비화 속에서 그 신비화의 어두운 날개로 역사 · 민족 · 국가를 감싸 안은 채 그것들을 통합하는 역할을 담당한다.[60]

순수한 자연이라는 신화는 순수한 기술성이라는 신화만큼이나 우리의 판단을 흐리게 만든다.[61] 하나 더, 도시환경 또한 말할 것도 없이 국가계획의 직접적 영향을 받는다는 점이 잊혀서도 안 된다. 이는 또 다른 전개로서 비교적 최근에 나타난 것이다. 르페브르가 말하다시피 국가는 "주택건설, 신도시, 도시화에 적극적으로 관여한다. 우리가 '**어바니즘**'으로 부르는 것은 이데올로기 또 국가가 자칭 합리적 실천이라고 하는 것 둘 다의 일부를 이루고 있다".[62] 르페브르가 기술 발전의 작동 방식을 어떻게 보고 있는지를 보여주는 좋은 예시가 하나 있다. 『모더니티 입문』에서 발췌해 온 이 대목을 눈여겨보자.

> 고정적 · 인공적인 전기조명은 자연환경, 예컨대 농촌 · 하늘 · 공간을 배경으로 삼아 도시와 그곳의 기념물, 도로와 거리를 아주 뚜렷이 드러나게끔 만든다. 전기조명은 (도시와 관련한 19세기의 신화를 만드는 데 중요한 역할을 했던) 가스등보다 한층 더 적나라하게 도시 경관의 특징을 강조한다.[63]

도시 및 농촌공간에 대한 **지각**이라는 문제는 나중에 다루기로 하고, 지금으로선 우선 트레비슈의 말대로 르페브르가 "농촌사회학에서 도시사회학으로 이행함"에 따라 "일상적인 것에 대한 그의 사유"는 어떻게 해서 "모더니티에 대한 그의 사유와 불가분의 관계를 맺게 될는지"를 숙고하는 것만 해도 충분하다.[64] 이렇듯 농촌사회에서 도시사회로 옮겨간 그 변화를 — 역사적 관점과 르페브르 자신의 작업 내 모두에서 — 이해하는 일은 르페브르로 하여금 대륙 이론 대부분에 강력한 도시적 편견이 있다고 하는 비난에서 자유로워질 수 있도록 해 준다. 피치몬스Margaret Fitzsimmons는 이런 점 때문에 마르크스와 베버를 혹평하면서 그 편견이 알튀세·푸코·데리다·라캉의 최근 작업에서도 이어지고 있다고 본다. 그녀는 "**일상생활**의 유일한 문명화 형식으로서 **도시적 삶***la vie urbaine*, **파리의 삶***la vie parisienne*에 대한 그 사람들의 강박관념"을 혹평하는데, 오직 르페브르만 거기서 자유롭다.[65] 르페브르가 농촌사회와 도시사회를 따로 떼어놓기보다 한꺼번에 이해한다는 것은 그의 요점 중 하나다. 다시 말해서 그는 상황주의자는 도시적인 것을 지나치게 강조한다고 비판하고,[66] 마르쿠제는 도시화의 문제를 무시하는 잘못을 저지르고 있다고 본다.[67]

한 자루의 감자

마르크스의 경멸적 태도, 곧 부르주아 도시화가 "인구 대부분을 우매한 농촌생활에서 구출"해 낸 방식을 칭송한다든지,[68] 농민계급·마을·데파르트망의 동질성은 그것들이 "한 자루의 감자"만큼이나 같은 꼴이었음을 의미했다든지[69] 하는 태도 대신, 르페브르는 농촌사회를 올바르게 평가하기도 했고 이해하기도 했다. 이 분야에서 이뤄진 그의 작업 가운데 영어로 번역된 것은 거의 없지만 『핵심저작』의 시론 한 편과 『비판』 제1권의 한 장은 예외다. 그 시론 「농촌사회학의 관점」에선 일부 방법론적 관심사를 논의하고, 『비판』 제1권의 「어느 일요일, 프랑스 시골에서 쓴 노트」'Notes Written One Sunday in the French Country side'에선 그 관심사의 활용을 보여준다. 그러나 르페브르의 작업은 이보다 한층 더 광범위하다. 이 주제와 관련하여 그가 처음 쓴 글은 1949년에 《**카이에 앙테르나시오날 드 소시올로지**》— CNRS에서 발간하던 논문집으로서 르페브르는 그곳의 사회학 부문 책임자로 있었다 — 에 실렸고, 그는 여기에 얼마간의 논문을 실을 터였다.[70] 그의 논문 가운데 어떤 것은 그 논문의 경우처럼 별로 논쟁적이지 않았지만, 그 밖의 것은 스탈린주의에 반대하는 입장을 공공연하게 드러냈다. 짐작건대 르페브르는 비정당 기관지에 글을 실음으로써 표현의 자유를 훨씬 더 많이 가질 수 있었던 듯하다. 그 시론에서 그는 — 농촌사회학이라는 주제와 그것의 방법론적 관점 모두에서 — 농촌사회학의 근본 문제 몇 가지를 규명한다. 그 주제와 방법론에 대한 연구는 그 밖의 논문 여러 편에서 계속되며 그 대부분은 『농촌사회에서 도시사회로』에 실려 있다. 그가 관심을 가졌던 이 특정 쟁점의 대다수는 오늘날 우리에게는 거의 중요치 않거나 관련이 없지만, 반세기가 넘는 시간이 흐른 뒤에도 [농촌사회학의] 일반적 문제는 여전히 조금은 주목할 만하다.

르페브르는 농촌의 삶과 농업이 도시와 공장으로 이뤄진 "근대적" 삶에 앞섰기 때문에 농촌의 삶이 더 단순하다고 믿게끔 하는 일종의 유혹이 있다고 말한다. 여기에는 오해의 소지가 있을 수 있다.[71] 농촌의 삶이 삶의 지배적인 형식이었을 때 그 삶은 대체로 무시되고 있었고, "그것이 **실제적** 문제를 제기한 그 순간부터" 그것은 비로소 연구대상이 됐다.[72] 가장 중요한 관심사 하나는 농촌사회의 사회학과 농촌사회의 역사학 간 관계와 관련한 것이다. 곧바로 눈에 띌 만큼은 아닐지 몰라도 지역의 역사는 그 지역의 현재에 각인돼 있다. 도시에서 그런 것과 마찬가지로 때때로 [농촌지역의] 건물 대다수는 과거의 흔적을 보여준다 — 중세의 장원과 고대 로마의 유적이 이 시대의 건물과 나란히 놓인 채 남아 있다. 하지만 농촌경관에서 그 [지역의] 역사는 한층 더 깊이 숨겨진 채 남아 있을 수 있다. 그렇지만 농촌사회학은 현재적 순간에 대한 연구이기 때문에 역사에 대한 인식 없이는 존재할 수 없다. 역사는 끈질기게 살아남아 현재 속에서 움직인다.[73] 마찬가지로 심지어 프랑스 내에서도 북동부의 마을과 남부의 마을 사이에는 엄청난 차이가 있다. 프랑스의 어느 마을이 이탈리아나 스페인의 마을과 비교될 때 그 차이는 훨씬 더 커지게 된다.[74] 그렇다면 마을 연구는 사회학 내부에서 역사학·지리학·정치경제학의 결합을 필요로 한다.[75]

르페브르는 그러한 연구를 위한 자료가 부족하다는 데 유감을 갖기도 하지만 그 주제와 관련한 연구가 미국과 소련에 많다는 점 또한 인정한다. 그는 농촌사회학이 미국에선 별개의 과학, 대학에서 강의되는 일반사회학의 한 분과가 됐다고 말한다.

그는 이러한 현상이 부분적으로는 미국 농업이 당면한 문제에서 비롯한다고 말하고 미국의 농촌사회학이 기술적이면서도 규범적임을 알아차린다. 그러나 이러한 경험적, 기술적 접근은 비역사적이다. 그것이 당대의 현실에 마치 과거가 없는 것처럼 그 현실을 다루기 때문, 그것이 그 현실에 역사적 깊이 없이 접근하기 때문이다. 소련에서 농촌연구는 기존 체제의 변화와 주로 관련이 있다. 경제 및 정치이론은 미래의 정책을 규정하는 데 사용된다. 물론 이는 독트린이 현실성을 곧잘 대체함을 의미하지만, 그래도 역사적 작업은 이 영역에서 더 뚜렷하다.[76] 르페브르 생각에 레닌이 기여한 것 가운데 하나, 그렇기에 그의 공과 중 긍정적 측면에 추가돼야 할 것은 농업문제의 이론화다.[77]

1949년의 첫 논문 「농촌사회학의 문제」에서 르페브르는 세 가지 주요 단계 또는 쟁점이 탐구돼야 함을 깨닫는다.

1. 기원의 문제,
2. 가계, 계승, 사회학적 인과관계의 문제,
3. 역사적 문제 곧 형식의 상호작용.[78]

그렇지만 이것들이 충분히 완성된 상태는 아니며, 그것들이 어떻게 균형 잡혀야 할지도 전적으로 분명한 것은 아니다. 4년 뒤 르페브르는 더 이론적이면서도 발전된 「농촌사회학 시론」'Contributions to rural sociology'을 발표한다. 이 글에서 그는 첫 장에서 논의했던 역진적-전진적 방법론의 윤곽을 밝히면서 그것을 사용했다. 르페브르는 프랑스에서 농촌의 삶은 대체로 역사학자와 인문지리학자가 연구했다고 주장한다. 그는 이러한 작업이 지속될 순 있겠지만 사회학의 전반적 구조 안에서 더 구체화되고 통합돼야 한다고 말한다 — "사회적 과정과 그 법칙의 총체성과 관련한 연구"가 돼야 하는 것이다.[79]

따라서 농촌세계에는 두 종류의 복잡성 — **수평적 복잡성과 수직적 복잡성** — 이 존재한다. 전자는 특정 역사 시기의 쟁점을 보여주며, 여기서는 공간 내 차이와 구조의 층위가 중요하다. 후자는 동일한 장소 내 상이한 역사적 발전의 병치를 검토한다. 르페브르는 얼마간의 예시를 보이는데, 그것에는 대량 기계화 농업과 함께 손 쟁기를 비롯한 그 밖의 더 오래된 경작 형식이 포함된다.[80]

> 이 두 종류의 복잡성 — 하나는 우리가 **수평적**으로 부르고 다른 하나는 우리가 **수직적**으로 부르지만 **역사적으로** 부를 수도 있을 — 은 서로 얽히고, 서로 교차하고, 서로 영향을 준다. 그렇기에 이 두 복잡성은 사실이 함께 어우러져 마구 뒤섞인 덩어리이며 오직 견고한 **방법론**이 적용될 때 비로소 풀릴 수 있다. 동시에 우리는 농촌사회학의 대상과 목표를 결정해야 한다 — 그리고 농촌사회학이 그것을 보조하는 분야와 분과학문 이를테면 인문지리학 · 정치경제학 · 생태학 · 통계학 같은 것과 맺는 관계를 규정해야 한다.[81]

따라서 문제는 "**사회학과 역사학 간의 관계**"다.[82] 마땅히 이는 사회학이 역사학에 흡수됨이 아니라 설명을 위해 사회학자가 우선적으로 역사적 분석에 관여해야 함을 뜻해야 할 것이다. 그러므로 역사학은 "사회적 과정 **전체**를 연구하는 데 보조적인, 부수적인 과학"이다.[83] 기술적, 분석-역진적, 역사-발생적이라는 세 단계로 구성된 이 방법은 1장에서 논의된 적이 있다. 주목할 만한 점은 사회학과 역사학을 한 방법론으로 통합하는 것에 더해 이 방법이 구조주의의 가장 중요한 문제 하나를 방지한다는 것이다. 전형적인 프랑스식 의미에서 구조주의는 고의로 또는 무심코 역사를 회피했지만 보통의 연구에서 이뤄지는 [역사 기반의] 지리적·구조적 분석이 결여됐다는 바로 그 이유 때문에 발전했다. 그러나 [그런 구조주의와 달리] 여기서 르페브르의 작업은 공시적인 것과 통시적인 것의 통합을 가능케 한다.[84]

농촌 삶에 대한 연구는 단순한 정치경제학적 탐구와 협소한 사회학적 접근 그 이상을 수반한다. 민속과 신화학의 문제를 고려하는 것이 중요하며,[85] 우리는 문학 이를테면 발자크나 라블레의 책에서 배울 수도 있다. 마찬가지로 [르페브르의] 추후 관심사를 처음으로 일별하면, 르페브르는 농촌공동체가 **시간**(일과 축제로 구성된 연간 주요 일정표)**과 공간**(부지 및 구역의 분배와 일반적 관심사에 속한 작업의 분배) **속에서 동시에** 구성된다"고 말한다.[86] 자신의 피레네산맥 관련 연구에서 그는 다음과 같이 말한다. 그러한 주제를 제대로 다루려면 학제 간 연구팀 — 지리학자·역사학자·인류학자·사회학자·언어학자 — 이 필요할 것이며 자신의 작업에 있는 유일한 장점은 그 방식을 제시하는 것뿐이다.[87] 그가 인정하다시피 농촌사회 연구는 그것 특유의 주제는 물론 더 일반적으로는 인간 삶까지 조명한다. "요컨대 우리의 의도는 **농민공동체와 관련한 역사-사회학적 연구를 엉클린 실타래 같은 인간 현실에서 우리를 인도할 실마리의 하나로서 고려하**려는 데 있다".[88]

농촌공간 읽기

르페브르의 농촌사회 연구는 영어권엔 거의 안 알려져 있다. 하지만 그것은 해당 분야의 기존 연구 대부분보다 시기적으로 앞서 있다. 클로크Paul Cloke와 스리프트Nigel Thrift는 어떻게 농촌사회 연구가 레이먼드 윌리엄스의 『시골과 도시』*The Country and the City*의 영향 아래 네 가지 중첩적 단계를 거치게 됐는지에 주목했다. 이것들은 기능적 접근, 정치경제학에 토대를 둔 접근, 농촌성은 사회적 구성물이라는 자각, 농촌 "텍스트"에 대한 해체적 접근으로 이뤄져 있다.[89] 첫째와 둘째가 르페브르의 작업에서 활용된 것은 분명하다. 반면에 넷째는 셋째의 전개에 포괄돼 있긴 하지만 이미 언급된 것에서 찾기는 어쩌면 더 힘들 수도 있다. (이는 르페브르가 "후기구조주의자"였다든가 "해체"를 실행했다든가 하는 게 아니라 그 주제들을 예측한다는 걸 말한다. 이 말이 전혀 놀랍지 않다는 건 [후기구조주의 및 해체와 관련한] 핵심 인물 일부가 르페브르의 학생이거나 조교였음을 감안해 보면 알 일이다.)[90]

『비판』 제1권에서 르페브르는 우리가 다음과 같은 문제를 숙고해 봐야 한다고 말한다. "눈앞에 펼쳐져 있는 인간적 경관을 어떻게 해독해야 할는지 차마 알지도 못한 채 우리 모두는 얼마나 많이 프랑스의 시골을 지나치며 '어슬렁거렸'던가!" 누군가가 쓰고 있는 쟁기나 밭의 생김새 같은, 딱 봐도 알 수 있는 사물은 우리 이해력의 범위를 벗어난다.[91] 르페브르는 경관 해독법을 배울 수 있는 잠재력이 있다고 본다. 일상생활 비판이 수월해지도록 변증법적 방법, 마르크스주의의 방법을 사용하는 것이다. 이렇게 하면 우리는 "우리 도시와 우리 마을·우리 교회·우리 예술작품이라는, 성가시고 알아들을 수 없는 허튼소리를 알아듣고는 그것을 마치 책을 펼쳐 읽듯이 큰 소리로 말할 수 있게 된다".[92] 이 말은 물론 "텍스트" 개념이 상당히 확장됐음을 미리 보여준다. 그것에 건축이나 사건 같은 것도 포함될 터였기 때문이다. 그렇게 되면 그 같은 "텍스트들"은 비판적으로 "읽"힌다.[93] 적어도 이때만 해도 르페브르는 경관 "읽기"에 공감한다. 하지만 나중엔 이 발상에 대해 더 비판적인 입장을 갖게 되는데, 그 주된 이유는 다른 사람들이 그 개념을 잘못 썼기 때문이다.

1947년에 르페브르는 간단히 이렇게 말한다. 경관을 책에 비교하는 일이 꼭 들어맞는 것은 아니다. 달리 말해서 "책이 의미를 만들어 낸다면 도농지역은 그것이 의미하는 것'이다'". 그는 농촌지역이 우리에게 "원시공동체, 빈약한 기술진보, 우리가 보통 생각하는 것보다 고대의 생활방식과는 별반 다를 것 없는 생활방식의 쇠퇴"를 얘기해 준다고 말한다.[94]

독일 관련 사진집에 실은 「서문」에서 르페브르는 이 점을 분명히 하고 있다.

> 역사가는 자신이 보는 모든 것에 관여한다. 과거는 모습을 드러내고 솟아올라 현재에 못을 박는다. 돌 하나, 돌담 하나, 책의 단편은 그이의 호기심을 불러일으키고 그이의 상상력을 자극한다. 그는 《콘피당스》*Confidences*나 《엘르》의 한 페이지에선 현대를 읽고 어떤 마을의 담벼락에선 갈리아의 역사를 읽는다.[95]

르페브르의 작업에서 농촌경관의 이해와 관련해서는 『비판』 제1권의 「어느 일요일, 프랑스 변두리에서 쓴 노트」와 캄팡 계곡 관련 저술이 중요하다. 「노트」의 시작은 앞서 3장에서 살펴본 문제 곧 농민의 삶에서 축제가 담당하는 역할을 확장·고찰함으로써 이뤄지지만, 그 글에선 농촌공간의 사회학에 대한 숙고 또한 계속된다. 르페브르는 프랑스의 평범한 마을을 예시로 삼아야 한다고 말한다.

신작로와 오솔길, 담장과 산울타리로 이뤄진 그물이 한 뙈기의 땅, 쓸모가 아예 없진 않은 그 땅을 에워싼다 … 그러고 나서 보면 교회와 묘지 주위로 농장이 이리저리 흩어져 있고 집 몇 채가 한데 모여 있다. 마을이다. 푸른 땅에는 초지가 있고 그 초지를 흐르는 시냇물은 가을비로 가득 차 있다.[96]

르페브르의 논의에서 가장 뚜렷한 부분 하나는 마을 교회와 관련한 것으로서 이 독해는 확실히 니체가 교회공간을 두고 한 말에서 영향을 받는 것이다.[97] 니체와 마찬가지로 르페브르는 교회에 있는 상징물의 권력을 규명한다. "나에게 이 공간은 결코 여느 공간처럼 될 수 없는 곳이다".[98] 그런 다음에 얘기는 방향을 바꿔 소외를 낳는 종교권력으로 이어지고 여기서 얘기의 목적은 조금 더 뚜렷해진다. 분명한 것은 르페브르가 이 첫 밑그림에서도 니체식의 공간 내 권력 개념을 전유했다는 점이다. 예컨대 "성곽·궁전·대성당·요새, 이 모두는 그것들을 지어올린 이들과 그것들이 막으려 했던 이들의 위대함과 강인함을 다양한 방식으로 말한다".[99] 르페브르가 자신의 피레네산맥 관련 연구에서 말하는 것처럼 교회는 농촌공동체를 위한 구심점으로서 아주 중요하다. 교회는 대개 유일한 공적공간이기 때문이다. 이런저런 공고문이 교회 담벼락에 붙어 있고 교회에는 우편함도 갖춰져 있다. 자치 협의회도 그곳에서 열린다. 교회는 종교적 중심지이자 정치적·사회적 허브이기도 하다.[100]

우리는『캄팡 계곡』에서 더 철저한 연구를 발견한다. 앞서 언급했다시피 이 책은 제2차 세계대전 동안 찾아낸 문헌자료를 기반으로 정리됐다. 사실 책의 전반부는 그 자료를 제시하고 논평하는 데 할애돼 있다.[101] 비록 그 자료의 일부로 이미 출간된 것이 활용되고 있긴 하지만, 11세기까지 거슬러 올라가는 광범위한 미출간 기록도 있다. 르페브르는 그 기록의 목록을 만드는데, 이 작업은 17세기의 것까지 와서 그 자료가 너무 많아질 때까지 계속된다.[102] 책의 후반부에는「역사사회학 연구」라는 제목이, 책 전체에는「농촌사회학 연구」라는 부제가 붙어 있다. 이 두 용어의 상호관계는 앞선 논의처럼, 이 시기에 이뤄진 그의 작업을 이해하는 데 결정적이다. 이 연구는 역사학적이면서도 사회학적이다. 르페브르는 "역사사회학"이라고 하는 이 용어가 "역사학에 대해 구조화된 연구와 사회학적 현실에 대해 구조화된 연구 간의 변증법적 운동을 보여준다"고 말한다.[103] 책의 후반부 대부분은 캄팡 계곡 지역의 역사를 자세히 연구하는 데 할애된다. 이 작업에는 문헌자료가 활용되지만 지리적 자료 또한 포함된다. 그 의도가 그 지역의 역사를 거슬러 올라가 현재를 조명하려는 데 있음은 분명하다. 일찍이 제시되는 예를 하나 보면

> 그 마을 자체는 바녜르드비고르에서 5킬로미터 정도밖에 안 떨어져 있다. 그 마을은 온천이기도 하고 장이 서는 읍내이기도 하다. 온천은 고대 로마 때부터 죽 있어 왔고, 읍내는 평원으로 트이는 피레네산맥 어귀에 자리 잡고 있다. 그 결과, 캄팡 계곡은 관습법과 (로마) 성문법, 산의 갖가지 전통과 그것들을 흩어뜨린 영향력들이 놀라울 정도로 병치되고 있음을 보여준다.[104]

나중에 프랑스로 완전히 편입되긴 하지만 캄팡은 꽤 오랫동안 거의 독립한 상태로 있었다. "진정한 목축 공화국인 그곳의 자율성은 완전히 실현된 것에 버금갈 정도"였다. 캄팡은 더 앞선 시대에 있었던 피레네 여러 소국의 한 예이며 그 중 안도라Andorra는 현존하는 유일한 사례다.[105] 르페브르가 피레네산맥을 다룬 자신의 책에서 주목하듯이 피레네산맥은 프랑스와 스페인을 분리하면서도 연결한다. 그것은 가교이자 장벽인 것이다.[106]

캄팡 계곡과 신생국가 간의 이 같은 관련성이야말로 어쩌면 이 연구에서 가장 중요하고 미래에 대한 식견 또한 가장 두드러지는 부분인 듯하다. 여기서 핵심이 되는 장은 후반부의 2장으로 「영토 보전을 위한 투쟁」'The struggle for the integrity of the territory'이라는 제목이 붙어 있다. 캄팡 계곡은 인민 및 민족투쟁과 유사한 투쟁, 곧 그곳에 있는 "자연적 경계" 내부의 공간을 차지하기 위한 투쟁의 축소판이었다. 수 세기, 아니 어쩌면 수천 년에 걸쳐, 캄팡의 공동체 성원은 그 계곡의 주인이 되려고 했을 뿐 아니라 그 경계 너머로 진출하려고, 자신의 이웃을 침략하려고 했다 — 이는 르페브르가 "농목공동체에 있던 일종의 제국주의"로 부르는 것이다.[107] 더 큰 규모의 역사

에서 그런 것처럼 "자연적 경계"라는 개념은 중요하고 정치적 긴장 상태에 있다. 왜냐하면 그것은 부분적으로는 물질적 현실에 기반을 두고 있고, 부분적으로는 자의적이고, 경제적 구조와 명확한 정치를 통할 때 비로소 의미를 갖기 때문이다.[108] 그가 다른 곳에서 주장하는 것처럼 피레네산맥의 경계는 정치적·사법적 허구다.[109] 르페브르는 기록 보관소에서 가장 오래된, 1083년부터 전해 내려오는 그 문헌의 출처가 미심쩍은 것 같긴 해도 흥미롭다고 말한다. 그 문헌과 그 밖의 초기 문헌은 그곳에 사는 사람들을 대표해서 **영지***march* 곧 경계와 그 주변의 토지를 설정하려는 노력을 보여준다.[110] 르페브르가 주목하듯이 영토 보전을 위한 투쟁은 동시에 자유와 관습의 보호를 위한 투쟁이기도 하다.[111]

실지로 나머지 사료 대부분이 전문가적 관심에 들어맞기만 할 뿐이기에 그 사료와 관련한 얘기를 더 할 뜻이 내겐 없다. 그래도 이것 하나는 주목할 만하다. 캄팡 지역에, 더 정확히 말해서 사실 그 밖의 어떤 마을이라도, 관심을 두는 중요한 근거 하나는 대개 그 마을이 더 멀리 떨어져 있는 과거에 가깝기 때문이라고 르페브르는 말한다.[112] 그는 다른 곳에선 피레네산맥의 상황이 "사회학적 화석"의 하나라고 말한다.[113] 달리 말해서 캄팡을 통해 프랑스의 여타 지역과 함께 가능하다면 다른 곳도 조명해 볼 수 있다는 것이다. 여기에 과거는 — 그곳의 역사적·지리적 조건 덕택에 — 더 잘 보존돼 있기 때문이다. 혹시 그 과거가 당대의 농업기술과 곧잘 나란히 있다 하더라도 말이다. 우리는 예의 그 독일 관련 작업에서 비슷한 주장을 발견한다. 여기서 르페브르는 마을이 여전히 원시적 오두막의 구성 곧 씨족 및 종족의 구성과 관련한 어떤 것을 보여준다고 주장한다. 물론 르페브르가 인정하듯이 야만적 과거와 손을 잡는 것이 아리안족 신화의 핵심이었긴 해도, 그는 이러한 원시성의 긍정적 측면이 그것의 순수성과 감수성 속에 있다고 말한다.[114]

르페브르는 피레네산맥의 경관 그 자체엔 눈에 띌 정도로 무관심하지만 그 땅과 그 땅에 사는 사람들 간의 관계엔 훨씬 더 큰 관심을 보인다. 그것은 한 지역을 기술하는 사례가 아니라 "역사적 사건으로 멍들고, 죽고, 다시 살아나는 한 문화의 윤곽을 그려내는" 사례다. 따라서 중요한 것은 지리적 기술이나 회화적 특질보다는 역사다.[115] 이 독특한 경험이 다양한 원인, 특별히 관광업·현대식 농업·산업화에서 생겨나는 위험에 직면해 있다.[116] 여가사회에선 휴양지 건립이 필요한데, 이는 르페브르가 공간생산의 여러 요소 중 하나로 더 자세히 논의하게 된다. 마찬가지로 프랑스 남서부는 그 나라의 나머지를 먹여 살릴 "곡창 지대"가 되고 있고, 라크-무랑스의 건립은 그 지역의 산업화를 상징한다.[117]

도시사회의 유령

신도시 건설에는 일종의 긍정적 부작용이 있었다. 르페브르로 하여금 도시화 과정을 자세히 연구하도록 이끌었기 때문이다. 이 주제에 대한 그의 관심은 일상생활 개념으로 되돌아간 것, 곧 그 연작의 제2권 출간 및 상세한 서문을 덧붙인 제1권의 재간과 겹쳤다. 사실 르페브르의 도시환경 관련 작업은 그의 농촌사회 관련 연구보다 한층 더 광범위하다. 그는 『농촌사회에서 도시사회로』의 절반 이상을 도시the town and the city에 할애하고 이 주제를 집중적으로 다루는 책도 몇 권 썼다. 그것들에는 다음이 포함된다. 『입장: 기술관료에 반대하며』 — 이 책은 4년 뒤 『사이버인류를 향하여』로 재편집됐다. 『도시에 대한 권리』 — 제2권 『공간과 정치』를 포함한다. 끝으로 『도시혁명』과 『마르크스주의 사상과 도시』까지. 커즈와일Edith Kurzweil은 르페브르가 "**어바니즘**은 현대적 삶의 암이며 현대적 삶의 공간에 대한 마르크스주의적 연구가 그 암의 치유법이 될 수도 있다고 확신했"고 또 [그렇게 하기로] 결심했다고 말한다.[118] 『역사의 종언』에선 도시사회보다 **어바니즘** — 이를테면 도시계획의 이데올로기 — 을 강조하는 것이 현대세계의 여러 문제 중 하나[라고 말한]다.[119] 이 연구는 도시사회학 연구소Institut de Sociologie Urbaine 설립과 《**에스파스 에 소시에테**》*Espaces et Société* 창간으로써 시작하는데, 창간호의 첫 번째 논문이 르페브르의 「공간정치에 대한 성찰」'Reflections on the politics of space'이었다.[120] 도시공간 읽기는 그의 작업 여러 곳에서 발견된다. [그 중에서도] 무랑스를 분석하는 『모더니티 입문』의 일곱 번째 서곡 또 1871년과 1968년 5월 파리의 사건들과 관련한 논의는 주목할 만하다. 특별히 『도시에 대한 권리』 전부와 『공간과 정치』에서 두 장을 골라 실은 『선집으로 읽는 앙리 르페브르의 도시론』이 1996년에 번역됐음을 고려해 볼 때 도시사회학과 관련한 이 작업의 상당수는 현재 영어판으로 구해 볼 수 있다. 1970년대에는 도시를 주제로 삼은 르페브르 선집이 구테르망을 역자로 해서 계획된 적이 있다.[121] 만약 이 작업이 실현됐더라면 영어권의 도시연구가 어떻게 바뀌었을까와 관련해서는 추측만 가능할 뿐이다. 『핵심저작』에는 『농촌사회에서 도시사회로』의 한 장, 『도시혁명』의 발췌문, 1974년의 논문 한 편이 포함된다. 『도시혁명』은 최근에 완역됐다.[122] 그렇지만 이전에도 그랬던 것처럼 르페브르의 작업은 이것이 시사할 법한 것보다 한층 더 상세하다.

마르크스·엥겔스는 도농관계와 관련해선 꽤 많은 얘기를 해야 했지만 딱히 도시문제와 관련해선 별로 얘기를 하지 않았다. 르페브르는 그들이 글을 썼을 당시 "도시는 (엥겔스가 다뤘던) 주택문제를 제외하고는 아직 심각한 문제를 야기하지 않았다"고 말한다.[123] 하지만 오늘날 "도시문제는 주택문제보다 엄청나게 더 크다".[124] 그렇지만 르페브르가 주목하다시피 도시문제에 대한 산발적 성찰이 있긴 해도 이는 대체로 비체계적이고 더 폭넓은 논의의 맥락에 있다.[125] 엥겔스와 관련한 그의 언급처럼 주택문제는 도농관계라는 더 광범위한 문제의 부수적 양상이었다.[126] 따라서 이런 관점에서 볼 때 르페브르는 일종의 마르크스주의적 틀 안에서 새로운 개념들을 구축하고 있다. 왜냐하면 마르크스주의의 기존 작업이 [도시문제라는] 그 과제에 부적절하기 때문이다. 늦긴 했어도 이러한 쟁점을 인식한 그 밖의 저술가는 마누엘 카스텔 — 그의 저술은 영어로 훨씬 더 잘 알려져 있다 — 과 데이비드 하비 둘 뿐이었다. 카스텔은 낭테르에선 투렌Alain Touraine과 르페브르의 제자였지만 주된 영향은 알튀세에게서 받았다.[127]

카스텔과 하비의 초기 작업은 공간적 또는 도시적 형식과 사회적 과정의 연쇄적 특질을 검토했으며 현대지리학의 주제에 급진적 정치경제학을 적용했다. 이 작업은 대부분 구조주의적 독해였는데, 카스텔은 알튀세를, 하비는 피아제Jean Piaget를 주요 참조대상으로 삼았다.[128] 카스텔의 목표는 도시문제에 대한 프랑스 정부의 당대 관행을 검토하는 데 있었다. 그러나 소자가 주목했듯이 이는 마르크스주의의 영향을 받은 일종의 지리학으로서 마르크스주의적 지리학이었다. 지리학의 일반적 주제에는 명백한 마르크스주의적 독해가 제공됐으며, 그것에는 교환가치와 사용가치의 구분에 대한, 계급투쟁의 역할에 대한, 생산양식의 변화에서 기인하는 상부구조의 형식에 대한 집중이 수반됐다. 르페브르의 작업은 더 급진적이었다 — 그것은 마르크스주의 이론의 가정 대부분을 혼란에 빠트렸다. 하지만 이로써 르페브르는 카스텔과 하비에게 비판을 받게 된다. 그 까닭은 공간을 생산관계의 표현이기보다 인과적 실효성의 층위로 격상시켰다는 데 있었다. 소자가 주목하다시피 훌륭한 마르크스주의자가 되기 위해 카스텔과 하비는 공간적 분석이 넘어서지 않아야 할 경계를 설정했다. 그들이 보기에 르페브르에게는 공간 물신숭배의 혐의가 있었고, 그것에는 사회변혁의 원동력으로서 계급투쟁을 공간이나 영토 분쟁으로 대체하는 위험이 있었다. 소자는 카스텔과 하비의 비판이 (변증법적) 요점을 놓친다고 말한다. 선택은 일종의 양자택일, 곧 사회적인 것에 영향을 끼치는 별개의 구조로서 공간인가 **아니면** 사회적 관계의 표현으로서 공간인가가 아니라 생산관계의 한 구성 요소로서 공간이다 — 사회적임과 동시에 공간적인 것이다.[129]

카스텔과 하비 둘 다 르페브르와 자신들의 작업을 재고했다. 특별히 하비는 십중팔구 자신의 가장 중요한 저서인 『자본의 한계』에서 마르크스 사상의 "빈 상자들", 곧 마르크스 자신이 공간적 과정과 관련해서 마무리하지 않은 요소들을 채우려 한다. 하비는 "공간 물신숭배"와 "축적 및 계급 재생산과정의 단순한 반영"으로서 공간 사이에서 중립을 지키는 데 관심이 있다.[130] 그는 이 관심사를 이론적 성격을 띤 『자본의 한계』뿐 아니라 『의식과 도시적 경험』*Consciousness and the Urban Experience* 및 『자본의 도시화』*The Urbanization of Capital*에서 추구했다.[131] 그러면서 그는 무엇이 마르크스주의

인가 하는 것을 급진적으로 발전시킨다. 카스텔은 근년에 마르크스주의 사상에서 완전히 떠나갔지만 『계급, 도시, 권력』*Class, City and Power*에선 이렇게 말한다. "중요한 것은 마르크스주의 이론의 개념적 발전보다 도시적인 것의 역사적 변혁이었어야 한다".[132] 메리필드가 언급하듯이 이는 거의 "카스텔 자신이 앙리 르페브르에 대해 제기한 고소를 취하하는 것"이며[133] 알튀세에게서도 확실히 거리를 두는 것이다.[134] 카스텔은 계속해서 르페브르에 대해 비판적이다. 하지만 그 비판은 르페브르의 작업에 경험적 근거가 부족하다는 데서 비롯한다. 이는 르페브르의 철학적 스타일에 대한 비판이지 그의 견해에 대한 것은 아니다. 카스텔은 형이상학이 큰 도움이 되지 않는다고 본다.

> 르페브르의 견해는 너무 강력하다. 그에게 현실세계에 대한 생각이 티끌만큼도 없었음 — 아예 없었음, 곧 그는 경제가 어떻게 작동하는지, 기술이 어떻게 작동하는지, 새로운 계급 관계가 어떻게 형성되고 있었는지에 관해 아무 것도 몰랐음 — 이 사실인데도 그는 실제로 무엇이 발생하고 있었는지를 직관하는 데는 타고난 재능을 갖고 있었다. 거의 한 명의 예술가처럼 … 나는 그것[르페브르의 도시론]에 아무런 연구기반도 없다고 생각한다 … 그렇기에 그는 연구자가 아니라 십중팔구 우리에게 일찍이 없었던 가장 위대한 도시 철학자였을 것이다.[135]

이는 분명히 헤겔·니체·하이데거 같은 철학자에 대한 르페브르의 비판 — 그들의 작업은 추상적이고 물질성에 근거하지 않는다 — 과 관련지을 수 있다. 전적으로 정확하진 않다 하더라도 여기서 이뤄지는 카스텔의 비판은 어쩌면 캄팡의 광범위한 고문서 작업으로 보강됐던 농촌사회 관련 작업보다 도시사회 관련 작업에서 더 잘 적용될 수 있다. 그렇긴 해도 — 내가 제시하겠지만 — 르페브르의 파리 관련 연구 또한 관찰과 역사적 배경에 근거를 두고 있었다. 하지만 우리는 다음에 주목해야 한다. 농촌의 삶에 대한 르페브르의 긍정적 관점 또 그가 그 삶과 관련해서 집필한 글 대부분에서 보이는 애가풍의 곡조와는 대조적으로 도시에 대한 그의 관점은 한층 더 비판적이었다는 것이다. 도시화는 급부상한 부르주아지 및 부르주아 사상의 지배와 그에 수반하는 프롤레타리아트의 착취 및 소외에서 중대한 역할을 담당했다.

> 도시는 우리에게 공동체가 거의 총체적으로 해체됐음을, 여전히 '일반적 관심'을 대변한다고 감히 주장하는 부르주아 활동과 생활방식의 결과로 사회가 '사적' 개인으로 원자화됐음을 말해 준다.[136]

공산주의의 유령 대신 현재 유럽을 배회하고 있는 것은 다름 아닌 도시사회의 유령, 도시의 그림자다.[137] 이것이 뜻하는 바는 도시문제가 대단히 중요하며 꽤 다양한 주제의 연구에서 무시될 수 없다는 것이다.[138] 도시사회의 정치경제학과 관련한 문제 — 지대, 주거공간의 분배 — 또 도시사회의 정치와 관련한 문제 — 중심부-주변부 관계·주변화·게토화·세분화·도시사회의 공간 조직과 그 속에서 거세게 흐르는 권력 관계 — 가 있다. 따라서 르페브르는 이렇게 말한다. 정말이지 놀랍지 않은 것은 "거대한 현대도시를 형편없이 고려한다는 점, 우리가 그것에 경멸적이거나 중상적 별칭 이를테면 괴물 같다거나 촉수 모양을 하고 있는 도시, 몰록 도시moloch-cities 같은 말을 붙이지 않고서 그것을 언급하기란 거의 불가능하다는 점이다".[139]

우리는 바로 이 시작에서 르페브르의 용어인 '도시사회', 그가 간단히 '도시적인 것'으로 곧잘 줄여 쓰곤 하는 것에 특정한 의미가 있음을 주목해야 한다. 르페브르는 [도시사회를 두고] 단순히 도시주변에 구성돼 있는 사회 — 예컨대 그리스의 **폴리스**, 동양·중세도시, 상업·산업도시, 소도시와 메갈로폴리스 사이에 있는 아무것이라도 — 이기보다는 더 구체적으로 얘기해서 완전한 도시화에서 기인하는 사회를 말한다. 1970년에 그는 이 도시사회가 잠재적이라고 하지만 미래에는 현실이 될 것으로 예상한다.[140] 이것은 산업화가 만들어 낸 사회, 농업생산을 지배·흡수하는 사회다. 당시 그가 쓰고 있던 글에서 이 사회는 다양한 방식으로 — 산업사회나 후기산업사회, 기술사회, 풍요의 사회, 여가사회나 소비사회로 — 명명된다. 르페브르는 얼마간의 경험적이거나 개념적인 진리뿐 아니라 얼마간의 과장과 추정 또한 포함하고 있는 이러한 명칭보다 '도시사회'를 더 선호한다. 르페브르에게 '도시사회', 산업화에서 태어나 그것을 계승하는 사회는 "**기정사실**이기보다는 어떤 경향, 지향, 사건의 가상적 상태"를 가리킨다.[141] 앞서 3장에서 언급했다시피 이는 "소비조작의 관료사회"다.[142]

르페브르의 분석이 마르크스주의적인 까닭에 우리는 그의 분석이 기존의 마르크스주의 개념에 어떻게 부합하는지 궁금해 할 수도 있다. 르페브르가 보기에 **어바니즘**은 신자본주의 — 조직된 자본주의이기보다 조직화의 자본주의 — 사회의 상부구조다. "**어바니즘**은 자유롭고 가용한, 합리적 행위에 개방된 듯 보이는 영역 곧 거주공간을 조직한다. 그것은 공간과 거주지의 소비를 연출한다".[143] 르페브르에 따르면 기존의 분석 대다수에 있는 문제 하나는 이 상부구조적 특질이 실천, 사회적 관계, 사회 그 자체와 반드시 구별되어야 함이 인식되지 않고 있다는 점이다. **어바니즘**과 '도시사회'는 결코 혼동돼선 안 된다 — 도시적 실천과 도시적 현상 간에는 어떤 구분이 있다. 사이비 마르크스주의자는 도시적 현상이 한낱 상부구조에 지나지 않는다는 주장을 내세웠다 — 그렇게 함으로써 그이는 실천을 이데올로기와, 사회적 관계를 제도적인 것과 혼동했다. 반드시 검토돼야 하는 것은 바로 이 이중적 양상이다. 이것이야말로 **어바니즘**이 어떻게 (겉보기에는 중립적이고 비정치적인) 공간을 일종의 대상으로 구성하는지를 보여준다.[144]

따라서 우리가 도시적 현실을 일종의 상부구조 — 그러니까 경제체제에서 일어나는 변화의 결과 — 로 본다면 우리는 [르페브르의 도시론을] 오해하게 될 것이다. 도시적 현실 또한 마찬가지로 생산관계를 변경한다. 비록 그것을 변혁할 순 없다 하더라도 말이다.[145] 달리 말해서 경제적인 것이 '최종심급'에서 결정요인이 될 순 있겠지만, 이것이 하향적이거나 일방적 효과가 있음을 뜻하진 않는다. 생산력은 공간 안뿐 아니라 공간 위에서도 작동하며 공간 또한 마찬가지로 그것을 제약한다. 르페브르가 말하는 것처럼 — 그리고 이것은 5장에서 한층 더 상세히 검토될 것이다 — "공간과 공간정치는 사회적 관계를 '표현'하지만 그 관계에 작용하기도 한다".[146] 도시 그 자체는 — 생산양식이 아닌, 상부구조나 이데올로기도 아닌, 생산력 그 자체도 아닌 — 생산관계 곧 그것의 내재적 모순에서 탄생했다.[147] 현대도시는 단순히 생산의 수동적 장소나 자본의 집중 장소에 불과한 것이 아니다. 그렇기에 "도시적 현상은 생산 장치 이를테면 생산력, 생산관계, 생산력과 생산관계 간 모순을 저 깊은 곳에서부터 변모시킨다".[148]

르페브르의 작업에는 상당히 특유한 정치, 특별히 그가 기술관료주의로 불렀던 것에 대한 문제제기로서 정치가 있다. 기술력 이를테면 기계화·계산·통제·조정된 작동 방식으로서 기술은 르페브르가 현대사회에서 확인한 핵심 문제 중 하나였다. 경제적인 것에서 문화적인 것으로 또 우리 존재의 사회적 영역으로 통제를 확장한 것은 다름 아닌 자본주의의 파생물로서 기술이었다. 루시앙 골드만이 말하는 것처럼 기술관료는 "관료와 아주 명백히 구분돼"야 한다. 베버가 자세히 말한 것처럼

> 관료주의가 정확하고 추상적인 규칙을 갖고 있으면서도 이와는 대조적으로 동요의 원인으로 나타나는 어떠한 개별적 개입과도 상관없이 독자적으로 기능하는 일종의 메커니즘인 반면, 기술관료주의는 본질적으로 다르다. 여기서 우리는 의사결정을 독점하는 한 집단, 곧 자신이 내리는 바로 그 결정으로써 모든 관료화를 방지할 수 있고, 자신을 적응시킬 수 있고, 추상적 규칙을 능가하는 효과적 결정을 내릴 수 있는 한 집단에 관심이 있다. 이 집단과 그것의 권력 외부에서 사회 전체는 근본적으로 한낱 수동적 연희자에 지나지 않는 것으로 환원된다.[149]

이는 르페브르가 활용하는 해석을 상당히 유용하게 요약한다. 골드만에게서 갖고 온 위의 표현이 루카치와 하이데거, 곧 우리가 앞 장에서 살펴본 것처럼 르페브르의 일상생활 관련 구상을 세우는 데 산파 역할을 한 이들에 대한 골드만의 논의에 등장한다는 점은 흥미롭다. 2장에서 거론했듯이 기술에 대한 이러한 관심은 하이데거의 작업에서도 아주 비슷하게 나타난다.

도시공간의 측면에서 말하자면 기술관료는 주로 **어바니즘**이나 도시계획*(urbanisme)* 또 건축을 통해 자신의 영향력을 행사한다. 거주의 층위에 관련하는 건축가와 사회 전체의 층위에 관련하는 도시계획 전문가 간에는 일종의 분업이 있다.[150] 많은 곳에서 르페브르는 **어바니스트**와 건축가가 공간을 기하학적으로 지각한다는 주장을 펼친

다.[151] 이러한 사고방식에서 모든 것은 계산되고 수량화될 수 있는 것으로 여겨지며, 의사결정은 일종의 "프로그램화 가능한" 방식으로 이뤄질 수 있다. 도시사회 내에는 기하학·대칭·체제를 향한 의지가 있다.[152] 우리는 이것이 특별히 도시계획의 개념에 드러나 있음을 알게 된다. 이것은 단지 도시계획*(planification)*일 뿐 아니라 르페브르가 "계획-측정plan-measuring *(planimétrie)*"으로 부르는 것이기도 하다.[153] 우리는 16세기와 17세기의 유럽에서 여러 도시계획이 시작함을 보게 되는데, 파리에 대한 최초의 계획이 유달리 눈에 띈다. 이것은 단순한 추상적 계획, "기하학적 좌표 공간 내에서 이뤄지는 도시 공간의 투사"를 초과한다. 하지만 그 계획은 "전망과 구상의 혼합물 곧 예술작품과 과학의 혼합물"을 제공하면서 투시법에 따라 도시를 위에서 또 멀리서 보여주기도 하고 동시에 기하학적으로 채색·묘사·기술된 것으로 보여주기도 한다.[154] **어바니즘**은 그것이 만들어 내는 그 공간을 객관적·과학적·중립적인 것으로 표현하고 그 공간의 억압적 특성을 은폐할 수 있기 때문이다.[155] 하이데거에게서도 똑같이 발견될 법한 일종의 상투적 문구를 갖고 르페브르는 이렇게 말한다. "수량화될 수 있는 것의 일반화된 테러는 억압적 공간의 실효성을 강조한다".[156]

르페브르는 기술관료주의가 신화라고 주장한다. 이 행정가, 그것도 나쁜 행정가는 실제의 기술 대부분을 좀처럼 사용하지 않기 때문이다. 하지만 그이에겐 '이건 기술적 결정이니까 받아들여야 해요' 하면서 인민 전체를 설득하는 능력이 있다. 그러니까 르페브르의 비판 대부분은 기술관료가 기술관료**라**는 것이 아니라 정확히 그 반대라는 것이다. 기술은 정확히 사회적 삶에 대한 억압과 통제의 조건이기보다는 일상생활과 사회적 삶에 봉사하는 것으로 여겨져야 한다. 예컨대 **어바니즘**은 기술관료주의라는 이 신화의 표지 아래서 작동하는 이데올로기인 것이다.[157]

도시에 대한 이해가 변화하는 것과 관련해서 가장 뚜렷한 사례 하나는 자동차의 도래 이전과 이후에 설계된 도시를 비교함으로써 드러날 수 있다. 예컨대 놀라운 실례가 미국 대서양 연안 도시를 태평양 연안의 도시와 나란히 놔 봄으로써 드러나는 것이다. 르페브르는 자동차의 도시 침입과 자동차 산업이 행사한 압력 — 자동차 로

비 — 이 주차를 강박관념으로, 유통을 주요 목표로 바꿔놨다고 말한다. 하지만 르페브르가 보기에 길이 단순히 통행과 유통의 수단이기만 한 것은 아니다. 그것은 사회적·도시적 삶의 중심이기도 하다. 길은 만남의 장이며 그 밖의 카페와 회관 같은 만남의 장을 연결할 뿐 아니라 그것들을 가능케 하기도 한다. 이 만남의 장들은 그 거리 곧 우리가 구경꾼이자 구경거리로 있는 자발적 극장에 생기를 불어넣는다.[158] 그 거리에는 정보기능·상징기능·유희기능이 있다.[159]

> 누군가는 정보와 소통을 일종의 모델로 최적화한다. 기술관료주의적이고 체제화된 이 계획은 그것의 신화와 이데올로기(이를테면 기술의 탁월함)와 함께 도시에 남아 있는 것을 쑥대밭으로 만들기를 주저하지 않을 텐데, 그 목적은 소통과 정보가 오르내리는 네트워크로서 자동차를 위한 길을 남겨두려는 데 있다. 정교하게 만들어진 그 모델이 실행될 수 있는 유일한 방법은 도시였던 곳의 바로 그 폐허에서 사회적 존재를 뿌리째 뽑아버리는 것이다.[160]

우리는 기술관료주의에 대한 유사한 비판을 르코르뷔지에 및 그의 도시계획과 관련한 르페브르의 논의에서 발견한다. 르페브르가 보기에 르코르뷔지에는 "도시를 제거하고 그것을 거대한 주택으로 대체하는데, 그곳에선 모든 것이 유통에 할당된다". 르페브르의 평가에서 르코르뷔지에는 "좋은 건축가였지만 파국을 초래하는 **어바니스트**였다. 그는 우리로 하여금 상이한 집단이 만날 수 있는 장소로서 도시, 그것들이 갈등 상황에 놓일 뿐 아니라 연합을 결성할지도 모르는 도시, 그것들이 집단적 **작품**에 참가하는 도시를 생각하지 못하게 만들었다".[161] 이러한 기능화를 통해 도시는 간단히 대형 기숙사가 되고,[162] 자동차는 인간 삶이 기술에 정복당했음을 인상적으로 예증한다.[163] 르페브르는 우리가 자동차의 권리와 권력을 제한해야 할 때가 올 것이라고 말한다.[164] 우리가 도시의 독특함을 상실할 위험이 있기 때문이다.

> 이 상실의 이유는 뭘까? 우리는 그걸 안다. 자동차, 사무실, 관료주의의 규칙, 장소의 공간화와 기능화, 이윤의 수위성, 도시의 부르주아화, 우아한 거처의 사막화, 낡은 거처의 젠트리피케이션 따위.[165]

앞서 언급했다시피 사회의 역사적 발전에서 세 가지 일반적 단계가 포착될 수 있다.[166] 농촌사회, 산업사회, 도시사회다. 각각에는 고유의 공시간 조직이 있다. 농촌사회 단계에서 시간은 순환적이고 조직은 지역적 특이요소에 맞춰 지향된다. 해와 계절, 지역적 사안과 특수성이 중요하고, 더 폭넓은 시간적 범위와 공간적 상황은 비교적 덜 중요하다. 산업사회 시기에는 동질성의 경향, 시간과 공간 모두의 합리적 통일성과 계획의 경향이 있다. 비록 산업적 합리성과 동질성의 산물이긴 해도 도시적 공시간은 실제로는 **차-등적**인 것^the *differential [le différentiel]*^으로 나타난다.

> 각 장소와 순간에는 그것들이 사회적 총체^ensemble^ 내에 있을 때를 제외하고는 아무런 존재도 없는데, 그 총체는 그것들과 구별되는 그 밖의 여러 장소와 순간으로 그것들을 연결하는 대조와 대립으로써 이뤄진다.[167]

이는 대다수의 장소 및 시간에 대한 일종의 긴장, 일종의 이중성이 도시환경에 있음을 뜻한다. 그 많은 장소와 시간은 한편으로는 균질적이고 조직적이지만 다른 한편으로는 완전히 별개다. 그 결과 르페브르는 **이소토피아**와 **헤테로토피아**의 개념을 도입한다. [이 개념들을] 더 보편적 항인 **유토피아**와 짝을 지어주기 위해서다. **이소토피아**는 같은 장소 — 근처에 있고 인접해 있는 주변, **헤테로토피아**는 다른 장소나 그 밖의 다른 장소, 곧 유형이나 위치가 다른 장소 또는 사실 타자의 장소다. 획일성 내의 차이는 우리에게 도시공간의 미묘함 곧 모순이자 변증법적 관계에 대한 감각을 허락한다.[168] "**이소토피아**는 이를테면 정치적·종교적·상업적 공간 같은 각각의 층위에서 규정된다. 이 **이소토피아**와 맺은 관계 속에서 그 밖의 층위는 **헤테로토피**아로 밝혀진다".[169] 농촌공간에 비해 모든 도시공간에는 **헤테로토피아**의 성격이 있다고 르페브르는 말한다.[170] 도시공간을 단수로 이야기하는 것은 말이 되지 않으며 차라리 "도시공간들, 수없이 차-등화된 공간들"로 얘기해야 말이 된다.[171] 현대도시를 이해하기 위해 우리는 장소와 관련한 이 세 가지 구상 모두, 이 세 **토피아** 모두를 효율적으로 사용해야 한다.[172]

따라서 공간에 대한 구상과 지각 사이에는 엄청난 긴장이 있다. 전자엔 공간을 추상공간으로 보는 동질성(수량적·기하학적·논리적 공간)의 경향이 있고, 후자에선 차이가 강조되기 때문이다.[173] 잘 알려진 것처럼 르페브르는 한 발 더 나아가 우리가 공간을 살아가는 한 방식을 구별하는데, 더욱이 그것은 기술관료주의와 도시계획의 추상화에서 제거된다. 사회적 공간, 우리가 경험하고 살아가는 것으로서 공간은 기하학적 공간과는 다를 뿐더러 그 공간을 고찰하는 보통의 지리학적 방식과도 구분된다.[174] 이 구분은 공간과 관련한, 르페브르의 더 많은 이론 작업에서 확장적으로 전개되며, 그 작업은 도시환경에 반영된 이러한 생각에서 모습을 드러낸다.

도시공간 읽기

르페브르가 캄팡 계곡의 분석 또 더 일반적으로는 피레네산맥의 분석에 사용한 농촌경관 읽기는 도시사회 읽기에도 적용된다. 직접적인 사회학적 기술이 역사적으로 불충분한 것과 마찬가지로 그는 이러한 농촌경관을 단순히 지리학적으로 읽는 것도 불충분하다고 생각한다. 토지, 상이한 인간 집단이 그 토지와 맺고 있는 관계, 물리적 환경을 기술하는 것이 필수적일지는 모르지만 이는 충분치 않다.[175] 르페브르는 동일한 역진적-전진적 방법론을 적용한다. 그는『도시혁명』의 작업이 역사적이라는 말의 통상적 의미에서 보면 그렇지 않다고 말한다.

> 우리가 '도시'를 대상으로 삼아 그것의 발생 · 변화 · 변형을 기술하고 분석하긴 했지만 단지 외관만 그럴 뿐이다. 사실 우리는 잠재적 대상을 먼저 제시했는데, 이는 우리가 공시간적 축을 긋게끔 한다. 미래는 과거를 조명하며, 잠재적인 것은 실현된 것의 검토와 상황을 허용한다. 산업도시, 아니 좀 더 정확히 말하면 산업과 자본주의의 영향으로 발생한 전 산업적이고 전 자본주의적인 도시의 파열이야말로 우리가 산업도시의 조건과 그것의 선행자 곧 상업도시를 이해하도록 하는 것이다. 순차적으로 이는 우리가 상업도시를 능가하는 정치도시를 파악하도록 한다.[176]

마찬가지로 부르주아 사회는 — 그것이 제아무리 복잡하고 불투명하게 보일지라도 — 우리가 고대나 중세 세계 같은 더 투명한 사회를 이해하게끔 해 주지 그 반대는 아니다.[177] 이는 이중적 운동이다 — 처음은 역진적으로, 잠재적인 것에서 현실적인 것*(l'actuel)*으로, 현재의 것*(l'actuel)*에서 과거의 것으로 향하며, 다음은 전진적으로, 극복된 것과 완료된 것에서 이 종식을 생산하는 운동으로 향하는데 이는 새로운 뭔가를 시작하고 탄생시킨다.[178] 전반적으로 말하자면 이 방법론에서 르페브르가 마르크스에 대한 자신의 독해를 사용하는 것이 맞다. 하지만 하필 도시와 관련해서 말하자면 그는 마르크스의 사상을 명쾌하게는 검토되지 않은 어떤 논제로 확장하려고 한다. 이를 수행하려면 우선 그 사상을 복원해야 한다[179] — 곧 그 사상의 통찰을 개괄하고 종합해야 하는 것이다.

그러나 르페브르는 자신의 연구를 이런 방식의 분석에 국한하지 않는다. 나중 작업에서 르페브르는 도시공간 읽기라는 주제로 되돌아와 기호학의 작업을 활용하면서 자신의 요점을 분명하게 밝힌다.

> 도시는 읽힐 수 있다. 왜냐하면 도시가 쓰기 때문, 쓰고 있었기 때문이다. 하지만 맥락을 무시한 채 이를 검토하는 건 충분치 않다. 이 같은 쓰기 또는 언어와 관련해서 쓰는 것 곧 **도시의 메타언어**를 정교하게 다듬는 것은 도시와 도시사회를 아는 게 아니다. 맥락, 곧 해독할 텍스트의 **아래**에 있는 것(일상생활, 직접적 관계, 도시사회의 **무의식적인** 것, 거의 말로 나오지 않는 것과 그런 것보다 글로는 훨씬 덜 나오는 것)은 그 거주공간 — 성생활과 가정생활 — 속에 은폐돼서 좀처럼 그 자체와 직면하지 않고, 이 도시적 텍스트 **위**에 있는 것(여러 제도와 이데올로기)은 그 독해에서 무시될 수 없다 … 따라서 도시는 **일종의** 의미작용을 하는 체제로, 일종의 체제로서 결정되고 폐쇄된 것으로 여겨질 수 없다. 현실의 **층위들**을 고려하는 일은 다른 곳에서 그러는 것과 마찬가지로 이곳에서도 이러한 체제화를 금지한다.[180]

르페브르가 도시적 쟁점에 관심을 가지기 시작했을 무렵 그는 기호학 및 구조주의와 관련하여 진행 중이던 논쟁에도 관여하기 시작했다. 그의 작업 가운데 많은 곳이 있지만, 특별히 『사이버인류를 향하여』와 『언어와 사회』에서 우리는 기호체계 및 구조주의의 초기 형태(야콥슨Roman Jakobson, 옐름슬레우Louis Hjelmslev, 촘스키Noam Chomsky의 초기 저술)와 관련한 논의를 발견한다.[181] 그러나 르페브르는 도시와 도시 현상이 일종의 "체제"로 읽힐 수 있다는 말은 교조적 테제라고 주장한다. 도시현상은 한 기호체계나 기호학으로 환원될 수 없다.[182] 따라서 비판적 분석이 기호체계나 기호학에서 뭔가를 학습할 수 있을진 모르겠지만, 그 분석이 기호학과 언어학에서 획득된 방법들로 제한될 순 없다는 결론이 도출된다.[183] 비판적 분석은 도시를 다룬 문학 — 빅토르 위고Victor Hugo(상징적 차원), 보들레르Charles Baudelaire(계열적 차원), 제라르 드 네르발Gerard de Nerval, 로트레아몽Comte de Lautréamont, 랭보Jean Nicolas Arthur Rimbaud(통합적 차원) — 에서 학습할 수도 있다.[184]

그러므로 우리가 한편으로는 도시사회의 기호학을, 아니면 다른 한편으로는 도시적 삶의 **현상학적** 기술을 상상할 수 있는 동안 우리에게 정말 필요한 것은 넓은 범위의 철학적 분석이다. 왜냐하면 르페브르가 보기엔

> 오직 철학과 철학자만 **총체성** 곧 전체적 구상이나 전망에 대한 탐색을 제시하기 때문이다. '도시'를 고려하는 것은 이미 철학을 확장하는 것, 철학을 도시로 또는 도시를 철학으로 재도입하는 게 아닌가? **총체성** 개념이 그저 철학적이기만 할 때 그 개념이 공허한 채로 남아 있을 위험에 놓이게 된다는 것은 사실이다. 그 결과 도시로 환원되지 않고 세계 · 역사 · '인간'에 관여하는 문제들이 정식화된다.[185]

이는 물론 상반된 입장을 연결하는 르페브르의 능력, 어떤 의미에선 자신의 일상생활 분석이 어떤 방식으로 구조주의와 현상학 사이에 자리매김하게 되는지의 또 다른 예시다.

「어느 일요일, 프랑스 시골에서 쓴 노트」와 마찬가지로 르페브르가 쓴 가장 좋은 글 하나는 『모더니티 입문』의 전주곡 가운데 있는 「어떤 신도시에 대한 메모」다. 이 글에서 르페브르는 앞서 논의된 것과 같은 마을 하나를 몇 킬로미터 떨어진 곳에 있는 "신도시"와 대조한다. 이곳은 무랑스라는 도시로서 핵심 산업을 부양했던 라크

의 원유·가스·황 매장지 가까이에 있는 피레네산맥에 건설됐다.[186] 르페브르는 벌목과 신도시 건설을 위한 불도저의 도착이 자신의 삶과 이력에서 중대한 순간이었다고 회상한다.[187] 나바랑스에 있는, 자신의 고향이라고도 할 수 있는 그 마을과 관련해서 그는 자신이 돌멩이 하나까지도 안다고 주장한다. "이 돌에서 나는 수 세기를 읽을 수 있다. 굳이 말하자면 나무둥치의 나이테로 수령을 말할 수 있는 식물학자처럼". 이에 반해서 무랑스에는 과거가 없다.[188] 르페브르는 나바랑스를 바닷고둥에 비유한다 — 나바랑스는 살아있는 유기체가 서서히 분비하는 구조인 반면, 신도시는 자연적이기보다는 상당히 **계획적인** 발전이다. 비록 몇 가지 측면 곧 디자인 미학과 거주자에게 제공되는 편의시설의 관점에서 볼 때 신도시엔 그나마 괜찮은 구석이 꽤 많이 있지만, 르페브르는 그곳에 발을 들여놓을 때 두려움에 사로잡히고 그곳을 채운 "입주를 위한 기계들"로 공포에 휩싸인다고 주장한다.[189]

다른 곳에서 르페브르는 자본주의가 노동생활과 사생활(여가), 이 둘 모두의 조직을 향해 발전해 왔다고 말한다.

> **신도시**는 전형적으로 중대한 현상이었고 이 조직은 그 현상 안과 위에서 **읽**힐 수 있었다. 왜냐하면 그 조직이 **짜**였던 곳이 바로 신도시였기 때문이다. 전통도시의 부정, 분리, 극심한 치안 감시는 놔두더라도, 암호를 아는 자가 해독할 이러한 사회적 텍스트에는 무엇이 기입됐고, 이러한 스크린에는 또 무엇이 투사됐는가? 일상의 조직, 통제된 곧 정확한 시간표에 적합하도록 교묘하게 세분화되고(노동, 사생활, 여가) 프로그램된 …[190]

인민은 순응적일 것인가, 르페브르는 궁금해 한다. "또한 그 사람들은 도시계획이 기대하는 것, 곧 쇼핑센터에서 쇼핑을 하고, 상담소에서 조언을 구하고, 관청가[街]의 사무실들이 그 사람들에게 요구하는 모든 것을 훌륭하고 신뢰할 만한 시민이 하는 것처럼 할 것인가?"[191] 도시에는 이상한 인구통계가 있다. 성인 대부분은 28세에서 45세 사이, 그 사람들의 자식들은 10세 이하다. 따라서 도시에는 청소년이나 청년이 없고 노인도 없다. 그 결과 보육 및 여가와 관련한 사회구조는 상이한 방식으로 작동한다.[192] 설득력 있는 한 비유에서 르페브르는 이 같은 도시에 신호등이 많진 않다고 하면서도 결과적으로는 이렇게 말한다. "그 장소는 이미 신호등 그 자체다. 이건 하고 저건 하지 마라". 도시는 폐쇄된 체제이며 그것의 텍스트는 완전히 판독 가능하다. 하지만 그것은 놀라움과 가능성을 드러내는 소설처럼 읽히는 게 아니라 선전용 전단만큼이나 분명하고 직접적이다. 여기서 읽을 역사 따위는 없다.[193]

르페브르는 이 프로그램된, 일상생활의 무료함 곧 기술관료주의 및 도시계획의 승리와 관련한 얘기를 많이 한다.[194] 기중기들과 새로운 고층 건물들이 이 농업지역에 꼴사납게 자리 잡고 있다. 그 지역이 **폴 드 크로와상스***pôle de croissance* — 경제성장을 위한 중심지 — 라는 얘기가 있는데도 그곳은 여전히 석유보다는 옥수수에 더 큰 신세를 지고 있다.[195] 이 지역에서 만들어지는 부에서 이익을 얻는 것은 바로 사적인 자본주의 기업과 파리다. 사용되는 기술수준은 엄청난 양의 자원 — 120만 톤의 황, 프랑스의 석유 총 소비량 중 10분의 1 — 을 추출할 수 있도록 하는데, 이는 발전된 지역과 대도시로 이출移出된다. 베아른은 그 지역과 도시에 에너지와 원료를 공급한다. 브르타뉴와 알자스 같은 다른 주변부 지역과 마찬가지로 잉여가치가 추출된다. 그것은 어떻게 보면 새로운 형식의 식민주의다.[196] 그 결과는 경제적 식민주의 또 시민의 일상생활에 대한 정치적 통제가 되는 것이다. 그 대신 우리는 일상생활이 완전히 변형되는, 사람들이 일상생활의 주인이 되는 도시를 상상할 수 있다.[197]

르페브르에게 파리는 그가 살고 일했던 장소 이상이었다. 피레네산맥과 마찬가지로 파리는 그가 현장연구를 수행한 장소이자 당대에 발생했던 많은 사건과 일어나고 있던 **어바니즘**의 새로운 발전을 목격한 장소다. 그가 다양한 텍스트에서 파리를 논의하고 있긴 하지만 여기서 나는 주로 세 가지 영역에 초점을 맞출 것이다. 먼저 단편영화를 위해 만들어진 "그 밖의 파리들"'the other Parises'에 대한 분석으로서[198] 이는 그의 도시권 논의로 보충된다. 다음은 1968년 5월의 사건들에 대한 그의 독해로서 이는 그 사건이 있은 직후에 또 특별히 [르페브르 자신이] 아주 가까이 있었기에 유리했던 관점에서 쓰였다.[199] 끝으로 그의 파리코뮌 관련 논의로서 이는 1968년의 사건 몇 년 전에 쓰였다. 만약 그가 하는 일부 설명을 우리가 믿는다면 이 글은 이후에 있을 그 사건의 일부에 핵심적 영감을 제공하게 된다.[200]

파리는 다중적 독해에 열려 있는 장소다. 이는 르페브르가 '그 밖의 파리들'에 대한 자신의 독해로 의도하는 바다. 우선 우리가 상투적 재현으로서 사용할 수도 있고 우리의 소비를 위해 생산되기도 하는 직접적인 파리가 있긴 하지만, 이는 단지 표면이나 겉치레에 불과할 뿐이다. 파리는 거기 있는 기념비적 건축물의 관점에서, 정치도시나 군사도시로서, 학문적 지식의 생산이나 부의 상업적 생산을 보여주는 파리로서 고찰될 수 있다.[201] 거리를 걷고, 건물을 보고, 도시계획을 해독하는 일은 우리에게 그 도시와 관련해서 많은 것을 말해 줄 수 있다 — 그리고 시각자료와 함께 보이도록 고안된 르페브르의 글은 파리의 이해에 대한 새로운 가능성들을 연다. 그러나 파리의 대부분은 여전히 표면 아래 은폐된 채로, 그것의 역사에 각인된 채로 남아 있다.

근대 파리의 생산이라는 측면에서 보면 누구보다도 한 인물이 두드러진다. 바로 오스망Baron Haussmann(1809-91)이다. 그는 나폴레옹 3세 치하에서 센Seine 지사를 지낸 이로서 파리 대부분을 재건하고 재편했다. 그가 혼잡한 주택과 구불구불한 골목으로 가득한 노동자계급 구역을 대대적으로 파괴함으로써 오늘날 파리를 유명하게 만든 가로가 생겨났다. 현재 우리는 오스망이 파리를 교통에 개방한 것에 고마워할지도 모르지만 진짜 목적은 이게 아니었다. 그건 풍경의 아름다움을 위한 것도 아니었다. 이 거리들은 부분적으로는 군대와 포병대의 용이한 이동을 위해 고안됐으며, 오스망은 노동자계급을 통제하기 위해 전략적 요충지에 병영을 건설했다. 노동자계급의 불결한 거처는 부르주아의 거처로 대체됐다.[202] 르페브르의 말처럼 "승전에 득의만만한 부르주아지는 기존의 공간을 분할하고선 그네들의 요구사항에 맞춰 그것을 잘게 나누고, 산산조각 내어 재배치했다 … 이 과정은 그 이후로 멈추지 않았고 오늘날에도 여전히 지속된다".[203] 더 최근의 개발에는 레잘Les Halles의 개축[Forum des Halles]과 라데팡스의 건축 개발이 포함될 터였다. 이러한 개발 대부분은 도시권에 대한 르페브르의 분석에 반영된다. 도시계획 작업 대부분은 지대 상승을 조장해 노동자를 도시

외곽 지역으로 내몰면서 노동자를 주변화했다. 르페브르는 격언 조로 이렇게 말한다. "마레Marais의 벽 위에선 계급투쟁과 계급 간의 증오, 승리에 우쭐거리는 비속함이 읽힐 수 있다".[204]

따라서 도시공간은 정치투쟁이 발생하는 장소일 뿐 아니라 갈수록 더 그 투쟁의 대상이 되기도 한다. 마치 전장이 갈등의 현장이면서 갈등을 일으키는 영역의 일부인 것처럼 도시 또한 비슷한 역할을 담당한다. 결정적 쟁점 하나는 중심부-주변부 간 관계와 관련한 것이다. 르페브르가 보기에 도시권에 대한 요청은 중심성에 대한 권리다.[205] 중심성의 중요성은 도시의 상이한 형식에서 발견될 수 있는데, 그 도시엔 각종 사회, 각각의 생산양식이 있다. 동양도시엔 왕자의 궁전이 중심에 있고 그곳에서 군대는 인근 지역을 보호하거나 억압하기 위해 출발한다.

> 그리스와 로마의 고대도시에서 중심성은 빈 공간 곧 아고라와 포룸에 결부되어 있다. 그곳은 집회를 위한 장소다. 아고라와 포룸 사이에는 중요한 차이점이 하나 있다. 여러 금지가 포룸을 특징짓고 건물들은 그것을 신속하게 은폐한다. 개방공간이라는 포룸의 특징을 무색케 하면서 … 그런가 하면 중세도시는 상인과 상품을 신속히 통합. 그이와 상품을 그 도시의 중심에 정착시키게 되는데 그곳이 바로 장터다. 교회와 가깝고 담장으로 서로를 배제한 것the exclusion of the enclosure을 특징으로 하는 상업적 중심 — 영역의 **헤테로토피아**. 이러한 인클로저의 상징성과 기능은 동양도시나 고대도시의 그것들과는 다르다. 영지는 영주 · 소작농 · 부랑자 · 약탈자에게 속한다. 도시적 중심성은 산물과 사람들을 환영한다. 그 중심성은 그것의 본질적이고 경제적인 기능을 위협하는 이들의 접근을 금지함으로써 자본주의를 예고, 준비한다.[206]

시간이 갈수록 현대도시는 점점 더 소비의 중심지가 되고 있다.[207] 하지만 그곳은 경제적이거나 그 밖의 방식으로 사람들이 배제되는 장소이기도 하다. 르페브르에게 새로운 적대의 경계선은 "**도시**와 **농촌** 사이를 지나는 것이 아니라 지배당하는 주변부와 지배하는 중심부 사이에서 발생하는 도시현상 내부를 관통한다".[208] 경제적 변화와 생산기술의 변형은 중요한 인구동향을 수반한다. 도시화 초기에 이 동향은 일반적으로 도시를 향한 이동이었다. 하지만 이와 반대로 오늘날 그것은 대체로 도시

외곽을 향한 노동자의 이주다 — 집중화에서 탈중심화로 향하는 변화인 것이다.[209] 당연히 이러한 문제는 계급과 중요한 관계를 맺는다. 『공간과 정치』에 실린 시론 두 편에서 르페브르는 한편으로는 부르주아지가, 다른 한편으로는 프롤레타리아트가 공간과 맺는 관계를 검토한다.

이 같은 주변화나 구역화의 문제는 아주 중요하다. 분리와 차별 때문에 사람들이 도시사회에서 제거되는 일은 없어야 한다.[210] 우리가 보겠지만 르페브르가 파리코뮌에 대한 분석에서 펼친 핵심 주장 하나는 파리코뮌이 주변화된 대중의 도시 중심 재탈환으로 읽힐 수도 있다는 것이었다. 지금 르페브르는 현대인들이 지하철-일-잠*(metro-boulot-dodo)*의 단조로움에서 자유로워지기를 바란다.[211] 우리는 오늘날의 영국, 특별히 런던에서 주요 노무자에게 적절한 [값의] 주택을 마련해 줄 것을 요구하는, 비슷한 주장을 발견한다. 모든 장소의 작동은 거기에 그곳을 운용하는 사람이 있느냐에 달려 있다. 르페브르에게

> 도시권은 여러 권리 이를테면 자유에 대한, 사회화 속의 개인주의에 대한, 거주지 및 거주에 대한 권리 같은 것의 상위 형식으로 나타난다. 도시권은 **작품**에 대한, 참여와 (재산 소유에 대한 권리와는 명확히 구별되는) **전유**에 대한 권리를 함의한다.[212]

그러나 이는 단순한 중심부-주변부 관계가 아니다 — 비록 그것이 중요하긴 하지만 말이다. 르페브르는 다양한 의미에서 — 하수시설 및 지하묘지와 관련한 물리적 의미에서, "무의식의 파리와 파리의 무의식"이라는 도스토예프스키식의 의미에서 — 지하의 파리를 얘기하지만 이렇게 말하기도 한다.

> 다른 무엇보다도 더, 빈곤의 도시, 정당한 빈자와 부당한 빈자의 도시, 주변적 파리? 이런 말은 무의미하다. 대도시에는 빈곤의 종류가 많고 더 거대한 파리에는 빈민지역도 많다. '주변성' 또는 '지하의 삶' 같은 비유는 누군가가 숨기고 싶어 하는 것을 위장한다.[213]

가끔 르페브르는 역사를 쓰고 있다거나 더 안 좋게는 공간(들)을 기술하고 있다거나 하는 식으로 보이기도 한다 — 이는 다시 논의될 사항이기도 하다. 파리가 초기 정착지에서 성장한 방식, 마레 지구의 배수공사, 새로운 지역을 향한 팽창, 새로운 교외의 출현, 산업지역의 거주지화에 따른 재약호화 같은 것을 분석하면서 한 공간으로서 파리의 역사를 적는 것은 비교적 직접적인 과제였을는지 모른다. 「그 밖의 파리들」 'Les Autres Paris'에는 『도시혁명』의 일부가 그렇듯이 이런 성격이 다분히 있다.[214] 이 같은 성격의 작업이 의심의 여지없이 교훈적이긴 하다. 그렇지만 시간과 공간, 역사와 지리 간 관계의 측면에서 보자면 그 작업에선 각 쌍의 첫 번째 항이 여전히 우위를 차지하고 있다. 시간을 통한 변화가 가장 중요한 측면으로 간주되면서 공간은 역사적으로 분석돼야 할 또 다른 속성이 되는 것이다.

이는 내가 이전에 하이데거 및 푸코와 관련해서 펴낸 책에서 펼친 주장 중 하나였다. 거기서 내가 개관한 건 이런 것이었다. 나는 어떻게 해서 푸코의 작업이 하이데거식의 렌즈를 통해 읽힐 때 내가 공간적 역사로 불렀던 것의 가능성을 입증했다고 생각하게 됐는가. 내가 거기서 주장했듯이 공간적 역사는 공간적 관점에 주의를 기울이면서 사건을 독해하는 것이다 — 이때 공간은 한낱 분석의 대상에 지나지 않는 게 아니라 분석의 한 도구다. 그 책이 이 주장을 확실히 구현하지 않는다는 비판과 공간적 역사의 실체가 불분명하다는 비판이 있어 왔다.[215] 내게 이러한 비판은 오인인 듯하다. 내 의도는 방법을 개관하고 그 방법을 직접 적용하는 데 그 책의 전반부를 할애하는 게 아니라 오히려 푸코의 두 가지 주요 기획 — 광기의 역사와 훈육의 역사 — 이 공간적 역사들이었음을, 또 그것들은 그러한 방식으로 읽힐 필요가 있음을 말하려는 것이었다. 요컨대 만약 공간적 역사가 어떤 것인지를 보려면 『광기의 역사』나 『감시와 처벌』을 읽는 것이다.

르페브르의 작업에서 그가 명시적으로 쓴 역사는 비교적 적다 — 적어도 그가 쓴 역사의 대부분은 지적 역사 곧 사상사나 개념사다.[216] 그가 사건의 역사를 쓸 때 공간적 요소의 중요성은 명백하지만, 어쩌면 그 중요성이 더 정치적인 그의 글에서 차지하는 만큼은 아닐 것이다. 여기서 핵심적인 글 하나는 1968년 5월의 사건에 대한 짧은 분석 — '도시적 현상'에 특별한 지위를 부여하는 분석 — 이며, 또 다른 핵심 텍스트는 1871년 파리코뮌 관련 연구로서 이는 때때로 1968년 학생 운동의 중요한 영감으로 고찰된다. 내가 우선 참조할 것은 바로 파리코뮌과 관련한 이 역사다.

한 사건, 한 상황으로서 파리코뮌에 대한 르페브르의 분석은 상황주의자들의 작업과 유사하다.[217] 사실 그는 그 책의 쟁점 상당수를 상황주의자들과 함께 논의했으며, 서문에서는 기 드보르와 미셸 베른슈타인Michèle Bernstein에게 감사의 뜻을 밝히고 있다.[218] 하지만 그 책 — 또는 더 구체적으로 말하자면 1962년《아규망》에서 그 책의 입장을 최초로 표명한 글 — 은 표절 혐의로 상황주의자들에게 비난받았다. 그이들은 르페브르가 자신들의 기여를 충분히 인정하지 않은 채 자신들의「파리코뮌에 관한 테제」에서 여러 발상을 훔쳐갔다고 믿었다.[219] 르페브르는 그 발상들이 피레네산맥 속 자신의 거처에서 가진 집단 토론에서 철저히 논의됐고 그 과정에서 단지 몇 개만 자신의 책에 반영됐다고 주장한다.[220] 어쨌든 축제 개념은 이미『비판』제1권과『라블레』같은 초기 작업에서 꽤 상세히 논의됐던 것이다. 자신들의 잡지에 '저작권 따위는 없다'고, 자신들의 글이 '원작을 언급하는 일 없이도 자유롭게 복제·번역되거나 각색될 수 있다'고 큰소리로 선언하는 상황주의자들이 표절에 그토록 신경을 썼다는 것은 다소 역설적이다. 그러나 이 시기를 전후해서 르페브르가 시간적 '순간'을 시-공간적 '상황'이나 '사건'으로 발전시켰다는 점은 확실히 사실이다. 그가 파리코뮌 연구의 결론에서 주장하는 것처럼 역사는 고정된 시기, 정체의 시간, 상대적 균형의 연속으로 보일 수 있으며, 이는 창조적 파열과 혁명 — 그 '사건들' — 으로써 분리된다. 하지만 그 사건들은 분리될 수 없다. 왜냐하면 각각은 다른 것의 핵심에 씨앗으로 자리 잡고 있기 때문이다. 르페브르는 역사학자 한 명은 역사의 생성, 그것의 발전에서 이 모두를 파악할 수 없지만, 역사학자·사회학자·경제학자·사상이론가·심리학자의 협력은 우리를 일종의 총체사로 나아가게 만들 수 있다고 말한다.[221] 그 복수적 접근은 내가 이미 말했듯이 르페브르의 작업을 전반적으로 아우르는 특징이다.

르페브르의 핵심 주장은 파리 내 노동자계급의 주변화다. 1860년대에 파리 외부의 일부 지역이 파리의 아롱디스망arrondissements이 되면서 산업 노동자 대부분은 파리의 인구로 통합됐고, 이와 함께 그전에 중심에 자리를 잡고 있던 기업 대다수는 파리 외곽이나 교외로 이전했다. 이는 기계화 증가에 따른 노동자 수의 극적 감소와 병행했다.[222] 파리의 불균등 발전은 그 상황의 이면에 있는 중대한 쟁점이다. 노동자는 대체로 집세가 꼬박꼬박 오르기만 하는 빈민 거주지에서 살았고, 입은 옷 이외에는 거의 아무것도 갖지 않았고, 가족에게 끼니를 마련해 주려고 허우적댔다. 임금이 조금씩 오르긴 했지만 생활비는 그보다 더 빨리 올랐다. 오스망의 도시계획은 수만 명의 노동자를 파리의 중심부에서 강제 추방했다. 정말이지 노동자에겐 잃을 것이라 해 봤자 자신을 옭아매고 있던 쇠사슬 말고는 거의 없었다.[223] 파리는 경제적 층위에선 산업화가, 정치적 층위에선 국가가 지배하게 됐다. 수도로서 파리는 제짝이 아닌 몸뚱이 위에 놓여 있는 소름끼치는 머리였으며, 그 몸뚱이는 더 이상 그 머리의 것이 아니었다. 파리의 내란은 자유의 재천명이었다. 그것은 자연의 혼돈에 합리적 질서를 부여하면서 이성 및 법과 더불어 그 도시와 함께 탄생했다. 르페브르가 보기에 자유는 오직 도시에서 의미를 가질 뿐이었다.[224] 비록 파리의 프롤레타리아트가 전체 상황을 자각하지 못하고, 그 사람들의 지도자들이 그 상황과 관련해 불완전한 의식을 갖고 있었을 뿐이라 하더라도 — 르페브르가 보기엔 — 이것이 파리코뮌의 배경인 것이다.

축제 — 이것은 르페브르가 파리코뮌이라는 그 사건을 말하는 방식이다 — 는 삶에 대한 프로그래밍과 통제에 맞선 자발적 대응이었다.[225] 상황주의적 테제에서도 파리코뮌이 축제로 기술된 적은 있지만, 르페브르의 분석은 농민축제와 관련한 자신의 발상에 근거를 더 두고 있는 것으로서 그 발상에서 도시의 축제는 위반과 무질서라는 농촌의 전통을 증폭한다.[226] 도로·카페·축제의 사용으로써 구축된 장벽은 오스망의 가로로 조직된 공간에 도전하면서 빈자의 사회적 공간을 구성한다.[227] 르페브르가 보기에 그것은 최초의 도시혁명이었다.[228] 내가 앞서 얘기했다시피 그것은 도시 무대 안의 혁명이었을 뿐 아니라 근본적으로 그 맥락에 도전할 잠재력을 지냈던 혁명으로서 이해된다. 파리 인민은 거리로, 파리의 모든 구역으로 몰려나온다. 그 사람들이 거리에 범람하여*(inonde)* 기존의 권력을 익사시킨다.[229] 그전까지 보나파르티즘은 그 공간에서 노동자들을 배제했지만, 이제 그이들은 그곳을 재전유한다 — 그리고 그 결과 파리코뮌은 역사적 시간의 모순뿐 아니라 공간의 모순마저 입증한다.[230]

이 연구의 다른 곳에서 우리는 프랑스 내의 도로와 강으로 이뤄진 교통망,[231] 파리 장악,[232] 파리코뮌 기간과 베르사유의 망명정부가 파리를 재탈환했을 당시의 "피의 일주일"(1871년 5월 21일-27일) 동안 채택된 전략 및 전술, 파리코뮌 선언을 촉발한 대포의 배치와 관련한 논의를 볼 수 있다.[233] 그 연구에는 서로 대립하는 양대 세력, 재점령, 주목할 만한 일부 방어벽의 그림을 보여주는 자세한 지도가 있다.[234] 르페브르에게 이 혁명적 사건을 그것이 갖고 있는 특이성의 측면 — 그 사건을 그것의 전례와 결과로 환원하지 않고서 — 또 그것을 형성했던 요소와 그것을 가능케 했던 조건의 측면 둘 다에서 파악하는 것은 필수적이다. 경제적 조건은 필요조건을 제공한다. 프롤레타리아 혁명은 프롤레타리아트를 상정하지만, 그 경제적 조건에 대한 단순한 분석이 그이들이 놓이게 된 상황 전부를 설명하진 않는다. 마찬가지로 파리코뮌의 서곡이 되는 역사적 사건 — 제2제정 붕괴, 보불전쟁 패배 — 은 중요하지만, 그것만 갖고는 충분치 않다. 사회적이고 도시적인 요인 또한 그 사건을 이해하는 데 결정적이며, 이질적 인민으로 구성된 여러 집단의 상호작용이 자발적 목표를 만들어 내는 일과 당대의 이데올로기적 동향 같은 것도 중요하긴 마찬가지다. 이 사건의 상충적 영향과 결과를 인식할 수 있는 것은 바로 이런 종류의 다면적 분석밖에 없다.[235] 레닌이 지적하듯이 혁명적 사건을 이뤄 내는 것은 다름 아닌 객관적이고 주관적인 요소들의 결합이다.[236]

실지로 [파리코뮌의 상황에 대하여] 가장 분명한 독해는 어쩌면 1968년 5월을 다룬 책에서 발견될 수도 있는데, 거기서 그는 그 두 사건의 유사점을 그려낸다.

1871년, 인민은 무장했다. 인민 전체가 거리로 나와 축전과 투쟁에 참여했다. 부르주아지는 이미 수도를 떠났거나 그럴 준비를 하고 있었다. 따라서 그 분리를 폐지함으로써 그 상황에 개입한 이가 다름 아닌 '시민'이라는 주변적 범주는 아니었다. 그렇지만 유사점 하나는 남아 있다. 1968년 5월처럼 1871년 3월에 인민은 자신들이 쫓겨난 결과로 자리 잡게 된 외부에서, 자신들이 그저 사회적 공백 상태 이외에 아무것도 발견하지 못한 곳에서 등장, 결집해서 도시 중심의 재정복을 향해 함께 전진했다.[237]

우리가 보게 되는 것은 이 대목이 다중적이라는 점이다. 여기엔 우리가 마르크스주의자에게서 기대할 법한 계급분석은 물론 그 돌입[irruptions]의 갈등적이고 축제적인 측면 모두에 대한 인식까지 있다. 그러나 가장 중요한 점은 이 같은 작업에 내재한 공간적 분석이다. 그 분석에는 중심부-주변부 간 관계, 이 관계가 공간화하는 계급관계, 주변적 삶의 공허함에 대한 인식이 있다. 여기서 르페브르가 도시권으로 불렀던 것은 도시 무대 위의 지배적 권력구조에 대한 도전과 함께 그 실체가 분명히 드러난다. 노동자들은 중심으로 되돌아와 도시를 재정복한다.

르페브르의 1968년 5월 관련 연구 또한 비슷한 윤곽을 따라간다. 이 책에는 당시 자본주의 및 프랑스 정부의 지위와 관련한 배경 자료가 많이 실려 있는데, 사실 그 책 대부분은 몇 년 뒤 『자본주의의 존속』에서 재사용될 것이었다. 1968년의 사건 자체를 분석하면서 르페브르는 우선 낭테르의 문학부를 검토한다. 낭테르는 파리의 바로 외곽 지역에 있으며 그가 가르치고 그 운동이 시작한 곳이다. (주목할 만한 점은 루로와 관련한 것으로 르페브르가 그 사건들에 아주 가까이 있긴 했지만 — 예컨대 그는 다니엘 콩방디를 가르치고 그 운동과 연대하면서 《르몽드》에 실린 선언문에 서명했다 — 당대의 분석 가운데 그의 것은 오늘날 가장 침착하고 균형이 잘 잡힌 것으로 읽힌다.)[238] 낭테르는 라데팡스 가까이에 있었다. 라데팡스는 당시엔 상업 건물 및 화물차 차고, 프롤레타리아트의 주택과 비참함으로 가득했지만 르페브르가 1980년쯤엔 도시 중심이 될 수도 있다고 말하는 곳이다. "신자본주의적 사회의 산업생산과 생산성 관점에서 고안된" 그 학부가 근거를 두고 있는 곳은 바로 이 "기묘한 맥락과 황량한 경관"이다. 르페브르는 낭테르 문학부의 건물과 환경이 그 학부의 취지에 부응하기커녕 "이 사회의 경영을 위한 이류 지식인과 '하급 간부'의 생산"이라는, 신자본주의적 사회의 산업생산과 생산성의 진정한 본질을 반영한다고 말한다.[239] 르페브르는 이 거주공간의 소외적 측면을 강조한다. 그곳은 기능적이거나 사회적으로도 분리되고 산업적으로도 분리된다 — 전자의 측면에서 보면 학생들의 게토가 되고, 후자의 측면에서 보면 그 학생들은 자신들의 비생산적 지위 때문에 도시 외곽의 장소에 있다. [학생들의 입장에서] 하찮은 금제는 용납할 수 없게 된다. 그것이 — 그 금제의 미미한 효과 때문이 아니라 — 일반적으로 억압을 상징하기 때문이다. 이 같은 게토화는 메트로폴리스에선 일반화된 전술이다 — 교외·외국인·공장·학생은 모두 분리되고 결집된다. 신도시엔 식민도시와 흡사한 뭔가가 있다.[240]

낭테르 문학부 건물은 그것이 고안된 목적을 드러낸다. 그 위치 자체는 그것의 목적 때문에 주변화되고, 분리는 물리적 현실이자 경험이기도 하고, 아노미는 규범이 되고, 결정은 학생들이 내리기보다 학생들에게 내려진다.[241] 그 건물 — 거대한 원형극장, 작은 강의실, 관리감독 업무 구역 — 의 기능적 본질이 그 긴장에 깔려 있다.[242] 낭테르 학생들은 교육, 산업, 관료주의 내의 이러한 하급 직책을 위해 훈련 받고 있고, "더딘 진급, 청구서, 이직, 아파트와 자동차"를 걱정하는 삶을 위해 준비하고 있다. 그 학생들에게 "일상성과 관련한 이런 이미지는 매력적인 것과는 거리가 멀다".[243] 따라서 낭테르는 르페브르가 "**헤테로토피아**"로 기술하는 것이지만,[244] 여기서 그는 그것을 그가 나중에 도입할 **이소토피아**보다는 도심이라는 **유토피아**에 대비한다.

그 봉기에 있던 최초의 경제적 목표는 이데올로기와 가치에 대한 질문으로 이어졌으며,[245] 이는 낭테르 학생들이 라탱 지구the Latin Quarter에 도착함과 동시에 일어났다. 르페브르는 "주변성과 도시적 중심성 간의 변증법"이 그 봉기에 있었다고 말한다. 그 운동은 낭테르에서 비롯했지만 일종의 중심을 필요로 했고, 그 행동은 소르본에 이르러 그 중심에 도달했다. 르페브르는 라탱 지구 점령 사건을 그 학생들이 빼앗겼던 공간의 재전유로 본다. 르페브르는 시위가 이어지는 동안 파리가 변화해서 복구됐다고 주장한다. "자동차에서 해방된 그 광경들, 거리들, 생 미셸 대로는 다시 산책로가 됐고, 포럼이 됐다 … 검은 깃발, 붉은 깃발이 내걸린 낡은 소르본은 변모한 상징적 차원을 띠었다".[246]

르페브르는 시위가 일어난 곳이 바로 거리였다는 점, "자발성이 표현된 곳 — 제도가 점령하지 않은 사회적 영역" — 이 바로 거기였다는 점에 주목한다.[247] 이는 도시현상의 중요성을 입증한다 — "그 거리들은 정치화한 영역이 됐다 … 사회적 공간은 새로운 의미를 띠게 됐다 … 거리로 옮겨간 정치적 실천은 뻔하게 알아볼 수 있는 장소들에서 뿜겨 나오는 (경제적이고 사회적인) 실천을 가장자리로 밀쳐낸다". 거리는 정치적 영역, 정치적 장소가 된다.[248] 투쟁의 장소location에 대한 이 같은 강조는 중요하다. 왜냐하면 공간적 관계 — 주변화와 중심성, 불균등 발전, 게토화 따위 — 는 그 자체로 정치적일뿐더러 정치 또한 공간적 장에서 진행되기 때문이다. 그 운동이 거리에서 벌어진다는 데서 중요한 것은 — 학생들과 노동자들 같은 — 보통은 따로 떨어진 집단들이 만날 수 있다는 점이다.[249]

소르본은 낭테르의 **헤테로토피아**에 대비되는 도심이라는 **유토피아**이며, 이 "구체적 **유토피아**" 내에서 권력과 공간의 새로운 메커니즘은 분명해진다.[250] 그 사건들은 이전에 억압당했던 말이 "혼잡한 강당과 마당 안에서, 광장 위에서, 거대한 포럼 속에서 터져 나오"도록 했다고 르페브르는 주장한다. 이전의 경계들은 횡단됐다. 그때까지 감히 "이 성역의 입구들, 사적 지식에 봉헌된 장소, 불가해한 글들, 계급의 낙인이 찍힌 과학성"을 횡단할 생각조차 하지 못했던 이들이 이제 그리함으로써.[251] 어쩐지 이것은 르페브르가 요청하고 있던 일상생활 혁명의 실례였던 듯 보인다. 우리는 그 자신의 『도시에 대한 권리』가 1968년 벽두에 출간됐음에 주목해야 한다.[252] 사실 그는 그 운동이 축제의 여러 개념과 관계를 맺도록 한다. 축제는 우리가 이미 일상생활 및 농민생활과 관련하여 논의했던 것이다. 다시 말하자면 "축제와 투쟁 — 이 양의성ambiguity은 얼마간의 도시현상에 있는 특징을 규정한다. 그 양의성은 수세기에 걸쳐 마을에서 발생했던 것의 응축과 격화다." 웃음과 말, 유머와 노래는 이 같은 도시적 경험의 특징을 규정한다.[253]

6장에서 한층 더 자세히 탐구될 르페브르의 후기 주제를 미리 보자면 그는 1968년의 혁명이 국가에 대한 근본적 도전으로 여겨질 수 있다는 점에 주목한다. 이는 파리는 물론 같은 해에 지배적 정치체제에 대한 도전을 목격했던 프라하의 봄에서도 볼 수 있다. 르페브르가 보기에 파리의 사건은 국가자본주의에, 프라하의 사건은 국가사회주의에 맞선 공격이었다.[254] 그것들은 국가권력에 대한 도전이라는 더 폭넓은 문제의식의 일부다 — 다시 말해서 그것들은 오늘날 반지구화 운동에서 가장 잘 예증될 법한 것이다. 비록 지구화 그 자체가 국가권력에 대한 도전이라는 말을 하고는 있긴 하지만 말이다. 르페브르의 제언은 — 이 또한 나중에 상술될 것이다 — 그 운동이 "일반화된 **오토제스티옹** 기획의 개략을 서술하고 이런 의미에서 **사회적 실천**을 수반한다"는 것이다.[255] **오토제스티옹**은 자주관리를 위한 운동 또는 노동자의 조절control — 상명하복 식의 관리감독에 맞선 반란 — 이다. 같은 주제가 1871년에 대한 분석에서 발견된다. 르페브르는 이 투쟁을 국가에 맞선, 국가의 관료주의와 군대에 맞선, 경찰에 맞선, 사법·재정·금융제도에 맞선 것으로 읽어내기도 하면서[256] 우리가 그 투쟁을 공공 서비스의 **오토제스티옹**을 성취하기 위한 역사상 최초의 시도로 볼 수 있다고 말한다.[257] 이러한 투쟁은 생산의 층위는 물론 영토의 층위, 도시공동체의 층위에서 벌어지기도 한다.[258] 그 욕망은 도시 인민이 도시적 삶의 **오토제스티옹**을 성취하는 것이다. 이것이 바로 프롤레타리아트 독재 — 국가장치 및 그 국가장치의 기관organs 이를테면 관료주의적 군대와 경찰을 파괴하는 무장 인민의 민주주의적 힘 — 가 의미하는 바다.[259] 프롤레타리아 독재는 노동자계급이 정치권력을 정복하는 것이지만 권력의 단순한 이전보다 더 근본적인 것이며 권력감the sense of power의 이행이기도 하다. 마르크스의 주장처럼 그것은 정치적인 것보다 사회적인 것과 사회를 더 중시한다.[260] **어바니즘**에 대한 르페브르의 비판이 국가와 정치에 대한 그의 비판에서 핵심이라는 점은 분명하다.[261] 르페브르에게 마르크스주의의 이론은 독일, 특별히 라살레Ferdinand Lassalle의 통찰력에서 발견되는 국가사회주의의 이데올로기보다는 오히려 파리코뮌 곧 프랑스식 사회주의의 이데올로기와 관련한 프랑스의 경험 위에 수립되어 있다.[262]

따라서 분명한 건 이런 것이다. 르페브르는 농촌사회 및 도시사회에 대해 자신이 분석하고 있는 쟁점이 명백히 정치적인 것일 뿐 아니라 공간 및 시간과 관련해서 더 일반적인 이론적 쟁점을 제기한다고도 믿었다.

> 변혁의 이 거대한 과정 동안 공간은 그것의 진정한 특질, 그것이 늘 그랬던 것을 드러낸다. 그것은 (1) 정치적 공간 곧 다양한 전략의 현장이자 대상, (2) 시간의 투사 곧 시간에 대응하여 우리가 시간을 지배할 수 있도록, 그리고 그 결과 오늘날 그리하는 것처럼 시간을 착취해서 시간을 소멸시키는 일까지 할 수 있도록 해 준다.[263]

그러므로 르페브르의 작업은 이해의 두 핵심 전략 — **어바니즘**과 **어바니즘**의 여러 애매모호함· 모순· 변종(**어바니즘**이 실토하는 것들과 은폐하는 것들 둘 다)에 대한 급진적 비판과 도시현상의 과학에 대한 정교화 — 을 결합한다. 농촌사회 관련 작업 — 그 자체로 충분히 흥미로운 — 은 그 이행 속에서 무엇이 변화됐고 사실 상실됐는지를 이해하는 데 중요하다. 마찬가지로 세 가지 핵심적인 정치 전략 — 최전면에 있는 질문으로서 도시문제의 중요성을 인식하는 것, 일반화된 **오토제스티옹**의 강령, "(확대· 변형· 구체화된) 계약적 체제 내에 '도시권'(곧 중심성과 그 운동에서 배제되지 않을 권리)를 도입하는 것"— 이 있다.[264] 이론적 쟁점은 다음 장에서, 정치적 쟁점은 6장에서 진전시킬 것이다.

| 주 |

1 Martin Nicolaus, 'Foreword', in Karl Marx, *Grundrisse: Foundations of the Critique of Political Economy (Rough Draft)*, translated by Martin Nicolaus, Harmondsworth: Penguin, 1973, p. 7 n. 1을 볼 것. 여기서 니콜라우스는 『요강』의 판본이 1939년과 1941년에 걸쳐 두 권으로 나오긴 했지만 이것이 한정판이었다는 점에 주목한다. 니콜라우스는 로스돌스키를 인용하는데 이에 따르면 초판본은 서구에 겨우 3-4권만 전해졌다는 것이다 — Nicolaus cites Roman Rosdolsky, *Zur Entstehungsgeschichte des Marxschen Kapital: Der Rohentwurf des Kapital*, 1857-8, p. 7 n.; Roman Rosdolsky, *The Making of Marx's 'Capital'*, translated by Peter Burgess, London: Pluto, 1977, p. xi, n. 1을 볼 것. <옮긴이> 이렇게 볼 때 『요강』이 『초고』*Rohentwurf, Rough Draft*로 불리기도 하는 듯 보이며 실지로 로스돌스키의 경우 『요강』이 『자본』의 초고인 점을 감안하여 그 둘의 유의미한 역사적 상관관계를 밝히려는 저작의도 탓에 『요강』 대신 『초고』로 일관해서 쓰고 있다. 참고로 로스돌스키의 저작은 일본에서는 1974년, 『자본론 성립사資本論成立史』라는 제목으로 네 권으로 나눠서 호세이대학출판국(法政大學出版局, 도쿄)에서 출간하였으며 —토키나가 후카시時永淑 외 4명이 공역 — 한국에서는 2003년, 『마르크스의 자본론의 형성』이라는 제목으로 두 권으로 나눠서 도서출판 백의에서 출간 — 1권은 양희석, 2권은 정성진이 옮김 — 하였으나 현재 절판 상태에 있다. 참고로 바스티아와 케어리 관련 내용은 마토바 아키히로 외, 『맑스사전』, 오석철·이신철 옮김, 서울: 도서출판 b, 2011, 172-3쪽, 457쪽을 각각 볼 것.

2 Marx, *Grundrisse*, p. 100. <옮긴이> 칼 마르크스, 『정치경제학 비판 요강』 I, 김호균 옮김, 그린비, 2007, 제2판, 71쪽.

3 *Le marxisme*, Paris: PUF, 1948, p. 32. <옮긴이> 이제부터 본격적으로 공간 얘기가 나오기 때문에 몇 가지 가장 중요한 번역어, ① 'campagne-country,' ② 'rural-rural', ③ 'town-ville', ④ 'city-cité', ⑤'urbain-urban'을 짚고 넘어가야 할 것 같다 — 이는 이 장의 제목 「농촌사회에서 도시사회로」'From the rural to the urban'와도 직접적으로 관련한다. 일단 결론부터 말하자면 ①과 ② 각각은 '농촌'과 그것의 형용사형으로, ③과 ④, 그리고 ⑤ 각각은 '도시'와 그것의 형용사형으로 옮기고, ②와 ⑤의 파생형인 'le rural-the rural', 'l'urbain-the urban'은 맥락에 따라 '농촌적인 것' 또는 '농촌사회', '도시적인 것' 또는 '도시사회'로, 대체적으로는 '농촌사회', '도시사회'로 옮기도록 한다. 그 까닭으로 가장 중요한 것은 번역어의 선택에서도 '역사에 대한 구체적 추상'이 적용되기 때문이다. 일단 르페브르의 역사관, 곧 짧게는 자본주의 발달사와 함께 전개되는 '전근대에서 근현대로'의 역사, 길게는 인류 문명사 전반을 바라보는 그의 역사관이 기본적으로 시간만 고려해서 볼 때는 '시간의 연속성과 불연속성, 단선성과 순환성의 변증법적 운동'에 근거를 둔 '중층적 이행'으로 보이기 때문이다. 이는 각 시대 또 그 시대의 사회구성체 및 생산양식을 구성하는 조건으로서 시간·공간·인간의 사회적 생산 및 조직·배치 같은 것을 구체성과 함께 추상할 수 있어야 함을 뜻할 것이다. 꼭 마르크스가 『자본론』의 시작을 '상품'의 추상화로 시작하는 것과 마찬가지로 말이다. 이렇게 볼 때 예컨대 ①의 경우 '시골'이나 '전원' 같은 말을 떠올릴 수도 있겠으나, 이 단어들을 쓸 경우 구체성이 좀 더 강조될 수도 있기 때문에 앞서 말한 조건을 충족한다고 보긴 어려울 것 같다. 이는 ③과 ④의 경우도 마찬가지다. 만약 이 둘을 역사적 전개에서 구분한다고, 그래서 일단 ④를 '도시'로 번역한다고 치면 ③에 적당한 말을 골라야 할 텐데, 특별히 그것을 한국사회의 맥락에서 고려할 때 '도회지', '대처'大處 같은 말을 떠올려 볼 수는 있겠지만 상황은 ①과 별반 다르지 않다. 더욱더 곤란한 점은 그 역사적 전개, 농촌→산업→도시사회로 이어지는 중층적 이행의 양상 또한 서구와 한국의 경우가 비슷하면서도 다르

기 때문에 이러한 구체적 맥락 모두를 짚기에는 실지로 너무도 많은 논의가 필요하다는 데 있다. 이는 그 모든 구체성의 추상화가 도움이 되는 이유이기도 한다. 따라서 ①, 그리고 ③과 ④를 '농촌'과 '도시'로 옮길 때 이것에는 농촌·농촌·어촌·산촌, 도시 각각의 구체성과 추상성이 변증법적으로 작동하고 있음을 유념할 필요가 있겠다. 더군다나 이러한 접근은 이전 장들에서 검토한 르페브르의 마르크스주의적 입장과 앞으로 검토할 그의 사회학적 입장, 곧 근대 분과학문의 한계를 극복하기 위해 학제간 연구를 지향하는 그의 입장을 고려해 볼 때도 타당해 보인다. 예컨대 후자의 경우 'rural sociology'와 'urban sociology' 각각은 이미 '농촌사회학'과 '도시사회학'으로 번역되고 있기 때문이다. 끝으로 ②와 ⑤는 먼저 ⑤의 번역어를 확정한 결과인데 그 근거는 다음과 같다. "따라서 도시적인 것(도시사회의 축약형)은 성취된 현실, 곧 일찍이 현재적인 것 저편에 자리를 잡게 된 것이 아니라 지평, 곧 설명을 돕는 **잠재성**으로서 규정된다. 그 잠재성은 가능한 것 곧 어떤 길로서 규정되는 것이며 그 방향은 그 도정의 정점으로서 도시사회를 향한다." — *La révolution urbaine*, p. 27; *The Urban Revolution*, pp. 16-7. 물론 르페브르가 ⑤를 이런 뜻으로 쓰고 있는 것만은 아니다. 이 결론에 이르기 위해 르페브르는 ⑤를 "도시적 현실", "도시적 현상"(15; 7)의 뜻으로도 쓰고 있기 때문에 ⑤는 도시적 현실에서 미래로 나아가는 역사적 전개 과정이자 그 지향점으로 볼 수 있을 것이다. 이는 전체적으로 볼 때 이 책 전반은 물론 이 장을 포함한 다음 장들을 관통하는 문제의식이기 때문에 꼭 염두에 두는 것이 좋을 것 같다.

4 『캄팡 계곡』에서 언급되고 있듯이 이 책은 1941년 바녜르드비고르에서 또 1951년 파리에서 집필됐다 — *La vallée de Campan: Étude de sociologie rurale*, Paris: PUF, 1963, p. 220. 집필 배경과 관련해서는 *La somme et le reste*, Paris: Méridiens Klincksieck, 3rd edition, 1989 (1959), p. 263 n. 1; René Mouriaux, 'Un Marxisme dans le siècle', *L'irruption de Nanterre au sommet*, Paris: Éditions Syllepse, 2nd edition, 1998 (1968), p. vii을 볼 것. 또한 'La communauté villageoisie', *La pensée* 66, March-April 1956, pp. 29-36을 볼 것. <옮긴이> 엘든이 참조하고 있는 『합과 나머지』의 내용은 다음과 같다. 르페브르는 그 책의 본문에서 "박사 학위 논문 둘"이라고 하면서 이것에 딸린 각주에서 "1954년 소르본에서 받은 고상한 것들. 제1논문: 『피레네산맥의 농민공동체들』, 제2논문: 『전원 공화국. 캄팡 계곡의 역사』. 여태껏 출간되지 않고 있다"고 말한다 — *La somme et le reste*, Paris: Anthropos, 4e édition, 2009 (1959), p. 255, n 1. 참고로 바녜르드비고르Bagnères-de-Bigorre는 프랑스 남부, 스페인 접경 지역의 미디피레네 레지옹Midi-Pyrénées Région, 오트피레네 데파르트망Hautes-Pyrènèes Department에서 세 번째로 큰 도시다.

5 *Trois textes pour le théâtre*, Paris: Anthropos, 1972, pp. 63-100.

6 Rémi Hess, *Henri Lefebvre et l'aventure du siècle*, Paris: A. M. Métailié, 1988, pp. 114, 165-70을 볼 것. 아울러 Michel Trebitsch, 'Preface' in Henri Lefebvre, *Critique of Everyday Life Volume I: Introduction*, translated by John Moore, London: Verso, 1991, p. xxv. 『입문』은 때때로 『농촌사회학 개론』*Traité de sociologie rurale*으로 불리기도 한다.

7 Rémi Hess, 'Présentation de la troisième édition', in *Du rural à l'urbain*, Paris: Anthropos, 3e edition, 2001 (1970), pp. xxii-iii.

8 예를 들어 'Les classes sociales dans les campagnes: La Toscane et la "mezzandira classica"'을 볼 것. 투스카니와 관련해서는 *Du rural à l'urbain*, pp. 41-62를, 지대 및 수입과 관련해서는 'Théorie de la rente foncière et sociologie rurale', *Du rural à l'urbain*, pp. 79-87을 볼 것.

9 *Le temps des méprises*, Paris: Stock, 1975, p. 223을 볼 것.

10 Stuart Elden, *Mapping the Present: Heidegger, Foucault and the Project of a Spatial History*,

London/New York: Continuum, 2001.

11 *Sociologie de Marx*, Paris: PUF, 1966, p. 17; *The Sociology of Marx*, translated by Norbert Guterman, Harmondsworth: Penguin, 1968, p. 22.

12 *Sociologie de Marx*, p. 19; *The Sociology of Marx*, p. 24.

13 *La droit à la ville*, Paris: Anthropos, 1968, p. 76; *Writings on Cities*, translated and edited by Eleonore Kofman and Elizabeth Lebas, Oxford: Blackwell, 1996, p. 118.

14 *La vie quotidienne dans le monde moderne*, Paris: Gallimard, 1968, p. 219; *Everyday Life in the Modern World*, translated by Sacha Rabinovitch, Harmondsworth: Allen Lane, 1971, pp. 115-16.

15 *La droit à la ville*, p. 76; *Writings on Cities*, p. 118.

16 *Du rural à l'urbain*, p. 1. <옮긴이> 다음은 『농촌사회에서 도시사회로』의 첫 문장이다. "이 선집에는 1949년과 1969년 사이에 출간된 글이 수록되어 있으며, 어떤 과정이자 기나긴 여정(20년, 프랑스가 모더니티로 진입한 그 20년 동안의 여정), 몇 단계로 구분되는 그 여정을 개관한다." — *Du rural à l'urbain*, 3e édition, Paris: Anthropos, 2001, p. 7.

17 *La droit à la ville*, p. 34; *Writings on Cities*, p. 87. 아울러 *Sociologie de Marx*, p. 56; *The Sociology of Marx*, p. 67을 볼 것.

18 *Espace et politique: Le droit à la ville* II, Paris: Anthropos, 2nd edition, 2000 (1972), p. 87. 우리는 푸리에와 오웬 같은 공상적 사회주의자가, 그들을 좇아 엥겔스가 그리했던 것처럼, 이러한 대립을 극복할 수 있으리라 믿었다는 점을 유념해야 한다. 푸리에에 대한 르페브르의 입장은 *Actualité de Fourier: Colloque d'Arcs-et-Senans sous la direction de Henri Lefebvre*, Paris: Anthropos, 1975에 그가 쓴 서문을 볼 것. 아울러 *Critique de la vie quotidienne* II: *Fondements d'une sociologie de la quotidienneté*, Paris: L'Arche, 1961, p. 289; *Critique of Everyday Life* II: *Foundations for a Sociology of the Everyday*, translated by John Moore, London: Verso, 2002, p. 288을 볼 것.

19 *La vie quotidienne dans le monde moderne*, p. 356; *Everyday Life in the Modern World*, p. 195. 또한 *La droit à la ville*, pp. 1ff, 92; *Writings on Cities*, pp. 65ff, 130을 볼 것.

20 *La pensée marxiste et la ville*, Paris: Castermann, 1972, p. 102. 마찬가지로 르페브르는 역사 이해에 중심이 되는 것으로서 도농관계를 활용한다 — *La fin de l'histoire*, Paris: Les Editions de Minuit, 1970, p. 137.

21 또한 Monique Coornaert and Henri Lefebvre, 'Ville, urbanisme et urbanisation', *Perspectives de la sociologie contemporaine: Hommage à Georges Gurvitch*, sous la direction de Georges Balandier, Roger Bastide, Jacques Berque et Pierre George, Paris: PUF, 1968을 볼 것.

22 *La révolution urbaine*, Paris: Gallimard, 1970, pp. 14-15.

23 *La révolution urbaine*, pp. 15, 36.

24 *La révolution urbaine*, p. 37.

25 *La révolution urbaine*, pp. 14-15.

26 *La révolution urbaine*, pp. 16-17, 아울러 pp. 18-21을 볼 것. *La pensée marxiste et la ville*, pp. 37-8.

27 *Sociologie de Marx*, p. 35; *The Sociology of Marx*, p. 43.

28 *La pensée marxiste et la ville*, p. 37.

29 *La droit à la ville*, p. 37; *Writings on Cities*, p. 89. 또한 'La communauté villageoisie', pp. 30-1을 볼 것.

30 *La révolution urbaine*, pp. 20-1.

31 *La révolution urbaine*, p. 21.

32 *La révolution urbaine*, p. 22.

33 *La révolution urbaine*, p. 163.

34 *La révolution urbaine*, p. 10. *Du rural à l'urbain*, p. 243을 볼 것.

35 *La droit à la ville*, pp. 10-11; *Writings on Cities*, p. 71.

36 *Espace et politique*, p. 149.

37 *La révolution urbaine*, p. 11. <옮긴이> **애그로빌**은 베트남전 당시, 베트남 남부에 특별한 목적을 위해 건립된, 요새화된 농업 중심지로서 분산된 농업공동체의 이주 및 집중을 위한 정책적 지원과 함께 만들어진 것이다. 주된 목적은 베트콩에게서 베트남 농민의 안전을 지키는 데 있었다.

38 *La révolution urbaine*, p. 25, 또한 p. 220을 볼 것.

39 *La révolution urbaine*, p. 28. <옮긴이> *The Urban Revolution*, pp. 16-7.

40 *La révolution urbaine*, p. 152, pp. 184, 220을 볼 것. <옮긴이> *The Urban Revolution*, pp. 112-3. 참고로 '어바니즘'을 '도시성'이나 이른바 루이스 워스Louis Wirth식의 '도시주의'가 아니라 그대로 옮긴 까닭은 이것이 르페브르 특유의 비판적 개념이기 때문이다. 관련 논의는 곧 시작해 이 장의 4절「도시사회의 유령」에서 본격적으로 이뤄진다. 관련 내용의 요약은 전국조, 『터널과 다리의 도시, 부산』, 부산: 비온후, 2015, 199쪽, <글상자 2> '어바니즘'을 볼 것.

41 *La pensée marxiste et la ville*, p. 146.

42 *La révolution urbaine*, p. 26; 더 이른 시기의 도식은 *La droit à la ville*, p. 81; *Writings on Cities*, p. 123을, '르페브르의 도시혁명'과 관련한 대안적 도식은 Derek Gregory, *Geographical Imaginations*, Oxford: Blackwell, 1994, p. 371을 볼 것.

43 *La révolution urbaine*, pp. 105-6; *Key Writings*, edited by Stuart Elden, Elizabeth Lebas and Eleonore Kofman, London: Continuum, 2003, p. 136. <옮긴이> 강조는 르페브르의 원저를 따랐다.

44 *La révolution urbaine*, p. 106; *Key Writings*, p. 136.

45 *La révolution urbaine*, pp. 110-11.

46 *La révolution urbaine*, pp. 117-18; *Key Writings*, p. 140. <옮긴이> *The Urban Revolution*, pp. 86-7.

47 *La révolution urbaine*, p. 135; *Key Writings*, p. 148.

48 *La vie quotidienne dans le monde moderne*, pp. 126-7; *Everyday Life in the Modern World*, p. 65. <옮긴이>『현대세계의 일상성』, 141쪽.

49 *La vie quotidienne dans le monde moderne*, p. 98; *Everyday Life in the Modern World*, p. 50. <옮긴이>『현대세계의 일상성』, 117-8쪽.

50 예를 들어 *La droit à la ville*, pp. 76, 93-4; *Writings on Cities*, pp. 118, 131; *Espace et politique*, p. 56을 볼 것. 특별히 Martin Heidegger, 'The question concerning technology' in *The Question Concerning Technology and Other Essays*, translated by William Lovitt, New York: Harper & Row, 1977을 볼 것.

51 *La pensée marxiste et la ville*, p. 122.

52 *La pensée marxiste et la ville*, pp. 143-4.

53 *La pensée marxiste et la ville*, p. 152; *Pyrénées*, Pau: Cairn, 2nd edition, 2000 (1965), p. 128.

54 *Hegel, Marx, Nietzsche ou le royaume des ombres*, Paris: Castermann, 1975, p. 52; *Pyrénées*, p. 26.

55 *Introduction à la modernité: Préludes*, Paris: Les Éditions de Minuit, 1962, p. 97; *Introduction to Modernity: Twelve Preludes*, translated by John Moore, London: Verso, 1995, p. 90. <옮긴이> 『모더니티 입문』, 37쪽. <옮긴이> 참고로 에귀디미디는 '정오의 첨봉: 정오에 해가 걸리는 뾰족 바위'란 뜻이며 샤모니는 프랑스와 이탈리아 접경지에 있다.

56 다른 데서 르페브르는 산업화 이전의 도시환경에 작품이 있었음을 시사하고 있다 — *La droit à la ville*, pp. 1-3; *Writings on Cities*, pp. 65-6; *La proclamation de la commune*, Paris: Gallimard, 1965, p. 31을 볼 것.

57 *La droit à la ville*, p. 2; *Writings on Cities*, p. 65. 이 구분은 하이데거가 「예술작품의 근원」에서 지은 구분을 활용한다 — *Basic Writings*, edited by David Farrell Krell, London: Routledge, revised edition, 1993. <옮긴이> 「예술작품의 근원」, 『숲길』, 2008.

58 *La droit à la ville*, p. 5; *Writings on Cities*, p. 67.

59 *Espace et politique*, p. 74.

60 *De l'État*, Paris: UGE, 4 volumes, 1976-8, I, p. 233. 르페브르는 마르크스가 자연을 추상적 관점에서, "태평양 한 가운데 있는 환상 산호초"로 보고 있음을 비판하고 있다 — *Le manifeste différentialiste*, Paris: Gallimard, 1970, p. 130.

61 *Introduction à la modernité*, p. 97; *Introduction to Modernity*, p. 90. <옮긴이> 『모더니티 입문』, 137쪽.

62 *L'irruption de Nanterre au sommet*, p. 42; *The Explosion: Marxism and the French Upheaval*, translated by Alfred Ehrenfeld, New York: Modern Reader, 1969, p. 46.

63 *Introduction à la modernité*, p. 180; *Introduction to Modernity*, pp. 180-1. <옮긴이> 『모더니티 입문』, 261쪽.

64 Trebitsch, 'Preface', p. xxvi.

65 Margaret Fitzsimmons, 'The Matter of Nature', in Trevor Barnes and Derek Gregory (eds), *Reading Human Geography: The Politics and Poetics of Inquiry*, London: Arnold, 1997, pp. 183-94, 특별히 p. 188을 볼 것. 주목할 만한 것은 대륙 이론가 대부분이 도시적인 것을 강조한 까닭으로 비판을 받는 반면, 농촌적인 것에 특혜를 베풀며 작업을 진행한 하이데거는 시적 거주에 또 더욱 심각하게는 피와 땅이라는, 이데올로기적으로 장전된 (나치의) 개념에 향수를 불러일으키는 찬사를 보낸 탓에 비판을 받고 있다는 점이다.

66 *Introduction à la modernité*, p. 336; *Introduction to Modernity*, pp. 345-6. <옮긴이> 『모더니티 입문』, 484쪽.

67 *L'irruption de Nanterre au sommet*, p. 27; *The Explosion*, p. 33. 마르쿠제에 대해 더 일반화된 비판은 *L'irruption de Nanterre au sommet*, pp. 19-27; *The Explosion*, pp. 24-33; *Vers le cybernanthrope*, Paris: Denoël/Gonthier, 1967, p. 38 n. 1; *La survie du capitalisme: La re-production des rapports de production*, Paris: Anthropos, 3rd edition, 2002 (1973), pp. 112-13; *The Survival of Capitalism*, translated by Frank Bryant, London: Allison & Busby,

1976, pp. 114-15을 볼 것.

68 Karl Marx and Friedrich Engels, 'Manifesto of the Communist Party', in *Revolutions of 1848: Political Writings Volume 1*, edited by David Fernbach, Harmondsworth: Penguin, 1973, p. 71. 마르크스주의가 농촌사회의 가치를 일축해 버리는 것과 관련한 더 일반적 논의는 *Une pensée devenue monde: Faut-il abandonner Marx?* Paris: Fayard, 1980, pp. 179-81을 볼 것.

69 Karl Marx, 'The eighteenth Brumaire of Louis Bonaparte', in *Surveys from Exile: Political Writings Volume 2*, edited by David Fernbach, Harmondsworth: Penguin, 1973, p. 239. 농촌의 여러 변화를 더 긍정적으로 이해한 내용은 Karl Marx, *Capital: A Critique of Political Economy* I, translated by Ben Fowkes, Harmondsworth: Penguin, 1976, pp. 637-8을 볼 것. 관련 논의는 Andy Merrifield, *Metromarxism: A Marxist Tale of the City*, New York: Routledge, 2002, pp. 22-3을 볼 것. <옮긴이> 칼 마르크스, 『루이 보나파르트의 브뤼메르 18일』, 최형익 옮김, 서울: 비르투, 2012, 140쪽; 『매혹의 도시, 맑스주의를 만나다』, 57-60쪽.

70 Michel Trebitsch, 'Preface: the moment of radical critique', in *Critique of Everyday Life* II, p. xii를 볼 것. <옮긴이> 1949년 르페브르가 《카이에 앙테르나시오날 드 소시올로지》에 게재한 것으로 다음에 실려 있다 — 'Problemes de sociologie rurale', in *Du rural à l'urbain*, pp. 21-40. 이 글 첫 쪽을 보면 'Problèmes de sociologie rurale'의 최초 출간이 "Cahiers Internationaux de Sociologie, no VI - 1949"로 되어 있다.

71 *Du rural à l'urbain*, p. 79.

72 *Du rural à l'urbain*, p. 64; *Key Writings*, p. 111.

73 *Du rural à l'urbain*, p. 22.

74 *Du rural à l'urbain*, p. 79.

75 'De l'explication en économic politique et en sociologie', *Cahiers internationaux de sociologie* xxi, pp. 19-36, p. 35. 이 쟁점의 일부와 관련한 논의에 대해서는 Kurt Meyer, *Henri Lefebvre: Ein Romantischer Revolutionär*, Wien: Europaverlag, 1973, pp. 19-24를 볼 것. 이 주제 몇몇과 관련한 논의는 Kurt Meyer, *Henri Lefebvre: Ein Romantischer Revolutionär*, Wien: Europaverlag, 1973, pp. 19-24를 볼 것.

76 *Du rural à l'urbain*, pp. 26-8. pp. 64, 66-7를 볼 것. *Key Writings*, pp. 111-12, 113-14.

77 *De l'État* II, p. 357; *Du rural à l'urbain*, pp. 82-4, 218; *De l'État* IV, pp. 171-2을 볼 것. 이와는 대조적으로 트로츠키는 농민운동의 기반을 서서히 약화시켰다고 르페브르는 적고 있다 — *De l'État* II, p. 391을 볼 것.

78 *Du rural à l'urbain*, pp. 34-8.

79 *Du rural à l'urbain*, p. 64; *Key Writings*, p. 112. <옮긴이> 'Perspectives de la sociologie rurale', *Du rural à l'urbain*, pp. 63-78. 이 글 또한 《카이에 앙테르나시오날 드 소시올로지》에 실린 것으로 1953년에 출간됐다. 『핵심저작』에는 111-20쪽에 걸쳐 실려 있다. 이 책 111쪽을 보면 이 글의 최초 출간과 관련한 서지정보가 나와 있는데 옮겨 보면 다음과 같다. "from *Cahiers Internationaux de Sociologie*, XIV (1953), pp. 22-40; repr. in *Du rural à l'urbain*, 3e édn, (Paris: Anthropos, 2001), pp. 63-78". 본문에서 엘든은 이 글을 'Contributions to rural sociology'로 적고 있다. 'Perspectives on Rural Sociology'「농촌사회학의 여러 관점」를 잘못 옮긴 듯도 하지만 확실치는 않기 때문에 여기 언급만

해 두고 본문엔 그대로 적기로 한다.

80 *Du rural à l'urbain*, pp. 65-6; *Key Writings*, pp. 112-13.

81 *Du rural à l'urbain*, p. 66; *Key Writings*, p. 113.

82 *Du rural à l'urbain*, p. 69; *Key Writings*, p. 115. *La vallee de Campan*, p. 83; *Du rural à l'urbain*, p. 80을 볼 것.

83 *Du rural a l'urbain*, p. 72; *Key Writings*, p. 116.

84 또한 *La proclamation de la commune*, p. 31; *Au-delà du structuralisme*, Paris: Anthropos, 1971, pp. 211, 319를 볼 것. 아울러 *Le langage et la société*, Paris: Gallimard, 1966, p. 50에 있는 도해를 볼 것.

85 *Du rural à l'urbain*, p. 39; *La révolution urbaine*, p. 139.

86 *Du rural à l'urbain*, p. 33.

87 *Pyrénées*, p. 175.

88 *Du rural à l'urbain*, p. 39.

89 Paul Cloke and Nigel Thrift, 'Introduction: refiguring the "Rural"', in Paul Cloke et al., *Writing the Rural: Five Cultural Geographies*, London: Paul Chapman Publishing, 1994, pp. 1-5. <옮긴이> 레이먼드 윌리엄스, 『시골과 도시』, 이현석 옮김, 파주: 나남, 2013.

90 예컨대 낭테르에서 르페브르의 동료로는 장 보드리야르, 알랭 투렌, 르네 루로가 있었다. 낭테르의 사회학과와 관련해서는 François Dosse, *History of Structuralism Volume II: The Sign Sets, 1967-Present*, translated by Deborah Glassman, Minneapolis: University of Minnesota Press, 1997, pp. 109-11을 볼 것. <옮긴이> 「낭테르의 광기」, 『구조주의의 역사 III』, 149-54쪽.

91 *Critique de la vie quotidienne* I, p. 145; *Critique of Everyday Life* I, pp. 131-2.

92 *Critique de la vie quotidienne* I, p. 238; *Critique of Everyday Life* I, p. 224.

93 르페브르 자신의 작업에서는 무엇보다도 *Critique de la vie quotidienne* II, pp. 306-12; *Critique of Everyday Life* II, pp. 306-12를 볼 것. 다른 작업에서는 예를 들면 Gaston Bachelard, *The Poetics of Space*, translated by Maria Jolas, Boston: Beacon, 1969, 또 폴 카터Paul Carter의 역작 *The Road to Botany Bay: An Essay in Spatial History*, London: Faber & Faber, 1987, 특별히 p. 247을 볼 것. 여기서 카터는 경관의 "독해"를 얘기한다. 끝으로 살만 루시디Salman Rushdie가 에드워드 사이드를 "책 읽는 것만큼이나 세계를 면밀히 독해"하는 누군가로 기술한 대목은 다음을 볼 것 — Edward Said, 'On Palestinian identity: a conversation with Salman Rushdie', in *New Left Review* 160, November/December 1986, pp. 63-80.

94 *Critique de la vie quotidienne* I, p. 248; *Critique of Everyday Life* I, p. 233.

95 *Allemagne*, Paris: Braun & Gie, 1964, p. 7. <옮긴이> 이 책은 마르틴 휠리만Martin Hürlimann의 사진과 해제가 실려 있는 것으로 그 서문을 르페브르가 적어 실었다.

96 *Critique de la vie quotidienne* I, p. 224; *Critique of Everyday Life* I, p. 210.

97 *Critique de la vie quotidienne* I, pp. 228ff; *Critique of Everyday Life* I, pp. 213ff. 예를 들어 Friedrich Nietzsche, *Thus Spoke Zarathustra*, in *The Portable Nietzsche*, edited and translated by Walter Kaufmann, Harmondsworth: Penguin, 1954, pp. 203-4, and *Human All-too-Human*, translated by R. J. Hollingdale, Cambridge: Cambridge University Press, 1986, p. 69를 볼 것.

98 *Critique de la vie quotidienne* I, p. 228; *Critique of Everyday Life* I, p. 214.

99 *Critique de la vie quotidienne* I, p. 247; *Critique of Everyday Life* I, p. 232. 공간과 권력에 대한 니체의 언급과 관련해서는 Elden, *Mapping the Present*, pp. 49-51을 볼 것.

100 *Pyrénées*, pp. 59, 115. 이 책의 초판이 삽화로 가득하다는 점에 주목할 필요가 있다 — *Pyrenees*, Lausanne: Editions Rencontre, 1965.

101 *La vallée de Campan*, pp. 1-82.

102 *La vallée de Campan*, pp. 31-4.

103 *La vallée de Campan*, p. 83 n. 1.

104 *La vallée de Campan*, p. 84.

105 *La vallée de Campan*, p. 84; *Pyrénées*, p. 36. 여기서 르페브르는 포령^an enclave, 包領^으로서 프랑스 영토 한가운데 있는 스페인의 소도시 리비아^Llívia^를 예로 든다.

106 *Pyrénées*, pp. 29, 35. 35쪽에서 르페브르는 제2차 세계대전 동안 나치에 점령당한 유럽의 탈출구로서 이 지역의 중요성을 간략히 언급한다. 이곳은 1940년에 발터 벤야민이 자살한 장소다. Merrifield, *Metromarxism*, p. 68을 볼 것. <옮긴이>『매혹의 도시, 맑스주의를 만나다』, 160쪽.

107 *La vallée de Campan*, p. 96.

108 *La vallée de Campan*, p. 97. 또한 *Le temps des méprises*, p. 223을 볼 것.

109 *Pyrénées*, p. 36. 프랑스-스페인 전쟁 이후 1659년의 피레네 조약에서 설정된 두 국가 간의 국경은 유럽 최초의 근대적 국경이다. *Pyrénées*, pp. 181-2. 그리고 Peter Sahlins, *Boundaries: The Making of France and Spain in the Pyrenees*, Berkeley: University of California Press, 1989를 볼 것.

110 *La vallée de Campan*, pp. 97-9.

111 *La vallée de Campan*, p. 103.

112 *La vallée de Campan*, p. 116.

113 'Structures Familiales Comparées', in Georges Friedmann (ed.), *Villes et campagnes: Civilisation urbaine et civilisation rurale en France*, Paris: Armand Colin, 1953, pp. 327-62, p. 327. *Pyrénées*, p. 190을 볼 것.

114 *Allemagne*, p. 13.

115 *Pyrénées*, p. 101.

116 *Pyrénées*, p. 175.

117 *Pyrénées*, pp. 175-7.

118 Edith Kurzweil, *The Age of Structuralism: Lévi Strauss to Foucault,* New York: Columbia University Press, 1980, p. 78. 르페브르는 「앙리 르페브르와의 인터뷰」에서 자신의 공간 관련 작업을 비판적으로 성찰한다 — 'An interview with Henri Lefebvre', translated by Eleonore Kofman, *Environment and Planning D: Society and Space* 5(1), 1987, pp. 27-38.

119 *La fin de l'histoire*, p.206.

120 'Réflexions sur la politique de l'espace', E*spaces et Sociéte* 1, 1970, pp. 3-12; reprinted in *Espace et politique*, pp. 49-70; 'Reflections on the politics of space', *Antipodes* (2), 1976, pp. 30-7.

121 Theodore D. Tieken, Maarovfa Press to Guterman, 15 February 1977.

122 *The Urban Revolution*, translated by Robert Bononno, Minneapolis: University of Minnesota Press, 2003. 『도시혁명』의 영역판은 이 책이 집필된 이후에 출간됐으므로 『도시혁명』에 대한 이후의 참조는 프랑스어 원본만 한다.

123 *Une pensée devenue monde*, p. 149. *La droit à la ville*, p. 92; *Writings on Cities*, p. 130; 'Bilan d'un siècle et de deux demi siècles (1867-1917-1967)', in Victor Fay (ed.), *En partant du 'capital'*, Paris: Anthropos, pp. 115-42, p. 129를 볼 것. 예를 들어 Friedrich Engels, *The Housing Question*, Moscow: Foreign Language Publishing House, 1955; *The Condition of the Working Class in England*, Oxford: Basil Blackwell, 1958을 볼 것. 이 분야에서 이뤄지는 엥겔스의 작업을 두고 르페브르가 하는 논의에 대해서는 다음을 볼 것 — *La pensée marxiste et la ville*, pp. 9-26; *Espace et politique*, pp. 81-97, 또한 Mario Rui Martins, 'The theory of social space in the work of Henri Lefebvre', in R. Forrest, J. Henderson and P. Williams (eds), *Urban Political Economy and Social Theory: Critical Essays in Urban Studies*, Aldershot: Gower, 1982, pp. 160-85, pp. 161-3.

124 *La droit à la ville*, p. 92; *Writings on Cities*, p. 130.

125 *La pensée marxiste et la ville*, p. 7.

126 *Espace et politique*, p. 83.

127 하지만 다음을 볼 것 — Manuel Castells, 'Citizen movements, information and analysis: an interview with Manuel Castells', *City* 1, 1997, pp. 140-55, pp. 144-5.

128 Manuel Castells, *La question urbaine*, Paris: François Maspero, 1972; *The Urban Question: A Marxist Approach*, translated by Alan Sheridan, London: Edward Arnold, 1977; David Harvey, *Social Justice and the City*, Oxford: Basil Blackwell, 1988 (1973) (특별히 pp. 287, 288-9, 297, 299, 302). 소자와 하드지미칼리스는 르페브르의 도시**혁명**에서 카스텔의 도시**문제**로 책 제목이 바뀐 점에 주목하면서 이것이 그 책의 특성이 별로 급진적이지 않다는 것을 보여준다고 한다 — Edward W. Soja and Costis Hadjimichalis, 'Between geographical materialism and spatial fetishism: some observations on the development of Marxist spatial analysis', *Antipode* 11(3), 1979, pp. 3-11. 맥락적 논의, 특별히 프랑스 관점의 범위를 보여주는 것에 대해서는 Elizabeth Lebas, 'Urban and regional sociology in advanced industrial society: a decade of Marxist and critical perspectives', in *Current Sociology* 30(1), Spring 1982, pp. 1-130을 볼 것.

129 Edward W. Soja, *Postmodern Geographies: The Reassertion of Space in Critical Social Theory*, London: Verso, 1989, pp. 77-8, pp. 69-70; Kristin Ross, *The Emergence of Social Space: Rimbaud and the Paris Commune*, Basingstoke: Macmillan, 1988, p. 9를 볼 것. 스미스는 소자가 "르페브르의 통찰력에 있는 기본 사상을 지지하고, 정제하고, 발전시킴과 동시에 그가 르페브르에 대한 영미권 (전통)의 체계적 해석으로 간주하는 것을 바로잡으려 한다고 찬사를 보낸다" — Neil Smith, *Uneven Development: Nature, Capitalism and the Production of Space*, Oxford: Basil Blackwell, 2nd edition, 1990, p. 91. 르페브르와 공간 물신숭배에 대한 카스텔의 입장과 관련해서는 다음을 볼 것 — Andy Merrifield, 'Henri Lefebvre: a socialist in space', in Mike Crang and Nigel Thrift (eds), *Thinking Space*, London: Routledge, 2000, pp. 167-82, p. 169. <옮긴이> 앤디 메리필드, 「앙리 르페브르: 공간에 관한 사회주의자」, 『공간적 사유』, 마이크 크랭 · 나이젤 스리프트 엮음, 최병두 옮김, 서울: 에코리브르, 2013, 290-1쪽.

130 David Harvey, *The Limits to Capital*, London: Verso, new edition, 1999 (1982), p. 374. <옮긴이> 『자본의 한계』, 492-3쪽.

131 David Harvey, *Consciousness and the Urban Experience: Studies in the History and Theory of Capitalist Urbanization*, Oxford: Basil Blackwell, 1985; *The Urbanization of Capital: Studies in the History and Theory of Capitalist Urbanization 2*, Oxford: Basil Blackwell, 1985.

132 Manuel Castells, *Class, City and Power*, translated by Elizabeth Lebas, London: Macmillan, 1978, p. 12.

133 Merrifield, *Metromarxism*, p. 124를 볼 것. <옮긴이> 『매혹의 도시, 맑스주의를 만나다』, 282-3쪽.

134 Castells, 'Citizen movements, information and analysis', p. 145를 볼 것.

135 Castells, 'Citizen movements, information and analysis', pp. 146-7. 이는 다음에서 논의된다 — Merrifield, *Metromarxism*, p. 114. 이 시기에 이뤄진 카스텔의 작업과 관련해서는 Peter Newman, 'Urban political economy and planning theory', in R. Forrest, J. Henderson and P. Williams (eds), *Urban Political Economy and Social Theory: Critical Essays in Urban Studies*, Aldershot: Gower, 1982, pp. 186-202; Lebas, 'Urban and regional sociology in advanced industrial society'; Peter Saunders, *Social Theory and the Urban Question*, London: Hutchinson, 2nd edition, 1986을 볼 것. 하비와 관련해서는 John L. Paterson, *David Harvey's Geography*, London: Croom Helm, 1984를 볼 것. 카스텔과 하비의 논의에 대해서는 Kian Tajbakhsh, *The Promise of the City: Space, Identity, and Politics in Contemporary Social Thought*, Berkeley: University of California Press, 2001을 볼 것. 르페브르에 대한 그들의 관계는 다음이 유용하게 이끌어내고 있다 — Merrifield, *Metromarxism*; M. Gottdiener, *The Social Production of Urban Space*, Austin: University of Texas Press, 2nd edition, 1997 (1985). 당시의 분석에 대해서는 다음에 있는 에세이를 볼 것 — Michael Harloe (ed.), *Captive Cities: Studies in the Political Economy of Cities and Regions*, Chichester: John Wiley & Sons, 1977. 이 셋과 관련한 또 다른 논의와 관련해서는 Ira Katznelson, *Marxism and the City*, Oxford: Clarendon Press, 1992, Chapter 3을 볼 것. 그렇긴 해도 이 책은 르페브르의 독해에 대해서는 다소간 한정돼 있다. 특별히 이 책에서 저자 자신이 마르크스에서 출발했다는 기이한 주장이 그렇다. 이와 관련해서 유용한 방향이 다음에 제시돼 있다 — Soja, Postmodern Geographies, which I discuss in more detail in 'Politics, philosophy, geography: Henri Lefebvre in Anglo-American scholarship', Antipode: A Radical Journal of Geography 33 (5), November 2001, pp. 809-25, pp. 813-14. <옮긴이> 『매혹의 도시, 맑스주의를 만나다』, 260쪽.

136 *Critique de la vie quotidienne I*, p. 248; *Critique of Everyday Life I*, p. 233.

137 *La droit à la ville*, p. 109; *Writings on Cities*, p. 142.

138 예컨대 *De l'État II*, pp. 390-1을 볼 것.

139 *Du rural à l'urbain*, p. 110. <옮긴이> 몰록은 성서에 등장하는 신으로서 타락한 이스라엘 백성이 자신의 자녀를 불태워서 제사지낸, 암몬 족의 태양신이다(사도행전 7장 43절).

140 *La révolution urbaine*, p. 7. <옮긴이> 이 단락 맨 처음에 나오는 '시작'은 『도시혁명』의 시작을 말한다.

141 *La révolution urbaine*, pp. 8-9.

142 *La révolution urbaine*, p. 9. *Vers le cybernanthrope*, pp. 19-20과 *De l'État* IV, pp. 184-5를 볼

것. <옮긴이> 『현대세계의 일상성』, 100-134쪽을 볼 것.

143 *La révolution urbaine*, p. 217.

144 *La révolution urbaine*, p. 217.

145 *La révolution urbaine*, p. 25. 아울러 pp. 185, 220을 볼 것.

146 *La révolution urbaine*, p. 25.

147 *La pensée marxiste et la ville*, p. 58.

148 *La révolution urbaine*, p. 220. 또한 *La droit à la ville*, p. 65, *Writings on Cities*, p. 110을 볼 것.

149 Lucien Goldmann, *Lukács and Heidegger: Towards a New Philosophy*, translated by William Q Boelhower, London: Routledge & Kegan Paul, 1977, p. 87.

150 *Du rural à l'urbain*, p. 219.

151 *Du rural à l'urbain*, p. 233.

152 *La révolution urbaine*, p. 160.

153 *La révolution urbaine*, p. 22. <옮긴이> 여기서 '*planimétrie*'는 'science of planimetry', 곧 측면법 測面法: 면적측정법 관련 학문을 일컫는다. *The Urban Revolution*, p. 12.

154 *La révolution urbaine*, p. 22.

155 *La révolution urbaine*, p. 239.

156 *La révolution urbaine*, p. 244.

157 *Du rural à l'urbain*, pp. 220-1; *Vers le cybernanthrope*. 기술관료와 관련하여 더 일반적 논의는 *Vers le cybernanthrope*, pp. 19, 22, 192-3, 196-7, 200-1, 209; *La somme et le reste*, pp. 754-5; *Métaphilosophie*, Paris: Éditions Syllepse, 2nd edition, 2001 (1965), pp. 158-9를 볼 것.

158 *La révolution urbaine*, p. 29. *Du rural à l'urbain*, pp. 98-100을 볼 것.

159 *La révolution urbaine*, p. 30; *Du rural à l'urbain*, p. 224. 유희적인 것과 관련해서는 *La présence et l'absence: Contribution à la theorie des représentations*, Paris: Casterman, 1980, p. 194도 볼 것. 여기서 르페브르는 이 주제와 관련해서 주로 하이데거·악셀로스·핑크에게서 영감을 받았다고 말한다.

160 *La droit à la ville*, p. 29; *Writings on Cities*, p. 84.

161 *Writings on Cities*, p. 207.

162 *La révolution urbaine*, p. 30.

163 *Vers le cybernanthrope*, pp. 13-15. *Writings on Cities*, p. 207을 볼 것.

164 *La révolution urbaine*, p. 29.

165 'Les autres Paris', *Espaces et sociétés* 13-14, October 1974-January 1975, pp. 185-92, p. 192; 'The other Parises', in *Key Writings*, pp. 151-9.

166 *La révolution urbaine*, p. 41.

167 *La révolution urbaine*, pp. 53-4, pp. 167-8을 볼 것. <옮긴이> 보통 '차이적'이나 '차등적'으로 번역되는 듯 보이는 'differential [différentiel]'을 '차-등적'으로 옮긴 까닭은 구체적 차이(포스트모던 기획)와 추상적 평등(모던 기획)이 변증법적으로 관계 맺게끔 하기 위해서다. 더군다나 그 말을 '차별'이나 '차등'으로 옮길 경우 르페브르의 이 개념을 마치 차이와 특이성 개념에 바탕을 둔 포스트모더니즘의 한 갈래쯤으로 오해할 가능성이 생기는데, 이는 철저한 모더니스트이자 변증론자로 일관된 삶을 살았던 르페브르에겐 맞지 않는 번역이다. 따라서 한 번 더 말하지만 차이와 평등 간의 변증법적 관계를 생각할 수 있는, 곧

모던과 포스트모던을 변증법적으로 숙고할 실마리를 마련해 주는 '차-등'으로 옮기도록 한다 — 이는 보통 '차이'로 번역되는 'difference'에도 해당하는 얘기이기 때문에 앞으로 맥락에 따라선 'difference' 또한 '차-등'으로 옮기도록 한다(특별히 6장의 '오토제스티옹과 차-등의 권리', 관련 내용은 6장의 주 170의 옮긴이 주를 볼 것). 끝으로 이는 「사회협약에서 시민자격의 계약으로」From the Social Pact to the Contract of Citizenship에 있는 '차이(와 평등) 내의 정체성에 대한 권리'The right to identity within difference (and equality)에 착안한 것임을 밝힌다. 이때 '차-등'은 "모든 차이를 고려하는 평등의 상태"다 — 『핵심저작』, 252쪽.

168 *La révolution urbaine*, pp. 54-5, 172. <옮긴이> 『공간의 생산』, 256, 521쪽을 볼 것.

169 *La droit à la ville*, p. 69; *Writings on Cities*, p. 113.

170 *La révolution urbaine*, p. 173.

171 *Du rural à l'urbain*, p. 224.

172 *La révolution urbaine*, pp. 174-5. 아울러 *Espace et politique*, p. 79; *Logique formelle, logique dialectique*, pp. xxix-xxx, xl, xlvii-viii 또한 볼 것. 헤테로토피아 개념은 미셸 푸코가 1996년의 한 강의에서 사용하기도 했지만 1984년이 되도록 프랑스어로도 출간되지 않았다. 'Des espaces autres', in *Dits et écrits 1954-1988*, edited by Daniel Defert and Francois Ewald, Paris: Gallimard, 4 volumes, 1994, TV, pp. 752-62; 'Of other spaces', translated by Jay Miskowiec, *Diacritics* 16 (1), Spring 1986, pp. 22-71을 볼 것. 그 용어와 관련한 다양한 논의로는 Soja, Postmodern Geographies; John Marks, 'A new image of thought', *New Formations* 25, Summer 1995, pp. 66-76; Kevin Hetherington, *The Badlands of Modernity: Heterotopia and Social Ordering*, London: Routledge, 1997; and Elden, *Mapping the Present*, pp. 116-18을 볼 것.

173 *La révolution urbaine*, p. 221.

174 *Du rural à l'urbain*, pp. 213, 224.

175 *Du rural à l'urbain*, p. 145.

176 *La révolution urbaine*, p. 35. <옮긴이> *The Urban Revolution*, p. 23.

177 *La révolution urbaine*, p. 35.

178 *La révolution urbaine*, pp. 35-6.

179 *La pensée marxiste et la ville*, p. 151.

180 *La droit à la ville*, p. 63; *Writings on Cities*, p. 108. <옮긴이> '층위들'은 이미 앞서 논의된 바 있다. 이 장의 주 42-45 및 관련 본문을 볼 것.

181 *Du rural à l'urbain*, p. 245를 볼 것.

182 *La révolution urbaine*, pp. 70-1, 71ff.

183 *La révolution urbaine*, pp. 115-16, *Key Writings*, p. 139.

184 *La révolution urbaine*, p. 145. 이 용어들은 『언어와 사회』에서 가장 정교하게 가다듬고 있다. 예컨대 pp. 266, 288-93을 볼 것. 논의 및 적용과 관련해서는 René Lourau, *L'analyse institutionnelle*, Paris: Éditions de Minuit, 1970, pp. 272-4를 볼 것.

185 *La droit à la ville*, pp. 41-2; *Writings on Cities*, p. 92.

186 르페브르는 이 도시를 『피레네산맥』과 『농촌사회에서 도시사회로』의 다양한 에세이에서 분석하기도 한다. <옮긴이> '앞서 논의된 것과 같은 한 마을'은 「어느 일요일, 프랑스 농촌에서 쓴 노트」에서 다룬 것을

뜻한다.

187 'Lefebvre on the Situationists', conducted and translated by Kristin Ross, *October* 79, Winter, pp. 69-83, p. 76.

188 *Introduction à la modernité*, p. 121; *Introduction to Modernity*, p. 116. <옮긴이> 「어떤 신도시에 대한 메모」, 『모더니티 입문』, 173쪽.

189 *Introduction à la modernité*, p. 123; *Introduction to Modernity*, p. 118. 관련 논의에 대해서는 Merrifield, *Metromarxism*, pp. 82-3을 볼 것. <옮긴이> 'machines for living in'은 "'주거를 위한 장치'들" 또는 "주거용 기계들"로 번역돼 있기도 하다. <옮긴이> 『모더니티 입문』, 176쪽; 『매혹의 도시, 마르크스주의를 만나다』, 184쪽.

190 *La vie quotidienne dans le monde moderne*, p. 115; *Everyday Life in the Modern World*, p. 59. 도시사회 내 사회적 텍스트와 관련해서는 다음 또한 볼 것 — *Le langage et la société*, pp. 296-7. <옮긴이> 『현대세계의 일상성』, 132쪽.

191 *Introduction à la modernité*, p. 123; *Introduction to Modernity*, pp. 118-19. <옮긴이> 『모더니티 입문』, 177쪽.

192 *Du rural à l'urbain*, pp. 124-5.

193 *Introduction à la modernité*, p. 124; *Introduction to Modernity*, p. 119.

194 *Introduction à la modernité*; *Introduction to Modernity*; *Vers le cybernanthrope*, p. 28.

195 *Pyrénées*, p. 72; *Du rural à l'urbain*, p. 116.

196 *Pyrénées*, pp. 121-2, 177. *De l'État* IV pp. 179-80을 볼 것.

197 *Du rural à l'urbain*, pp. 151-2.

198 'Les autres Paris'; *Key Writings*, pp. 151-9.

199 *L'irruption de Nantrre an sommet: The Explosion*.

200 르페브르는 『착각의 시대』 120쪽에서 자신에게 이것을 말하는 낭테르의 한 학생을 회상한다 — Didier Eribon, *Michel Foucault et ses contemporains*, Paris: Fayard, 1994, pp. 79-80. 하지만 한 상황주의 텍스트는 그 내용을 반박한다 — 'The beginning of an era', in *Situationist International Anthology*, edited and translated by Ken Knabb, Berkeley: Bureau of Public Secrets, 1981, pp. 225-56, 원래 *Internationale Situationniste* 12, Septembre 1969. 이 문헌의 227-8쪽에서 상황주의자들은 르페브르가 파리코뮌과 관련한 자신들의 작업을 표절했다고 말하기를 반복하지만, 더 좋지 않았던 것은 르페브르가 그 같은 사건이 임박했음을 인식하는 데 실패했다는 것이다. 상황주의자들에 대한 르페브르의 비판을 포함해서 1871년의 사건이 반복되지 않을 것이라는 그의 의견과 관련해서는 다음을 볼 것 — *Position: Contre les technocrates en finir avec l'humanité-fiction*, Paris: Gonthier, 1967, p. 195. 관련 논의는 Merrifield, *Metromarxism*, pp. 86-7을 볼 것. <옮긴이> 『매혹의 도시, 맑스주의를 만나다』, 196-201쪽.

201 아울러 'Lefebvre on the Situationists', p. 80을 볼 것.

202 *La proclamation de la commune*, p. 32; *La droit à la ville*, pp. 17-18; *Writings on Cities*, p. 76. <옮긴이> 파리는 오랫동안 센 데파르트망의 수도였고 파리가 거기서 독립한 된 것은 1964년부터다. 따라서 당대의 상황에서 보면 흔히 파리 지사로 알려진 오스망은 센의 지사로 보는 것이 더 타당할 것이다.

203 'Les autres Paris', p. 187; *Key Writings*, p. 154.

204 *La droit à la ville*, p. 16; *Writings on Cities*, p. 75. <옮긴이> '포럼 데잘'은 파리의 중심에 있는 광장이자 현대식 대형 쇼핑센터다. 1971년까지 거기 있었던 **레잘**이 개축되면서 그 이름을 땄다.

205 *La révolution urbaine*, p. 179 n. 1. 관련 논의에 대해서는 Ash Amin and Nigel Thrift, *Cities: Reimagining the Urban*, Cambridge: Polity, 2002, pp. 142-3을 볼 것.

206 *La droit à la ville*, pp. 147-8; *Writings on Cities*, p. 169. <옮긴이> 이 인용의 '담장으로 서로를 배제하는 특징'을 통해 우리는 인클로저의 중세적 형태를 생각해 볼 수도 있다. 이는 담장이라는 공간적 배치를 통해 장터의 내·외부를 쉽게 구분하여 시장의 외부를 드러내고 그곳을 담장으로 에워싸인 시장 밖으로 축출하게 되는 효과를 발휘한다. 결국 중세 유럽의 장터라는 공간의 사회적 생산은 이런 방식으로 이뤄졌던 것이다. 특별히 이 담장을 성곽으로 생각해 볼 때 그 성곽 안에 사는 사람들이 누군지는 자명하다.

207 *La droit à la ville*, p. 148; *Writings on Cities*, pp. 169-70.

208 *La révolution urbaine*, p. 152; *La pensée marxiste et la ville*, p. 46.

209 *Du rural à l'urbain*, p. 109.

210 *Espace et politique*, p. 22; *Writings on Cities*, p. 195.

211 다음에서 전해진다 — Martins, 'The theory of social space in the work of Henri Lefebvre', p. 183. 이에 대한 가장 최근의 정식화로 내가 르페브르의 작업에서 발견한 것은 다음에 있다 — *La droit à la ville*, p. 133; *Writings on Cities*, p. 159.

212 *La droit à la ville*, p. 155; *Writings on Cities*, pp. 173-4. 또한 'La droit à la ville', *L'homme et la société* 6, October-December 1967, pp. 29-35를 볼 것.

213 'Les autres Paris', p. 189; *Key Writings*, p. 157.

214 *La révolution urbaine*, pp. 169-71.

215 예를 들어 David Cunningham and Jon Goodwin, 'Spacey', *Radical Philosophy* 114, July/August 2002, pp. 38-40을 볼 것.

216 관련 논의는 2장을 볼 것. <옮긴이> 2장의 주 250-4 및 관련 본문을 볼 것.

217 *La proclamation de la commune*, p. 21을 볼 것.

218 *La proclamation de la commune*, p. 11 n. 1. <옮긴이> 베른슈타인은 기 드보르의 아내다.

219 예컨대 *Aux poubelles de l'histoire*, Paris: IS, 1963, reprinted in *Internationale Situationniste* 12, September 1969; and 'Les mois les plus longs (février 1963-juillet 1964)', *Internationale Situationniste* 9, August 1964를 볼 것.

220 'Lefebvre on the Situationists', pp. 77-8, 79-80; *Le temps des méprises*, p. 159. 그들의 텍스트로는 'Theses on the Paris Commune', signed by Guy Debord, Attila Kotanyi, Raoul Vaneigem, in *Situationist International Anthology*, pp. 314-17을, 또 르페브르의 글로는 'La signification de la commune', *Arguments* 27-8, 1962, pp. 11-19를 볼 것.

221 *La proclamation de la commune*, p. 410. 또한 상황주의 텍스트 'La théorie des moments et la construction de situations', *Internationale Situationniste* 4, June 1960을 볼 것.

222 *La proclamation de la commune*, pp. 73-4.

223 *La proclamation de la commune*, pp. 76-7.

224 *La proclamation de la commune*, p. 32.

225 *La proclamation de la commune*, pp. 20-1; *Key Writings*, pp. 188-9; *La proclamation de la*

commune, p. 40.

226 또한 Arthur Hirsch, *The French Left*, Montreal: Black Rose Books, 1982, p. 145를 볼 것. 여기서 허시는 축제와 관련한 르페브르의 초기 작업이 상황주의자들에게 영향을 끼쳤다고 말한다.

227 *La proclamation de la commune*, p. 124.

228 *La fin de l'histoire*, p. 137.

229 *La proclamation de la commune*, p. 126. <옮긴이> '도시 무대'의 맥락과 관련해서는 이 장의 주 48 및 관련 본문을 볼 것.

230 *Espace et politique*, p. 168.

231 *La proclamation de la commune*, p. 70.

232 *La proclamation de la commune*, pp. 173ff.

233 *La proclamation de la commune*, p. 234.

234 *La proclamation de la commune*, pp. 412-13.

235 *La proclamation de la commune*, pp. 407-8.

236 *La proclamation de la commune*, p. 409.

237 *L'irruption de Nanterre au sommet*, p. 107; *The Explosion*, pp. 117-18.

238 Pierre Cours-Salies, René Lourau and René Mouriaux, 'Prolongements …' in *L'irruption de Nanterre au sommet*, pp. xxiii-xxx, p. xxiii. 그 선언문은 1968년 5월 10일에 실렸고 그것엔 르페브르, 사르트르, 블랑쇼, 라캉, 클로소프스키, 그 밖의 여러 사람이 서명했다. 그 글은 다음에서 볼 수 있다 — Michel Gontrat and Michel Rybalka, *Les écrits de Sartre: Chronologie, bibliographie commentée*, Paris: Gallimard, 1970, p. 464. 보아 하니 당시 르페브르는 정부 당국의 관계자들에게 그의 학생 중 폭가 될 만한 사람이 누구냐는 질문을 받았던 것 같다. 그는 "나는 경찰이 아니오." 하고 대답했다고 주장한다 — 'Lefebvre on the Situationists', p. 82.

239 *L'irruption de Nanterre au sommet*, pp. 95-6; *The Explosion*, p. 104.

240 *L'iirruption de Nanterre au sommet*, p. 85; *The Explosion*, p. 93.

241 *L'irruption de Nanterre au sommet*, p. 96; *The Explosion*, p. 104.

242 *L'irruption de Nanterre au sommet*, p. 97; *The Explosion*, p. 106.

243 *L'irruption de Nanterre au sommet*, p. 98; *The Explosion*, p. 107.

244 *L'irruption de Nanterre au sommet*, pp. 96, 107; *The Explosion*, pp. 105, 118.

245 *L'irruption de Nanterre au sommet*, p. 101; *The Explosion*, pp. 110-11.

246 *L'irruption de Nanterre au sommet*, pp. 107-8; *The Explosion*, p. 118. <옮긴이> 검은 깃발은 아나키즘을, 붉은 깃발은 코뮤니즘을 상징한다.

247 *L'irruption de Nanterre au sommet*, p. 66; *The Explosion*, p. 71.

248 *L'irruption de Nanterre au sommet*, p. 66; *The Explosion*, p. 72. <옮긴이> '뻔하게 알아볼 수 있는 장소'는 도시에서 기득권이 누리는 기존의 장소, 그래서 자명하고 예측 가능한 장소를 일컫는다.

249 *L'irruption de Nanterre au sommet*, p. 91; *The Explosion*, p. 98.

250 *L'irruption de Nanterre au sommet*, p. 108; *The Explosion*, p. 118.

251 *L'irruption de Nanterre au sommet*, p. 108; *The Explosion*, p. 119.

252 Cours-Salies, Lourau and Mouriaux, 'Prolongements …', p. xxvi.

253 *L'irruption de Nanterre au sommet*, p. 107; *The Explosion*, p. 118. 1968년 사건에 대한 일반적 분석이자 일부 르페브르를 참조하고 있는 연구에 대해서는 다음을 볼 것 — Kristin Ross, *May '68 and its Afterlives*, Chicago: University of Chicago Press, 2002.

254 *De l'État* I, pp. 271-2, 336-8.

255 *L'irruption de Nanterre au sommet*, p. 111; *The Explosion*, pp. 122-3. <옮긴이> 우선 **오토제스티옹**은 엘든이 말하는 것처럼 '**오토제스티옹**' 또는 더 정확히 '노동자 **오토제스티옹**'를 일컫는다 — 이 책에서 좀 더 자세한 내용은 6장의 '오토제스티옹과 차-등에 대한 권리'를, 또 이 개념을 번역하지 않은 채 그대로 두는 게 더 낫다는 엘든의 제언과 관련해서는 6장의 주 133, 134, 140 및 관련 본문을 볼 것. 하지만 역사사회적·지성사적 맥락 및 공간적 규모에 따라 그 속뜻이 광범위하고 중층적으로 바뀌기 때문에 원어의 발음을 그대로 살리되 한글로 바꿔 쓰도록 한다. 좀 더 구체적으로 말해서 **오토제스티옹**이 1960년대에 등장했을 때는 "오토제스티옹" 특별히 노동자 자신이 일터를 관리하는 "풀뿌리 민주주의"의 한 방편을 뜻했으나 68혁명 전후에는 그 공간적 규모가 도시와 지역으로 확장되어 "프랑스 공산당과 프랑스 사회당의 위계적이고 국가중심적인 방향성에 대응하는 급진 민주주의적 정치 동원의 한 형식으로 옹호된다". 르페브르는 그 이후, **오토제스티옹**을 마르크스의 『고타강령 비판" 및 엥겔스의 『공상에서 과학으로』에서 제시된 "국가사멸" 테제에 도달할 수 있는 핵심 전략으로 보고 국가적 생산양식의 대항마로 간주하게 된다. 특별히 공간의 국가적 생산에 맞서서 공동체, 도시, 심지어 국가의 지배를 받는 지역 전체를 자체적으로 관리할 수 있는 "영토적 양상"으로 생각하고 그 개념을 한층 더 세련되게 가다듬기에 이른다 — 「문화적 전환과 로컬리티의 문제」, 51쪽의 각주 6과 75쪽의 각주 55, 인용은 Neil Brenner and Stuart Elden, 'Introduction', edited by Neil Brenner and Stuart Elden, *Henri Lefebvre, State, Space, World: Selected Essays*, Minneapolis: University of Minnesota Press, 2009, pp. 14-29.

256 *La proclamation de la commune*, p. 161, p. 131을 볼 것. <옮긴이> 참고로 '조절'과 관련해서는 이수진, 「부산 원도심 공간생산의 가능성: 조절하는 공동체의 관점에서」, 경성대학교 문화기획·행정·이론학과 박사논문, 2016, 13쪽, 32-35쪽을 볼 것.

257 *La proclamation de la commune*, p. 307.

258 *La fin de l'histoire*, p.218.

259 *La proclamation de la commune*, p. 309. *Pour connaître la pensée de Karl Marx*, Paris: Bordas, 1947, pp. 173-4를 볼 것. 이 분석이 마르크스가 1871년에 한 숙고에서 파생한다는 것은 분명하다. 'The Civil War in France', in *The First International and After, Political Writings Volume 3*, edited by David Fernbach, Harmondsworth: Penguin, 1974를 볼 것. 아울러 **오토제스티옹**과 도시에 대해서는 *La révolution urbaine*, p. 199를 볼 것.

260 *La proclamation de la commune*, p. 391. Marx, 'The Civil War in France', p. 211을 볼 것.

261 *La révolution urbaine*, p. 216.

262 *La proclamation de la commune*, p. 391; *Le manifeste différentialiste*, p. 154.

263 *La révolution urbaine*, p. 63. <옮긴이> *The Urban Revolution*, p. 44.

264 *La révolution urbaine*, p. 199. <옮긴이> '최전면'에 대해 고려한 것은 세 가지다. 르페브르의 『도시혁명』에서 그 말은 'premier plan'으로 돼 있는데 이를 엘든은 'the first order'로, 보노노Robert Bononno — 『도시혁명』 영역본의 옮긴이 — 는 'the foreground'로 옮겨 놨다. 따라서 '최전면의 질문'은 '가장 중요하거나 으뜸가는 문제'로 봐도 무방할 것 같다. *The Urban Revolution*, p.150을 볼 것.

제5장

공간과 역사

공간과 역사

르페브르는 가끔 역사가의 역할을 담당했다. 우리는 이를 4장에서 예증했듯이 1871년과 1968년의 파리에 대한 그의 독해, 또 2장에서 논의했듯이 프랑스 학적 전통 내의 인물들과 관련한 지성사에서 볼 수 있다. 하지만 르페브르는 역사를 썼을 뿐 아니라 그것을 더 추상적인 의미에서 생각했다. 그는 역사 이면의 방법론적 가정에 관심이 있었다. 하지만 이전 장들에서 제시된 것처럼 이것은 단순히 사적 유물론을 통한 것만은 아니었다. 르페브르에게서 비롯한 가장 분명한 발전은 그가 공간성의 문제를 상당히 강조했다는 것으로, 이는 그의 공간생산 관련 작업을 통해 영어권에서 가장 잘 알려져 있다. 이 작업이 바로 지리학 분야에서 지대한 영향을 끼친 한 권의 책인 것이다. 그러나 나는 이 책이 썩 유용한 방식으로 이해되진 않았기 때문에 이 점이 결국 르페브르의 작업을 오해하는 견해를 보여준다고 주장한다. 공간에 대한 그 이론적 작업이 향후 연구의 계획이었다기보다 이전 작업 — 특별히 앞 장에서 논의한 농촌 및 도시경관 관련 작업 — 의 정점이었음을 알아차리는 일은 꼭 필요하다. 마찬가지로 니체와 하이데거의 역할 또한 그의 기획을 이해하는 데 핵심이 된다. 하지만 아마도 가장 중요한 것은 그 공간 관련 작업에 대한 강조가 르페브르의 작업에서 수행되기도 했던 시간성 및 역사성의 문제를 재고하지 못하게 한다는 점일 것이다.

이런 관점에서 지금 내 관심은 일반적으로 용인된 지식에 이의를 제기하는 데 있다. 그 지식이란 디어Michael Dear의 말처럼 "대부분의 사회 이론가는 지금쯤 르페브르의 기획이 인간에 대한 탐구 방향의 재설정, 곧 시간과 관련해서는 전통적 강박에서 멀리 떨어지고 공간과 관련해서는 재편성된 초점을 향하는 데 목표를 둔다는 것을 자각하고 있다"는 것이다.[1] 시간성 및 역사성의 문제에 대해서라면 마르크스주의 전체가 사적 유물론 곧 역사 이해에 대한 성찰로 이해될 수 있기 때문에 르페브르가 곧잘 마르크스주의에 기대곤 했다고 가정될 수는 있다. 하지만 코프만과 레바가 『선집으로 읽는 앙리 르페브르의 도시론』에 직접 써서 실은 서문에서 말하는 것처럼 여기서도 르페브르는 니체와 하이데거의 고찰을 통합한다.[2] 그가 이 작업을 어떻게 수행하는지는 잘 탐구되지 않고 있다. 2장의 니체 관련 논의에서 나는 코프만과 레바 또 메리필드를 따라 그 작업이 특별히 니체가 영향을 끼쳤던 역사, 시간의 비단선성, 리듬의 관점에서 이뤄졌단 얘기를 한 적이 있다.[3] 르페브르가 『공간의 생산』에서 주목하듯이 시간에 대한 니체의 이해는 마르크스주의적 시간과는 완전히 반대다.[4] 우리가 공간과 함께 확실히 보겠지만 시간은 상보적이면서도 모순적인 방식으로 다양하게 파악돼야 한다. 그러니까 르페브르는 시간적 분석을 공간적 분석으로 대체했던 게 아니라 공간과 시간의 관계를 사유했고 그 과정에서 그 두 개념을 재사유했던 것이다. 결정적으로 중요한 건 공간과 시간이 반드시 함께 사유돼야 함을, 하지만 그것들이 서로 환원될 수 없음을 유념하는 일이다.[5] 공간과 시간은 일상생활에 없어선 안 될 좌표이며, 그렇기에 그것들에 대한 재사유는 그러한 전반적 기획에 꼭 필요하다.[6]

따라서 이 장은 네 단계를 따라 진행된다. 첫 두 단계에서 나는 시간 및 역사 문제와 관련한 그의 작업을 — 특별히 순간에 대한 르페브르의 분석과 『역사의 종언』에 집중하면서 — 논의한다. 어떻게 보면 『역사의 종언』은 『헤겔, 마르크스, 니체 또는 그림자의 왕국』의 전조이며, 후자의 세 인물은 하이데거와 마찬가지로 전자에서도 중요한 역할을 담당한다.[7] 니체와 — 그보다 정도는 덜하지만 — 하이데거를 통해 르페브르는 역사의 목적론적 원칙과 관련해서 헤겔 및 정통 마르크스주의와 결별할 수 있게 된다. 세 번째 단계에서 나는 『공간의 생산』에 대한 재독해를 제공한다. 이 작업은 초기의 농촌 및 도시 관련 연구에 비춰서 또 그 제목에 있는 두 용어의 강조와 더불어 진행된다. 나는 '생산'이라는 용어의 강조는 르페브르의 마르크스주의가 작동 중임을 보여준다고, 또한 그가 정치경제학과 관련한 후기 마르크스보다 소외와 관련한 초기 마르크스에 더 큰 관심을 갖고 있었다는 의견이 그 강조를 통해 거짓으로 드러난다고 주장한다. '공간'이라는 용어의 분석을 갖고 나는 르페브르가 어떻게 하이데거의 분석 대부분을 정치화했고 급진화했는지를 제시할 텐데, 이는 특별히 르페브르가 살기나 거주를 이해한 방식이 드러나는 그의 작업을 두루 살펴봄으로써 이뤄진다. 이는 그에게 특별히 중요하다. 하이데거의 작업이 공간에 대한 전통적인 철학적 이해와 결별하는 데 핵심이 되기 때문이다. 이 장의 마지막 단계에서 나는 르페브르의 리듬 관련 작업에 대한 독해를 제공한다. 리듬에 대한 관심이 그의 생애 동안 줄곧 발견되긴 했지만, 그가 자신의 통찰을 실로 상세히 전개한 것은 말년에 이르러서였다. 시간**과** 공간을 통한 변화를 검토하는 리듬분석 관련 작업은 일상생활 관련 작업의 정점이자 도시경관 분석을 향한 귀환이기도 하다. 그 작업은 철학적으로는 흠이 없고 정치적으로는 깨어 있었다. 그랬기에 그것은 그의 생애에도 잘 어울리는 마무리였다.

시간과 순간

1871년과 1968년의 사건들은 르페브르가 틀에 박힌 일상에 맞선 극적 변화와 붕괴의 순간으로 곧잘 부르곤 했던 것의 예시다. 르페브르 자신의 삶에서 가장 의미 있는 순간 하나는 1920년대 중반, 피레네 시골의 청년이었던 그에게 환영 하나가 나타난 때였다. 어느 날 산책 중에 그는 원으로 둘러싸인 교회 십자가를 봤다. "거기에 십자가에 못 박힌 태양이 있었다!"[8]

나는 더 이상 태양의 영광으로 가득하거나 가시면류관에 둘러싸인 예수 십자가가 아니라 나에게 분명해졌던 것처럼, 암울한 징후의 전조를 보여주는, 기독교의 십자가에 못 박혀 있는, 그 어두워진 태양을 봤다. 태양은 눈부신, 나 자신의 젊음이었지만 구름에 뒤덮여, 정신적 · 성적 · 사회적 비참함에 옴짝달싹하지 못했다. 그것은 생명력의 열기, 공허감과 그 느낌의 차가움 속으로 빠져버린 기운의 열정이었다. 오랫동안 나에게 너무도 아름답게 보였던 그 이름을 지닌 탐구, 곧 철학마저도.[9]

르페브르가 십자가에 못 박힌 태양의 상징을 이해하는 것은 "괴롭힘 당하고, 반항적이고, 아나키스트 같았던" 청년기의 그, 가톨릭과 싸웠던 청소년기의 그가 느꼈던 기분을 우리에게 전해 준다.[10] 그 이해는 결정적 순간이었고, 그가 단념한 *Procés de la Chrétienté* — 기독교 세계에 대한 소송 — 곧 니체에게서 영감을 얻은 작업의 시작이었다.[11] 이는 지적이고 개인적인 자유의 투쟁이었다. 그는 얀센과 파스칼에 관련한 자신의 초기 작업이 이러한 맥락에서 이해될 수 있다고 말한다.[12] "태양의 십자가 — 또는 십자가에 못 박힌 태양"[13]은 그가 다수의 작업에서 사용했던 것이고, 그 중 최초의 작업은 1959년의 《레 탕 모데른》을 위한 글이자 자서전 격인 『합과 나머지』의 일부가 됐던 것이다.[14] 르페브르의 기억처럼 당시는 그의 삶에서 엄청난 고통에 시달렸던 때였다 — CNRS에선 쫓겨났다가 다시 그곳으로 들어갔고 잇달아 프랑스 공산당에선 자격정지를 당한 뒤 제명당했다. 『합과 나머지』를 보면 르페브르에게 "십자가에 못 박힌 태양은 운명의 상징이었다. 혁명 또한 십자가에 못 박힌 태양이다".[15]

십자가에 못 박힌 태양은 분열, 모욕, 실패, 절망의 상징이다. 태양에는 그것 고유의 모순과 부인의 흔적이, 그것의 죽음과 죽음의 수단이 있다. 휘지 않고 수직으로 교차하고 있는 검은 선들은 장례식 문장紋章이 있는 불의 근원의 이미지라는 낙인을 찍는다. 태양의 소식은 더 이상 열정적 이성의 기쁨이 아니다. 십자가에 못 박힌 채, 태양은 자신의 광휘를 가리는 십자가의 각인 밑에서 자신의 본성을 상실한다. 십자가는 우주적 순환 곧 창조적 사랑의 우주적 순환들에 종말을 선포하지만 그래도 그 사랑의 반복은 결코 헛되지 않다. 그 반복이 공간과 시간을 통해 자신의 씨앗을 퍼뜨리기 때문이다. 십자가에 못 박힌 태양은 잃어버리고 이울어 버린 젊음, 자신의 역사적 그늘에 묻혀버린 혁명, 한 세대, 한 시대, 노예제와 전쟁 · 자신의 해방이라는 그 운명에 상처받은 열정적 나라들, 동방 · 아시아 · 아프리카의 그 나라들을 다중적으로 상징한다.[16]

십자가에 못 박힌 태양은 파시즘의 상징이 아니며 — 비록 르페브르가 그것이 파리에서 그라피티로 출현한 것을 언급하긴 하지만 — 단순히 이교 상징과 기독교 상징을 병치해 놓은 것도 아니다.[17]

> 태양은 성부를 상징하고, 십자가는 말씀Word, 이적異蹟, 언어, 갈등, 선택, 훼손, 죽음을 나타낸다. 십자가에 못 박힌 태양 곧 상징들의 이중성은 인간에게 기대 또 화해의 가능성을 보여주고 인간을 위해 그것들을 알려준다.[18]

이보다도 르페브르가 보기에 태양은 활기차고 잠재력이 충만한 모든 것을, 십자가는 억압과 삶의 소외를 표상한다. 깨달음의 중요한 순간은 순간들의 중요성에 대한 깨달음이기도 했다. 루로의 시적 표현처럼 "구조와 구조주의를 넘어서 … 또 현상학적 '**충족***accomplissements*'이라는 베르그송식의 변화flux가 대부분인 가운데 '순간'은 일상으로 이뤄지는 내재성의 영향 속에서 마치 천사 날개의 어루만짐, 초월성과 나눈 옛사랑과 같다".[19] 이 순간과 그것에 대한 숙고는 더 전반적으로는 르페브르의 시간 관련 작업에 중요했다. 그리함으로써 그는 어쩔 수 없이 니체 작업의 일부 측면과 타협해야 했기 때문이다. 니체의 『차라투스트라는 이렇게 말했다』에서 차라투스트라의 진정한 과업은 영원회귀 곧 시간성과 역사의 순환적 이해를 설파하는 자로서 자신의 역할을 수용하는 것이다. 영원회귀의 결정적 이미지는 **아우겐블리크***Augenblick*라는 그 말 — 눈 깜박할 새 또는 찰나 — 이 있는 성문이다. 이곳은 현재의 순간에 과거와 미래가 서로 부딪히는 바로 그 장소다.[20] 사실 니체는 자신의 글들에서 그 순간, 영원회귀의 사유가 그에게 찾아온 곳이자 명백히 자리가 잡혀 있기도 한 한 순간을 얘기한다. 1881년 8월, 실바플라나Silvaplana 호숫가를 걷는 동안, "수를레이Surlei에서 멀지 않은 곳에 피라미드처럼 거대하게 솟은 바윗덩이"에서라고 말이다.[21] 순간에 대한 사유는 르페브르가 시간과 공간의 문제 및 삶과 죽음의 리듬에 흥미를 갖도록, 또 니체에 이어 삶을 긍정하도록 이끌었다.[22] 니체의 작업은 르페브르가 기억과 생성 간의 긴장은 물론 리듬과 스타일, 에너지와 힘의 문제를 사유하는 데서도 중요했다.[23]

르페브르는 자신의 순간 관련 작업을 통해 인식론이나 존재론을 만들려고 하거나 존재론을 비판하려 하지 않고 "개인이 사회에서 분리되지 않은 **사회학적** 층위"에서 일상의 현실을 연구하려고 맘먹는다.[24] 르페브르에게 순간은 "가능성의 총체적 실현을 성취하려는 시도"다.[25] 순간이

> 수적으로 제한돼 있기는 하다. 그래도 그 목록이 끝난 것으로 언명될 수는 없다. 놀이, 사랑, 일, 휴식, 투쟁, 지식, 시 … 만약 그 수가 무한함이 입증된다면 그것은 더 이상 순간이 아닐 것이다. 그러나 우리는 그 순간의 열거를 멈출 수 없다. 이는 적어도 원칙적으로는 어떤 '순간'을 발견하거나 구성해 내는 일이 늘 가능하기 때문이며, 어쩌면 개인적 삶에 '순간들'이 있기 때문이다. 이론은, 그것이 일관적이려면, 비판이나 판단의 기준을 천명해야 한다. 무엇이 '순간'인가? 무엇이 아닌가? 철저한 목록을 만드는 과업의 수행이 의무적인 것은 아니다. 이론에 이론을 수용될 만한 것으로 만들어 줄 일관성이 있으려면 이 '순간들'의 몇 가지 일반적 특성을 나타내고 강조하는 편이 더 낫다.[26]

르페브르는 이 순간을 좀 더 자세히 검토한다. 순간은 "형식을 규정하고 형식으로 말미암아 규정되"며, 그것에는 "시간에 걸친 일정 정도의 일관성 곧 다수의 찰나·사건·상황·변증법적 운동('역사적 순간', '부정적 순간', '반성적 순간'의 경우처럼)에 공통된 한 요소가 있다".[27] 형식과 내용의 문제는 — 1장에서 살펴본 것처럼 — 중요하며, 순간은 사회적 삶과 자연의 관계에 대한 문제를 제기하고, 한편으로는 자연과 사회 간의, 다른 한편으로는 자연과 문화 간의 지나치게 단순화한 경계를 무너뜨린다. 순간은 개인이 사회에서 떨어져 나갈 수 없음을 입증한다. 마찬가지로 순간은 사회학과 철학의 엄격한 구분에 도전하기도 하는데, 이는 곧 이러한 쟁점을 사회적 관점에서 검토하는 것이 결정적이긴 해도 이것만 갖고는 불충분하단 뜻이다. "사회학은 순간보다는 '순간'의 형성을 연구하며 그 순간을 창조해 내는 집단을 다룬다. '순간' 및 순간의 이론은 또 다른 층위, 철학의 층위에 있다".[28] 순간은 "사회적 관계이자 개인화된 의식의 형식"이며, 앞서 논의한 주제로 되돌아가 보면 "순간의 이론은 그래서 어떤 새로운 의미와 더불어 '총체적 인간'의 이론을 반복한다".[29]

따라서 순간의 이론은 다양한 이유로 르페브르의 작업에서 중요하다. 순간의 이론 대부분이 니체에게 신세를 지고 있긴 하지만, 르페브르는 헤겔이 중요함을 인정하기도 한다.[30] 그 이론은 사회학에 기반을 둔 개념이면서도 철학적 지위의 가치를 주장하며, 일상적인 것의 일상적 본질 곧 시간적 차원과 반복의 중대함을 사유하는 데 중요하다. 비록 명백히 시간적인 것이긴 해도 그것은 사건의 분석에서 변형되는, 더 상황적인 개념인 것이다. 그러나 르페브르가 보기에 순간은 어떤 상황과 동일한 것이 아니라 그 상황을 창출하는 것이다. 르페브르는 사건에 대한 합리주의적 이해, 곧 사건을 "특권을 가진 순간, 위기의 순간"으로 여기는 것에서 벗어나는 데 관심이 있다. "혁명적 사건이 있었을 때 그 결정적 순간은 약진을, (거의 무자비할 정도의) 폭력을 통한 탄생의 시간을 가능케 했다. 모든 경우, 모든 상황에서 사건은 최종 결과로 이해됐다."[31] 이것이 사건에 대한 마르크스주의적 이해이며 여기엔 사건을 경제발전이나 생산력의 증대를 향한 진전이라는 측면에서 사유하는 경향이 있다. 비록 이런 설명이 "자신은 억압에 맞서 해방과 평화를 위해" 움직이고 있다고 생각하는 행위자에게 이해를 얻지 못한다 해도 말이다. 만일 사건이 역사적이라면 "그것은 흔적을 남겨 놓을 것이고, 우리는 이제부터 특권이 부여된 이 현상 바로 흔적과 연관될 것이다. 아울러 우리는 흔적으로써 드러나게 된 사물의 계열이라는 측면에서 이른바 역사적 사건을 이해하려 애쓰게 될 것이다".[32] 마찬가지로 이 장의 뒷부분에서 보겠지만, 리듬분석 관련 작업은 순간의 이론과 관련한 초기 작업에서 싹트고 있다.[33]

> 이렇게 이해된 '순간'에는 그것의 기억과 특유한 시간이 있다. 반복은 이 '시간성'의 중요한 측면이다. 순간의 반복을 통해 우리는 어쩔 수 없이 반복의 개념을 정제하게 된다. 그 반복은 심리학이나 형이상학에서 자유로워진다. 그것은 더 이상 '존재적'이거나 존재론적 본질의 반복이 아니며, 더 이상 글자 뜻 그대로 기억의 현상이라는 것에서 복제된, 한계까지 밀린 반복도 아니다. 형식의 재-현은 각각의 경우에 재발견되고 재고안되어 반복과 관련한 이전의 여러 구상을 초과한다. 게다가 그것은 그 구상들을 포함하기도 하는데, 그것은 더 높은 층위 — 개인적이고 사회적인 — 에서, 지나간 것과 앞질러간 것의 요소가 귀환하여 재통합되는 것을 수반하기도 한다.[34]

따라서 르페브르는 시간을 추상적으로 환원해서 이해하는 방식에 이의를 제기한다. 꼭 공간에 대해서 그리하는 것처럼 말이다. "척도" 개념을 시간에 적용하는 데는 시계라는 특권적 도구가 뒤따른다. 일의 척도가 더 이상 일이 아닌 것과 마찬가지로 시간의 척도는 더 이상 시간이 아니다. 그렇기에 시간은 재현이긴 하지만 전적으로 추상적이진 않다. 그것이 "수단이자 증거로서 물질적 대상인 시계"를 필요로 하기 때문이다.[35] 공간의 경우처럼 시간의 개념은 우리가 살아가는 실제 시간과 동떨어져 있다. 따라서 시간 개념에는 일종의 곤란함이 있다. 그것이 **프락시스**에 대한 모든 참조를 제거하고 또 그리함으로써 사변적 형이상학으로 빠져들기 때문이다. "정신적인 것은 사회적인 것에서 분리돼 있다."[36] 그러나 우리는 시간 개념을 완전히 폐기하는 데는 주의를 기울여야 한다. 우리가 역사는 제거하면 안 되니까. 우리는 시간의 추상적 의미와 **더불어** "체험된 시간"을 지속적으로 검토해야 한다. 시간에 대한 이 같은 정신적 파악과 함께 그 밖의 다양한 시간이 반드시 도래해야 한다. 원환이나 단선적 진행에서 발생하는 사회적·생물학적·물리적·우주적 시간은 시간이 이미 복수적이고 차-등적인 무엇임을 입증한다.[37]

시간에 대해 니체가 지속적으로 들었던 예시 또 르페브르가 거듭해서 들곤 했던 예시는 음악이다. (르페브르가 피아노를 연주했음은 주목할 만하다.) "니체는 음악이 현실적인 것 곧 일상적인 것의 진부함을 변형했다는 것을 알았다."[38] 음악에서 모든 것은 반복하며, 리듬·하모니·멜로디는 진동·음정·소재·주제의 반복에서 출현한다.[39] "생성의 **텍스처**는 더 이상 동일한 방식으로 출현하지 않는다". 그것은 음악으로 조명되며 반복, 시간의 전개, 리듬으로 관통된 공간을 통해 이해된다. 출현 및 소멸, 그리고 그 둘 모두는 서로 안에서, 표면 및 심층, 발현 및 잠재와 더불어 동일자와 타자, 반복, 차이의 계보학을 입증한다.[40] 우리가 니체에게서 발견하는 것은 예술, 특별히 비극과 음악이 철학적 합리성과 과학적 역사성을 대체한다는 점이다. 예술은 앎의 중심에 있다.[41] 하지만 그렇다 하더라도 수학적 사유와 물리학은 철학처럼, 비극처럼, "음악의 정신에서" 탄생한다.[42] 공간에 대해 피농과 피카소 같은 화가가 갖는 중요성의 경우처럼 — 이 장의 뒷부분에서 논의하겠지만 — 여기서도 미적 매체는 재현의 힘과 한계를 보여준다.

> 음악은 시간의 전유를, 회화와 조각은 공간의 전유를 보여준다. 과학이 부분적 결정론을 발견한다면 예술과 철학은 총체성이 어떻게 부분적 결정론을 탈피하는지를 보여준다.[43]

음악을 이해하려면 우리는 멜로디·하모니·리듬을 함께 생각해야 한다. 르페브르는 마지막 것을 소홀히 했다는 점을 통해 더글라스 호프스태터Douglas Hofstadter가 쓴 다른 방면으로 "주목할 만한 책" 『괴델, 에셔, 바흐: 영원한 황금 노끈』*Gödel-Escher-Bach*을 비판한다.[44] 사실 르페브르는 리듬이 더 일반적으로는 음악연구에서 방치된 영역이라고 말한다.[45] 르페브르는 오직 일종의 추상으로써 리듬이 멜로디에서 분리될 수 있다고 주장한다.[46] 르페브르는 다음과 같이 반박한다. 음악과 관련해서 흥미로운 것 하나는 소리가 공간을 점유하고 거기서 음악은 어쩌면 "시간과 공간의 통합, 결합을 전제하는지도 모른다".[47]

르페브르는 베토벤과 슈만이 자신이 좋아하는 작곡가라고 말한다. 비록 그가 베베른Anton von Webern, 쇤베르크Arnold Schönberg, 불레즈Pierre Boulez 같은 현대 작곡가의 작업을 흥미롭게 여기긴 하지만 그는 이러한 새로운 사유 방식 일부에 따르는 교조주의엔 반대한다. 르페브르는 음악과 철학 사이에 어떤 연결고리가 있다고 주장한다. 그것이 바흐와 라이프니츠, 바그너와 니체에게서 가장 뚜렷한 건 맞다. 하지만 그것은 악조에 대한 이전 개념과 결렬한 방식이 음악 이외의 미적·재현적 쟁점에서 전개된 방식과 아주 비슷하다는 데서도 발견된다.[48] 쇼펜하우어와 베르그송이 그들의 시간성 철학과 관련해서 언급되기도 한다.[49] 르페브르는 음악은 물론 시 또한 운율의 역할을 통해 반복의 사용 — 압운·각운·시어나 시구 — 과 리듬을 보여준다는 데 주목한다.[50] 게다가 그는 권위 있는 현대판 신화를 프랑스 특유의 방식으로 비꼬면서 타자기를 치는 원숭이가 결국에는 발자크의 『인간희극』을 생산할 것이라고 말한다.[51]

따라서 니체는 아주 중요했다. 하지만 르페브르는 프루스트의 시간 관련 작업에서도 영감을 받았다. 그는 이 시간이 베르그송식으로도 하이데거식으로도 환원될 수 없는 것이라고 말한다. 시간은 단지 상실된 무엇일 뿐 아니라 상실 그 자체이기도 하다. 프루스트의 시간은 유동성으로도, 결정된 형세가 있는 상황의 병치로도, 비가역성이나 가역성으로도 환원될 수 없다. 프루스트에게서 시간이 회복되는 것이긴 해도 완전히 회복되는 건 결코 아니다. 이를테면 우리는 우리의 청년 시절, 유년 시절, 이런저런 기억을 떠올릴 순 있지만 거기로 되돌아가진 않는다. 이 시간은 "철학의 시간보다 더 다가치적이고 더 모순적이다. 체험된 시간은 기억과 예술을 허용한다."[52] 그렇기에 르페브르는 이렇게 기억한다. "순간의 이론"을 발전시키도록 이끈 것은 다름이 아니라 그가 십자가에 못 박힌 태양을 경험했던 때와 비슷한 시기에 프루스트와 그 밖의 소설가들을 읽은 일이라고. 당시가 1925년, 그가 젊은 철학도 집단의 일원이었을 때였다. 중요한 것은 이것이 르페브르가 마르크스주의와 마주치기 전에 발전된 시간이론이라는 점이다.[53] 그렇기에 이는 르페브르가 비록 마르크스주의자이긴 했어도 사적 유물론에 대한 그의 이해가 특별히 시간의 문제와 역사의 공존적 이해 같은 몇 가지 핵심에서 어떻게 마르크스를 능가하고 비판했는지를 예증한다.

역사

에스가 『역사의 종언』 제2판에 직접 써서 실은 노트에서 말하듯이 우리는 르페브르 책 가운데 몇 권의 부제를 기억해야 한다. [르페브르는] 『모더니티 입문』에선 "전주곡preludes"을, 『메타철학』에선 "서문prolegomena"을, 『역사의 종언』에선 "**에필레고메네** *épilégomènes*"를 얘기했다.[54] 번역 불가능한 이 말은 — **에필레고메나***epilegomena* 같은 신조어를 제외하고는 — 분명히 서문과 관련한 일종의 재담이며 그것엔 맺음말epilogue과 요약recapitulation의 뜻이 다 있다. 이 책과 관련해서 이러한 언어사용은 중요하다.

그 제목의 가장 분명한 번역이 『역사의 종언』이긴 하지만, 여기서 "종언"은 목적과 결말, 이 둘 모두의 의미에서 이해돼야만 한다. "목적의 왕국"이라는 칸트의 용어는 — 어떤 아이러니가 없진 않지만 — 마르크스주의 사상을 기술하기 위해 재전유될 수 있다. "마르크스에게서 헤겔의 이론은 사라지지 않는다. 그것은 변형된다. 역사의 목적은 목적들의 역사가 된다."[55] 이것들에는 종교, 철학, "인간", 이데올로기와 추상적 "진리", 국가, 재현, 정치경제학, 맹목적이거나 무조건적인 역사성, 계급들 그 자체의 목적이 포함될 것이다. 그 중 얼마간이 마르크스식이기보다는 확실히 니체식이라는 점은 주목할 만하다. 이것들은 — 마르크스에게선 — 다양한 대안과 전략으로써 대체된다. 종교적 소외, 추상적 인류학과 국가는 사회적 관계의 풍성함으로써 변형될 것이고, 추상적 진리는 계급에 발이 묶인 이데올로기보다는 실제적이고 사회적인 구체적 진리로써 대체될 것이고, 이런 식으로 그 밖의 다른 것은 어떤 것으로써, 그 밖의 또 다른 것은 다른 어떤 것으로써 대체될 것이다.[56] 르페브르가 『합과 나머지』에서 말하듯이 그는 정치를 하기 위해서가 아니라 마르크스가 정치의 종언을 공표했기 때문에 프랑스 공산당에 입당했다.[57]

마찬가지로 *histoire*역사에는 story스토리, *récit*이야기, narrative서사라는 의미가 있다.[58] 그 책은 『스토리의 종언』으로 번역될 수도 있다. 그 책의 내용에서 전자가 지배적 의미라는 것이 분명히 드러나긴 하지만, 이 점이 그 의미가 유일한 것임을 뜻하진 않는다. 르페브르의 분석에는 확실히 뭔가가 있다. 그것은 역사의 광범위한 해석 곧 리오타르가 이후에 거대 또는 메타서사, *les grand récits*로 부르게 될 것에 의문을 제기한다.[59] 르페브르는 "역사의 종언, 역사 의미의 종언, 역사 종언의 의미"가 『역사의 종언』 내에서 서로 얽혀 있는 세 가지 주제라는 데 주목한다.[60] 그러나 **역사의 의미***le sens de l'histoire*에는 역사의 향방과 관련한 이차적 의미, 게다가 익히 알려진 *sens*의 애매모호함 — 감각이나 의미 — 또한 있다.[61] 르페브르는 역사의 종언이라는 개념에 역설적 고리나 내적 모순이 있다고 말한다. 사건은 늘 있을 것이고 우리는 뭔가에 도달할 것이므로, 시간은 끝나지 않는다. 시간과 역사가 함께 가기 때문에 역사는 끝날 수 없다. 르페브르에게 이는 당면한 문제를 오해하는 것이다. 역사는 단순히 연결되지 않은 사건들이 아니다. 역사의 피상적 흔적*(des traces)* 곧 이 사소한 세부의 결과가 역사를 이룩하진 않아도 역사적 사건들은 흔적을 남긴다. 따라서 우리는 역사를 역사적 시간으로 규정하려 할 수 있다. 그러나 이것이 암묵적으로는 사실이지만 그 사실은 동어반복에 기초한다. 여러 시간, 곧 물리적·생물학적·사회적·순환적이고 단선적인 시간의 복수성이 있고 그것들은 다양한 방식으로 중복되고 상충한다. 하지만 이렇게 말하는 것은 역사를 전혀 규정지을 수 없는 위험을 떠안는 일이다. 역사적 시간과 관련한 근본적인 것이 아예 없다면 역사는 허구이자 추상이다. 르페브르는 우리가 반드시 어떤 목적의 관점에서 역사를 규정해야 한다고 본다. 이는 한낱 역사에 어떤 의미, 어떤 방향을 부여하는 일에 불과한 것이 아니다. 이러한 의미 바깥에서 역사는 규정될 수도 없고 그것에는 아무런 의미도 없다. **목적** 없이, 역사는 혼돈이다.[62]

르페브르의 그 책은 다니엘 벨의 『이데올로기의 종언』에 대한 문제제기로도,[63] 또 프란시스 후쿠야마의 1989년 논문 및 르페브르의 책과 제목을 공유하는 차후의 베스트셀러에 대한 비판의 예견으로도 여겨질 수 있다.[64] 후쿠야마의 반어적 선고irony-pass와 표면적 낙관주의 대신 르페브르는 "종언"의 개념을 한층 더 진보적 의미에서 검토하고 니체의 "최후의 인간"과 관련한 문제를 자각한다. 그러면서 르페브르는 이렇게 주장한다. 그것은 경험론자나 구조주의자가 소망하듯 순수하고 단순하게 역사를 청산하는 문제가 아닐뿐더러 "역사적 진리들"에 매달려 있는 이들이 욕망하듯 지속적인 역사성의 문제도 아니다. 그것은 이 두 교조주의 모두를 피해가는 문제인 것이다.[65] 이를 달성하기 위해 『역사의 종언』은 특정 경로를 따른다.

1. 헤겔과 마르크스의 역사적 사유 형성에 대한 검토와 그 형성에 대한 니체의 비판.
2. '역사는 무엇인가?' 하는 질문은 역사의 **벨 에포크** 동안 '역사는 무엇이었는가?', 그것은 무엇을 기다리고 있었는가, 그것은 어떻게 결론이 났는가가 대체한다.
3. 역사의 종언과 그 의미에 대한 검토. '만일 그 역사의 수립자들이 역사를 목적의 관점에서 규정한 것이 사실이라면 역사의 의미가 아니라 그 목적의 의미를 포착할 때다.'[66]

물론 목적이라는 이 개념은 헤겔과 마르크스의 작업에 아주 중요하다. 역사에서 합목적성finality은 목적의 고정과 현재적 재현이 아니라 시간 곧 생성의 방향과 [합목적성이란] 그 말에 의거한 시간의 결정을 요청한다. 역사에 대한 목적으로 상상해 볼 수 있는 것엔 여럿이 있다. 헤겔에게 역사는 정치체제 내의 철학 실현 곧 국가로써 규정되고, 마르크스에게 역사는 자연에 대한 사회적 인간의 지배로써 규정되는 프롤레타리아 혁명 곧 산업적 실천이다. 하지만 르페브르는 그 중 어느 것도 그 창시자들이 생각한 방식대로 일어나지 않았다고, 어쩌면 역사의 "목적"은 "역사적 사유의 그 고안자들이 예상한 합목적성들과 일치하지 않"을 수도 있다고 주장한다.[67] 그런 까닭에 르페브르는 니체에게 관심을 돌린다. 헤겔, 마르크스, 그들과 비슷한 사람들이 역사 이후의 시대가 역사에서 탄생할 거라고 생각했던 반면, 니체는 우리 것과 상이한 **문명**이 탄생할 거라고 생각했다. 우리는 르페브르가 문명을 현대세계에 대한 니체의 이해에서 핵심 양상으로 봤음을 떠올리게 될 것이다(2장을 볼 것). 그 문명은 다를 터다.

> 왜냐하면 그것은 역사, 역사성, 역사적 의의가 있는 것들, 쓸모없는 과잉으로서 과거 및 과거의 지식, 기억에 지워진 부담, 점점 더 불임이 돼가는 성취된 것의 목록에 대한 거부를 통해 탄생할 것이기 때문이다. 이 문명의 탄생은 어떤 근본적 절단, 총체적 불연속성, 지식 방법의 갱신, 역사적 사유에 대한 거부를 함의한다.[68]

이것의 장점은 역사의 종언이 근본적으로 바뀐다는 것이다. 그것은 진보라고 하는 헤겔 철학과 마르크스주의적 의미의 종언이 아니라 모순 속에서, 지식과 역사적 문화들의 무게 아래서 역사가 끝날 것이거나 이미 끝났음을 뜻한다. 따라서 역사 종언의 세 의미 — "역사의 종언, 역사 의미의 종언, 역사 종언의 의미"[69] — 중 마지막이 가장 중요하다. 역사의 의미가 끝내다to finish, 끝맺다to end이기 때문이다. 역사는 쇠약해지면서, 사멸*(dépérissant)*하면서 끝을 맺는다. 역사는 우리가 그것에서 빠져나와 그것을 우리 뒤에 남겨 두는 것 못지않게 끝이 안 나기 때문에 이는 극복의 관점에서 파악돼야 한다. 이것은 **지양**의 의미뿐 아니라 더 중요하게는 **극복**의 의미에서 역사의 초월이거나 극복이다.[70] 지양은 헤겔과 마르크스의 작업에서 핵심이 된다. '고양하다', '보존하다', '삭제하다'를 포함하는 그 의미는 유명하거나 악명 높을 만큼 다양한데, 이는 변증법적 변형을 설명하려는 것이다. *Überwinden*극복은 니체가 많이 사용한 용어이며 보통 "overcoming극복"으로 번역된다. 이후에 르페브르가 강조하듯이 그는 *dépassement*지양을 온건하고 평온한 지양보다는 극복에 더 가깝게 해석한다.[71]

역사의 종언 문제가 또 다른 문제를 내포하고 있다는 점은 의미심장하다. 바로 국가와 역사 간 관계라는 문제다.[72] 르페브르는 이렇게 주장한다 ― 마르크스는 역사와 국가 간 관계에 대해서 헤겔이 틀렸다고 봤다. 국가는 역사의 최종 순간이 아니라 역사의 길에 장애물이었다. 만약 역사가 계속된다면 국가는 그것의 목적을 향해 움직일 테고, 만약 국가가 잔존하여 공고히 될 수 있다면 헤겔은 옳고 역사는 종말을 맞이했을 것이다. 마르크스는 국가가 그 자체로 목적이 아니라 권력, 수단, 그 밖의 세력을 위한 도구일 뿐이었다고 말했다.[73] 그러나 르페브르는 고대 그리스에서 역사가 국가와 동시에 탄생한 것에 주목한다. "도시가 국가가 되는 것과 꼭 마찬가지로 역사 또한 대수롭지 않은 이야기*(du récit anecdotique)*, 연보, 서사시에서 발생한다. 그 목적은 이러한 구성을 얘기하려는 데, 도시국가(제한적이지만 진정한 민주주의)의 투쟁을 말해 주려는 데 있다".[74] 이 점은 중요하다. 왜냐하면 그것은 역사가 무슨 얘기든 다 하려고 하지 않고 어떤 특별한 얘기, 국가 및 국가의 난관과 관련한 얘기를 하려고 발생했다는 점을 시사하기 때문이다. 이는 헤로도토스와 투키디데스의 작업에서 발견된다. 우리는 확실히 헤겔의 작업에서 일종의 유사점을 보게 되는데, 이는 프랑스 혁명 및 나폴레옹 전쟁의 결말과 관련을 맺는다.[75] 그렇기에 국가의 사멸이라는 마르크스의 사유는 역사의 종언에 수반된다.[76]

우리가 도농관계를 검토하면서 봤듯이 르페브르는 우리가 상황을 세 가지 주된 ― 농업사회, 산업사회, 도시사회 ― 시대로 나눌 수 있다고 생각한다. [각각의] 특정 정치 형식은 [각각의] 생산양식과 관련한 이 같은 이해를 동반한다. 두 번째 단계는 헤겔과 마르크스의 저작에 있으며, 세 번째는 새로운 시기로서 우리가 그들의 글들을 넘어서서 사유할 것을 요청한다. 생산조직의 이 같은 전환과 함께 시간과 공간에 관련한 새로운 구상이 부상한다. 르페브르는 이러한 이론적 구분이 그 단계 간의 이행, 갈등 같은 것에 대한 연구의 필요성을 미리 배제하진 않는다고 경고한다. 르페브르가 보기에 도시사회는 이행-역사적인 것the trans-historical을 시작한다.[77] 이는 역사의 의미 그 자체의 이행과 병행한다. 헤겔과 마르크스 둘 다 세계사를 얘기했다. 르페브르는 "우리는 세계사 또한 역사를 현세의 것으로 만드는 일(*mondialisation*세속화)임을 망각해선 안 된다"고 경고한다. 이는 단순히 어떤 연속성이 아니다. 두 가지 주된 단계가 있다 — 동질화의 단계 곧 기술·성장·경제의 수위성·자연 파괴의 특징이 있는 단계와 발산이나 분화의 단계. 어떻게 보면 이것들은 상호보완적이며 두 번째 단계는 확실히 첫 단계에 대한 일종의 반응이 된다.

> 단계 Ⅰ은 산업화 과정과 관련이 있다. 단계 Ⅱ(그것도 이론적 가설이다)는 도시화 과정(처음에는 산업화에 종속적이다가 그 다음에는 전면에 놓여 도시사회를 형성하는 경향을 보인다)과 관련이 있을 것이다.
>
> 만일 이 가설이 옳은 것으로 입증되면 이제는 동질화 세력과 분화 세력 간의 격렬하지만 무의식적인 투쟁이 존재하게 된다.
>
> 단계 Ⅰ은 역사적이다. 심지어 오늘날조차. 단계 Ⅱ는 역사에서 비롯하기는 하지만 이행–역사적일 것이다.[78]

"**이행기, 이것이 역사의 종언이다**." 이는 우리가 역사를 폐지하고 있음을, 역사가 하찮게 된다거나 폐기될 것임을 뜻하지 않는다. 오히려 그것은 종교에 대한 마르크스의 언급과 비슷하다. 인민이 종교라는 아편을 전혀 필요로 하지 않는 그런 때는 올 것이다. 마찬가지로 오늘날에도 "비극, 종족학살, 대학살이 한창인 가운데 … 종교와 도덕은 종말을 맞고 있다. 역사도. 의심할 것 없이 국가도."[79] 따라서 역사의 종언은 도달될 경계가 아니라 출구가 규정한다. 역사의 출구는 이행기다. 그것은 여전히 역사이면서도 이미 더 이상은 역사가 아니다. "생성은 계속되지만 변화하고 있다". 그것은 역사적인 것에서 이행-역사적인 것으로, 특성에서 차이로, 동질화에서 차-등적

실천으로 움직인다.[80]

랑츠Pierre Lantz가 주목하듯이 니체가 두 번째 『반시대적 고찰』에서 역사를 세 유형 — 기념비적, 골동품적, 비판적 — 으로 구분한 것은 르페브르의 작업뿐 아니라 하이데거의 『존재와 시간』에도 아주 중요하다. 르페브르가 역진적-전진적 접근법을 사용한 것은 니체의 권고, 곧 역사는 반드시 삶에, 현재의 비판적 목적을 위해 봉사하도록 만들어져야 한다는 그 말을 따른다. 하이데거와 르페브르는 그 권고를 갖고 결국 꽤 다른 일을 할 터였지만 둘 다 반복의 개념에는 관심이 있었다.[81] "반복에 대한 검토(는), 니체에겐 출발점이자 토대(다)". 반복은 우리가 여기저기서 발견하는 뭔가가 아니라 현실적인 것에서 합리적인 것에 이르는 경험의 총체를 망라한다. "그것은 논리와 수학만큼이나 미학과 도덕, 물리학, 이른바 지식에 대한 '철학적' 이론, 추상적 사유 및 실천과 관련이 있다."[82] 르페브르가 니체의 반복 개념에 그토록 관심을 가졌던 까닭 하나는 그것과 함께 초래되는, 동일자 및 타자와 관련한 발상들이 문제시되기 때문이다.

니체의 그 개념이 동일자의 영원회귀와 관련하긴 하지만 그 밖의 부분도 있다. 르페브르는 그것을 이렇게 말한다. "그렇다면 처음부터 역설이 하나 있다. 반복을 통한 차이의 생성이라는."[83] 1장에서 나는 다음에 주목했다. 르페브르는 A = A 같은 단순한 동일성이 이미 차이를 생산하고 있다는 점, 또 그것이 두 번째 A가 같으면서도 다르기 때문 곧 두 번째이기 때문이라는 점을 어떻게 알아차렸는가.[84] 이는 차이의 정치 및 차이의 권리와 관련한 르페브르의 작업을 이해하는 데 결정적이다. 더 자세한 논의는 6장에서 이뤄진다. 르페브르는 영원회귀의 진정한 결과는 역사의 재시작이 아니라 그 종말의 공표라고 주장한다.[85] 곧 역사에서는 (우리가 이해하는 것처럼) 단선성이 요구되지만, 순환적 이해는 그 단선성을 분쇄한다. 우리가 역사 이전의 시간과 역사적 시간을 생각할 수 있다면 우리는 역사 이후의 시간도 생각할 수 있다.[86] 그렇다면 결국

> 니체는 고귀한 자리를 갖고 있[는 셈이 된]다. 차이나는 것을 사유하고 추구하기를 시작한 자, 가치와 의미의 다양성을 선언한 자, 그리고 그 결과, 차이 내의 긍정을 향한 길을 여는 자가 바로 그다 … 동일자는 타자 없이 긍정될 수 없으며, 타자(차이나는 것과 외딴 곳)는 동일자를 통해 드러나고 동일한 것을 거쳐감으로써 획득된다. 차이를 내려는 투쟁이 시작은 하지만 역사로 끝나지는 않을 것이다.[87]

우리가 이전 장의 주장을 믿을 수 있다면 우리는 하이데거가 여기서 어떤 역할을 담당하리라는 것을 기대할지도 모르겠다. 하이데거의 역사 관련 작업과 시간에 관련해 그가 수행한 근본적 작업이 르페브르에게 영향을 끼치진 않았는가? 차이와 하이데거의 개념인 **에어아이크니스***Ereignis* 곧 전유의 사건과 관련한 작업은 어떤가?[88] 가장 근본적으로 순간에 대한 니체의 이해와 관련한 논의, 하이데거의 1961년 책『니체』— 하이데거가 1930년대와 1940년대에 한 다양한 강연에 기반을 두고 있다 — 에서 우리가 발견하는 그 논의는 어떤가?[89] 중요한 비교점과 쟁점이 더러 있긴 하지만 르페브르가 하이데거에 대해 통상적으로 하는 비판은 계속된다. 우선 르페브르는 하이데거가 차이와 전유에 대해 사유한 것의 중요성을 인식하고, 우리가 그의 모델을 사용함으로써 "도시사회는 존재와 존재의 발전 경로에 있는 테크놀로지를 뒤따른다"고 말할 수 있음을 인정한다. 하지만 그는 "누군가는 이렇듯 여전히 철학적인 명제들이 실천을 명확히 하는 데는 크게 중요치 않다 … "고 반대할 수도 있음을 인정한다.[90] 마찬가지로 앞서 언급했다시피 르페브르의 시간 관련 작업은 그가 하이데거와 교전하기 전인 1920년대까지 거슬러 올라간다. 르페브르의 첫 반응이 적대적인 것이었다는 점과 [그전에] 이미 그가 프루스트와 니체를 통해 시간 관련 쟁점 대부분을 독자적으로 사유했다는 점을 고려해 본다면 시간에 대한 그의 이해가 하이데거에게 거의 빚을 지지 않는다는 건 놀랍지 않다.

특별히 대조해 볼 논점 하나는 하이데거가 *Geschichte*와 *Historie*를 각각 발생한 역사와 기록된 역사로 대립시킨 반면, 르페브르는 그것들을 정확히 반대로 — 전자를 역사성으로, 후자를 생성 곧 *devenir*의 지식으로 — 기술한다는 것이다. 르페브르는 헤겔이 상정하고 마르크스가 수용한 것과 같은 이 둘 간의 일치에 대해 니체가 이의를 제기했다고, 그 까닭이 역사적 지식의 파괴적 가능성 때문이었다고 주장한다.[91] [내 입장에서] 르페브르가 다만 그 두 독일어 간의 대립 관계를 뒤바꿔 놓았을 뿐이라고 말하고 싶은 유혹을 견디긴 어렵다. 그 두 용어의 앞뒤가 바뀌어 *Geschichte*역운— 이 말은 사건 및 운명에 관련한 말들과 직접적 관계를 맺고 있다 — 가 생성의 개념으로 간주된다면, 우리는 실지로 하이데거의 개념에 아주 가까운 이해를 하게 된다. 사실 르페브르는 현대세계의 문제 하나가 생성*(le devenir)*보다 역사주의를 강조하는 거라고 주장한다.[92] 그러나 우리가 하이데거에 대한 르페브르의 비판을 더 읽어 낸다면 우리는 그 문제를 이해하기 시작할 수 있다. 르페브르는 하이데거가 역사는 단지 존재의 역사 — 이 역사와 역사가의 역사 사이엔 아무런 공통점도 없다 — 일 뿐이라고 말한 것을 그의 특징으로 규명한다. 하이데거가 펼친 존재의 역사에서 얼마간의 통찰이 엿보이긴 해도 르페브르가 정작 문제로 삼는 것은 역사적 운명, 역사, *Geschichte*는 운명*(Schicksal)*으로 말미암아 발송된다*(geschickt)*는 하이데거의 주장이다. "이 말들의 유희는 존재의 상황을 조명한다. 그것들을 모으는 것이 바로 존재이기 때문이다." 하이데거에 따르면 역사 이전(자연)—역사(**로고스**와 테크놀로지)—역사 이후(존재의 발견)가 있다. 이로써 우리가 역사성을 만족스럽게 규정할 수 있다는 것을 르페브르는 믿지 않는다. 본질적으로 그것은 존재의 역사가 역사의 한 존재를 함의한다는, 그 결정적인 논점을 얼버무려 넘긴다. 문제가 되고 있는 건 정확히 이것이다.[93]

따라서 역사의 질문과 관련해서 르페브르는 하이데거보다는 니체에 한층 더 근접해 있으며, 계보학의 의미에 대해서는 눈에 띌 정도로 들뢰즈를 활용한다.[94] 르페브르가 보기에 계보학은 "유래, 구체적 조우, 우회와 **전용***détournements*, 영향 같은 것"과 관계가 있다.[95] 푸코의 경우와 마찬가지로 계보학은 개념들의 발생 및 계통과 관계를 맺고 있지만, 이 개념들에는 더 유연한 경향, 특유한 사유 체계들과 별로 엮이지 않는 경향이 있다.[96] 푸코의 역사 관련 작업에서 내가 발견한 하이데거식의 니체 철학 대신 르페브르를 통해 우리는 니체식의 역사, 계보학에 대해 그다지 획일적이진 않은 견해를 갖게 된다.[97] 역진적-전진적 방법론의 역진적 측면은 — 비록 겉으로는 마르크스식이지만 — 속으로는 니체식이다. 그렇기에 니체와 마르크스는 시간성에 대해선 대립하지만 역사 문제의 일부 측면에 대해선 일치한다. 예컨대 르페브르는 세계사의 개념에 대해 그 둘 다 헤겔에게 이의를 제기한다고 보고 이렇게 말한다. "이러한 (니체의) 비판과 마르크스·엥겔스의 비판 사이에 있는 수렴점을 굳이 강조할 필요까지 있을까? 니체는 한 발 더 나아가 더 큰 타격을 입힌다."[98] 하지만 헤겔 철학, 특별히 헤겔 좌파에 대한 비판이라는 출발점은 공유된다.[99]

> 따라서 우리는 어떤 객관적 상대주의, 아니 좀 더 정확히 말하면 모종의 상대성을 배제하지 않는 더 심층적인 객관성의 이론에 도달할 수 있다. **과거는 가능성 실현의 기능이 이 과거에 객관적으로 함의돼 있기 때문에 현재적으로 된다(또는 갱신된다)**. 과거는 가능성들과 함께 드러난다. 가능한 것의 범주를 역사적 방법론에 도입함으로써 우리는 순수한 객관주의로 무너져 내리는 일 없이 역사의 객관성 — 객관성의 당연한 권리를 상대성, 참신성, 지칠 줄 모르는 끈기에 양도하면서 — 을 생각할 수 있게 된다. 과거는 주관주의로 빠져 들지 않은 채 역사적 행위와 인물을 역사의 효과적 운동으로 복원한다.[100]

공간의 생산

최근 몇 년 간 사회 이론 내에서는 시간성의 문제에서 공간성의 문제로 [이행하는] 주목할 만한 전환이 있어 왔다. "경관이 사건보다 덜 극적이어야 하는 하등의 이유가 있는가?" 하는 프레드릭 제임슨의 질문처럼 말이다.[101] 르페브르가 활동 장소location에 중점을 두는 이유의 일부는 농촌사회에서 도시사회로 이뤄지는 변화 및 일상생활의 상황에 대해서 던지는 질문 속에 자리 잡을 수 있다. 르페브르의 복수적 마르크스주의 관련 작업 또한 이 같은 중요성이 왜 그토록 강조돼야 하는지의 이유를 제시한다. 그는 『역사의 종언』에서 변화의 물질적 원인은 경제·생산·지정학·지리적 "요인" 같은 것이라고 주장한다.[102] 따라서 공간 관련 쟁점은 물질적 분석에 아주 중요하다.

얼마간의 시론을 모아놓은 『공간과 정치』 곧 도시사회 관련 작업과 더 명징한 이론화 작업 사이에 자리를 잡는 그 책에서 르페브르는 이렇게 말한다. "도시 및 도시사회 연구는 공간 관련 연구를 일컫는다. 이것은 『공간의 생산』이라는 제목으로 출간될 작업의 대상이 될 것이다. 사회적 공간에 대한 이 이론은 한편으로는 도시적 현실에 대한, 다른 한편으로는 일상생활에 대한 비판적 분석을 망라한다."[103]

하비의 표현에 따르면 "영토적 조직, 식민주의와 제국주의, [지리적] 불균등 발전, 도농모순, 게다가 지정학적 갈등의 역사 전체가 자본주의 역사 안에서 벌어지는 그러한 투쟁들의 중요성을 입증한다".[104] 자본주의가 20세기까지 존속해 온 이유 하나는 그것이 공간의 관계와 전 지구적 공간경제를 구축, 재구축하는 데 유연함을 발휘했기 때문이다. 일상생활이 자본주의에 식민화돼 왔듯 일상생활의 활동 장소 곧 사회적 공간 또한 마찬가지였다.[105] 사실 1989년에 르페브르는 그와 대담을 나눴던 사람들에게 도시(공간) 문제를 외면하는 역사학과 사회학의 강좌가 터무니없어 보인다는 생각을 내비쳤다. 역사학과 사회학의 핵심 바로 그것이 그것들에서 빠져 있었기 때문이다.[106] 한 주제로서 공간의 생산에는 명백한 정치적 측면들이 있고 그것들은 자본주의 내에서 발전하고 있는 생산체제들과 관계를 맺는다. 여기서 공간의 생산이 다뤄지긴 하겠지만 그것은 다음 장에서 명백히 정치적인 견지와 함께 다시 논의될 것이다.

그러나 르페브르의 공간 관련 작업에 대해 가장 의미심장한 근거 하나는 — 내가 얘기할 수 있는 한에서는 — 결코 언급되지 않는다.[107] 그것은 다름이 아니라 피뇽을 다룬 그의 시론으로서 그 화가의 생애 및 다시 그린 그림 일부의 연대기와 함께 책 한 권으로 묶여 1956년에 발간된 것이다. 그 책은 삽화는 더 실었지만 본문은 그대로인 채 1970년에 재간됐다.[108] 피뇽은 프랑스 공산당의 당원이었고 피카소와 같은 시대를 산 사람이었다. 보통은 정치적이었던 피뇽의 회화는 지중해 쪽 프랑스의 포도·올리브 수확과 관련한 것에서 북쪽 산업지대를 배경으로 하는 〈루브리에 모르〉*L'Ouvrier mort*, 「죽은 노동자」로 알려진 연작에 이르기까지 다양했다. 르페브르는 피뇽에 대한 분석을 통해 자신의 후기 작업에서 핵심을 차지할 문제 대다수의 윤곽을 조금 빈약하긴 하지만 그래도 개괄적인 방식으로 보여준다.

르페브르는 피농의 작업에 끼친 영향을 발견하려 세잔, 심지어 더 멀게는 틴토레토Tintoretto까지 거슬러 올라가면서 그들의 회화가 공간의 기하학적 재현에 이의를 제기하는 방법으로서 기능한다고 말한다.[109] 피농 또한 자신이 한 분석에서 이 선학들을 정확히 활용한다.[110] 세잔의 작업과 그의 뒤를 잇는 입체파 화가들의 작업 속에서 그려지는 것은 현실이기보다 오히려 현실을 간파하는 행위다. 입체파는 늘 앉아 있기만 하는 관찰자의 통일된 관점을 없애고 공간적 틀 속의 시간을 통한 운동을 보여준다. 공간은 — 관찰자 눈에 — 분화되고 이질적으로 된다.[111] 따라서 입체파는 삼차원의 추상적 공간을 지각 가능하게끔*(sensible)* 만듦과 동시에 지각 가능한 것을 추상적으로 그려 내기도 한다.[112] 언뜻 보면 부재하는 관찰 중인 인간이, 거기, 세잔의 캔버스와 그의 뒤를 잇는 캔버스들에 있다.[113] 이와는 대조적으로 엄격한 고전주의자의 회화에서 관찰자는 배제됐다.[114] 르페브르가 주목하듯이 본질적으로 공간과 시간은 바뀌지 않을 수 있지만, 그것들에 대한 우리의 통찰력은 바뀐다 — 그것들은 더 미세하게, 더 미묘하게, 더 심오하게, 더 분화하게 된다.[115] 세잔의 생 빅투아르 산 연작이 "고전적" 관점의 척도 및 규칙과 결별하면서 그 산은 우리 앞에 곧 닥칠 것처럼 거대하고 불균형하게 보이게 되고, 그 결과 우리에게 또 우리와 함께 더 현실적으로 된다.[116] 르페브르는 엄격하게 재현적인 회화에서 기하학적 규칙은 어떻게 주체, 이 경우 노동자의 아노미를 가중시키는지, 그리고 피농은 또 어떻게 그 재현을 부수고 나오는지에 주목한다. 자본주의적 기술의 메커니즘에 맞선 채 피농은 더 유기적이고 생리적인 세계를 상정한다. 피농은 외로운 인간들로 이뤄진 파편화된 세계에 맞서는 유기적 전체를 보여주는데, 그 인간들은 자연과 타자 모두에게서 소외돼 있다.[117]

르페브르가 『피농』을 집필할 당시에 피농이 내어 놓은 최신작 하나는 전선을 가설하는 이들과 관련한 것이다. 르페브르가 보기에 노동자의 몸과 기술 간에는 결정적인 관계가 있다.

송전탑 위에서, 따로 떨어져 있거나 삼삼오오, 웅기중기 모인 채 일꾼의 몸이 일종의 조직된 방식으로 매달려 움직인다. 그들은 부품을 들어 올리고, 전선을 풀고, 너트를 조인다. 그들의 근육이 조이고 몸이 꼬인다. 그들은 허공에 기대서는 떨어질 위험을 무릅쓰고, 우리에게는 현기증을 일으킨다. 그들은 그 공간, 공중, 불빛 속에서 도드라진다. 전선과 송전탑은 작은 언덕의 능선뿐 아니라 공간 또한 '구조적으로' 분할한다. 이 고된 노동이 다닥다닥 들어선 집, 언덕, 올리브 나무, 소나무와 직접 맞닿으며 그 속으로 자연스럽게 동화되는 한 경관 속에서 펼쳐진다.[118]

따라서 우리가 피뇽에 대한 분석에서 발견하는 것은 미적 경험으로서 공간에 대한 관심이기도 하고, 그 경험이 늘 공간성의 문제와는 어떻게 관계를 맺는지에 대한 이해이기도 하다.[119] 마찬가지로 소외, 신기술, 신기술과 자연 간 관계와 같은 얼마간의 주제가 논의된다. 르페브르는 이후 작업에서 자신의 노력 대부분을 그 주제에 집중할 터였다. 공간에 대한 르페브르의 관심은 『과학의 방법론』을 비롯한 그의 초기 저작 일부에서 발견되기도 한다. 여기서 우리는 고대 기하학과 물리학, 아울러 그 이후 프랑수아 비에트François Viète, 데카르트, 칸트에게서 이뤄진 전개와 관련한 논의를 발견한다. 르페브르는 이후의 분석에서 중요하게 될, 양과 계산을 둘러싼 쟁점 일부를 깊이 있게 논의하고 있으며 고전적 입장과 함께 비유클리드 기하학을 다룬 당대의 여러 저술에도 상당한 조예를 갖추고 있음을 보여준다.[120] 이들에 대한 독서를 통해 그는 현대수학이 "단일한 공간이 아니라 다층적 공간들의 다중성을 연구했다"는 경각심을 갖게 됐다.[121]

이것 대신 우리는 한 번 더 『율리시스』를 예시로 쓸 수 있다. 르페브르에게 그 소설에는 "어떤 지시대상이나 '장소', 곧 장소적topical(지명 및 지형과 관련한) 총체ensemble가 있다. 더블린, 강과 포구가 있는 그 도시 … ".[122] 소설이 공간을 염두에 둬야만 하는 것과 꼭 같이 르페브르는 왜 사건에 대한 고려가 사회적·시간적·공간적인 것을 참작해야만 하는지의 이유를 댄다. 그는 간단한 문장 하나를 검토한다. '나는 이 의자를 생 앙투안 거리에서 샀다'. 르페브르는 이것이 언어적일뿐 아니라 실천적이고 사회적인 **맥락** 또한 수반하는 진술이라고 주장한다. 프랑스 사회에 대한 이해와 공간 및 시간에 대한 상세한 설명 없이 우린 그 어떤 것 — 의자"라는 대상, "거리"라는 현실, 프랑스어 — 도 자리를 잡게 만들거나 규정할 수 없다.[123] 마찬가지로 그는 도시가 "지도로 그려 놓은 공간과 눈금을 매겨 놓은 시간 위에 쓰인다"고 주장한다.[124]

중요한 것은 공간이 투쟁의 궁극적인 장소locus이자 매개라는, 그렇기에 중대한 정치적 쟁점이라는 르페브르의 주장에 주목하는 일이다. "공간은 정치적이기 때문에 공간과 관련한 모종의 정치가 있다"는 그의 아포리즘처럼.[125] 예컨대 르페브르는 이렇게 주장한다. 도시계획가의 눈에 공간이 과학적 대상 곧 순수하고 무정치적인 것으로 보이는 곳은 역사적·자연적 요인으로써, 정치적 과정을 통해서 형성·주조된다 moulded, 鑄造.[126] 르페브르와 하이데거 둘 다 사회적·기술적 지배는 공간을 계산 가능하고 통제 가능한 것으로 봤던 데카르트식의 이해 탓에 가능해진다는 것을 실감한다.[127] 르페브르는 하이데거에 이어서 자연에 대한 지배와 전유를 구분할 것을 제안한다. 지배가 파괴를 낳기 때문이다. 이 갈등은 공간에서 일어난다.[128] 공간은 인간이 발견하고 점유할 뿐 아니라 그 과정에서 변형되기도 한다. 앞 장에서 주목했듯이 자연은 이 지배의 도전을 받는다. 도시화는 이 같은 "거대한 연장colossal extension"의 한 측면이다.[129] 공간은 갈등의 장소일뿐더러 투쟁의 대상 그 자체이기도 하다. 따라서 공간의 이해와 공간의 사회적 구축 및 사용 방식에 대해서 이뤄져야 할 일이 있다. 공간은 사회적이고 정치적인 생산물이다. 이것이 바로 공간과 관련한 르페브르의 주요 작업에 왜 『공간의 생산』이라는 제목이 붙는지를 설명해 주는 분명한 이유다. 이 제목의 두 항[공간과 생산] 모두는 비판적으로 검토돼야 한다.[130]

1장에서 생산에 대한 마르크스의 이해가 르페브르의 작업에 중요하다는 것을 논의한 적이 있다. 이는 공간 관련 작업에서 유달리 눈에 띈다. 앞서 언급된 것처럼 르페브르는 "**(사회적) 공간은 (사회적) 생산물이다**"고 말한다.[131] 공간은 특정 시기의 생산양식이라는 맥락에서 이해돼야 한다. 르페브르가 관념의 역할에 주목하긴 해도 그는 생산력과 생산관계의 중요성을 인정한다. 공간은 때때로 생산양식의 모순으로써 생산된다. 예컨대 봉건제에서 생산됐지만 결국 그것에 승리를 거뒀던 중세도시처럼 말이다.[132] 하지만 르페브르는 공간에 생산의 중요한 역할을 부여하는 데서 한 발 더 나아간다. 엄격한 마르크스주의 전통에서 사회적 공간은 상부구조의 일부로 여겨졌겠지만, 르페브르가 보기에 그 공간은 생산력과 분업으로 개입해 소유권과 관계를 맺는다. 사회적 공간과 공간 그 자체는 토대-구조-상부구조의 모델에서 벗어난다.[133]

르페브르의 작업에서 생산이 뭘 뜻하는지는 한 번 더 강조할 만하다.

> 마르크스의 초기 저술(그렇긴 해도 『자본론』을 제외하진 않은 채)에 따라 해석될 때 **생산**이라는 용어는 더 강력하고 폭넓은 의미를 획득한다. 생산이 단지 제품을 만들어 내는 일만은 아니다. 그 용어는 한편으로는 '정신적인' 생산 곧 (사회적 시간과 공간을 비롯한) 창조 행위를, 다른 한편으로는 물질적 생산이나 물건의 제조를 뜻한다.[134]

그렇다면 생산의 폭은 (마르크스가 강조한) 물건의 경제적 생산보다 더 넓어져 사회·지식·제도의 생산까지 포함하게 된다. 물건의 생산은 **작품**의 생산이라는 더 큰 의미의 작은 의미 하나에 지나지 않는다.[135] 이 다른 측면들은 — 마르크스의 구상에서 참작은 됐지만 — 그러한 마르크스의 작업에서 별로 다뤄지진 않았다. 르페브르가 말하는 생산의 뜻은 — 마르크스와 헤겔에게서 또 니체의 창조 개념에서 파생한 — 물질적이고 정신적인 과정 둘 다로 파악돼야 한다. 현대세계의 생산에 대한 분석은 "우리가 **공간 내의** 물건 생산에서 **공간** 그 자체**의** 생산으로 나아가기에 이르렀다"는 것을 보여준다.[136] 이 둘 모두 고려돼야 한다.[137] 하지만 르페브르의 공간생산 관련 작업에는 얼마간의 긴장이 있다. 한편으로 그는 다음을 지적하는 데 열심이다. "사회적 공간이 **사회화된** 공간은 아니다".[138] 다시 말해서 사회적 공간은 비사회적 공간, 자연적 공간으로서 이전에 존재한 것이 아니라 사회세력들이 생산하는 것이다. 다른 한편으로 그는 다음에 주목한다.

> 생산력은 그것을 성공적으로 다루는 이가 공간을 통제하고 심지어 **생산**까지 할 수 있도록 한다. 이 생산 능력은 지구 공간 전체와 그 너머로 확장한다. 자연적 공간은 기술의 총체ensemble, 특별히 물리학과 정보과학으로 말미암아 파괴되고 사회적 생산물로 변형된다.[139]

따라서 핵심 요인 하나는 기술, 하이데거와 어깨를 견줄 만한 또 다른 영역이 된다.[140] 커쉬Scott Kirsch는 이것이 때에 따라선 르페브르 작업에 대한 분석에서 간과되곤 했다고, 곧 "공간 **내** 생산에 대한 의미에 더해 기술은 공간**의** 생산에서 매개적 역할을 담당하기도 한다."고 지적했다. 기술관료주의에 대한 르페브르의 비판은 여기서 한 번 더 표면화된다.

> 기술관료의 사고는 텅 빈 공간의 재현과 마침내 꽉 찬 공간의 재현 사이에서 진자운동을 벌인다. 전자는 거의 기하학적이며 오직 개념으로써, 가장 합리적인 수준에 도달한 논리 및 전략으로써 점유된 공간이고, 후자는 그 논리 및 전략의 결과로써 점유된 공간이다. 기술관료는 우선 모든 공간이 **생산물**이란 것을 이해하지 못하고, 그 결과 이 생산물이 개념적 사유 곧 즉각적 생산력이 될 필요가 없는 사유에서 발생하지 않는다는 것도 이해하지 못한다. 생산물로서 공간은 실질적 효력을 갖고 있는 집단에게 통제당하는 생산관계에서 비롯한다.[141]

커쉬는 또한 "수축하는 세계라는 꽤나 만화 같은 비유를 활용"하지 말라고 경고한다. 그 비유에 자본, **기술**, 공간 간의 복잡한 관계를 시야에서 놓칠 위험이 있기 때문이다. 공간은 "수축하는" 것이 아니라 도리어 끊임없이 개주되는recast, 改鑄 것임에 틀림없다.[142] 이 마지막 문장을 우리는 이렇게 고치거나 바꿔 말하고 싶을지도 모르겠다. 공간은 수축하지 않고 끊임없이 개주되고 있지만, 우리는 그것을 수축하고 있는 것으로 **지각한다**.

이는 중요점 하나를 강조한다. 르페브르는 공간에 대한 시간의 우위라는 근대주의적 불균형을 수정했을 뿐더러 칸트와는 **반대로** 그것들[공간과 시간]의 경험에 있는 역사성 또한 강조했다. 시간과 공간은 더 이상 칸트가 말하는 텅 빈 형식적 용기가 아닌, 더 이상 경험·시간·공간의 **범주**가 아닌, **그 자체로** 경험될 수 있는 것이다. 그것들의 경험은 역사적 조건과 직접적으로 관계를 맺었고 그 조건 안에서 이뤄진다. 물론 르페브르는 이 역사적 조건이 생산양식과, 그 결과 공간의 **생산**과 직결된다고 본다.[143] 따라서 르페브르는 자신의 작업에서 두 가지 주요 조치를 내리고 싶어 했다. 첫째, 사회 이론을 고려해서 공간을 시간과 함께 나란히 부각해 칸트의 경험적 용기에 있는 텅 빔을 바로 잡는 것이었다. 공간성이 시간성과 역사만큼 중요하긴 해도 그것들에 대한 고려사항을 모호하게 만들진 않아야 한다. “공간과 시간은 상이하면서도 불가분한 것으로 보이고 또 그렇게 드러난다”.[144] 둘째, 그는 이러한 새로운 비판적 이해를 그가 글을 쓰고 있던 곳인 (현대)세계를 검토하는 데 활용하고 싶어 했다. 이는 공간은 어떻게 생산되며 또 어떻게 경험되는가를 분석함으로써 이뤄진다. 공간은 두 가지 방식으로 생산된다. 사회구성체(생산양식)로서 또 정신적 구축물(구상)로서.

르페브르의 작업을 논평하는 사람 대다수는 공간문제에 기울인 관심에 대해선 마르크스주의가 딱히 잘 알려져 있지 않다는 지적을 해 왔다. 소자는 역사는 중요했지만 지리는 “불필요한 말썽거리”였다는 관점을 마르크스의 탓으로 돌린다. 하지만 그는 이 인용 — 정말로 그것이 인용이라면 — 의 출처를 제시하진 못한다.[145] 마찬가지로 피트Richard Peet는 “마르크스주의에는 자연과 맺는 관계와 관련해선 말할 것이 거의 없고 그것은 공간 안보다 오히려 못바늘 위에서 일어나는 사건을 본다.”고 말한다.[146] 이 주장들의 타당성은 좀 더 따져봐야 하겠지만 — 우리는 그 사람들에게 자본의 유통을 다룬 『자본론』 제2권, 그중에서도 특별히 공간 희소성, 도농관계 분석, 군대 분석과 관련한 대목을 검토해 보라고 할 수도 있다 — 그래도 그 분석들이 결코 무대 중앙을 차지하지 못한다는 건 확실히 사실이다.[147] 그 이유 일부는 마르크스가 『자본론』에 대한 전반적 계획과 관련해서 생전에 출간한 것 때문이다. 그가 『요강』에서 말하는 것처럼

> **유통은 시간과 공간 속에서 이뤄진다**. 경제적으로 고찰할 때 공간적 조건 곧 생산물을 시장으로 운반하는 것은 생산과정 자체에 속한다 … 이러한 공간적 계기는 시장의 확장과 생산물의 교환 가능성이 그 계기와 연관되는 한 중요하다.[148]

1980년에 자신이 마르크스주의의 현황과 관련해서 작성한 일람에서 르페브르는 “공간은 마르크스에게 오직 생산 장소의, 다양한 단계에 있는 점유지*(territoire)*의 총합이기만 한 것으로 드러났다”고 말했다.[149] 우리는 4장에서 르페브르가 마르크스·엥

겔스의 도시 관련 작업에 따른 한계는 어떻게 인정하는지, 게다가 그들이 글을 쓰고 있던 [역사적] 맥락을 고려했을 때 그 한계가 이해할 만하다는 것은 또 어떻게 인정하는지를 살펴봤다. 이 명백한 부주의의 해결책으로 제시된 방식 하나는 "『자본론』에서 공간은 분석되지 않지만 교환가치와 사용가치 같은 일부 개념은 오늘날 공간에 적용된다"고 말하는 것이다.[150] 정치경제학은 공간의 정치경제학이 됐다.[151]

일부 마르크스주의자가 공간적 비유를 활용하긴 했지만 그이들은 대체로 공간 그 자체를 분석하진 못했다. 전형적 예시가 알튀세다. 그가 장·지형·공간·현장·상황·위치 같은 말을 쓰긴 해도 니체·하이데거·푸코의 비유가 실제적 분석에 몰두하는 동안 그는 언어만 필요로 하는 것 같다.[152] 이러한 비판은 구조주의자 다수에게도 적용될 수 있다. 대개 그 사람들의 언어가 공공연하게 공간화됐던 탓이다. 르페브르는 이를 공간의 물신숭배로 부른다. 그 이유의 일부는 역사성의 문제가 소홀하게 다뤄진다는 데 있다. 공간문제는 결코 시간문제와 분리돼선 안 된다.[153] 마찬가지로 공간적 언어를 비유로 쓰는 것에 트집을 잡는 일은 없어야겠지만, 그래도 이 공간적 언어가 **왜** 그토록 유용한지에 대한 이해 정도는 덧붙어야 할 것이다. 공간적 언어 대부분은 논쟁, 투쟁, 생산성을 다룬다. 정확히 그 언어 대부분이 공간의 실제 사용과 경험을 반영하기 때문이다.

매시Doreen Massey의 재치 있는 경고처럼 보통 "공간"과 "공간적"은 마치 그 의미가 분명한 것처럼 사용되지만, 저술가들은 대체로 그 의미에 그 밖의 해석이 많이 있다는 것을 깨닫지 못한다. 그녀는 르페브르가 이를 깨닫고 이 문제적 용어들을 자못 분명하게 이해한다는 점을 받아들인다.[154] 말할 것도 없이 프랑스어 *espace*에는 영어 "space"보다 더 다양한 의미가 있다. 영어에서 이 상이한 의미는 우리가 "area구역", "zone지대", 심지어 "place장소"로 쓰는 말에 가까운 것으로 이해될 수 있다.[155] 르페브르는 최근까지 공간에 대한 한 가지 견해가 지배적이었다고 말하면서 『공간의 생산』을 시작한다. 그 견해는 바로 데카르트가 확립한 **레스 코기탄스***res cogitans*와 **레스 엑스텐사***res extensa*의 분리에 바탕을 두고 있다. 공간은 연장을 기반으로 정식화됐으며, 이

때 연장은 좌표·선·평면의 관점에서 "유클리드적" 기하학으로 여겨진다. 칸트는 공간과 시간을 **선험적인** 절대적 범주 곧 모든 경험을 구조화하는 것으로 이해함으로써 이 그림을 한층 더 복잡하게 만들었다.[156] 공간의 생산에 대한 르페브르의 강조가 어떻게 이 경험을 역사화하는지는 우리가 이미 살펴봤지만 그래도 데카르트의 정식화에 대한 비판은 계속해서 이뤄져야 한다.

일찍이 1939년에 르페브르는 기하학적 공간을 추상적인 것으로 기술했고 그 공간이 구체적인 것을 추상한다는 측면에서 그것을 시계시간에 비유했다.[157] 데카르트에 대한 1947년 연구에서 그는 15세기 중반 니콜라스 오렘^Nicolas Oresme^이 직사각형의 좌표체계(위도와 경도)를 사용했음에 주목한다.[158] 이는 자연의 수학화라는 데카르트의 작업에 대한 전주곡으로서 필연적 영향을 끼치게 되는데 르페브르는 이를 차근차근 곱씹는다.[159] 데카르트가 **사유하는 것**과 **연장된 것**을 구분한 것은 실체의 근본적인 존재론적 결정 곧 물질적 존재가 삼차원에서 연장됨을 뜻한다. 데카르트의 중요한 착상은 기하학 내의 모든 문제가 몇몇 선분의 길이로, 방정식의 근의 값으로 환원될 수 있으며,[160] 그럼으로써 공간을 양적 측정이 가능하고, 계산 가능하고, 수치화하는 어떤 것으로 바꿔 놓는다는 것이다. 그는 물리학 전부, 심지어 생리학조차 기하학적 기계론으로 환원한다.[161] 르페브르는 데카르트의 작업에 일종의 역설뿐 아니라 "아주 분명한 모순"도 있다는 점 때문에 그에게 흥미를 느낀다.[162] 한편으로 그의 공간은 단일한 **사유** — 감각적 질에서 분리된, 양의 사유 — 로 환원된다. 공간의 경험은 제거되어 추상적, 과학적 양화로 대체된다. 질에 대한 스콜라 철학의 이해는 양 — "더 단일하고, 더 추상적이고, 더 일반적이고, 더 다루기 쉬운" 것 — 으로 환원되고 양이나 치수는 "결국 길이로 환원되는데, 그 길이 자체는 **자릿수**^*order*, 位數^로 환원된다". 질서^order^는 실질적으로 변수 x의 값의 연속으로 이뤄지는 **그 자릿수**^*the order*^, 그리고 또 다른 변수 y에 대한 변수 x의 **관계**이며, 그 질서면 해석기하학 내의 모든 것을 이해하기엔 충분하다. 그 결과 다른 한편으로 공간은 사유, **코기토**의 사유 외부에 있는 모종의 **실재**가 된다. 공간은 **연장된 것**이며 그것은 **사유하는 것**과는 전적으로 다른 것이다.[163]

물론 이 같은 입장은 성립될 수 없다. 만약 공간이 사유와는 전적으로 다른 "연장된 사물"이라면 사유는 그것을 이해할 수 없고, 공간이 다만 사유에 지나지 않는 것이라면 공간의 지식에는 내용이 없다. 르페브르가 보기에 데카르트는 두 모순적 입장 사이, 곧 기하학적 공간을 사유로 환원하는 것과 전체 사유의 외부에서 공간을 "인식하는 것" 사이에서 동요한다. 따라서 데카르트에게 공간은 정확히 말하자면 "역설적"인 것이 아니라 두 모순적 속성으로 이뤄져 있다고 르페브르는 말한다. 그러나 데카르트는 그 같은 모순을 깨닫지 못했기 때문에 이 두 모순적 테제 사이를 기꺼이 오갔다.[164] 여기서 르페브르의 표현은 불완전하긴 하지만 그가 나중에 내놓게 될 주장에 대해서는 분명히 어떤 예시豫示가 된다. 그 주장은 이렇다. 공간은 — 그것이 고안된, 추상적 사유로 이해되거나 그것이 지각된, 구체적 현실로 이해되거나 하는 — 두 가지 방식이 아니라 세 가지 방식, 곧 **체험된** 공간이 덧붙어 예의 그 두 공간 중 어느 한 쪽으로도 환원되지 않은 채 그 둘 간의 갈등을 해결한다는 식으로 이해돼야 한다. 르페브르는 "전통 형이상학에서 우리는 이해 가능한 공간과 현실 공간 사이에 아무런 공통점도 없다는 (익히 알려진) 가설을 발견한다. 이해 가능한 공간은 연장적이지 않다."고 지적한다.[165] 그의 요점은 '현실' 공간을 이런 방식으로 생각하는 것 또한 추상화라는 점, 그리고 그것은 정확히 공간에 대한 일종의 이해 가능한 방식으로서 물질세계에 부과된 것이라는 점이다.

이는 하이데거가 『존재와 시간』 및 그 밖의 작업에서 수행한 기하학적 공간에 대한 비판과 유용한 관계를 맺을 수 있다. 우리가 공간을 이해하는 데 하이데거가 이바지한 바를 요약하기란 결코 만만한 일이 아니다. 나는 다른 곳에서 이를 한층 더 자세히 논의하려 애쓴 적이 있다.[166] 여기선 개요 정도만 제공하겠다. 초기 작업에서 하이데거는 시간의 분석에 더 큰 관심을 기울이지만 가끔은 공간의 이해와 관련해 예리한 견해를 밝히기도 한다. 1930년대 중반쯤부터 시작하는 후기 작업에서 그는 [시간과 공간 간의] 그 불균형을 바로 잡음과 동시에 공간성의 문제를 시간성의 문제만큼 중요한 것으로 다루기 시작한다. 그가 펼친 주장의 요지는 이렇다. 공간은 시간과 마찬가지로 좁은, 계산적인, 수학적인 의미에서 이해돼 왔으며, 이는 우리가 일상적으로 세계에 대처하면서 하게 되는 공간의 경험에서 분리돼 있다. 얼마간의 두드러진 예시 — 강의실로 들어가기, 식탁 사용, 강 위에 걸쳐 있는 다리 — 를 통해 하이데거는 그러한 환원적 분석에 이의를 단다. 그보다 그는 우리가 세계 내 대상을 좌표로 구성된 데카르트의 격자에서 추상하는 대신 체험된 방식, 경험에 바탕을 둔 방식으로 그 대상과 함께 행동하고 그것에 반응하면서 세계를 일종의 관심사로 다뤄야 한다고 말한다. 하이데거는 가장 이른 시기의 작업부터 정신과 물질의 분리를 받아들이려 하지 않으면서 자신이 세계-내-존재로 부른 것을 분석했다.[167] 르페브르는 하이데거가 — 이미지·상징·신화·장소로서 — 세계를 분석한 것의 중요성에 주목한다.[168] 하이데거는 우리가 장비를 다루는 방식과 비슷하게 오직 우리가 공간을 생각하기 위해 잠깐 멈출 때, 그것을 개념화할 때 우리는 공간과 기하학적으로 마주친다고 본다.[169]

하이데거의 후기 작업에는 "시적 거주"로 알려진 용어가 도입된다. 그것은 그가 1930년대와 1940년대에 맡았던 횔덜린 강의에서 비롯하며[170] 이후의 시론에서 충분히 설명된다.[171] 후기 시 한 편에서 횔덜린은 "시적으로, 인간은 대지 위에 산다"고 말한다.[172] 하이데거에게 거주라는 이 개념, *wohnen*은 엄밀하게는 이 같은 방식, 곧 계산적 계획 대신 체험되고 경험된 태도로 세계에서 사는 것이다.[173] 사실 이 거주 개념은 기술에 대한 하이데거의 이해와는 — 그는 기술이 현대세계를 지배한다고 생각한다 — 정반대다. 세계를 — 협력커녕 — 명령·계획·작업 가능한 실체로 간주하는 기술은 데카르트식 형이상학의 직접적 결과이자 현대과학, 기계화된 농업형식, 홀로코스트, 핵무기, 통제와 관련한 그 밖의 현대적 형식에 대한 가능성의 조건이다. 나치즘에 대한 하이데거의 비판 — 그런 것이 있다고 한다면 — 은 그것이 세계에 대한 형이상학적 이해에 대한 도전이기보단 그것의 연속이라는 데 주요 근거를 둔다.[174]

하이데거가 자신의 공간 관련 작업에서 두 가지 중요한 것을 놓치고 있다는 주장을 펼칠 수도 있다. 그는 철학적 전통에 대한 역사적 독해에는 각별한 관심을 두고 있지만 역사적 세부를 다루는 데는 별로 뛰어나지 않다. 대체로 예시의 출처를 밝히는 일을 얼렁뚱땅 지나쳐 버리기 때문이다. 마찬가지로 그는 그리스 **폴리스**의 공간적 측면에 대한 분석은 통찰력 있게 하지만 대체로 공간의 현대적 전유에서 더 명백히 보이는 정치적 측면은 소홀히 한다. 내가 『현재의 지도 그리기』에서 보이려 한 것처럼 푸코는 하이데거식 발상을 역사와 공간 간 관계에 대한 분석으로 진전시키는 데서 아주 중요하다. 여기서 나는 그 문제의 또 다른 측면을 다루고자 한다. 르페브르는 하이데거의 철학적 비판을 바탕으로 삼고 정치와 공간 간 관계, 특별히 현대 자본주의와 관련해서 그 관계를 고찰하는 데서 남다른 영향력을 발휘한다. 그는 이를 공간의 **생산**에 대한 분석을 통해 수행한다. 르페브르가 마르크스주의의 개념을 그것에 내포돼 있는 모든 정치적 쟁점과 함께 도입했다는 점은 그가 하이데거를 멀리 했음을 이해하는 데 상당히 중요하다. 비록 '공간'에 대한 강조가 하이데거에게 빚을 지고 있다 해도 말이다. 르페브르의 책 『공간의 생산』은 마르크스와 하이데거 사이에서 읽혀야 한다.

르페브르가 보기에 추상공간에는 여러 차원이 있지만 그것들은 추상적·기하학적 공간의 차원이기보다 좌우와 고저다.[175] 사실 르페브르는 이렇게 주장한다. 문제는 "몸짓, 움직임, 몸의 리듬에 상응하는 왼쪽과 오른쪽, 높은 쪽과 낮은 쪽을 어떻게 구성하는가" 하는 것이다.[176] 하이데거에게서 그런 것과 마찬가지로 공간에 대한 우리의 반응양식이 기하학적인 것이 아니라 단지 우리의 추상양식만 그렇다. 우리의 공간 **고안** — 추상적·정신적·기하학적 — 과 공간 **지각** — 구체적·물질적·물리적 — 사이에는 일종의 대립이 성립돼 있다. 후자는 몸을 첫 출발점으로 이해하는데, 르페브르는 그 몸을 공간 속 권력 담론 내부의 저항 현장으로 본다.[177] 그는 추상적인 곧 탈육화해 버린 공간이 여전히 소외의 또 다른 측면이라고 말한다. 이는 한 번 더 기술관료의 권력에 연계된다. 공간은 그 기술관료가 손에 넣을 수 있는 것이며 "그들이 미래에 할 착취의 장소이자 그들의 승전지다".[178]

따라서 르페브르는 구체공간과 추상공간 간의 구분을 도입한다. 구체공간은 몸짓과 여정, 몸과 기억, 상징과 의미의 공간이다. 이 구체적 내용 곧 공간에 기입된 시간은 반성적 사유로써 오해되며, 그 사유는 대신에 시각 곧 기하학의 절대공간으로 도약한다.[179] "추상공간은 측정 가능하다."[180] 건축가와 **어바니스트**는 이 추상공간, 이 제도製圖의 지면공간을 작업 대상으로 삼으면서 "체험된" 것의 층위에서 분리되는데 이는 이중적 의미에서 그렇다. 왜냐하면 그들이 [자신들의 작업을] 이해하는 동안 [그 작업의 대상이 되는 공간을] 체험된 것에서 추상하는 일에 더해 그리한 뒤엔 그 이해를 다시 체험된 것의 층위로 투사하기 때문이다.[181] 르페브르가 지적하듯이 그 계획이 결백하게 종이 위에 기초하고 있는 것은 아니다 — 땅위에서 그 "계획"을 실현하는 것은 다름 아닌 불도저다.[182] "공간은 수동적이고 지리적이거나 공허하고 기하학적인 환경이기를 그친 지 오래다. 그것은 **도구적**으로 됐다."[183]

공간을 더 잘 이해하려면 우리는 구체적인 것과 추상적인 것을 함께 파악해야 한다. 르페브르가 『변증법적 유물론』에서 주장했던 것처럼 오직 한쪽만 파악돼서 절대적으로 변한다면 부분적 진리는 오류가 된다. 다시 말해 [그 오류는] "그것이 재가하는 내용의 일부를 거부하고 현실적인 것의 기본 원리가 분산하는 것을 악화시킴으로써 [발생하는 것이다]."[184] 르페브르가 국가를 "실현된realized 추상"으로 기술했던 것과 꼭 같이[185] 공간 또한 실현된 (이 말의 두 의미 모두에서) 추상이다. 여기에 관념론과 유물론 사이에 잡혀 있는 어떤 균형 — 변증법적 관계 — 이 있다. 공간은 정신적**이면서도** 물질적인 구축물이다. 이는 우리에게 고안과 지각의 양극 사이에 있는 제3항, 체험된 것의 개념을 제공한다. 르페브르는 인간의 공간과 인간의 시간이 절반은 현실에, 절반은 추상에 놓여 있다고 주장한다. 사회적으로 생산된 곧 사회적으로 체험된 공간과 시간은 물리적이고 정신적인 구축물에 의존한다.

르페브르가 공간적 실천, 공간 재현, 재현 공간으로 구성된 그의 개념적 삼항을 끌어내는 것은 바로 여기다.[186] 공간은 세 방식 곧 지각, 고안, 체험된 방식으로서, 다시 말해 *l'espace perçu, conçu, vécu*로서 검토된다. 이 같은 르페브르식의 도식은 통일성(마르크스주의의 총체성)을 물리적, 정신적, 사회적 공간 사이에 있는 것으로 간주한다. 이것들 중 첫째는 공간을 물리적 형식, **현실** 공간, 산출·사용되는 공간으로 고려

한다. 둘째는 *savoir*(지식)와 논리, 지도, 수학, 사회공학자와 도시계획가의 도구적 공간으로서 공간, 항해사와 탐험가의 공간이다.[187] 정신적 구축물로서 공간, **상상된** 공간인 것이다. 셋째는 공간을 시간에 걸쳐 또 그것의 사용을 통해 생산·변경된 것으로, 상징성과 의미를 부여 받은 여러 공간으로, *connaissance*(덜 형식적이거나 더 국지적인 형식의 지식)의 공간으로, **현실-과-상상된 것**으로 본다.[188]

다른 어디보다도 우리가 하이데거의 영향을 볼 수 있는 곳은 어쩌면 바로 여기일 것이다. 시적 거주라는 공간적 개념, 일상생활의 산 경험이라는 개념은 대단히 중요하다. 르페브르가 사용하는 *habiter*, 우리가 "to inhabit거주하다" 또는 "to dwell살다"로 옮길 수도 있을 그 말은 하이데거가 쓴 *wohnen*을 직역한 것으로서 대체로 "to dwell"로 또는 프랑스어로는 *habiter*로 번역된다.[189] 사실 많은 곳에서 르페브르는 휠덜린의 '시적으로 인간은 거주한다'는 구절을 인용하고 하이데거의 논의를 긍정적으로 언급한다.[190] 하이데거와 가스통 바슐라르는 그리스 도시, 신전, 집의 시학에 대한 그들의 고찰 때문에 인용된다.[191] 거주하기*(habiter)*가 거주지*(habitat)* 개념으로 환원돼 왔다는 르페브르의 말은 거주의 위기라는 하이데거의 개념과 유사하다.[192] 르페브르의 구분은 중요하다. 그가 살기의 공간, *habiter*의 공간은 도시 및 사회적 공간과 분리되지 않지만 *habitat*는 다만 상자이자 바깥 테두리*cadre*에 지나지 않는다고 말하기 때문이다. *habiter*는 일종의 활동이자 상황이지만 *habitat*는 기능이자 잔인한 물질적 현실이다.[193] 르페브르가 하이데거의 뒤를 뚜렷이 따르면서 지적하는 것처럼 이 위기는 "낯선 종류의 과잉, 측정과 계산을 향한 열망"에서 비롯한다.[194] 질적 자격을 갖춘 공간은 양화된 공간으로 대체된다.[195]

그러나 지난 세기에 이미 신뢰를 받았던 좌표계, 유클리드의 (아니 좀 더 정확히 말하면 데카르트의) 삼차원적 공간과 시계시간이 지난 **세기말**fin de siècle 이래 간헐적 위기 상태에 있었음을 유념해야 한다. 르페브르는 이를 미학 영역에서 유난히 두드러지는 것으로 보며 이렇게 말한다. "투시법은 변화했고, 소실점 곧 기하학적 공간의 징표는 사라졌다. 음악의 음조체계도 마찬가지다. 거기서 으뜸음은 음향 연속체의 구간에 부여된 고정성의 징표이므로 그 구간만큼까지 제한된다."[196]

> 20세기 초에 좌표계가 붕괴했다. 지각되고 고안된 공간(유클리드의 공간, 고전 투시법의 공간)에서 체험된 시간까지, 수평선에서 조성調性까지, 도시에서 역사까지.[197]

우리는 이 얘기가 꽤 지나치다고 생각할 수도 있다. 다시 말해서 대부분의 사람이 여전히 피카소처럼 그림을 그리진 않으며 대부분의 사람이 12음계로 흥얼거리진 않는다. 하지만 그것이 보여주는 것은 몇 사람이 선수를 쳐서 방해하려 했는데도 공간과 시간이 상대적으로 됐다는 것이다. 아인슈타인이 물리학에서 보여준 것처럼 다수의 공간과 다수의 시간이 있다. 체험된 공간이라는 이 관점에서 데카르트나 칸트식의 공간 개념들이 반드시 그릇된 것은 아니다 — 그것들은 완벽히 일리 있는 근사치일 수 있다. 하지만 그렇기에 그것들은 근사치에 지나지 않는다.[198] 한 번 더 말하자면 그것들은 추상의 층위 곧 체험된 반응이라는 최초 층위에서 결정적으로 한 층위 떨어진 그 층위에서 시작하는 근사치다. 살기에는 공간이나 장소에 대해 더 직접적으로 뿌리 내린 이해, 체험된 반응에 더 가까운 이해가 있다.

르페브르는 하이데거와 횔덜린의 살기 개념에 대해 비판적이다. 우선 한 가지 이유는 이런 사상이 수세기 동안 귀족계급 바깥에서는 아무런 의미도 갖지 못했을 것임을 지적하기 때문이다.[199] 이는 분명히 사상의 정치에 대한 일종의 비판으로서 하이데거와 횔덜린의 살기 개념이 엘리트주의적이며 계급에 바탕을 두고 있음을 시사한다. 또한 하이데거는 농촌사회에 의존한다는 지탄도 받는다.[200] 하지만 우리가 4장에서 살펴봤다시피 르페브르는 이에 대응하여 그 개념을 현대의 도시화된 자본주의에 더 관련성이 있는 것으로 만들어 가면서도 도시에 집중하지만은 않았다. 아울러 우리가 예상할 수 있는 것처럼 그는 하이데거의 개념이 충분히 구체적이지 않다고 말한다.[201]

하이데거는 이제 우리에게 기술로써 황폐하게 된 어떤 세계를, 그 황폐함이 또 다른 꿈, 또 다른 (아직은 지각되지 않은) 세계를 초래함을 보여준다. 그는 우리에게 경고한다. 경제적이거나 기술적인 명령의 바탕 위에 건립된 거처는 기계의 언어가 시에서 제거된 것만큼이나 살기에서 몰려났다고. 그는 '여기와 지금', 건물과 도시를 어떻게 구축해야 할지를 우리에게 얘기해 주지 않는다.[202]

그러나 르페브르는 『도시혁명』에서 이렇게 말한다. "혹시라도 '거주지'와 산업공간에 대한 이 '시적' 비판이 우파의, 향수 어린, '회고주의적'*(passéiste)*인 것으로 보인다손 치더라도 그것이 공간의 문제틀을 최초로 도입했다는 점에는 변함이 없다".[203]

그렇기에 공간의 구축이나 생산은 물질적 활동만큼이나 개념 영역에도 빚을 많이 지고 있다. 정신적이기도 하고 물질적이기도 한 구조물을 통합하는 공간의 예시는 수도원 회랑이다. 거기서 "몸짓공간은 정신공간 — 관조와 신학적 추상공간 — 을 정초해서 그 정신공간이 표현되고, 상징되고, 실천에 이르도록 한다".[204] 루로가 주목하듯이 "합법화의 공간이 단 하나도 없는 제도 따위는no institution without a space of legitimation" 있을 수 없다.[205] 이 문구는 그 마지막 두 단어를 쓰지 않은 채[≪pas d'institution sans un espace … ≫] 르페브르가 인용하는 것이기도 하다.[206] 이렇게 하면서 그는 루로가 지성인을 두고 한 말을 비틀어 물질적 토대로 만든다. 또 다른 예시는 건조물이 현대도시에서 어떻게 경험되는지를 보여준다. 공원은 노동·기술·제도를 통해 **고안**, 설계, 생산되지만 그 공간의 의미와 그 공간 자체는 사회적 행위자와 집단이 그 의미를 **지각**하고 **체험**하면서 조절, 변형된다.[207] 하지만 체험된 것으로서 공간에 대한 이 통념은 그 자체만 갖고는 충분치 않다. 하이데거에 대한 르페브르의 또 다른 비판은 하이데거가 생산 개념을 충분할 정도로 자세히 이해하지 못했다는 것이다. 생산에 대한 하이데거의 구상은 "구속되고 제한적"인 것으로 보인다. 그가 생산을 "드러나도록 만들기making-appear, 사물을 낳는 갑작스런 출현*(un surgissemen)*, 이미-현전해 있는 사물들 가운데 현전해 있는 사물"로 상상하기 때문이다.[208] 따라서 얽혀 들어가 있는 것은 공간의 **사회적**이고 **정치적**인 생산이다. 이 문제틀을 특별히 생산 개념의 측면에서 이해하기 위해 르페브르가 의지한 이는 다름 아닌 마르크스다.

르페브르는 이렇게 말한다. 과거에 빵은 부족했지만 공간은 결코 부족하지 않았다, 그러나 지금 (적어도 선진 세계에서) 곡식은 풍부하지만 공간은 공급 부족 상태에 있다. 다시 말해서 모든 경제와 마찬가지로 공간의 정치경제학은 희소성의 관념에 근거를 두고 있는 것이다.[209] 『자본론』에는 이 쟁점과 관련한 구절이 많이 있다.[210] 르페브르는 "고도로 산업화된 나라의 과밀주거는 더 큰 도시에서 유난히 두드러진다"고 말한다.[211] 사실 『공간의 생산』에서 르페브르는 공간적 희소성 얘기는 도시 **중심**에서나 말이 될 뿐이라고 주장한다.[212] 그렇기에 우리는 단순히 희소성만 갖고 하는 것보다 더 섬세하게 접근해야 한다. 르페브르의 언급처럼 세계적 규모로 전환한 것으로 희소성이 사라졌다고 얘기하는 것은 말이 안 된다. 선진국 — 다시 말해서 산업화된, 도시화된 나라 — 이 공간 부족을 극복하긴 했지만 그것엔 필연적으로 다른 나라의 희생이 뒤따른다. 조직의 새로운 유형은 역사적으로 희소성에 구속돼 있는 유형을 극복해 왔다.[213] 사회적 공간은 계급에 따라 할당되고 사회적 계획은 계급구조를 재생산한다. 이는 부자에게는 너무 많은 공간이, 빈자에게는 너무 적은 공간이 할당되는 것에 기반을 두고 있거나 장소의 질이라는 측면에서 불균등 발전이 이뤄지고 있기 때문이거나, 아니면 사실 이 둘 모두 때문이다. 르페브르가 보기에 "여느 때보다도 더 오늘날의 계급투쟁은 공간에 각인된다".[214] "공간은 경제적인 것이 정치적인 것으로 통합되는 것을 허용한다".[215] 이를 앞으로 밀고 나가는 데는 적어도 두 가지 방법이 있다. 공간이 또 다른 상품으로 검토되는 공간의 정치경제학을 발전시키거나 또는 공간의 정치를 숙고하거나.[216]

시간, 공간, 리듬

그렇다면 공간에 대한 분석은 어떻게 진행해야 하는가? 일찍이 르페브르가 공간

"독해"의 발상을 사용하긴 했지만, 이제 그는 공간이 생산되고 난 다음 우리가 그 안에서 살아가는 것이라고, "독해"는 오직 그 뒤를 따를 뿐이라고 말한다. "이 공간은 **독해되**기 전에 **생산되**었다. 그것은 독해나 파악을 위해서 생산된 것이 아니라 오히려 **체험되**기 위해서 생산됐다."[217] 꽤 분명하긴 해도 이 말은 거의 진부한 것에 가까울 정도다. 르페브르가 놓치고 있는 듯 보이는 것은 공간 "독해"가 책 독해 같은 것이 아니라 오히려 책에 대한 비판적 독해에 가까운 것, 의도·권력관계·맥락을 이해하는 것이라는 점이다. 르페브르의 주장을 그것의 논리적 귀결로 밀어붙이자면, 책은 집필되지만(생산되지만) 비판적으로 검토되는(독해되는) 것이 아니라 독해되는(체험되는) 것이다. 책에 대한 비판적 독해가 그래서 유효하지 않다고 말했던 것은 예상 밖의 테제일 것이다. 르페브르의 주장처럼 공간 독해는 우리가 미래 공간을 '예측'하는 데 도움이 안 된다. 아마 그럴지도 모른다. 하지만 결정적으로 공간 독해는 우리가 '살고 있는' 공간을 이해하도록 도와줄 수 있다. 하비는 서로 부딪히지만 곧잘 뒤섞이기도 하는 두 용어를 쓸모 있게 구분하는데, 이는 우리가 르페브르의 뜻을 더 잘 이해할 수 있도록 해 줄지도 모른다. 그는 이렇게 주장한다. 이를테면 해체 같은 다양한 전술이 "텍스트들"에 사용될 수 있다고 말하는 것은 유용하지만, 세계가 그저 해체되기를 기다리고 있는 텍스트 하나에 지나지 않는다고 말하는 것은 그렇지 않다.[218]

우리가 그것을 독해로 부르든 분석으로 부르든 공간은 여전히 이해돼야만 한다. 그 이유는 어쩌면 독해라는 통념이 그저 너무도 무비판적이고 빈약하게 사용돼 온 탓에 그 평판이 나빠졌기 때문일는지도 모른다. [그래도] 공간의 중요성이라는 한 가지 만큼은 분명하다. 사회적인 것이 역사적으로 형성되는 것과 꼭 같이 사회적인 것은 공간적으로 형성되기도 한다. 동시에 공간적인 것은 역사적·사회적으로 구성된다. 사회적·공간적·시간적인 것이라는 이 세 요소는 서로를 또 서로가 형성한다. "사회적 관계 곧 구체적 추상은 공간 내에서 또 공간을 통해서 비로소 참된 존재를 갖게 된다. **그것들의 버팀목은 공간적이다**."[219] 그렇다고 해도 공간이 "사회적 관계의 수동적 장소[locus *(lieu)*]에 지나지 않는 것은 아니다".[220]

이 새로운 접근의 명칭을 모색하면서 르페브르는 공간-분석이나 공간-학을 잠깐 생각해 보지만 이 명칭들에 문제가 있음을 인정한다. 우리에겐 **공간의 생산**에 대한 분석이 필요하기 때문이다.[221] 한 해 전에 그가 말한 것처럼 [우리에게 필요한 것은] "공간의 과학이 아니라 [바로] 공간생산의 지식(이론)"[인 것이다].[222] 데이비드 코트David Caute는 사적 유물론의 전망에서 사회학과 역사학을 통합하는 만족스러운 방법을 발전시킨 공로가 르페브르에게 있다고 인정했는데, 이는 곧 역진적-전진적 방법론을 분명히 활용하는 견해이기도 했다.[223] 코트의 책이 발간된 이후에 르페브르가 생산했던 작업을 고려해 볼 때 우리는 "공간학"을 세 번째 용어로 더하고 싶은 유혹을 느낄지도 모를 일이다. 공간의 **생산**에 대한 분석이 르페브르의 변증법 및 사적 유물론 관련 작업에서 확실히 영향 받고 있음을 참작한다면 그 분석은 르페브르의 작업을 진전시키는 데 유용한 단계가 될 것이다. 르페브르는 공간의 분석을 그 밖의 분석에 대한 대체물이 아니라 오히려 그것들에 대한 보완물로 간주하고 우리가 인구생산과 계급투쟁을 검토하기도 해야 한다는 것을 인정한다.

앞서 르페브르가 그의 작업에서 두 가지 주된 조치를 내렸다고 말했다. 시간의 중요성과 나란히 공간의 중요성을 역설할 것과 현대의 공간을 분석할 것. 특별히 내가 이곳과 다른 장에서 보였듯이 그의 연구 대부분은 기술관료적 계획을 둘러싼 프랑스 내부의 논쟁에 결부돼 있다. 공간의 계획과 생산에서 국가가 담당하는 노골적인 역할은 다음 장에서 자세히 논의토록 하겠다. 감지하기 힘들고 미묘한 차이가 있는 르페브르의 작업에서 이 구분은 명확하고 유용한 반면, 덜 노련한 저술가의 수중에서 이는 너무도 흔히 이를테면 로스앤젤레스 도시경관(맥이 풀릴 만큼 꼬박꼬박 등장하는 유일한 예시이기는 하지만)의 포스트모던화를 서투르게 검토하는 쪽으로 서서히 빠져든다.[224]

4장에서 언급했다시피 르페브르의 작업은 처음에 카스텔이 일종의 공간 물신숭배로 읽었던 것이다. 공간에 대한 우선적 고려는 — 말할 것도 없이 공간을 주변화하면서 시간과 역사에 특권을 부여한 — 사적 유물론에 해를 끼치는 것으로 여겨졌다. 이 입장이 르페브르가 작업 중인 것에 대한 오해임은 설득력 있게 주장됐다.[225] 르페브르는 서구 마르크스주의-사적 유물론의 한계에 정통했기 때문에 명백히 마르크스주의적인 분석을 진전시키려 여전히 애쓰고 있었다. 사적 유물론 내에서 이미 발견된 불균형을 고려할 때 — 그 균형을 바로 잡기 위해 — 공간을 지나칠 정도로 우선시하는 것은 어쩌면 기대될 법한 것이었을지도 모른다. 공간이 억지로라도 전면에 등장하지 않았다면 공간은 십중팔구 무시됐을 터다. 더 최근 들어 르페브르는 "독창적이고 가장 앞선 역사적·지리적 유물론자"[226]로서 옹호된 바 있으며, 그의 작업은 공간적 요인을 마르크스주의에 도입하려는 논의에서 해결의 열쇠가 됐다. 소자가 이 길을 따르긴 했다. 하지만 이에 대해서 지적된 것은 그가 역사를 공간화하고 시간을 "제자리에" 갖다 놓기를 바라면서도 르페브르의 작업이 일종의 역사주의라는 것은 충분히 눈치 채지 못한 것 같다는 점이다.[227] 핵심 쟁점은 이것이다. 르페브르는 역사를 공간화하는가, 공간을 역사화하는가, 아니면 단순히 사회학을 공간화하는가? 나는 르페브르가 지속적으로 관계를 맺는 세 항으로 작업하면서 이 모든 것에 더해 그 이상을 하려 애쓰고 있었다고 믿는다. 하지만 그렇다 해도 그가 쓰고 있는 것은 **공간의 역사**지 **공간적 역사**는 아닌 것으로 비칠 수 있다.[228] 내가 4장에서 1871년과 1968년의 파리 분석으로 제시하려 했던 것처럼 여기엔 오해의 소지가 있을 수 있다. 이는 빈약해진 역사적 이해의 대가로 공간에 왕관을 씌우는 위험으로서, 그 대가란 여전히 르페브르의 시간 및 역사 관련 작업이 영어로는 충분히 알려지지 않고 있기 때문에 악화되는 문제를 말한다. 이 장의 첫 부분에서 그 작업이 분석되긴 했지만, 그 둘 간의 균형이 어떻게 함께 잡힐지는 그다지 명확하지 않다. 이런 관점에서 그가 말년에 이르러 진행한 리듬분석 작업이 실마리를 마련해 줄 수도 있을 것이다.

사실 『공간의 생산』을 마무리하는 곳에서 르페브르는 리듬분석의 가능성을 개방하고 이 작업의 중요성을 분명하게 지적한다. 리듬에 대한 분석, 리듬분석은 "공간의 생산이라는 명제를 완결할 것이다".[229] 공간에 대한 분석 또한 역사적이어야 한다 — 그것은 정지 상태에 있는 어떤 것이 아니기 때문에[230] 반드시 인간의 몸을 통해 리듬을 숙고해야 한다.[231] "시간의 역사와 역사의 시간은 리듬들의 역사, 누락된 그 역사를 포함해야 한다".[232] 하지만 이것이 단순히 시간적 편향인 것만은 아니다.[233] 오히려 공간과 시간은 상호관계적이며 상호의존적이다. 일찍이 1968년에 르페브르가 언급했다시피 자신의 분석은 공간과 시간 간의 관계가 매우 중요함을 그 자신에게 보여줬다.[234] 하지만 리듬분석이 충분히 실현되는 곳은 그것이 공간의 역사를 능가할 가능성이 된다. 그것은 또한 공간적 역사의 기획 속에서 한 발 더 내딛는 것이 될 것이기 때문이다. 공간적 역사와 공간의 역사 사이에 있는 핵심적 차이는 전자에서 공간의 개념 — 대부분의 사회 및 정치이론에서 경시된 — 은 분석의 대상일 뿐 아니라 분석 그 자체의 구성요소가 된다는 것이다.[235]

『리듬분석』이 르페브르의 마지막 책이긴 하지만 그는 이 발상에 꽤 오래 전부터 관심이 있었다. 니체에 대한 초기 연구에선 인간과 사회적 리듬의 중요성에 주목했고, 『미학시론』에선 예컨대 인간의 삶을 파악하기 위한 리듬과 율律의 중요성을 언급하면서 그것들을 생물학적 법칙보다도 우세한 것으로 여긴다.[236] 이 장 앞부분에서 시간을 논의하면서 내가 제시한 문제는 이렇다. 음악은 어떻게 해서 르페브르가 리듬의 중요성, 시간을 간단하게 단선적으로 이해하는 것에서 결별하는 데 필요했던 그 중요성을 일별하는 데서 특별한 지위를 누리게 됐는가? 게다가 『리듬분석』은 공간성과 시간성의 여러 쟁점을 한꺼번에 사유하는 한 방식일 뿐더러 『비판』의 기획을 분명히 이어나가기도 한다. 사실 아젠베르그Armand Ajzenberg는 『리듬분석』을 이따금씩 선보이는 그 연작의 제4권으로 봐야한다고 설득력 있게 제시했으며,[237] 제2권에서 르페브르는 이 작업을 분명히 약속한다 — 『리듬분석』이 실지로 등장하기 30년 전에.[238] 제3권에서 그는 이 주제의 중요성을 재차 강조하면서 "리듬분석의 요소"를 검토하는 부분이 제1권에서 미처 다 펼쳐놓지 못했던 주제로 되돌아가는 것이라고 말한다.[239] 르페브르는 여기서 자신이 말년에 도맡아서 하게 될 작업의 간략한 정보를 제공하는데, 그 대부분은 그의 마지막 부인 카트린 레굴리에와 함께 할 터였다. 그 협업은 「리듬분석 프로젝트」와 지중해 도시의 리듬 관련 에세이,[240] 각 한 편으로 이뤄졌다. 이것들에 이어 『리듬분석』이라는 짧은 책이 나오게 됐다. 그 표제지에는 르페브르의 이름밖에 없고, 책은 그의 사후에 르네 루로가 편집해서 냈다.[241] 첫 번째 에세이는 『핵심저작』에서, 두 번째 에세이는 『선집으로 읽는 앙리 르페브르의 도시론』에서 볼 수 있으며, 후자에는 『리듬분석』의 한 장까지 함께 실려 있다.[242] 이 모든 글은 『리듬분석』에 있다. 르페브르가 인정하다시피 리듬분석이라는 용어는 가스통 바슐라르의 『지속의 변증법』*Dialectic of Duration*에서 갖고 온 것으로 바슐라르 자신은 그것을 두스 산투스Dos Santos의 작업에서 갖고 온다. 바슐라르의 시학 및 원소적 형상화 관련 작업 —특별히 『불의 정신분석』*The Psychoanalysis of Fire* — 은 당시의 르페브르에게 중요했다. 『공간의 시학』*The Poetics of Space*이 그의 다른 글에 중요했던 것처럼.[243]

르페브르가 보기에 리듬분석은 새로운 과학, 지식의 새로운 영역이다. 이는 리듬분석이 여러 곳에서 여러 번 예측되지 않았다는 게 아니라 리듬이 최근에 이르러 비로소 구체적으로 발전된 형식을 띠게 됐다는 걸 뜻한다.[244] 그러나 — 이 긴장이 그의 작업 곳곳을 넘나든다는 의미에서도 — 리듬분석은 분리된 과학이 아니다. 그것은 반드시 실천에 대해 지속적 관계를 맺어야 하기 때문이다.[245] 이 두 설명은 그의 리듬 연구 양 끝을 북엔드처럼 받치고 있다. 그렇다면 리듬은 무엇인가? 르페브르는 그것을 어떻게 이해하는가? 리듬의 문제는 그 밖의 여러 문제를 제기한다 — "차이와 반복 — 상호작용과 구성 — 순환적인 것과 단선적인 것 — 빈도와 박자 … 조화리듬성eurhythmia, 부정리듬성arrhythmia, 다리듬성polyrhythmia … ".[246] 르페브르의 주된 목표는 자연적 리듬 이를테면 몸의 리듬과 기계장치 및 기계의 리듬 간에 일종의 대비가 있음을 제시하는 데 있다. 후자는 유기적 몸짓이기보다 더 적절하게는 프로그램으로 짜인 "행위"의 연속으로서 운동으로 알려져 있다.[247] 우리에겐 한편으로는 "논리적 범주와 수학적 계산"이 있고, 다른 한편으로는 "본능적이고 생기 넘치는 몸"이 있다.[248] 이 구분은 어쩌면 — 실린더·피스톤·분사를 갖춘 증기 기관과 같은 — 기계장치의 초기 형식과 상자 속 운동을 덮어 감추는 현대적 전기기관차를 놓고 보면 별로 분명하지 않았을지도 모른다.[249]

사회적·생물적·심리적 의미에서 리드미컬한 것의 개념은 1972년부터 르페브르가 코스타스 악셀로스와 가진 인터뷰에서 어느 정도 자세히 논의되고 있기도 하다. 여기에서도 마찬가지로 르페브르는 반복적인 것의 중요성에 주목하지만 단선적 반복과 순환적 반복 둘 다가 존재할 수 있음을 인정한다.[250] 우리가 이 둘을 개별적으로 분석할 수는 있을 것이다. 그러나 그것들은 모든 종류의 실천적 상황에 공존한다. 우리가 살펴봤다시피 순환적인 것은 우주적인 것 곧 자연에서 비롯하지만, 단선적인 것은 사회적 실천에서 비롯한다.[251] 르페브르가 주목하는 것처럼 — 그리고 이런 측면에서 그는 하이데거에 견줘 봐도 손색이 없다 — 단선적 시간의 쟁점은 그 시간이 무한히 잘게 나뉜다는 것이다. 데카르트식의 기하학으로써 선분이 수학적 좌표로 분할되는 것이 가능해진 것과 꼭 같이 단선적 시간으로써 시간성 또한 시간의 파편으로 분할되는 것이 가능해진다. 이 예시에서 르페브르는 반복을 리듬에 대비한다. 다시 말해서 현대노동의 작업 행위는 자연적 리듬을 교란하고 약화시킨다. 그 행위의 시작과 끝이 언제라도 괜찮기 때문이다.[252] 자본의 리듬은 생산과 파괴의 리듬이다. 전자가 더 일반적으로 사물과 인간 생명, 이 둘 모두의 생산인 한편 후자는 전쟁·"진보"·발명을 통한 파괴다.[253]

리듬연구는 일상적인 것의 작고 세세한 일들에, 특별히 그것들을 나날의 반복에 대한 강조에 비춰 주목할 것을 필요로 한다.[254] 여러 곳에서 르페브르는 일상의 시간적이고 리드미컬한 요인을 이해하는 게 중요하다고 말한다. 이 작업이 일상 관련 작업과 관계를 맺게끔 해야 리듬분석의 도구와 관련해서 르페브르는 "짜증날 정도로 파악하기 힘들다"는 아민^Ash Amin^과 스리프트^Nigel Thrift^의 훈계가 비로소 전달될 수 있다.[255] 기술과 산업생산의 단선적 시간성은 우리의 우주적·생물학적 근원들로 이뤄진 순환적 시간과 대조를 이룬다. 르페브르가 보기에 "순환적인 것이 있는 일상 그리고 낮과 밤, 주와 달, 계절과 해로 이뤄진 순환적 시간 사이의 연결고리는 분명하다".[256] 그가 주목하듯이 실지로 이는 오랫동안 인간이 하고 있던 시간에 대한 이해였다. [시간에 대한 이러한 이해와 인간 사이의] 거리는 시간을 계산하고 측정하기 위한 상이한 메커니즘이 도래함으로써 비로소 생기기 시작했다. "사회적 인간은 아직 자연을 지배하지 않았다. 그러니까 사회적 인간은 자연에서 자신을 분리하지 않았던 것이다."[257] 그렇기에 체험된 것의 순환적인, 리드미컬한 본질은 기술적·사회적인 것의 단선적인, 반복적인 시간과 대체로 대조를 이룬다. 공간에 대한 이해에서 그가 정리했던 동일한 대조를 사용하는 것, 이것이 바로 고안된 것^{the conceived}이다.[258]

순환적 시간의 요지는 시작과 끝이 없다는 것, 새로운 순환이 이전의 순환에서 탄생한다는 것, 시간에는 반복이 가득하다는 것이다. "그러나 순환적 시간에서 반복은 이를테면 팔다리의 운동을 좌우하는 더 '총체적인' 몸의 리듬에 종속된다".[259] 이것은 [시간에 대한] 르페브르의 이해에 몸이 중요하다는 것을 보여준다 — 몸이 그의 공간 관련 작업에서 중요했던 것과 꼭 마찬가지로 말이다. 내가 계산 및 측정에 대해 르페브르의 사유가 저항적임을 줄곧 강조하긴 했지만, 그가 몇몇 숫자의 중요성에 주목한다는 점은 의미심장하다. 무엇보다 12가 중요하다. 시간과 달, 원圓의 분할, 음계의 음표가 한 타打라는 이를테면 계란과 굴의 통념 속에서 지속하기 때문이다.[260] 사실 르페브르는 12가 우주적·순환적인 것과 맺고 있는 관계 때문에 10의 단선적 동질성에 유용하게 맞설 수 있다고 말한다.[261] 르페브르는 반복이 빈틈없는 것은 아니라고 — 아무런 변화도 허용치 않는 폐쇄적 순환이거나 악순환은 아니라고 — 말한다. 앞서 언급했다시피 니체는 르페브르에게 반복을 통한 차이의 생성을 가르쳤다.

이걸 갖고 순환적 자연의 리듬은 현대의 리듬과 공존하지 않는다는 말을 하려는 건 아니다. 르페브르는 여전히 우리가 주로 자연적 시간 척도에 따라 먹고 잔다는 점에 주목한다.[262] 그렇다고 해도 자본주의는 밤 시간을 쓰면서 점점 더 우리 삶의 이러한 부분에 영향을 끼친다. 게다가 자본주의는 각양각색의 사회적 실험과 동물 실험이 보여준 것처럼 생물체의 24시간 주기 리듬을 교란함으로써 여러 가지 문제를 일으킨다.[263] 일찍이 1939년에 그는 이것들의 중요성을 깨달았다. "분명한 것은 … 인간의 리듬(생물적·심리적·사회적인 시간-척도 — 우리에게 고유한 유기체의 시간-척도와 시계의 시간-척도)은 우리가 세계를 지각하고 고안하는 방식, 심지어는 우리가 그 안에서 발견하는 법칙마저 결정해 버린다".[264] 기아·수면·배설과 같은 우리의 생물적 리듬에 대한 조건은 우리 가족과 우리의 사회적 실존을 통해 제약당한다. 우리는 우리 몸이 계속 통제당하도록 우리 자신을 길들인다. 만약 우리가 정해진 어떤 시간에 먹는 것에 익숙해진다면 우리 배는 똑같은 시간에 점점 더 고파 올 것이다.[265] 이것이 노동시간, 자본주의적 생산이 인민의 삶에 영향을 끼치는 방식이다.[266] 이는 르페브르가 조련 개념의 분석에서 꽤 자세히 다루는 개념이다.[267]

여기선 몸 말하자면 충돌 지점이자 사회적·생물적인 것으로서 몸이 중요하게 강조된다. 이 몸은 몸의 모든 요소에서, 일종의 총체성으로서 파악돼야 한다.[268] 사실 르페브르는 나중에 이렇게 말한다. 리듬분석가에게 몸은 분석의 시발점이다. 우리가 리듬에 가장 가까운 곳이 바로 여기이며 그것을 세계라는 외부의 리듬을 위한 바탕으로 사용할 수 있게 되기 때문이다. 우리 몸은 메트로놈 구실을 한다.[269] 몸이 철학에 천대받으면서 그것은 생리학·의학·심신이원론이라는 빈약한 관계의 몫으로 남았다. 리듬분석가는 자신의 모든 감각, 예컨대 호흡·혈액 순환·심장 박동·말의 운율을 활용할 것이다.[270] 몸은 "리듬들의 꾸러미"이며 그것들이 조화롭게 공존할 때가 조화리듬성으로 알려진 상태다.[271] 그것들이 사회적 삶의 리듬과 공존하는 데는 필수불가결한 긴장이 있고, 그것은 부정리듬성의 문제를 초래한다. 조련 — 『감시와 처벌』에서 푸코도 사용했던 용어 — 은 이 사회적 리듬과 노동시간 및 생산시간이 인간 삶의 육체적 리듬에 부과되는 방식을 검토한다. 푸코에게 그런 것처럼 모델은 군대다.[272]

따라서 르페브르는 이렇게 주장한다.

> **일상생활 비판은 현대 산업사회의 단선적 시간 내에 있는 리드미컬한 시간 척도의 지속성을 탐구한다. 그것은** (자연적인, 어떻게 보면 비합리적이지만 여전히 구체적이기도 한) **순환적 시간과** (습득되고 합리적인, 어떻게 보면 추상적이고 반자연적인) **단선적 시간 간의 상호작용을 탐구한다. 일상생활 비판은 결점과 동요를 검토하는데 이때 그 동요는 아직은 미지의, 빈약한 이해를 동반하고 있는 상호작용이 생산하는 것이다. 최종적으로 그것은 이 같은 상호작용의 결과인 일상적인 것 안에서 어떤 탈바꿈이 가능한지를 숙고한다.**[273]

농촌생활의 리듬을 활용하고 자신의 프랑스 관련 작업과 라블레의 저작 둘 다를 상기하면서 르페브르는 한 젊은 농부가 상이한 시간 척도의 영향을 받는 방식을 얘기한다.[274] 얼마간의 시간이 흐른 뒤 르페브르는 전 지구적 세력과 과정이 어떻게 도시공간과 도시를 형성해 갔는지에 주목한다. "사실 그 전 지구화 세력과 과정이 도시적 리듬과 공간에 영향을 끼쳤다면 그것은 [사회] 집단이 그 과정과 리듬 속으로 집단 자신을 이끌고 들어갈 수 있도록, 그것들을 자신의 몸으로 떠맡도록, 그것들을 **전유**하도록 허용함으로써, 그리하여 공간을 창출하고 (비유를 사용하자면) 그것을 조각함으로써, 그 집단이 몸소 자신에게 리듬을 부여함으로써 이뤄진다."[275] 리듬분석가는 도시사회의 공간을 검토할 때 시간의 문제에 주의를 기울여야 한다 — 어쩌면 여기선 공간에 비해 시간이 중요할지도 모르지만 그렇다고 해서 공간을 소홀히 한다는 건 아니다.[276] 우리는 이것을 르페브르의 리듬 관련 작업 중 주목할 만한 두 부분에서 실제로 확인할 수 있다 — "창문에서 바라본 광경"으로서 파리의 분석과 그와 레굴리에가 지중해 도시와 관련해서 한 작업에서.[277]

자신의 삶 맨 끝자락에서 수행한 리듬분석 관련 작업에서 르페브르는 그의 초창기 주제 일부 — 일상생활, 농촌사회와 도시사회 — 로 되돌아가 리듬 개념을 통해 그것들을 재사유한다. 리듬은 "역사적이지만 일상적이기도 하다", 그것은 "체험된 것의 진수"다.[278] 그가 끈질기게 말하는 요지는 리듬분석 프로젝트가 공간과 시간을 한꺼번에 파악하는 일이 중요함을 끊임없이 강조한다는 것이다. 공간과 시간이 보통은 상당히 분리된 채로 계속 있는데도 말이다.[279] 시간과 공간 속의 반복 없이, **재개** *reprises* 없이, 회귀 없이, 요컨대 **율** 없이는 아무런 리듬도 없다.[280] 르페브르가 강조하듯이 어떤 단계에서 분석하더라도 몸이 시야에서 사라지는 경우는 결코 없었다.[281]

| 주 |

1 Michael Dear, 'Postmodern bloodlines', in Georges Benko and Ulf Strohmayer (eds), *Space and Social Theory: Interpreting Modernity and Postmodernity*, Oxford: Blackwell, 1997, pp. 49-71, p. 49. 르페브르의 공간 관련 작업에서 역사가 담당하는 역할과 관련하여 한층 더 설득력 있는 독해는 다음에서 볼 수 있다 — Derek Gregory, *Geographical Imaginations*, Oxford: Blackwell, 1994, pp. 348-416. 그레고리가 도외시된 텍스트를 다수를 활용하고 있긴 하지만 그는 르페브르가 역사 그 자체와 관련하여 명확히 전개한 작업은 검토하지 않는다.

2 Eleonore Kofman and Elizabeth Lebas, 'Lost in transposition — time, space and the city', in Henri Lefebvre, *Writings on Cities*, translated and edited by Eleonore Kofman and Elizabeth Lebas, Oxford: Blackwell, pp. 3-60, p. 27.

3 Andy Merrifield, 'Lefebvre, Anti-Logos and Nietzsche: An Alternative Reading of The Production of Space', *Antipode* 27(3), July 1995, pp. 294-303.

4 *La production de l'espace*, Paris: Anthropos, 1974, p. 31; *The Production of Space*, translated by Donald Nicholson-Smith, Oxford: Blackwell, 1991, pp. 22-3. <옮긴이> 『공간의 생산』, 65-6쪽.

5 *La présence et l'absence: Contribution à la théorie des representations*, Paris: Casterman, 1980, pp. 44-5, *Une pensée devenue monde: Faut-il abandonner Marx?* Paris: Fayard, 1980, p. 157을 볼 것. 다음과 같은 작업에서 앙리 베르그송은 시간을 공간적 재현들에서 자유롭게 하려는 노력에 관심을 기울인다 — *Time and Free Will: An Essay on the Immediate Data of Consciousness*, translated by F. L. Pogson, New York: Macmillan, 1910. 관련 논의는 Keith Ansell Pearson and John Mullarky, 'Introduction', in Henri Bergson, *Key Writings*, edited by Keith Ansell Pearson and John Mullarky, London: Continuum, 2002, pp. 1-45를 볼 것. 초기의 하이데거는 자신이 기초를 닦은 공간성과 시간성의 수준에서 베르그송과 한 것과 같은 노력을 기울였다. Martin Heidegger, *Being and Time*, translated by Edward Robinson and John Macquarrie, Oxford: Blackwell, 1962, 특별히 §70을 볼 것. 그는 후기에 이르러 이 시도가 실패였음을 깨닫는다 — *On Time and Being*, translated by Joan Stambaugh, New York: Harper & Row, 1972, p. 23. 하이데거의 생애를 통해 이 같은 문제틀이 어떻게 작동하는지를 확장해서 독해한 것으로는 Stuart Elden, *Mapping the Present: Heidegger, Foucault and the Project of a Spatial History*, London: Continuum, 2001, 1장-3장을 볼 것.

6 예컨대 *Critique de la vie quotidienne III: De la modernité au modernisme (Pour une métaphilosophie du quotidienne)*, Paris: L'Arche, 1981, p. 8을 볼 것.

7 *Une pensée devenue monde*, p. 31을 볼 것. 여기서 르페브르는 이 넷을 그들이 역사와 맺는 관계에서 언급한다.

8 *La somme et le reste*, Paris: Meridiens Klincksieck, 3rd edition, 1989 (1959), p. 252. 태양을 삼위일체 뒤에 사용하는 것은 러시아 교회의 양파형 돔에서도 발견된다.

9 *Qu'est-ce que penser?* Paris: Publisad, 1985, p. 139. *La somme et le reste*, pp. 252-3을 볼 것.

10 'Connaissance et critique sociale', in Marvin Farber (ed.), *L'activité philosophique contemporaine en France et aux États-Unis — II: La philosophic française*, Paris: PUF, 1950, pp. 298-319, p. 298 n. 1. *La somme et le reste*, p. 251을 볼 것.

11 *La somme et le reste*, pp. 254-5. 아울러 이것에 대한 간략한 언급은 2장을 볼 것.

12 *La somme et le reste*, p. 380.

13 *Pyrénées*, p. 103.

14 'Le soleil crucifié', *Les temps modernes* 155, January 1959, pp. 1016-29; *La somme et le reste*, pp. 251-64.

15 *Qu'est-ce que penser?* p. 140. 관련 논의는 Kurt Meyer, *Henri Lefebvre: Ein Romantischer Revolutionär*, Wien: Europaverlag, 1973, pp. 24-7, 36-40을 볼 것.

16 *Introduction à la modernité: Préludes*, Paris: Les Éditions de Minuit, 1962, p. 102; *Introduction to Modernity: Twelve Preludes*, translated by John Moore, London: Verso, 1995; *Introduction to Modernity*, p. 96. <옮긴이> 『모더니티 입문』, 144-5쪽.

17 *Introduction à la modernité*, p. 102; *Introduction to Modernity*, p. 96. <옮긴이> 『모더니티 입문』, 145쪽.

18 *Pyrénées*, Pau: Cairn, 2nd edition, 2000 (1965), p. 151.

19 Rene Lourau, 'Lefebvre, "parrain" de la Mania "Analyse institutionnelle"', in *La somme et le reste*, p. xiii. <옮긴이> *La somme et le reste*, 2009, p. XXIV.

20 Friedrich Nietzsche, *Thus Spoke Zarathustra*, in *The Portable Nietzsche*, edited and translated by Walter Kaufmann, Harmondsworth: Penguin, 1954, 특별히 pp. 269-72를 볼 것. 니체의 순간 개념과 그것에 대한 하이데거의 독해와 관련한 논의는 Elden, *Mapping the Present*, 2장을 볼 것. <옮긴이> '성문'과 관련해서는 「환영과 수수께끼에 대하여」, 『차라투스트라는 이렇게 말했다』, 263-4쪽을 볼 것.

21 Friedrich Nietzsche, *Ecce Homo*, translated by Walter Kaufmann, New York, Vintage, 1967, p. 295. *Nietzsche*, Paris: Editions Sociales Internationales, 1939, p. 61을 볼 것.

22 *La somme et le reste*, pp. 256, 481. *Nietzsche*, pp. 140-1을 볼 것. 마르크스주의를 영원회귀 개념과 융화시킬 수 있는 가능성 — 적어도 엥겔스에게서 — 에 대한 시사로는 *La somme et le reste*, p. 401을 볼 것.

23 *Nietzsche*, pp. 51, 57, 71, 148.

24 *La somme et le reste*, pp. 642-3; *Key Writings*, edited by Stuart Elden, Elizabeth Lebas and Eleonore Kofman, London: Continuum, 2003, p. 166.

25 *Critique de la vie quotidienne II: Fondements d'une sociologie de la quotidienneté*, Paris: L'Arche, 1961, p. 348; *Critique of Everyday Life Volume II: Foundations for a Sociology of the Everyday*, translated by John Moore, London: Verso, 2002, p. 348.

26 *La somme et le reste*, p. 648; *Key Writings*, p. 170.

27 *La somme et le reste*, p. 648; *Key Writings*, p. 170.

28 *La somme et le reste*, p. 651; *Key Writings*, pp. 172-3.

29 *La somme et le reste*, p. 652; *Key Writings*, p. 174. 순간의 이론과 관련해서는 *Critique de la vie quotidienne II*, pp. 340-57; *Critique of Everyday Life II*, pp. 340-58 또한 볼 것.

30 *Critique de la vie quotidienne II*, pp. 343-4; *Critique of Everyday Life II*, pp. 343-4. Henri Lefebvre and Catherine Regulier, *La révolution n'est plus ce qu'elle était*, Hallier: Editions Libres, 1978, p. 52을 볼 것.

31 *La Fin de l'histoire*, p. 195; *Key Writings*, p. 178. Lefebvre and Regulier, *La révolution n'est plus ce qu'elle était*, p. 178을 볼 것.

32 *La fin de l'histoire*, p. 196; *Key Writings*, p. 178.

33 Lourau, 'Lefebvre', p. xiii.

34 *La somme et le reste*, p. 653; *Key Writings*, p. 174. 순간과 관련한 유용한 논의로는 Rob Shields, *Lefebvre, Love and Struggle: Spatial Dialectics*, London: Routledge, 1999, pp. 58-60을 볼 것.

35 *La présence et l'absence*, p. 29. *Une pensée devenue monde*, pp. 167-8을 볼 것. *Le retour de la dialectique: 12 mots clefs*, Paris: Messidor/Éditions Sociales, 1986, p. 118. *Critique de la vie quotidienne III*, p. 85; Henri Lefebvre and Catherine Regulier, 'Le projet rythmanalytique', *Communications* 41, 1985, pp. 191-9, p. 191; *Rhythmanalysis: Space, Time and Everyday Life*, translated by Gerald Moore and Stuart Elden, London: Continuum, 2004, p. 73을 볼 것. 도시 관련 논의는 Ash Arnin and Nigel Thrift, *Cities: Reimagining the Urban,* Cambridge: Polity, 2002, pp. 96-7을 볼 것.

36 *La fin de l'histoire*, Paris: Les Éditions de Minuit, 1970, p. 190; *Key Writings*, p. 177.

37 *La fin de l'histoire*, p. 191; *Key Writings*, pp. 177-8. *Le manifeste différentialiste*, Paris: Gallimard, 1970, pp. 92-3을 볼 것.

38 *Le manifeste différentialiste*, p. 79를 볼 것.

39 *Le manifeste différentialiste*, p. 81; *La fin de l'histoire*, p. 85. 니체에게서 '반복적인 것'과 관련해서는 *Hegel, Marx, Nietzsche*, pp. 190-1, 192ff 또한 볼 것.

40 *La fin de l'histoire*, p. 85.

41 *La fin de l'histoire*, p. 79. *Hegel, Marx, Nietzsche*, p. 83을 볼 것.

42 *Logique formelle, logique dialectique*, p. xxii, xxvi-viii을 볼 것. *Le manifeste différentialiste*, p. 79를 볼 것.

43 *La droit á la ville*, p. 130; *Writings on Cities*, p. 157. 음악과 관련한 추가 논의는 *Le langage et la société*, pp. 275-86; *La fin de l'histoire*, pp. 81ff; *Une pensée devenue monde*, pp. 200-4 또한 볼 것. 음악과 기호학 간 관계와 관련한 다음의 글에서 르페브르는 이 주제들을 확장한다 — 'Musique et sémiologie', *Musique en jeu*, 1971, pp. 52-62.

44 *Élements de rythmanalyse: Introduction à la connaissance de rythmes*, Paris: Éditions Syllepse, 1992, p. 24; *Rhythmanalysis*, p. 14. Douglas R. Hofstadter, *Gödel, Escher, Bach: An Eternal Golden Braid*, New York: Basic Books, 1979를 볼 것. <옮긴이> 『리듬분석』, 77쪽. 『괴델, 에셔, 바흐: 영원한 황금 노끈』, 박여성 옮김, 서울: 까치글방, 1999.

45 *Élements de rythmanalyse*, pp. 79-80; *Rhythmanalysis*, pp. 57-8. <옮긴이> 『리듬분석』, 170-3쪽.

46 *Le manifeste différentialiste*, p. 87.

47 *Élements de rythmanalyse*, pp. 82-3; *Rhythmanalysis*, p. 60. <옮긴이> 『리듬분석』, 177쪽.

48 *Qu'est-ce que penser?* pp. 65-6; *La somme et le reste*, pp. 279-81; *Au-delà du structuralisme*, p. 247. 또한 다음에서 이뤄지고 있는 논의를 볼 것 — *Critique de la vie quotidienne II*, pp. 126-7; *Critique of Everyday Life II*, pp. 122-4.

49 *Élements de rythmanalyse*, p. 88; *Rhythmanalysis*, p. 64. <옮긴이> 『리듬분석』, 187쪽.

50 *Logique formelle, logique dialectique*, p. 50.

51 *Hegel, Marx, Nietzsche*, p. 211 n. 22. <옮긴이> 이는 '무한 원숭이 정리'를 일컫는다. 프랑스의 수학자 에밀 보렐[Emile Borel]이 내놓은 것으로 원숭이가 무한한 시간동안 무작위로 타자를 치면 『햄릿』을 써 낼 수도 있다는 얘기인데, 19세기 후반-20세기 초반의 프랑스에서 유행했던 수학적 증명을 단적으로 드러내는 예시다.

52 *La somme et le reste*, pp. 381-2.

53 *La somme et le reste*, p. 382. 르페브르는 다음에서 폴리처의 1928년 작업 『베르그송주의』[*Le bergsonisme*]를 이와 관련한 또 다른 표현으로 언급하며 자신의 시간이론이 베르그송에게서 멀리 떨어져 있음을 명시적으로 밝힌다 — *Critique de la vie quotidienne II*, p. 342; *Critique of Everyday Life, II*, p. 342. Politzer, *La fin d'une parade philosophique: le bergsonisme*, Pauvert: Paris, 1967을 볼 것.

54 Rémi Hess, 'Note de l'éditeur', in *La fin de l'histoire*, Paris: Anthropos, 2nd edition, 2001 (1970), p. v. 어쩌면 우리는 이것들이 르페브르가 악셀로스의 《아규망》 연작에서 발표한 세 권의 책이라는 점에 주목해야 할지도 모르겠다. '서곡들' — 체계적이기보다 단편적 고찰인 — 의 의미에 관해서는 *Introduction à la modernité*, p. 11; *Introduction to Modernity*, p. 3을 볼 것. <옮긴이> 『모더니티 입문』 12쪽.

55 *La fin de l'histoire*, p. 42. *Une penseé devenue monde*, p. 40을 볼 것.

56 *La fin de l'histoire*, p. 43. *La somme et le reste*, pp. 741ff; *Marx*, Paris: PUF, 1964, p. 52; *Au-delà du structuralisme*, Paris: Anthropos, 1971, p. 330; *La présence et l'absence*, p. 23을 볼 것. 또한 *Qu'est-ce que penser?* p. 18을 볼 것.

57 *La somme et le reste*, p. 671. 아울러 'Lettre', in *Marx … ou pas? Réflexions sur un centenaire*, Paris, Études et Documentation Internationales, 1986, p. 21을 볼 것.

58 Pierre Lantz, 'Présentation de la seconde edition', in *La fin de l'histoire*, 2nd edition, pp. ix-x을 볼 것.

59 Jean-Frangois Lyotard, *The Postmodern Condition: A Report on Knowledge*, translated by Geoff Bennington and Brian Massumi, Manchester: Manchester University Press, 1984.

60 *La fin de l'histoire*, p. 173.

61 역사의 향방이라는 주제는 특별히 다음에서 논의되고 있다 — Jean Baudrillard, *The Illusion of the End*, translated by Chris Turner, Cambridge: Polity Press, 1994.

62 *La fin de l'histoire*, pp. 12-13.

63 Daniel Bell, *The End of Ideology: On the Exhaustion of Political Ideas in the Fifties*, Illinois: Free Press of Glencoe, 1960. 벨에 대한 노골적 비판으로는 *La fin de l'histoire*, p. 10; *L'irruption de Nanterre an sommet*, Paris: Éditions Syllepse, 2nd edition, 1998 (1968), pp. 5-6; *The Explosion: Marxism and the French Upheaval,* translated by Alfred Ehrenfeld, New York: Modern Reader, 1969, p. 9를 볼 것.

64 Francis Fukuyama, 'The end of history?' *The National Interest* 16, Summer 1989, pp. 3-18; *The End of History and the Last Man*, Harmondsworth: Penguin, 1992.

65 *La fin de l'histoire* p. 16.

66 *La fin de l'histoire*, p. 18.

67 *La fin de l'histoire*, p. 14.

68 *La fin de l'histoire*, pp. 14-15.

69 *La fin de l'histoire*, p. 173.

70 *La fin de l'histoire*, p. 15. 관련 논의는 Kostas Axelos, 'La question de la fin', *Horizons du monde*, Paris: Éditions de Minuit, 1974, pp. 101-27을 볼 것.

71 *La fin de l'histoire*, p. 215; *Key Writings*, p. 182. *La fin de l'histoire*, p. 214; *Hegel, Marx, Nietzsche ou le royaume des ombres*, Paris: Casterman, 1975, p. 35; *La présence et l'absence*, p. 95를 볼 것. 극복 및 헤겔식의 포섭과 관련해서는 *La fin de l'histoire*, pp. 73-4; *Logique formelle, logique dialectique*, Paris: Anthropos, 2nd edition, 1969 [1947], pp. 211-16을 볼 것. <옮긴이> 1장의 주 255 및 관련 본문을 볼 것.

72 *La fin de l'histoire*, p. 225; *Key Writings*, p. 184.

73 *La fin de l'histoire*, pp. 51-2.

74 *La fin de l'histoire*, p. 106. Frangois Chatelet, *La Naissance de l'histoire: La formation de la pensée historienne en gréce,* Paris: Éditions de Minuit, 1962, p. 405를 볼 것.

75 *La fin de l'histoire* p. 106.

76 *La fin de l'histoire*, p. 107.

77 *La fin de l'histoire*, p. 112.

78 *La fin de l'histoire*, pp. 200-2; *Key Writings*, pp. 179-80.

79 *La fin de l'histoire*, p. 202; *Key Writings*, p. 180.

80 *La fin de l'histoire*, p. 155.

81 Lantz, '*Présentation de la seconde édition*', pp. x, xix. Friedrich Nietzsche, 'On the uses and disadvantages of history for life', in *Untimely Meditations*, translated by R. J. Hollingdale, Cambridge: Cambridge University Press, 1983, pp. 59-123; Heidegger, *Being and Time*. <옮긴이> 『반시대적 고찰』은 총 네 편으로 이뤄져 있으며, 엘든이 말하고 있는 '두 번째 반시대적 고찰'이란 위 각주에서 보이는 것과 마찬가지로 「삶에 대한 역사의 공과」를 가리킨다. 이 부분과 관련해서는, 프리드리히 니체. 「삶에 대한 역사의 공과」, 『비극의 탄생, 반시대적 고찰』, 이진우 옮김, 서울: 책세상, 2005, 285-388쪽, 특별히 2장과 3장, 301-316쪽을 볼 것.

82 *La fin de l'histoire*, p. 84.

83 *La fin de l'histoire*, p. 85.

84 또한 *Éléments de rythmanalyse*, p. 16; *Rhythmanalysis*, p. 8을 볼 것. <옮긴이> 『리듬분석』, 62-64쪽.

85 *La fin de l'histoire*, p. 91.

86 *La fin de l'histoire*, p. 24.

87 *La fin de l'histoire*, pp. 228-9; *Key Writings*, pp. 186-7.

88 Heidegger, *Being and Time; Identity and Difference/Identität und Differenz*, English-German edition, translated by Joan Stambaugh, New York: Harper & Row, 1969; *Contributions to Philosophy: From Enowning*, translated by Parvis Emad and Kenneth Maly, Bloomington: Indiana University Press, 1999을 볼 것. <옮긴이> 일반적으로 '생기生起', '발현', '발생', '(존재·생기·발현) 사건' 같은 말로 번역되는 *Ereignis*는 독일어 발음 그대로 '에어아이크니스'로 옮기도록 한다. 그

까닭은 첫째, 같은 선례를 볼 수 있기 때문이다. "사실 "그것이 존재를 준다(Es gibt Sein)"라는 말로 존재를 다룰 때조차, 존재는 존재를 주는 '그것(Es)', '에어아이크니스(Ereignis)라고 명명되는 사건에서, 그 '사건'과 결부된 어떤 '처해 있음'에서, 우리가 던져져 있는 어떤 상황에서 벗어날 수 없지 않은가?" 하는 대목을 발견할 수 있다 — 이진경, 『불온한 것들의 존재론』, 서울: 휴머니스트, 2011, 304쪽. 이진경의 인용은 신상희, 『시간과 존재의 빛: 하이데거의 시간이해와 생기사유』, 파주: 한길사, 2000, 179쪽을 볼 것. 참고로 신상희는 같은 책에서 ereignis를 '생기'로 옮기되(143쪽), "하이데거는 생기(Ereignis)라는 용어를 동사적으로도 자주 사용하고 있다. 이런 점에서 Ereignis를 사전적인 의미에서 '사건' 혹은 '존재사건'이라고 번역한다면, 이 용어의 동사적 의미를 결코 드러낼 수 없을 뿐만 아니라, 결국은 독자로 하여금 사태 자체를 바라보지 못하게 할 위험까지 있다."고 말한다(178쪽, 각주 25). 둘째, 설령 ereignis를 '생기'로 옮긴다고 해도 그것의 다양한 의미와 그 의미 간의 관계를 나타내기에는 역부족이기 때문이다. 비단 한국뿐 아니라 영어권에서도 '에어아이크니스'의 번역은 곤란한 문제인 듯 보인다. 예를 들어 Pattison, G. 'Index', *Routledge Philosophy GuideBook to The Later Heidegger*, London & New York: Routledge, 2000, p. 228을 보면 엘든과 같이 'event of appropriation'으로 옮겨 놨으나, Davis, B. W. (ed.). 'Index', *Martin Heidegger: Key Concepts*, Durham: Acumen, 2010, p. 283을 보면 'event, appropriating event, event of appropriation, appropriation enowning, enowning event, enownment'로 옮겨져 있다. 이 경우, Er-eign-is; en-own-ment; ap-propri-ation으로 보기도 한다(https://www.bu.edu/wcp/Papers/Cont/ContNeu.htm).

89 Martin Heidegger, *Nietzsche*, translated by David Farrell Krell, Frank Capuzzi and Joan Stambaugh, San Francisco: Harper Collins, 4 volumes, 1991.

90 *La fin de l'histoire*, pp. 212-13; *Key Writings*, p. 182.

91 *La fin de l'histoire*, p. 72.

92 *La fin de l'histoire*, p. 206.

93 *La fin de l'histoire*, pp. 154-5. Lantz, '*Présentation de la seconde édition*', p. xix를 볼 것.

94 *La fin de l'histoire*, p. 88을 볼 것. 여기서 르페브르는 들뢰즈의 *Nietzsche et la philosophie*, Paris: PUF, 1965를 인용하고 있다. <옮긴이> 질 들뢰즈. 『니체와 철학』, 이경신 옮김, 서울: 민음사, 2001.

95 *La présence et l'absence*, p. 55.

96 푸코의 작업 가운데 주목할 만한 것으로 'Nietzsche, genealogy, history', in *Language, Counter-Memory, Practice*, edited by Donald F. Bouchard, Oxford: Basil Blackwell, 1977, pp. 139-64를 볼 것.

97 간략한 설명으로 Kofman and Lebas, 'Lost in Transposition', p. 9를 볼 것.

98 *La fin de l'histoire*, p. 84.

99 *La fin de l'histoire*, p. 68.

100 *Au-delà du structuralisme*, p. 86; 'What is the historical past?', *New Left Review*, 90, 1975, pp. 27-34, p. 34.

101 Frederic Jameson, *Postmodernism, or, The Cultural Logic of Late Capitalism*, London: Verso, 1991, p. 364.

102 *La fin de l'histoire*, p. 140.

103 *Espace et politique: Le droit à la ville II*, Paris: Anthropos, 2nd edition, 2000 (1972), p. 7;

Writings on Cities, p. 185.

104 David Harvey, *The Condition of Postmodernity*, Oxford: Blackwell, 1989, p. 237. <옮긴이> 데이비드 하비. 『포스트모더니티의 조건』, 구동회·박영민 옮김, 파주: 한울, 1994, 279쪽. 참고로 '영토적 조직의 총체적 역사'와 관련해서 하비는 다음을 참조하고 있다 — Sack, R. (1986). *Human territoriality: its theory and history*, Cambridge.

105 Kristin Ross, *The Emergence of Social Space: Rimbaud and the Paris Commune*, Basingstoke: Macmillan, 1988, pp. 8-9. 여기서 로스는 심지어 사회적 공간이 일상생활의 동의어임을 — 일상생활이 일차적으로 (전적으로는 아니라 하더라도) 공간적 개념임을 — 시사하기까지 한다.

106 *Writings on Cities*, p. 215.

107 예를 들어 에스와 마이어가 정리한 르페브르 작업의 서지정보 외에 그 둘은 피뇽을 전혀 언급하지 않는다 — Rémi Hess, *Henri Lefebvre et l'aventure du siécle*, Paris: A. M. Metallic, 1988; Meyer, *Henri Lefebvre*. 실즈의 유일한 참조에서는 이 책을 저자와 관련한 것으로 오인하고 있다 — *Lefebvre, Love and Struggle*, p. 73. 피뇽은 다음에서 간략히 논의되고 있다 — David Gaute, *Communism and the French Intellectuals 1914-1960*, London: Andre Deutsch, 1964, 특별히 pp. 342-3. 이 논의가 르페브르의 피뇽 관련 저술에 대한 참조를 포함하긴 하지만 공간의 이론화와는 무관하다.

108 *Pignon*, Paris: Edition Falaise, 1956; *Pignon*, Paris: J. Goldschmidt, 2nd edition, 1970. 참조는 전부 초판에 의거한다. 피뇽을 피카소와 함께 간략히 논의하는 것으로는 다음을 볼 것 — 'Connaissance et critique sociale'; 'Knowledge and social criticism', in Marvin Farber (ed.), *Philosophic Thought in France and the United States: Essays Representing Major Trends in Contemporary French and American Philosophy*, New York: University of Buffalo Publications in Philosophy, 1950, pp. 281-300. 피카소는 다음에서 중요한 역할을 하고 있다 — *La production de l'espace*, pp. 346-9; *The Production of Space*, pp. 301-3. 여기서 피뇽은 전혀 언급되지 않고 있다. 르페브르의 작업에 대한 피카소의 중요성은 Gregory, *Geographical Imaginations*, pp. 393-4를 볼 것. <옮긴이> 『공간의 생산』, 436-438쪽.

109 *Pignon*, pp. 10-11.

110 예컨대 *Édouard Pignon, La Quête de la réalité*, Paris: Denöel, 1966, pp. 91-101, 107-9를 볼 것. 피뇽의 생애와 관련한 한 회고전에 대해서는 Philippe Bouchet *et al*, *Édouard Pignon enpleine lumière*, Aries: Actes Sud, 1999를 볼 것.

111 *Pignon*, pp. 10, 36.

112 *Contribution à l'esthétique*, Paris: Anthropos, 2nd edition, 2001 (1953), p. 12 n. 1.

113 *Pignon*, p. 14.

114 *Pignon*, p. 36.

115 *Pignon*, p. 21.

116 *Pignon*, p. 12.

117 *Pignon*, pp. 38-9.

118 *Pignon*, p. 47. <옮긴이> 이 그림은 피뇽의 작품을 모아 놓은 누리집 《에두아르 피뇽 — 외브르 *Edouard Pignon — Oeuvres*》에서 볼 수 있다. 해당 그림은 1954년의 레 일렉트리시앙 Les eléctriciens, 전기노동자 연작(1953-55)의 하나로 〈레 일렉트리시앙 드 발로리스 Les eléctriciens de Vallauris〉인 듯 보인다. 이미지는 다

음을 볼 것 — http://www.edouardpignon.com/ oeuvres/2598/1954_Les_Electriciens/.

119 이와 관련해서 *Contribution à l'esthétique*, p. 70 또한 볼 것.

120 예를 들어 *Méthodologie des sciences: Inédit*, Paris: Anthropos, 2002, pp. 52, 62-3, 65, 73, 79-80을 볼 것.

121 *Méthodologie des sciences*, p. 73.

122 *La vie quotidienne dans le monde moderne*, Paris: Gallimard, 1968, p. 13; *Everyday Life in the Modern World*, translated by Sacha Rabinovitch, Harmondsworth: Allen Lane, 1971, p. 4. <옮긴이> 『현대세계의 일상성』, 47쪽.

123 *La vie quotidienne dans le monde moderne*, p. 210; *Everyday Life in the Modern World*, p. 111. <옮긴이> 『현대세계의 일상성』, 218-9쪽.

124 *La vie quotidienne dans le monde moderne*, p. 155; *Everyday Life in the Modern World*, p. 155. <옮긴이> 『현대세계의 일상성』, 288쪽.

125 *Espace et politique*, p. 59.

126 *Espace et politique*, pp. 50-1.

127 *La pensée marxiste et la ville*, Paris: Casterman, 1972, p. 152; *Marx*, p. 35; *Le manifeste différentialiste*, pp. 127-8.

128 *La production de l'espace*, p. 396; *The Production of Space*, p. 343. *Hegel, Marx, Nietzsche*, p. 52를 볼 것. <옮긴이> 『공간의 생산』, 492쪽.

129 *La pensée marxiste et la ville*, p. 152.

130 *La production de l'espace*, p. 83; *The Production of Space*, p. 68. 도입부 일부의 초기 견해는 다음에 실렸다 — 'La production de l'espace', *L'homme et la société* 31-32, January-March 1974/April-June 1974, pp. 15-32. 이 영역에서 이뤄진 르페브르의 작업을 영어로 처음 확장해서 사용한 것으로는 다음의 작업이 있다 — M. Gottdiener, *The Social Production of Urban Space*, Austin: University of Texas Press, 2nd edition, 1997 (1985). 르페브르의 작업에 있는 이 같은 측면에 대한 프랑스의 평판은 다음의 특집호에 실려 있는 논문들에 있다 — 'Actualités de Henri Lefebvre', presented by Monique Coornaert and Jean-Pierre Gamier, *Espaces et sociétés* 76, 1994, pp. 3-145. <옮긴이> 『공간의 생산』, 127-8쪽.

131 *La production de l'espace*, p. 35; *The Production of Space*, p. 26. <옮긴이> 『공간의 생산』, 71쪽.

132 'An Interview with Henri Lefebvre', translated by Eleonore Kofman, *Environment and Planning D: Society and Space* 5(1), 1987, pp. 27-38, p. 31. *La production de l'espace*, p. 65; *The Production of Space*, p. 53을 볼 것. <옮긴이> 『공간의 생산』, 107-8쪽.

133 'Preface: La production de l'espace (1986)', in *La production de l'espace*, Paris: Anthropos, 4th edition, 2000 (1974), p. xxi; *Key Writings*, p. 209. <옮긴이> 『공간의 생산』, 28쪽.

134 *La vie quotidienne dans le monde moderne*, pp. 62-3; *Everyday Life in the Modern World*, pp. 30-1. <옮긴이> 『현대세계의 일상성』, 88쪽.

135 *La survie du capitalisme: La re-production des rapports de production*, Paris: Anthropos, 3rd edition, 2002 (1973), p. 16; *The Survival of Capitalism*, translated by Frank Bryant, London: Allison & Busby, 1976, pp. 21-2.

136 *Espace et politique*, p. 105, 또한 p. 154를 볼 것.

137 *La production de l'espace*, p. 244; *The Production of Space*, p. 212. <옮긴이> 『공간의 생산』, 317-8쪽.

138 *La production de l'espace*, p. 220; *The Production of Space*, p. 190. <옮긴이> 『공간의 생산』, 288-9쪽.

139 *La survie du capitalisme*, p. 80; *The Survival of Capitalism*, p. 84.

140 예컨대 Martin Heidegger, *The Question Concerning Technology and Other Essays*, translated by William Lovitt, New York: Harper & Row, 1977을 볼 것.

141 *La révolution urbaine*, Paris: Gallimard, 1970, p. 204. <옮긴이> *The Urban Revolution*, p. 154.

142 Scott Kirsch, 'The incredible shrinking world? Technology and the production of space', *Environment and Planning D: Society and Space* 13(5), 1995, pp. 529-55 pp. 533, 544. 수축하는 세계의 비유에 대한 비판은 분명히 하비의 작업, 특별히 『포스트모더니티의 조건』으로 향한다. 커쉬는 수축하는 세계라는 비유적 공간이 지리학에서 물질적 공간을 덜어낸다고, 또 그렇기에 공간에 대한 물신숭배와 비슷하다고 말한다. 르페브르의 공간, 일종의 구체적 추상으로서 그 공간은 공간의 물질성에서 분리될 수 없는 것으로 제시된다. 이 쟁점들과 관련해서 더 일반적인 논의는 다음을 볼 것 — Erik A. Swyngedouw, 'Territorial organization and the space/technology nexus', *Transactions of the Institute of British Geographers* 17 (NS), 1992, pp. 417-33.

143 이와 관련해서는 Jameson, *Postmodernism*, pp. 364-5를 볼 것.

144 *La production de l'espace*, p. 204; *The Production of Space*, p. 175. <옮긴이> 『공간의 생산』, 271쪽.

145 Edward W. Soja, *Postmodern Geographies: The Reassertion of Space in Contemporary Social Theory*, London: Verso, 1989, p. 32. 소자가 출처로 삼은 것은 하비가 다음에서 갖고 와서 쓴 따옴표 안의 구절임이 거의 분명하다 — *The Urbanization of Capital: Studies in the History and Theory of Capitalist Urbanisation 2*, Oxford: Basil Blackwell, 1985, p. xii. 하지만 하비는 내게 그것이 도발적·비판적 뜻을 표현하기 위한 의도적 따옴표[scare quotes]지 인용이 아님을 분명히 했다(개인적 서신, 2002 1월 10일). <옮긴이> 에드워드 소자, 『공간과 비판사회이론』, 이무용 외 옮김, 서울: 시각과 언어, 1991, 47쪽.

146 Richard Peet, *Global Capitalism: Theories of Societal Development*, London and New York: Routledge, 1991, pp. 178-9.

147 자본의 유통과 관련해서는 Karl Marx, *Capital: A Critique of Political Economy* II, translated by David Fernbach, Harmondsworth: Penguin, 1978, 여러 곳, 특별히 pp. 135, 225-9, 326-32; *Capital: A Critique of Political Economy* III, translated by David Fernbach, Harmondsworth: Penguin, 1981, p. 164; *Grundrisse: Foundations of the Critique of Political Economy (Rough Draft)*, translated by Martin Nicolaus, Harmondsworth: Penguin, 1973, pp. 521, 618-23을 볼 것. 공간적 희소성과 관련해서는 *Capital* I, pp. 442, 444, 596-8, 612; III, pp. 185-90, 그리고 'The eighteenth Brumaire of Louis Bonaparte', in *Surveys from Exile: Political Writings Volume II*, translated by David Fernbach, Harmondsworth: Penguin, 1973을 볼 것. 시골과 도시의 관계와 관련해서는 *Capital* I, pp. 848-9, 877; III pp. 789-90, 904-5; Karl Marx and Friedrich Engels, *The*

German Ideology, edited by Chris Arthur, London: Lawrence & Wishart, 1970, 그리고 'Manifesto of the Communist Party', in *The Revolutions of 1848: Political Writings Volume I*, translated by David Fernbach, Harmondsworth: Penguin, 1973을 볼 것. 군대와 관련, 마르크스의 작업에서 공간적 분석의 중요성은 Michel Foucault, 'Questions à Michel Foucault sur la géographic', in Daniel Defert and François Ewald (eds), *Dits et écrits 1954-1988*, Paris: Gallimard, 4 volumes, 1994, III, pp. 38-9에서 제시된다. 우리는 이를 실제로 다음 작업에서 볼 수 있다 — 'Articles from the *Neue Rheinische Zeitung*' in *The Revolutions of 1848*; 'The Class Struggles in France: 1848 to 1850'; 'Agitation against the Sunday Trading Bill'; 'The British rule in India'; and 'Articles on the North American Civil War', in *Surveys from Exile*.

148 Marx, *Grundrisse*, pp. 533-4. <옮긴이> 칼 마르크스, 『정치경제학 비판 요강』 II, 김호균 옮김, 백의, 2000, 169쪽.

149 *Une pensée devenue monde*, p. 149.

150 'Space: social product and use value', in J. W. Freiburg (ed.), *Critical Sociology: European Perspectives*, New York: Irvington Publishers, 1979, pp. 285-95. *Espace et politique*, p. 127; *La production de l'espace*, pp. 119-21; *The Production of Space*, pp. 100-2를 볼 것. <옮긴이> 『공간의 생산』, 171-75쪽.

151 *Espace et politique*, p. 147.

152 Louis Althusser, Etienne Balibar, Roger Establet, Jacques Ranciere, and Pierre Macherey, *Lire le Capital*, Paris: Francois Maspero, 2 volumes, 1965, 특별히 I, pp. 28-31을 볼 것. 알튀세와 푸코 관련 논의는 Neil Smith and Cindy Katz, 'Grounding metaphor: towards a spatialised polities', in Michael Keith and Steve Pile (eds), *Place and the Politics of Identity*, London: Routledge, 1993, pp. 67-83을 볼 것. 스미스와 카츠는 푸코를 알튀세에 비유하며 푸코가 분석 없이 비유를 쓰고 있다는 점을 비판한다. 나는 내 저서 『현재의 지도 그리기』, 구체적으로 5장에서 이러한 판단이 얼마나 잘못된 것인지를 보이려 노력했다.

153 *Au-delà du structuralisme*, p. 416.

154 Doreen Massey, 'Politics and space/time', *New Left Review* 196, November/December 1992, pp. 65-84, p. 66. *La production de l'espace*, pp. 9-10; *The Production of Space*, pp. 3-4를 볼 것. <옮긴이> 『공간의 생산』, 42-44쪽.

155 이는 앤디 메리필드의 다음 글이 근본적으로 오해를 받게끔 만든다 —'Place and space: a Lefebvrian reconciliation', *Transactions of the Institute of British Geographers* 18, 1993, pp. 516-31. 달리 말해서 그 글은 어떤 문제틀을 해석하는데 르페브르가 그 문제틀을 해결할 수 있음을 시사하기 위해서 그것을 사용하지는 않는다고 본다. *l'espace* 개념 및 그것의 다가치성과 관련한 논의는 Shields, *Lefebvre, Love and Struggle*, p. 154를 볼 것. 실즈는 전반적으로 『공간의 생산』과 관련해서 유용한 논의를 제공한다.

156 *La production de l'espace*, pp. 7-8; *The Production of Space*, pp. 1-2; *Espace et politique*, p. 46. <옮긴이> 『공간의 생산』, 39-41쪽.

157 *Le materialisme dialectique*, Paris: PUF, 6th edition, 1971 (1939), pp. 119, 130; *Dialectical Materialism*, translated by John Sturrock, London: Jonathan Cape, 1968, pp. 122, 133.

158 *Descartes*, Paris: Éditions Hier et Aujourd'hui, 1947, p. 106.

159 예컨대 *Descartes*, pp. 187-243. *Logique formelie, logique dialectique*, p. 28을 볼 것.

160 René Descartes, *The Geometry of René Descartes*, French-Latin-English edition, translated by David Eugene Smith and Marcia L. Latham, New York: Dover, 1954, pp. 2/3, 216/17.

161 *Logique formelle, logique dialectique*, p. 90. 이와 관련하여 더 자세한 내용은 Stuart Elden, 'The place of geometry: Heidegger's mathematical excursus on Aristotle', *The Heythrop Journal* 42(3), July 2001, pp. 311-28을 볼 것.

162 *Descartes*, p. 144.

163 *Descartes*, pp. 145-6.

164 *Descartes*, pp. 146-7. <옮긴이> 'conceived'나 'conception'의 번역어와 관련해서, 『공간의 생산』에서는 '인지된', '인지'로 옮겨 놓았으나 여기서는 다음의 예시를 따라 '고안된', '고안'으로 옮기도록 한다. 관련 논의 및 맥락에 더 적절하다고 생각하기 때문이다 — 앤디 메리필드, 「앙리 르페브르: 공간에 관한 사회주의자」, 『공간적 사유』, 마이크 크랭·나이절 스리프트 엮음, 최병두 옮김, 서울: 에코리브르, 2013, 287-314쪽.

165 *La fin de l'histoire*, p. 190; *Key Writings*, p. 111. <옮긴이> '이해 가능한 공간'과 관련해서는 *La production de l'espace*, pp. 466; *The Production of Space*, p. 405; 『공간의 생산』, 571쪽을 볼 것.

166 Elden, 'The place of geometry'; *Mapping the Present*. 아울러 Didier Franck, *Heidegger et le problème de l'espace*, Paris: Les Éditions de Minuit, 1986; Edward S. Casey, *The Fate of Place: A Philosophical History*, Berkeley: University Presses of California, 1997을 볼 것.

167 Heidegger, *Being and Time*.

168 *La production de l'espace*, p. 280; *The Production of Space*, p. 242. <옮긴이> 『공간의 생산』, 357-8쪽.

169 여기서 다수의 참조가 제공될 수 있을 것이다. 예를 들어 Heidegger, *Being and Time*, pp. 143-4, 412-13; *The Basic Problems of Phenomenology*, translated by Albert Hofstader, Bloomington: Indiana University Press, 1982, pp. 162-6을 볼 것.

170 Martin Heidegger, *Hölderlins Hymnen 'Germanien' und 'Der Rhein' Gesamtausgabe Band 39*, Frankfurt am Main: Vittorio Klostermann, 1980; *Hölderlin's Hymn 'The Ister'*, translated by William McNeill and Julia Davis, Bloomington: Indiana University Press, 1996.

171 Martin Heidegger, *Poetry, Language, Thought*, translated by Albert Hofstader, New York: Harper & Row, 1971.

172 Friedrich Hölderlin, *Selected Verse*, translated by Michael Hamburger, Harmondsworth: Penguin, 1961, pp. 245-6.

173 예컨대 Heidegger, *Poetry, Language, Thought*, p. 213을 볼 것.

174 Heidegger, *The Question Concerning Technology*를 볼 것. 관련 논평은 Stuart Elden, 'Taking the measure of the *Beiträge*: Heidegger, National Socialism and the Calculation of the Political', *European Journal of Political Theory* 2(1), January 2003, pp. 35-56을 볼 것.

175 *La production de l'espace*, p. 273; *The Production of Space*, p. 236. <옮긴이> 『공간의 생산』, 348-50쪽.

176 *Espace et politique*, p. 167.

177 *La survie du capitalisme*, p. 85; *The Survival of Capitalism*, p. 89.

178 *La révolution urbaine*, p. 203. <옮긴이> *The Urban Revolution*, p. 154.

179 *La révolution urbaine*, pp. 240-1. <옮긴이> *The Urban Revolution*, pp. 182-3.

180 *La production de l'espace*, p. 407; *The Production of Space*, p. 352. <옮긴이> 『공간의 생산』, 503-4쪽.

181 *La révolution urbaine*, p. 241. *Espace et politique*, pp. 15-16; *Writings on Cities*, pp. 190-1을 볼 것. <옮긴이> *The Urban Revolution*, pp. 182-3. 엘든의 설명이 조금은 불충분한 듯 보여 관련 대목을 옮기면 다음과 같다. 도시계획가와 어바니스트는 "종이와 잉크의 공간 내에서 움직인다. 이렇듯 일상에 대해 거의 완벽한 **환원**이 이뤄지고 난 뒤 그들은 비로소 삶의 경험[체험]의 규모로 되돌아간다. 그들은 그 체험을 포착했다고 확신한다. 비록 어떤 이차적 추상화[기존의 추상공간을 지면 위로 추상하는 작업] 내에서 그들의 계획과 기획을 수행하더라도 말이다. 그들은 체험에서 추상적인 것으로 전환했고, 이 추상화를 체험 위로 다시 투사한다. 이러한 이중적 대체와 부정은 긍정의 착각을 만들어 낸다. 바로 '현실적' 삶으로 되돌아왔다는."

182 *Espace et politique*, p. 16; *Writings on Cities*, p. 191.

183 *Espace et politique*, p. 149, p. 147을 볼 것.

184 *Le materialisme dialectique*, p. 165; *Dialectical Materialism*, p. 167. Norbert Guterman and Henri Lefebvre, *La conscience mystifiée*, Paris: Éditions Syllepse, 3rd edition, 1999 (1936), p. 210을 볼 것.

185 *Critique de la vie quotidienne I: Introduction*. Paris: L'Arche, 2nd edition, 1958 (1947), p. 223; *Critique of Everyday Life Volume I: Introduction*, translated by John Moore, London: Verso, 1991, p. 209. <옮긴이> 이 경우 '두 의미 모두에서'는 우선 사전적 의미로, 프랑스어 'réaliser'에 '실현(실행)하다'와 '[철학] (추상적인 것을) 심리적[객관적]인 실재로 간주하다'는 뜻이 있으므로 참고하면 될 것 같다. 특별히 후자의 의미를 눈여겨봐야 할 것 같은데, 그것이 '이데올로기의 성장 및 발전'과 그 궤를 같이 하기 때문이다. 『비판』 제1권에서 이는 고대 농촌공동체의 변화 과정이라는 맥락에서 설명된다.

186 *La production de l'espace*, pp. 42-3, 48-9; *The Production of Space*, pp. 33, 38-9. 이 셋 중 마지막 것의 원래 프랑스어는 *les espaces de représentation*이며 'spaces of representation[재현(의) 공간]'은 니콜슨-스미스가 사용한 'representational spaces[재현적 공간]'보다 더 절묘한 번역인 듯 보인다. 이것이 관행이 됐다 — Edward W. Soja's *Thirdspace: Journeys to Los Angeles and Other Real-and-Imagined Places*. Blackwell: Oxford, 1996, p. 61과 Shields, *Lefebvre, Love and Struggle*, p. 161을 볼 것. <옮긴이> 『공간의 생산』, 79-80, 86-8쪽. 여기서도 역자인 양영란은 '재현 공간'으로 옮기고 있다. 이는 앞서 '재현(의) 공간'으로 번역한 이유이기도 하다.

187 항해사와 탐험가에 대한 참조는 *De l'État*, IV, p. 281에서 비롯한다.

188 Soja, *Postmodern Geographies*와 *Thirdspace*를 볼 것. 이와 함께 발생하는 문제는 그 문제가 최초의 도식을 그 작업 전반에 걸친 역사적 검토를 실현하는 것 대신 절대적인 것으로 바꾼다는 데 있다. 실즈의 *Lefebvre, Love and Struggle*이 역사적 차원에서는 더 낫다. 아울러 *Espace et politique*, p. 25; *Hegel, Marx, Nietzsche*, p. 90을 볼 것.

189 *La révolution urbaine*, p. 240; *La production de l'espace*, pp. 143-4; *The Production of Space*, pp. 121-2. <옮긴이> 『공간의 생산』, 200-1쪽.

190 *Du rural à l'urbain*, Paris: Anthropos, 3rd edition, 2001 (1970), p. 160; *La révolution urbaine*, p. 111; *La production de l'espace*, p. 362; *The Production of Space*, p. 314. <옮긴이> 『공간의 생산』, 453-4쪽.

191 *La production de l'espace*, pp. 143-4; *The Production of Space*, pp. 121-2; *La droit à la ville*, Paris: Anthropos, 1968, p. 41; *Writings on Cities*, p. 92. Heidegger, 'Building dwelling thinking', in *Poetry, Language, Thought*, Gaston Bachelard, *The Poetics of Space*, translated by Maria Jolas, Boston: Beacon, 1969를 볼 것.

192 *La droit à la ville*, pp. 16, 18; *Writings on Cities*, pp. 76, 79; *La production de l'espace*, p. 362; *The Production of Space*, p. 314; *Critique de la vie quotidienne III*, p. 94.

193 *Du rural à l'urbain*, pp. 222, 241; *Vers le cybernanthrope*, Paris: Denoël/Gonthier, 1967, pp. 15-16.

194 *Du rural à l'urbain*, p. 161.

195 Monique Coornaert and Henri Lefebvre, 'Ville, urbanisme et urbanisation', *Perspectives de la sociologie contemporaine: Hommage à Georges Gurvitch*, sous la direction de Georges Balandier, Roger Bastide, Jacques Berque et Pierre George, Paris: PUF, 1968, pp. 85-105, p. 93.

196 *La vie quotidienne dans le monde moderne*, p. 215; *Everyday Life in the Modern World*, p. 113. <옮긴이> 『현대세계의 일상성』, 223쪽.

197 *La fin de l'histoire*, p. 113.

198 David Harvey, *Justice, Nature and the Geography of Difference*, Oxford: Blackwell, 1996, p. 267. <옮긴이> 여기서 하비는 공간화된 데카르트-칸트의 정식화가 완전히 틀린 것은 아니지만, 그것들은 다만 근사치에 지나지 않기 때문에 대안이 필요하다고 보고 그 대안으로 변증법적 관계를 제시한다. 이 맥락에서 그는 『과정과 실재』의 한 대목을 인용하고 있다. 자세한 내용은 앨프레드 화이트헤드, 『과정과 실재: 유기적 세계관의 구상』, 오영환 옮김, 서울: 민음사, 1991, 384쪽을 볼 것.

199 *La production de l'espace*, p. 362; *The Production of Space*, p. 314.

200 *Métaphilosophie*, Paris: Éditions Syllepse, 2nd edition, 2001 (1965), pp. 127-8.

201 *Métaphilosophie*, p. 288.

202 *Au-delà du structuralisme*, p. 161.

203 *La révolution urbaine*, pp. 111-12. <옮긴이> *The Urban Revolution*, p. 82.

204 *La production de l'espace*, p. 250; *The Production of Space*, p. 217. <옮긴이> 『공간의 생산』, 323쪽.

205 René Lourau, *L'analyseur Lip*, Paris: Union Générale d'Éditions, 1974, p. 141.

206 *De l'État*, Paris: UGE, 4 volumes, 1976-78, Ⅳ, p. 260.

207 Kirsch, 'The Incredible Shrinking World?', p. 548.

208 *La production de l'espace*, p. 144; *The Production of Space*, p. 122. 이 비판은 다른 비판들의 뒤를 잇는데, 그것들에는 하이데거에게 공간은 "'거기에-있음[being-there]', 존재(자)들[beings], 현존재[Dasein]에 지나지 않고 단지 그것들일 뿐"이라는 주장, 또 "시간이 공간보다 더 중요하다. 존재에는 역사가 있고 역사는 오직 존재의 역사일 뿐이다"는 주장이 포함된다(*La production de l'espace*, p. 144; *The Production of Space*, p. 121). 이 주장 둘 다에 논쟁의 여지는 있다. Elden, *Mapping the Present*를 볼 것. <옮긴이>

『공간의 생산』, 200-1쪽

209 이 점, 또 르페브르와 공간의 다른 여러 측면과 관련해서는 Mario Rui Martins, 'The theory of social space in the work of Henri Lefebvre', in R. Forrest, J. Henderson and P. Williams (eds), *Urban Political Economy and Social Theory: Critical Essays in Urban Studies*, Aldershot: Gower, 1982, pp. 160-85를 볼 것.

210 예컨대 Marx, *Capital* I, pp. 442, 444, 596-8, 612; III, pp. 185-90을 볼 것.

211 *La vie quotidienne dans le monde moderne*, p. 103; *Everyday Life in the Modern World*, p. 52. *Espace et politique*, p. 58을 볼 것. <옮긴이> 『현대세계의 일상성』, 121쪽.

212 *La production de l'espace*, p. 381; *The Production of Space*, pp. 330-1. <옮긴이> 『공간의 생산』, 475쪽.

213 *L'irruption de Nanterre au sommet*, pp. 86-7; *The Explosion*, p. 95.

214 *La production de l'espace*, p. 68; *The Production of Space*, p. 55.

215 *Laproduction de l'espace*, p. 370; *The Production of Space*, p. 321.

216 전자에 대해서 르페브르의 작업에서는 예컨대 다음을 볼 것 — *La pensée marxiste et la ville*, pp. 109-47; *Du rural à l'urbain*, pp. 80-7. 다음은 얼마간의 값진 조언을 제공하는데 여기에는 하비가 공간의 정치에 대해 적은 글 다수에서 발전시킨 몇몇 실마리가 있다 — Massimo Quani, *Geography and Marxism*, translated by Alan Braley, Oxford: Basil Blackwell, 1982; David Harvey, *The Limits to Capital*, London: Verso, New Edition, 1999 (1982). 다음에서 르페브르는 도시사회와 공간적 '현실'을 경제적 측면으로 환원하는 데는 위험이 있다고 말한다 — *De l'Etat* IV, p. 268

217 *La production de l'espace*, pp. 167-8; *The Production of Space*, pp. 142-3. <옮긴이> 『공간의 생산』, 229쪽.

218 Harvey, *Justice, Nature and the Geography of Difference*, p. 87.

219 *La production de l'espace*, p. 465; *The Production of Space*, p. 404. <옮긴이> 『공간의 생산』, 569쪽.

220 *La production de l'espace*, p. 18; *The Production of Space*, p. 11. <옮긴이> 『공간의 생산』, 51쪽.

221 *La production de l'espace*, p. 465; *The Production of Space*, p. 404. <옮긴이> 『공간의 생산』, 569-70쪽. *Le temps des méprises*, Paris: Stock, 1975, p. 247을 볼 것.

222 *La survie du capitalisme*, p. 12; *The Survival of Capitalism*, p. 18. <옮긴이> 『공간의 생산』을 쓰기 한 해 전인 1973년, 곧 이 대목에서 인용하고 있는 『자본주의의 존속』이 출간된 해를 가리킨다.

223 Caute, *Communism and the French Intellectuals*, p. 298.

224 나는 특별히 에드워드 소자의 『제3의 공간』*Thirdspace*을 염두에 두고 있는데 이를 다음에서 비판적으로 검토한 바 있다 — 'What about Huddersfield?', *Radical Philosophy* 84, July/August 1997, pp. 47-8. 우리가 살고 있는 '포스트모던' 시대의 공간적 전회와 관련한 상이한 주장은 다음에서 발견할 수 있다 — Frederic Jameson, *Postmodernism, or, The Cultural Logic of Late Capitalism*에서 발견할 수 있다. <옮긴이> 프레드릭 제임슨. 「포스트모더니즘: 후기자본주의 문화논리」, 정정호·강내희 엮음, 『포스트모더니즘론』, 서울: 문화과학사, 1996[1989].

225 Ross, *The Emergence of Social Space*, p. 9. Soja, *Postmodern Geographies*, pp. 69-70, 76ff. <옮긴이> 『공간과 비판사회이론』, 109-11쪽, 125-6쪽과 그 다음을 볼 것

226 Soja, *Postmodern Geographies*, p. 42. <옮긴이> 『공간과 비판사회이론』, 57쪽.

227 Lynn Stewart, 'Bodies, visions and spatial politics: a review essay of Henri Lefebvre's The Production of Space', in *Environment and Planning D: Society and Space* 13(5), 1995, pp. 609-18, p. 617.

228 *La production de l'espace*, pp. 57, 130-1, 144; *The Production of Space*, pp. 46, 110, 122. *De l'État* Ⅳ, pp. 264, 281, 409-11을 볼 것. 이 비판과 관련해서는 Tim Unwin, 'A waste of space? Towards a Critique of the Social Production of Space …', *Transactions of the Institute of British Geographers* 25, 2000, pp. 11-29, p. 21을 볼 것. <옮긴이> 『공간의 생산』, 98, 185-6, 201-2쪽.

229 *La production de l'espace*, p. 465; *The Production of Space*, p. 405. *De l'État* IV, p. 283을 볼 것. <옮긴이> 『공간의 생산』, 570쪽.

230 *Le temps des méprises*, p. 238. *La pensée marxiste et la ville*, p. 154를 볼 것. 여기서 그는 시간에 대한 무시를 시사한다.

231 *La production de l'espace*, p. 465; *The Production of Space*, p. 405. *La production de l'espace*, pp. 236-8; *The Production of Space*, pp. 205-7; *Hegel, Marx, Nietzsche*, pp. 191-2, 195-6; *De l'État* IV, p. 280을 볼 것. <옮긴이> 『공간의 생산』, 570쪽, 308-10쪽.

232 *Éléments de rythmanalyse*, p. 71; *Rhythmanalysis*, p. 51. <옮긴이> 『리듬분석』, 158쪽.

233 *Le temps des méprises*, p. 240; *De l'État* IV, p. 321; *Le langage et la société*, Paris: Gallimard, 1966, p. 66.

234 *Du rural à l'urbain*, p. 235, pp. 224, 259를 볼 것.

235 Elden, *Mapping the Present*를 볼 것.

236 *Contribution à l'esthetique*, p. 12.

237 Armand Ajzenberg, 'A partir d'Henri Lefebvre: Vers un mode de production écologique', *Traces de futures: Henri Lefebvre: Le possible et le quotidienne*, Paris: La Société Franchise, 1994, pp. 1-5, Kofman and Lebas, 'Lost in transposition — time, space and the city', p. 7에 언급됨.

238 *Critique de la vie quotidienne* II, p. 233; *Critique of Everyday Life* II, p. 232.

239 *Critique de la vie quotidienne* III, p. 17. 가장 자세한 논의는 다음에 있다 — 'Space and time', pp. 128-35.

240 Lefebvre and Régulier, 'Le projet rythmanalytique'; 'Essai de rythmanalyse des villes méditerranéennes', *Peuples méditerranéens* 37, October-December 1986. *Éléments de rythmanalyse: Introduction à la connaissance de rythmes*. Paris: Éditions Syllepse, 1992, pp. 97-109에 재간.

241 *Éléments de rythmanalyse*, 루로의 서문 'Henrisques', pp. 5-10을 볼 것. 비슷한 시기의 *Le retour de la dialectique*, pp. 105-7 또한 볼 것. <옮긴이> 「앙리스크」, 『리듬분석』, 21-31쪽.

242 'The Rhythmanalytical Project', *Key Writings*, pp. 190-8; 'Rhythmanalysis of Mediterranean cities', 'Seen from the window', *Writings on Cities*, pp. 228-40, 219-27. <옮긴이> 「리듬분석 프로젝트」, 「지중해 도시들에 대한 리듬분석 시도」, 「창문에서 바라본 광경」, 『리듬분석』, 각각 200-22,

223-52, 105-28쪽.

243 *Éléments de rythmanalyse*, p. 18; *Rhythmanalysis*, p. 9. <옮긴이> 『리듬분석』, 67쪽. *Critique de la vie quotidienne* II, p. 233; *Critique of Everyday Life* II, pp. 232, 366 n. 17을 볼 것. Gaston Bachelard, *The Psychoanalysis of Fire*, translated by Alan C. M. Ross, Boston: Beacon, 1964를 볼 것. 바슐라르에 대해 더 자세한 주석으로는 *Critique de la vie quotidienne* II, pp. 334-5 n. 1; *Critique of Everyday Life* II, pp. 369-70 n. 9를, 더 일반적 참조로는 *La somme et le reste*, pp. 142-3, 308 n. 1, 314; *L'existentialisme*, Paris: Anthropos, 2nd edition, 2001 (1946), pp. 67-8; *Le langage et la société*, p. 113을 볼 것. 유용한 논의로는 Kofman and Lebas, 'Lost in transposition', pp. 28-9, 30-1을 볼 것. 르페브르 초기의 것이긴 하지만 명시적 정식화 이전의 선언들을 분석한 논의로는 Meyer, *Henri Lefebvre*, pp. 126-8을 볼 것. 더 일반적으로는 Derek Gregory, 'Lacan and geography: The production of space revisited', in Georges Benko and Ulf Strohmeyer (eds), *Space and Social Theory: Interpreting Modernity and Postmodernity*, Oxford: Blackwell, 1997, pp. 203-31을 볼 것. 라캉의 영향은 다음에서도 분석된다 — Virginia Blum and Heidi Nast, 'Where's the difference? The heterosexualization of alterity in Henri Lefebvre and Jacques Lacan', *Environment and Planning D: Society and Space* 14, 1996, pp. 559-80. <옮긴이> 이 단락의 전체적 내용과 관련하여 더 자세한 설명은 스튜어트 엘든, 「리듬분석 서설」, 『리듬분석』, 32-54쪽을 볼 것.

244 *Éléments de rythmanalyse*, p. 11; *Rhythmanalysis*, p. 3. <옮긴이> 『리듬분석』, 58-9쪽.

245 *Éléments de rythmanalyse*, p. 94; *Rhythmanalysis*, p. 69. <옮긴이> 『리듬분석』, 198쪽.

246 *Éléments de rythmanalyse*, p. 40; *Rhythmanalysis*, p. 26. <옮긴이> 『리듬분석』, 104쪽.

247 *Éléments de rythmanalyse*, pp. 13-14; *Rhythmanalysis*, p. 5. <옮긴이> 『리듬분석』, 59쪽.

248 *Éléments de rythmanalyse*, p. 24; *Rhythmanalysis*, p. 14. <옮긴이> 『리듬분석』, 77쪽.

249 *Éléments de rythmanalyse*, p. 25; *Rhythmanalysis*, p. 15. <옮긴이> 『리듬분석』, 79쪽.

250 Kostas Axelos, 'Entretien avec Henri Lefebvre', in *Entretiens*: 'Réels', *Imaginaires, et avec* '*Soi-Même*', Montpellier: Fata Morgana, 1973, pp. 69-84, p. 75.

251 *Éléments de rythmanalyse*, pp. 16-17; *Rhythmanalysis*, p. 8. <옮긴이> 『리듬분석』, 64쪽. "순환적 반복과 선형적 반복은 분석 과정에서 분리되지만 '현실' 속에서는 항상적으로 상호 간섭한다. 순환적인 것은 우주적인 것, 자연적인 것에서 온다 … 반면, 선형적인 것은 사회적 실천, 즉 인간의 활동에서 비롯된다". 참고로 여기서 'linéaire'가 '선형적'으로 번역돼 있지만 '선형적'이나 '선형성'에는 '직선'과 '곡선'의 구분을 확실히 하지 못한다는 문제가 있기 때문에 이 책에서는 근대 유럽의 시간중심적 역사 상상과 그것의 공간적 구현을 더 잘 나타낸다고 볼 수 있는 '단선적', '단선성'으로 옮기도록 한다.

252 *Critique de la vie quotidienne* II, p. 54; *Critique of Everyday Life* II, p. 48. *Du rural à l'urbain*, p. 137을 볼 것.

253 *Éléments de rythmanalyse*, p. 76; *Rhythmanalysis*, p. 55. <옮긴이> 『리듬분석』, 167쪽.

254 'Le projet rythmanalytique', p. 194; *Rhythmanalysis*, p. 77. <옮긴이> 『리듬분석』, 209쪽.

255 Amin and Thrift, *Cities*, p. 19.

256 *Critique de la vie quotidienne* II, p. 20; *Critique of Everyday Life* II, p. 14. *La révolution urbaine*, p. 48을 볼 것.

257 *Critique de la vie quotidienne* II, pp. 52-3; *Critique of Everyday Life* II, p. 47. *Diderot ou les affirmations fondamentales du matérialisme*, Paris: L'Arche, 2nd edition, 1983 (1949), p. 27을 볼 것.

258 *La présence et l'absence*, p. 151.

259 *Critique de la vie quotidienne* II, p. 53; *Critique of Everyday Life* II, p. 48.

260 *Éléments de rythmanalyse*, p. 100; *Rhythmanalysis*, p. 90. *Le retour de la dialectique*, p. 12를 볼 것. <옮긴이> 『리듬분석』, 231쪽.

261 *Le retour de la dialectique*, p. 72.

262 *Critique de la vie quotidienne* II, p. 54; *Critique of Everyday Life* II, pp. 48-9.

263 'Le projet rythmanalytique', p. 192; *Rhythmanalysis*, p. 74. <옮긴이> 『리듬분석』, 203쪽.

264 *Le matérialisme dialectique*, p. 139; *Dialectical Materialism*, p. 142.

265 *Éléments de rythmanalyse*, p. 62; *Rhythmanalysis*, p. 43; 'Le projet rythmanalytique', p. 192; *Rhythmanalysis*, p. 74. <옮긴이> 『리듬분석』, 205쪽.

266 'Le projet rythmanalytique', p. 191, *Rhythmanalysis*, p. 73. <옮긴이> 『리듬분석』, 200-1쪽.

267 *Éléments de rythmanalyse*, pp. 55-63; *Rhythmanalysis*, pp. 38-45. <옮긴이> 『리듬분석』, 129-44쪽.

268 Axelos, 'Entretien avec Henri Lefebvre', pp. 76-7. *Critique de la vie quotidienne* III, p. 17을 볼 것.

269 *Éléments de rythmanalyse*, p. 32; *Rhythmanalysis*, p. 19. <옮긴이> 『리듬분석』, 88-9쪽.

270 *Éléments de rythmanalyse*, p. 33; *Rhythmanalysis*, p. 21. <옮긴이> 『리듬분석』, 92쪽.

271 *Éléments de rythmanalyse*, p. 32; *Rhythmanalysis*, p. 20; 'Le projet rythmanalytique', pp. 196-7; *Rhythmanalysis*, p. 80. <옮긴이> 『리듬분석』, 89-90쪽, 215-7쪽.

272 *Éléments de rythmanalyse*, p. 57; *Rhythmanalysis*, pp. 39-40. Michel Foucault, *Discipline and Punish: The Birth of the Prison*, translated by Alan Sheridan, Harmondsworth: Penguin, 1977을 볼 것. <옮긴이> 『리듬분석』, 131-4쪽.

273 *Critique de la vie quotidienne* II, p. 54; *Critique of Everyday Life* II, p. 49.

274 *Critique de la vie quotidienne* II, p. 54; *Critique of Everyday Life* II, p. 49.

275 *La droit à la ville*, p. 58; *Writings on Cities*, pp. 104-5. *Du rural à l'urbain*, pp. 101, 137, 224를 볼 것.

276 *Éléments de rythmanalyse*, p. 35; *Rhythmanalysis*, p. 22. <옮긴이> 『리듬분석』, 95쪽.

277 *Éléments de rythmanalyse*, pp. 41-54, 97-109; *Rhythmanalysis*, pp. 27-37, 87-100. <옮긴이> 『리듬분석』, 105-128, 223-252쪽.

278 *Éléments de rythmanalyse*, p. 97; *Rhythmanalysis*, p. 87. <옮긴이> 『리듬분석』, 224쪽.

279 *Éléments de rythmanalyse*, pp. 71, 109; *Rhythmanalysis*, p. 51, 100. 아울러 *Le temps des méprises*, p. 240을 볼 것. <옮긴이> 『리듬분석』, 158, 251-2쪽.

280 *Éléments de rythmanalyse*, p. 14; *Rhythmanalysis*, p. 6. <옮긴이> 『리듬분석』, 59-60쪽.

281 *Éléments de rythmanalyse*, p. 91; *Rhythmanalysis*, p. 69. <옮긴이> 『리듬분석』, 197-8쪽.

제6장

정치와 국가

정치와 국가

대체로 사정에 밝은 비평가조차 르페브르의 정치 관련 작업에 대해서는 상당히 잘못된 인상을 줄 수 있다. 사르트르가 실존주의에서 마르크스주의적 인간주의로 이행하면서 의식을 『변증법적 이성비판』의 중심 주제로 삼게 된 상황을 얘기하는 가운데 메르키오르는 이렇게 주장한다.

> 그 자체로 그것은 1956년에 창간한 저널 《아규망》 주변으로 몰려든 반실증주의적 이단아로서 마르크스주의자들에 대한 확실한 원군이었다. 《아규망》의 주요 인물인 앙리 르페브르(1901년 생)는 헤겔을 통해서는 마르크스를, 또 앙드레 브르통과 가장 도취적 상태의 변증법을 매우 좋아하던 초현실주의자들의 조언에 따라서는 헤겔을 발견했다. 르페브르는 '일상생활 비판'에 20년을 바쳤는데, 그 비판은 현대 자본주의 내에 있다고 추정되는 소외의 편재에 의존하고 있다. 사르트르와 독일 서구 마르크스주의의 관계와 마찬가지로 그의 마르크스주의적 접근과 정치경제학 비판 사이에도 공통점은 거의 없었다.[1]

이는 여러 이유에서 잘못된 주장이다. 우리가 살펴본 것처럼 르페브르는 일찍이 1933년부터 세상을 뜰 때까지 일상생활 개념에 관심을 갖고 있었다. 마찬가지로 그에게 있었던 다른 관심사의 범위를 고려해 볼 때 그가 다만 그 개념 하나에 생애의 어느 특정 기간이라도 '바쳤다'고 말하는 것이 도저히 정확하다고는 하기 힘들 것 같다.

《아규망》은 르페브르보다는 대부분 에드가 모랭Edgar Morin과 코스타스 악셀로스가 만들었고, 르페브르는 거기에 짧은 글 두 편밖에 싣지 않았다. 하지만 가장 심각한 잘못은 르페브르가 정치경제학과 관련해서 할 말이 거의 없었다는 주장이다. 이는 그야말로 잘못된 것이다. 이 책의 앞 장들에서 분명히 보이듯이 정치라는 용어를 넓게 보면 르페브르는 자신의 작업 전반에 걸쳐 정치적이었다. 그가 자신의 초기 작업에서 말하는 것처럼 "**필로조피는 정치적으로** 행동했다".[2] 1975년에 그는 자신이 — 파시즘과 히틀러주의, 자본주의와 부르주아 사회 및 그 조직, 스탈린주의와 교조주의 일반, 끝으로 공간, 도시문제, 건축과 공간계획에 맞선 — 정치적 저술가라고 밝혔다.[3]

르페브르가 『공간의 생산』에 잇달아 또 한 권의 주목할 만한 책을 시작한 것은 바로 그 해 1975년, 『공간의 생산』 발간 직후였다. 이 마지막 장은 네 권짜리 『국가』의 검토를 통해 그가 사회 및 정치이론에 이바지한 바를 한데 모은다. 첫 권이 선을 보였을 때 그가 75세였다는 점은 강조해 둘 만하다. 이 작업을 이루고 있는 1,600쪽 이상의 내용 곳곳에서 르페브르는 국가이론에 관련한 논의와 현대세계 내의 국가에 대한 분석이라는 두 가지 모두를 진행하고 있으며 이 주제와 관련한 문헌에도 상당히 많은 것을 보태고 있다. 그가 자신의 초기 저술 일부 — 『합과 나머지』와 『마르크스의 사회학』이 두드러진다 — 에서 국가를 다루긴 했지만,[4] 그는 그 후 몇 년 간 특별히 1968년 이래 새로운 문제와 전망이 발생했음을 시사하면서 이 두 논의에 대해 비판적인 입장을 갖게 된다.[5] 이 쟁점 중 얼마간은 르페브르의 1968년 분석인 『돌입』과 1973년 연구인 『자본주의의 존속』에서 탐구된 적이 있으며, 여기선 『돌입』에서 이끌어냈던 여러 통찰을 발전시킨다(그리고 『자본주의의 존속』 프랑스어 원본에는 1968년 텍스트의 상당 부분이 재수록됐다).[6] 이 책들과 『국가』를 한꺼번에 고려해 볼 때 그 텍스트들은 르페브르의 정치 관련 작업 — 정치경제학을 포함하긴 하지만 그것으로 환원될 순 없는 작업 — 의 막대한 중요성을 입증한다.[7] 르페브르가 1968년의 분석과 관련해서 언급하는 것처럼 그 같은 분석은 한 '관점'에 제한될 수 없다. 그것이 경제학적이든, 심리학적이거나 정신분석학적이든, 역사학적이거나 사회학적이든 상관없이. 그것은 본질적으로 **정치적**이다.[8]

이는 그의 작업 전체에 유용한 좌우명으로 자리매김한다. 르페브르는 이렇게 주장한다. "마르크스가 세심하게 가다듬은 이론적 구조가 견고하게 남아있"긴 하지만 그것[그 정교화 작업]은 반드시 계속돼야만 한다. 이는 그 구조가 더 과학적이거나 더 형식적으로 일관성 있게 만들어져야 함이 아니라 국가 같은 것 이를테면 "경제적 요인과 정치적 요인 간의 관계, 성장과 발전, 도시와 농촌 같은" 당대의 문제와 관련돼야 함을 뜻한다.[9] 우리는 어떻게 르페브르가 다음을 끊임없이 강조하는지를 본 적이 있다. 마르크스가 그 같은 접근방식을 제공하긴 해도 그의 작업은 발전돼야 한다 — 그것이 백 년도 더 전에 집필됐음을 고려할 때 이해할 만한 것이긴 하더라도 말이다. "마르크스의 작업은 우리가 우리 시대를 이해하고, 사건을 파악하고, 가능하다면 그 사건을 설명하도록 하는 필수조건이지 충분조건은 아니다."[10] 르페브르가 강조하듯이 자본주의 체제가 『자본론』 제1권이 출간된 때인 1897년 이래 그것의 의미를 잃진 않았지만 "그것은 분명히 또 의심의 여지없이 **정치적**으로 됐다".[11]

잘 알려져 있다시피 마르크스가 국가 관련 집필 계획을 세웠던 적은 있었다. 하지만 랄프 밀리반드Ralph Miliband의 말처럼 그는 "결코 체계적 연구를 시도하진 않았다".[12] 유명하고 많이 인용되는 1858년의 편지 두 통에서 마르크스는 훗날의 작업을 위한 자신의 계획을 개괄했다. 경제적 범주의 비판과 관련한 그의 작업은 여섯 부분으로 이뤄질 터였다.

1. 자본에 대하여
2. 토지소유에 대하여
3. 임금노동에 대하여
4. 국가에 대하여
5. 국제무역
6. 세계시장[13]

물론 마르크스가 (그리고 그의 사후에 엥겔스와 카우츠키가 수행한 상당한 편집 작업에 힘입어) 완결에 비슷하게 다가간 것은 이 여섯 부분의 첫 번째에 지나지 않았다.[14] 상기의 모든 영역과 관련한 논의가 방대한 양의 『요강』 초고에 있긴 하지만, 여기에서도 국가와 관련해서는 상대적으로 언급이 적다.[15] 때때로 마르크스가 정치경제학으로 눈을 돌리면서 국가의 역할에 대한 분석을 포기했다는 의견이 제시된다. 이는 「1859년 서문」에서 제시된 일부 주장에 대해 아주 단순화한 독해를 요구한다. 마르크스가 여기에서 내어 놓는 유명한 주장은 다음과 같다.

> 내 연구는 다음과 같은 결론, 곧 법적 관계와 정치적 형식은 그것들 자체에서 파악될 수 있는 것도 또 이른바 인간 정신의 보편적 발전에서 파악될 수 있는 것도 아니며, 오히려 헤겔이 18세기의 영국인과 프랑스인의 선례를 따라 '시민 (또는 부르주아) 사회'라는 이름으로 그 총체를 총괄하고 있는 물질적 생활관계에 뿌리박고 있다는, 그러나 시민사회의 해부학은 정치경제학에서 발견돼야 한다는 결론에 이르렀다 … 인간은 자신의 생활을 사회적으로 생산하는 가운데, 자신의 의지에서 독립돼 있는 일정한 필연적 관계 곧 자신의 물질적 생산력의 일정한 발전 단계에 조응하는 생산관계에 들어선다. 이러한 생산관계의 총체가 사회의 경제적 구조 곧 현실적 토대를 이루며, 이 위에 법적 · 정치적 상부구조가 세워진다. 그리고 일정한 사회적 의식의 형식은 그 토대에 조응한다. 물질적 생활의 생산방식이 사회적 · 정치적 · 정신적 생활과정 일반을 조건짓는다.[16]

분명히 이는 정치경제학에 대한 분석을 요청하며, 그 목적은 삶이라는 물질적 조건의 총합이자 인간이라는 사회적 존재의 영역인 시민사회의 작동을 해명하는 데 있다. 이로써 우리는 정치적·법적 형식을 파악하게 되는데, 그것들은 분리된 채로도 환원적 관념론을 통해서도 이해될 수 없다. 그러나 네오클레우스가 설득력 있게 주장하는 것처럼 이것이 우리에게 국가와 시민사회 간의 관계에 대한 분석을 토대-상부구조에 대한 그것으로 대체하도록 요청한다고 하는 것은 "서투른 경제주의"로 이어진다.[17] 한 예로 그것은 "정치경제학" 가운데 "**정치적**인 것"을 가벼이 여긴다. 이는 마찬가지로 단순화되고 기계론적인 과정이 아니라고 르페브르는 역설한다 — 그런 과정을 사유한다는 것은 비변증법적인 "초보 마르크스주의"를 사용하는 것이다.[18]

중요한 것은 "**사적 유물론**과 개정·교정된 **변증법적 방법**"을 통합하는 근본적 관계다.[19] 마르크스는 우리가 경제적 현실을 분석하지 않은 채 국가를 고안할 수 없음을 깨닫긴 했지만, 다수의 마르크스주의자와는 대조적으로 국가가 오직 경제적 현실로 환원될 수 있으리라고 생각하진 않았다.[20] 『자본론』은 "경제적" 작업이 아니다. 그것은 **모든** 정치경제학에 대한 비판이기 때문 — 단지 부르주아 정치경제학을 사회주의적 정치경제학으로 대체하려는 시도에 그치고 마는 것이 아니기 때문 — 이다. 마찬가지로 국가에 대한 마르크스주의의 비판은 헤겔식의 국가나 부르주아 국가에 대한 비판일 뿐 아니라 민주주의·민주적인 것·사회주의 국가에 대한 비판이기도 하다.[21] 네오클레우스는 얘기를 이어간다. "정치경제학 비판이 국가에 대한 유물론적 이론에 **필수**일 수는 있겠으나 그것이 **충분**하진 않다. 국가-시민사회 모델은 마르크스의 작업 전반에 걸쳐 남아 있고 토대-상부구조와 **함께** 유지돼야 한다".[22] 르페브르의 간단명료한 표현에 따르면 "헤겔의 통찰력 있는 구상 이후, 정치적인 것은 시민사회의 **안** — 경제적인 것의 안 — 과 **위**에 동시에 있다. 안과 밖within and without [au-dedans et au-dehors], 동시에 있는 것이다".[23]

그러나 르페브르의 말처럼 마르크스의 글 속에서 일관적이고 완결된 국가이론을 찾는 이에게 "그런 이론은 없다고, 우리는 한 치의 망설임 없이 말할 수 있다". 르페브르는 이것이 마르크스가 국가를 경시했음을 뜻하진 않는다고 끝까지 강조한다. 오히려 그 반대로 그것은 지속적 몰입이었다 — [그것엔] 국가 및 분명하게 정의된 일종의 방향과 관련한 얘기가 많이 있다.[24] 르페브르는 마르크스에게 국가라는 주제는 헤겔과 "단절하는 곳", 그 둘의 사유가 상충하는 곳이었다고 말한다.[25] 이는 헤겔의 『법철학』에 대한 마르크스의 초기 저술에서 확연히 드러난다. 사실 르페브르가 보기에

> 그 국가이론은 마르크스 사상의 핵심, 말하자면 정점이다. 당연히 시작부터 그것은 유난히 격렬한 논쟁을 불러 일으켰다. 마르크스 사상의 다른 어떤 측면도 국가이론만큼 애매해지고, 왜곡되고, 이해되기 힘들어진 것은 없다.[26]

그것[마르크스의 국가이론]이 마르크스가 분명히 계획했던 것의 체계적 정교화로 수용되지 않는다는 사실은 마르크스주의자들이 그렇게 이해된 공백을 메우기 위해 레닌의 『국가와 혁명』*State and Revolution*에 곧잘 의지했음을 뜻한다. 그때부터 1960년대까지 국가에 대한 분석은 별로 이뤄지지 않았다. 예를 들어 1969년에 밀리반드는 레닌 이래 "마르크스주의가 국가이론에 대해서 유일하게 한 주요 공헌은 안토니오 그람시의 그것이었다"고 말한다.[27] 오늘날 이 말이 사실이 아닌 두 가지 이유는 르페브르의 작업과 그 유명한 밀리반드-풀란차스Nicos Poulantzas 논쟁이다.

그래도 『국가』는 국가이론의 작업으로는 — 르페브르 연구자와 더 일반적으로는 마르크스주의자 모두에게 — 거의 안 알려져 않다. 이는 큰 손실이다. 『국가』는 르페브르의 작업을 이해하는 데 아주 중요한 텍스트이기 때문이다. 대륙철학의 사상에서 그의 분석은 적어도 그람시·알튀세·푸코의 분석처럼 더 잘 알려진 것만큼이나 중요하다. 하지만 [『국가』의] 영역본이 없다는 것은 [그 중요성이 과소평가됐음을 설명하는 데] 물론 도움이 안 된다. 한편으로 그것이 중요한 데는 정치적 이유가 있을 수 있다. 도시사회·일상생활·공간생산과 관련한 초기 작업은 더 명백한 정치적 맥락의 틀에서 주조됐다. 무엇보다 르페브르의 말처럼 그것은 "현대국가의 역사를 스케치한다".[28] 그것은 1970년대 중반의 유럽 좌파에 퍼져 있던 논쟁, 특별히 유러코뮤니즘과 **오토제스티옹**의 이해를 둘러싼 논쟁에 대한 통찰 또한 제공한다. 다른 한편으로는 중요한 철학적 이유가 있다 — 하지만 이것들[정치적, 철학적 이유]은 함께 엮여 있다. [철학적 이유에는] 신비화 및 권력의 성찬중시주의와 헤겔이 국가 개념을 어떻게 이해하는지에 대한 비판과 관련해서 되풀이되는 주제가 있고, 물론 국가와 맺는 관계로 되돌아오는 소외 개념이 있다.[29] 그 관심사의 폭이 워낙 넓어서 개관조차 곤란할 정도다. 제1권은 국가의 자리를 현대세계 곧 세계적 규모에 잡는다. 제2권은 헤겔에서 레닌을 거쳐 마오에 이르는 마르크스주의 국가이론을 추적한다. 제3권은 국가적 생산양식을 논의한다. 제4권은 국가와 사회 간 관계를 분석한다. 나는 우선 — 제1권의 소개에 바탕을 두면서 — 가장 중대한 관심사 일부를 요약하고, 일부 쟁점에 더 자세히 집중하겠다.[30]

『국가』: 개관

제1권은 국가의 정의 및 인격화 — 국가가 도덕적이거나 사법적인 인격을 띠는 것, 아울러 그것의 실재·형식·실체·관계의 총체ensemble — 와 관련한 쟁점으로 시작한다. 이로써 르페브르는 정치적인 것과 정치의 정의를 검토하게 된다. 이어서 르페브르는 국가와 국민 간 관계를 역사적이기도 하고 개념적이기도 한 방식으로 논의하면서 최근 들어 국가가 행성적으로 팽창하고 있음을 검토하기에 이른다. 서구의 이 고안물은 — 제국주의적 계기의 측면뿐 아니라 자본주의적·국가주의적 체제의 수입이라는 관점에서 볼 때 — 어떻게 세계를 식민화했는가? 이로써 자본주의가 상이한 층위와 규모에서는 어떻게 기능하는지, 이 모든 곳에서 그것이 초래하는 모순들은 또 어떻게 은폐하는지와 관련한 모든 종류의 문제가 제기된다. 이 층위와 규모의 일부는 세계적 규모에 있으며, 그것은 세계체제에 대한 문제를 제기한다. 정말 그런 것이 존재한다면 말이다. 일부는 내적 층위 — 국가와 시민사회 간 또는 정치적인 것과 사회체 간의 관계, 국가와 정부 간 관계, 권력·결정·인과 관계의 문제, 경제적이고 정치적인 권력, 경찰·군대·죽음을 통한 "폭력의 독점체"(막스 베버의 명구)로서 국가 — 에 있다. 르페브르가 장 클라랑스 랑베르Jean-Clarence Lambert를 좇아 **르 테리시드***le Terricide* 곧 지구 죽이기로 부르는 것의 엄청난 위험이 있다.[31] 이 위험에는 합리적 국가와 비합리적 세계체제 간의 충돌, 무장한 채로 전쟁 준비를 마친 시장the markets in arms, 에너지와 기술, 그 **체제** 내의 태생적 폭력, 미국과 같은 현대국가에서 군대가 담당하는 역할이 포함된다.[32] 마찬가지로 그것에는 경제성장에서 국가가 담당하는 역할, 경제적 지배와 정치적 권력 간 관계, 잉여가치의 추출에서 국가가 담당하는 역할, 자율성 및 기술관료체제와 관련한 쟁점이 있다. 끝으로 제1권에서는 엄폐-물신숭배-신비화의 쟁점들과 그것들이 소외·무지·타자성alterity을 통해 국가에서 펼쳐지는 방식을 논의한다. 이데올로기적 권력으로서 국가, 재현의 게임, 금융증권화와 손해 가능성·금지 및 위반·제도화된 지식 및 비판적 대응을 포함하는 다양한 갈등에 대한 폭넓은 문제가 제기된다.

제2권은 마르크스주의의 국가 관련 이론, 마르크스주의 사유의 난관 곧 아포리아를 고찰한다. 권두는 역사적이며, 마술적이고 성스럽거나 종교적인 맥락에서 권력의 원천을 검토한다. 르페브르는 서구 **로고스**의 탄생, 봉건시대의 종교권력, 종교권력의 잇따른 세속화에 관심이 있다.[33] 근대 국민국가는 특별히 프랑스와 영국에서 탄생하는데, 부분적으로는 고전적 이성의 함의에 근거를 둔다. 르페브르가 보기에 고전적 이성은 세 가지 방식으로 동시에, 하지만 갈등과 더불어 나타난다.

1. **철학적·과학적 이성으로서**: 수학, 기하학, 대수학, 물리학, 데카르트 · 스피노자 따위에서.
2. **비판적·자율적 이성으로서**: 어떠한 권위도 인정치 않는, 몽테뉴나 데카르트주의자가 사용한 종류의 이성.
3. **국가의 이성으로서**: 국가이성.[34]

프랑스의 앙시엥 레짐과 부르주아 헤게모니 아래 놓인 새로운 사회 간의 갈등에 대한 분석이 있는데, 그 갈등은 인민·국민·국가적인 것의 역사적 생산과 동시에 일어나는 것이다. 이는 그 자체로 척도인 국가, 미터법 체제로 그 척도를 제정하는 것으로서 국가를 낳는다. 미터법 체제는 사회적인 것에 대한 국가의 지배 곧 국가의 척도를 상징하고 완성한다.[35] 나폴레옹은 탁월한 국가 질서, 군사적 정밀함 위에 건립된 관료주의를 안착시킨다.[36] 이에 따라 르페브르는 국민-국가-이성이 기독교적 삼위일체를 대체한다고 본다. 국가는 사물과 세계의 척도로서 "인간"을 대체하며, 이는 시간과 공간을 위한 수의 개념을 통해 이뤄진다.[37] 국가는 일종의 삼중 규범을 결합함으로써 사회 통제의 역할을 담당하는데, 그 규범이란 바로 논리적·사법적·윤리적인 것이다. "국가는 이질적인 — 변칙적인 것(불규칙적인 것이나 이례적인 것)으로 이해되는 — 것을 동질적으로 만든다." 그것은 불균등한 것은 균등하게, 비등가적인 것은 등가적으로 만들려 한다.[38]

여기서 르페브르의 분석은 프랑스·영국·미국 간의 비교를 통해 이뤄지고 그 밖의 유럽 및 일본을 일부 참조하고 있다. 그는 이것이 앞서 1장에서 논의됐던 분석-역진적—발생-전진적 과정을 활용한다고 말한다.

> 상기의 고려 사항은 특별히 마르크스주의의 체계적 과정을 국가에 적용하는 것을 스케치하며, 이 적용은 두 계기에서 이뤄진다.
>
> a) 분석-역진적 계기. 이는 현실*(actuel)*에서 시간을 뚫고 거슬러 올라가 이 현실성을 가능케 한 조건을 (가장 넓은 의미에서) 탐색한다.
> b) 발생-전진적 계기. 이는 다소 관계가 먼 그 조건에서 출발하여 현재*(présent)*의 생산과 관련해 역사적 의의가 있는 운동을 따라가려 한다. 우연과 사건의 급작스런 변화, 일련의 결정론(원인과 이유), 가능성(우발적 사건), 의지(선택과 정치적 결정)를 통해.[39]

국가 출현의 유럽 식 모델이 여럿 있다.

> 1. 영국 — 지배계급 간의 의회적 타협 위에 구축된 국가.
> 2. 프랑스 — 중앙집권화된, 상당히 행정관리적, 상당히 관료주의적인 국가.
> 3. 독일 — 독일의 봉건-군사적 권력구조, 융커 카스트의 중요성 가까이에 남아 있었지만 상당히 탈중심화됐던 국가.[40]

이 권의 나머지 대부분은 생시몽과 푸리에부터[41] 헤겔·마르크스·레닌·스탈린을 거치는 일종의 사상사로 이뤄져 있다. 르페브르는 이 권에서 그 사상사에 대한 자신의 접근과 관련해 유용한 개요를 제공한다.

> 한 번 더 우리는 '고매한 텍스트들'을 집어 들려고 한다. 그것에 충실히 주해를 달려고? 진정한 독해를 되찾아 확정적인 독해를 도입하려고? 아니면 다른 한편으로 그 텍스트를 해체해 그것으로 하여금 말하지 않았거나 뜻하지 않았던 것을 말하게끔 만들려고? 이쪽저쪽 둘 다 아니다. 헤겔과 마르크스가 각자의 방식으로 난관에 봉착했다는 것 또 장래의 사유가 절단될 한계에 부딪쳤다는 것을 보여주려는 것이다.[42]

르페브르는 이 텍스트들이 오직 "텍스트적"인 것이나 "상호-텍스트적"인 것 내에 있기만 한, 먹물티를 내는 과학주의의 외부에 있기 때문에 "맥락 없인 아무것도 아니다"고 말한다.[43] 하지만 결정적으로 르페브르가 보기에 이 맥락은 텍스트 생산자인 글쓴이가 아니라 텍스트의 재독해·검토·해석·복원과 관련하는 것이다.[44]

헤겔 한 사람을 다루는 범위만 해도 인상적이다. 르페브르는 피히테와 셸링의 반대편에 있는 혁명이론가이자 국가이론가로서 헤겔에 대한 독해를 제공한다. 국가는 헤겔의 중심 개념으로, 체제 중의 체제다. 그것은 시민사회를 초월하고 윤리적 관념을 구현한다. 헤겔의 국가는 "대지 위의 신"이며 살로 만들어진 말the word made flesh과 흡사하다.[45] 이 추상을 구체로 만드는 일은 1789-1815년 — 프랑스에서는 혁명과 나폴레옹의 워털루 패배 사이의 기간 — 즈음에 일어난다.[46] 나폴레옹은 국가를 한낱 개념에 지나지 않는 것 그 이상으로 만들었다. 달리 말해 헤겔이 그에게서 세계정신을 목격한 것은 옳았던 것이다. "국가는 구체적 추상으로서 그 자체로, 홀로 존재할 수 없다. 철학을 제외하고는 [아무데서도 그렇게 존재할 수 없다]. 국가는 국가의 인간statesmen [des hommes d'Etat]을 필요로 한다."[47]

마르크스가 헤겔에 대해선 자신의 최초 저술부터 곧바로 비판적이었기 때문에 르페브르는 마르크스의 국가 관련 사상에 대해 자세한 개요를 제공한다. 헤겔과는 대조적으로 마르크스가 보기에 "국가는 역사적 조건에 의존하고 있는 또 다른 제도일 뿐이다".[48] 마르크스는 헤겔에 반대하면서 인간이 정치적 동물이 아니라 사회적 동물임을 주장한다. "사회적 관계 곧 계급투쟁을 야기하는 모순을 포함하는 그 관계가 국가를 설명하지 헤겔에게 보였던 것처럼 그 반대는 아니다."[49] 왜 마르크스나 엥겔스에겐 마르크스주의 국가이론**이라는 것**이 없는가에 대한 이유 하나는 근대국가가 그들 목전에서 보나파르티즘의 영향과 비스마르크의 영향으로 성립되고 있는 중이었기 때문이라고 르페브르는 말한다. 그런 까닭에 숱한 이론적 스케치가 있으며 그것들은 꽤 발산적이다.[50] 르페브르는 마르크스의 글에 세 가지 핵심 이론이 있다고 말한다.

1. '지배계급의 제도로서 국가 — 경제적으로, 그런 연후 정치적으로. 가장 잘 알려진 이론적 스케치, 가장 크게 속류로 변해 버렸다'.[51]
2. '국가는 겉으로는 자율적인 듯 계급의 상부에 있지만' 실제로는 부의 사회적 생산에 기생한다.[52]
3. '국가는 전체 사회를 장악한다. 경제적 효율성이 있는 행정관리적 기능을 담당하고, 겉으로는 사회의 상부에 있는 세워진 것으로 자처하면서도 실제로는 생산력을 직접적으로 관리하기 때문이다. 이 분석에서 경제적인 것은 정치적인 것에서 독립적이지 않으며 원인도 아니고 이유도 아니다. 경제적인 것은 정치적인 것에 매달려 있다.'[53]

르페브르가 발견하는 이 세 입장 중 첫 번째는 밀리반드의 작업과 관련한 입장일 테고, 두 번째는 풀란차스의 입장과 일정 부분 관련성이 있고, 세 번째는 르페브르 및 국가적 생산양식에 대한 이해와 관계가 있다. 밀리반드에게 경제와 국가 간 관계의 계급적 쟁점은 흔한 대인관계에서 발견할 수 있는 것이고, 풀란차스에게 사회적 계급과 국가는 객관적 구조가 되므로 중요한 것은 바로 그 구조 간의 관계가 된다.[54] 우리가 보게 되겠지만 르페브르는 국가가 생산과 경제에 한층 더 직접적인 방식으로 개입한다고 본다. 이 관점에서 우리는 밀리반드-풀란차스-르페브르 논쟁의 가능성을 제시할 수 있다. 비록 앞의 두 사람이 세 번째와 교전을 벌이진 않았다 해도 말이다.[55]

이곳과 그 밖의 여러 곳에서 르페브르는 국가를 얘기했던 당대의 저술가에 대해 간략한 논의를 제공하는데 여기엔 달Robert A. Dahl도 포함된다. 예를 들어 르페브르는 이렇게 말한다. "국가독점자본주의" 테제에 있는 실수 하나는 그것이 자본주의와 국가 사이의 단일한 연결고리를 상상한다는 점, 관련성의 형식이 수두룩하게 있는데도 그리한다는 점이다. 그는 여기서 이 테제가 풀란차스처럼 국가를 비판하는 몇 사람의 테제와 일치한다고 말한다.[56] 반면에 달처럼 다원주의를 옹호하는 일부 미국의 이데올로그가 "**폴리아키***polyarchy*"라는 표현을 고안해 내긴 했지만, "이 경험주의적·행동주의적 공식은 순수하고 단순한 정치적 노동분업과 분업 내의 통일성을 은폐한다".[57] 다원주의적·자유주의적인 정권은 — 영국에서는 귀족과 부르주아지 간의, 뒤이어 (미국에서도) 부르주아지와 노동자계급 간의 — **역사적 타협**을 허용한다. "대의 민주주의 없이는 어떠한 역사적 타협도, 어떠한 평화적 공존도 없다."[58] 딱 한 군데서 분명히 밀리반드를 언급하는 가운데 르페브르는 밀리반드가 다원주의자를 비판한다는 데, 그 이유가 권력은 집중된 **상태에 있기** 때문이라는 데 주목한다.[59]

해결책의 측면에서 특별히 중요한 것 — 이는 앞 장의 역사 종언 관련 논의를 다시 참조한다 — 은 마르크스의 국가 관련 사상에 세 가지 계기가 있다는 제언이다(각각의 계기는 이 계기에 앞서는 계기들에 내재한다).

> 1. 소외된 요소를 사회적인 것으로 복귀시키거나 재통합하는 것.
> 2. 프롤레타리아 독재와 국가의 사멸 — 후자는 전자의 필연적 결과로 이어지는 것이자 아래에서부터 발생하는 민주주의로써 이룩되는 것.
> 3. 일련의 종언 — 부르주아지 · 자본주의 · 노동자계급과 계급의 종언, 풍부 속 희소성의 종언, 종교 · 가족 · 국민과 국가의 종언, 노동 · 역사 · 철학 · 정치 따위의 종언, 정치적 소외와 그것의 종언.[60]

이 권의 나머지는 왜 이 일이 쉽게 실현되지 않았는가 하는 질문과 관계가 있으며, 마르크스·엥겔스가 이 주제를 사유한 데 따른 문제 이를테면 곤경, 미처 제기하지 않은 질문, 잘못 제기한 질문, 아직 해결하지 못한 질문, 불확실한 질문 따위를 검토하고 있다. 르페브르는 이렇게 말한다. 마르크스의 국가 관련 작업은 대부분 유럽 심지어 프랑스에 국한되지만, 엥겔스는 일종의 일반 이론을 향해 진전을 이뤄 내고 사회가 국가를 생산하는 방식을 검토하고 있다.[61] 자본주의의 유연성 및 탄력적 회복력과 관련한, 그리고 이 이중적 문제(축적-국가)를 두고 갈가리 찢긴 마르크스주의적 사유의 유산에 대한 다채로운 질문이 제기된다. 르페브르는 세계적 과정의 작동 방식에 대한 분석은 전통적 분석 — 마르크스주의와 그렇지 않은 것 둘 다 — 을 뒤집을 것을 요청한다고 말한다. 국가를 탄생시키는 국민 대신 국가가 국민을 만든다 — 이는 정치적·이데올로기적 효과다. 다시 말해서 정치적 상부구조를 만들어 내는 경제적 토대 대신 정치적 "수반head"이 사회체를 만들어 내며, 정치적인 것이나 국가 상부구조는 경제적 토대를 바꾸고 때때로 빚어내기도 한다.[62] 핵심 인물 대부분, 그 중에서도 룩셈부르크·카우츠키·레닌·스탈린·트로츠키가 분석대상이 된다. 르페브르는 이를테면 프랑크푸르트 학파·루카치·그람시 같은 더 최근의 마르크스주의 사상 또 소비에트의 교조적 마르크스주의와 결별하는 티토와 마오의 정치행위를 분석함으로써 이 권을 마무리한다.

이 모든 사상가에 대한 르페브르의 독해를 자세히 논의할 여지가 여기엔 없지만 나는 얼마간의 생각을 밝혔으면 한다. 우리가 앞 장들에서 살펴본 것처럼 레닌이 다양한 이유로 르페브르에게 중요하긴 해도 여기서[『국가』 제1권에서] 레닌은 제국주의의 개념을 도입한 것으로 높이 평가받으며, 이 개념은 로자 룩셈부르크를 포함한 레닌주의자들이 발전시켜 나가게 된다.[63] 르페브르는 룩셈부르크가 마르크스주의 사상사의 결절점이라는 말과 함께 여러 곳에서 그녀를 상찬한다.[64] 룩셈부르크의 작업에 독점·카르텔·트러스트에 대한 오해 같은 흠이 있다손 치더라도 르페브르는 교조주의와 분파주의가 그녀를 심하게 학대했다고 주장한다.[65] [마르크스주의의] 역사적 전개라는 측면에서 똑같이 중요한 이는 페르디난트 라살레다. 특별히 그는 국가사회주의의 "초고이자 씨앗과 같은 존재"인 것만큼 중요한 인물로 여겨지기 때문이다.[66] 르페브르는 라살레가 "국가가 존재함을 선제적으로 인정하며 국가사회주의를 예견하고 있다"고 말한다. 오늘날의 세계에서 다른 종류의 사회주의는 아예 없기 때문에 오직 이로써 라살레는 중요할 뿐 아니라 어느 정도까진 복권돼야 한다.[67] 르페브르의 신랄한 표현에 따르면 라살레는 "자신이 마르크스주의자라고 생각했던 헤겔주의자"였다.[68] 『고타강령 비판』을 통해 마르크스가 노력을 기울였는데도 라살레주의, 국가사회주의는 마르크스주의를 누르고 승리를 거뒀다.[69] 르페브르가 주목하는 것처럼 마르크스주의 철학을 수립하려 했던 이른바 사회주의 국가가 실제로는 헤겔의 프로그램을 실현했다는 것은 역사의 아이러니다.[70]

사회주의와 국가의 연결고리가 특별히 스탈린의 생각과 실천에서 발생하는 관계로 『국가』 전체는 여러 모로 스탈린의 유산을 힘들지만 받아들이려는 시도가 된다. 르페브르가 이렇게 언급하는 것처럼 말이다. "스탈린? 우리는 그에 대해 불필요한 것은 싹 없애고 그걸 단 몇 쪽으로 줄여버리고 말 수도 있다. 왜냐하면 이 작업 전부는 '스탈린주의'의 검토를 목표이자 목적으로 삼기 때문이다."[71] 오직 이 쟁점들을 이해함으로써 우리는 문제와 가능한 대안에 대한 합의, 그 중에서 신자유주의적 프로그램이 전자의 일부지 후자의 일부는 아니라는 합의에 이를 수 있다. 스탈린이 문제라는 데는 여러 이유가 있는데, 그것들에는 1장에서 논의한 대로 교조주의에 대한 질문이 있다. 교조주의는 단지 이론적 문제가 아니다. 스탈린주의는 "교조적 사유의 방식이자 교조적 행위의 방식", 둘 다다.[72] 스탈린주의와 교조주의를 없애는 것이 민주주의의 정치적 목표가 돼 오긴 했어도 그 성패가 달려 있는 곳은 정작 국가의 영속이다.[73] 흐루시초프도 별반 다르지 않았다. "전체 인민의 국가"라는 괴물을 선포했기 때문이다.[74] 르페브르는 또 다른 쟁점이 정치적 권위의 신비화, "인격숭배"와 관련한 것이라고 말한다. "이 허구, 이데올로기와 신화로 이뤄진 참다운 혼합물은 스탈린주의 국가에 대한 분석 — 국가사회주의의 정점이자 세계적 규모의 모범 — 에서 뻗어나가려는 길을 이십 년 이상 가로막았다."[75]

스탈린을 특별히 중요하게 다루는 제3권은 국가적 생산양식에 전념한다. 국가적 생산양식은 이 작업에서 핵심이 되는 이론적 혁신이라 할 수도 있을 것이다.[76] 르페브르가 보기에 "스탈린은 **국가적 생산양식**을 생산했다. 그러니까 새롭고 예기치 않은, 이른바 마르크스-레닌 사상으로 불리는 것과는 양립 불가능한 어떤 것을 생산해낸 것이다. 하지만 마르크스-레닌 사상은 그것의 힘을 보여줬고 또 계속해서 보여준다."[77] 1917년에 있었던 레닌의 웅대한 기획은 기존의 국가를 파괴하고 사멸할 국가를 구축하는 것이었다. 그러나 결과는 — 스탈린 탓에 — 그 반대 곧 강력한 국가였으며[78] 이것이 바로 르페브르가 스탈린을 "혁명의 암적 존재"로 기술한 까닭이다.[79] 르페브르가 1959년에 주목한 것처럼 스탈린은 국가사회주의와 프롤레타리아 독재 간의 차이를 볼 수 없었다.[80] 국가적 생산양식은 전체주의적 국가와 구분돼야 한다.[81] 하지만 우리는 파시즘이 경제의 국유화state-takeover *(étatisation)* 측면에서 스탈린주의를 바짝 뒤쫓고 있다는 것을 유념해야 한다.[82] 마찬가지로 중국도 스탈린식의 원형에 기반을 둔 국가-사회주의로 작동한다.[83] 우리는 스탈린의 글뿐 아니라[84] 가장 명백하게는 그의 실천에서도 국가적 생산양식이 폭로된다는 것을 볼 수 있다. "스탈린식 국가는 현대국가의 원형이었으며 여전히 그 원형으로 남아있다". 하지만 국가자본주의는 국가사회주의의 배후에서 도래한다.[85] 르페브르가 다른 맥락에서 언급하는 것처럼 스탈린식의 러시아는 한낱 전형적인 사례에 지나지 않는다.[86] 이는 국가이성이 전 세계적 공간과 관련이 있기 때문에 바뀌지 않는다. 르페브르는 스탈린식의 국가모델이 이론적으로는 완벽하게 기능한다고 한다. 그것은 헤겔의 모델에 아주 가깝지만, 정작 스탈린은 헤겔이 쟁점을 잘 흐린다는 이유로 그 모델을 거부한다.[87] "현재 '공산주의'는 정치적 어휘에 존재하지 않는다. 그 말을 분명히 하고 인정하면서 우리는 이러한 분석이 그 표면을 찌르고 뚫어서 찢어버린다는 것을 인정한다. 사람들은 국가라는 말을 미처 알지도 못한 채 국가를 받아들여 버렸다."[88] 국가적 생산양식은 나중에 조금 더 자세히 논의할 것이다.

제3권은 생산과 관련한 마르크스주의의 개념이나 범주에 대한,[89] 또 현대국가 수립에서 경제와 사상이 맡은 역할에 대한 몇 가지 해명으로 시작한다. 그 책에선 상이한 경제체제에서 발생하는 물질적 교환이 길게 분석되고, 그 분석을 통해서는 특별히 그 교환이 공간에서 펼쳐지는 방식이 검토된다.[90] 자본주의는 통일된 생산양식이 아니라 다양한 단계, 특별히 맹목적·유사 자율적 과정에서 국가에 통제당하는 과정을 거친 것으로 검토된다. 그 이행은 경쟁자본주의에서 국가의 자본주의로 또 거기서 국가적 생산양식으로, 그러니까 물품에서 자본으로 또 점점 더 동질적으로 돼 가는 국가로 옮겨가는 것으로 이해될 수 있다. 이는 정치적 생산으로 향하는 운동이 돼왔다.[91] 예컨대 스포츠 우승자와 기록은 정치적 산물이다.[92] 이 권에는 공통점이 전혀 없는 분석이 숱하게 있는데, 그것들은 축적·잉여가치·개발에 대한 경제적 분석에서 법적 분석에 이른다. 구체적 추상으로서 국가와 관련한 중요한 논의도 있다. 그 논의에선 소외·신비화·물화에 대한 이전 분석이 한데 묶이고, 국가가 경제 및 정치영역(주권·합법성·권위·적법성)에서 추상을 어떻게 구현하는지가 검토된다. 주권은 말할 것도 없이 이론적이기도 하고 실제적이기도 하다 — 그 둘은 상호의존적이다. 앞의 장들에서 논의한 것처럼 르페브르의 분석 일부는 하이데거와 관계를 맺고 있는데, 르페브르가 자원 축적과 그 자원의 증권주식화 또 거대화를 향한 운동을 얘기할 때 그렇다.[93]

이 권에는 그 밖의 정치적 분석도 많다. 관료주의·정당·국가장치·영토 및 국가지도자에 대한 분석이 그것이다. 영토에 대한 분석은 — 이는 이전의 『공간의 생산』뿐 아니라 제4권에서 이뤄질 한층 더 자세한 독해로 연결되기도 한다 — 생산관계가 국가의 층위를 넘어서서 행성적 또는 준행성적 층위로 이행하는 방식을 검토한다. 그것은 전 지구적 잉여가치, 한 나라에서 다른 나라로 잉여가치가 이전하는 것과 관련한 쟁점으로 길을 튼다.[94] 경제영역에서 식민적 현상의 전 세계적 확산은 정치적 탈식민화와 나란히 왔다.[95] 핵심 주장 하나는 국가자본주의와 국가사회주의가 — 국가적 생산양식이라는, 국가에 지배당하는 사회라는 — 동일한 유형의 종種이라는 것이다.[96] 국가적 생산양식은 국가와 자본주의가 이전에 맺었던 관계에서 발전한 것으로서 시장과 공간 둘 다의 주인이 된다. 여기서 르페브르는 더 이론적이고 더 역사적인 분석에서 옮겨가 집필 당시의 다양한 국가구성체를 논의한다. 소련·중국·일본·미국·유럽 각국·칠레 같은 국가에 대한 분석들은 그것들이 이미 낡은 것이 됐음을 감안할 때 어쩌면 현시대 독자에게는 가장 재미없을지도 모르지만 그것들은 르페브르 사상의 적용 가능성을 입증한다.

마지막 권은 앞서 말한 것 전부에 바탕을 두고 현대세계 내 국가의 모순 몇 가지를 요약한다. 르페브르는 국가와 변증법 및 국가의 변증법, 논리와 국가 간 관계, 이 모든 것이 모순, 갈등, 저항, 정체성과 차이, 동질성과 이질성이라는 정치적 주제 안에서 발생하는 방식을 얘기한다. 이는 특별히 갈등 — 사회적·공간적·지적·문화적 또는 그 밖의 것 — 의 중재자이자 사회의 상이한 부분 및 층위 간 세력의 작용으로서 국가의 역할이라는 관점에서 중요하다. 중심화와 탈중심화의 쟁점이 중요해지면서 다음과 같은 핵심 질문이 도출된다. 중앙집권화된 국가는 수백만, 때에 따라서는 수억의 사람은 어떻게 관리(*gestion*)에 예속시킬 수 있고, 그 사람들의 **사적** 소관과 일상생활은 또 어떻게 국가통제주의적 동일성(*homogénéité étatique*)에 예속시킬 수 있는가?[97] 이는 효과적 탈중심화나 억압적 잔인함으로 이어지는가, 그러면서도 국가는 사회의 정상적이고 비정상적인 요인은 어떻게 통합하는가? 이는 그 사람들의 동질성, 전적으로 유사한 개인(일치하는, 동일시된, 동일시될 수 있는)의 생산을 조직하는 데 대한 국가의 역할을 질문하는 것으로 이어진다. 마찬가지로 그것은 추상화에 맞서는 **체험된** 것, 경제주의에 맞서는 일상적인 것, — 국가로 유지되는 — 고도성장과 그 필요조건에 맞서는 사회적인 것과 시민사회의 반란 가능성을 제기한다.

되풀이되는 주제는 지식과 권력 간 관계, 신新경제와 국가 지배에서 정보가 맡는 역할, 세계시장과 이른바 초국가적 회사의 성장을 아우른다 — 르페브르가 상상했을 법한 것 너머에서 여러 방식으로 생겨나게 된 주제들이다. 이를 뒤따르게 될, 리듬 및 반복적인 것과 관련한 작업의 기미가 있지만, 여기서 그 작업은 관료주의적 규제와 문화적 고정관념을 통해 노동행위와 일상생활의 행위를 훈육한다는, 한층 더 정치적인 맥락에서 펼쳐진다.[98] 이는 척도의 이해를 이용하며, "강제적 도구"로서 시계가 기술된다.[99] 생산**과** 소비의 통제, 인류의 재생산, 물질적 재화의 생산과 사회적 관계의 재생산, 교환가치와 사용가치 간의 관계는 모두 결정적이다. 일상생활의 개념은 — 르페브르의 다른 작업에서도 그런 것처럼 — 아주 중요하며 일상생활의 조직과 규제에서 국가가 담당하는 역할과 함께 논의된다. 계급 개념과 그것이 국가와 맺고 있는 관계에 대한 분석도 있다. 그것은 그러한 국가가 단순히 계급투쟁의 효과일 뿐 아니라 부분적으로는 그것의 원인이자 이유이기도 하다는 시사점을 동반한다. 노동자계급의 국가 편입과 관련한 논의에서는 국가와 국가의 버팀목으로서 중산계급이 그 편입을 이뤄 내며 그 반대도 마찬가지라는 얘기가 진행된다. 아울러 여기에선 **오토제스티옹** 개념을 통해 가능한 대응 또한 논의된다.

마지막 권은 공간의 정치적 생산과 이용 및 규모의 정치와 전 세계적인 것의 지배에 대해 몇 가지 대단히 중요한 분석을 제공하기도 한다. 그 권에는 정치영역의 대의와 관련한 논의 또한 포함된다. 르페브르는 이것이 원래 계획엔 없었지만 1976년 후반(프랑코의 사후) 스페인에 있으면서 대의의 중요성을 확신하게 됐다고 말한다. 이 논의는 선거와 대의민주주의에 대한 질문과 함께 이뤄진다.[100] 대의 개념과 관련한 논의는 『현전과 부재』에서 한층 더 자세히 이어지고 정치적 맥락은 물론 과학적·철학적·미학적 맥락에서도 이뤄진다.[101]

사상의 이 풍성함 속에서 나는 몇 가지만 좀 더 자세하게 집중해서 다루려고 하는데, 그것들은 국가적 생산양식, 세계적 규모를 둘러싼 쟁점, 공간의 정치, 정치와 정치적인 것 간의 구분이다. [이후의] 첫 절에 이어서 나는 **오토제스티옹**과 관련한 르페브르의 대안과 차-등에 대한 권리를 논의한다. 정치 및 정치적인 것과 관련한 문제제기에서는 이 책의 결론을 위한 출발점이 마련될 것이다.

국가적 생산양식

그 텍스트[『국가』]의 주요 혁신은 국가적 생산양식의 발상이다. 르페브르는 마르크스가 자본주의를 괴롭힐 외침 대부분은 옳게 포착했지만 자본주의가 그것에 대응할 방식 대부분은 예견치 못했다고 본다. 자본주의에는 그의 생각보다 더 많은 탄력성·유연성·융통성이 있음이 입증됐다.[102] 마르크스주의자가 왜 이것이 그런지를 이해하는 것은 중요하다. 르페브르가 보기에 국가적 생산양식은 20세기의 **가장** 중대한, "인간의 달 착륙보다 한층 더 중요한" 사건이었다.[103] 이 연구의 개관에서 내가 얘기했던 것처럼 국가적 생산양식의 개념에는 스탈린주의와 국가사회주의(소련과 프랑스 공산당)는 물론 파시즘을 그것의 경제적·정치적 계획과 함께 이해하려는 의도가 분명히 있다. 국가사회주의와 민족사회주의 또는 어쩌면 — 비록 르페브르가 이 용어를 사용하진 않지만 — 국가민족주의[까지 전부 다 말이다]. 일찍이 1938년에 르페브르는 자신이 이 쟁점에 관심이 있음을 보인 적이 있다. 파시즘 경제는 그의 『권력으로 향하는 히틀러』에서 아마 단일 주제로는 가장 큰 것일 텐데, 그는 "국가사회주의 국가는 오직 대자본의 이익만 위해 4년 동안 일해 왔다"고, 그 국가의 사회주의와 민족공동체를 향한 요구는 이것이 발생하게끔 한 계략이었다고 말한다.[104] 이런 의미에서 연대순으로 보면 국가적 생산양식은 파시즘이 공표했고 스탈린이 완전히 실현했다.[105]

> 이 과정의 첫 번째 계기: 스탈린주의, 국지적 현상(러시아 · 동양 · 농민 따위)이 아니라 국가적 생산양식의 원형으로서. 두 번째 계기: 다양한 재현을 통해서, 스탈린주의에 대한 기각을 통해서, 이데올로기적 계획의 세속화*(mondialisation)* 곧 국가적 생산양식에 기초해서. 국가적 생산양식이 현대국가를 이룩한 것과 같은 방식으로 공산당은 정당 개념과 정당 현실의 성취를 주도한다.[106]

그러나 르페브르는 국가적 생산양식이 전체주의적 체제나 유럽 공산당의 열망뿐 아니라 정치적 스펙트럼의 중심에서 일어나는 운동에도 국한되진 않는다고 생각한다. 스탈린주의가 국가적 생산양식의 원형이긴 했지만 이것은 다양한 방식으로 실천에 옮겨졌다.[107] 미국인은 잘 사는 소련인이 아니고 소련인은 가난한 미국인이 아니지만[108] 거기에는 근원적 유사성이 있다.

르페브르에 따르면 예컨대 사회적 자유주의는 근본적으로 지배 논리에 대한 이의제기는 하지 않고, 근원적 쟁점을 고심하지 않은 채 재분배는 용이하게 하려 한다. 달리 말해서 우리가 소유하고 있는 것은 사후 불균형을 부분적으로 바로 잡기 위해 착취의 결과를 전유하는 국가인 것이다. 1930년대 미국의 뉴딜정책은 연방정부의 범위를 엄청나게 넓혔는데, 르페브르는 파시즘과 더불어 그 정책 또한 이 새로운 모델이 일부나마 처음으로 출현한 것 중 하나라고 말한다.[109] 우리는 영국에서 사회정책이 증가하고 복지국가가 출현한 것과 그 밖의 여러 나라에서 유사한 프로그램이 시행된 것을 비슷한 방식으로 검토할 수 있다. 예컨대 — 경제 및 사회 정책에서 영국의 전후 합의를 설계한 이로 추정되는 — 케인스와 베버리지William Henry Beveridge가 자유주의자였음은 주목할 만하다. 르페브르의 주장처럼 1960년대 후반 좌파가 직면한 문제는 — 또한 우리는 좌파가 훨씬 더 일찍부터 그 문제에 직면해 왔으며 그때 이래로 확실히 아무런 개선도 없다고 덧붙일 수 있다 — 우파가 한 것과 같은 종류의 안건을 내어놓고서는 "그 일 — 더 높은 성장률, 국민소득의 더 나은 분배 따위 — 를 더 열심히, 더 잘하려고만 했을 뿐"이라는 것이다. 좌파는 국가와 국가가 사회에 대해 맺는 관계를 재고하는 것 대신 국가사회주의를 수용한다. 그러고는 "국가권력과 마찬가지로 좌파는 저 밑바닥에 있는 민주주의를 으스러뜨리고 모든 조정을 없애 버렸다. 관치기구 없이는 약하고 그것과 함께할 때는 강력하기 때문에 좌파는 그들이 교전 중에 있던 이들의 영역, 바로 그곳에 자리를 잡고 있다."[110]

국가적 생산양식이 뭘 뜻하는지에 대해선 다양한 아주 다양한 예시가 제시될 수 있다. 본질적으로 그것은 국가가 전체 사회를 관리하고 지배하는 양식을 뜻한다. 그것은 어쩌면 전체주의 국가의 사회적 생산과 그것이 생산력의 양적 성장을 열망하며 시행한 5개년 계획에서 가장 분명할 수도 있다. 이 프로그램들은 거대한 선전 활동과 짝을 이뤘고, 그 목적은 위대한 과업·운하·댐·발전소·소비에트 농업의 기계화 같은 이미지를 세계에 보여 주려는 데 있었다. 그러나 잘 알려져 있다시피 후자는 오직 쿨라크 계급의 소멸이라는 토대에서 가능했으며 그릇된 데이터와 형편없는 조직에 근거를 뒀다.[111] 우리는 파시즘 체제로 비슷한 예를 들 수도 있다. 게다가 르페브르는 — 예컨대 전후 영국 노동당 정부 강령의 핵심[인] — 산업 국유화가 실지로는 국가 통제의 수립을 뜻하는 번역 불가능한 말, *étatisation*국가관리 및 통제의 체제화이었다고 말한다.[112] 1960년대 후반의 프랑스 정부와 관련해서 르페브르는 이렇게 말한다. 국가는

> 사회 위에 서 있지만 이 사회의 토대까지 뻗어 내려온다. 그것은 결코 상부구조에 국한되지 않고 어떤 의미에서는 사회적 삶 전체를 망라한다. 그것은 자본주의적 사회관계에 엄청난 영향을 끼치면서도 이 관계와는 분명히 다르며 그 관계를 보장하고 중재한다.[113]

코프만과 레바가 말하는 것처럼 이 기간에 프랑스 정부는 "식민주의에 대한 과도

한 투자에서 점점 더 자유로워졌"고 공간의 재건과 자본주의의 재조직을 처리할 수 있었다.[114] 제4권 직후에 쓴 중요한 일람에서 르페브르는 국가가 일상생활로 진입하려고 벌이는 일의 세 가지 주된 차원에서 국가적 생산양식을 기술한다.

1. 관리적*(gestionnaire)*이고 행정적인,
2. 보호하고 안심시키는*(sécurisante)* 권력,
3. 죽이는*(mortelle)* 권력 — 억압, 폭력의 독점, 군대와 군비, 전쟁 가능성.[115]

국가적 생산양식 — 신사회주의 못지않게 신자본주의도 함께 — 에서는 전 지구적 전략이 가격 — 휘발유, 에너지, 군비, 투자 및 "지능이나 지력"에 치르는 값 — 을 책정한다.[116] 이와 비슷하게 국가적 생산양식은 이데올로기 문제와 관련이 있다. 르페브르는 파시즘의 신비화와 스탈린주의의 날조는 같은 쟁점 — 국가의 지위 향상 — 의 일부라고 주장한다.[117] 스탈린과 스탈린주의는 "국가에 대한 물신숭배"로 간단히 이해될 수 있다.[118] 따라서 우리는 르페브르가 스탈린을 비판한 목적을 이해할 수 있다. 일찍이 1960년대 중반에 그가 말했듯이 스탈린주의의 소멸은 일종의 국가 개념이 소멸한 것에 지나지 않는다.[119]

르페브르는 국가적 생산양식이 어떤 특정 맥락에서 작동한다는 것을 인정한다. 바로 국민국가다. 역진적-전진적 과정이라는 마르크스의 모델을 연구 방법으로 채택하면서 현대국가의 계보를 더 깊이 분석하는 일은 당대의 상황을 이해하기 위해선 필수적이었다.[120] 『국가』에 특정 국가와 국가이론가에 대한 분석이 너무도 많은 까닭은 바로 이 때문이다. "국민이 국가를 만들어 낸다"는 보통의 얘기 대신 르페브르는 그 반대가 진실인 것에 가깝다고 주장한다. 국가는 국민을 영토 내에서 생산하고, 정치 행위는 — 종족성, 신화와 전설, 종교와 도덕, 언어학과 의미론 같은 — 다양한 원천에서 형성되는 이데올로기로서 국민성을 생산한다.[121]

사반세기가 지난 뒤 르페브르의 주장은 심각할 만큼 시대에 뒤처진 것으로 보일 수도 있다. 그가 1970년대 후반에 『국가』를 완성한 이래 우리는 뉴라이트의 발흥과

전 지구화의 도래를 목격한 바 있다. 국민국가는 분명히 한층 더 넓은 맥락 — 국가의 세계체제, 전 지구적이거나 세계적인 체제라는 맥락 — 안에서 기능한다. 우리는 르페브르의 작업이 나중에 다룰 세계적 규모의 검토에 대한 근거를 어떻게 제공하는지를 더 들여다 볼 것이다. 그러나 르페브르의 분석은 다음이 어떻게 더 효과적으로 되는지를 제시하는 데 사용될 수 있다. 우선 뉴라이트 눈에 자본은 국가를 통솔자의 자리에서 내쫓는 것**처럼 보이게** 하지만 ('국가의 경계선을 후퇴시켜라'는 대처의 말), 실지로 다른 영역에서는 국가권력을 증대한다. 국가권력의 증대는 조직된 노동에 도전하는 경찰력의 사용, 자유시장을 위한 제도적 지원의 제공, 법의 집행과 "질서" 관련 논의를 통한 재산의 보호에서 관찰될 수 있다. 이를 앤드류 갬블Andrew Gamble은 이렇게 말한다. 이는 자유경제와 강력한 국가 — "신고전" 자유주의와 정치적 보수주의 — 의 수사다.[122] 국가의 역할은 재분배의 측면에선 최고세율구간 철폐와 사회서비스 비용 삭감으로써 도전받음과 동시에 자본주의적 성장의 촉진, 이에 필요한 재원 마련, 보조금 지급의 측면에선 증대한다. 우리는 이를 민영화된 산업에 대한 정부 보조금 지급, "개발" 기관 설립, 준정부조직의 책임성 부족에서 볼 수 있으며, 이는 국가장치는 증가하지만 정부의 책임성은 없는 것 따위를 예증한다.[123]

이 변화의 이유 일부는 국가가 더 이상은 표적 시장이 아니라는 데 있다. 규제의 측면에서 국가의 역할을 — 표면적으로 — 없애는 것은 바로 초국적 또는 다국적 기업의 전 지구적이거나 세계적인 활동 범위다. 그러나 현시대의 논쟁 대다수는 정확히 이처럼 전 지구화된 환경에서 국가는 어떻게 최상의 경쟁을 펼칠 것인가와 관련한다. 지금의 국가는 용기容器 곧 시장이 작동하는 장소이기보다 오히려 주전선수 중 하나다. "행성적 규모와 전 세계적 시장에서 구성단위는 더 이상 기업이나 사업이 아니라 바로 국민국가다."[124] 르페브르가 기업이나 사업은 주전선수가 아니라고 말한 데 대해선 확실히 부정확하지만 국가의 역할을 진단하는 데 대해선 정확하다. 국가는 성장을 촉진하고 세계무대에서 국가의 경제적 이익을 촉진하는 데서 특정 역할을 떠맡는다. "국가가 성장을 책임지는 그 순간부터 일종의 양적 변형이 발생한다. 그 책임을 직접적으로 지든 간접적으로 지든 상관없이. 이 순간부터 죽 경제적 실패는 국가 탓이 된다."[125] 마찬가지로, 또 이러한 양상이 전개됨에 따라, 국가는 생산관계의 재생산을 보장하고 지배관계의 지속을 허용해야 한다.[126] 그것은 국민국가 안에서 공정한 경쟁의 수단을 제공하거나 아니면 그 대신 시민에게 가장 유리한 쪽으로 국가를 동원하거나 하는 간단한 문제가 아니라 전 지구적 기준에서 국가 기업의 경쟁력을 향상시키는 문제다. 따라서 자유무역 촉진과 보호무역주의 간에는 불편한 긴장이 있다. 최근[2002년 부시 정권]의 철강관세법이 보여주는 것처럼 말이다.

따라서 위험은 논쟁이 자본주의가 무엇이고 또 무엇이 돼야 하느냐에 대한 이의제기이기보다 오히려 — 심지어 좌파에게도 — 자본주의적 성장을 **어떻게** 촉진해야 하느냐와 관련한다는 것이다. 이는 최근 몇 년간 — 클린턴·블레어·슈뢰더 같은 인물과 연관이 있는 — 제3의 길 또는 새로운 중도*Neue Mitte*로 추정되는 상황이 발생함으로써 한층 더 그렇게 된다. 대처는 '대안은 없다'는 유명한 말을 했고, 우려는 좌파 대부분이 이것을 진실로 받아들이고 말았다는 데 있다.[127] 그렇다면 어떤 의미에서 20세기는 특정 자본주의 체제 내에서 국가와 그것의 역할을 수용하는 쪽으로 움직여간, 일종의 진보적 움직임으로 읽힐 수 있다. 여태껏 다양한 방식으로 제안돼 온 제3의 길이나 중도는 — 공산주의에서 사회주의로, 사회민주주의로, 사회자유주의로, 제3의 길로 향한 운동을 계획하는 — 일련의 타협이 돼 버렸다. 이는 키스 조셉Keith Joseph이 말한 것처럼 일종의 "래칫효과"이지만 그것은 우파에겐 와도 좌파에겐 오지 않는다.

오토제스티옹과 차-등에 대한 권리

『공산당 선언』에서 마르크스는 국가 행정부는 부르주아지의 공동업무를 관장하는 위원회에 지나지 않는다는 유명한 말을 남긴다.[128] 오늘날의 상황이 절대로 녹녹치 않다는 것은 분명하다. 밀리반드-풀란차스 논쟁은 국가에 대한, 국가가 조직적 자본주의와 맺는 관계에 대한 이해를 둘러싼 것이었다. 이 관계는 도구적 관계였는가 아니면 구조적 관계였는가? 달리 말해서 국가는 진보적 정치 목적에 종사할 수 있는가? 르페브르는 이를 이룩하는 데는 오직 국가에 대한 급진적 재사유와 본질적으로는 국가권력의 대대적인 철폐만 갖고도 충분하다는 대답을 내놓는다. 르페브르는 자신이 규명하는 문제에 대한 긍정적 대안을 아주 드물게 제공할 뿐이지만, 그의 재사유에는 두 가지 주요 요소 — **오토제스티옹**이라는 강령과 시민의 자격citizenship을 다시 정식화해서 이해하는 일 — 가 있다. 그리고 이는 권리에 대한 재사유를 포함할 터였다. 모두 합쳐서 그것들은 진보적 목적을 위한 국가의 방향전환에 — 비록 급진적으로 변모한 형식일지라도 — 근거가 된다. 『고타강령 비판』에서 마르크스는 국가가 "사회에 군림하는 기관에서 사회에 완전히 종속된 기관으로" 뒤바뀐다고 말한다.[129] 이 구절은 — 밀리반드도 인용한다[130] — 여러 면에서 르페브르의 작업을 이해하는 데 필요한 틀을 마련해 준다. **오토제스티옹**이라는 주제는 르페브르의 작업에 널리 펴져 있고 그가 저널《**오토제스티옹**》에 참여한 데서도 나타나긴 하지만, 시민의 권리 및 자격의 강조와 관련한 논의는 더 적게 이뤄지고 있다[131] — 주목할 만한 것으로는 그의 작업 『차-등주의 선언』과 **나바랑스 그룹**의 에세이 모음에 그가 「사회협약에서 시민 자격의 계약으로」라는 제목으로 쓴 서문을 꼽을 수 있다.[132]

오토제스티옹이라는 용어는 번역하지 않은 채 그대로 남겨두는 것이 가장 좋다. 문자 그대로 그것은 "자기관리"나 "자치"를 뜻하지만 그것에는 노동자나 시민의 조절이라는 의미 또한 함께하기 때문이다.[133] 1970년대의 유러코뮤니즘과 그 밖의 좌파 집단 주변에서 많이 사용된 그 용어에는 급진적 민주주의, 더 강력한 직접민주주의, 단순한 "대의제" 너머로 움직여 가는 것, 지역공동체로 권력을 되돌려 주는 것과 같은 함의가 있다.[134] 마르코비치Mihailo Marković가 말하는 것처럼 "자치는 관료화를 향한 내재적 경향이 있는 국가사회주의의 변증법적 부정이다".[135] 그 자치가 실제로 일어났던 가장 유명한 예시 하나는 시계회사 **립***Lip*으로서 그곳 노동자들이 직장폐쇄의 위협에 직면했을 때 기업 경영권을 인수한 것이었다.[136] 브레너의 언급처럼 프랑스 사회당은 1970년대 초 그 용어를 수용했고, 프랑스 공산당은 "특별히 1975년과 1978년 사이에 유러코뮤니즘 이데올로기의 실험과 함께 **오토제스티옹**의 정치를 잠정적으로 채용했다".[137] 그의 마지막 작업 중 하나에서 르페브르는 유용한 개괄적 정의를 제공한다.

> **오토제스티옹**은 한 집단 — 회사 · 인근locality · 구역이나 지역 — 이 존재와 변화를 거치는 동안의 존속을 좌우하는 조건에 대해 그 집단이 지식을 갖고 그 조건을 (한계에서) 조절하는 것으로 정의된다. **오토제스티옹**을 통해 이 사회적 집단은 그것 고유의 현실에 영향력을 발휘할 수 있게 된다. 대의제에 대한 권리와 마찬가지로 **오토제스티옹**에 대한 권리는 시민의 권리로서 또 이후에 자세히 설명되고 있는 시민권 적용의 방식으로써 선포될 수 있다. 평의원의 행동과 자주성은 언제나 바람직하다. 하지만 우리는 실천이 작동할 때까지 기다려야만 하는가? 그 실천이 그 원칙을 지지하기에 앞서? 민주주의의 성장은 이렇게 진행한다. 민주주의가 쇠락하거나 — 아니면 **오토제스티옹**의 권리가 시민자격의 정의로 도입되거나 … **오토제스티옹**의 권리는 경제에 대한 민주주의적 조절을 수반하므로 국영이거나 국유화된 회사 이를테면 지금껏 일정 정도 국가의 통제를 받아 온 회사의 조절 또한 수반한다.[138]

이 상세한 설명이 사실 르페브르가 수십 년 전에 하고 있던 작업과 얼마나 비슷한지 놀랍기만 할 뿐이다. 그의 언급처럼 **오토제스티옹**은 수립된 그 무엇이 아니라 그 자체로 "투쟁의 현장이자 투쟁에 걸린 판돈이다".[139] **오토제스티옹**은 생산단위의 층위 — 회사나 기업 — 또 정부의 영토적 층위 — 지역공동체, 도시나 지방 — 둘 다에 적용돼야 한다. 우리는 이러한 **오토제스티옹**이 일어나기를 마냥 기다리고 있을 수만은 없다. **오토제스티옹**은 불쑥 일어나지 않는다. 르페브르가 강조하곤 했던 것처럼 비록 자발성이 결정적이긴 하지만 말이다. 그것은 이론적으로 준비돼야 하며, 그 준비는 우리가 **오토제스티옹**을 공리公理로 제시하고 그것의 함의를 정교하게 가다듬을 때 이뤄질 수 있다.[140] 사실 르페브르는 **오토제스티옹**의 쟁점이 기업과 관련한 것보다는 점점 더 — 도시 캠페인 같은 — 공간의 조직을 둘러싼 것과 관계를 맺어 가고 있다고 주장한다.[141] **오토제스티옹**은 정치적 과정에 대해 한층 더 능동적인 관여를 요청할 것이고 지배자와 피지배자, 능동적인 것과 수동적인 것, 주체와 대상 간의 관계를 해체할 것이다. 새로운 기술은 사용은 될 수 있지만 오직 그것이 국가와 관료주의의 사멸을 촉진한다는 조건에서 그리될 수 있다.[142] 사실 **오토제스티옹**의 개념에서 핵심적인 것은 바로 이 같은, 국가의 사멸이다.

> 국가는 급진화 · 일반화된 **오토제스티옹**과 평화적으로 공존할 수 없다. 왜냐하면 국가는 반드시 '토대의' 민주적 조절에 예속돼야만 하기 때문이다. **오토제스티옹**으로 이뤄진 국가, 곧 내면화한 **오토제스티옹**이 권력을 획득한 국가는 한낱 사멸해 가는 국가에 지나지 않을 것이다. 그렇기에 **오토제스티**옹의 정당이라면 오직 정치를 그것의 결말과 정치의 종언으로, 정치적 민주주의 너머로 이끄는 정당밖에 없을 것이다.[143]

비록 마르크스의 작업이 **오토제스티옹** 개념을 상정하진 않지만 그의 작업에는 근본부터 철저히 다시 시작하는 민주주의와 관련한 이 개념이 있다.[144] 르페브르는 이런 관점에서 마르크스의 작업이 (바쿠닌에게서 영감을 받은) 아나키스트와 라살레 같은 수정주의자 사이에 자리매김된다고 주장한다. 그러나 르페브르는 마르크스의 의 작업이 일부 유형의 혁명가와는 꽤 다르다고 말한다. 마르크스와 레닌에게는 민주주의의 확장과 심화, 국가의 사멸, 프롤레타리아 독재라는 삼중의 목표가 있었다.[145] 엥겔스가 『반뒤링론』에서 말하는 것처럼 이행기는 반드시 있다.[146] 국가의 종언이라는 아나키스트식의 목표와 그로 말미암은 사유재산의 폐지는 상찬할 만한 것이지만, 이것이 하룻밤 새에 이룩될 리는 없다. 마르크스에게 상기의 그 세 요소는 따로 분리될 수 없다. 개량주의자는 민주주의는 강조하지만 프롤레타리아 독재와 국가의 소멸은 보류할 것이고, 혁명주의자는 프롤레타리아 독재는 강조하지만 나머지 둘은 경시할 것이다. 후자의 이 두 집단[마르크스를 제외한 개량주의자와 혁명주의자]이 격렬히 다투는 동안 그 둘은 국가의 점진적 사멸이라는 핵심 목표는 경시하게 된다.[147] "이른바 혁명주의적 경향과 이른바 개량주의적 경향은 사실 다름 아닌 국가사회주의, 다시 말해서 라살레주의의 변종들이다."[148] 르페브르는 국가의 사멸이라는 이 논점에 대한 레닌의 작업에는 일종의 긴장이 있다고, 그 긴장이 『국가와 혁명』에서 가장 눈부신 것이라고 말한다. 르페브르는 비록 레닌이 신속하거나 즉각적인 국가 사멸의 발상을 폐기하긴 했어도 — 스탈린에게는 너무나도 중요했던 — 국가의 강화와 공고화만큼은 결코 수용하지 않았으리라고 믿는다. 이것이 『국가와 혁명』에 있는 바로 그 긴장이다.[149]

르페브르는 "루이 알튀세와 그의 추종자들이 헤겔에게서 마르크스를, 국가의 옹호자에게서 국가의 비판자를 떼어 놓는 정치적 절단을 메워버리고 말았다*(obturé)*"고 주장한다.[150] 일찍이 1842-3년에 마르크스의 작업에서 이 절단은 분명했다.[151] 이는 구조주의가 초래한 위험의 또 다른 측면이다. 구조주의자는 여러 결정적 차이를 놓친다. 그것들을 정치적인 것으로 인식하는 대신 인식론적이거나 철학적인 것으로 기술하기 때문이다.[152] 르페브르가 보기에 마르크스와 레닌 사이, 레닌과 스탈린 사이엔 이와 비슷한 정치적 절단들이 있다. 그것들은 마르크스주의의 국가이론을 올바로 이해하는 데 결정적이다.[153] 예를 들어 프롤레타리아 독재라는 개념은 스탈린주의가 왜곡하는 렌즈를 통해 보이게 되므로 그 결과 "선혈이 낭자하고 잔인한" 것으로 여겨진다. 하지만 르페브르가 보기에 마르크스와 레닌이 제안한 프롤레타리아 독재는 스탈린의 독재가 아닐 터였다.[154] 이 발상을 폐기하는 데 따르는 위험은 우리가 헤겔로 되돌아가는 것이다. 국가는 무조건적이며 심지어 영구적이기까지 하다는 관념과 함께 말이다. 이는 스탈린주의에 있는 또 다른 결점이다. 스탈린이 저지른 범죄가 중요하긴 하지만 근본적인 문제는 혁명이 국가의 무한한 강화를 필요로 했다는 그 발상에 있다. 프랑스 공산당 또한 이를 수용한 적이 있다.[155] 르페브르는 이렇게 말한다.

> 우리가 우리의 글에서 '국가와 시장 사이에는 아무것도 없다'는 명제가 참임을 긍정할 때 우리는 거짓된 딜레마를 제기하는 것이다. 왜냐하면 그 둘 사이에는 이미 관료주의가 있고, 내일 그 둘 사이에는 **오토제스티옹**이 있을지도 모르기 때문이다.[156]

르페브르의 **오토제스티옹** 구상은 자신의 일상생활 관련 작업과 연계된다. 이는 우리가 유념해야 하는 것이다. 일상생활이 자본주의 체제가 그것에 행사하는 통제 탓에 위기상황에 놓여 있기 때문이다. 그가 1968년 5월의 사건과 관련해서 놀랍다고 생각한 것 하나는 일상생활 — 우편·은행업무·휘발유 같은 서비스의 공급 — 이 시위 때문에 얼마만큼이나 지장을 받았는가 하는 것이었다. 르페브르에게 "일상적 존재는 구조를 지지하는 단단한 지형이다. 왜냐하면 구조가 이 지형 위에 구축되면서 그 지형에 알맞게 만들어졌기 때문이다. 그 과정 — 논쟁·파업·그 모든 운동 — 은 이 지형을 흔들었다". 물론 그 사태는 재빨리 복구됐다.[157] 르페브르는 1970년대 초 프랑스 사회당과 각종 노조가 **오토제스티옹** 개념을 채택한 것에 대해선 고무적이라고 생각하지만 결과가 거의 나오지 않았다는 점에 대해선 우려를 표시한다.[158] **오토제스티옹**은 가능한 것을 향한 일종의 개방이며, 그것은 실천적이고 정치적으로 된 자유의 개념과 일치한다.[159] 르페브르가 보기에 "**오토제스티옹**은 일상적 존재의 탈바꿈을 향한 길을 나타낸다". 1968년 시위대의 외침 이면에 있던 것이 바로 이것이었다.[160] 그 외침은 랭보에게서 비롯한 구절인 'changer la vie', 삶을 바꾸라는 것이었다.[161] 대체로 이 슬로건이 'changer la ville', 도시를 바꾸라는 말과 짝을 맺었기 때문에 르페브르의 사유는 그 시위운동의 중심에 있었다.

르페브르는 — 1871년과 1968년의 사건 둘 다에서 발견되는 주요 사항 중 하나[인] — 자발성이 마르크스주의 이론을 소생시키는 데 꼭 필요하다고 믿는다. 그는 오늘날 자발적 혁명의 형식은 **아나르코-생디칼리즘***anarcho-syndicalism*이 아니라 **오토제스티옹**이라고 말한다.[162] 우리가 4장에서 본 것처럼 르페브르는 1968년 파리의 사건들은 국가자본주의에, 같은 해 프라하의 그것들은 국가사회주의에 맞선 도전이었다고 생각했다. 르페브르는 이 투쟁들과 거의 백 년 전의 파리코뮌을 국가, 국가 관료주의, 군대, 그 밖의 제도에 대항한 것으로 이해한다.[163] **오토제스티옹**을 이룩하려는 욕망은 사람들의 삶에 변화를 초래하는 사태의 장악, 다양한 노동자계급의 권력 획득, 그 결과 그 권력의 작동 방식에 대한 근본적인 변화를 가능케 한다. 사회적 관계는 더 강력해지고 복잡해질 것이다. 마르크스의 생각에 공명하자면, 국가는 사회 위에 군림하는 대신 사회에 의존하게 될 것이다. 이것이 프롤레타리아 독재 곧 민주주의의 확장과 심화다. 그것은 국가의 사멸로 이어진다.

르페브르가 **오토제스티옹** 사상의 일부를 활용한 당대의 운동에 관심을 갖긴 해도 그는 비판적이다. 그가 『자본주의의 존속』에서 언급하는 것처럼 그 용어의 뜻이 워낙 많고 달랐던 탓에 그 말은 "혼란의 거대한 폭발"이었다.[164] **오토제스티옹**은 모든 문제를 해결할 비책도 아니고 즉시 적용할 수 있는 비결도 아니다.[165] 고무적인 상황으로서 가장 두드러진 예시 하나는 유고슬라비아, 르페브르가 "**오토제스티옹**의 실험실"로 부르는 곳에서 공산주의로 향하는 대안적 경로를 채택했다는 것이다.[166] 그러나 1970년대 말 즈음 르페브르는 다소 회의적으로 된다. 앞서 말했듯이 그는 **오토제스티옹**을 성취가 아닌 과정, 지속적 투쟁의 과정으로 봤다. 그는 노동자들이 자신의 존재 조건을 장악하려 결정에 이의를 제기할 때마다 **오토제스티옹**이 발생한다고 주장한다.[167] 유고슬라비아가 안고 있는 문제는 이랬다.

> 일부 유고슬라비아인들이 오토제스티옹을 한 체제로, 그 결과 한 모델로 보는 실수를 저질렀는데, 그것은 사법적으로 설립될 수 있고 충돌과 모순 없이 일종의 사회적 · 정치적 화합의 상태에서 기능할 수 있는 것이었다. 그러나 **오토제스티옹**은 이와 달리 국가의 여러 모순을 드러낸다. **오토제스티옹**이 그 모순들을 촉발하는 바로 그 방아쇠이기 때문이다 … **오토제스티옹**은 반드시 지속적으로 일어나야 한다. 민주주의에 대해서도 마찬가지다. 민주주의는 결코 '조건'이 아닌 투쟁이기에.[168]

르페브르는 우리가 동시에 다양한 권리의 개념을 재사유해야 한다고 생각한다.[169] 일에 대한, 교육·여가·건강·주거 따위에 대한 권리에다가 우리는 도시에 대한 권리와 — 4장에서 논의한 것처럼 — 차-등difference에 대한 권리를 더해야 한다. 차-등적일 권리는 "필연적으로 동질화하는 권력이 결정해 버린 범주로, 강압적으로 분류되지 않을" 권리다.[170] 여성 및 아동의 권리에 대한 요청이 있다면, 이는 그 사람들이 "인간" 일반이라는 추상적 개념과 다르기 때문이다.[171] 이를테면 프랑스 혁명이나 미국 독립

선언과 같은 인간의 권리에 대한 선언은 여성의 권리에 대한 선언, 예컨대 메리 울스턴크래프트Mary Wollstonecraft의 작업이나 세네카 폴스 선언the Seneca Falls declaration 같은 것을 동반해야 한다. 마르크스주의자에게 그것은 그런 선언들을 거부하는 문제가 아니라 그것들을 더 구체적으로 만들고 완수하는 문제다. "인간"과 "시민"의 추상적 권리는 노동자, 여성과 아동, 청년과 고령자의 권리를 도입함으로써 구체적 상황에 적용될 수 있도록 만들어진다. 마찬가지로 집단으로서 여성과 아동 내, 현대사회 내 상이한 민족과 종족 집단 내의 여러 차이도 있다.[172] 이것이 바로 르페브르가 말하는 차-등에 대한 권리의 뜻이다.

21세기에 그 같은 요청이 유달리 급진적인 듯 보이진 않을 수도 있다. 하지만 르페브르가 1970년대가 막 시작할 때 이것[『차-등주의 선언』, 1970]을 집필하고 있었다는 점은 주목할 만하다. 르페브르는 고전철학이 "차이를 회피한다"고 강력히 주장한다.[173] "동질화하는 권력과 차-등적differential 능력"[174] 간의 대치와 관련한 그의 논의는 페미니즘, 인종, 퀴어 이론의 작업과 실질적으로 겹치긴 해도 그 작업 대부분보다는 상당히 이른 것이다. 이 연대순보다 더 중요한 것은 르페브르가 마르크스의 분석 내에서 이것이 가능하다고 믿었다는 점이다. 그런데 최근의 논쟁 대부분은 — 계급분석에 붙들려 메인, 소문엔 그렇게 돼 있다 — 마르크스주의자들에겐 '그 밖의' 차이를 받아들이는 데 대한 무능력이 겹겹이 쌓여 있다는 것과 관련을 맺어 왔다. 오늘날 투쟁은 (단순히) 계급뿐 아니라 인민·민족·종족·종족성·종교 간에도 있다.[175] 소외의 개념이 마르크스의 사상 내부에서 발전돼야 하는 것과 "일상성"의 개념이 그 소외 개념에 덧붙어야 하는 것과 꼭 마찬가지로 **차-등***difference* 개념 또한 그리돼야 한다.[176] 일상생활의 탈바꿈에는 이 같은 재사유가 필요하다.[177] 그것은 또 한 번 더 마르크스주의에 대한 르페브르의 복수적 접근을 예시로 보여 준다.[178]

말년에 자신의 생애 마지막 책에서 르페브르는 이 주제로 되돌아갔다. 이는 피레네에 있는 그를 찾아보곤 했던 연구자 집단과 함께한 협업 프로젝트였다. **나바랑스 그룹**으로 알려진 그들은 『계약과 시민권에 대하여』*Du contrat de citoyenneté*라는 제목의 시론집 한 권을 제작했다.[179] 여러 이유로 국가와 인민 간 계약의 낡은 형식은 더 이상 이행되지 않았다. 시민의 자격은 새로운 세계적 규모, 차이와 동질성, 이주와 이민을 계산에 넣어야 했다. 르페브르는 인권과 시민권 사이에 근본적인 차이가 있다고 주장한다. 인권이 대서특필되고 투쟁과 협의로 이어진 반면, 시민권은 오해되고 망각된다. 그가 말하는 시민권의 뜻은 지배자와 피지배자 간의 관계와 관련한 여러 권리다. 인권의 초기 형식에는 자신의 국가 경계 안에서 자유롭게 이동할 수 있는 권리, 사상의 자유, 투표권이 포함됐다. 우리가 왜 이것들을 다시 생각해 봐야 하는지에 대한 두 가지 이유는 정부 형식으로서 유럽의 도래와 다양한 인구이동이다. 예전에 확립된 정체성과 소속의 형식이 바뀌고 있다. 정체성은 더 이상 간단한 문제가 아니다 — 우리는 내포되거나 중첩하는 복수의 정체성을 아주 많이 가질 수 있다. 왜냐하면 르페브르의 말처럼 "우리 모두는 우리 식구, 한 마을이나 도시, 지방, 업계나 직업, 나라(고국·국민·국적), 국가, 대륙(우리의 경우 유럽), 하나 또는 그 이상의 문화 따위에 '속'해 있"기 때문이다.[180]

상황은 힘들다. 따라서 우리는 사회구성원과 국가 간 관계를 다시 생각해 봐야 한다. 르페브르가 보기에 이는 일종의 계약을 필요로 한다. 국가와 시민 간의 계약, 그것은 "한편으로는 국가·정부·확립된 권력과 다른 한편으로는 시민 — 시민사회 — 간의 거리"를 줄여 마침내 그것을 없앨 것이다.[181] 그는 그 계약이 결국 그 거리를 제거할 것이라고 믿는다. 그것이 국가의 자율성을 축소할 것이기 때문이다. 시민의 자격은 납세·준법·병역 의무 따위의 근본적 원천이지만, 르페브르는 투표권 말고 그 자격이 되돌려 준 것은 거의 없다고 주장한다. 그는 시민권이 확장돼야 한다고, 그 확장에는 정보의 권리, 자유로운 표현의 권리, (예술을 향유하고 세상을 탐험할) 문화의 권리, 차이의 이해라는 테두리 안의 정체성 및 평등의 권리, 도시의 권리, 공공서비스의 권리, 끝으로 **오토제스티옹**의 권리 같은 것이 포함돼야 한다고 말한다.[182]

최근 몇 년간 이것들 대부분은 정치적 논란의 최전선에 있어 왔으며, 르페브르의 말처럼 특별히 이민에 비춰 봤을 때 그것들에는 중요한 함의가 있다. **가스트아르바이**

터*Gastarbeiter*, (귀화하지 않은) 외국인 노동자의 시민자격을 둘러싸고 독일에서 벌어진 최근의 논란, 망명 신청자와 관련해서 영국에서 일어난 논의, 9·11의 여파로 시민적 자유가 침해당하는 것과 관련한 더 일반적인 질문들은 이 쟁점들을 부각한다. 르페브르는 시민의 자격과 권리에 대한 이 새로운 요청이 중요한 정치적 운동이라고 본다. 그것은 "프롤레타리아 독재라는 폐기처분된 기획을 민주적으로 완수할 것이다". 민주적 수단에 대한 강조는 중요하다. 르페브르는 다음의 구절들을 1989년의 혁명들과 베를린 장벽의 붕괴 언저리에 썼을 터였다. 평화적으로 "무자비함을 피하면서 그것은 정치적 국가의 사멸을 초래할 것이다".[183]

> 시민의 새로운 권리, 현대세계의 일상생활에 대한 요구에 결부된 그 권리는 프랑스 혁명이 두 세기를 맞았을 때 세목까지 꼼꼼히 다룬 한 선언의 주제가 됐어야 했다. 그랬다면 그 권리는 거창한 의식儀式으로 환원되지 않고 새로운 시작을 위한 근거 역할을 했을 것이다.[184]

세계적 규모

지역정치에서 시작해서 국가정치로 또 세계정치로 이어지는 규모의 문제는 르페브르의 관심사에 아주 중요하다. 그가 보기에 "규모와 층위의 문제는 규모들과 층위들의 다중성을 함의"하며[185] 출발점 곧 사건의 텍스트 분석과 해석의 기초다.[186] 층위 — 전 지구적, 혼합적이거나 도시적, 사적 거주 — 의 쟁점은 4장에서 르페브르의 역사사회학이 농촌사회에서 도시사회로 이행한다는 맥락에서 논의됐다. 층위와 규모 사이에는 자연스럽게 어떤 겹침이 있지만 그것들이 완전히 똑같진 않다. 브레너가 말한 것처럼 규모는 "신체적·지역적·도시적·권역적·국가적·초국가적·전 세계적·행성적인 것"이 될 수 있다. 그는 얘기를 이어간다. 도시사회 관련 작업 — 예컨대 『도시혁명』 — 은 층위로서 규모의 문제를 검토하지만, 『공간의 생산』과 『국가』는 영토로서 규모를 더 깊이 검토한다.[187]

국민국가에서 세계적 규모로 전환한 것은 특별히 중요하게 여겨지며, 르페브르가 **몽디알리자시옹***mondialisation*, 세계화·세속화으로 부르는 과정이기도 하다. 이것이 요즘 유행어인 전 지구화와 완전히 똑같진 않지만, 확실히 르페브르는 [전 지구화에 대한] 그 분석의 실질적 요점 대다수를 미리 보여준다.[188] **몽디알리자시옹**에서 중요한 것은 — 데리다가 주장한 것처럼 — 지구the globe와 **몽드***le monde* 곧 세계 간의 구분이다.[189] 내가 르페브르의 작업에 있는 전체적인 것the global의 층위와 세계적 규모 간의 차이를 소홀히 하지 않도록 경계하려는 것은 바로 이런 까닭에서 비롯한다. 르페브르는 **르 글로발** *le global*, 전체적인 것과 **르 몽디알***le mondial*, 전 세계적인 것을 꽤 신중하게 구분한다. 르페브르가 보기에 **몽디알리자시옹** — 현상의 세속화the making worldly of phenomena — 는 최초로는 하이데거가 예언적이고 유사 형이상학적인 방식으로, 그 후로는 코스타스 악셀로스가 더 구체적인 방식으로 알렸다.[190] 오늘날 **몽디알리자시옹**은 일상생활에서 전략의 공간에 이르기까지 실제로 목격된다.[191] **몽디알리자시옹** 개념은 철학적 유래와 관련한 여러 개념 — 총체성과 전체성globality 또 보편성-합리성-총체성의 등식 — 을 대체하기 위해 고안된다. 그 개념은 지구적인 것the Terrestrial, 행성적인 것the Planetery의 문제지 우주적인 것the Cosmos(우리가 "세계"로 명명할 수도 있는 것)의 문제가 아니다.[192] "전 세계적"인 것the 'worldwide' *(le mondial)*의 개념이 쓸모 있을 순 있지만 만병통치약은 아닌 것이다. "그것은 [세계적 규모에 대한 우리의 이해를] 때로는 힘들게 때로는 쉽게 만든다. 하지만 그 정의로 볼 때 전체적global이라 함은 그것이 경제적인 것만 다루진 않는다는 점, 사회적인 것만 따로 다루지도 않는다는 점이다 … 그것은 분리에 대한 비판을 함의한다." 그 개념은 국가, 그것이 전 세계적 시장과 맺는 상호관계, 전 세계적 기술성을 검토하지만 이 결정들을 넘어선다.[193] 이제 전 세계적인 것이 농촌 및 도시와 관련한 제3항으로서 역할을 담당한다.[194] 그것은 일종의 성취이기보다는 여전히 진행 중인 과정이다.[195] 구별하자면 "총체적인 것, 전체적인 것은 지식의 총체성이자 일종의 총체성으로서 세계다".[196]

몽디알리자시옹은 많은 것을 함의한다. 그 하나로 그것은 데카르트식의 결정에서 비롯하는 직접적 결과로서 공간 및 시간의 균질화와[197] 존재의 계산적 주조를 필요로 한다.[198] 질료 곧 물질세계를 계산되고 측정될 수 있는 어떤 것인 **레스 엑스텐사**로 상상함으로써 데카르트는 세계를 파악하고 이해하는 특정 방식을 근대과학에 제공한다. 하이데거가 세계상, 그림으로 만들어진 세계로 기술하려던 것이 바로 이것이다.[199] 우리는 르페브르가 자신의 논의 대부분에서 기술의 역할, 시간성과 공간성 간의 갈등, 지구를 재원이자 자원으로 취급하는 것을 얘기할 때 하이데거식의 논조를 볼 수 있다.[200]

> 세계적 규모에서 국가로 이뤄진 체제는 역사성에 맞서는 세계성the worldwide *(mondialité)*을 도입한다. 그 체제는 행성적 공간의 형세를 드러내는데, 이는 역사적인 것이 아니라 새로운 요소(에너지 · 기술 · 전략 · 생산력)의 결과로 생겨난다.[201]

국가는 두 가지 목표를 이룩하려 애쓴다 — 역사를 절멸시키고, 분별없이 과거의 모든 것을 재원으로 활용하는 것.[202] 그러니까 르페브르가 보기에 "**세계성**"을 말하는 이는 **공간성**을 말하지 **시간성**은 말하지 않는 것이다.[203] 연구란 것을 하기 위해 결정적인 것은 이 세 항, 르페브르가 "역사성-세속성-공간성"의 삼위일체로 부르는 것의 상호관계를 검토하는 일이다. 역사성과 세속성, **세계성** 간의 갈등은 "전 세계적 공간의 생산 안에서 또 그 생산으로써 해결되는데, 그 생산은 그것이 실현되는 일종의 역사적 시간이 하는 일이다".[204] 르페브르는 "철학이 세계성을 탐구했을 때 그것은 여러 의미심장한 명제를 확립했다"고 말한다. 르페브르는 "Welt *ist* nie, sondern *welten*" — 세계는 결코 **존재하는** 어떤 것이 아니다, 존재하는 것은 **세계들**이다World never *is*, but *worlds*"는 하이데거의 말이 중요하다고 여긴다.[205] 비록 동어반복에 가깝다 하더라도 그것은 다음을 함의한다. "전 세계적인 것은 그 자체만 갖고in and by itself 상상되지 그 밖의 것(역사·정신·일·과학 따위) 갖고는 상상되지 않는다. 세계는 세계가 되며 그것이 실질적으로 그랬던 것이 된다. 세계는 전 세계적으로 됨으로써 탈바꿈한다."[206]

> 우리는 국가가 어떻게 전 세계적으로 되는지(*se mondialise*), 그와 동시에 어떻게 전 세계적인 것에 대립하는지를 이미 안다. 국민국가는 영토에 부속돼 있으면서 이 공간의 관리자이기도 하기 때문에 이 공간에서 발생하고 이 공간으로 말미암은 지배 권력을 중재하고 그 권력의 역할을 담당한다. 그것은 **지체 높은** 소유자(*propriétaires éminents*)로서 이 말이 앙시엥 레짐 아래서 쓰였던 것에 아주 가까운 의미로 그 공간을 관리하는데, 그에 따라 귀족과 왕의 성문화된 권리 및 권력이 농민 · '평민' · 영구 용익권川益權 보유자의 공민권에 중첩됐다. 유사한 중첩이 현대국가 또 그것이 그것의 공간(영토)과 맺는 관계를 통치한다. (때로는 강제적이고 때로는 폭력적인) 여러 방법과 다중적 절차 — 그것들 중 가장 잘 알려진 것은 '착취'다 — 는 이 지체 높은 권리에 구체적 표현을 부여한다. 그리고 우리는 그 권리가 땅 밑으로, 공기층, 숲과 수원水原, 강과 해안, 해상 영토로, 최근에 확대된 영해로 확장돼 간다는 것을 안다. 생산력에는 전 세계적인 것이 되려는 경향이 있다. 불행하게도 생산력의 이 같은 경향은 — 가장 최근에 일어난 전 세계적 경험이며 일차적 중요성을 띤다 — '초'국적 또는 '다'국적 기업과 회사를 낳기에 이르렀다. 이것들은 우리가 알다시피 국가를 능가하여 이용하려는 경향을 갖고 있으며, 그 목적은 그것들의 이익이 되게끔 영토를 지배하고 관리하는 데 있다.[207]

마찬가지로 **몽디알리자시옹**은 오늘날 잉여가치의 이전과 추출이 한 계급에게서 발생할 뿐 아니라 한 나라에서 다른 나라로 옮겨가는 데서도 발생하는 방식을 예증한다. 개발도상국은 전 지구적 프롤레타리아트, 제1세계를 위한 프롤레타리아트가 되고 말았다. 정치적 탈식민화가 시작하면서 경제적 식민화는 새로운 국면으로 접어들었다. 식민화 또 그 끝에 있는 신식민화의 문제엔 더 뚜렷한 구별은 물론 유사한 특징도 있다. 르페브르의 말처럼 이는 원칙적으로는 일부 국민의 이익을 위한 것이다. "신제국주의는 인정하건대 (미국·일본·독일 따위의) 일부 국가에 근간을 둔 채 세계적 규모를 구성하고 확립하지만 행성적 체제를 생산하기 위해 조금씩 그 국가들을 초월하고 있다."[208]

따라서 규모의 문제는 거시/미시적 경제모델보다 더 복잡하다 — 게다가 겹겹이 쌓인 위계를 지리적으로 환원하는 문제보다도 더 복잡하다. 지역적인 것의 미시적 층위는 국가적이거나 전 세계적인 것의 거시적 층위로 보완돼야 하지만, 현대국가는 의존의 관계에 대한 검토 없인 이해될 수 없다. 달리 말해서 우리는 위계 내에서 뚜렷이 구별되는 요소보다는 공간적 규모의 상호관계를 검토해야 한다. 우리가 국가와 시민사회 간 관계를 다른 층위보다 우위에 있는 층위로 봐선 안 되고 토대-상부구조에 일방적 관계만 있는 것으로 봐서도 안 되는 것과 꼭 같이 우리는 지역·권역·국가·전 세계적인 것의 상이한 규모 사이에 있는 변증법적 관계도 봐야 한다.[209] 국가는 꼭 그것이 파편화하는 만큼 세속적으로 된다.[210] "성장과 발전의 과정 속에선 어떠한 공간도 사라지지 않는다. **전 세계적인 것이 지역적인 것을 폐기하진 않는 것이다**."[211]

이 규모들의 상호관계 방식을 인정한다는 것은 더 최근에 이르러 전 지구화를 탈영토화로 보는 일부 이해에 대해 문제제기를 한다는 측면에서 유용하다.[212] 르페브르가 보기에

> 세계시장은 공간에서 따로 떨어져 있지 않기 때문에 그 시장에 '탈영토화된' 추상 따위란 없다. 혹시 일부 초영토적 세력(이른바 일부 초국가적 기업의 수반들)이 세계시장에서 작동한다 하더라도.[213]

심지어 — 자본의 가장 추상적 형식[인] — "다국적 기업"조차 완전히 탈영토적일 순 없다.[214] 역사적으로 영토는 국가와 관련해 왔다. 여기엔 오해의 여지가 있기 때문에 근대국가는 부분적으로 공간의 특정한 구상에 의존한다는 점과 그 구상이 국가와 관계를 맺을 때 영토로 이해된다는 점을 인정하는 쪽이 우리에게는 더 도움이 될 것이다. 국가의 측면에서 볼 때 영토의 근대적 개념은 경계가 있고 수량화 가능한 독점적 공간, 곧 지도로 제작돼 경계가 표시되는 통제 가능한 공간으로 이해되는 것에 기초한다. 공간의 그 같은 구상이 늘 유지된 것은 아니다. 예컨대 중세의 토지를 보면 그 지도는 형편없이 제작됐고, 국경은 맞대고 있지도 않았고, 주권은 겹치는 경우도 허다했다. 공간의 과학적 이해를 가능케 한 지적 발전은 아리스토텔레스에 대한 스콜라 철학식의 독해를 통해 추적할 수 있지만 핵심인물은 데카르트다.

영토에 대한 근대적 구상이 공간의 특정한 존재론적 결정에서 발견된다는 말은 우리가 전 지구화를 다시 생각해 볼 것을 요청한다. 내 생각에 우리는 다음을 알게 되기 때문이다. 전 지구화가 — 존재론적으로는 — 균질적이고 계산 가능한 공간 곧 기존

경관에 부과된 일종의 추상공간이라는, 정확히 그 동일한 발상에 근간을 두고 있긴 하지만, 이 경우엔 단일 국가의 테두리 안보다는 오히려 지구 전체로 확장됐다. 그렇다면 정치적으로 볼 때 전 지구화가 일종의 절단 — 비록 그 말에도 논란의 여지는 있지만 — 일 순 있겠지만 존재론적으로 그것은 동일한 것, 그 밖의 여러 수단으로써 이뤄진 데카르트 철학의 연속인 것이다. 달리 말해서 우리가 현재 전 지구화로 논의하는 것은 어떻게 보면 르페브르가 **몽디알리자시옹**으로 부른 것, 세계를 전체로 파악하거나 상상하는 것에 의존한다. 이 **몽디알리자시옹**과 관련해서 르페브르는 이렇게 말한다. 우리가 그것에 있는 가능성의 조건을 반드시 탐색하긴 해야 하지만, 이 작업이 단선적 인과성이나 기계론적 결정론으로 환원될 순 없다.[215]

국가의 세속화는 세계시장의 확대 및 강화와 병행한다. 경쟁적 자본주의가 최초로 도입됐을 때 그것은 상대적으로 제한된 수의 회사와 주문이나 자금을 위해 그 회사들에 의존하는 다수의 회사로 구성됐다.[216] 그러나 오늘날에는 말할 것도 없이 자본주의적 기업의 수와 활동 영역의 막대한 성장이 있다. 이는 — 제품·노동력·에너지의 상품화와 병행하는 — 정보의 상품화와 더불어 유달리 눈에 띈다.[217] 마찬가지로 우리가 살펴본 것처럼 세계시장의 이 같은 확대는 동시에 다국적 기업의 성장이기도 하다.[218] 르페브르는 우리가 세계시장의 역사에서 세 시대를 볼 수 있다고 말한다.

1. 전 산업자본주의 곧 상업 자본주의. 이것은 제국주의 및 해양의 이용과 관계를 맺고 있는데 — 특별히 영국인이 그랬다 — 그 목적은 통상 항로의 확립에 있었다.
2. 산업자본주의와 세계 무역의 확산.
3. 양차 세계대전 이후와 사회주의 시장의 패배, 더 일반적으로는 이 시장의 개방.[219]

마르크스의 분석은 당연히 1단계와 2단계 간의 이행과 관련한 것이 된다. 르페브르가 보기에 "그는 그 분석을 마무리하지 않은 채 그 개념을 세밀하게 다듬기 시작했다. 그는 전 세계적 시장의 시대를 구분한다. 자본주의 이전과 자본주의 이후로."[220] 마르크스에 이어 르페브르는 이렇게 말한다. 영국·프랑스·독일은 18세기와 19세기의 어느 땐가 그것들이 [확립하려] 매진하고 있던 국민성 너머의 전 세계적인 것을 개시했다.[221] 국가적인 것과 전 세계적인 것 간의 관계 또 그 관계가 반드시 관통해야만 하는 초국가적인 것과 간국가적인 것의 연결고리는 아주 중요하다.[222] 마르크스를 넘어서면서 르페브르는 소련에 공산주의가 도래했는데도 세계시장이 단일시장으로 남아 있었다는 점이 결정적으로 중요하다고 생각한다. 사실 그는 이렇게 말한다. 만일 우리가 스탈린주의의 대차대조표를 작성하려 한다면 차변에 그 모든 억압이 있을 것은 분명하지만, 가장 의미심장한 것으로는 "스탈린주의의 무능력, 곧 그것의 노력과 권력 남용에도 자본주의적 세계시장 이외의 세계시장을 구성할 수 없었던 그 무능력"이 있을 것이다.[223] 이 대조표의 긍정적인 면[대변] 위로 무엇이 적힐지는 언급이 안 돼 있다.

여기서 우리는 르페브르가 — 이탈리아의 붉은 여단Red Brigade이 논의한 — **다국적 기업이라는 제국주의적 국가**의 발상에 대해 일종의 회의론을 펼친다는 점에 주목해야 한다. 국민국가가 사실 다국적 기업의 이해관계에서 작동했긴 했어도 마찬가지로 그 반대 또한 발생했다.[224] 자신의 입장에 대한 최종변론으로 르페브르는 국가와 전 세계적인 것의 개념 사이에 핵심적인 긴장이 있다고 말한다. 국가의 세속화는 동시에 그것의 종언, 그것의 사멸이다. 이는 2장에서 논의됐던 메타철학 관련 논의 또 르페브르와 악셀로스가 큰 관심을 가졌던, 세속화하는 철학의 역할로 이어진다. 르페브르에게 "역사적 시간의 최후 이미지는 전 세계적 공간world-wide space *(l'espace mondial-figure)*의 최초 이미지이기도 하다 — 그 밖의 여러 배치에 앞서 서서히 사라지게 될, 게다가 이미 희미해지고 있는 이미지".[225] 전체 곧 행성적인 것으로서 세계에 대한 우리의 이해는 공간의 생산이란 말이 뜻할 수도 있는 것의 한 예시가 된다. 그것은 자본주의가 세계, 시장으로서 세계의 생산을 통해 그 자체의 한계를 넘어서게 될 수 있었던 가장 중요한 방식 중 하나다.[226]

공간의 국가적 조직

앞서 다음과 같은 르페브르의 얘기에 주목했다. 마르크스는 자본주의의 모순이 그것의 종말을 초래하리라 믿었고, 우리는 왜 이것이 그의 기대대로 판가름 나지 않았는지를 받아들이려 애써야 한다. 이를 위한 실마리는 마르크스 자신의 작업에서 생산관계의 재생산이라는 발상과 함께 발견될 수 있다. 그 발상의 틀은 다른 어디보다도 『요강』에 잡혀 있다.[227] 르페브르는 이렇게 주장한다. 사회적 공간은

> 생산수단의 재생산에 중첩돼 있는 생산**관계**의 재생산 장소임과 동시에 계획(토지개발)의 형식과 성장의 논리에 대한 이유이자 도구이기도 하다.[228]

『자본론』 집필 이래 한 세기 동안 자본주의가 발견한 것은 "그것의 내적 모순을 (해결해지 못한다면) 희석"하는 방식이다. 우리가 이 "성장"의 값을 계산할 순 없지만 "사실 그 수단은 확실히 안다. **공간을 점유함으로써, 공간을 생산함으로써**".[229] (이 책의 프랑스어 제목 — *La survie du capitalisme* — 이 영어보다 더 애매하다는 점은 주목할 만하다. *survie*는 "생존"뿐 아니라 "사후의 삶"도 뜻하기 때문이다). 생산관계의 재생산은 세계적 규모[230] 곧 자본주의로써 또 자본주의를 위해 생산되거나 구성돼 온 규모에서 발생하며,[231] 자본주의의 존속은 또한 생산의 새로운 영역을, 그 결과 착취와 지배의 새로운 영역(여가·일상생활·지식(*connaissance*)·예술·도시화)을 구성해 왔다.[232] 5장에서 봤듯이 르페브르의 공간 관련 작업은 그의 역사 관련 작업에 대한 관계뿐 아니라 생산에 대한 공간의 관계라는 측면에서도 이해돼야 한다. 나는 이 둘 다 르페브르의 사상을 활용하는 작업 대부분에서 차단돼 있었다고 주장했다. 여기서 나는 후자를 더 강조하면서 정치와 공간의 교차와 관련해 더 일반적인 논평을 했으면 한다. 가장 광범위한 분석은 『국가』 마지막 권에서 발견된다. 이 책은 공간의 정치적 생산 및 사용에 대해 일부 아주 중요한 분석을 제공하고, 그것은 『공간의 생산』은 물

론 『자본주의의 존속』에서 이뤄진 그의 작업을 보완하고 발전시킨다. 거기서『국가』 제 4권는 재화와 사람의 순환, 이민 유형, 단명한 도시와 기업의 건설, 탈장소화와 탈영역화, 유통이나 회전flux and flow의 개념, 게토와 도시화가 논의된다. 르페브르가 보기에 공간의 통제는 국가적 생산양식의 중추가 되며, 그 양식은 서로 밀접하게 얽혀 있는 사회적·공간적 관계, 공간의 망상 조직화와 격자형 배치, 중심부-주변부 관계, 지배·피지배 공간을 동반한다. 이 분석의 일부는 추상적 층위에 있으나 일부는 프랑스·일본·미합중국을 독해하는 더 구체적 층위에 있다.[233]

르페브르는 이상하게도 공간 개념이 정치적으로는 드물게 검토됐다는 데, 정확히 말하면 정치가 공간적으로는 드물게 검토됐다는 데 주목한다 — 정치적 사유에 대한 검토에 그 사유가 근거를 두고 있는 지반에 대한 참조는 없다. 국가nation는 관념으로서 검토되고, 공간은 학적 분업 속에서 지리학자에게 남겨진다.[234] 그렇다 해도 "각 국가는 그것의 공간을 **소유하고 있다** … 게다가 각 국가는 일종의 사회적 공간**이다**".[235] 국가에 대한, 하지만 동시에 그것의 공간적 요인에 대한 고려는 빠져 있는 그 집중은 주변부·변두리·지방·도시·공동체에 대한 문제를 소홀히 하고야 말았다. 고전적 자유주의는 영토에 대한 참조 없이 작동하며, 심지어 권리와 주권의 개념에도 영토적 관심사에 대한 이해는 빈약하다. 다시 말해서 주권은 사물보다는 사람들에 대해 행사된다. 국가는 그 자체만 갖고도 실재적 추상으로, 곧 공간적 실체 없이, "신민"이나 "인민" 이외의 다른 구체적이고도 물리적인 실현 매체 없이 표현된다. 이와 구분해서 르페브르는 "**관계에는 사회적 공간**(공간들)**이 토대로 있다**"고 본다. 정치적 사유는 **공간화되**어야 한다 — 우리는 장소와 지방, 차이와 다중적 연관관계를 검토해야 하는데, 그 차이와 관계 일부는 갈등을 일으키는 것으로서 토지, 주거, 사람과 재화의 순환에 딸려 있다. 마찬가지로 경제 또한 — 회전과 비축, 이동성과 고정성, 공간의 생산과 재생산과 같은 — 그것의 공간적 요인이라는 측면에서 재고돼야 한다.[236] 민주주의는 공간과 — 달리 말해서 관리당하고 있는 권역의 범위라는 측면과 공간의 유형(농촌과 도시)이라는 측면 둘 다에서 — 연결돼 있다.[237]

르페브르는 고대 그리스의 **폴리스**와, 로마의 **키비타스***civitas*, 국가 및 **레스 푸블리카***res publica*, 공화정 개념 간의, 또 관련 개념인 **임페리움***Imperium*, 제국과 **도미니움***Dominium*, 지배 간의 이행과 관련해서 일부 중요한 실마리를 마련해 준다. 중세 땐 **레스푸블리카 크리스티아나**Respublica Christiana, 기독교 공화국에 반대해서 군주국에 대해선 **레그눔**Regnum, 왕권이라는 말이, 도시국가에 대해선 **키비타스**가 사용됐다. 당시 영토적 연계는 상당히 약했다. 주권이 복수적이고 중첩적이었기 때문이다. 마키아벨리의 작업 곧 르네상스 도시국가의 맥락에서 우리는 **프렝시포테***principauté*, 공국(公國) 개념을 발견하고, 보댕Jean Bodin은 **레스 푸블리카**의 개념을 재도입한다. 보댕의 작업 이후 주권은 국가의 특질이 되고 국가를 그 밖의 모든 결사 이를테면 가족과 회사처럼 계약적이거나 자연적인 것과 구분 짓는다. 주권은 영토에 대해 행사되기 때문이다. 이 영토는 — 그 영토를 구성하는 신민과 함께 — 주권의 중심이다. 이는 어쩌면 홉스의 **커먼웰스***commonwealth* 관련 작업에서 가장 충분히 전개될지도 모르겠다. **커먼웰스**는 국가적인 것the national으로 알려지곤 했으나, 중요해 보이는 것, 하지만 대체로 경시된 것은 바로 영토적 측면이다.[238] 전쟁 또 강력한 국내 시장의 공고화 같은 다양한 과정을 통해 도시는 함께 결합하고, 도시적 관계는 한층 더 큰 전체*(ensembles)*로 통합된다. 그것은 이른바 자연적 경계로써 영토적으로 규정되어 "국가"로 불리게 된다.[239] 이 과정에 갈등이 없는 것은 아니다 — 사실 그것은 도시 부르주아지와 시골 및 영토적 봉지*(fiefs territoriaux)*에 기반을 둔 봉건 영주 간의 계급 갈등이다.[240] 자본주의 내의 결정적 발전은 바로 도시와 농촌이 함께 국가적인 것 — 달리 말해서 전 영토 — 으로 통합되는 것이다.[241]

영토에 대한 광범위한 문제와 더불어 국가와 공간 간의 관계 또한 얼마간의 다른 층위 위에서 작동한다. 국가관리는 피레네산맥 같은 지방의 개발로 이어지고 대도시 공간으로 바뀐다. 국가자본주의는 일종의 중심 곧 "의사결정·부·정보·공간 조직의 중심"으로서 도시를 필요로 하기 때문이다.[242] 자본주의의 요구는 최고로 중요하다. 통신망과 — 강·해상·육상 — 교통망은 교환의 순환을 가능케 한다. 순환과 공간적 연결은 산업 생산품의 분배를 위한 공간망의 발전으로 이어진다.[243] 따라서 국가와 경제의 성장은 일부 거대한 산업국가가 철로와 역을 통해 실현한 19세기의 공간 변형과 연결된다. 낡은 도시는 그 새로운 망의 일부가 됐거나 쇠퇴하게 된다. 공항과 고속도로를 건설하고 중공업의 입지나 재입지를 전략적 장소나 편리한 교통 요충지 근처로 결정하는 것은 공간의 재조직, 공간의 국가적 조직과 관련한 모든 것이다. 중앙집권적 국가권력에 관리 당하는, 공간의 정치적 생산인 것이다.[244]

그렇기에 우리는 사업망과 정보망의 추상공간뿐 아니라 자본회전·교역로·생산라인·도시·건물·관광지도와 관련한 구체공간 모두를 생각해 봐야 한다.[245] 영국이 해양공간을 지배하고 또 그리함으로써 세계시장을 지배했지만, 사태는 이 범위 훨씬 더 너머까지 벌어져 버렸다.[246]

> 자본주의는 전 공간을 장악한다. 그 공간을 그것의 사용에 대해 전유하지 않은 채 자본주의는 교환을 위해 그것을 지배하고 그것을 변경한다. 자본주의는 그것의 공간, 지배의 공간을 생산한다. 결정 · 부 · 지식과 정보의 중심 주위로.[247]

르페브르는 국가가 세 가지 유형의 입안planning에 관여한다고 말한다 — 물품출납, 재무회계, 공간계획. 이 중 마지막에는 규약의 통일, 건설·건축을 위한 법령 및 제도, **어바니즘**, 영토 개발이 포함된다 — 이것들은 다함께 일종의 공간을 제정한다. 르페브르는 프랑스식의 [공간] 조직을 활용하면서 동질적·물류적·시각-기하학적·수량적 공간이 건설, 조직되는 방식에 주목한다. 하지만 이것이 단순히 수동적 과정이기만 한 것은 아니다. 이런 방식으로 개발된 공간이 경제와 입안에서 일종의 조직적 기능을 맡기 때문이다.[248] 따라서 공간은 — 물질력으로써 구체화될 터이기에 — 수동적인 뭔가가 아니라 그 물질력의 실제 작동에 대한 조건이 된다. 영토는 이러한 개발을 위한 물리적 실현 매체이며, 국가적인 것의 영토는 행성적 공간 및 자연의 공간과 구분된다.[249] 공간적인 것에는 고장의 이웃사촌에서 교환·유통·네트워크·순환의 중개에 이르는 또 지방이나 나라의 더 큰 규모에 이르는 다양한 층위가 있다. 이 각각에는 그것과 관련한 특정 형식의 **오토제스티옹**이 있으며, 마찬가지로 직접민주주의나 **오토제스티옹**에는 사회적 조건 및 공간적 규모와 관련하면서 그 규모에 적용되고 있는 지식이 필요하다.[250]

그러므로 국가와 공간 사이에서 작동 중인 권력관계를 이해하는 것은 필수적이다.

> 재생산(생산관계의, 단지 생산수단의 재생산만 일컫는 것은 아니다)은 단순히 **사회 전체**뿐 아니라 **공간 전체**에도 자리 잡고 있다. 공간 곧 신자본주의에 점유 당하고, 구획되고, 동질성으로 환원됐지만 동시에 파편화된 그 공간은 … 권좌가 된다.[251]

게다가 르페브르는 이렇게 말한다. 권력이 경찰봉뿐 아니라 일상생활의 담론에도 있긴 하지만 그것은 마치 셰익스피어의 비극 한 편과 같은 것이다. 왜냐하면 "권력은 더 공고해지면 질수록 점점 더 두려운 것이 되기" 때문이다.[252] 우리는 이것의 극단적 형태를 특정 장소에서 볼 수 있다. "권력이 자신을 접근 가능하고 가시적인 것으로 만드는 그 장소 — 경찰서·병영·행정 건물 — 는 불안으로 질척거리기" 때문이다.[253] 이 건물들의 건축은 이런 관점에서 — "그것은 의미를 은폐하려 하지만 오직 그것을 선포하는 데 성공할 뿐이다. 다시 말해서 이것들은 공식적 권력의 장소, 권력이 집중된 장소, 권력이 자신을 반영하며 위에서 굽어보는 장소다 — 조명될 수 있기에 투명하다. 남근적인 것은 정치적인 것과 동맹을 맺는다. 수직성은 권력을 상징한다. 투명한 공간, 금속과 유리로 구축된 공간은 권력을 향한 의지의 모략을 말해 준다."[254] 그러나 이 장소들이 권력의 유일한 현장이라고 생각하는 것에는 오해의 소지가 있을 것이다.

> 권력, 의존과 착취 관계를 유지하는 그 권력은 전략적 층위에서 규정된 '전선'을 고수하는가? 아니다. 권력의 '전선'은 지도의 경계나 지면의 참호선 같지 않다. 권력은 어디에나 있다. 그것은 존재에 할당된 채 편재한다. 그것은 **공간 속** 어디에든 있다 … 사회적 관계는 제약 속에서 뒤얽힌 채로 남아 있다. 그리고 반란 · 대치 · 혁명의 경우 외에 사회적 공간은 권력의 공간으로 남아 있다.[255]

이는 비슷한 때에 푸코가 건물과 공간의 권력에 대해 수행한 분석과 상당히 비슷해 보인다. 그러나 정확히 국가와 관련한 문제 때문에 『국가』에는 푸코의 작업에 대한 흥미롭고 강력한 비판이 담겨 있다. 그것은 르페브르의 목적을 조명한다는 측면에서도, 또 그것이 이 두 사상가 간의 비교 및 대조와 관련한 몇 가지 논점을 보여준다는 이유에서도 유용하다. 르페브르는 이렇게 말한다. "마르크스와 니체식 비판으로 활기를 되찾은 현행 철학이 실증적 역사성을 비판적 역사로 변형함으로써 역사 그 자체를 갱신하려고 한다. 이러한 접근에서 가장 걸출한 작업에는 미셸 푸코의 서명이 실려 있다."[256] 『고전주의 시대의 광기의 역사』*Histoire de la folie à l'âge classique*와 『감시와 처벌』*Discipline and Punish*에 제시된 푸코의 테제는 프랑스 내 감금의 중요성과 관련한다. 르페브르는 전자, 『광기와 문명』*Madness and Civilization*이라는 영어 편집본에서 알려진 그 작업에 초점을 맞춘다.[257] 르페브르는 푸코가 일종의 철학적 기획, 곧 서구 **로고스**에 대한 또 그것이 고전주의 및 인간주의 내에서 초래한 역사적 결과에 대한 맹비난을 뒷받침하는 데 사료를 사용한다고 본다. 르페브르는 그것이 "강력한 책"이라고 말한다.[258]

푸코는 비정상인이거나 비정상으로 보이는 사람들이 얼마나 힘들게 처리되는지를 보여주는 데 성공한다. 그는 고전적 이성이 한편으로는 정상인과 규범을, 다른 한편으로는 비정상인과 비정상을 어떻게 구분하는지를 보여준다.[259] 르페브르가 인정하는 것처럼 "이 주제는 급격한 성공을 거두었다". 철학은 사변적 활동의 일부 지반을 재차 강화했고, "우리가 사는 사회, 게토로 이뤄진 이 사회는 감금을 일반화했기 때문이다".[260]

> 그러나 이 주제는 분석의 핵심에 도달하지 않는다. 그것은 일부 현상만 언급할 뿐 그 안에 은폐된 것은 발견하지 않는다 … 미셸 푸코는 현재적 경험과 국가적 억압에서 역사적 과거의 한 단편을 회고적으로 조명했다. 귀중한 일보다. 만일 우리가 거기서 멈추지 않는다면 말이다. 서구 자본주의 형성의 특질은 감금이 아니라 **인민을 노동으로 밀어 넣는** 것이다.[261]

르페브르가 보기에 가장 중대한 분석대상은 다름 아닌 노동자의 생산이다. 그 이유는 푸코가 국가, 국가가 이성의 편에서 작동하는 방식, 이성이 어떻게 해서 **국가이성**raison d'Etat이 되는지에 대한 분석을 소홀히 하기 때문이다. 이런 방식으로 국가를 연구하는 것이 감금에 대한 분석을 포함할 순 있을 것이다.[262] 하지만 비록 이 분석이 중대하더라도 그것은 더 큰 그림의 작은 요소에 지나지 않는다. 누가 정상이고 비정상인지를 결정하는 것, 공동의 삶을 그것 고유의 법으로 대체하는 것, 일부 사람들을 그 법 바깥으로 내모는 것은 다름 아닌 국가다. 푸코의 작업에 있는 흠은 일종의 **데우스 엑스 마키나**deus ex machina 곧 숨은 신이 있다는 것인데, 정작 푸코 자신은 국가의 역할을 인정하지 않는다.[263] 르페브르가 다른 데서 언급하는 것처럼 그것(그 숨은 신)이 이성이라는 것, 국가가 아니라는 것은 철학자의 착각이다. 비록 그가 푸코의 그 책에 감복하긴 해도 그것은 그 결과, 관점과 평가의 오류로 — 날조가 아니라 착각으로 — 고통 받는다.[264]

르페브르는 이 비판을 더 일반적으로 확장해서 변두리-주변부 집단에 대한 당대의 집중이 "중심과 중심성, 한 마디로 전 지구적인 것을 소홀히 한다"고 말하려고 한다. 이 집단들은 아주 사소하지만 성가신 방식으로 움직이며 이렇게 말한다. "즐기며 지내라! 일하지 마라! 우리는 모두 비행자非行者, 성적 강박을 가진, 정신 분열증 환자다!"[265] 이로써 르페브르가 푸코만큼이나 들뢰즈·가타리와 상황주의자를 자신의 시야에 두고 있다는 것이 분명해진다.[266] 단지 격리된 자와 격리를 검토하는 것 대신 우리는 중심부와 현시대 사회 내의 편입을 검토해야 한다. 르페브르의 고집스런 주장은 바로 이것을 보여준다. "모든 집단을 공간적·정신적·사회적 주변부로 추방하는 것"은 통합에 대한 분석과 병행돼야 한다.[267]

> 이미 정치적으로 됐기 때문에 사회적 공간은 한편으로는 정치적 중심성 속에서 중앙집권화되어 고정되고, 다른 한편으로는 공간화되어 분할된다. 국가는 의사결정의 여러 중심을 결정하고 응결시킨다. 동시에 공간은 그 중심들과 맺는 관계 속에서 위계화된 주변부로 분배된다. 원자화되는 것이다. 식민화가 일반적으로 되고, 그것은 마치 산업적 생산과 소비가 이

전에 국지화한 것과 같다. 그 중심들 주변에는 신민화된, 착취당하고 의존적인 공간들 말고는 아무것도 없다. 바로 신식민적 공간들인 것이다.?68

4장에서 논의한 것처럼 우리는 중심부-주변부 문제와 신식민화 개념을 특별히 르페브르가 신도시 건설과 자원 착취를 동반한 피레네산맥의 상황을 읽는 것에서 볼 수 있다.

공간의 모순 가운데, '환경' · 자원고갈 · 자연파괴 따위와 관련해서 최근 떠오른 여러 문제와 개념은 절반의 얘기밖에 해 주지 않는다. 그것들은 단지 파편적으로 드러나는 것에 지나지 않기 때문에 전 지구적 문제, 공간 전체의 문제, 공간의 생산과 관리를 은폐한다.

'중심부-주변부' 관계가 중요하긴 하지만 그것은 유일한 접속관계도 필수불가결한 접속관계도 아니다. 그 관계는 더 깊은 갈등 관계, 곧 한편으로는 공간의 **파편화**(먼저 **실제적**으로는 공간이 사고 팔리는, 부지와 구획으로 잘게 나뉜 상품이 돼버렸기 때문, 아울러 **이론적**으로는 과학적 전문화로써 분할되기 때문), 그리고 다른 한편으로는 생산력의, 또 행성적이고 심지어는 간행성적 규모에서 공간을 생산하는 과학적 지식의 전 지구적 역량 간의 관계에 종속된다.

이렇듯 변증법적으로 관계를 맺은[*dialecticised*] **갈등 공간은 생산관계의 재생산이 성취되는 곳이다. 재생산을 생산하는 곳은 바로 이 공간이다. 그 공간에 그곳의 다중적 모순을 도입함으로써, 그 모순이 역사적 시간에서 비롯했는지의 여부와는 상관없이**.?69

이 놀라운 대목에서 르페브르는 그의 작업에 있는 실 몇 가닥을 한데 모은다. 공간의 생산이라는 잘 알려진 그 개념은 역사적·시간적 분석으로써 균형이 잡히고, 정치 및 정치경제적 주제로 가득하고, 공간생산의 이론적·실제적 예시 둘 다에서 변증법적으로 분석되고, 세계적 규모의 여러 쟁점과 연결된다. 그처럼 공간생산의 개념은 자본주의 및 국가 관련 작업은 어떻게 해서 르페브르의 작업을 관통하는 여러 반복적 주제와 관계를 맺는지, 이 책 끝의 실제적 분석은 또 어떻게 해서 그것의 재작업·재균형·재사유라는 부단한 목표를 담고 있는 이론적 제언으로 우리를 되돌려 보내는지의 강력한 예시다.

정치, 정치적인 것, 가능한 것

오늘날 중요한 구별 하나가 "정치"*(la politique, die Politik)* — 구체적 정책 입안·결정·행위 — 와 "정치적"인 것*(le politique, das Politische)* — "정치"가 발생하는 준거의 틀 — 사이에서 곧잘 이뤄지곤 한다.[270] 르페브르가 *le (la) politique*정치적인 것과 정치를 구별할 때 그것은 그가 짓곤 했던 논리적인 것과 논리 — *le (la) logique* — 또 변증법적인 것과 변증법 — *le (la) dialetique* — 의 구별과 짝을 이룬다.[271] 르페브르는 *le politique*와 *la politique* 간의 구별이 정치적인 것에 대한 사유와 정치행위의 구별을 가능케 해준다고 본다. 이는 구별이지 분리는 아니다. 구별이지 분할은 아닌 것이다. 정치 사상가와 정치사상이 한쪽에, 정치적 인간과 정치행위가 다른 한쪽에 있다.[272] 그가 호감을 갖고 있는 여러 사상가와 함께 그는 그 구별로써 그들의 사상을 여러 정치적 목적으로 전환할 수 있게 되는데, 그것들은 그 사상가들이 지지하고 착수하거나 영향을 끼쳤던 정치적 목적(헤겔에게는 프로이센 정부, 마르크스에게는 스탈린주의, 니체와 하이데거에게는 히틀러와 나치즘) 이외의 것이었다.[273] 한때 르페브르는 예수의 가르침이 토르케마다Torquemada와 다른 것만큼이나 마르크스의 작업 또한 쿨라크와는 다르다고 말한다.[274] 마찬가지로 에두아르트 바움가르텐Eduard Baumgarten의 회고에도 주의를 기울일 만하다. 그는 이렇게 말한다. 한때 "하이데거는 마르크스주의와 관련한 글을 한 무더기 쌓아 놓고 찬찬히 작업하고 있었다. 그래서 그는 **독일철학자***der deutsche Philosoph*를 지배할 위치에 있게 될 터였다. 뒤이은 정치투쟁에서 누가 이겼는지와는 상관없이".[275] 이는 그들의 사상과 행위의 구별이지 단절은 아니다. 그 구별로써 그들의 행위 또는 그들의 사상에 영향 받았다고 추정되는 이들의 행위에 견주어 그들의 사상을 전유하는 수단이 허용되는 것이다. 실례로 스탈린에 대한 비판이 어떤 것인지를 보려면 『변증법적 유물론』을 — 이 비판은 『국가』에서도 이어진다 — 또 나치즘에 대한 초기의 비판에 대해서는 『신비화된 의식』, 『민족에 대립하는 민족주의』, 『권력으로 향하는 히틀러』를 읽는 것이다.[276]

르페브르는 정치와 정치적인 것의 구별이 사라지는 경향이 있다고 말한다. 대부분 사람의 눈과 여론에서 정치적인 것이 정치에 흡수되기 때문이다. "**정치적**인 것을 회복하는 일은 거대한 기획의 한 **순간**이다. 이룩하긴 힘들다."[277] 정치적인 것과 관련한 이론의 부족은 정치가가 하는 행위와 선택이 우발적이고 단기적임을 뜻한다. 전략이 부족할 것이다. 전략이야말로 행위와 개별 전술에 일반화된 맥락을 부여하고 이론을 제공하는 것이다. 비록 이것이 표현되진 않는다 하더라도 말이다. 이것이 국가의 인간에게는 우려가 아닐지 몰라도 장기적으로 볼 때 그 상황은 문제를 초래하기만 할 수도 있다.[278]

르페브르가 형식적으로 정치적·철학적이었던 때는 1920년대와 30년대다. 그는 자신의 1920년대 작업은 고려할 만한 가치가 없다고 보고, 얼마간의 시간이 흐른 뒤가 돼서야 비로소 성숙한 관점에 도달했음을 깨닫는다. 이 시기에 핵심 텍스트 둘 — 하이데거의 『존재와 시간』과 마르크스의 『수고』 — 이 등장한다. 르페브르는 후자가 하이데거의 작업과 경쟁하기도 하고 대립하기도 하면서 출간된 방식을 거리낌 없이 말한다.[279] 이는 르페브르의 정치적·철학적 관점이 형성되는 것을 이해하는 데 상당히 중요하다. 그의 작업은 마르크스주의로 기울었을 수도 있고, 다른 사상가에게 빚도 졌고, 확실히 심오한 독창성으로 넘쳐나기도 한다. 하지만 하이데거의 역할이 잊혀선 안 된다. 만일 르페브르의 정치가 마르크스식이라면 정치적인 것에 대한 그의 관점은 마르크스와 하이데거 둘 다에 가깝다. 내가 말한 것처럼 이는 헤겔에 대한 마르크스 자신의 전유와 다르지 않다. 하이데거는 자신의 추상화와 신비화 때문에 물질적 현실에 뿌리를 내리고 기반을 둔 채 자신의 두 발로 변함없이 서 있어야 한다. 이와 관련한 주장 하나가 르페브르가 니체에 가진 관심에 대해서 제기될 수 있다.

이 책은 니체와 하이데거가 어떻게 해서 헤겔과 마르크스 곁에 있는 르페브르에게 중요한지를 제시했다. 르페브르의 폭넓은 관심사가 그의 마르크스주의라는 맥락에선 어떻게 이해돼야 하고, 더 일반적으로 그가 철학과 벌인 적극적인 교전의 맥락에선 또 어떻게 이해돼야 하는지를 예증하려고도 했다. 르페브르가 고전과 당대의 이론에 해박했기 때문에 그의 글 또한 다양한 정치적·사회적 맥락에 자리 잡아야 한다. 이 맥락들을 분석의 시발점으로 활용하려는 시도에 더해 이 책은 축제와 혁명 개념은 어떻게 해서 그의 일상생활 관련 작업에 결정적이 되는지, 그의 도시 관련 글은 어떻게 해서 농촌공동체에 대한 관심사에서 발전하는지, 공간생산의 개념은 또 어떻게 해서 이러한 농촌사회 및 도시사회 관련 작업, 미학적 재현에 대한 관심, 시간 및 역사에 대한 논의에서 출현하는지를 제시했다. 이 마지막 장에선 이 주제 대부분이 확실히 정치적인 방식으로 되돌아온다. 이렇게 해서 이 책은 르페브르의 다양한 관심사가 그의 작업에 대한 연대기적 구분과 지나치게 단순화된 분과 학문적 구분 이 둘 모두를 어떻게 연결하고 교란하는지를 예증한다.

르페브르의 작업이 마르크스주의의 체계를 넘어서는 활용에 잠재적으로 개방돼 있긴 하다. 하지만 그의 작업을 이렇게 활용하려는 시도에 앞서 이런 맥락과 그가 있던 그 밖의 여러 맥락에 대한 이해는 반드시 선행돼야 하는 것 같다. 르페브르에 대한 최근의 전유 대부분은 언뜻 보기에 이 간단한 명제를 소홀히 하는 듯하다. 르페브르는 헤겔·니체·마르크스를 새롭고 진보적인 방식으로 활용할 수 있었다. 이에 대한 정확한 이유는 그가 정치와 사상이 그들의 작업에서 서로 얽혀 있는 방식을 이해했기 때문이다. 사상가에 대한 무비판적 전유에 깃들어 있는 위험은 그이의 철학적 복잡함이 부인되고 그이의 정치적 칼날이 무뎌지는 것 — 또는 어쩌면 더 위험한 것은 그이의 작업에 있는 정치적 쟁점이 전적으로 무시되는 것 — 이다. 이 책은 르페브르에게서 비롯하는 모든 문제를 다 풀어내지 않았으며 그를 완전히 일관되게 만들려고 하지도 않았다. 이 책은 그의 작업을 넓은 각도에서 보려 했을 뿐더러 선별적인 특정 사항에도 초점을 맞췄다. 이 책은 그의 작업에서 결정적으로 중요한 부분 곧 현재 손에 넣을 수 있는 이차 문헌 대부분에서 가볍게 여겨져 왔던 그 부분에 대해선 강조하려 했지만, 어쩌면 그의 작업에서 잘 알려진 부분에 대해선 기대만큼 집중하지 않았을 수도 있다.

르페브르는 고집스럽게 주장한다. 진보적 사상은 일종의 개방하기, 기회를 가능하게 만들기라고. 꼭 르페브르가 마르크스를 [가능한 것의 사상가로] 기술하는 것처럼 르페브르는 가능한 것의 사상가다.[280] 우리는 이를 그의 작업 속 여러 곳에서 발견한다 ― 새로운 낭만주의에 대한 그의 요구는 정확히 이런 까닭에서 비롯하며 이와 비슷하게 **오토제스티옹** 개념은 미래의 약속, 새로운 잠재력을 제안한다. 우리는 그것을 다른 어디보다도 그가 마르크스의 접근을 활용한 곳, 다시 말해서 작동 중인 변증법에서 발견한다. 그 변증법은 그가 역진적-전진적 분석 방법으로 요약하는 것이기도 하다. 그는 이렇게 주장한다. 잇따른 역진적-전진적 단계로써 우리는 가능한 것을 탐험할 수 있다.[281] 달리 말해 그것은 먼저 역진적이다. 현재적 가능성의 조건에 대한 역사적 분석으로서 과거를 이해하기 위해서는 현재를, 현재를 이해하기 위해서는 과거를 활용하기 때문이다. 그리고 그것은 혁명적이고 전진적인 분석이기도 하다. 우리를 미래로, 가능한 것으로 개방시키기 때문이다.

가능성의 조건에 대한 탐구에서 그는 표면적으로는 칸트식으로 보이는 기획에 관여하지만, 하이데거와 마르크스의 작업 둘 다에서 그런 것처럼 그 기획은 역사적인 것으로 만들어진다.[282] 자본주의와 관련해서 르페브르는 그것이 어떻게 존속해서 그것의 모순은 또 어떻게 극복할 수 있었는가를 물으면서 자본주의에 있는 가능성의 조건이 정태적이지 않음에 주목한다.[283] 마찬가지로 르페브르는 파시즘은 어떻게 가능한지, 도시는 어떻게 농촌에서 출현했는지, 국가는 어떻게 세계적 규모에서 기능하는지, 일상생활은 어떻게 식민화돼 왔는지를 묻고, 그 밖의 탐구도 많이 진행한다. 이 탐구들에서 잠재적 극복이 발생한다. 자본주의 내의 모순은 그것이 전 세계적 층위로 이행하는 것을 가능케 하지만, 저 밑바닥에서 올라오는 "위기"의 순간들을 초래하여 사회 변혁과 혁명을 가능케 하기도 한다.[284] 르페브르의 말처럼 이것이 비롯하는 헤겔-마르크스의 풍요로운 전통에 더해, 자신이 가능한 것-불가능한 것이란 혁명적 이론을 끌어내어 손에 넣은 곳은 특별히 니체에게서였다.[285] 과거에 뿌리를 내리고 있는 것은 "과거에 객관적으로 내포돼 있는 가능성의 실현"을 통해 현재적으로 된다.[286] 그저 세계를 바꾸려고 애쓰기만 하는 것보다 우리는 혁명적 사상이 어떻게

가능한 것으로 만들어지는지를 따져 봐야 한다.[287] 르페브르의 말처럼 "오늘의 유토피아는 내일의 가능한 것이다".[288]

이 책의 목적은 르페브르가 마르크스와 관련해서 지은 많은 책 중 한 권에 써 놓은 개요로 편리하게 정리된다. "누군가는 직접 마르크스를 — 분명히 — 읽어야 한다! 이 작은 책에 마르크스주의에 대한 완벽한 이해를 제공하고 마르크스의 작업에 대한 독해를 대체하려는 목표는 없다."[289] 이 책은 독자를 위한 것이며 지시가 아니라 도구다. 만약 그 도구가 르페브르의 관심사에 있는 광범위함과 잠재적으로 다채로운 적용 가능성을 르페브르가 집필할 당시의 맥락 바깥에서 예증하도록 돕는다면 그것의 목적에 대한 봉사는 완료될 것이다. 이 책은 논의를 차단하거나 종결하려는 것이 아니라 입문서로 마련된 것이다. 이 입문서라는 말에 있는 최선의 의미에서 — 화제話題에서 문제틀로, 한 사상가의 작업에 대한 이해로, 가능한 것에 대한 개방으로, 자연스럽게 옮겨간다는 의미에서.

| 주 |

1 J. G. Merquior, *Western Marxism*, London: Paladin, 1986, p. 145.

2 *La somme et le reste*, Paris: Méridiens Klincksieck, 3rd edition, 1989 (1959), p. 394.

3 *Le temps des méprises*, Paris: Stock, 1975, p. 10.

4 *La somme et le reste*, pp. 183-202; *Sociologie de Marx*, Paris: PUF, 1966, pp. 104-62; *The Sociology of Marx*, translated by Norbert Guterman, Harmondsworth: Penguin, 1968, pp. 123-85. *Le marxisme*, Paris: PUF, 1948, p. 100; 'Les rapports de la philosophic et de la politique dans les premières oeuvres de Marx (1842-1843)', *Revue de métaphysique et de morale* 63(2-3), April-September 1958, pp. 299-324; *Problèmes actuels du marxisme*, Paris: PUF, 2nd edition, 1960 (1958), pp. 30-5, 77-83을 볼 것.

5 *De l'État*, Paris: UGE, 4 volumes, 1976-8, II, p. 255 n. 1.

6 이와 관련해서는 Rèmi Hess, 'La place d'Henri Lefebvre dans le collège invisible, d'une critique des superstructures à l'analyse institutionnelle', in *La survie du capitalisme: La re-production des rapports de production*, Paris: Anthropos, 3rd edition, 2002 (1973), p. 199를 볼 것.

7 초기 연구로는 'La crise du capitalisme français: Essai de definition du problème', *La pensée* 17, March-April 1948, pp. 39-50을 볼 것. 50쪽의 편집자 주에 따르면, 이는 『자본주의의 미래』*L'avenir du capitalisme*라는 제목이 붙은 추후 연구의 소개이자 요약이지만 결코 발간되지 않았다.

8 *L'inuption de Nanterre au sommet*, Paris: Éditions Syllepse, 2nd edition, 1998 (1968), p. 4; *The Explosion: Marxism and the French Upheaval*, translated by Alfred Ehrenfeld, New York: Modern Reader, 1969, p. 8.

9 *L'irruption de Nanterre au sommet*, p. 11; *The Explosion*, p. 15. 르페브르는 유네스코의 한 컨퍼런스가 '마르크스적 사유를 완전히 아카데미즘 속에 익사시키'려 애썼다고 주장한다. 마르쿠제가 기조 연설자였다. *L'irruption de Nanterre au sommet*, p. 19; *The Explosion*, p. 24.

10 *L'irruption de Nanterre au sommet*, p. 17; *The Explosion*, p. 23.

11 *L'irruption de Nanterre au sommet*, p. 10; *The Explosion*, p. 15.

12 Ralph Miliband, *The State in Capitalist Society*, London: Quartet, 1969, p. 7.

13 Letter from Marx to Ferdinand Lassalle, 22 February 1858; letter from Marx to Engels, 2 April 1858, in Karl Marx and Frederick Engels, *Collected Works* 40, London: Lawrence & Wishart, 1983, pp. 270, 298. 르페브르는 이 서한들을 다음에서 인용하고 있다 — *De l'État* II, pp. 212-3. 아울러 Karl Marx, 'Preface (to *A Contribution to the Critique of Political Economy*)', in *Early Writings*, translated by Rodney Livingstone and Gregor Benton, Harmondsworth: Penguin, 1975, p. 424를 볼 것. <옮긴이> 칼 마르크스, 「마르크스가 뒤셀도르프에 있는 페르디난트 라살레에게」(1858년 2월 22일), 『자본론에 관한 서한집』, 한네스 스캄브락스 엮음, 김호균 옮김, 서울: 중원문화, 2008, 100쪽. 「마르크스가 맨체스터에 있는 엥겔스에게」, 같은 책 103쪽. 칼 맑스, 「맑스가 맨체스터의 엥겔스에게」(1858년 4월 2일), 박기순 옮김, 『칼 맑스·프리드리히 엥겔스 저작 선집』 제2권, 고양: 박종철출판사, 1992, 518쪽, 칼 맑스, 「정치경제학의 비판을 위하여 — 서문」, 최인호 옮김, 『칼 맑스·프리드리히 엥겔스 저작 선집』, 고양: 박종철출판사, 1992, 474쪽.

14 Karl Marx, *Capital: A Critique of Political Economy* I, translated by Ben Fowkes, Harmondsworth: Penguin, 1976; *Capital: A Critique of Political Economy* II, translated by David Fernbach, Harmondsworth: Penguin, 1978; *Capital: A Critique of Political Economy* III, translated by David Fernbach, Harmondsworth: Penguin, 1981; *Theories of Surplus Value*, London: Lawrence & Wishart, 3 volumes, 1967-72. 그 변화들과 관련한 주해로는 Ernest Mandel, 'Introduction', in Marx, *Capital* I, pp. 11-86을 볼 것.

15 Karl Marx, *Grundrisse: Foundations of the Critique of Political Economy* (Rough Draft), translated by Martin Nicolaus, Harmondsworth: Penguin, 1973. For a discussion, see Roman Rosdolsky, *The Making of Marx's 'Capital'*, translated by Peter Burgess, London: Pluto, 1977.

16 Marx, 'Preface', p. 425. <옮긴이> 「정치경제학의 비판을 위하여 — 서문」, 477-8쪽; 칼 마르크스. 「서문」, 『정치경제학 비판을 위하여』, 김호균 옮김, 서울: 중원문화, 1988, 6-7쪽.

17 Mark Neocleous, *Administering Civil Society: Toward a Theory of State Power*, London: Macmillan, 1996, p. 16.

18 *De l'État* III, p. 255.

19 *Pour connaître la pensée de Karl Marx*, Paris: Bordas, 1947, p. 187.

20 *De l'État* IV, p. 17.

21 *La pensée marxiste et la ville*, Paris: Casterman, 1972, p. 70.

22 Neocleous, *Administering Civil Society*, p. 17.

23 *De l'État* III, p. 134.

24 *De l'État* II, p. 212; *Hegel, Marx, Nietzsche ou le royaume des ombres,* Paris: Casterman, 1975, p. 105. 이때 르페브르는 자신의 작업이 소외와 국가라는 두 가지 실마리 주변에 이리저리 흩어져 있는, 마르크스가 해 놓은 작업의 통일성을 복원하려 한다고 주장한다. *Le temps des méprises*, p. 192를 볼 것.

25 *Sociologie de Marx*, p. 20; *The Sociology of Marx*, p. 26.

26 *Sociologie de Marx*, p. 104; *The Sociology of Marx*, p. 123.

27 Miliband, *The State in Capitalist Society*, p. 8. 같은 지적이 밀리반드의 책에 대한 풀란차스의 서평에서 이뤄진다. 'The problem of the capitalist state', *New Left Review* 58, November-December 1969, pp. 67-78, p. 67. 자신의 후기 저서인 다음의 책에서 밀리반드는 왜 "말하자면 지난 50년 동안 더 많은 것이 우리 시대의 가장 중요한 경험 일부에 대한 마르크스주의적 정치이론화와 마르크스 정치이론 일반을 거쳐, 고전적 마르크스주의가 제공하는 기초 위에 구축되지 않았어야 하느냐'고 질문한다. 적어도 그 답의 일부가 스탈린에게 책임이 있다고 그는 시사한다 — *Marxism and Politics*, Oxford: Oxford University Press, 1977, p. 3.

28 *De l'État* IV, p. 325.

29 또한 *Le temps des méprises*, p. 213을 볼 것.

30 이후의 몇 쪽은 서론의 개관에 단단히 기초하고 있다 — *De l'État* I, pp. x-xlix. 이 서론은 또한 한 해 전에 다음과 같아 따로 출간됐다 — 'L'État dans le monde moderne', *L'homme et la société* 37-8, 1975, pp. 3-23.

31 *De l'État* I, p. 39를 볼 것. 르페브르는 다음을 참조한다 — J.-C. Lambert, *Opus International* 50.

32 이는 분석에서 등한시된 부분이다 — 이와 관련한 다양한 논의는 *De l'État* II, pp. 8, 139-40, 155; III, p.

58을 볼 것. <옮긴이> 'nation'을 지금까진 주로 '민족'으로 옮겨 왔다면 지금부턴 주로 국민으로 옮기고 필요한 경우 '민족'으로 옮기기로 한다. '정치와 국가' 라는 이 장 전체의 맥락에 더 부합하기 때문이다.

33 한층 더 자세한 — 하지만 전반적으로 칭찬으로 이뤄져 있는 — 분석으로는 Perry Anderson, *Passages from Antiquity to Feudalism*, London: NLB, 1974; and *Lineages of the Absolutist State*, London: NLB, 1974를 볼 것.

34 *De l'État* II, p.29.

35 *De l'État* II, pp. 230-1.

36 *De l'Etat* II, p. 62, 또한 II, p. 222를 볼 것.

37 *De l'État* III, p. 62.

38 *De l'État* III, p. 184.

39 *De l'État* II, p. 28. 국가 관련 작업에서 이 방법을 사용하는 것과 관련해서는 Patrick Dieuaide and Ramine Motamed-Nejad, 'Méthodologie et hétérodoxie en économic: retours sur Henri Lefebvre', *Espaces et sociétés* 76, 1994, pp. 69-98을 볼 것.

40 *De l'État* II, p. 74. 전자와 관련해서는 *Une pensée devenue monde: Faut-il abandonner Marx?* Paris: Fayard, 1980, pp. 186-7을 볼 것.

41 푸리에와 관련해서는 다음의 서론 또한 볼 것 — *Actualité de Fourier: Collogue d'Arcs-et-Senans sous la direction de Henri Lefebvre*, Paris: Anthropos, 1975.

42 *De l'État* II, p. 118.

43 현대의 이데올로기적-과학적 전문용어로서 '해체'에 대한 비판은 *De l'État* II, p. 341을 볼 것.

44 *De l'État* II, p. 118.

45 *De l'État* II, p. 157.

46 *De l'État* II, p. 162. <옮긴이> 이 책 1장의 주 189의 옮긴이 주 및 관련 본문을 볼 것.

47 *De l'État* II, p. 62. 특별히 헤겔을 포함한 마르크스주의 국가이론의 선구자에 대한 초기 논의는 다음을 볼 것 —'Les sources de la théorie Marxiste-Leniniste de de l'État', *Les cahiers du centre d'études socialistes* 42-3, 1964, pp. 31-48. <옮긴이> '국가의 인간'은 "기존의 제도적 틀을 당연히 여긴 결과 기존 현실을 옹호·예찬하는 '사민주의적 관료 모두'를 일컫는다." 박훈하·전국조, 「문화적 전환과 로컬리티의 문제」, 『로컬리티의 인문학』, 15, 부산대학교 민족문화연구소, 2016, 75쪽, 각주 56 — Lefebvre, 'Problèmes théoriques de l'autogestion', 1966, p. 144; 'Theoretical Problems of Autogestion', translated by Gerald Moore, *et al.*, edited by Neil Brenner & Stuart Elden, *Henri Lefebvre, State, Space, World: Selected Essays*, Minneapolis: University of Minnesota Press, p. 38.

48 *Sociologie de Marx*, p. 21; *The Sociology of Marx*, p. 26.

49 *Sociologie de Marx*, p. 104; *The Sociology of Marx*, p. 123.

50 *De l'État* II, p. 111.

51 *De l'État* II, p. 216.

52 *De l'État* II, pp. 218, 226.

53 *De l'État* II, p. 226.

54 Poulantzas, 'The problem of the capitalist state', p. 70. 자신의 대응인 다음 글에서 밀리반드는 풀란차스의 관점을 "구조적 결정주의 또는 구조적 초결정주의super-determinism"로 기술한다 — 'The capitalist

state: reply to Nicos Poulantzas', *New Left Review* 59, January-February 1970, pp. 53-60, p. 57.

55 내가 알기로 르페브르의 작업에 대해 밀리반드는 결코 인정하지 않고, 니코스 풀란차스는 그 인정을 오직 드물게 할 뿐이다. 일부 — 명시적이기도 하고 암시적이기도 한 — 비판이 *Political Power and Social Classes*, edited by Timothy O'Hagan, London: NLB, 1973 (예컨대 pp. 135 n. 13, 310 n. 4를 볼 것)에 있고, 일부 경의를 표시하는 언급이 *State, Power, Socialism*, translated by Patrick Camiller, London: NLB, 1978, pp. 50, 190, 193의 몇 군데에 있다. 가장 실질적인 언급은 50쪽에 있다 — "여기서 나는 간단히 앙리 르페브르가 상당히 최근에 수행한 국가 관련 작업을 언급할 텐데 그것은 여타 작업보다 내 입장에 더 가깝다." 같은 쪽의 주석에서 풀란차스는 르페브르의 작업에 있는 "가치"를 이야기하면서 그 가치에는 "일부 뛰어난 분석이 포함된다"고 말한다. 결코 일어나지 않은 논쟁에 대한 — 그렇다고 해도 직접적으로는 논의하지 않는 — 일부 시사점과 관련해서는 다음을 볼 것 — Ivan Szelenyi, 'The relative autonomy of the state or State Mode of Production', in Michael Dear and Allen J. Scott (eds), *Urbanization and Urban Planning in Capitalist Society*, London: Methuen, 1981, pp. 565-91.

56 *De l'État* II, p. 163. 다음은 니코스 풀란차스에 대한 참조다 — *Les Classes sociales dans le capitalisme aujourd'hui*, Paris: Éditions de Seuil, 1974, pp. 169ff; *Classes in Contemporary Capitalism*, translated by David Fernbach, London: NLB, 1975, pp. 177ff. 풀란차스에 대한 그 밖의 간략한 참조는 다음에서 볼 수 있다 — *De l'État* III, pp. 14, 247 and IV, p. 334

57 *De l'État* III, p. 229.

58 *De l'État* IV, p. 127.

59 *De l'État* IV, p. 120.

60 *De l'État* I, p. xxi. 아울러 II, pp. 431; IV, p. 124를 볼 것.

61 *De l'État* II, p. 218.

62 *De l'État* II, pp. 65-6.

63 *De l'État* I, p. 82.

64 *De l'État*, p. 422. 또한 II, p. 176; III, p. 120을 볼 것.

65 *De l'État* II, pp. 326-7.

66 *De l'État* II, pp. 258-9.

67 *De l'État* II, p. 270.

68 *Sociologie de Marx*, p. 159; *The Sociology of Marx*, p. 181. *Au-delà du structuralisme*, Paris: Anthropos, 1971, p. 329를 볼 것.

69 *De l'État* II, p. 277. 'Problèmes théoriques de l'*autogestion*', *Autogestion* 1, 1966, pp. 59-70, p. 61을 볼 것.

70 *La fin de l'histoire*, Paris: Les Éditions de Minuit, 1970, p. 116. *Problèmes actuels du marxisme*, p. 116을 볼 것.

71 *De l'État* II, p. 393.

72 *De l'État* I, p. 179. 스탈린주의만큼이나 문제가 될 법한 반스탈린주의와 관련해서는 다음을 볼 것 — *La somme et le reste*, p. 497.

73 *De l'État* II, p. 432.

74 *De l'État* III, p. 240. 다음에서 르페브르는 니체가 국가를 "온갖 냉혹한 괴물 가운데 가장 냉혹한 괴물"로

기술한 것을 떠올린다 — *La fin de l'histoire*, p. 89. 사실 이 부분을 고스란히 인용해 보면 더 적절하기까지 하다. Friedrich Nietzsche, *Thus Spoke Zarathustra*, in *The Portable Nietzsche*, edited and translated by Walter Kaufmann, Harmondsworth: Penguin, 1954, p. 160 — "국가란 온갖 냉혹한 괴물 가운데서 가장 냉혹한 괴물이다. 이 괴물은 냉혹하게 속여 댄다. 그리하여 그의 입에서 '나, 국가가 곧 민족'이라는 거짓말이 스스럼없이 기어 나온다." <옮긴이> 인용은 다음을 따랐다 — 「새로운 우상에 대하여」, 『차라투스트라는 이렇게 말했다』, 80쪽.

75 *De l'État* I, p. 172.

76 자본주의적 생산양식과 관련한 논의는 *La survie du capitalisme*, p. 62; *The Survival of Capitalism*, p. 66을 볼 것. 이에 앞선, 자본주의적 생산양식 관련 논의는 *De l'État* TV, pp. 304-6을 볼 것. Marx, *Capital* I, p. 274, "그러므로 자본은 처음부터 사회적 생산과정의 한 새로운 시대를 선언하고 있는 것이다." 자본주의적 생산양식은 또한 풀란차스의 『정치권력과 사회계급』*Political Power and Social Classes*에서 CMP라는 두자어로 논의되고 있기도 하다. <옮긴이> 자본론 I(상)』, 224쪽.

77 *De l'État* II, p. 396; III, p. 283.

78 *De l'État* II, p. 349. 레닌과 정치에 대해서는 *Pour connaître la pensée de Lénine*, Paris: Bordas, 1957의 5장 또한 볼 것. 분명히 이것이 전적으로 정확하진 않다. 레닌의 최초 개혁은 국가 해체보다는 볼셰비키의 권력 장악을 위해 고안됐다. 그는 일종의 국가자본주의 곧 일종의 계획경제를 추구하고자 했다. 콘퀘스트가 주목하듯이 레닌의 유명한 말, '공산주의는 오직 소비에트의 지배 더하기 온 나라의 전화일 뿐이다'에는 마르크스주의의 내용이 빠져있다. Robert Conquest, *Lenin*, London: Fontana, 1972, p. 97을 볼 것. *Métaphilosophie*, Paris: Éditions Syllepse, 2nd edition, 2001 (1965), p. 282를 볼 것.

79 *Qu'est-ce que penser?* Paris: Publisad, 1985, p. 129.

80 *La somme et le reste*, p. 133.

81 *De l'État* III, p. 292를 볼 것.

82 *De l'État* III, p. 235. Henri Lefebvre and Catherine Régulier, *La révolution n'est plus ce qu'elle était*, Hallier: Éditions Libres, 1978, p. 199를 볼 것.

83 *De l'État* II, p. 416.

84 *De l'État* II, p. 397; III, p. 283.

85 *De l'État* II, p. 396.

86 *De l'État* III, p. 88.

87 *De l'État* II, p. 396.

88 *De l'État* IV, p. 150.

89 이것의 대부분이 위의 1장에서 펼친, 이 개념과 관련한 논의에 영향을 끼쳤다.

90 어떻게 보면 이것들은 마르크스가 『자본론』 II권에서 자본 유통에 대해 분석한 것들의 확장 및 갱신이다.

91 *De l'État* III, p. 157.

92 *De l'État* III, p. 221.

93 이 관점에서 이뤄진 하이데거에 대한 논의는 다음을 볼 것 — Stuart Elden, 'Taking the Measure of the *Beiträge*: Heidegger, National Socialism and the Calculation of the Political', *European Journal of Political Theory* 2(1) January 2003, pp. 35-56.

94 *De l'État* III, p. 122; II, p. 325.

95 *De l'État* IV, p. 178.

96 *De l'État* I, p. 71을 볼 것.

97 *De l'État* I, p. xxxvi.

98 *De l'État* I, p. 388. 아울러 *Critique de la vie quotidienne* III, pp. 135-8을 볼 것.

99 *De l'État* III, p. 62. *La présence et l'absence: Contribution à la théorie des representations*, Paris: Gasterman, 1980, p. 29를 볼 것.

100 *De l'État* IV, p. 170.

101 *La présence et l'absence*, 가장 분명하게는 p. 7. 여기서 르페브르는 이 작업을 국가 관련 작업으로 되돌려 연계한다.

102 *L'irruption de Nanterre au sommet*, pp. 13-14; *The Explosion*, p. 19.

103 *De l'État* III, p. 300. 당시 르페브르는 국가적 생산양식이 "공간 속에 휑하니 놓여 있는 자갈 더미 가운데 가장 섬뜩한 것 하나를 손에 넣기 위해 지구 자원 대부분을 희생시키는 것"이라고 말한다 — *La fin de l'histoire*, p. 212; *Key Writings*, edited by Stuart Elden, Elizabeth Lebas and Eleonore Kofman, London: Continuum, 2003, p. 182.

104 *Hitler au pouvoir: Les enseignements de cinq années de fascisme en Allemagne*, Paris: Bureau d'Éditions, 1938, p. 72.

105 *De l'État* IV p. 22.

106 *De l'État* III, p. 300.

107 *De l'État* III, p. 300.

108 *La fin de l'histoire*, p. 174.

109 *De l'État* IV, p. 22. 다음에서 하비가 통찰력 있게 주목하듯이 롤스의 『정의론』은 재분배를 차후의, 따라서 분리된 어떤 것으로 취급하면서 생산에 대해서는 아무런 언급도 하지 않는다 — *Social Justice and the City*, Oxford: Basil Blackwell, 1973, p. 15. 이 같은 비판과 관련해서는 다음 또한 볼 것 — Harvey, *Social Justice and the City*, pp. 108-9; Marx, 'Critique of the Gotha programme', in *The First International and After*, pp. 344-8.

110 *L'irruption de Nanterre au sommet*, pp. 117-18; *The Explosion*, pp. 128-9.

111 *De l'État* III, p. 280.

112 *De l'État* IV, p.21.

113 *L'irruption de Nanterre au sommet*, pp. 40-1; *The Explosion*, pp. 44-5.

114 Eleonore Kofman and Elizabeth Lebas, 'Lost in transposition — time, space and the city', in Henri Lefebvre, *Writings on Cities*, translated and edited by Eleonore Kofman and Elizabeth Lebas, Oxford: Blackwell, pp. 3-60, p. 14.

115 'A propos d'un nouveau modèle étatique', *Dialectiques* 27, 1979, pp. 47-55, pp. 50-1; 'Comments on a new state form', translated by Neil Brenner and Victoria Johnson, *Antipode* 33(5), November 2001, pp. 769-82, p. 774; *Le retour de la dialectique: 12 mots clefs*, Paris: Messidor/Éditions Sociales, 1986, p. 27.

116 *De l'État* III, p. 233.

117 *De l'État* I, p. 2l0.

118 *De l'État* I, p. 281.

119 'L'État et la société', *Les cahiers du centre d'études socialistes* 42-3, 1964, pp. 17-29, p. 17.

120 *De l'État* III, p. 253.

121 *De l'État* IV, p. 202. 2장에서 논의된, 민족주의에 대한 분석을 볼 것.

122 Andrew Gamble, *The Free Economy and the Strong State*, London: Macmillan, 1988.

123 관련 논의는 다음을 볼 것 — Neil Brenner, 'State theory in the political conjuncture: Henri Lefebvre's "Comments on a new state form"', *Antipode* 33(5), November 2001, pp. 783-808, pp. 798-9. <옮긴이> '최고세율구간 철폐'는 간단히 말해 국가가 최고소득자에 대한 과세를 하지 않는다는 걸 말한다. 이는 이른바 조세정의에 단단히 어긋나는 일이다.

124 *De l'État* III, p. 260. *La survie du capitalisme*, p. 103; *The Survival of Capitalism*, p. 106을 볼 것.

125 'A propos d'un nouveau modèle étatique', p. 50; 'Comments on a new state form', p. 773. 이행의 단계는 다음을 볼 것 — *De l'État* IV, pp. 407-9.

126 *De l'État* IV, p. 409.

127 Brenner, 'State theory in the political conjuncture', p. 802를 볼 것.

128 Karl Marx and Friedrich Engels, 'Manifesto of the Communist Party', in *The Revolutions of 1848: Political Writings Volume I*, translated by David Fernbach, Harmondsworth: Penguin, 1973, p. 69. <옮긴이> 「공산당 선언」, 『마르크스·엥겔스 저작선』, 70쪽.

129 Karl Marx, 'Critique of the Gotha Programme', in *The First International and After: Political Writings Volume III*, translated by David Fernbach, Harmondsworth: Penguin, 1974, p. 354. <옮긴이> 「고타강령 비판」, 181-2쪽.

130 Miliband, *The State in Capitalist Society*, p. 247.

131 이 학술지가 《오토제스티옹과 사회주의》*Autogestion et socialisme*가 되고 그 뒤에 《오토제스티옹》*Autogestions*이 됐다. René Lourau, 'Lefebvre, "parrain" de la Maffia "Analyse institutionnelle"', in *La somme et le reste*, pp. ii-iii을 볼 것.

132 *Le manifeste différentialiste*, Paris: Gallimard, 1970; 'Du pacte social au contrat de citoyenneté', in Henri Lefebvre et le Groupe de Navarrenx, *Du contrat de citoyenneté*, Paris: Éditions Syllepse, pp. 15-37; *Key Writings*, pp. 238-54.

133 오토제스티옹을 번역되지 않은 채로 놔두면서 나는 르페브르의 「새로운 국가 형식에 대한 논평」'Comments on a new state form', 781쪽, 주 5에 있는 브레너의 제언을 따르고 있다. 이 글에 대한 브레너의 주해, 「정치적 국면의 국가이론」'State theory in the political conjuncture'은 오토제스티옹 또 더 일반적으로는 사실상 르페브르의 국가이론과 관련해서는 매우 귀중한 논의다. 오토제스티옹 관련 문헌은 상당히 광범위하지만 몇 가지 본보기가 될 만한 걸 추려 내려면 다음 또한 볼 것 — Félix Damette and Jacques Scheibling, *Pour une stratégie autogestionnaire*, Paris: Éditions Sociales, 1979; Bernard E. Brown, *Socialism of a Different Kind: Reshaping the Left in France*, Westport: Greenwood Press, 1982. 오토제스티옹이 이탈리아식의 변형에 대해 맺는 관련성은 다음에 유용하게 연구돼 있다 — Steve Wright, *Storming Heaven: Class Composition and Struggle in Italian Autonomist Marxism*, London: Pluto, 2002. <옮긴이> "오토제스티옹이라는 용어는 문자 그대로 '자기관리'를 뜻하지만 그 프랑스어의 함의는 '노동자의 조절'로서 더 정확히 포착될 수 있다. 그 용어의 맥락에서 그것의 구체적 뜻을 강조하기 위해 이 번역에 대해서는 원래 프랑스어의 용어가 보존된다. 1968년 프랑스

공산당은 이 오토제스티옹 기획을 비웃었지만 이 개념은 십 년이 지난 뒤 제23차 당회의에서 명시적으로 채택된다." — Lefebvre, 'Comments on a new state form', p. 781 n. 5.

134 정치영역에서 재현의 문제와 관련해서는 *La présence et l'absence*, 특별히 p. 67을 볼 것.

135 Mihailo Marković, *Democratic Socialism: Theory and Practice*, Sussex: Harvester Press, 1982, p. 32.

136 이 사건과 관련해서는 다음을 볼 것 — René Lourau, *L'analyseur Lip*, Paris: Union Générale d'Éditions, 1974; and Brown, *Socialism of a Different Kind*, pp. 104-17. 아울러 다음의 간략한 논평을 볼 것 — Jacques Guignou, 'Préface à la troisième édition', in *La survie du capitalisme*. 루로는 낭테르에서 르페브르의 동료였고 루로의 다음 책은 『국가』의 잉태라는 측면에서 르페브르에게 중요했다 — *L'analyse institutionnelle*, Paris: Éditions de Minuit, 1970. 루로의 이 책이 다음의 책 둘 다에 인용되긴 하지만 때때로 그 인용은 비판적인 참조였다 — *De l'État*, 예컨대, IV, p. 260; *La survie du capitalisme*, p. 52 n. 1; *The Survival of Capitalism*, p. 56. 아울러 다음에는 『국가』의 주제와 겹치는 부분도 있다 — René Lourau, *L'État-inconscient*, Paris: Éditions de Minuit, 1978. 그 관계와 관련한 논의는 다음을 볼 것 — Hess, 'La place d'Henri Lefebvre dans le collège invisible', pp. 201-12.

137 Brenner, 'State theory in the political conjuncture', p. 789. 당대의 그 사건들과 관련한 논의로는 Lefebvre and Régulier, *La révolution n'est plus ce gu'elle était*, pp. 188-9를 볼 것.

138 'Du pacte social au contrat de citoyenneté', p. 35; *Key Writings*, pp. 252-3.

139 'A propos d'un nouveau modèle étatique', p. 54; 'Comments on a new state form', p. 779.

140 *La survie du capitalisme*, pp. 34-5; *The Survival of Capitalism*, p. 40. <옮긴이> 이 대목은 곧이어 논의될 주 164와도 밀접한 관련이 있기 때문에 여기에 옮겨 놨으면 한다. "기업, 지역, 국가시장(또 세계시장)의 체제 내 생산단위와 산업부문의 **오토제스티옹**은 쉽지 않을 것이다. **오토제스티옹**은 시장에 대한 조절과 시장지배의 철폐를 함의한다. 이 문제는 **오토제스티옹**의 이중적 특징으로써 악화된다. 한편으로는 생산단위에서, 다른 한편으로는 영토단위(지역공동체, 도시, 지방)에서. 따라서 **오토제스티옹**의 자생적 고조, 곧 '대중'이 상황을 견딜 만큼 견뎠다고 할 그날을 앉아서 기다린다는 것은 조금은 순진한 일이 될 것이다. 일단 **오토제스티옹**이 공리로 제시되기만 하면 이론은 그것의 함의와 결론을 검토할 수 있다. **오토제스티옹**은 그 전 지구적 기획의 결정적인, 하지만 전일적이진 않은 측면이다. 그러므로 1972년 이른바 사회당이 이른바 공산당이라고 하는 것과 구분되고 후자(확실히 보수적인)의 좌측에 자리를 잡는 데 열의를 기울이면서 **오토제스티옹**의 개념을 수용했다는 점은 주목할 만하다. 한층 더 눈여겨볼 만한 있는 것은 노동조합과 노동자 운동 대부분 곧 프랑스민주노동자연맹[CFDT: Confédération française démocratique du travail]이 이 개념을 그 밖의 여러 개념과 함께 혼란의 거대한 폭발로 실험해 오고 있다는 점이다."

141 'Interview - Débat sur le marxisme: Léninisme-stalinisme ou autogestion?' *Autogestion et socialisme* 33/34, 1976, pp. 115-26, pp. 123, 125. 영토적 오토제스티옹과 관련해서는 다음을 볼 것 — *De l'Etat* IV, pp. 323-4; *Critique de la vie quotidienne* III, p. 114.

142 *L'irruption de Manterre au sommet*, p. 79; *The Explosion*, pp. 86-7. <옮긴이> 국가의 '사멸[Absterben]'과 관련해서는 아래의 주 145를 볼 것.

143 'Problèmes théoriques de l'autogestion', p. 69.

144 'Interview - Débat sur le marxisme', p. 123.

145 ‘Problèmes théoriques de l'autogestion’, p. 60; ‘Interview - Débat sur le marxisme’, p. 119; *Introduction à la modernité: Préludes*, Paris: Les Éditions de Minuit, 1962, p. 199 n. 2; *Introduction to Modernity: Twelve Preludes*, translated by John Moore, London: Verso, p. 394 n. 14. 다음에서 마르크스는 ‘진정한 민주주의에서 **정치적 국가는 사라진다**[*disappears (untergehe)*]’고 말한다 — ‘Critique of Hegel's doctrine of the state’, in *Early Writings*, p. 88. ‘사멸한다[withers away]’는 구절은 엥겔스의 다음 글에서 비롯한다 — *Socialism: Utopian and Scientific*, Peking: Foreign Languages Press, 1975, p. 94. 이 구절에 대한 주해는 *Key Writings*, p. 264 n. 3을 볼 것. 프롤레타리아 독재와 관련해서는 다음에서 논의되고 있는 편지를 볼 것 — *Pour connaître la pensée de Lénine*, p. 17; Karl Marx to Joseph Weydemeyer, 5 March 1852, *Collected Works* 39, London: Lawrence & Wishart, 1983, pp. 62-5. <옮긴이> 『모더니티 입문』, 289, 542 미주 8.

146 *Engels, Socialism: Utopian and Scientific*, p. 94. <옮긴이> 이 ‘이행기’의 상세한 설명은 다음을 볼 것 — F. 엥겔스 (1988). 「공상에서 과학으로의 사회주의의 발전」, 『마르크스·엥겔스 저작선』, 김재기 옮김, 서울: 거름, 195-291 중 240-1쪽.

147 ‘Problèmes théoriques de l'autogestion’, p. 60.

148 ‘Problèmes théoriques de l'autogestion’, p. 61.

149 ‘Interview - Débat sur le marxisme’, pp. 118-19. 레닌의 논의와 관련해서는 *The State and Revolution: The Marxist Theory of the State and the Tasks of the Proletariat in the Revolution*, Moscow: Progress Publishers, 1965와 *Pour connaître la pensée de Lénine*, especially pp. 32 1ff를 볼 것.

150 *L'idéologie structuraliste*, Paris: Anthropos, 1975, p. 11. *De l'État* III, pp. 61-2; ‘Interview — Débat sur le marxisme’, p. 118을 볼 것.

151 *Logique formelle, logique dialectique*, Paris: Anthropos, 2nd edition, 1969, p. xxxii.

152 *Au-delà du structuralisme*, pp. 373-5, 413을 볼 것.

153 ‘Interview - Débat sur le marxisme’, p. 118.

154 ‘Interview - Débat sur le marxisme’, p. 119.

155 ‘Interview - Débat sur le marxisme’, pp. 121-2. ‘A propos d'un nouveau modèle étatique’, p. 48; ‘Comments on a new state form’, p. 770을 볼 것.

156 ‘Du pacte social au contrat de citoyenneté’, p. 24; *Key Writings*, p. 243. <옮긴이> 실질적으로 이 대목의 맥락은 ‘A 아니면 B’, ‘아군 아니면 적군’이라는 식의 형식 논리가 아닌 변증법적 논리를 정치이론 곧 정치적 “개념과 명제”에 접목해서 생각해 봐야 한다는 것, 하지만 이 또한 ‘학’의 영역에 머물러 “정치행동”과는 큰 공통점을 갖지 못하기 때문에 결국 실천의 토대로서 이론 작업이 필요하다는 것이다. 자세한 내용은 같은 책 243-4쪽을 볼 것.

157 *L'irruption de Nanterre au sommet*, pp. 80-1; *The Explosion*, pp. 88-9.

158 *La survie du capitalisme*, p. 35; *The Survival of Capitalism*, p. 40.

159 ‘Problèmes théoriques de l'autogestion’, p. 68. 더 일반적으로는 *Marx 1818-1883*, Genéve-Paris: Trois Collines, 1947을 볼 것. 이 책은 마르크스의 글 속에서 자유에 대한 이해를 검토한다.

160 *L'irruption de Nanterre au sommet*, pp. 81-2; *The Explosion*, pp. 89-90.

161 Kurt Meyer, *Henri Lefebvre: Ein Romantischer Revolutionär*, Wien: Europaverlag, 1973, p. 77

을 볼 것.

162 ‘Problèmes théoriques de l'autogestion’, p. 62.

163 아울러 *Le temps des méprises*, pp. 107, 123을 볼 것.

164 *La survie du capitalisme*, p. 35; *The Survival of Capitalism*, p. 40. <옮긴이> 자세한 맥락은 4장의 주 255, 이 장의 주 133 및 140, 그것들에 딸린 옮긴이 주, 관련 본문을 볼 것.

165 ‘A propos d'un nouveau modèle étatique’, p. 54; ‘Comments on a new state form’, p. 779.

166 *Le retour de la dialectique*, p. 34; ‘Interview — Débat sur le marxisme’, p. 125. 유고슬라비아식 모델과 관련해서는 다음에 있는 시론들을 볼 것 — Mihailo Marković and Gajo Petrović, *Praxis: Yugoslav Essays in the Philosophy and Methodology of the Social Sciences*, translated by Joan Coddington, David Rouge and others, Dordrecht: D. Reidel, 1979; Gerson S. Sher (ed.), *Marxist Humanism and Praxis*, Buffalo: Prometheus Books, 1978; and Mihailo Marković, *From Affluence to Praxis: Philosophy and Social Criticism*, Ann Arbor: University of Michigan Press, 1974; Marković, *Democratic Socialism*. <옮긴이> 특별히 **오토제스티옹**의 맥락에서 얘기할 수 있는 유고슬라비아의 ‘대안적 경로’란 한마디로 1950년대부터 티토Josip Broz Tito를 중심으로 시작된, 탈소련·탈스탈린적인 유고슬라비아 특유의 공산주의 체제를 일컫는다. 조금 더 구체적으로는 “1950년 6월부터 ‘노동자 자주관리’ 계획을 수립하면서 산업 개혁이 시작”되고, “1952년부터 공산당은 ‘유고슬라비아공산주의자연맹’”으로 이름을 바꾸고, “정치적 연방주의, 제도적 탈집중화, 노동자 자주관리”를 통해 “마침내 마르크스주의의 전통의 원천으로 복귀”한다는 점이 역설된다. 서비스, 『코뮤니스트』, 398-401쪽, 더 자세한 내용은 같은 책 393-406을 볼 것.

167 ‘A propos d'un nouveau modèle étatique’, p. 54; ‘Comments on a new state form’, p. 779.

168 ‘A propos d'un nouveau modèle étatique’, pp. 54-5; ‘Comments on a new state form’, p. 780.

169 *Le manifeste différentialiste*, Paris: Gallimard, 1970, p. 44.

170 *La survie du capitalisme*, p. 30; *The Survival of Capitalism*, p. 35. <옮긴이> 이 ‘차-등에 대한 권리’는 언뜻 보면 ‘차이에 대한 권리’로 보일 수도 있다. 하지만 ‘구체적 다름’에 대한 지나친 강조 때문에 ‘추상적 같음’이 폐기돼서도 안 될 터이기에 ‘차이의 권리’ 또한 궁극적으로는 ‘차-등의 권리’로 볼 수 있는 것이다.

171 *Le manifeste différentialiste*, p. 45; *Espace et politique: Le droit à la ville II*, Paris: Anthropos, 2nd edition, 2000 (1972), p. 145. <옮긴이> 바로 뒤에 나올 내용을 미리 보충해 두자면, 메리 울스턴크래프트는 18세기 말 영국에서 활동한 작가이자 사상가로서 여권 신장에 큰 노력을 기울였다. 페미니즘의 선구자로 불리기도 하며 혁명을 지향한 급진적 정치 사상가이기도 했다. 『프랑켄슈타인』을 쓴 메리 셸리Mary Wollstonecraft Shelley의 어머니이자 아나키즘의 선구자인 정치철학자 윌리엄 고드윈William Godwin의 반려이기도 하다. 1792년에 쓴 『여성의 권리옹호』*A Vindication of the Rights of Woman*가 잘 알려져 있다. 미국 여성 운동의 효시로 알려져 있는 ‘세네카 폴스 선언’은 1878년 7월 미국 뉴욕 주의 세네카 폴스에서 개최된 여성 권리 협의회에서 발표됐다. 『감성선언서』*Declaration of Sentiments*로 알려져 있는 그 선언은 현재까지도 미국 여성의 인권 신장에 가장 크게 이바지한 문서 중 하나로 평가받는다. 작성은 당시 32세였던 엘리자베스 스탠튼Elizabeth Cady Stanton이 맡았다.

172 *Le manifeste différentialiste*, pp. 44-5; *Espace et politique*, p. 145.

173 *Le manifeste différentialiste*, p. 73.

174 *Le manifeste différentialiste*, p. 49.

175 *Le manifeste différentialiste*, pp. 49, 168.

176 *Le manifeste différentialiste*, p. 140; 'Le marxisme éclaté', *L'homme et la société* 41/42, July-December 1976, pp. 3-12, p. 6.

177 *Critique de la vie quotidienne* III, p. 108.

178 들뢰즈에 대한 관계는 다음을 볼 것 — Rémi Hess, 'Henri Lefebvre et le projet avorté du *Traité de matérialisme dialectique*', in *Méthodologie des sciences: Inédit*, Paris: Anthropos, 2002, pp. v-xxvi, p. xiii, 또 *Logique formelle, logique dialectique*, p. xvii.

179 이 그룹의 설립 및 작업과 관련해서는 다음을 볼 것 — Armand Ajzenberg, 'Henri Lefebvre: La société au point critique ou de l'individu écartelé', *Regards* 38, September 1998, www.regards.fr/archives/ 19987199809/199809ideO1.html. 이 글에는 나바랑스 그룹의 미출간 사회 관련 작업에 대한 계획이 포함돼 있다. 다음에서 르페브르는 저널 《M, 월간, 마르크스주의, 운동》*M, mensuel, marxisme, mouvement*의 원래 계획이 그 같은 연구를 어떤 방식으로 추구하려 했는지를 강조한다 — 'Chers amis, lecteurs, abonnés, collaborateurs de M', *M, mensuel, marxisme, mouvement* 14, October 1987, pp. 6-7.

180 'Du pacte social au contrat de citoyenneté', pp. 31-2; *Key Writings*, pp. 249-50.

181 'Du pacte social au contrat de citoyenneté', p. 32; *Key Writings*, p. 250.

182 'Du pacte social au contrat de citoyenneté', pp. 33-6; *Key Writings*, pp. 250-3. Engin F. Isin and Patricia K. Wood, *Citizenship and Identity*, London: Sage, 1999, p. 104를 볼 것. 그들은 여기서 르페브르에게 의지하면서 '도시적 시민성은 시민성과 관련한 다층적 구상을 재고하는 데 일부가 된다'고 주장한다.

183 'Du pacte social au contrat de citoyenneté', p. 37; *Key Writings*, pp. 253-4.

184 'Du pacte social au contrat de citoyenneté', p. 33; *Key Writings*, p. 250.

185 *De l'État* II, p. 67.

186 *De l'État* II, p. 68.

187 Neil Brenner, 'The urban question as a scale question: reflections on Henri Lefebvre, urban theory and the politics of scale', *International Journal of Urban and Regional Research* 24(2) June 2000, pp. 360-77, p. 367 n. 12. 개괄적으로 규모와 관련해서 르페브르에게서 발전시킨 발상들은 브레너의 다음 논문들을 볼 것 — 'State territorial restructuring and the production of spatial scale: urban and regional planning in the Federal Republic of Germany, 1960-1990', *Political Geography* 16(4), 1997, pp. 273-306; 'Between fixity and motion: accumulation, territorial organization and the historical geography of spatial scales', *Environment and Planning D: Society and Space* 16(5), 1998, pp. 459-81; 'The limits to scale? Methodological reflections on scalar structuration', *Progress in Human Geography* 25(4), 2001, pp. 591-614. <옮긴이> 4장에서 다룬 '층위와 규모'의 문제는 그 장의 주 43-47 및 관련 본문을 볼 것.

188 이와 관련해서는 Neil Brenner, 'Global, fragmented, hierarchical: Henri Lefebvre's geographies of globalization', *Public Culture* 10(1), Fall 1997, pp. 135-67을 볼 것.

189 예를 들어 Jacques Derrida, *Without Alibi*, edited and translated by Peggy Kamuf, Stanford: Stanford University Press, 2002, p. 203을 볼 것.

190 특별히 Kostas Axelos, *Le jeu du monde*, Paris: Les Éditions de Minuit, 1969; *Vers la pensée planétaire: le devenir-pensée du monde et le devenir-monde de la pensée*, Paris: Éditions de Minuit, 1964를 볼 것. 후자에 대한 르페브르의 서평은 르페브르 작업 속의 **몽디알리자시옹** 개념에 끼친 악셀로스의 영향을 보여준다 — 'Kostas Axelos: *Vers la pensée planétaire*', *Esprit* 338, May 1965, pp. 1114-17을 볼 것. 아울러 'Interview — Débat sur le marxisme', pp. 124-5; *Une pensée devenue monde*, p. 258을 볼 것.

191 *De l'État* III, p. 133.

192 *Le retour de la dialectique*, p. 135.

193 *De l'État* III, p. 133. 다소간의 환기를 위해 'Le marxisme éclaté', p. 10을 볼 것.

194 *Qu'est-ce que penser?* p. 110.

195 *De l'État* II, p. 67.

196 *Une pensée devenue monde*, p. 69.

197 *De l'État* III, p. 133.

198 다음에서 르페브르는 이를 암시한다 — *De l'État* II, p. 72

199 Martin Heidegger, 'The age of the world picture', in *The Question Concerning Technology and Other Essays*, translated by William Lovitt, New York: Harper & Row, 1977. 또한 Elden, 'Taking the Measure of the *Beiträge*'를 볼 것.

200 아울러 'Le mondial et le planétaire', *Espace et sociétés* 8, February 1973, pp. 15-22, p. 15를 볼 것.

201 *De l'État* IV, p. 95.

202 *De l'État* IV, p. 94.

203 *De l'État* IV, p. 326.

204 *De l'État* IV, p. 435; *Key Writings*, p. 203.

205 Martin Heidegger, 'Vom Wesen des Grundes', in *Wegmarken*, Frankfurt am Main: Vittorio Klostermann, 1967, p. 60; 'On the essence of ground', translated by William McNeill, in *Pathmarks*, Cambridge: Cambridge University Press, p. 126.

206 *De l'État* IV, p. 416; *Key Writings*, p. 200.

207 *De l'État* IV, pp. 415-16; *Key Writings*, p. 200.

208 *De l'État* IV, p. 195.

209 *De l'État* II, pp. 67-70; III, p. 164; IV, pp. 165-6; *La production de l'espace*, p. 106; *The Production of Space*, p. 88. <옮긴이> 『공간의 생산』, 155쪽.

210 *Une pensée devenue monde*, pp. 172-3.

211 *La production de l'espace*, p. 103; *The Production of Space*, p. 86. <옮긴이> 『공간의 생산』, 153쪽.

212 예컨대 Jan Aart Scholte, *Globalization: A Critical Introduction*, Basingstoke: Macmillan, 2000을 볼 것. 이 쟁점에 대해 더 복잡하고 미묘한 분석은 다음에서 발견된다 — Ash Amin, 'Spatialities of globalisation', *Environment and Planning A* 34(3), 2002, pp. 385-99.

213 *De l'État* IV, p. 29.

214 *De l'État* III, p. 134.

215 *De l'État* IV, p. 23.

216 *La survie du capitalisme*, p. 77; *The Survival of Capitalism*, pp. 81-2.
217 *De l'État* IV, p. 25.
218 *De l'État* IV, p. 26.
219 다음에서 르페브르는 컴퓨터 및 정보 관련 기술의 중요성에 주목하면서 세 번째 시기를 후기산업적인 것으로 기술한다 — *De l'État* IV, pp. 27-8. *Une pensée devenue monde*, p. 8
220 *De l'État* IV, p. 419; *Key Writings*, p. 201.
221 *Le retour de la dialectique*, p. 136.
222 *Le retour de la dialectique*, p. 139.
223 *La survie du capitalisme*, p. 106; *The Survival of Capitalism*, pp. 108-9.
224 'A propos d'un nouveau modèle étatique', p. 53; 'Comments on a new state form', pp. 777-8.
225 *De l'État* IV, p. 421; *Key Writings*, p. 202.
226 아울러 *Au-delà du structuralisme*, p. 414를 볼 것.
227 *La pensée marxiste et la ville*, p. 145.
228 *La survie du capitalisme*, p. 11; *The Survival of Capitalism*, p. 17.
229 *La survie du capitalisme*, p. 15; *The Survival of Capitalism*, p. 21. 유사한 연구로는 Scott Lash and John Urry, *The End of Organized Capitalism*, Cambridge: Polity Press, 1987을 볼 것.
230 *Hegel, Marx, Nietzsche*, p. 142.
231 *Une pensée devenue monde*, p. 39.
232 *La pensée marxiste et la ville*, p. 152. 아울러 *De l'État* II, pp. 322-3; IV, pp. 403-5를 볼 것.
233 가장 광범위한 논의는 다음에 있다 — *De l'État* IV, pp. 259-324. 이 장을 가볍게 편집한 번역이 최근 다음과 같이 출간됐다 — 'Space and the state', in *State/Space: A Reader*, edited by Neil Brenner, Bob Jessop, Martin Jones and Gordon MacLeod, Oxford: Blackwell, 2003, pp. 84-100. 아울러 *Une pensée devenue monde*, pp. 156-61을 볼 것.
234 *De l'État* IV, p. 164.
235 *De l'État* IV, p. 261.
236 *De l'État* IV, pp. 164-5. <옮긴이> 여기서 '구체적이고 물리적인 실현 매체'는 프랑스어 'support concret'를 참조한 것이다.
237 *De l'État* IV, pp. 166-7. 국가-공간 간 관계와 관련한 르페브르의 작업을 논의한 것으로는 다음 글들이 유용하다 — Brenner, 'Global, fragmented, hierarchical'; 'State territorial restructuring and the production of spatial scale', pp. 276-80.
238 *De l'État* III, pp. 40, 44-5. IV, p. 259를 볼 것.
239 *De l'État* III, p. 89.
240 *De l'État* III, p. 98.
241 *De l'État* III, pp. 98-9.
242 *La survie du capitalisme*, p. 12; *The Survival of Capitalism*, p. 17.
243 *De l'État* III, p. 134; IV, p. 259.
244 *De l'État* III, p. 55; IV, pp. 301-2.

245 지중해상의 여가 공간과 관련해서는 다음을 볼 것 — *La survie du capitalisme*, p. 80; *The Survival of Capitalism*, p. 84. 더 개괄적으로는 다음을 볼 것 — *La production de l'espace*, p. 357; *The Production of Space*, p. 310; *De l'État* IV, pp. 276-8; *Une pensée devenue monde*, pp. 150-1. <옮긴이> 『공간의 생산』, 447-9쪽.

246 *De l'État* III, p. 89. 이와 관련한, 부분적으로는 르페브르에게서 영감을 받은 논의에는 다음이 있다 — Philip E. Steinberg, *The Social Construction of the Ocean*, Cambridge: Cambridge University Press, 2001.

247 *De l'État* III, p. 120.

248 *De l'État* III, pp. 222-3; *De l'État* IV, pp. 299, 306-7, 308.

249 *De l'État* III, p. 134.

250 *De l'État* IV, pp. 168-9.

251 *La survie du capitalisme*, pp. 79-80; *The Survival of Capitalism*, p. 83.

252 *La survie du capitalisme*, p. 82; *The Survival of Capitalism*, p. 86.

253 *La survie du capitalisme*, p. 83; *The Survival of Capitalism*, pp. 86-7.

254 *La survie du capitalisme*, p. 84; *The Survival of Capitalism*, p. 88.

255 *La survie du capitalisme*, pp. 82-5; *The Survival of Capitalism*, pp. 86-8.

256 *De l'État* II, p. 42.

257 *Histoire de la folie à l'âge classique*, Paris: Gallimard, 1976 (1961); translated by Richard Howard as *Madness and Civilisation*, London: Routledge, 1967.

258 *De l'État* II, p. 161. IV, p. 408을 볼 것.

259 *De l'État* I, p. 161.

260 *De l'État* II, p. 42.

261 *De l'État* II, pp. 42-3.

262 *De l'État* I, p. 162.

263 *De l'État* I, pp. 162-3. *Qu'est-ce quepenser?* pp. 162-3을 볼 것. 숨은 신[the hidden god (dieu caché)]은 같은 제목을 하고 있는 루시앙 골드만의 책에 대한 언급일 수 있다.

264 *Le temps des méprises*, p. 87.

265 *La survie du capitalisme*, p. 114; *The Survival of Capitalism*, p. 116. Derek Gregory, *Geographical Imaginations*, Oxford: Blackwell, 1994, p. 365를 볼 것. 유사한 비판이 다음에서 이뤄지고 있다 — *La présence et l'absence*, pp. 38, 159.

266 『앙티오이디푸스』와 기 드보르에 대한 비판은 *Le temps des méprises*, pp. 160-1, 172 또한 볼 것.

267 *La survie du capitalisme*, p. 18; *The Survival of Capitalism*, p. 23.

268 *La survie du capitalisme*, pp. 80-1; *The Survival of Capitalism*, pp. 84-5.

269 *La survie du capitalisme*, pp. 13-14; *The Survival of Capitalism*, pp. 18-19.

270 조금 더 긴 논의와 일부 참조는 다음을 볼 것 — Elden, *Mapping the Present*, pp. 74-5. 꽤 상이한 구분이 다음에서 이뤄지고 있다 — Poulantzas, *Political Power and Social Classes*, p. 37. 여기서 정치적인 것은 '국가의 사법-정치적 상부구조', 정치는 '정치적 계급실천(정치적 계급투쟁)'이다.

271 *Le retour de la dialectique*, pp. 59, 70, 88.

272 *Le retour de la dialectique*, p. 89.

273 *Hegel, Marx, Nietzsche*, pp. 46-9.

274 'Toward a leftist cultural politics: remarks occasioned by the centenary of Marx's death', in Gary Nelson and Lawrence Grossberg (eds), *Marxism and the Interpretation of Culture*, London: Macmillan, 1988, pp. 75-88, p. 84. 아울러 'Lettre', in *Marx … ou pas? Réflexions sur un centenaire*, Paris: Études et Documentation Internationales, 1986, pp. 21-5, p. 24를 볼 것. <옮긴이> 참고로 '토르케마다'는 15세기 후반부터 19세기 전반까지 있었던 스페인의 종교재판을, '쿨라크'는 스탈린 집권 당시의 소련에 있었던 강제수용소를 일컫는다.

275 David Luban, 'A conversation about Heidegger with Eduard Baumgarten', in Berel Lang, *Heidegger's Silence*, Ithaca: Cornell University Press, 1996, pp. 101-11, p. 109. 이는 하이데거의 특징에 대한 꽤 일반적인 공격의 맥락과 관련한다. 루반은 "바움가르텐의 초상화는 ('실질적인 나치의 유죄판결'을 받은 한 남자의 초상화와는) 다르다. 다시 말해 그것은 정치적이거나 이데올로기적 열정보다는 통상적 허영 이상의 개인적 하찮음, 철학적 영광을 향한 욕망", 그리고 " — 적어도 — 사회적 반유대주의의 척도"로 추동됐던 한 인간을 보여준다.

276 *Le matérialisme dialectique*, Paris: PUF, 6th edition, 1970 (1939); *Dialectical Materialism*, translated by John Sturrock, London: Jonathan Cape, 1968; *De l'État*, Norbert Guterman and Henri Lefebvre, *La conscience mystifiée*, Paris: Editions Syllepse, 3rd edition, 1999 (1936); *Le Nationalisme contre les nations*, Paris: Meridiens Klincksieck, 2nd edition, 1988 (1937); *Hitler au pouvoir*.

277 *Le retour de la dialectique*, p. 88.

278 *Le retour de la dialectique*, pp. 17-18; *Key Writings*, p. 61.

279 *Le retour de la dialectique*, p. 143.

280 *Une pensée devenue monde*, p. 215.

281 *Le retour de la dialectique*, p. 47.

282 이를 마르크스에 대한 독해로 보는 견해는 *Une pensée devenue monde*, pp. 219-23을, 더 개괄적으로는 pp. 240-1을 볼 것. 이 질문과 관련한 논의는 나의 글, 'Reading genealogy as historical ontology', in Alan Rosenberg and Alan Milchman (eds), *Foucault/Heidegger: Critical Encounters*, Minneapolis: University of Minnesota Press, 2003, pp. 187-205를 볼 것.

283 *Une pensée devenue monde*, p. 221.

284 *Une pensée devenue monde*, p. 222.

285 *Le temps des méprises*, pp. 201-2.

286 *Au-delà du structuralisme*, p. 86; 'What is the historical past?' *New Left Review* 90, 1975, pp. 27-34, p. 34.

287 *Une pensée devenue monde*, p. ISO.

288 Lefebvre and Régulier, *La révolution n'est plus ce qu'elle était*, p. 200. 또한 'Lettre', p. 21을 볼 것.

289 *Pour connaître la pensée de Karl Marx*, p. 43.

옮긴이의 말: 변증법적 사중주와 그 이후

1. 전주곡

역사의 평가와 전망은 그것의 기준이 무엇이든 공과의 분석을 필요로 한다. 이런 식의 말은 흔히 공적과 과오 간의 균형을 일컫는 데 쓰이지만, 정작 그 말에서 읽어내야 하는 것은 그 둘 간의 변증법적 관계다. 그렇기에 역사의 공과를 읽어낼 때 필요한 틀 또한 변증법적 관계가 된다. 역사에 관심이 있는 어느 누구라도 이 둘을 전제하지 않은 채 역사를 평가하거나 전망한다면, 그래서 그 둘 중 어느 한 쪽으로 몰아간다면, 그 결과물은 동일하다.

이른바 승자 독식의 역사는 이항 대립의 일항 환원이라는, 결코 공리가 될 수 없는 그 공리, 변증법이 오인되어 돌연변이로 탄생한 그 기묘한 공리의 연산 작용이 생산해 낸 것이다. 냉전이 끝났을 당시, 누구는 그것에 대해 '역사의 종언'이라는 평가를 내렸고, 누구는 그것에 대해 '문명의 충돌'이라는 전망을 내 놓았다. 그 이후 사반세기 동안 지구의 역사, 인류의 역사는 대체 어떻게 전개되고 있는가? 한쪽에선 역사라는 것이 정말 끝장이라도 나 버린 양 수도 없이 돈을 찍어내고 있고, 다른 한쪽에선 문명 간의 충돌이 마치 기정사실이라도 되는 것처럼 끝도 없이 전쟁을 이어가고 있다. 이 둘이 한데 모여 역사 전개의 주체와 추동력을 지워 없애는 효과를 낳고 있다. 미래의 역사책, 지금은 텅 비어 있을 그 책의 빈 쪽이 또 다른 승자 독식의 역사로 채워질지도 모를 일이다. 만약 어떤 이가 이런 식의 이야기를 죽 늘어놓는다면 귀를 쫑긋 세울 이도 꽤 되지 않을까? 썩 괜찮은 이야기이긴 하지만 그렇다고 딱 들어맞는 이야기도 아니다. 역사는 어느 한 쪽만 치켜세우거나 탓한다고 해서 평가하고 전망할 수 있는 것이 아니기 때문이다.

우리는 너나 할 것 없이 이 신자유주의의 시대를 힘겹게 살아가고 있다. 이 역사 아닌 역사의 한 귀퉁이에서 하루하루 어떻게든 버티고 있다. 누구는 밤새 진창 술을 퍼마시고, 누구는 도서관에 앉아 허리가 내려앉도록 취업 준비를 하고, 누구는 또 거기서 눈이 빠져라 인강을 보고 있고, 누구는 시집·장가 갈 나이에 파리바게뜨에서 시급 5580원에 알바를 하고, 누구는 몇 십 군데도 넘는 데에다가 이력서를 내어 보기도 하고, 누구는 자기 집 앞에 있던 단골 세탁소가 소리 소문 없이 자취를 감춘 것에 어안이 벙벙해 말을 못 잇다가 갑자기 분통을 터트리기도 하고, 누구는 IMF 전을 되돌아보며 '그때가 참 좋았지' 하는 말을 나직이 읊조리기도 하고, 누구는 이곳저곳 다니며 굽은 등을 더 굽혀 종이를 줍기도 하고, 누구는 … 누구는 …

하지만 이 수많은 '누구'가 대체 누군가 하는 질문은 아직 던지지 못한 것 같다. 우리가 르페브르한테서 들을 얘기가 많이 있겠지만 — 그는 그걸 그냥 툭툭 던져 놓기만 한다 — 무엇보다도 현시대에 쓰임새가 많아 보이는 것은 바로 이 누구, '우리'를 생각해 보는 데 도움이 될 만한 것이 아닐까 싶다. 그리고 그 누구를 생각할 때 꼭 필요한 것, 그 누구를 생각하는 것 못지않게 우리에게 도움이 될 그것은 다름이 아니라 그가 역사를 바라보는 관점과 틀이다. 그는 철저한 변증론자인데다 유물론자다. 그렇기에 그의 변증론은 우리가 하루하루 살아가는 삶의 터에서 펼쳐진다. 거기에는 시간도 있고 공간도 있다. 그는 그 둘이 변증법적 관계를 맺으며 이뤄 가는 것이 역사라고 말한다. 그리고 이러한 역사적 관점과 함께 새로운 "시민의 자격과 권리citizenship; la citoyenneté"를 고민해야 할 때가 왔다고도 말한다(570).[1]

2. 로컬 바이올린(1): 농촌사회와 도시사회

이 첫째 악기는 농촌사회와 도시사회 간의 변증법적 관계와 관련한 몇몇 이야기를 지역 규모에서 들려 줄 텐데, 그 전에 르페브르가 말하는 '역진적-전진적' 방법을 잠깐 언급해 놓으면 좋을 것 같다. 이 방법론은 르페브르가 자신의 방식으로 마르크스의 사적 유물론을 세심하게 가다듬은 것으로 르페브르의 수많은 얘기를 이해하는 데 아주 중요하다. 간단히 말하면 이 방법은 우선 역사를 단절이 아니라 연속적인 여러 단계로 이뤄지는 것으로 보고, 그 역사의 흐름 속에서 현재 뭔가를 가능케 할 수 있는 조건에 대한 분석과(역진적) 우리를 미래로 개방시키는 분석(전진적)을 동시에 진행하는 것을 뜻한다. 이 말을 먼저 해 놓는 까닭은 지금부터 해 나갈 모든 얘기를 이 방법으로 엮어갈 것이기 때문이다. 그러면 지역 규모에서 시골과 도시 곧 농촌사회와 도시사회를 이야기해 보도록 하자. 도시화가 나중에 일어난 일이기 때문에 역진의 방향은 농촌사회로, 전진의 방향은 도시사회로 향한다. 여기서 농촌과 도시가 아니라 농촌사회와 도시사회를 얘깃거리로 삼는 까닭은 역사의 주인공이 늘 사람이라는 데, 그렇기에 사회라는 것 또한 늘 사람들이 만나고 모이는[社會] 운동이라는 데 있다.

도시사회는 한시도 가만히 있는 법이 없다. 그것은 농촌사회와 변증법적 관계를 맺으며 운동하는 것이다. 하지만 이 관계를 머릿속에 그리기 전에 한 번 더 생각해 봐야 하는 것은 실질적으로 르페브르한테는 이 도시사회라는 것이 아직은 실현되지 않은 가능성(가능태)이자 잠재성(잠재태)이라는 점이다. 여기에 모순이 있다. '도시사회는 끊임없이 농촌사회와 관계를 맺으며 움직이고 있는데 아직 우리 눈앞에 나타나지는 않은 것이라니, 이 도대체 무슨 말도 안 되는 이야기를 늘어놓고 있는 거야?' 하

---

1 Lefebvre, H. (2014). 'Dissolving City, Planetary Metamorphosis', L. Corroyer, M. Potvin, N. Brenner (trs.), in *Implosion/Explosion: Towards a Study of Planetary Urbanization*, N. Brenner (ed.), Berlin: Jovis, pp. 564-70; May 1989, *Le monde diplomatique*. 여기서 참조하는 문헌은 이것 하나밖에 없으므로 인용할 경우, 문장 끝에 쪽수만 표기토록 한다.

고 투덜거리며 의아해 할 이가 분명히 있을 것이다. 맞다. 말도 안 되는 이야기다. 하지만 그 말도 안 되는 이야기를 말이 되게 하는, 말도 안 되는 사람이 바로 이 글을 쓰고 있는 사람 같은 먹물 아닌가? 잠깐만 더 귀를 기울여 줬으면 좋겠다.

일단 변증법을 움직이는 힘은 모순에 있다는 말, 다음, 그렇게 움직일 때 생각해야 할 운동이 세 가지고 그 세 가지가 모여 또 다른 한 운동을 만들어 내는데, 앞의 셋은 보존·부정·고양, 다음의 하나는 지양이라는 말을 해 둬야겠다. 전제조건은 이 시대에 모습을 드러내야 할 도시사회가 어떤 것이어야 하는지에 대한 각자의 고민과 진단이 꼭 있어야 한다는 것이다. 그렇다면 도시사회는 빠르든 늦든 언젠가는 우리 눈앞에 드러나야 하는 것이 된다. 이제 문제는 '어떻게' 또 '누가'가 된다.

먼저 '어떻게'다. 농촌사회와 도시사회의 변증법에서 도시사회를 눈앞에 드러내려면 우선 농촌사회로 시선을 돌려 거기서 보존할 것을 찾아야 하는데, 그 보존할 것은 현재 뭔가를 가능케 하는 조건이어야 한다. 그리고 그것이 진정 이 시대에 필요한 도시사회에 적합한지 아닌지를 따져 보고 적합하지 않은 것이라면 부정해야 한다. 이 보존과 부정은 상호적이기도 하다. 도시사회의 어떤 모습은 농촌사회에서 도시사회로 보존돼 오는 것으로써 부정될 테고, 농촌사회의 어떤 모습은 그 과정에서 부정되지 않는 것으로서 여전히 보존될 테고, 또 그 반대도 마찬가지일 테니까. 자, 이제 이렇게 상호보존·상호부정의 과정을 거쳐 남게 된 그 분석 결과로 다시 우리에게 필요한 도시사회의 미래를 그려보고 그것에 우리 자신을 개방시키는 분석을 해야 한다. 여기서도 마찬가지로 현재 우리의 도시적 삶이 이뤄지는 터, 여전히 도시사회가 되지 못한 채 겉모습만 사회인 이 사회와 미래의 도시사회 사이에서 상호부정과 상호보존을 통한 옥석 가리기를 한 번 더 해야 한다. 그런 다음 그 분석의 내용으로 우리 삶의 형식을 활짝 열고 우리 삶의 형식으로 하여금 그 내용을 좇아가도록 애쓴다면 그 도시사회는 우리 앞에 제 모습을 드러낼 준비를 하게 된다.

다음은 '누가'의 문제다. 그렇게 자신을 드러낼 준비를 하고 있는 도시사회의 모습을 빚어낼 '사람', 그 사람이 과연 누구냐 하는 문제, 결코 쉬운 문제가 아니다. 르페브르는 — 마르크스는 말할 것도 없이 — 이 주체 생성의 터를 계급투쟁의 장으로 보고 있지만 21세기가 이미 시작한 마당에 그 사람이 누가 될지를 그려보는 일이 지금 당장은 쉽지 않다. 정말로. 이 글이 끝날 때쯤 되면 좀 수월해지려나?

3. 로컬 바이올린(2): 도시와 도시사회

이 악기가 연주할 변증법은 '도시와 도시사회 사이'다. 방법은 앞과 똑같다. 역진적 분석대상은 '도시', 전진적 분석대상은 여전히 도시사회다. 도시는 일찌감치 생겨서 발전을 거듭하고 있지만 그 도시가 끊임없이 파괴해 온 그곳의 사회는 아예 자취를 감추다시피 한 상황이다. 혹시 흔적이 남아 있다손 치더라도 그 모습이 드러나진 않는다. 도시가 전진하는 만큼 사회는 역진하는 것인지도 모르겠다. 이 둘의 자리, 되돌려야만 하는 것은 아닐까? 마르크스가 헤겔의 변증법을 바로 세워 놨듯이. 어쨌든 이 질문을 고민하고 나름의 답을 내어 놓기 위해 이 부분에선 이 글이 쓰이고 있는 곳, 현시대 메트로폴리스 도시 부산을 예로 삼아 얘기를 풀어 볼까 한다.

부산은 아주 다층적인, 모자이크 같은 도시(였)다 — 아직도 그런 도시이기를 희망하고, 그 희망만큼 그 불씨를 찾기 위해 쏘다녀야 할 것이라는 다짐을 한다. 이곳의 역사-지리적 조건 또 그것과 격렬한 투쟁을 벌였던 부산 사람들이 함께 이곳의 신진대사를 촉진시켜 이만큼 가꿔 온 덕택이다. 하지만 이제 그이들은 더 이상 이 도시의 주인이 아니다. 더 이상 이 도시의 중심에 있지 않기 때문, 달리 말하면 이미 이 도시의 주변으로 밀려나 버렸기 때문이다. 이 중심과 주변은 공간-지리적일 뿐 아니라 역사사회적·정치경제적·문화예술적인 구획이기도 하다. 그 가운데 가장 심한 것은 정치경제적 문제일 것이다. 부산의 중심, 부산의 역사를 힘겹게 이끌어 왔던 이들이 그럭저럭 삶을 일구어 가던 그 "중심"은 그이들이 자신의 삶의 터에서 쫓겨난 뒤, "소비의 현장으로 바뀌었을 뿐더러 소비의 대상이 되기도 했으며, 그것의 가치는 그 대상으로 평가"되기에 이르렀다. 이제 그렇게 주변으로 쫓겨난 이들은 다시 "관광객으로 그 중심에 돌아"오고, 그곳은 "박물관이자 스펙터클"로, "권력과 의사결정의 중심"이자 "거짓되고 인공적인 공간들"로 그이들을 맞이한다. 한 마디로 부산의 도시 중심엔 "젠트리피케이션*embourgoisement*"·기술·관료주의·기술관료주의, 결국 이 모든 것을 가능케 하는 "제도"와 "국가통제적 모델*le modéle étitaque*"이 있다(567-8).

문제는 이 모델과 그것을 뒷받침하는 제도가 어떤 도시, 곧 이미 이곳에 자리 잡고 있던 다양한 도시 중심 대다수를 사라지게 만들고 그것들이 드러나게 될 순간을 억누르는 도시를 지향한다는 데 있다. 그렇기에 이 모두를 역진적 분석의 대상으로 삼는다면 그것들은 한시 빨리, 그것도 상당 부분은 부정되어야 하는 것으로 분석된다. 그렇다면 무엇보다도 시급한 일은 보존할 것을 하나라도 더 건지려 애쓰는 게 아닐까. 그것을 이루지 않는 한 모든 전진적 분석은 무의미하게 될 것이며, 우리가 도시사회를 이룩할 때는 그만큼 더 아득히 멀어져 갈 것이다. 지금도 그렇지만 앞날은 더더욱 어둡게 보이기만 한다.

어쨌든 이 아득함과 암울함 속에서도 건진 것은 있다. 그 '누가'가 조금은 더 분명해진 듯하기 때문이다. 이 어둠 저 끝에 아주 자그마한 빛이 있고 희미하지만 거기에 몇 사람의 그림자가 어른거린다. 자신의 사회를 잃어버린 이, 그래서 예전에 자신이 삶을 가꾸어 가던 곳을 관광객이 되어 다시 찾는 이, 그곳을 소비하는 이. 반갑다. 하지만 여기서도 해결되지 않은 문제는 있다. 바로 소비와 생산의 모순이다. 늘 소비를 쫓는 삶의 형식은 오직 임금의 내용인 노동으로 채워질 수밖에 없고, 그 노동은 늘 이데올로기로서 소외를 수반하기 때문에 이제 이 문제에 대한 해결의 관건은 비임금노동, 곧 탈소외를 향한 노동에 있다고 볼 수 있을 것이다. 르페브르는 이를 축제와 그 축제의 순간을 집단적으로 생산하여 계급투쟁의 전략으로 삼는 혁명적 낭만주의 테제로 이야기한다. 하지만 그 희망의 순간도 잠시, 일이 될 만하면 나타나는 훼방꾼이 있다. 평소에는 꼼짝도 하지 않고 있다가 때가 되면 나타나는 것, 바로 국가다.

4. 국가-사회의 비올라: 국가와 도시사회

르페브르한테 국가는 혁명을 통해 극복해야 할 최종 목표인 듯 보인다. 비록 르페브르와 대적하는 관계에 있었다 하더라도 알튀세가 탁월한 것은 그가 — 그람시를 좇아 — 억압적 국가장치(강제)와 이데올로기적 국가장치(설득)를 규명했기 때문이다. 이데올로기는 물질적으로 구현하고 그것은 무의식적인 것이라는, 또 그것을 조장하는 것이 국가라는 얘기는 언제나 답답한 속을 뻥 뚫어주는 활명수 같다. 하지만 이데올로기적 국가장치가 아무 쓸모가 없어질 때, 말마따나 만국의 노동자 모두가 들고 일어나 국가에 맞설 때, 국가는 언제든 억압적 장치를 동원하여 진압에 나설 것이다. 이는 역사가 입증한다 — 우리한테는 제주도가 있고 광주가 있다. 더 큰 무서움은 앞으로도 그런 일은 얼마든지 일어날 수 있다는 데 있을 것이다. 이 무서움을 잘 알았기에 — 특별히 1871년 파리코뮌은 이를 명백히 보여준다 — 르페브르는 국가가 그리할 때 그것에 맞설 수 있는 사회적 관계의 힘을 모을 전략을 도시사회와 도시혁명 테제로 구체화했을 가능성이 높다. 만약 그렇다면 그가 보기에 국가는 전복과 타도의 대상이 되고도 남음이 있다.

'그러니까 국가를 대상으로 해서 역진적 분석까지 할 필요는 없지 않을까요? 역사적 사건 몇 가지만 봐도 너무 분명하니까!' 하고 말하는 순간, 한 사람이 등장해서 이렇게 되묻는다. '그래도 국가는 국민을 보호하는 일을 최우선으로 삼으니까 한 번 쯤은 보존할 만한 것으로 생각해 볼 수 있지 않을까요?' '천만에, 지금 나라 돌아가는 꼬라지를 함 봐 보소. 어데 그런 말이 나오능기 가당키나 하겠능교?' 곧바로 한 마디 쏘아 붙인다. 다급한 나머지 그것도 사투리로. MERS!!! 지금 이 글을 쓰고 있는 이 순간에도 이 땅 어딘가를 돌아다니고 있을 그 바이러스. 한 국가의 무능을 단적으로 보여준다. 한 해 전 진도 앞바다에선 또 어떠했는가? 아직 다 피지도 못한 꽃이 몇 송이나 졌는가? 이 무능한 국가를 우리는 도대체 언제까지 용인해야 하는 것인가?

이런 급박한 상황에서 도시사회를 얘기하는 일은 실로 시급하다 못해 절박하기까지 하다. 하지만 이 절박함 속에서도 도시사회의 출현을 앞당기기 위해 손을 잡을 수 있는 우군이 있음을 알았다는 것은 불행 중 다행일 것이다. 국가의 보호를 받지 못하고 제 명을 다하지 못한 이들은 물론, 그이들을 사랑하는 모든 이까지. 르페브르가 도시혁명을 통해 결국 뒤엎고자 했던 것, 그가 1871년의 파리코뮌과 1968년의 혁명을 곱씹으며 바랐던 혁명, 그것의 목표는 어쩌면 국가였는지도 모른다. 그러면서 마르크스주의가 빠져 있던 '국가냐 사회냐'의 딜레마에서 그는 끝내 국가를 전복하고 마는 도시사회를 꿈꿨는지도 모를 일이다. 이를 뒷받침하기 위해 '국가권력은 부르주아 계급 전체의 공동 업무를 처리하는 하나의 위원회일 뿐이다'는 『공산당 선언』의 한 마디만큼 강력한 것이 또 어디 있을까.

5. 글로벌 첼로: 자본이나 자본주의, 그리고 도시사회

한 가지 놀라운 점은 르페브르가 말년에 생태학적 문제의식까지 지녔다는 점이다. 물론 이 같은 문제의식의 출발점은 도시다. 그는 이렇게 묻는다. 삶의 "새로운 형식들이 전 세계에서 발생해서 도시를 짓누르는가? 아니면 이와는 대조적으로 도시적 모델이 점점 더 전 세계적 규모로 확장하는 중인가?" 그가 실질적으로 제기하는 문제는 후자다. "사회계급들이 공간에 기입됨에 따라 그것들은 위계화"되고 머지않아 "콘크리트 사막들만 지표면에 남게 될 것이다". 그 결과 "생태학적 문제의 중요성"이 대두하게 된다. 그 중요성은 "삶의 환경과 환경의 질[에 대한 개선]이 시급"하고 생태학적 문제가 "정치적으로 중요한 지위를 이미 획득했다"는 사회적 인식 말고도 "어느 정도는 도외시된 형식들" 이를테면 "**오토제스티옹**" 같은 문제 또한 "반드시 핵심 우선순위로 복원돼야만 함"을 골자로 한다(567-9).

여기서 생각해 봐야 할 것은 자본과 자본주의다. 물론 앞서 부르주아의 대변인 노릇을 하는 국가 얘기를 했기 때문에 굳이 자본이나 자본주의를 언급할 필요까진 없을 수도 있지만, 두 가지 정도 분명히 짚어둬야 할 것이 있어 얘기를 꺼냈다. 국가와 자본의 가장 중요한 차이는 지리-공간적 영역에 있다. 17세기 초, 유럽에서 등장한 근대국가는 기본적으로 영토와 주권을 핵심 구성요소로 삼았고, 그 가운데 영토는 국가가 원칙적으로 공간적 제약을 안고 있음을 뜻한다. 두 번째는 역진적-전진적 방법의 틀에서 자본이나 자본주의를 한 번 더 숙고해야 하기 때문인데, 그 까닭은 바로 그것의 '생산력'에 있다. 간단히 말해서 자본주의적 생산관계와 사회적 생산력들 간의 모순, 후자의 전자 전복을 생각한다면, 대중의 생산력은 결코 포기될 수 없는 문제이기 때문이다. 어쨌든 행성적 규모에서 자본과 자본주의와 헤게모니 투쟁을 벌이기 위해 도시사회를 하루 빨리 조직해야 한다면 그 구성원은 만국의 노동자는 물론 앞서 말한 지구의 생태학적 위기에 피해를 입거나 맞서 싸우는 이까지 아우르는 모두가 될 것이다.

6. 변증법적 사중주: 우리 행성 지구의 새로운 앙상블

여기까지 한 모든 이야기를 바탕으로 하면 이런 식이 하나 성립될 것 같다. '도시-국가-자본 vs. 도시사회'. 그렇다면 이제 전선은 얼추 형성되지 않았나 싶다. 그렇다면 마지막 남은 작업은 역시 '도시사회의 주체'를 어떻게 밝힐 것인가 하는 문제를 더 구체적으로 생각하는 일일 것이다. 물론 여태껏 희미한 윤곽선을 조금씩 그려보기는 했지만 더 뚜렷한 청사진이 필요한 것도 사실이다.

이 문제의 고민을 위해 르페브르는 "시민citizen; *citoyen*과 도시 거주자city-dweller; *citadin*"를 변증법적으로 고찰할 것을 주문한다. 전자는 "한 영토에 오래도록 남아 있는 사람", 후자는 "끊임없이 계속되는 움직임"으로 사는 사람을 뜻하고, 이 둘은 현재 따로 떨어진 채 각자의 삶을 살아가기에 바쁘기만 하다. 이 둘 간의 연결은 지금 우리한테 한 가지 중요한 점을 일깨워 준다. 바로 '정주'와 '유목', '정착'과 '이주'라는 모던과 모스트모던을 대표하는 인간 삶의 방식 두 가지를 한꺼번에 붙들고 사유해야 한다는 것이다. 이제부터라도 포스트모던 다음을 준비해야 하는 우리로서는 당연히 받아들여야 할 조언일지도 모르겠다. 이 둘 간의 변증법에서 우리가 준비해야 하는 역사적 단계의 실마리가 발견될 수도 있기 때문이다. 그 발견을 위해 명심해야 할 것은 "도시권은 다른 어느 것도 아닌 시민권의 혁명적 개념을 함의한다", 그리고 그것을 발견할 수 있는 터는 "사회적 실천의 모순들을 위해 마련된 가장 바쁜 교차로들"이 있는 곳, 바로 "일상생활"이라는 르페브르의 두 마디 말이다(569-70).

이를 가슴에 담고 오늘부터라도 도시사회의 실현 가능성을 찾아 헤맨다면 이 변증법의 사중주도 조금씩 소리를 내며 불협화음을 잔뜩 내다가 이윽고 '우리 지구에서 새로운 앙상블'을 이룰 수 있지 않을까?

여기까지가 2015년 6월에 나름 미리 써 놓는다고 써 놓은 '역자 후기'다. 거의 손을 안 댄 채 그대로 놔뒀다. 이제 또 다른 마무리이자 시작을 위해 한 구절을 인용할까 한다.

> 생성은 지속적 발전(진화)이지만 그 도중에 발생하는 비약, 급작스런 돌연변이와 격변으로 말미암아 간간이 멈추기도 한다. 동시에 그것은 퇴행이기도 하다. 퇴행은 그 자체로 생성을 나르면서 그 퇴행이 시작한 내용을, 그렇게 발전이 멈춘 데서 다시 시작해서 계속 이어간다. 생성이 새로운 뭔가를 형성하는 와중에도, 그 어떤 생성도 한없이 직진하진 않는다(본문 61쪽).

7. 변증법적 사중주 그 이후, 또 그 이후

그때부터 2년 반도 더 되는 시간이 흐른 지금, 위의 인용이 우리한테 던지는 메시지는 뭘까? 어쩌면 이 책을 번역하는 동안 가장 가슴 깊이 와 닿은 한 마디일지도 모르겠다. 정말 그렇다면 그 이유 역시 지난 1년 남짓한 시간 동안의 역사적 맥락과 관계를 맺고 있는 게 아닐까 싶다. 작년 대선이 있기 전까지 9년의 세월. 그동안의 "퇴행은 그 자체로 생성을 나르면서 그 퇴행이 시작한 내용을, 그렇게 발전이 멈춘 데서 다시 시작해서 계속 이어"왔다. 그리고 지금이다.

좋은 세상은 왔을까? 온 것 같긴 하지만 그렇다고 내 일상생활에 큰 변화가 생긴 건 아니다. 겉으로 보기엔 거의 없다고 해도 괜찮을 정도다. 변화라면 맘에 생긴 것이 훨씬 더 큰 것 같다. 작년 촛불혁명 전까지 겪었던 고통에 비하면 … . 사회 상황도 대체로 괜찮아진 것 같다. 최저임금도 7530원으로 올랐고, 최근 나온 헌법 개정안에선 '국민'이 '사람'으로, '근로'가 '노동'으로 바뀌기까지 했다. 좋은 세상이 온 것 같긴 하다. 하지만 방심은 금물이다. "생성은 지속적 발전(진화)이지만 그 도중에 발생하는 비약, 급작스런 돌연변이와 격변으로 말미암아 간간이 멈추기도" 하기 때문이다. '꺼진 불도 다시 보자!'

다른 한편으로는 '무릇 물이 들어왔을 때 노를 저어야 한다'는 생각도 든다. 이와 관련해서 현재의 내게 생겨난 질문은 이런 것이다. '만약 국가가 부르주아지의 위원회가 아닐 가능성이 조금이라도 있다면, 국가가 이른바 프레카리아트를 비롯한 사회 소외계층 전반의 편에 설 수 있는 것이라면, 마르크스·엥겔스가 주창한 국가 사멸 테제의 역사적 유효성은 반감하는 게 아닐까? 그런데 정말 국가에 그 가능성은 있기나 할까? 없다면 그 가능성을 만들어 내기 위해 할 수 있는 일에는 어떤 게 있을까?'

좋은 세상은 왔을까?(같은 물음을 두 번째 던지는데 이는 개인적 차원에서다.) 그렇다손 치더라도 고민은 끝이 안 난다. 그 고민은 먼저 말 그대로 코뮤니스트의 자손으로 현시대의 코뮤니스트로 살아가고 싶다는 게 과연 어떤 건가? 하는 질문에서 시작한다. 코뮤니스트라고 해서 거창한 건 아니라고 생각한다. 그저 앗아가기 바쁜 세상에서 함께 나누고, 움직이고, 나아가고, 바꾸고 하는 세상[commune]을 꿈꾸는 사람, 또 웬만하면 그 꿈을 일상생활에서 이뤄 나갔음 하고, 또 조금이라도 그리하려 하고, 실제로도 그리하는 사람일 것이다 — '우리 중에 유토피아를 꿈꾸지 않는 사람이 누가 있을까?'

하지만 그 일이 절대로 만만한 건 아니다. 그 꿈을 이루기 위해서는 일상생활 속의 실천이 반드시 뒤따라야 하기 때문이다. '현실 운동의 한 걸음 한 걸음이 한 무더기의 강령보다 중요하다'는 말에서 '일상생활을 바꾸지 않고선 우리 삶의 터전인 도시를 바꿀 수 없고, 그리 못하면 세상을 바꾸는 일 따위 꿈도 못 꾼다'는 말까지. 실천의 중요성은 아무리 강조해도 지나침이 없다. 왜냐하면 현실적인 것-가능한 것-불가능한 것의 관계에서 생기는 모순을 돌파해 나갈 수 있는 방법은 실천밖에 없기 때문이다. 현실을 살아가면서 우리는 늘 가능한 것과 불가능한 것을 생각한다. 그 생각이 생각에 머무르기만 하는 것을 원치 않는다면 우리한테는 싫든 좋든 뭔가를 해 보는 수밖에 없다. 생각을 실천으로 옮길 때 우리는 비로소 가능한 것과 불가능한 것을 구체적으로 판가름할 수 있게 된다. 이때 가능하게 된 것은 그것대로 조건을 따져보고, 불가능한 것은 또 그것대로 그리해 본다. 그렇게 해서 발견되는 모순이 있다면 그게 뭐든 미래를 향해 나아갈 수 있는 힘이 될 것이다. 거창하게 말해서 역사는 이렇게 움직이는 게 아닐까?

이 책을 마무리하는 이때 세 가지 바람이 있다. 먼저, 이 책이 앞으로 있을 르페브르 연구는 물론 문화연구와 마르크스주의 연구에, 또 무엇보다 아직도 잘 이뤄지지 않는 듯 보이는 학제간 연구 그 자체의 활성화에 조금이나마 도움이 됐으면 하는 것이다. 다음, 이 작업을 계기로 할 수 있는 만큼 많은 얘기가 오고 갔으면 하는 것이다. 물론 그 얘기엔 이 작업이 모자란 탓에 당하게 될 모든 꾸중도 포함된다. 그걸 들으려고 아예 메일 계정을 새로 하나 만들었다(gukjojeon@daum.net). 지금은 텅 비어 있는 이 메일함이 이런저런 얘기로 꽉 찼으면 좋겠다. 끝으로 이 작업을 마지막으로 정말 끝이 나 버릴지도 모르는 '경성대 문화총서'가 계속 이어졌으면 하는 간절한 바람이 있다. 긴축의 칼날에 학업의 열의가 잘려 나가는 일만큼은 안 생겨야 하지 않을까.

이제 감사의 맘을 전할 차례다. 정말 목 빠지게 기다려 온 순간이다. 가장 먼저 지금껏 나와 연을 맺었던 모든 선학, 동학, 후학께 감사드린다. 그 중에서도 특별히 이현석 선생님께 깊은 감사의 말씀을 올린다. 대학원 과정 동안 현대 마르크스주의의 큰 흐름을 세세하게 짚어 주셨을 뿐 아니라 이 작업의 시작부터 끝까지 한결같이 크나큰 도움을 주시기도 했다. 마찬가지로 김재기 선생님께도 감사드린다는 말씀을 드리고 싶다. 대학원 과정 동안 공간 및 문화지리 세미나와 마르크스주의 세미나를 주관해 주시고 바쁘신 와중에도 짬짬이 챙겨 주시며 번역의 막힌 곳을 뚫어 주셨다. 이 두 분 선생님께 한 번 더 감사의 인사를 드려야 하는 까닭은 두 분께서 나를 변증법적으로, 다시 말해서 번역의 엄격함과 유연한 사이에서 늘 고민할 수 있도록 이끌어 주셨기 때문이다. 한 마디로 두 분 선생님의 보살핌이 없었더라면 이 번역은 엄두도 못 냈을 게 뻔하다. 아울러 경성대학교 대학원 통합과정인 문화기획·행정·이론학과와 문과대학 글로컬문화학부의 모든 선생님께도 감사드린다. 이 일이 시작할 때 경성대학교 출판부가 소속돼 있었던 중앙도서관의 관장 문헌정보학과 김선애 선생님, 현재 출판부장을 겸임하고 계시는 창의인재대학의 박은경 학장님, 출판부 홍무경 팀장님과 강유라, 박지민 선생님께도 감사드린다. 아울러 도와달라고 할 때마다 안 된단 말 한 번 없이 없는 시간 쪼개가며 도와줬던 이수진 선생님, 박지혜님, 박진수님, 처음엔 이 작업을 같이 했지만 사정이 여의치 않아 그만 둘 수밖에 없었던 도원우 선생님, 지난겨울부터 마르크스주의 문화론을 중심으로 한 문화연구 세미나 식구들인 김경봉, 김혜비, 박창혁, 박혜리, 이동주, 이희충, 추원지님께도 고맙다는 말씀을 드리고 싶다. 그리고 올봄으로 딱 30년째 접어든 우리 '일기일회(一期一會)' 친구들한테도 고맙다.

끝으로 돌아가신 아버지, 여전히 건강하게 지내시는 어머니, 형님들을 비롯한 모든 식구들께, 또 곧 돌을 맞게 될 손자, 맏조카 인화 아들인 노아한테도 꼭 고맙다는 말을 하고 싶다. 그리고 누구보다도 동학이자 반려로서 이 일이 마무리될 때까지 동고동락한 정두순 선생님께도 깊이 감사드린다. 그녀의 도움과 응원, 배려와 격려가 없었다면 결코 다하지 못했을 작업이다.

2018년 3월

전국조

참고문헌

앙리 르페브르가 쓰거나 엮은 책

1934 *Morceaux choisis de Karl Marx*, Paris: Gallimard. With Norbert Guterman.
『카를 마르크스 선집』

1936 *La conscience mystifiée*, Paris: Éditions Syllepse, 3rd edition, 1999. With Norbert Guterman.
『신비화된 의식』

1937 *Le nationalisme contre les nations*, Paris: Méridiens Klincksieck, 2nd edition, 1988.
『민족에 대립하는 민족주의』.

1938 *Hitler au pouvoir, les enseignements de cinq années de fascisme en Allemagne*, Paris: Bureau d'Éditions.
『권력으로 향한 히틀러』

G. W. F. Hegel, Morceaux choisis, Paris: Gallimard. With Norbert Guterman.
『헤겔 선집』

Cahiers de Lénine sur la dialectique de Hegel, Paris: Gallimard. With Norbert Guterman.
『헤겔의 변증법에 대한 레닌의 노트』

1939 *Nietzsche,* Paris: Éditions Sociales Internationales.
『니체』

Le matérialisme dialectique, Paris: PUF, 6th edition, 1971. Translated by John Sturrock as *Dialectical Materialism,* London: Jonathan Cape, 1968.
『변증법적 유물론』

1946 *L'existentialisme,* Paris: Anthropos, 2nd edition, 2001.
『실존주의』

1947 *Logique formelle, logique dialectique,* Paris: Anthropos, 2nd edition, 1969.
『형식 논리, 변증법적 논리』

Descartes, Paris: Éditions Hier et Aujourd'hui.
『데카르트』

Marx 1818-1883, Genève-Paris: Trois Collines.
『마르크스 1818-1883』

Pour connaître la pensée de Karl Marx, Paris: Bordas.
『마르크스 사상에 대한 이해』
Critique de la vie quotidienne I: Introduction, Paris: L'Arche, 2nd edition, 1958. Translated by John Moore as *Critique of Everyday Life Volume I: Introduction,* London: Verso, 1991.
『일상생활 비판』 제1권

1948 *Le marxisme,* Paris: PUF.
『마르크스주의』

1949 *Diderot ou les affirmations fondamentales du matérialisme,* Paris: L'Arche, 2nd edition, 1983.
Pascal: Tome Premier, Paris: Nagel.
『파스칼』 제1권

1953 *Contribution à l'esthétique,* Paris: Anthropos, 2nd edition, 2001.
『미학시론』

1954 *Pascal: Tome Deux,* Paris: Nagel.
『파스칼』 제2권

1955 *Musset,* Paris: L'Arche, 2nd edition, 1970.
『뮈세』
Rabelais, Paris: Anthropos, 2nd edition, 2001.
『라블레』

1956 *Pignon,* Paris: Édition Falaise.
『피뇽』

1957 *Pour connaître la pensée de Lénine,* Paris: Bordas.
『레닌 사상에 대한 이해』

1958 *Problèmes actuels du marxisme,* Paris: PUF, 2nd edition, 1960.
『마르크스주의에 대한 오늘날의 문제』

1959 *La somme et le reste,* Paris: Méridiens Klincksieck, 3rd edition, 1989.
『합과 나머지』

1961 *Critique de la vie quotidienne II: Fondements d'une sociologie de la quotidienneté,* Paris: L'Arche. Translated by John Moore as *Critique of Everyday Life Volume II: Foundations for a Sociology of the Everyday*, London: Verso.
『일생생활 비판』 제2권

1962 *Introduction à la modernité: Préludes*, Paris: Les Éditions de Minuit. Translated by John Moore as *Introduction to Modernity: Twelve Preludes*, London: Verso, 1995.
『모더니티 입문』, 이종민 옮김, 서울: 동문선, 1999.

1963 *La vallée de Campan: Étude de sociologie rurale*, Paris: PUF.
『캄팡 계곡: 농촌사회학 연구』
Karl Marx, Œuvres choisis, Tome I, Paris: Gallimard. With Norbert Guterman.
『카를 마르크스 선집』 제1권

1964 *Marx*, Paris: Gallimard.
『마르크스』
Allemagne, Paris: Braun & Cie. Photos et notices par Martin Hurlimann.
『독일』
1965 *La proclamation de la commune*, Paris: Gallimard.
『코뮌선언』
Pyrénées, Pau: Cairn, 2nd edition, 2000.
『피레네산맥』
Métaphilosophie, Paris: Éditions Syllepse, 2nd edition, 2001; Translated by David Fernbach as *Metaphilosophy*, edited with an Introduction by Stuart Elden, London: Verso, 2016.
『메타철학』
1966 *Le langage et la société*, Paris: Gallimard.
『언어와 사회』
Sociologie de Marx, Paris: PUF. Translated by Norbert Guterman as *The Sociology of Marx*, Harmondsworth: Penguin, 1968.
『마르크스의 사회학』
Karl Marx, Oeuvres choisis, Tome II, Paris: Gallimard, with Norbert Guterman.
『마르크스 선집』 제2권
1967 *Position: Contre les technocrates en finir avec l'humanité-fiction*, Paris: Gonthier.
『입장: 기술관료에 반대하며』
1968 *La vie quotidienne dans le monde moderne*, Paris: Gallimard. Translated by Sacha Rabinovitch as *Everyday Life in the Modern World*, Harmondsworth: Allen Lane, 1971.
『현대세계의 일상성』, 박정자 옮김, 서울: 기파랑, 2005.
La droit à la ville, Paris: Anthropos. Translated and edited by Eleonore Kofman and Elizabeth Lebas as 'The right to the city', in *Writings on Cities*, Oxford: Blackwell, 1996, pp. 63-181.
『도시에 대한 권리』
L'irruption de Nanterre au sommet, Paris: Éditions Syllepse, 2nd edition, 1998. Translated by Alfred Ehrenfeld as *The Explosion: Marxism and the French Upheaval*, New York: Modern Reader, 1969.
『돌입: 낭테르에서 절정까지』
1970 *Du rural à l'urbain*, Paris: Anthropos.
『농촌사회에서 도시사회로』
La révolution urbaine, Paris: Gallimard. Translated by Robert Bononno as *The Urban Revolution*, Minneapolis: University of Minnesota Press, 2003.
『도시혁명』
La fin de l'histoire, Paris: Les Éditions de Minuit.

『역사의 종언』
Le manifeste différentialiste, Paris: Gallimard.
『차-등주의 선언』

1971 *Au-delà du structuralisme*, Paris: Anthropos.
『구조주의 저편』
Vers le cybernanthrope, Paris: Denoël/Gonthier.
『사이버인류를 향하여』

1972 *La pensée marxiste et la ville*, Paris: Casterman; Translated by Robert Bonnono as *Marxist Thought and the City*, with a Forward by Stuart Elden, Minneapolis: University of Minnesota Press, 2016.
『마르크스주의 사상과 도시』
Espace et politique: Le droit à la ville II, Paris: Anthropos, 2nd edition, 2000.
『공간과 정치』
Trois textes pour le théâtre, Paris: Anthropos.
『세 편의 희곡』

1973 *La survie du capitalisme: La re-production des rapports de production*, Paris: Anthropos, 3rd edition, 2002. Abridged version translated by Frank Bryant as *The Survival of Capitalism*, London: Allison & Busby, 1976.
『자본주의의 존속』
Le jeu de Kostas Axelos, Paris: Fata Morgana, with Pierre Fougeyrollas.
『코스타스 악셀로스의 즐거움』

1974 *La production de l'espace*, Paris: Anthropos. Translated by Donald Nicholson-Smith as *The Production of Space*, Oxford: Blackwell, 1991 — 영역본에는 데이비드 하비의 「후기」가 실려 있다.
『공간의 생산』, 양영란 옮김, 서울: 에코리브르, 2011 — 2000년 제4판을 번역한 것으로 레미 에스의 서문 「앙리 르페브르와 공간의 사유」가 실려 있다.

1975 *Le temps des méprises*, Paris: Stock.
『착각의 시대』
Hegel, Marx, Nietzsche ou le royaume des ombres, Paris: Castermann.
『헤겔, 마르크스, 니체 또는 그림자의 왕국』
L'idéologie structuraliste, Paris: Anthropos.
『구조주의적 이데올로기』
Actualité de Fourier: Colloque d'Arcs-et-Senans sous la direction de Henri Lefebvre, Paris: Anthropos.
『푸리에의 현실성』

1976-8 *De l'État*, Paris: UGE, 4 volumes.
『국가』, 총 4권.

1978 *La révolution n'est plus ce qu'elle était*, Hallier: Éditions Libres. With Catherine Régulier.
『이제 혁명은 예전의 혁명이 아니다』

1980 *Une pensée devenue monde: Faut-il abandonner Marx?* Paris: Fayard.
『사상의 세계 되기』

La présence et l'absence: Contribution à la théorie des representations, Paris: Casterman.
『현전과 부재: 재현이론입문』

1981 *Critique de la vie quotidienne III: De la modernité au modernisme (Pour une métaphilosophie du quotidienne)*, Paris: L'Arche. Translated by Gregory Elliot as *Critique of Everyday Life III: From Modernity to Modernism (Towards a Metaphilosophy of Daily Life)*, with a Praface by Michel Trebitsch, London: Verso, 2005.
『일상생활 비판』 제3권

1985 *Qu'est-ce que penser?* Paris: Publisad.
『무엇이 사유인가?』

1986 *Le retour de la dialectique: 12 mots clefs*, Paris: Messidor/Éditions Sociales.
『변증법의 귀환』

Lukács 1955, with Patrick Tort, *Êire marxiste aujourd'hui*, Paris: Aubier.
『루카치 1955』

1990 *Du contrat de citoyenneté*, Paris: Éditions Syllepse. With le Groupe de Navarrenx.
『시민권의 계약에 관하여』

1991 *Conversation avec Henri Lefebvre*, Paris: Messidor. With Patricia Latour and Francis Combes.
『앙리 르페브르와 나눈 대화』

1992 *Éléments de rythmanalyse: Introduction à la connaissance de rythmes*, Paris: Éditions Syllepse. Translated by Stuart Elden and Gerald Moore as 'Elements of rhythmanalysis: introduction to the understanding of rhythms', in *Rhythmanalysis: Space, Time and Everyday Life*, London: Continuum, 2004, pp. 1-69.
『리듬분석: 공간, 시간, 그리고 도시의 일상생활』, 정기헌 옮김, 서울: 갈무리, 2013, 스튜어트 엘든의「영어판 해제: 리듬분석의 서설」이 함께 실려 있다.

1996 *Writings on Cities*, translated and edited by Eleonore Kofman and Elizabeth Lebas, Oxford: Blackwell.
『선집으로 읽는 앙리 르페브르의 도시론』

2002 *Méthodologie des Sciences: Un inédit*, Paris: Anthropos.
『과학의 방법론』

2003 *Key Writings*, edited by Stuart Elden, Elizabeth Lebas and Eleonore Kofman, London: Continuum.
『앙리 르페브르: 핵심저작』

앙리 르페브르가 쓴 짧은 글

1924 'Une tentative métaphysique: "La dialectique du monde sensible" de Louis Lavelle', *Philosophies* 3, pp. 241-8.

1924 'Critique de la qualité et de l'être: Fragments de la philosophie de la conscience', *Philosophies* 4, pp. 414-21.

1925 'Positions d'attaque et de defence du nouveau mysticisme', *Philosophies* 5/6, pp. 471-506.

'La révolution d'abord et toujours', *La révolution surréaliste* 5, pp. 31-2, cosignatory with several others.

1926 'La pensée et l'esprit', *L'esprit* 1, pp. 21-69.

'Description de ce temps: Misère de M. Jacques Maritain', *L'esprit* 1, pp. 258-71.

'Introduction: Le même et l'autre', in Friedrich Schelling, *Recherches philosophiques sur l'essence de la liberté humaine et sur les problèmes qui s'y rattachent*, translated by Georges Politzer, Paris: F. Rieder, pp. 7-64.

1927 'Reconnaissance de l'unique', *L'esprit* 2, pp. 5-37.

'Notes pour le process de la chrétienté', *L'esprit* 2, pp. 121-47.

1929 '*Verdun*, par le maréchal Pétain', *La revue marxiste* 6, pp. 719-20.

1932 'Du culte de "l'esprit" au matérialisme dialectique', *La nouvelle revue française* 39(231), pp. 802-5.

1933 'Individu et classe', *Avant-Poste* 1, pp. 1-9. With Norbert Guterman.

'Le fascisme en France', *Avant-Poste* 1, pp. 68-71.

'André Breton, *Les vases communicants*', *Avant-Poste* 1, pp. 75-7.

'La mystification: pour une critique de la vie quotidienne', *Avant Poste* 2, pp. 91-107, with Norbert Guterman.

'Autocritique', *Avant-Poste* 2, pp. 142-3.

'Le Karl Marx de M. Otto Ruhle', *Avant-Poste* 3, pp. 199-201.

'Mussolini: le fascisme', *Avant-Poste* 3, pp. 201-2.

1934 '*Madame 60 Bis*, par Henriette Valet (Grasset)', *La nouvelle revue française* 43(255), pp. 921-3.

1935 'Qu'est-ce que la dialectique?', *La nouvelle revue française* 45(264) pp. 351-64 and 45(265), pp. 527-39.

1944 'Georges Politzer', *La pensée* 1, pp. 7-10.

1945 'Existentialisme et Marxism', *Action* 40, pp. 5-8.

'La pensée militaire et la vie nationale', *La pensée* 3, pp. 49-56.

1948 'Marxisme et sociologie', *Cahiers internationaux de sociologie* IV, pp. 48-74.

'Le Don Juan du Nord: Pièce en 3 actes', *Europe: Revue mensuelle* 28, pp. 73-104.

'La crise du capitalisme français: Essai de definition du problème', *La pensée* 17, pp. 39-50.
1949 'Autocritique: Contribution à l'effort d'eclaircissement idéologique', *La nouvelle critique* 4, pp. 41-57.
'L'homme des revolutions politiques et sociales', *Pour un nouvel humanisme*, textes des conférences et des entretiens organisés par les Rencontres Internationales de Genève, Neuchâtel: Éditions de la Baconnière, pp. 115-35.
1950 'Connaissance et critique sociale', in Marvin Farber (ed.), *L'activité philosophique contemporaine en France et aux États-Unis — Tome Second: La philosophie Française*, Paris: PUF, pp. 298-319.
1950 'Knowledge and social criticism', in Marvin Farber (ed.), *Philosophic Thought in France and the United States: Essays Representing Major Trends in Contemporary French and American Philosophy*, New York: University of Buffalo Publications in Philosophy, pp. 281-300.
1951 'Lettre sur Hegel', *La nouvelle critique* 22, p. 99-104.
1953 'Structures Familiales Comparées', in Georges Friedmann (ed.), *Villes et campagnes: Civilisation urbaine et civilisation rurale en France*, Paris: Armand Colin, pp. 327-62.
1955 'La notion de totalité dans les sciences sociales', *Cahiers internationaux de sociologie* xiii, pp. 55-77.
'Une discussion philosophique en URSS. Logique formelle et logique dialectique', *La pensée* 59, pp. 5-20.
1956 'De l'explication en économie politique et en sociologie', *Cahiers internationaux de sociologie* xxi, pp. 19-36.
'Une philosophie de l'ambiguïté', in Roger Garaudy *et al.*, *Mésaventures de l'antimarxisme: Les malheurs de M. Merleau-Ponty*, Paris: Éditions Sociales, pp. 99-106.
'Divertissement pascalien et alienation humaine', in *Blaise Pascal: L'homme et l'oeuvre*, Paris: Les Éditions de Minuit, pp. 196-224.
'La communauté villageoisie', *La pensée* 66, pp. 29-36.
1956-57 'M. Merleau-Ponty et la philosophie de l'ambiguïté', *La pensée* 68, pp. 44-58 and 73, pp. 37-52.
1957 'Le marxisme et la pensée française', *Les temps modernes* 137-38, pp. 104-37.
'Vers un romantisme révolutionnaire', *Nouvelle revue française* 58, pp. 644-72.
1958 'L'exclu s'inclut', *Les temps modernes* 149, pp. 226-37.
'Réponse à camarade Besse', *Les temps modernes* 149, pp. 238-49.
'Les entretiens philosophiques de Varsovie', *Comprendre: Revue de politique de la culture* 19, pp. 237-45.
'Les rapports de la philosophie et de la politique dans les premières œuvres de Marx (1842-1843)', *Revue de métaphysique et de morale* 63(2-3), pp. 299-324.

'Retour à Marx', *Cahiers internationaux de sociologie* xxv, pp. 20-37.
'Avant-propos de la 2e édition', in *Critique de la vie quotidienne* I: *Introduction*, Paris: L'Arche, 2nd edition, pp. 9-111. Translated by John Moore as 'Foreword to the second edition', in *Critique of Everyday Life Volume* I: *Introduction*, London: Verso, 1991, pp. 3-99.
Le romantisme révolutionnaire, Cercle Ouvert: Confrontations, Paris: La Nef de Paris, with Colette Audry, Jacques Nantet and Claude Roy.

1959 'Justice et vérité', *Arguments* 15, pp. 13-19.
'Les cadres sociaux de la sociologie marxiste', *Cahiers international de sociologie* xxvi, pp. 81-102.
'Le soleil crucifié', *Les temps modernes* 155, pp. 1016-29.
'Karl Marx et Heidegger', in Kostas Axelos, *Argument d'une recherche*, Paris: Éditions de Minuit, 1969, pp. 93-105, with Kostas Axelos, Jean Beaufret, François Châtelet. Originally published in *France Observateur* 478, 28 May 1959.

1960 'Psychologie des classes sociales', in Georges Gurvitch (ed.), *Traité de sociologie*, Paris: PUF, 2 volumes, 1958-60, II, pp. 364-86.

1960 'Avant-propos à la deuxième édition', in *Problèmes actuels du marxisme*, Paris: PUF, 2nd edition, 1960, pp. vii-viii.

1961 'Avant-propos', in *Le matérialisme dialectique*, Paris: PUF, 6th edition, pp. 5-12. Translated by John Sturrock as 'Foreword to the fifth edition', in *Dialectical Materialism*, London: Jonathan Cape, 1968, pp. 13-19.
'Critique de la critique non-critique', *Nouvelle revue marxiste* 1, pp. 57-79
'Les dilemmes de la dialectique', *Médiations* 2, pp. 79-105.

1962 'Le concept de structure chez Marx', in Roger Bastide (ed.), *Sens et usages du terme structure dans les sciences humaines et sociales*, The Hague: Mouton, 2nd edition, 1972, pp. 100-6.
'Marxisme et technique', *Esprit* 307, pp. 1023-8.
'La signification de la commune', Arguments 27-28, pp. 11-19.
'Les myths dans la vie quotidienne', *Cahiers internationaux de Sociologie* XXXIII, pp. 67-74.

1964 'L'État et la société', *Les cahiers du centre d'études socialistes* 42-3, pp. 17-29.
'Les sources de la théorie Marxiste-Leniniste de l'État', *Les cahiers du centre d'études socialistes* 42-3, pp. 31-48.

1965 'Kostas Axelos: *Vers la pensée planétaire: le devenir-pensée du monde et le devenir homme* [sic] *de la pensée* (Ed. de Minuit)', *Esprit* 338, pp. 1114-17.

1966 'Problèmes théoriques de l'autogestion', *Autogestion* 1, pp. 59-70.

1967 'Sur une interpretation du marxisme', *L'homme et la société* 4, pp. 3-22.
'1925', *La nouvelle revue française* 172, pp. 707-19.
'Le droit à la ville', *L'homme et la société* 6, pp. 29-35.

1968 'Ville, urbanisme et urbanisation', *Perspectives de la sociologie contemporaine: Hommage à Georges Gurvitch*, edited by Georges Balandier, Roger Bastide, Jacques Berque and Pierre George, Paris: PUF, pp. 85-105. With Monique Coornaert.

'Bilan d'un siècle et de deux demi siècles (1867-1917-1967)', in Victor Fay (ed.), *En partant du 'capital'*, Paris: Anthropos, pp. 115-42.

1969 'Pascal et l'ordre des *Pensées*', in A. Lanavère (ed.), *Pascal*, Paris: Firmin-Didot Étude/Librairie Marcel Didier, 1969, pp. 154-73. With Lucien Goldman.

1970 'Réflexions sur la politique de l'espace', *Espaces et Société* 1, pp. 3-12. Translated as 'Réflections on the politics of space', *Antipode* 8(2), 1976, pp. 30-7.

1971 'Musique et sémiologie', *Musique en jeu* 4, pp. 52-62.

1973 'Le mondial et le planétaire', *Espace et société* 8, pp. 15-22.

1974 'La production de l'espace', *L'homme et la société* 31-32, pp. 15-32.

'Evolution or Revolution', in Fons Elders (ed.), *Reflexive Water: The Basic Concerns of Mankind*, London: Souvenir Press, pp. 201-67. With Leszek Kolakowski.

1975 'What is the Historical Past?' *New Left Review* 90, pp. 27-34.

'Les autres Paris', *Espaces et sociétés* 13-14, pp. 185-92.

1976 'Interview - Débat sur le marxisme: Léninisme-stalinisme ou autogestion?', *Autogestion et socialisme* 33/34, pp. 115-26.

'Le marxisme éclaté', *L'homme et la société* 41/42, pp. 3-12.

1979 'A propos d'un nouveau modèle étatique', *Dialectiques* 27, pp. 47-55. Translated by Neil Brenner and Victoria Johnson as 'Comments on a new state form', *Antipode* 33(5), 2001, pp. 769-82.

'Space: Social Product and Use Value', in J. W. Freiburg (ed.), *Critical Sociology: European Perspectives*, New York: Irvington Publishers, pp. 285-95.

1982 'Préface à la troisième édition: Douze thèses sur logique et dialectique', in *Logique formelle, logique dialectique*, Paris: Terrains/Éditions Sociales, 3rd edition, pp. 3-8.

1985 'Le projet rythmanalytique', *Communications* 41, pp. 191-9. With Catherine Régulier.

'Préface: La production de l'espace', in *La production de l'espace*, Paris: Anthropos, 4th edition, 2000, pp. xvii-xxviii.

1986 'Lettre', in *Marx … ou pas? Réflexions sur un centenaire*, Paris: Études et Documentation Internationales, pp. 21-5.

'1956', *M, mensuel, marxisme, mouvement* 1, pp. 31-5.

'Le renouveau philosophique avorté des annés trente: Entretien avec Henri Lefebvre', *Europe: Revue littéraire mensuelle* 683, pp. 29-41, with Michel Trebitsch.

1987 'An Interview with Henri Lefebvre', translated by Eleonore Kofman. *Environment and Planning D: Society and Space* 5(1), pp. 27-38.

'The Everyday and Everydayness', in *Everyday Life: Yale French Studies* 73, pp. 7-11.

'Quelques questions sur le questionnement', *M, mensuel, marxisme, mouvement* 7, pp. 52-4.
'Le quotidien (mise au point)', *M, mensuel, marxisme, mouvement* 11, p. 9.
'Chers amis, lecteurs, abonnés, collaborateurs de M', *M, mensuel, marxisme, mouvement* 14, pp. 6-7.

1988 'Toward a leftist cultural politics: remarks occasioned by the centenary of Marx's death', in Gary Nelson and Lawrence Grossberg (eds), *Marxism and the Interpretation of Culture*, London: Macmillan, pp. 75-88.

1995 'A group of young philosophers: a conversation with Henri Lefebvre', in Bernard-Henri Lévy, *Adventures on the Freedom Road: The French Intellectuals in the Twentieth Century*, translated by Richard Veasy, London: Harvill, pp. 131-8.

1997 'Lefebvre on the Situationists', conducted and translated by Kristin Ross, October 73, pp. 69-83.

2003 'Space and the State', in *State/Space: A Reader*, edited by Neil Brenner, Bob Jessop, Martin Jones and Gordon MacLeod, Oxford: Blackwell, 2003, pp. 84-100.

이 목록에 르페브르가 쓴 짧은 글 모두가 있는 것은 아니다. 이 가운데 일부는 르페브르의 책에 엮여 있고, 일부는 리뷰이거나 이 책에 쓰이지 않은 글이다. 더 많이 소개하고 있는 목록 — 그렇다고 해도 여전히 완벽하진 않지만 — 은 다음을 보면 되겠다.

Rémi Hess, *Henri Lefebvre et l'aventure du siècle*, Paris: A. M. Métailié, 1988, pp. 334-45.
Rob Shields, *Lefebvre, Love and Struggle: Spatial Dialectics*, London: Routledge, 1999, pp. 190-204.

<옮긴이>「앙리 르페브르 저작 목록」, 『리듬분석』, 262-9쪽 또한 참조할 것.

찾아보기

이름 찾아보기

서명

다음은 꼭 필요한 경우가 아니고는 본문에 한정토록 한다(옮긴이).

르페브르 — 단행본

그 밖의 책

저널·신문, 그 외

인명

다음에서 헤겔, 마르크스, 르페브르 자신은 아예 언급되지 않는다. 그들과 관련한 논의는 거의 매 쪽에 있다 — 저자(엘든). 쪽수 옆 괄호안의 주 번호는 원주와 옮긴이 주를 구분하지 않는다(옮긴이).

— ㄱ —

— ㄴ —

— ㄷ —

— ㄹ —

— ㅁ —

— ㅂ —

지명 및 관련 내용

내용 찾아보기

순서는 외국어, 한국어로 돼 있다. 후자는 우선 이 책의 목차 및 『국가, 공간, 세계』의 「찾아보기」를 참조해 주제별로 묶은 다음 그 밖의 내용을 가급적 자세하게 정리한다. 그런 만큼 조금 겹치는 부분이 있어서 교차 참조가 필요할 수도 있음을 미리 밝혀 둔다(옮긴이).

— A–Z —

— ㄱ —

국가, 국가권력, 국민·민족·종족, 영토

규모, 층위, 차원

경제

계급

기술, 경제, 생산, 자연

도시

— ㄹ —

리듬 및 리듬분석

— ㅁ —

마르크스주의

문명과 문화

사회

소외, 소외론

생산

예술과 예술작품

이데올로기

일상생활, 일상(적인) 것, 일상성

— ㅈ —

자본주의

전쟁

정치와 정치적인 것

존재, 인간 존재

종교

주체 및 그 특성

지리와 역사

— ㅊ —

체제로서 주의 및 독트린과 그 효과

— ㅋ —

— ㅌ —

— ㅍ —

— ㅎ —

혁명

경성대문화총서 44

앙리 르페브르 이해하기 : 이론과 가능한 것

지 은 이 | 스튜어트 엘든
옮 긴 이 | 전국조
감　　수 | 이현석

초판 1쇄 인쇄 | 2018년 3월 28일
초판 1쇄 발행 | 2018년 3월 31일

펴 낸 이 | 송수건
출판등록 | 1985년1월28일 제331-1985-000001호
펴 낸 곳 | 경성대학교출판부
주　　소 | 부산광역시 남구 수영로 309(대연동)
전　　화 | (051) 663-4195
팩　　스 | (051) 663-4199
홈페이지 | press.ks.ac.kr

· 잘못된 책은 구입하신 서점에서 바꾸어 드립니다.
· 이 도서는 2014년 경성대학교 제14차 기획도서 공모전 당선작으로
경성대학교의 지원을 받아 출판되었습니다.

ISBN 978-89-7314-316-0 94300
978-89-7314-135-7 (세트)

경성대문화총서

1. **근대성의 종말**
잔니 바티모 지음 | 박상진 옮김 | 신국판 314면 | 값 15,000원

2. **디지털 언어와 인문학의 변형 (기호학, 인식론, 고고학)** (2004년 문화관광부 추천도서-학술부문 선정)
김성도 지음 | 신국판 364면 | 값 18,000원

3. **실재의 귀환** (2004년 문화관광부 추천도서-학술부문 선정)
핼 포스터 지음 | 이영욱·조주연·최연희 옮김 | 크라운판변형 386면 | 값 24,000원

4. **작가생산의 사회사** (2004년 문화관광부 추천도서-학술부문 선정)
이현석 지음 | 크라운판변형 407면 | 값 22,000원

5. **문화국가 : 문화라는 현대의 종교에 관하여**
마르크 퓌마롤리 지음 | 박형섭 옮김 | 크라운판변형 349면 | 값 20,000원

6. **예술과 문화**
클레멘트 그린버그 지음 | 조주연 옮김 | 크라운판변형 378면 | 값 22,000원

7. **시각과 시각성**
핼 포스터 엮음 | 최연희 옮김 | 신국판 249면 | 값 14,000원

8. **설득의 실천 : 미술사의 역설과 권력**
키스 먹시 지음 | 조주연 옮김 | 신국판 224면 | 값 13,000원

9. **미술사의 현대적 시각들 : 해체주의에서 퀴어이론까지**
마크 A 치담·마이클 앤 홀리·키스 막시 외 지음 | 조선령 옮김 | 크라운판 427면 | 값 25,000원

10. **신 미술사? 비판적 미술사!** (2005년 문화관광부 추천도서-학술부문 선정)
조나단 해리스 지음 | 이성훈 옮김 | 신국판 450면 | 값 22,000원

11. **번역과 문화연구 : 합일을 거부하는 반복** (2011년 문화체육관광부 추천도서-학술부문 선정)
정혜욱 지음 | 신국판 364면 | 값 20,000원

12. **현대의 미적 커뮤니케이션 1**
게어하르트 플룸페 지음 | 홍승용 옮김 | 신국판 564면 | 값 28,000원

13. **현대의 미적 커뮤니케이션 2**
게어하르트 플룸페 지음 | 홍승용 옮김 | 신국판 471면 | 값 24,000원

14. **탈출속도**
폴 비릴리오 지음 | 배영달 옮김 | 신국판변형 227면 | 값 13,000원

15. **우리 시대의 비극론** (2007년 문화관광부 추천도서-학술부문 선정)
테리 이글턴 지음 | 이현석 옮김 | 신국판 551면 | 값 28,000원

16. **슬라보예 지젝**
사라 케이 지음 | 정현숙 옮김 | 신국판 297면 | 값 17,000원

17. **미메시스에서 시뮬라시옹까지**
베르너 융 지음 | 장희창 옮김 | 신국판 310면 | 값 18,000원

18. **꿈의 세계와 파국 : 대중 유토피아의 소멸**
수잔 벅-모스 지음 | 윤일성·김주영 옮김 | 크라운판변형 463면 | 값 30,000원

19. **미술사의 유물론적 이해**
겐 도이 지음 | 이성훈 옮김 | 신국판 326면 | 값 18,000원

20. **빵떼옹 : 성당에서 프랑스 공화국 묘지로** -혁명과 반동의 상징정치학-
하상복 지음 | 신국판 361면 | 값 18,000원

21. **동력의 기술**
폴 비릴리오 지음 | 배영달 옮김 | 신국판변형 212면 | 값 13,000원

22. **헨델에서 헨드릭스까지**
마이클 채넌 지음 | 정경영 옮김 | 신국판 529면 | 값 26,000원

경성대문화총서

23 **질 들뢰즈**
토드 메이 지음 | 이윤성 옮김 | 신국판 274면 | 값 16,000원

24 **문화의 실재 : 라캉으로 문화 읽기**
캐더린 벨지 지음 | 김전유경 옮김 | 신국판 246면 | 값 14,000원

25 **백색신화 : 서양이론과 유럽중심주의 비판**
로버트 J.C. 영 지음 | 김용규 옮김 | 신국판 452면 | 값 22,000원

26 **불확실한 삶 : 애도와 폭력의 권력들**
주디스 버틀러 지음 | 양효실 옮김 | 신국판 217면 | 값 13,000원

27 **무협의 시대 1966~1976**
송희복 지음 | 신국판 425면 | 값 20,000원

28 **베토벤 천재 만들기 : 1792~1803년 빈의 음악정치**
티아 데노라 지음 | 김원명 옮김 | 신국판 279면 | 값 16,000원

29 **페미니즘 미학 입문**
캐롤린 코스마이어 지음 | 신혜경 옮김 | 신국판 324면 | 값 18,000원

30 **시를 어떻게 읽을까**
테리 이글턴 지음 | 박 령 옮김 | 신국판 346면 | 값 19,000원

31 **키치로 현대미술론을 횡단하기**
이영일 지음 | 신국판 225면 | 값 13,000원

32 **라캉과 미술**
조선령 지음 | 신국판 292면 | 값 15,000원

33 **어두운 그리스 : 사유와 젠더, 민주정의 기원** (2012년 문화체육관광부 추천도서-학술부문 선정)
김봉률 지음 | 크라운판변형 348면 | 값 20,000원

34 **미술 · 스펙터클 · 문화정치**
할 포스터 지음 | 조주연 옮김 | 신국판 406면 | 값 20,000원

35 **음악과 과학의 만남 : 역사적 조망** (2013년 문화체육관광부 추천도서-학술부문 선정)
구자현 지음 | 신국판 328면 | 값 17,000원

36 **재미의 본질 The Nature of Fun** (2013년 문화체육관광부 추천도서-교양부문 선정)
김선진 지음 | 크라운판변형 423면 | 값 22,000원

37 **시각문화**
리처드 호웰스·호아킴 네그레이로스 지음 | 조경희 옮김 | 크라운판변형 535면 | 값 30,000원

38 **대중음악 입문 : 문화연구와 만나는 대중음악**
이수완 지음 | 신국판 218면 | 값 13,000원

39 **사진 속의 세상 : 관광객과 관광 사진**
마이크 로빈슨·데이비드 피카드 엮음 | 이현민 옮김 | 크라운판변형 378면 | 값 22,000원

40 **영화 속 인문학 여행**
정미숙 지음 | 크라운판변형 337면 | 값 20,000원

41 **음악적 아름다움의 근원을 찾아서**
구자현 지음 | 신국판 288면 | 값 16,000원

42 **쟁론**
장 프랑수아 리오타르 지음 | 진태원 옮김 | 크라운판변형 338면 | 값 22,000원

43 **미술관이라는 환상 : 문명화의 의례와 권력의 공간**
캐롤 던컨 지음 | 김용규 옮김 | 신국판변형 309면 | 값 16,000원

44 **앙리르페브르 이해하기 : 이론과 가능한 것**
스튜어트 엘든 지음 | 전국조 옮김 | 이현석 옮김 | 크라운판변형 474면 | 값 25,000원